Hybride Finanzierungsinstrumente in der nationalen und internationalen Besteuerung der USA

Forschungsergebnisse der Wirtschaftsuniversität Wien

Band 19

PETER LANG
Frankfurt am Main · Berlin · Bern · Bruxelles · New York · Oxford · Wien

Nadine Wiedermann-Ondrej

Hybride Finanzierungsinstrumente in der nationalen und internationalen Besteuerung der USA

PETER LANG
Internationaler Verlag der Wissenschaften

Bibliografische Information der Deutschen Nationalbibliothek
Die Deutsche Nationalbibliothek verzeichnet diese Publikation in der Deutschen Nationalbibliografie; detaillierte bibliografische Daten sind im Internet über <http://www.d-nb.de> abrufbar.

Gefördert durch die Wirtschaftsuniversität Wien.

Umschlaggestaltung:
Atelier Platen, nach einem Entwurf
der Werbeagentur Publique.

Universitätslogo der Wirtschaftsuniversität Wien:
Abdruck mit freundlicher Genehmigung
der Wirtschaftsuniversität Wien.

ISSN 1613-3056
ISBN 978-3-631-56438-7

www.peterlang.de

Danksagung

Die vorliegende Arbeit wurde im Sommersemester 2006 an der Wirtschaftsuniversität Wien als Dissertation angenommen. Ihre Entstehung wäre nicht möglich gewesen ohne die vielfältige Hilfe und Unterstützung, für die ich mich an dieser Stelle herzlich bedanken möchte.

Mein besonderer Dank gilt dabei meiner akademischen Lehrerin, Frau Prof. Mag. Dr. Eva Eberhartinger, LLM, die von Beginn an die Arbeit durch ihre engagierte Betreuung in besonderem Maße gefördert hat. Ihre Anregungen und die stets vorhandene fachliche wie persönliche Unterstützung haben maßgeblich zum Gelingen der Arbeit beigetragen. Herrn Prof. MMag. Dr. Schuch danke ich recht herzlich für die freundliche Übernahme des Zweitgutachtens.

Ganz herzlich bedanken möchte ich mich bei Dr. Mühlmann, die sich für meinen Forschungsaufenthalt in den USA am Bentley College in Boston, MA einsetzte und mich während dieser Zeit fachlich und persönlich unterstützt hat. Die zahlreichen Diskussionen halfen mir, das US-amerikanische Steuerrecht aus einer anderen Perspektive betrachten zu können. Danken möchte ich auch Mr. Wiggins, der mich am Bentley College herzlich aufgenommen und mich während meines Aufenthalts dort stets unterstützt hat. In diesem Zusammenhang möchte ich mich auch bei der Wirtschaftsuniversität Wien und Ludwig Stiftung bedanken, durch die mein Aufenthalt am Bentley College gefördert wurde.

Weiters möchte ich meinen Kolleginnen und Kollegen der Abteilung Betriebswirtschaftliche Steuerlehre für ihre Diskussions- und Hilfsbereitschaft bedanken.

Besonderer Dank gilt meinen Eltern, die meine Ausbildung jederzeit uneingeschränkt unterstützt haben. Herzlich bedanken möchte ich mich an dieser Stelle bei meiner Mutter, die zahlreiche Stunden ihrer Freizeit bereitwillig opferte, um meine Arbeit meist unter Zeitdruck Korrektur zu lesen.

Schließlich und vor allem gilt mein Dank meinem Mann Michael, der mit Geduld und Verständnis mir in allen Phasen der Arbeit den notwendigen Rückhalt gegeben hat, um die Arbeit letztendlich erfolgreich abzuschließen.

Wien, im Juni 2006 Nadine Wiedermann-Ondrej

Inhaltsübersicht

Inhaltsverzeichnis

Abkürzungsverzeichnis

a.A.	anderer Ansicht
ABA	American Bar Association
Abs	Absatz
ACES	Automatically Convertible Enhanced Securities
ACRN	Adjustable Rate Convertible Notes
aff'd	affirmed
AFR	Applicable Federal Rate
AGI	Adjusted Gross Income
AHYDO	Applicable High Yield Discount Obligation
AIP	Adjusted Issue Price
AMT	Alternative Minimum Tax
APA	Advanced Pricing Agreement
ARPS	Adjustable Rate Preferred Stock
Art	Artikel
ATI	Adjusted Taxable Income
Aufl	Auflage
BEIT	Business Enterprise Income Tax
BPT	Branch Profit Tax
bzw	beziehungsweise
CBIT	Comprehensive Business Income Tax
CCH	Commerce Clearing House
cert. denied	certioriari denied
CF	Carryforward
CFC	Controlled Foreign Corporation
CFR	Code of Federal Regulations
Cir	Circuit
COCA	Cost of Capital Allowance
CODI	Cancellation of Indebtedness Income
Com	Commissioner
Corp.	Corporation
CPDI	Contingent Payments Debt Instrument
Ct. Cl	Court of Claims
DBA	Doppelbesteuerungsabkommen
DECS	Debt Exchangeable in Common Stock
dh	das heißt
DRD	Dividends Received Deduction

E&P	Earnings and Profits
ECI	Effective Connected Income
ed	edition
ELKS	Equity-linked Securities
ERGI	Excess Related Group Indebtedness
ESI	Excess US-Shareholder Indebtedness
EStG	Einkommensteuergesetz
ETI	Extraterritorial Income
F. Supp	Federal Supplement
f; ff	folgende, fortfolgende
F2d	Federal Reporter 2nd Series
F3d	Federal Reporter 3rd Series
FDAP	Fixed or Determinable Annual or Periodic Income
Fed.	Federal
FILENE PRIDES	Flexible Equity-Linked Exchangeable Securities, Preferred Redeemable Increased Dividend Equity Securities oder Income Debt Exchangeable for Stock
FMV	Fair Market Value
Fn.	Fußnote
FR	Fixed Rate
FSA	Field Service Advice
FSC	Foreign Sales Corporations
FTC	Foreign Tax Credit
GAAP	Generally Accepted Accounting Principles
gem	gemäß
H.R.	House of Representatives
Hrsg.	Herausgeber
IBP	Interest Based Payments
idR	in der Regel
IFA	International Fiscal Association
iHv	in Höhe von
Inc.	Incorporated
IRC	Internal Revenue Code
IRS	Internal Revenue Service
iSd	Im Sinne der/des
IStR	Internationales Steuerrecht
iVm	in Verbindung mit

IWB	Internationale Wirtschaftsbriefe
iZm	im Zusammenhang mit
JCT	Joint Committee n Taxation
JGTRRA	Jobs and Growth Tax Relief Reconciliation Act of 2003
KStG	Körperschaftsteuergesetz
LBO	Leveraged Buyout
LLC	Limited Liability Company
lt	laut
Ltd.	Limited
LYON	Liquid Yield Option Notes
MDB	Market Discount Bond
Memo	Memorandum
MIPS	Monthly Income Preferred Stock
NCBM	Noncontingent Bond Method
NOL	Net Operating Loss
Nr.	Nummer
OECD	Organisation for Economic Cooperation and Development
OECD-MA	OECD-Musterabkommen
OID	Original Issue Discount
OL	Ordinary Loss
OR	Objective Rate
PEPS	Premium Equity Participating Securities
PHONES	Participating Hybrid Option Note Exchangeable Securities
PLC	Private Letter Ruling
PRIDES	Provisionally Redeemable Income Debt Exchangeable for Stock
Prop. Reg.	Proposed Regulations
PTI	Previously Taxed Income
QFR	Qualified Floating Rates
QIFR	Qualified Inverse Floating Rate
QSI	Qualified Stated Interest
QUPS	Quaterly Income Preferred Securites
RBP	Revenue Based Payments
Regs	Regulations
REMIC	Real Estate Mortgage Investment Conduit
Rev	Revenue
Rev. Rul.	Revenue Ruling

rev'd	reversed
RIA	Research Institute of America
Rul	Ruling
RWZ	Zeitschrift fur Recht und Rechnungswesen
SC	Supreme Court
SRPM	Stated Redemption Price at Maturity
STO	Short Term Obligations
SWI	Steuer- und Wirtschaftskartei International
TAM	Technical Advice Memorandum
TC	Tax Court
TCM	Tax Court Memorandum
TD	Treasury Decision
TEO	Tax Exempt Obligations
TOPRS	Trust Originated Preferred Shares
TRUPS	Trust Preferred Stock
US	United States
USA	United States of America
US-MA	US-Musterabkommen
uU	unter Umständen
v.	versus
vgl	vergleiche
VRDI	Variable Rate Debt Instrument
YTM	Yield to Maturity
zB	zum Beispiel
zT	zum Teil

Abbildungsverzeichnis

Tabellenverzeichnis

I. Einleitung

In der Vergangenheit wurde die Unternehmensfinanzierung zum überwiegenden Teil durch die Zufuhr von Eigenkapital bzw. die Aufnahme von Krediten bewerkstelligt. Durch die dynamische Entwicklung des Finanzmarktes und als Folge der Entstehung neuer Finanzierungsinstrumente verlieren das klassische Eigen- und Fremdkapital an Bedeutung[1] und die breite Vielfalt an Finanzierungsarten stellen das nationale sowie das internationale Steuerrecht vor neue und bisher nur teilweise gelöste Aufgaben.[2]

Die ursprünglichen Formen der Kapitalüberlassung können aufgrund ihrer Gegensätzlichkeit den Bedürfnissen der modernen Finanzierung nicht mehr gerecht werden. Während Eigenkapital aufgrund gesellschaftsrechtlicher Grundlagen typischerweise unbefristet gewährt wird und neben Mitwirkungs- und Kontrollrechten eine Beteiligung am Gewinn bzw Verlust und den stillen Reserven vorsieht, ist Fremdkapital eine auf schuldrechtlicher Basis gewährte Finanzierung, die typischerweise zeitlich befristet ist, eine feste Verzinsung ohne Verwaltungsrechte gewährt und keine Beteiligung an den stillen Reserven vorsieht.[3]

Etliche Finanzierungsinstrumente hingegen besitzen typische Eigenschaften sowohl des Eigen- als auch des Fremdkapitals; als einfachstes Beispiel sei jede Form gewinnabhängiger Vergütung für auf schuldrechtlicher Basis zur Verfügung gestelltes Kapital genannt. Ihre Ausgestaltung kann flexibel an die Bedürfnisse des Unternehmens bzw des Investors angepasst werden. Diese sogenannten hybriden Finanzierungsinstrumente[4] ermöglichen einen Interessenausgleich zwischen dem Wunsch nach Risikoübernahme und der Beschränkung der unternehmerischen Führung, sodass idR ein Optimum für den Emittenten und den Investor gefunden werden kann.

Aus steuerlicher Sicht jedoch ist eine eindeutige Zuordnung zu steuerlichem Eigen- oder Fremdkapital notwendig, denn lediglich die Verzinsung des Letzteren ist steuerlich abzugsfähig, während die Ausschüttung bei Gewährung von Eigenkapital Gewinnverwendung darstellt. Der Empfänger der Zinserträge muss diese in voller Höhe versteuern, Gewinnausschüttungen beim Gesellschafter werden idR jedoch geringer besteuert, um eine faktische Doppelbesteuerung zu vermeiden. Bereits aus rein nationaler Sicht ergibt sich daher umfassender Diskussionsbedarf über einerseits die steuerliche Behandlung

---

1 *Jacob, F.* (2000): 1521.

2 *Heinrich, J.* (2000): 274; *Herzig, N.* (2000): 482.

3 *Widmayer, G.* (2001): 337.

4 *Eberhartinger, E.* (1995): 3; *Lang, M.* (1991): 13; *Herzig, N.* (2000): 482; *Berman, D.M./Strain, D.O.* (2000): 665; *Lechner, E.* (1996): 207.

hybrider Finanzierungsinstrumente, andererseits über die sich daraus ergebenden steuerlichen Gestaltungsmöglichkeiten.[5]

1. Hybride Finanzierungsinstrumente

Hybride Finanzierungsinstrumente bieten aufgrund der gestaltungsplanerischen Möglichkeiten eine breite Anwendungspalette, der keinesfalls nur steuerliche Motive zu Grunde liegen. Der Einsatz von Hybriden kann auch von wirtschaftlichen, bilanzpolitischen oder rechtlichen Motiven geleitet sein; durch die Flexibilität der Ausgestaltung hybrider Instrumente können Unternehmen individuell auf ihre Bedürfnisse und die des Kapitalgebers eingehen.

Die Ausgestaltung hybrider Instrumente kann dabei auf vielfältige Weise erfolgen. Als Basis für Hybride kann eine schuldrechtliche Vereinbarung zwischen einem Kapitalgeber und einem Unternehmen herangezogen werden, die jedoch durch Vereinbarung einer gewinnabhängigen Verzinsung oder einer nachrangigen Befriedigung im Fall des Unternehmenskonkurses auch Merkmale des Eigenkapitals aufweist.[6] Hybride Finanzierungsinstrumente können gesellschaftsrechtlich als Eigenkapital einzustufen sein, jedoch eine vorrangige festverzinsliche Gewinnausschüttung aufweisen, die auch in Verlustjahren garantiert und in Gewinnjahren ausgeschüttet wird. In diesem Fall sind uU gesellschaftsrechtliche Erfordernisse einzuhalten, jedoch kann durch das Aufbringen von zusätzlichem hybriden Kapital die Eigenkapitalquote erhöht werden. Durch die Qualifikation als Eigenkapital können dadurch die Kosten des übrigen Fremdkapitals minimiert, Einfluss auf internationale Ratings genommen und mögliche Eingliederungsmerkmale von Gruppen beeinflusst werden.[7]

Hybride Instrumente ermöglichen es nicht nur Unternehmungen, ihre Kapitalstruktur wunschgerecht zu beeinflussen, sondern bieten auch Anlegern mit geringen Transaktionskosten die gewünschte Risiko-/Renditestruktur.[8]

Die steuerliche Behandlung hybrider Finanzierungsinstrumente ist im nationalen Steuerrecht oft nicht eindeutig zu bestimmen und die Qualifikation als Eigen- bzw Fremdkapital wird durch eine Vielzahl an Erscheinungsformen immer

---

5 *Eberhartinger, E.* (1995): 147ff.

6 *Heinrich, J.* (2000): 274.

7 So kann durch eine hybride Finanzierung in den USA mit einer Tochtergesellschaft eine *Affiliated Group* entstehen, jedoch ist es genauso möglich, dass die Voraussetzungen durch eine Finanzierung von einem fremden Dritten nicht mehr erfüllt sind, *Whittington, R./Whittenburg, G.* (1980): 410f.

8 Viele Unternehmen bedienen sich hybrider Finanzierungsinstrumente, so zB Bayer, Henkel oder Linde, *Beales, R./Simensen, I.* (2006): 26.

komplexer. Vor allem im steuerlichen Bereich sind an die Abgrenzung umfangreiche Folgen geknüpft, die das Ergebnis und die Steuerlast wesentlich beeinflussen können.[9] Insofern ist die Finanzverwaltung bemüht, bindende Kriterien für die Einstufung als Eigen- oder Fremdkapital zu formulieren. International gibt es in diesem Bereich keine Vereinheitlichung der Qualifikationskriterien und es kann dadurch je nach Vorschriften zu unterschiedlichen Beurteilungen kommen. Sollte nun die Behandlung desselben Finanzierungsinstruments in den unterschiedlichen Ländern zu verschiedenen Qualifikationen führen, so könnte zB das Instrument im Land des Kapitalnehmers als Fremdkapital beurteilt werden, womit die Vergütung als Zinsen und damit als Betriebsausgabe vom steuerlichen Ergebnis abzuziehen wäre, während im Land des Kapitalgebers das hybride Instrument als Eigenkapital eingestuft wird und die Vergütung als Gewinnausschüttung uU steuerbefreit bzw steuerbegünstigt ist. Dies würde zu einer Doppelnichtbesteuerung führen.[10] Aus Sicht der beteiligten Parteien ist dies freilich das steuerlich optimale Ergebnis.

Die Vielfalt der Erscheinungsformen hybrider Finanzinstrumente wird sich mit zunehmend spezielleren Anforderungen von Investoren und Emittenten weiter vergrößern. Die bisher national wie international vorzufindende ungleiche steuerliche Behandlung von Finanzinstrumenten, die wirtschaftlich idente Ergebnisse erzeugen, bietet Anreize, Instrumente mit vorteilhaften Steuerfolgen einzusetzen.[11]

2. Hybride Finanzierungsinstrumente in den USA

Die Behandlung hybrider Finanzierungsinstrumente ist stark von den im jeweiligen Staat geltenden Vorschriften abhängig. Für eine realitätsnahe Untersuchung dieses komplexen Themas und für die Berechnung konkreter Steuerbelastungen konzentriert sich die vorliegende Arbeit auf den grenzüberschreitenden Einsatz hybrider Finanzierungsinstrumente in Verbindung mit den USA. Der Grund für eine detaillierte Behandlung der US-Rechtslage in Beziehung zu hybriden Instrumenten liegt ua an der Bedeutung des Finanzmarkts. Traditionellerweise wird die Unternehmensfinanzierung in den USA mithilfe der Finanzmärkte durchgeführt, was dazu führt, dass die Entwicklung neuer Instrumente mit alternativen Vergütungsschemata allein schon aus betriebswirtschaftlicher Sicht notwendig ist, um entsprechend Investoren zu gewinnen. Diese Ausrichtung auf die Interessen der Investoren bei gleichzeitiger Kostenoptimierung

---

9 *Widmayer, G.* (2001): 337.

10 *Kippenberg, J.* (2000): 738; *Herzig, N.* (2000): 484; *Lang, M.* (1991): 135 ff; *Lechner, E.* (1996): 207.

11 *Herzig, N.* (2000): 485.

der Finanzierung führt zu einer schnellen Entwicklung innovativer Finanzierungsinstrumente.[12] Durch die ökonomische Vormachtstellung der USA dominiert der US-Kapitalmarkt nicht nur internationale Finanzorganisationen, sondern zieht auch Anleger aus aller Welt an. Hybride Finanzierungsinstrumente und vor allem deren rechtliche Behandlung sind daher auch im grenzüberschreitenden Bereich von Interesse.

Ein weiterer Grund für die Analyse hybrider Finanzierungsinstrumente im US-Steuerrecht liegt darin, dass die USA 2005 der wichtigste Handelspartner Österreichs im Warenverkehr mit Drittstaaten waren[13], bzw die Bestände der aktiven Direktinvestitionen die zweithöchsten im nichteuropäischen Raum und die passiven Direktinvestitionen sogar die dritthöchsten insgesamt darstellen.[14] Aufgrund dieser wirtschaftlichen Bedeutung stellt sich die Frage, wie Finanzierungen, insbesondere hybride Finanzierungen, die im Zusammenhang mit diesen Aktivitäten stehen können, steuerlich zu behandeln sind.

Die Auseinandersetzung mit hybriden Finanzierungsinstrumenten hat in den USA schon seit Jahrzehnten Tradition. Bereits 1969 wurde in Sec 385 IRC ein Standard erlassen, der sich seitdem dem speziell mit der Frage der Abgrenzung zwischen Eigen- und Fremdkapital beschäftigt. Durch diesen Erfahrungsvorsprung haben sich sowohl Gerichte, die Finanzverwaltung als auch die Wissenschaft eingehend mit dem Thema auseinandergesetzt. Für andere Länder sind diese Erkenntnisse insofern bedeutend, da viele US-Regelungen, die ursprünglich von anderen Ländern heftig kritisiert wurden, zum Bestandteil des internationalen Steuerrechts vieler Industriestaaten geworden sind.[15]

3. Ziel, Inhalt und Aufbau der Arbeit

Aufgrund der Komplexität der Thematik ist eine Einschränkung des Untersuchungsgegenstandes notwenig. Das Besteuerungssystem der Vereinigten Staaten hebt Steuern sowohl auf Bundes-, Bundesstaats- und kommunaler Ebene ein. Im Rahmen dieser Arbeit wird jedoch lediglich auf die Bundessteuer eingegangen, da die Bundesstaatssteuer und die Steuer auf kommunaler Ebene je nach Bundesstaat anderen Vorschriften unterliegen. Untersuchungsgegenstand sind weiters ausschließlich Körperschaften, da eine Doppelnichtbesteuerung vor

12 2006 wird an der Wall Street mit Neuemissionen von hybriden Finanzierungsinstrumenten iHv 40 Millarden Dollar gerechnet, *Beales, R.* (2006): 26.

13 Importe: +7,4% auf 3,18 Mrd. Euro; Exporte: +0,4% auf 5,33 Mrd. Euro, Statistik Austria.

14 Bericht der österreichischen Nationalbank, Stand Juli 2005.

15 Wie zum Beispiel *Controlled Foreign Corporations* oder *Real Estate Investment Trusts*, *Blumenberg, J.* (1997): 32.

allem von der Steuerbefreiung der Dividendenerträge abhängig ist. Mitunternehmerschaften bzw Betriebsstätten bleiben unberücksichtigt.

Zentraler Gegenstand der Arbeit ist eine umfassende Erforschung der Behandlung hybrider Finanzierungsinstrumente auf nationaler bzw internationaler Ebene und deren Analyse aus Sicht der Betriebswirtschaftlichen Steuerlehre. Die Behandlung von Derivaten bzw Finanzierungsinstrumenten mit besonderen Vergütungsmodellen wird in dieser Arbeit nicht vorgenommen. Ausgehend von einer rechtsdarstellenden Analyse sollen betriebswirtschaftlich optimale Gestaltungsmöglichkeiten gefunden werden, die uU zu einer Doppelnichtbesteuerung führen können.

Die Behandlung hybrider Finanzierungsinstrumente umfasst nicht allein die Frage nach den Entscheidungskriterien für das Vorliegen von Eigen- bzw Fremdkapital, sondern muss vom nationalen Recht ausgehend beantwortet werden. Eine isolierte Betrachtung hybrider Finanzierungsinstrumente kann zu einem falschen Ergebnis führen, wenn das Steuersystem, in dem die Vorschriften eingebettet sind, unbeachtet bleibt. Dem Rechnung tragend beschäftigt sich der erste Teil der Arbeit mit dem grundlegenden Aufbau des Steuerrechts der USA, um – ausgehend von dieser Analyse – den einzelnen Vorschriften bzgl hybrider Finanzierungsinstrumente entsprechendes Gewicht beimessen zu können.

Basierend auf diesen Erkenntnissen beschäftigt sich Kapitel III mit den Grundzügen der Besteuerung von natürlichen Personen und Körperschaften und erläutert dabei die grundlegende Systematik der Ertragsbesteuerung in den USA. Besonders von Beachtung sind hierbei die steuerliche Behandlung von Dividenden, Zinsen und Veräußerungsgewinnen. In der US-Besteuerung sieht eine Vielzahl an Bestimmungen besondere Vorschriften vor allem für Fremd- aber auch für Eigenkapital vor, die – soweit sie in Zusammenhang mit hybriden Finanzierungsinstrumenten stehen – in die Betrachtung miteinbezogen werden. Die Arbeit kann daher nicht als Grundlage für das gesamte US-Steuersystem herangezogen werden.[16]

Kapitel IV befasst sich mit den Vorschriften der internationalen Besteuerung der USA, die vor allem für Fragen einer möglichen Doppelnichtbesteuerung im grenzüberschreitenden Bereich von Bedeutung sind. In diesem Kapitel wird insbesondere auf die Anrechnungsmethode zur Vermeidung der Doppelbesteuerung eingegangen, deren Systematik den Einsatz hybrider Finanzierungsinstrumente prinzipiell erschwert.

---

16 Eine umfassende Darstellung ist in *Bittker, B.I./Lokken, L.* (1999): Federal Taxation of Income, Estates, and Gifts, 2nd/3rd ed, Boston 1999 zu finden.

Nach einer umfassenden Beschreibung des nationalen und internationalen Steuerrechts soll die Frage der steuerlichen Abgrenzung zwischen Eigen- und Fremdkapital bei hybriden Finanzierungsinstrumenten in Kapitel V sowohl qualitativ und quantitativ analysiert werden. Dieses Kapitel ist zentraler Bestandteil der Arbeit und wird besonders ausführlich behandelt, da sich an das Ergebnis unterschiedliche Rechtsfolgen knüpfen.[17] Die Rechtslage wird dabei anhand von Gesetzen, Gerichtsurteilen und den Verwaltungsvorschriften des *Internal Revenue Service* untersucht. Anschließend werden Beispiele für hybride Instrumente erläutert, die in den USA emittiert worden sind. Es wird dabei sowohl auf die Ausgestaltung als auch auf die steuerliche Qualifikation der Instrumente eingegangen.

Anschließend befasst sich Kapitel VI mit der Frage nach steuerlichen Gestaltungsmöglichkeiten, die uU eine sich ergebende Doppelbesteuerung vermeiden oder gar zu einer doppelten Nichtbesteuerung führen. Kapitel VII geht anschließend kurz auf Lösungsvorschläge bzgl der derzeitig divergierenden Behandlungsweise von Eigen- und Fremdkapital ein.

---

17 *Widmayer, G.* (2001): 337.

II. Aufbau des Steuerrechts

1. Geschichtlicher Überblick

Von 1789 bis zum Bürgerkrieg (1861–1864) erhoben die Vereinigten Staaten von Amerika lediglich Zölle und einige Verbrauchsteuern; die übrige Besteuerung lag bei den Einzelstaaten. Durch den im Bürgerkrieg bestandenen Bedarf an zusätzlichen Einnahmen wurde 1864 eine Bundeseinkommensteuer als Teil des *Income Acts* von 1864 eingeführt, die einen progressiven Steuersatz bis 10% vorsah. Nach Beendigung des Bürgerkriegs wurde sie jedoch bereits 1872 wieder abgeschafft. Der nächste Anlauf zur Schaffung einer Einheitssteuer im Jahr 1894 wurde jedoch wegen Verstoßes gegen die US-Verfassung im Jahr 1895 vom *US Supreme Court*[18] wieder aufgehoben.

1909 wurde die Körperschaftsteuer eingeführt und ein Vorschlag zur Verfassungsänderung unterbreitet, der den Weg für eine Einkommensteuer bereiten sollte. Erst im Jahr 1913 wurde die Grundlage zur direkten Ertragsbesteuerung im XVI. Zusatz *(Amendment XVI)* zur amerikanischen Verfassung verankert[19] und damit das Ertragssteuerrecht im Verfassungsrecht festgeschrieben. Darin wird dem Kongress das uneingeschränkte Besteuerungsrecht des gesamten Einkommens zugesprochen, egal, aus welcher Quelle dieser Zufluss stammt.[20] Durch diese Änderung wurde die Income Tax von 1913 eingeführt, die eine progressive Besteuerung von natürlichen Personen und eine *flat tax* für Körperschaften vorsah.[21]

Während des ersten Weltkrieges diente die Einkommensteuer, deren Steuersätze im Laufe des Krieges sukzessive angehoben wurden, vorrangig der Finanzierung der Kriegsausgaben. In der Nachkriegszeit konnten die Steuersätze wieder reduziert werden; trotzdem gewann das Steuerrecht zunehmend an Komplexität. Diese Situation wurde durch die Depression in den 30iger Jahren verschärft, was zu einem Anstieg der Steuersätze führte. In dieser Zeit wurde die Nutzung der Einkommenbesteuerung zum Ausgleich zwischen extremer Armut und gleichzeitigem übermäßigen Reichtum begonnen.[22]

Der Internal Revenue Code von 1939 stellte eine wesentliche Verbesserung der Konzeption der Steuergesetze dar. Bis zu diesem Zeitpunkt bestand jedes neue

---

18 Pollock vv. Farmers' Loan and Trust Company, 157 US 429 (1895).

19 U.S. Const., Art. I, Sec. 8, cl. 1; U.S. Const., Art. I, Sec. 9, cl. 4; *Thiele C.* (1999): 10.

20 *"The Congress shall have power to lay and collect taxes on incomes, from whatever source derived, without apportionment among several States and without regard to any census or enumeration"*, *Jones, S.M.* (2001): 12.

21 *McDaniel, P./Ault, H./McMahon, M./Simmons, D.* (1998): 5.

22 *McDaniel, P./Ault, H./McMahon, M./Simmons, D.* (1998): 6.

Steuergesetz aus einer vollständige Fassung desjenigen Steuergesetzes, das das bisherige Gesetz aufhob. 1939 wurde die erste Kodifzierung vorgenommen, die schließlich zu einem einheitlich zusammengefassten Steuergesetz (*Internal Revenue Code* – IRC) führte.[23]

Während des zweiten Weltkrieges stiegen die Ausgaben der USA dramatisch, sodass allein innerhalb der Jahre 1940–1941 drei Steuerrechtsänderungen vorgenommen werden mussten. Dabei wurden nicht nur die Steuersätze geändert, sondern das zu versteuernde Einkommen auf immer mehr Einkommensgruppen ausgeweitet, sodass 1945 zehnmal so viele Steuerpflichtige gab wie 1939. Zu dieser Zeit wurde auch der Abzug der Lohnsteuer beim Arbeitgeber eingeführt. Nach dem zweiten Weltkrieg kam es zu einem Abbau der Steuerlast.[24] Während des Koreakrieges von 1950 bis 1951 stieg der Grenzsteuersatz natürlicher Personen allerdings auf 90%.

1954 brachte eine umfassende Änderung der Kodifizierung von 1939, wobei mehr Wert auf Investitionsbegünstigungen gelegt wurde. Seit dieser Zeit kam es mehrfach zu umfassenden Änderungen des Steuerrechts (1969 und 1974), wobei es sich vor allem im Jahr 1986 um eine tief greifende Umgestaltung handelte.[25]

2. Steuerhoheiten der USA

Durch die föderalistische Prägung des Landes ist die Steuerhoheit zwischen dem Bund *(Federal Government)*, den Einzelstaaten *(States)* und den lokalen Gebietskörperschaften *(Local Governments/Municipalities)* aufgeteilt.[26] Die Einkommen- bzw die Körperschaftsteuer wird auf Ebene des Bundes, des Staates und ggf auf Ebene der Gemeinde erhoben.[27]

Ob, in welcher Höhe und aufgrund welchen Tatbestandes die Bundesstaaten natürliche Personen bzw Körperschaften besteuern, liegt in der Souveränität des einzelnen Staates. Insofern sehen einige Bundesstaaten Konsumsteuern, Ertragsteuern bzw Vermögensteuern vor. Die Steuerpflicht der Bundesstaaten knüpft dabei an ebenfalls sehr unterschiedliche Merkmale wie zB Vermögen, Löhne und Gehälter bzw den Ort der Gründung einer Körperschaft an, was oftmals zu einer Mehrfachbesteuerung führt.[28] Im Verhältnis zu den Bundessteuern mit

---

23 *Zschiegner, H.* (2002): 1142.

24 *McDaniel, P./Ault, H./McMahon, M./Simmons, D.* (1998): 7.

25 *Jones, S.M.* (2001): 12; *Thiele, C.* (1997): 21.

26 *Dendorfer , W.* (2001): 545; *Müssener, I.* (2000): 9.

27 Siehe ausführlich *Zschiegner, H.* (2002c): 1236ff; *Jones, S.M.* (2001): 7 und 322ff.

28 *Dendorfer, W.* (2001): 545; *Jones, S.M.* (2001): 8ff; *Thiele, C.* (1997): 23, diese Mehrfachbesteuerung ist gewollt und akzeptiert.

einem Spitzensteuersatz von 35%, ist die durchschnittliche Steuerbelastung für Körperschaften in den einzelnen Bundesstaaten, die eine ertragsabhängige Körperschaftsteuer erheben, wesentlich geringer.[29]

In dieser Arbeit wird nicht näher auf die Bundes*staaten*steuer eingegangen, da einerseits die Ertragsteuern der Bundesstaaten nur mangelhaft aufeinander abgestimmt sind, andererseits der Großteil der Steuerlast auf die *Federal Income Tax* zurückzuführen ist. Alle Betrachtungen und Berechnungen basieren allein auf Basis der Bundessteuer.

2.1. Rechtsquellen des Bundessteuerrechts (Federal Tax Law)

Die Bundessteuer ist Teil des *United States Codes* und in *Title 26* geregelt. *Title 26* wird auch als *Internal Revenue Code (IRC)* bezeichnet. Die Gewaltentrennung in den USA erfolgt in Legislative *(Congress)*, Exekutive *(Administrative Agencies)* und Jurisdiktion *(Courts)*. Die wichtigste ausführende Behörde im Bereich der Steuern ist das *Department of Treasury*, dem Wirtschafts- und Finanzministerium der Vereinigten Staaten. Teil dieses *Departments* ist der *Internal Revenue Service (IRS)*, welcher die Finanzverwaltungsbehörde der Vereinigten Staaten darstellt. Die Aufgaben des *Department of Treasury* umfassen jedoch ua auch die Banknotenherstellung und Münzprägung, die Briefmarkenproduktion, die Verwaltung der Regierungskonten und die nationale Bankenaufsicht.

2.2. Bundessteuergesetz

Der *Internal Revenue Code* ist die vorrangige Grundlage der Steuergesetze. Der IRC ist in *Subtitles, Chapters, Subchapters, Parts* und *Subparts* untergliedert. Die Gliederung unter den *Subparts* erfolgt in Paragraphen *(Sections)*, die fortlaufend nummeriert sind. In den ungefähr 9900 Paragraphen sind sowohl Einkommensteuer, Körperschaftsteuer, Erbschaft- und Schenkungsteuer als auch das Verfahrensrecht geregelt.[30]

---

29 *Thiele, C.* (1997): 24; Die effektive Belastung durch die Besteuerung des Bundesstaaten ist jedoch geringer als die nominale Belastung, da die Besteuerung der Bundesstaaten für die Ermittlung der Bemessungsgrundlage für die Bundessteuer abzugsfähig ist, *Dendorfer, W.* (2001): 546; ausführlich *Odenbach, M./Strunk, G.* (1994): 51ff.

30 *Raabe, W.A./Whittenburg, G.E./Sanders, D.L./Bost, J.C.* (2003): 75f; *Thiele, C.* (1997): 27f.

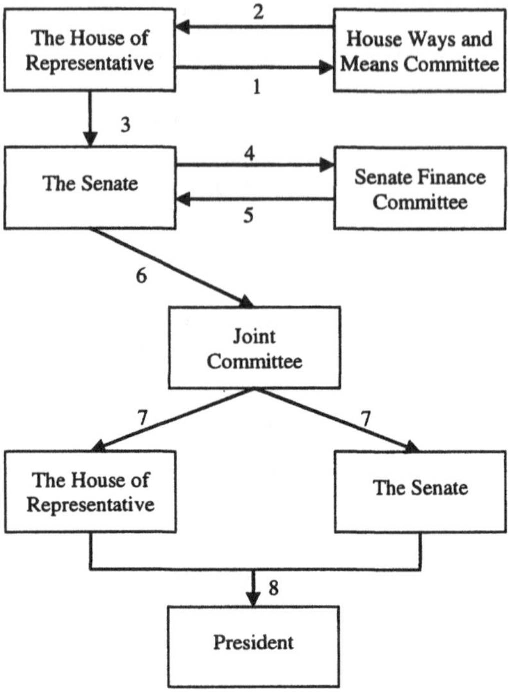

Abbildung 1: Gesetzgebungsprozess[31]

Der Gesetzgebungsprozess beginnt für gewöhnlich im *House Ways and Means Committee* des Repräsentantenhauses. Hat dieses *Committee* einen Entwurf ausgearbeitet, so wird er dem Repräsentantenhaus vorgelegt und akzeptiert. Anschließend kann das *Senate Finance Committee* über den Entwurf beraten und seine Fassung dem Senat vorlegen. Besteht zwischen dem Repräsentantenhaus und dem Senat Übereinstimmung, wird die Gesetzesvorlage dem Präsidenten überreicht, der sie annehmen oder ablehnen kann. Wird die Vorlage von ihm akzeptiert oder wird der Präsident überstimmt, ist ein neues Steuergesetz erlassen.[32]

---

31 *Scholes, M.S./Wolfson, M.A./Erickson, M./Maydew, E.L./Shevlin, T.* (2002): 30.

32 *Doernberg, R.L.* (1995): 74ff; *Thiele, C.* (1997): 142; *Berman, D.M.* (2002): 636f; *Raabe, W.A./Whittenburg, G.E./Sanders, D.L./Bost, J.C.* (2003): 71; sollte der Senat nicht mit dem Gesetzesentwurf des Repräsentantenhauses übereinstimmen, so muss ein *Joint Committee*, das aus Mitgliedern des *House Ways and Means Committee* und dem *Senate Finance Committee* besteht, einen neuen Gesetzesentwurf ausarbeiten. Dieser

2.3. Internal Revenue Service

2.3.1. Organisation

Der *Internal Revenue Service (IRS)* ist die Steuerverwaltungsbehörde der USA und untersteht dem *Treasury Department*. Der IRS untergliedert sich in das *National Office* in Washington, sieben *Regional Offices* und 63 *District Offices*.

Das *National Office* wird vom *Commissioner of Internal Revenue* geleitet, der vom Präsidenten mit Zustimmung des Senats ernannt wird. Aufgabe des *National Office* ist es, einheitliche Anweisungen und Richtlinien für den gesamten IRS zu erlassen, die steuerlichen Aspekte bestimmter Sachverhalte zu erläutern und Hilfestellung für die Befolgung der Formvorschriften des Steuerverfahrens zu geben. Weitere Aufgaben des *National Office* sind die Steuerfahndung, Außenprüfung, Steuererhebung und Vollstreckung durchzuführen, Strafverfolgungen einzuleiten sowie Sozialversicherungs- und Pensionspläne zu erstellen. Dazu kommen noch internationale Aufgaben, wie die Zusammenarbeit mit den Steuerbehörden der Länder, mit denen Doppelbesteuerungsabkommen bestehen.

Auf der Ebene der *District Offices* hat der IRS die Aufgabe, Steuerpflichtige zu beraten, stichprobenweise Steuererklärungen zu überprüfen, die Steuerfahndung durchzuführen und rückständige Steuererklärungen einzumahnen. Die ihnen angegliederten *Service Centers* sind jedoch für die eigentliche Bearbeitung der Steuererklärungen verantwortlich. Die *Regional Offices* haben nur eine beratende und überwachende Funktion.

2.3.2. Veröffentlichungen des Internal Revenue Service

2.3.2.1.Allgemein

Das Gesetz verpflichtet in Sec 7850(a) IRC den IRS, alle notwendigen Vorschriften und Bestimmungen für die Durchsetzung des Steuerrechts zu veröffentlichen. Die wichtigste Interpretation des Gesetzes stellen dabei die *Regulations* dar, die gemeinsam vom *Department of Treasury* und dem IRS veröffentlicht werden.[33] Da *Regulations* oftmals schwer verständlich und für

---

Kompromiss muss von beiden Häusern angenommen werden, um dem Präsidenten als Gesetzesvorschlag vorgelegt werden zu können, *Thiele, C.* (1997): 142; *Raabe, W.A./ Whittenburg, G.E./Sanders, D.L./Bost, J.C.* (2003): 71, die Berichte der *Committees* werden im *Committee Report* zusammengefasst, das *Joint Committee* kann darüber hinaus einen Generalbericht *(Blue Book)* erstellen; beide dienen zur Auslegung des Gesetzes.

[33] Eine Ausnahme stellen die *Legislative Regulations* dar, die nicht kraft Sec 7805A(a) IRC, sondern entsprechend spezieller Ermächtigungen im Bundesgesetz erlassen werden.

eine umfassende Auslegung des Gesetzes nicht ausreichend sind, hat der IRS zusätzliche Verfahren entwickelt, um dem Steuerpflichtigen notwendige Informationen und Anleitungen zugänglich zu machen.

Diese Veröffentlichungen, zu denen *Revenue Rulings, Private Letter Rulings, Technical Advice Memoranda* ua zu zählen sind, sind im Bezug auf Formalität, Veröffentlichung und Rechtswirkung unterschiedlich.

Veröffentlichung	**Ausgestellt von**	**Aufgabe**	**Bindungswirkung**
Regulations	Secretary of Tresury	Abstrakte Auslegungen bestimmter Gesetzesstellen	Bindend für die Rechtsprechung, solange Regulations vernünftig sind und mit dem Gesetz in Einklang stehen, bindend für den IRS und den Steuerpflichtigen
Revenue Rulings	Assistant Commissioners des IRS	Interpretationen des IRS zu materiellen Sachverhalten in Bezug auf Gesetze, DBAs und Regulations	Empfohlen für den IRS und den Steuerpflichtigen
Letter Rulings	Assistant Commissioners des IRS	Beantwortung eines konkreten Sachverhalts auf Anfrage eines Steuerpflichtigen vor Abgabe der Steuererklärung	Bindend für den IRS nur für den konkreten Anwendungsfall
Revenue Procedures	Assistant Commissioners des IRS	Feststellungen des IRS zu verfahrensrechtlichen Sachverhalten	Bindend für den IRS und den Steuerpflichtigen
Technical Advice Memoranda	Office of Chief Counsel	Beantwortung eines konkreten Sachverhalts auf Anfrage eines IRS-Bediensteten bei Prüfung eines Steuerpflichtigen	Bindend für den IRS und den Steuerpflichtigen

Tabelle 1: Übersicht über Veröffentlichungen des Treasury bzw des IRS

2.3.2.2. Regulations

Neben dem Gesetz sind vor allem *Regulations* von wesentlicher Bedeutung. Sec 7805A(a) IRC ist die gesetzliche Grundlage für das *Treasury*, das Gesetz näher auszugestalten.[34] Die *Regulations* zu den Steuergesetzen befinden sich korrespondierend zum IRC im Titel 26 des *Code of Federal Regulations (CFR)*. Der *CFR* ist entsprechend des *United State Codes* aufgebaut. Die *Regulations* befinden sich daher korrespondierend zu den Paragraphen mit Bezug auf die jeweilige Gesetzesstelle.[35] *Regulations* werden in Form von *Treasury Decisions (TD)* publiziert. Prinzipiell kann man zwischen *Proposed Regulations*, *Final Regulations*, *Temporary Regulations* und *Legislative Regulations* unterscheiden.

Zunächst verfasst das IRS als Teil des *Treasury's* einen Vorschlag für eine neue Bestimmung *(Proposed Regulation)*. Nach Publikation der neuen Vorschrift wird der Öffentlichkeit 30 Tage Zeit gegeben, diese zu kommentieren. Nach Anhörung der einzelnen Kommentare im Rahmen einer Verhandlung kann der IRS Änderungen vornehmen und anschließend die *Final Regulation* veröffentlichen.[36]

Temporary Regulations müssen auf dieselbe Weise zunächst in Form von *Proposed Regulations* veröffentlicht werden, unterliegen allerdings keiner öffentlichen Anhörung und haben sofort nach Veröffentlichung Bindungswirkung.[37] Allerdings werden *Temporary Regulations* gem 7805 IRC drei Jahre nach Veröffentlichung ungültig. Deshalb müssen vom IRS *Proposed Regulations* erlassen werden, um einen Ablauf einer *Temporary Regulation* zu verhindern.[38]

Im Falle von *Legislative Regulations* wird das *Secretary* direkt vom *Congress* durch Einzelermächtigung im jeweiligen Gesetzestext angewiesen, eine Richtlinie mit Gesetzeskraft zu erlassen. *Legislative Regulations* sind mit Verordnungen zu vergleichen und dementsprechend kaum anzufechten. Allerdings messen die Gerichte auch den anderen Regulations einen derart großen Stellenwert bei, sodass praktisch keine Unterscheidung zu den *Legislative Regulations* besteht.

---

34 *Regulations* sind prinzipiell Verordnungen vergleichbar, jedoch erfolgt die Auslegung des Steuergesetzes in Österreich vorwiegend anhand von Erlässen. Richterliche Entscheidungen sind an *Regulations* gebunden, *Kadel, J.* (2002): 584.

35 *Thiele, C.* (1997): 28.

36 *Saltzman, M.I.* (2004): 3.02[2]; *Jones, S.M./Rhoades-Catanach, S.C.* (2004): 28; *Thiele, C.* (1997): 29.

37 *Jones, S.M./Rhoades-Catanach, S.C.* (2004): 28; *Thiele, C.* (1997): 29.

38 *Raabe, W.A./Whittenburg, G.E./Sanders, D.L./Bost, J.C.* (2003): 93; *Saltzman, M.I.* (2004): 3.02[2].

Die Bedeutung der US-amerikanischen *Regulations* ist also weitaus größer als die Bedeutung von Richtlinien im österreichischen Recht. Soweit sie nicht im direkten Widerspruch zum Gesetz stehen, bedeutet dies für den Steuerpflichtigen, dass ein Großteil der Rechtssetzung im US-Steuerrecht von der Finanzverwaltung umgesetzt wird.[39]

2.3.2.3. Rulings

Das *National Office of the Service* beantwortet Fragen von natürlichen Personen und Gesellschaften, wenn diese zu einer richtigen Anwendung des Steuerrechts beitragen. Das Service veröffentlicht dabei zwei Arten von *Rulings*: *Revenue Rulings* und *Private Letter Rulings.*[40]

Ein *Revenue Ruling* ist die Schlussfolgerung des *Service*, wie das Steuerrecht auf einen bestimmten Sachverhalt zur Anwendung kommt.[41] Ein *Revenue Ruling* dient der Vereinheitlichung des Steuerrechts durch den IRS und als Information für den Steuerpflichtigen. Der IRS erwartet sich dadurch eine Klärung des Sachverhalts und in Zukunft weniger Anfragen durch Steuerpflichtige.[42] Im Gegensatz zu *Regulations* wird in einem *Ruling* ein spezieller Sachverhalt geklärt, nicht jedoch abstrakt ein Thema behandelt. *Revenue Rulings* haben auch nicht dieselbe Rechtswirkung wie *Regulations*; prinzipiell kann davon ausgegangen werden, dass der IRS sich an die in *Revenue Rulings* genannte Auslegungsweise hält. Allerdings warnt der IRS Steuerpflichtige, Gestaltungen auf Basis von *Revenue Rulings* zu strukturieren, da nur bei gleichem Sachverhalt dieselbe Rechtswirkung erzielt werden kann. Die Gerichte, insbesondere der *Tax Court*, sehen in *Revenue Rulings* die Position des IRS und geben dieser Auslegung nicht mehr Gewicht als der Auslegung anderer Prozess-

---

39 *Zschiegner, H.* (2002): 1142; *Raabe, W.A./Whittenburg, G.E./Sanders, D.L./Bost, J.C.* (2003): 93; *Saltzman, M.I.* (2004): 3.02[3][a]; in Rowan Companies, Rowan Cos. v. US, 452 US 247 (1981) entschied der *Supreme Court*, dass die Gerichte an *Legislative Regulations* gebunden sind, wenn sie sich im Rahmen des übertragenen Rechtssetzungsbereichs befinden, angemessen sind und verfahrensrechtliche Vorschriften eingehalten wurden: *"where the Commissioner acts under specific authority, our primary inquiry is whether the interpretation or method is within the delegation of authority"* Union Carbide Corp. v. US, 612 F2d 558 (Ct. Cl. 1979); American Standard, Inc. v. US, 602 F2d 256 (Ct. Cl. 1979); American Trans-Ocean Navigation Corp. v. Com., 229 F2d 97 (2nd Cir. 1956); Com. v. General Mach. Corp., 95 F2d 759 (6th Cir. 1938); Corner Broadway-Maiden Lane, Inc. v. Com., 76 F2d 106 (2nd Cir. 1935).

40 *Saltzman, M.I.* (2004): 3.03[1].

41 26 CFR § 601.201(a)(1).

42 *Jones, S.M./Rhoades-Catanach, S.C.* (2004): 28; *Saltzman, M.I.* (2004): 3.03[1]; *Raabe, W.A./Whittenburg, G.E./Sanders, D.L./Bost, J.C.* (2003): 96f.

parteien. Von der Rechtswirkung sind *Rulings* den österreichischen Richtlinien vergleichbar, jedoch erfolgt die Ausformulierung nicht so abstrakt, sondern ist eher an den Sachverhalt geknüpft.

Die Veröffentlichung eines *Revenue Rulings* erfolgt im *Internal Revenue Bulletin,* damit die Schlussfolgerung anderen Steuerpflichtigen, dem Personal des IRS oder weiteren interessierten Personen ebenfalls zugänglich ist.[43] Obwohl *Revenue Rulings* nicht dieselbe Rechtswirkung wie *Regulations* aufweisen können, wird ihnen mehr Rechtsgewicht als dem *Letter Ruling* zugesprochen.[44]

Letter Rulings sind schriftliche Stellungnahmen des IRS auf Anfrage eines bestimmten Steuerpflichtigen, in denen der IRS seine Einschätzung und Beurteilung einen spezifischen Sachverhalts erläutert.[45] Die Stellungnahme geht an den Steuerpflichtigen persönlich und bezieht sich typischerweise auf Sachverhalte, die noch in der Zukunft liegen. Der Steuerpflichtige plant zB eine spezielle Transaktion und will mit einer gewissen Sicherheit die steuerlichen Konsequenzen berücksichtigen. Die Schlussfolgerung eines *Letter Rulings* muss vom *Local Office* bei der Steuerermittlung berücksichtigt werden und ist daher für den IRS in dem konkreten Fall bindend. Der Steuerpflichtige hat zwar das Recht die Anfrage zurückzuziehen und damit der bindenden Wirkung zu entgehen, jedoch muss berücksichtigt werden, dass in solchen Fällen eine anschließende Prüfung des IRS wahrscheinlich ist. Oftmals wird hierbei nicht nur der Sachverhalt, der Gegenstand der Anfrage war, überprüft, sondern alle damit verbundenen Transaktionen.

Seit kurzem werden die *Letter Rulings* auch anonymisiert der Öffentlichkeit zur Verfügung gestellt. *Letter Rulings* haben zwar keine bindende Wirkung für andere Steuerpflichtig und können, da für den Einzelfall konzipiert, vom IRS oder den Steuerpflichtigen nicht als Rechtsgrundlage für andere Gestaltungen herangezogen werden[46], sie spiegeln jedoch aufschlussreich die Position des IRS bezüglich eines Sachverhalts wider. Darüber hinaus sind *Letter Rulings* oftmals auslösendes Moment für neue *Revenue Rulings.*[47] Grundsätzlich sind *Letter Rulings* mit Einzelanfragen an das Finanzamt vergleichbar, allerdings besteht für den IRS im Falle einer Anfrage bindende Wirkung.

---

43 26 CFR § 601.201(a)(6); Rev. Proc. 2003-1, § 2.05, 2003-1 IRB 1 13.

44 Dies ist jedoch nicht der Fall, wenn das *Letter Ruling* an einen persönlich gerichtet ist, *Saltzman, M.I.* (2004): 3.03[1].

45 *Zschiegner, H.* (2002): 1143; *Kadel, J.* (2002): 588; *Jones, S.M./Rhoades-Catanach, S.C.* (2004): 28.

46 *Saltzman, M.I.* (2004): 3.03[1].

47 *Raabe, W.A./Whittenburg, G.E./Sanders, D.L./Bost, J.C.* (2003): 101.

2.3.2.4. Andere Veröffentlichungen

Das *Service* veröffentlicht auch Stellungnahmen in Bezug auf verfahrensrechtliche Fragen *(Revenue Procedures)*, die die Rechte und Pflichten des Steuerpflichtigen beeinflussen.[48]

Technical Advice Memoranda werden ebenfalls vom IRS bezüglich eines konkreten Sachverhalts ausgegeben, jedoch wird die Anfrage auf Klärung des Sachverhalts im Zuge einer Steuererklärung oder der Überprüfung des Steuerpflichtigen initiiert. Zum Unterschied zum *Private Letter Ruling* liegt die Transaktion hierbei schon in der Vergangenheit. Zwar haben die *Technical Advice Memoranda* ebenfalls nur konkret auf den Fall des Steuerpflichtigen eine bindende Wirkung, sie geben jedoch auch Einblicke in die Position des IRS zu einem bestimmten Sachverhalt wieder. *Technical Advice Memoranda* können ebenfalls Grundlage für *Revenue Rulings* sein.[49]

Während der Prüfung eines Steuerpflichtigen vor Ort kann der *Chief Counsel* dem *Field Personnel* in Antwort auf Anfragen Stellungnahmen zukommen lassen. *Field Service Advice* dient nicht als Rechtsgrundlage, jedoch spiegelt sich darin die Position des IRS wider.[50]

Notices sind Verlautbarungen des IRS an alle Steuerpflichtigen bezüglich Themen von besonderer Bedeutung, wie zB neue Vorschriften des Steuerrechts.[51] Oftmals stellen diese *Notices* eine Zwischenlösung dar, bis *Regulations* veröffentlicht werden. *Notices* beschreiben bestimmte Sachverhalte, wie vor allem *Tax Shelter Strategien*. Zwar wird ihnen nicht der Status eines Präzedenzfalls zugeschrieben, jedoch ist ihnen ein Sonderstatus inne, da die *Notices* bei Geldbußen aufgrund von *Tax Shelter* Transaktionen als Rechtsgrundlage herangezogen werden können.[52]

2.4. Rechtsprechung

Das Richterrecht stellt in den USA im Bereich des *Federal Common Laws* in Ermangelung von Gesetzesrecht bindendes Bundesrecht dar. Da sich das kodifizierte Steuerrecht sich jedoch als äußerst detailliert erweist, ist die Bedeutung des Richterrechts im Bereich des Steuerrechts eher gering. Wird jedoch

---

48 *Saltzman, M.I.* (2004): 3.04[1]; *Raabe, W.A./Whittenburg, G.E./Sanders, D.L./Bost, J.C.* (2003): 99f; *Jones, S.M./Rhoades-Catanach, S.C.* (2004): 28.

49 *Raabe, W.A./Whittenburg, G.E./Sanders, D.L./Bost, J.C.* (2003): 102; *Saltzman, M.I.* (2004): 3.03[1][a]; *Jones, S.M./Rhoades-Catanach, S.C.* (2004): 28.

50 *Saltzman, M.I.* (2004): 3.04[5].

51 *Raabe, W.A./Whittenburg, G.E./Sanders, D.L./Bost, J.C.* (2003): 108.

52 *Saltzman, M.I.* (2004): 3.04[9].

ein Bereich nicht durch Gesetz oder *Legsilative Regulations* geregelt, wie das bei Sec 385 IRC zur Qualifikation von Eigen- oder Fremdkapital der Fall ist, müssen die richterlichen Entscheidungen berücksichtigt werden.

2.4.1. Allgemein

Gerichtliche Entscheidungen stehen auf derselben Stufe wie die Gesetze selbst – gerichtliche Gesetzesauslegungen kommen damit den Gesetzen gleich.[53] Die Gerichte sind in ihren Entscheidungen sowohl an das Gesetz, an *Legislative Regulations*, soweit sie angemessen sind und verfahrensrechtliche Vorschriften bei der Erlassung eingehalten wurden, als auch in Ermangelung gesetzlicher Regelungen an Urteile anderer Gerichte gebunden.

Obwohl grundsätzlich die übrigen *Regulations* nur für den IRS bindend sind, können auch Gerichte diese *Regulations* berücksichtigen. Die Rechtsgültigkeit ist dabei ua von der Angemessenheit, dem Zeitpunkt des Inkrafttretens der *Regulations*, dem Zeitraum des Bestehens und der sogenannten *Reenactment Doctrine* abhängig. Bei der *Reenactment Doctrine* wird davon ausgegangen, dass bei einer Überarbeitung der Gesetze durch den *Congress* die bestehenden *Regulations* berücksichtigt und durch das Inkrafttreten des überarbeiteten Gesetzes anerkannt werden.

Gerichtsentscheidungen sind daher nicht an *Revenue Rulings, Revenue Proceedures, Technical Advice Memoranda* oder ähnliche Veröffentlichungen des IRS gebunden. Die Gerichte sehen in diesen Verlautbarungen lediglich die Position des IRS als Prozessteilnehmer.

Der bundesgerichtliche Instanzenzug ist dreigliedrig, wobei dem Steuerpflichtigen drei konkurrierende Gerichtswege offen stehen. Der Steuerpflichtige kann in der ersten Instanz den Rechtsfall sowohl vor dem *US Tax Court*, dem *US District Court* und dem *US Court of Federal Claims* vorbringen. Eine anschließende Berufung erfolgt je nach Erstinstanz entweder beim *US Court of Appeals* oder beim *Federal Circuit Court of Appeals.* Eine weitere Berufung ist dann nur mehr beim *US Supreme Court* möglich.[54]

---

53 *Raabe, W.A./Whittenburg, G.E./Sanders, D.L./Bost, J.C.* (2003): 118.

54 *Raabe, W.A./Whittenburg, G.E./Sanders, D.L./Bost, J.C.* (2003): 118f; *Thiele, C.* (1997): 29.

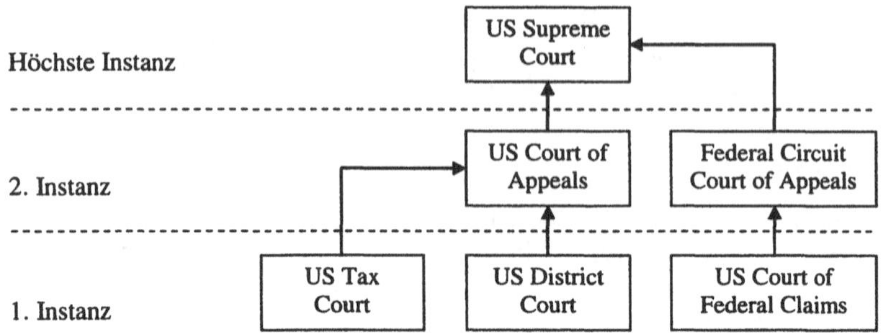

Abbildung 2: Instanzenzug für Steuerrechtsfälle in den USA

2.4.2. Gerichte der ersten Instanz

Sollte der Steuerpflichtige nicht mit der Auslegung des IRS übereinstimmen, wird die Angelegenheit in den meisten Fällen durch behördeninterne Berufung (*Appeals Office*) gelöst.[55] Sollte der Steuerpflichtige jedoch keine Regelung durch den IRS wünschen bzw konnte keine Einigung durch die behördeninterne Berufung erzielt worden sein, wird vom IRS ein Aufruf zur Zahlung der Steuerschuld mit einem Zahlungsziel von 90 Tagen (90 day letter) geschickt. Innerhalb dieser 90 Tage kann der Steuerpflichtige eine Klageschrift beim *Tax Court* einreichen. Wird diese Klageschrift nicht innerhalb der Frist eingereicht, muss die fällige Steuer jedenfalls gezahlt werden. Nach der Zahlung hat der Steuerpflichtige jedoch noch immer das Recht, dem IRS eine Steuerrückerstattungsaufforderung zu schicken. Reagiert der IRS nicht innerhalb von sechs Monaten oder wird der Aufforderung stattgegeben, kann der Steuerpflichtige den Fall dem *District Court* oder dem *Court of Federal Claims* vorbringen. Eine Einbringung beim *Tax Court* hat jedoch den Vorteil, dass der Steuerpflichtige ein Gerichtsverfahren ohne Bezahlung der geforderten Steuerschuld führen kann.[56]

Der *US-Tax Court* ist ein auf Steuersachen spezialisiertes Erstgericht, wo ausschließlich Richter mit Steuerrechtskenntnissen Entscheidungen fällen. Im Gegensatz zu den anderen Erstgerichten kann also damit gerechnet werden, dass der *Tax Court* mit der Rechtslage äußerst gut vertraut ist.[57] Verfahren vor dem

---

55 *McDaniel, P./Ault, H./McMahon, M./Simmons, D.* (1998): 26.

56 *McDaniel, P./Ault, H./McMahon, M./Simmons, D.* (1998): 27.

57 Allerdings sind die *Tax Courts* an die Urteile des Berufungsgerichts der jeweiligen Region *(Circuit)* gebunden. Das Berufungsgericht des *Tax Court* ist einer von 13 *Courts of Appeals*, die jeweils für eine andere Region zuständig sind, *Goslon Rule:* Golson v.

Tax Court sind Prozesse des Steuerpflichtigen gegen den *Commissioner*, sind *de novo* und nicht auf die Daten des Verwaltungsverfahrens beschränkt. Der Steuerpflichtige hat als Antragsteller die Beweislast in allen Dingen, außer ob es sich bei der Steuererklärung um Betrug handelt.[58] Die Entscheidung, ein Verfahren beim *Tax Court* einzubringen, wird ua davon abhängig sein, ob der Steuerpflichtige den Sachverhalt vor Spezialisten vortragen will. Dabei muss beachtet werden, dass die Tax *Courts* grundsätzlich den Entscheidungen der zuständigen *Court of Appeals* folgen.[59] Darüber hinaus kann der Steuerpflichtige die Steuerzahlung verweigern und erst bei Entscheidung des Gerichts die Schuld begleichen *(Sue now, pay later).*[60] Da es sich beim *Tax Court* um ein Verwaltungsgericht handelt, ist hier die Berufungsmöglichkeit beim *Court of Appeals* gegeben.

Der *US-District Court* hingegen ist das Gericht der ersten Instanz der Vereinigten Staaten. Das Verfahren im *District Court* muss für gewöhnlich im Bezirk des Steuerpflichtigen eingebracht werden und wird im Gegensatz zum *Tax Court* gegen die Vereinigten Staaten geführt. Der *District Court* entscheidet Sachverhalte bzgl des gesamten *United States Codes* und nicht nur in Steuersachen. Dadurch können große Unterschiede in der Rechtsauslegung zwischen dem *US-Tax Court und* dem *US-District Court* entstehen. Im Gegensatz zum *Tax Court* muss der Steuerpflichtige hier zuerst seine Steuerschuld zahlen und sie bei Obsiegen gegebenenfalls vom Staat zurückfordern *(Pay now, sue later).*[61]

Der *US-Court of Federal Claims* wurde erst 1982 eingeführt und behandelt alle Rechtsfälle, die eine Forderung gegenüber der Regierung zum Gegenstand haben. Dazu sind auch Steuersachen zu zählen. Auch bei diesem Erstgericht muss der Steuerpflichtige seine Steuerschuld zuerst begleichen und kann anschließend auf Rückzahlung klagen. Dementsprechend werden *US-District Court* und der *US-Court of Federal Claims* als *Refund Courts* bezeichnet. Allerdings sind die Richter des *Court of Federal Claims* keine Spezialisten des Steuerrechts. Da die Berufungsbehörde des *Court of Federal Claims* nicht der *US Court of Appeals* ist, ist es besonders in Fällen, in denen der *Federal Circuit*

Com., 54 TC 742 (1970), aff'd, 445 F2d 985 (10th Cir. 1971); *Raabe, W.A./Whittenburg, G.E./Sanders, D.L./Bost, J.C.* (2003): 130.

58 *McDaniel, P./Ault, H./McMahon, M./Simmons, D.* (1998): 21.

59 *McDaniel, P./Ault, H./McMahon, M./Simmons, D.* (1998): 23.

60 *Jones, S.M./Rhoades-Catanach, S.C.* (2004): 28; Der *Tax Court* veröffentlicht zwei Arten von Entscheidungen: einerseits die *Regular Decisions*, die einen neuen Aspekt des Steuerrechts betreffen und andererseits die *Memorandum Decisions*, die die Anwendung und Interpretation des bestehenden Rechts behandeln.

61 *Raabe, W.A./Whittenburg, G.E./Sanders, D.L./Bost, J.C.* (2003): 130.

Court of Appeals der zu klärenden Frage gegenüber positiv eingestellt ist, vorteilhaft, dort die Klage einzubringen.

2.4.3. Gerichte der zweiten Instanz

Als Gerichte zweiter Instanz kommen sowohl der *Court of Appeals* als auch der *Federal Circuit Court of Appeal* in Frage, je nachdem, ob als Erstgericht ein *Tax Court*, der *US-District Court* oder der *US-Court of Federal Claims* entschieden hat.

Der *Court of Appeals* entscheidet sowohl in steuerrechtlichen als auch in anderen Rechtsachen; er wird allerdings nur dann einer Berufung zustimmen, wenn es sich dabei um eine Rechtsfrage handelt. Die meisten Anträge werden als unbegründet zurückgewiesen. Der *Court of Appeals* kann in seinem Urteil nur darüber befinden, ob die Entscheidung des Erstgerichts gerechtfertigt war. Insgesamt gibt es 13 *Courts of Appeals,* wobei der Zuständigkeitsbereich von 11 *Circuits* nach geografischen Gesichtspunkten aufgeteilt ist. Die Entscheidungen der *Courts of Appeals* können divergieren, da sie voneinander unabhängig getroffen worden sind. Die wenigsten Fälle können vor dem *Supreme Court* vorgetragen werden, insofern sind die Entscheidungen der *Courts of Appeals* als endgültig zu betrachten. Für steuerplanerische Zwecke sollte daher den Entscheidungen des geografisch zuständigen *Court of Appeals* großes Augenmerk geschenkt werden.[62]

2.4.4. Höchstgericht

Der *Supreme Court* ist das Höchstgericht der Vereinigten Staaten. Allerdings werden nicht alle Fälle vom *Supreme Court* angenommen, oftmals weist das Gericht Anträge zurück *(Certiorar is denied).* Maßgeblich ist dabei allein die richtungweisende Bedeutung der Sache oder das Aufwerfen einer ungeklärten Rechtsfrage. Auf eine möglicherweise fehlerhafte Rechtsanwendung der Vorinstanz im Einzelfall kommt es hingegen nicht an. Entscheiden die Richter den Fall nicht anzuhören, ist das Verfahren beendet. Bei Abweisung wird das Urteil der zweiten Instanz endgültig. Nur ungefähr ein Dutzend Fälle in Steuersachen werden pro Rechtsperiode vom *Supreme Court* entschieden. Das Urteil des *Supreme Court* bedeutet uneingeschränkten Rechtsanspruch des Urteils.[63]

---

[62] *Jones, S.M./Rhoades-Catanach, S.C.* (2004): 28; *Raabe, W.A./Whittenburg, G.E./ Sanders, D.L./Bost, J.C.* (2003): 133f.

[63] *Raabe, W.A./Whittenburg, G.E./Sanders, D.L./Bost, J.C.* (2003): 136; *Jones, S.M./ Rhoades-Catanach, S.C.* (2004): 28f.

III. Rechtsgrundsätze im Steuerrecht

1.1. Allgemein

Neben den im Gesetz verankerten Vorschriften, den vom IRS erlassenen verbindlichen Veröffentlichungen und den Urteilen der unterschiedlichen Instanzen sind für sämtliche Transaktionen bestimmte durch Richterrecht verankerte Grundsätze zu beachten. Als Begründung für das Zurückgreifen auf diese Grundsätze wird angegeben, dass bei wörtlicher Auslegung des Codes Steuervermeidungsstrategien zur Norm werden würden. Selbst bei noch so detailgetreuer Verfassung der Gesetze könnten die Gesetzgeber nicht alle Szenarien vorhersehen, die sich ergeben könnten bzw beschreiben die Gesetze nicht wortwörtlich die Absicht des Gesetzgebers. Diese Lücke soll durch allgemeine Grundsätze gefüllt werden. Diese von den Gerichten entwickelten Doktrinen können Gestaltungen zu Fall bringen, selbst wenn die Gesetze wortgetreu befolgt werden.[64]

Die Begriffe Steuervermeidung und Steuerhinterziehung sind grundsätzlich zu unterscheiden. Während unter Steuervermeidung die rechtmäßige Minimierung der Steuerpflicht verstanden wird, stellt Steuerhinterziehung einen strafrechtlichen Tatbestand dar.[65] Steuerhinterziehung umfasst Betrug, Verschleierung des Sachverhalts, Vernichtung von Dokumenten und dergleichen, während Steuervermeidung das planerische Vorgehen eines Steuerpflichtigen darstellt, der die dafür notwendigen Unterlagen der IRS offen legt. Steuervermeidung kann jeden persönlichen und betrieblichen Geschäftsfall umfassen.[66]

Bei Gestaltungen kommen oftmals mehrere Rechtsgrundsätze gleichzeitig zur Anwendung. Eine Gestaltung kann zB erst durch mehrere Einzelschritte einen wirtschaftlichen Gehalt aufweisen, der von der gewählten Form abweicht. Eine genaue Trennung in einzelne Grundsätze ist daher nur bedingt möglich.

---

64 *Bittker, B.I./Lokken, L.* (1999): 4.3.1., diese Prinzipien sind dem Gesetz sozusagen vorgelagert.

65 Helvering v. Gregory, 69 F2d 809 (2nd Cir. 1934), aff'd, Gregory v. Helvering, 293 US 465 (1935), in diesem Fall kam der Richter zu dem Urteil, dass die Steuervermeidung nicht nur legal, sondern die Forderung der Regierung nach höheren *Einnahmen* ungerechtfertigt sei: *"a transaction, otherwise within an exception of the tax law, does not lose its immunity, because it is actuated by a desire to avoid, or, if one choose, to evade, taxation. Any one may so arrange his affairs that his taxes shall be as low as possible; he is not bound to choose that pattern which will best pay the Treasury; there is not even a patriotic duty to increase one's taxes"*.

66 *Bittker, B.I./Lokken, L.* (1999): 4.3.2.

1.2. Substance over Form

Für gewöhnlich ist die äußere Form einer Transaktion für den wirtschaftlichen Gehalt maßgeblich. Allerdings kann in manchen Fällen der Steuerpflichtige absichtlich oder unabsichtlich eine Form wählen, die nicht auf den tatsächlichen Gehalt schließen lässt. Die *Substance over Form* Doktrin besagt diesbezüglich, dass das von den Beteiligten gewählte Rechtsgeschäft für die Besteuerung unbeachtlich ist, wenn damit das wirtschaftliche Ergebnis eines anderen Rechtsgeschäfts erzielt wird. Dieser Rechtsgrundsatz wurde bereits 1921 vom *Supreme Court*[67] angewandt und wird heute noch als wesentlichstes Prinzip der Besteuerung von Geschäftsfällen zugrunde gelegt.[68]

Geschäftsfälle, die zwischen Fremden getätigt werden und einem Fremdvergleich standhalten, werden seltener auf ihre *Substance* hin überprüft, da üblicherweise die *Form* auch der *Substance* entspricht. Zwischen *Related Parties* hingegen besteht der Anreiz, Transaktionen so zu gestalten, dass wirtschaftlich ein bestimmter Geldfluss erreicht wird, jedoch gleichzeitig auch eine Reduktion der Steuerbemessungsgrundlage möglich wird.

Als Bespiel für die Anwendung der *Substance over Form* Doktrin bei *Related Party Transactions* können die Entscheidungen mehrerer Gerichte genannt werden, die sich weigerten, Zinsaufwendungen gem Sec 163(a) IRC mangels einer bona fide Verschuldung zwischen Schuldner und Gläubiger, besonders im Fall einer innerfamiliären bzw einer Gesellschafter-Gesellschaft-Transaktion anzuerkennen. Es handelt sich hierbei um eine Faktenfrage, für gewöhnlich liegt es am Gericht zu entscheiden, ob eine Transaktion, die von dem Steuerpflichtigen als Darlehen beansprucht wird, in Wirklichkeit eine Schenkung bzw eine Eigenfinanzierung darstellt oder ob nicht doch ein aufrichtiges Schuldner-Gläubiger-Verhältnis vorliegt.[69]

Ein berühmtes Beispiel für die *Substance over Form* Doktrin kann der Fall *Knetsch v. US* genannt werden. In diesem Fall urteilte der *Supreme Court,* dass der Steuerpflichtige Zinszahlungen eines angeblichen Darlehens nicht abziehen konnte, denn *"there was nothing of substance to be realized from this transaction beyond a tax deduction."*[70] Das Urteil im Fall Knetsch wurde in einer

---

67 US v. Phellis, 257 US 156 (1921); "*We recognize the importance of regarding matters of substance and disregarding forms in applying the provisions of the Sixteenth Amendment and income tax laws enacted thereunder.*"

68 *Quinn, T.S./White, K.* (2003): 29; Weinert's Estate v. Com., 294 F2d 750 (5th Cir. 1961).

69 Muserlian v. Com., 932 F2d 109 (2nd Cir. 1991), keine gültige Verschuldung, da Vater in zwei Jahren 40 Darlehen mit den erwachsenen Kindern abschloss und gleichzeitig das Geld wieder zurückforderte.

70 Knetsch v. US, 364 US 361 (1960); Knetsch v. US, 348 F2d 932 (Ct. Cl. 1965).

Vielzahl von Fällen angewandt und wird von den Gerichten oftmals als Rechtsgrundlage für die Nichtanerkennung fehlender Verschuldungen zitiert.[71]

In *Goldstein v. CIR* anerkannte der *Court of Appeals for the Second Circuit* zwar die Verschuldung an sich, nicht jedoch die Zinsaufwendungen, weil diese derart gestaltet waren, dass sie allein aus dem Grund der Aufwandswirkung für steuerliche Zwecke generiert wurden.[72] Das Gericht urteilte, dass die Zinsen unter diesen Umständen nicht in den Rahmen der Sec 163(a) IRC fallen würden, da neben der steuerlichen Abzugsfähigkeit keine Finanzierung einer Tätigkeit verfolgt wurde.[73] Obwohl die Konstruktion in *Goldstein* nun gesetzlich in Sec 461(g) IRC verankert ist, wo ein Abzug von Zinszahlungen im Voraus verneint wird, wird der Fall noch immer für Transaktionen angewendet, bei denen außer der Schaffung von Zinsaufwendungen kein wirtschaftlicher Gehalt vorliegt.[74]

---

71 Bail Bonds von Marvin Nelson, Inc. v. Com., 820 F2d 1543 (9th Cir. 1987), Darlehen waren ein Scheingeschäft, weil die Transaktionen eine Zirkulation von Kapital darstellten, der Steuerpflichtige zahlte und besicherte die Verwendung des Darlehens nicht; Beck v. Com., 678 F2d 818 (9th Cir. 1982), Zinsaufwand wurde verweigert, da der *Nonrecourse Debt* wesentlich höher als der *Fair Market Value* des Vermögens war, das zur Besicherung diente, der Transaktion fehlte der wirtschaftliche Gehalt; Rev. Rul. 84-5, 1984-1 CB 32, ebenfalls Verneinung des Zinsabzugs eines *Accrual Method Taxpayer*, da die Zinszahlungen den Wert des Vermögens wesentlich überstiegen, abzugsfähig war nur der Teil, der im Einklang mit dem wirtschaftlichen Gehalt stand; *Bittker, B.I./Lokken, L.* (1999): 4.3.3.

72 Goldstein v. Com., 364 F2d 734 (2nd Cir. 1966), nachdem die Steuerpflichtige 140.000 Dollar beim Wetten gewonnen hatte, versuchte sie, Aufwendungen zu erzielen, um ihren Gewinn steuerlich zu kompensieren. Sie borgte sich dafür 945.000 Dollar von zwei Banken um den Kauf von *Treasury Securities* im Wert von 1,000.000 zu finanzieren, welche für die Sicherung des Darlehens verpfändet wurden, auf dem sie 81.000 Dollar Zinsen im Voraus bezahlte. Die Absicht dieser Konstruktion war es, aufgrund der Zinszahlungen in der Progression günstiger besteuert zu werden, während die Erträge der Investition in Zukunft als steuerbegünstigter Veräußerungsgewinn veranlagt werden konnten. Die Steuerpflichtige übernahm darüber hinaus Zinszahlungen der geborgten Mittel und zahlte hohe Gebühren an ihre Berater. Diese Zahlungen sollten sich mit den Steuereinsparungen ausgleichen.

73 Jacobson v. Com, 915 F2d 832 (2nd Cir. 1990), Zinsen im Zusammenhang mit einer bona fide Verschuldung können abzugsfähig sein, auch wenn die Transaktion, für die das Darlehen aufgenommen wurde, der Steuerhinterziehung diente; Lee v. Com., TC Memo 1997-172 (1997), der einzige Zweck des Darlehens war die Schaffung von Zinsaufwendungen, *Goldstein* kommt zur Anwendung, um die Zinsaufwendungen zu verneinen, *Jacobson* kommt nicht zur Anwendung, aff'd, 155 F3d 584 (2nd Cir. 1998).

74 Sheldon v. Com., 94 TC 738 (1990), gleichzeitiger Kauf von Treasury Bills und Verkauf mit demselben Händler fehlte wirtschaftlicher Gehalt; Seykota v. Com., TC Memo P 91.541 (1991), Verneinung des Zinsabzugs eines bona fide Darlehens einer Bank, da das Kapital Goldkäufen diente, die im Folgejahr mit einer garantierten Verzinsung in Höhe

Der wirtschaftliche Gehalt einer Transaktion ist jedoch nicht immer eindeutig zu bestimmen. Oftmals kann keine eindeutige Regelung aus den Gerichtsentscheidungen abgeleitet werden, da die wesentlichen Faktoren in den einzelnen Fällen aufgrund der Komplexität kaum auszumachen sind.[75]

Die *Substance over Form* Doktrin wird von den Gerichten und dem IRS grundsätzlich bei jeder Transaktion überprüft und geht den übrigen Steuervorschriften vor. Insofern sind Gestaltungen jedenfalls auf ihren wirtschaftlichen Gehalt hin zu überprüfen.

1.3. Business Purpose

Die *Business Purpose* Doktrin kann als der Grundsatz definiert werden, wonach Transaktionen, die keine wesentliche Veränderung der wirtschaftlichen Situation des Steuerpflichtigen – ausgenommen einer Steuerreduzierung – erwirken, nicht anerkannt werden.[76] Die *Business Purpose* Doktrin wurde durch das Urteil *Helvering v. Gregory* gesetzlich verankert. Im Fall *Gregory* wollte der Steuerpflichtige Wertpapiere einer Körperschaft, an der er als einziger Aktionär beteiligt war, in seinen persönlichen Besitz einfließen lassen.[77] Da die Ausschüttung der Anteile als Dividende zu versteuern gewesen wäre, gründete der Steuerpflichtige eine neue Gesellschaft, zu der die Wertpapiere transferiert wurden. Der alleinige Anteilsinhaber der neuen Gesellschaft war ebenfalls der Steuerpflichtige. Anschließend liquidierte der Steuerpflichtige die neue Gesellschaft und erhielt somit steuerfrei die Wertpapiere aus der Liquidation. Die *Section* des Codes lösen bei den einzelnen Transaktionen an sich keine Steuerpflicht aus, doch der *Supreme Court* betrachtete diese Gestaltung als reinen Kunstgriff, um den wahren Gehalt der Transaktion, nämlich den Transfer des Vermögens in das Eigentum des Steuerpflichtigen, zu verbergen.[78]

---

der gezahlten Zinsen verwendet wurde; Rose v. Com., 88 TC 386 (1987), aff'd, 868 F2d 851 (6th Cir. 1989), Zinszahlungen, die tatsächlich auf *Recourse Debt* gezahlt wurden, sind abzugsfähig, sogar in einer *Tax Shelter* Transaktion, die andernfalls als *Sham* be trachtet werden würde.

75 *Bittker, B.I./Lokken, L.* (1999): 4.3.3.

76 In der Literatur wurde diskutiert, ob die *Business Purpose* (oder *Economic Substance*) Doktrin nicht gesetzlich verankert werden soll. Damit würde jedoch ein starres Gesetz geschaffen, das von den Steuerpflichtigen umgangen werden kann, ausführlich dazu *Beeman, E.R.* (2005): 454ff.

77 Helvering v. Gregory, 69 F2d 809 (2nd Cir. 1934), aff'd, Gregory v. Helvering, 293 US 465 (1935).

78 Gregory v. Com., 27 BTA 223 (1932), "*Putting aside ... the question of motive in respect of taxation altogether, and fixing the character of the proceeding by what actually occurred, what do we find? Simply an operation having no business or corporate*

In anderen Fällen wurde die *Business Purpose* Doktrin angewandt, um den Zinsabzug zu verneinen, obwohl ein gültiges Darlehen vorlag. Im Fall *Winn-Dixie Stores,* Inc. v. CIR79 belieh der Steuerpflichtige mehr als 1 Millionen Dollar von einer Versicherungsgesellschaft, um mit den Zinserträgen Lebensversicherungspolizzen für zirka 36.000 Angestellte zu kaufen. Der Kredit wurde mit dem Rückkaufwert der Polizzen besichert. Die Ausgestaltung war komplex, aber der *Tax Court* verglich den Vorsteuer- und Nachsteuerertrag des Steuerpflichtigen und kam zu dem Urteil, dass es keinen nichtsteuerlichen Grund für diese Transaktion gab, da die Vorsteuerkosten die Vorsteuererträge überstiegen. Da diese Transaktion außer den steuerlichen Aufwendungen keinen wirtschaftlichen Ertrag erzielte, fehlte es an *Business Purpose* und die Zinsaufwendungen wurden als nicht abzugsfähig erklärt.[80] Der *Eleventh Circuit* bestätigte das Urteil mit der Begründung, dass *"transactions whose sole function is to produce tax deductions are substantive shams"* und dass die einzige Funktion eine steuerliche Abzugsfähigkeit von Zinsaufwendungen darstellte und daher diese Transaktion *"lacked sufficient economic substance to be respected for tax purposes."*

Die *Business Purpose* Doktrin schließt allerdings nicht aus, dass ein Beweggrund für eine Transaktion nicht steuerlicher Natur sein muss. Ein *Business Purpose* muss nicht allein deshalb auszuschließen sein, weil es sich um ein steuerplanerisches Geschäft handelt. Das Gesetz behandelt wirtschaftliche Sachverhalte unterschiedlich, insofern ist dem Steuerpflichtigen nicht ein Mangel an *Business Purpose* vorzuwerfen, wenn er zwischen Sachverhalten wählt.[81]

Die *Business Purpose* Doktrin ist prinzipiell mit der Missbrauchsvorschrift in § 22 BAO vergleichbar, jedoch ist das Anwendungsgebiet in den USA viel weiter gefasst. Der IRS und die Gerichte nehmen auf diesen Rechtsgrundsatz prinzipiell Bezug und beurteilen Steuersachverhalte entsprechend.

---

purpose – a mere device which put on the form of a corporate reorganization as a disguise for concealing its real character"; *Scholes, M.S./Wolfson, M.A./Erickson, M./Maydew, E.L./Shevlin, T.* (2002): 26; *Bittker, B.I./Lokken, L.* (1999):4.3.4; *Bittker, B.I./Eustice, J.S.* (2000): 12-244.

79 Winn-Dixie Stores, Inc. v. Com., 113 TC 254 (1999), aff'd, 254 F3d 1313 (11th Cir. 2001); In re CM Holdings, Inc., 254 BR 578 (D. Del. 2000) mit demselben Ergebnis, aff'd, 301 F3d 96 (3rd Cir. 2002); American Elec. Power v. US, 326 F3d 737 (6th Cir. 2003), mit demselben Ergebnis, 338 F3d 534 (6th Cir. 2003); alle diese Fälle wurden vor der Gesetzesänderung 1996 bzgl Sec 264(a)(4) IRC entschieden, welcher prinzipiell den Abzug von Zinsen in Zusammenhang mit Lebensversicherungen von Körperschaften verneint.

80 US v. Wexler, 31 F3d 117 (3rd Cir. 1994), Zinsen einer rechtlich durchsetzbaren Verschuldung sind nicht abzugsfähig, wenn sie im Zusammenhang mit einer Transaktion ohne wirtschaftlichen Gehalt stehen.

81 *Quinn, T.S./White, K.* (2003): 28.

1.4. Step Transactions

Die *Step Transactions* Doktrin verlangt, dass zusammenhängende Transaktionen als Ganzes betrachtet werden sollen und nicht jeder Schritt an sich dem Gesetz zu unterwerfen ist.[82]

Die Anwendung der *Step Transaction* Doktrin ist dann eindeutig, wenn sich zB die Vertragspartner geeinigt haben, dass eine Reihe von Transaktionen erst dann rechtmäßige Wirkung erlangt, wenn alle vollzogen wurden. Liegt so ein Übereinkommen nicht vor, ist die Frage der Anwendung bereits schwieriger zu beantworten. Der *Tax Court* hat zu dieser Frage folgende Stellung bezogen: Die Anwendung der *Step Transaction* Doktrin ist dann gegeben, wenn die einzelnen Schritte derart voneinander abhängig sind, dass die rechtlichen Ergebnisse eines einzelnen Schrittes ohne die Gesamtheit der Transaktionen nutzlos wären.[83] Eine Vereinbarung der Vertragspartner über die gesamte Serie von Schritten vor der ersten Transaktion ist also nicht notwendig, sondern es ist ausreichend, dass durch eine Serie von Transaktionen ein bestimmtes Ergebnis erzielt wird.[84]

Der zu untersuchende Zeitraum für eine mögliche Anwendung der *Step Transaction* Doktrin kann beliebig lang sein. So sind Fälle bekannt, in denen die *Step Transaction* Doktrin bei Ereignissen wirksam wurde, die bereits fünf Jahre

---

[82] Warner Co. v. Com., 26 BTA 1225 (1932), Section 204(a)(7) des Revenue Act 1926, bezüglich Umgründungen "*permits, if it does not require, an examination of the several steps taken which culminated in the taxpayer's acquisition of the ... assets*"; Carter Publications, Inc. v. Com., 28 BTA 160 (1933), "*the whole series of acts, corporate and otherwise, constituted only a single transaction*"; *Bittker, B.I./Lokken, L.* (1999): 4.3.5; *Bittker, B.I./Eustice, J.S.* (2000): 12-252f;

Für bestimmte Sachverhalte ist die *Step Transaction* Doktrin gesetzlich verankert. Gem Sec 302(b)(2)(D) IRC werden bei nicht verhältniswahrenden Aktienrückzahlungen alle in Frage kommenden Vorgänge für die Beurteilung des Vorliegens von *Step Transactions* in Betracht gezogen. Die gesetzliche Verankerung soll Richter zur Anwendung dieser Doktrin vor allem dann anhalten, wenn diese aufgrund des allgemeinen Charakters eines Falls der *Step Transaction* widersprüchlich gegenüberstehen. Diesbezüglich stellt sich allerdings die Frage, warum in bestimmten Fällen gesetzliche Vorschriften vorliegen und in anderen nicht.

[83] Manhattan Bldg. Co. v. Com., 27 TC 1032 (1957); American Bantam Car Co. v. Com, 11 TC 397 (1948), aff'd, 177 F2d 513 (3rd Cir. 1949); ebenso Custom Chrome, Inc. v. Com., 217 F3d 1117 (9th Cir. 2000), die Beurteilung des *Tax Court*, ob einzelne Schritte einer komplexen Transaktion unter Anwendung der *Step Transactions* Doktrin zusammengefasst werden, unterliegt der Sachverhaltsklärung, die fehlerhaften Entscheidungen unterliegen kann. *(Tax Court's determination whether several steps of a complex transaction should be collapsed under the step transaction doctrine is a factual finding subject to the clearly erroneous standard of review).*

[84] Vgl. McDonald's Restaurants of Ill. v. Com., 688 F2d 520 (7th Cir. 1982); King Enters., Inc. v. US, 418 F2d 511 (Ct. Cl. 1969); Bittker, B.I./Lokken, L. (1999): 4.3.5.

auseinander lagen; andererseits wurde die Doktrin für Transaktionen, die innerhalb von 30 Minuten abgewickelt wurden, als nicht zutreffend eingestuft.[85]

1.5. Die Nichtanerkennung der Form durch den Steuerpflichtigen

Sollten sich jedoch weder Finanzverwaltung noch Richter sondern der Steuerpflichtige im Zuge eines Verfahrens auf die *Substance over Form, Business Purpose oder Step Transaction* Doktrin berufen, um eine gewisse Steuerwirkung zu erzielen, sind die richterlichen Reaktionen widersprüchlich.[86]

Vor 1967 hatten sowohl der Steuerpflichtige als auch der IRS die Möglichkeit, eine Umqualifizierung des Instruments anhand der wirtschaftlichen Betrachtungsweise zu erreichen. Seit dem Urteil im Fall *Com. v. Danielson*[87] können Steuerpflichtige nur noch unter erschwerten Bedingungen die von ihnen gewählte Form durch Argumente des wirtschaftlichen Gehalts entkräften. Gem der sog *Danielson Rule* muss der Steuerpflichtige Beweise vorlegen können, die die Konditionen des Instruments unter *State Law* wesentlich abändern, wie es zB bei Betrug der Fall ist. Nicht alle Gerichte folgen dieser Auffassung bzw legen das Urteil unterschiedlich aus. Die *Tax Courts* wenden die *Danielson Rule* nicht an, solange sie nicht durch die *Golson Rule*[88] dazu gezwungen werden, die Regeln des *Circuits* anzuwenden. *Tax Courts* erlauben dem Steuerpflichtigen grundsätzlich, den wirtschaftlichen Gehalt gem der *Strong Proof Rule* herzustellen; eine höhere Auflage als die sonst auf Steuersachen anzuwendende *Preponderance of the Evidence Standard* Regelung, jedoch weniger restriktiv als die *Danielson Rule.*[89]

In manchen Fällen wird den Ausführungen des Steuerpflichtigen bzgl der Rechtsgrundsätze gefolgt, jedoch ist es genauso gut möglich, dass der Steuerpflichtige diese nicht als Grundlage für seine Überlegungen verwenden kann

---

85 Douglas v. Com., 37 BTA 1122 (1938), fünfjährige Verzögerung in der Umsetzung einer Umgründung aufgrund der Nichtabtretung von Verträgen und strittigen Schadenersatzansprüchen; Henricksen v. Braicks, 137 F2d 632 (9th Cir. 1943), Liquidation wurde als unabhängig von dem 30 Minuten später stattfindenden Transfer von Vermögen zu einer neuen Körperschaft beurteilt.

86 *Bittker, B.I./Lokken, L.* (1999): 4.3.6.

87 378 F2d 771 (3d Cir 1967), *"a party can challenge the tax consequences of his agreement as construed by the Commissioner only by adducing proof which in an action between the parties to the agreement would be admissible to alter that construction or to show its unenforceability because of mistake, undue influence, fraud, duress, etc."*

88 Golson v. Commissioner, 54 TC 742 (1970), aff'd, 445 F2d 985 (10th Cir. 1971).

89 *Paeslee, J.M./Nirenberg, D.Z.* (2002): 703f; *Berman, D.M./Strain, D.O.* (2000): 676f.

(*Disavowal of Dorm by Taxpayer*).[90] Die Begründunge der Gerichte, dem Steuerpflichtigen, der in weiterer Folge seine eigene Transaktion umqualifizieren möchte, nicht zu folgen, liegt vor allem darin, dass der Steuerpflichtige die *Form* und damit seine ursprüngliche Absicht in seiner Steuererklärung angegeben hat und diese auch von dem IRS akzeptiert und im Rahmen der Einkommensteuerermittlung berücksichtigt worden ist.[91] Ein weiterer Grund für die restriktive Haltung der Gerichte liegt darin, dass durch die Umqualifikation zu einem späteren Zeitpunkt es oft unmöglich ist, dies für die Vergangenheit und mit allen beteiligten Personen zu bewerkstelligen.[92]

Auf der anderen Seite wurden in vielen Fällen die *Substance over Form* Doktrin sowohl für den Steuerpflichtigen als auch die IRS als zugänglich erachtet. Der *Court of Appeals for the Ninth Circuit* vertrat die Ansicht, dass die Fehlentscheidung des Finanzbeamten nicht über den Sachverhalt bestimmen sollte. *"One should not be garroted by the tax collector for calling one's agreement by the wrong name."*[93] Auf ähnliche Weise akzeptierte der *Supreme Court* eine Abweichung von einem Vertrag, der steuerlich motiviert war, obwohl der IRS der Bewilligung zugestimmt hatte.[94]

Zwischen diesen zwei Tendenzen reiht sich eine Vielzahl von Fällen, die dem Steuerpflichtigen erlauben, von seiner gewählten Form abzuweichen. Allerdings liegt beim Steuerpflichtigen eine erhöhte Beweislast *(strong proof)* gegenüber üblichen Fällen.[95] Auffallend sind jedenfalls die divergierenden Auslegungen des *strong proof* der richterlichen Entscheidungen bei ähnlich gelagerten Sachverhalten, die zu unterschiedlichen Ergebnissen führen können.[96]

---

90 Burnet v. Commonwealth Improvement Co., 287 US 415 (1932), durch die Gründung einer Kapitalgesellschaft musste der Steuerpflichtige die steuerlichen Konsequenzen akzeptieren; Higgins v. Smith, 308 US 473 (1940), das Ministerium kann das Trennungsprinzip einer Kapitalgesellschaft durchbrechen, wenn dies vorgezogen wird; Durkin's Estate v. Com., 99 TC 561 (1992), der Steuerpflichtige durfte nicht von seiner gewählten Form abweichen, weil er nicht darlegen konnte, dass er dem wirtschaftlichen Gehalt nicht ehrlich und konsistent gefolgt ist und eine Recharakterisierung erst erfolgte, nachdem der IRS die Behandlung in Frage gestellt hat.

91 *Bittker, B.I./Lokken, L.* (1999): 4.3.6.

92 Unvert v. Com., 72 TC 807 (1979), aff'd, 656 F2d 483 (9th Cir. 1981).

93 Pacific Rock & Gravel Co. v. US, 297 F2d 122 (9th Cir. 1961), trotz dieser Aussage verlor der Steuerpflichtige.

94 Bartels v. Birmingham, 332 US 126 (1947).

95 *Bittker, B.I./Lokken, L.* (1999): 4.3.6.

96 Ullman v. Com., 264 F2d 305 (2nd Cir. 1959), *strong proof*; Peterson Mach. Tool, Inc. v. Com., 79 TC 72 (1982), aff'd, 54 AFTR2d 84-5407 (10th Cir. 1984), die *strong proof* Doktrin kam nicht zur Anwendung, obwohl die Vertragsparteien die Bedingungen nicht verändert, jedoch doppeldeutige Bedingungen zum Nutzen der einzelnen Parteien ausgelegt haben; Com. v. Danielson, 378 F2d 771 (3rd Cir. 1959), verlangt Beweise, die Be-

IV. Grundzüge der Besteuerung in den USA

1. Berechnung der steuerlichen Bemessungsgrundlage

1.1. Der Einkommensbegriff

Die Definition des Einkommens *"all income from whatever source derived"* ist in Sec 61(a) IRC geregelt und ist im Wesentlichen seit dem Gesetz von 1954 unverändert geblieben.[97] Dabei werden unter Einkommen alle Vermögensvermehrungen verstanden, die nicht explizit steuerfrei gestellt sind. Im Anschluss an diese allgemeine Formulierung folgt in Sec 61(a) IRC eine nicht abschließende Aufzählung von Einkunftsarten, die auch Dividenden, Zinsen und Veräußerungsgewinne aus Vermögenswerten umfasst.[98]

Die Frage, ob eine Einkommensquelle *Gross Income* darstellt, ist nicht immer leicht zu beantworten. Jeder Zahlungsstrom zum Steuerpflichtigen wird von dieser Regelung erfasst, dh steuerpflichtig wären theoretisch auch Kreditaufnahmen, wenn diese nicht konkret vom Einkommen ausgeschlossen wären. Hypothetisch wären auch fiktive Mieteinkünfte in das Einkommen miteinzubeziehen, wenn der Steuerpflichtige in seinem eigenen Haus wohnt. Diese Ausnahmen werden aus sozialen oder politischen Gründen gewährt bzw bestehen, um die Steuerverwaltung zu vereinfachen.

---

dingungen eines schriftlichen Vertrages zivilrechtlich wie zB bei Betrug zu ändern; Lane Bryant, Inc. v. US, 35 F3d 1570 (Fed. Cir. 1994), unter Anwendung der *Danielson Rule*; Durkin's Estate v. Com., 99 TC 561 (1992); Insilco Corp. v. US, 53 F3d 95 (5th Cir. 1995), unter Anwendung der *Danielson Rule* würde die Umgestaltung von Veräußerungen von Aktien verhindert; Norwest Corp. v. Com., 111 TC 105 (1998), die unterschiedlichen Tests zur Frage, ob der Steuerpflichtige von seiner gewählten Form abweichen kann, wurden als nicht anwendbar betrachtet, da der Steuerpflichtige ursprünglich den Sachverhalt gemäß der Form wiedergegeben und die Umqualifizierung als Vorsichtsmaßnahme in den Streitsachen vorgesehen hat; Zermeno v. Com., 91,550 P-H Memo. TC (1991), *Danielson Rule* kam nicht zur Anwendung; Thomas v. Com., 67 Fed. Appx. 582 (11th Cir. 2003), unter Anwendung der *Danielson Rule* wurde der aufgrund eines Vertrages auf die einzelnen Vertragspartner aufgeteilte Umsatz nicht als Verkauf von Aktien anerkannt, da dieser keinen wirtschaftlichen Gehalt vorweisen konnte: *"the Commissioner retains a superior right to challenge the substance of a transaction, a right that taxpayers do not share"*.

97 Die Formulierung wurde dem VI. Verfassungszusatz entnommen, die einzige Änderung erfolgte 1984 durch die Aufnahme der *fringe benefits* in Sec 61(a)(1) IRC.

98 Im Gesetz dazu ist allerdings ausdrücklich verankert, dass diese Liste nicht abschließend ist. Fällt also eine Einkunftsquelle nicht unter einen der 15 Aufzählungspunkte, stellt sie dennoch Einkommen gem Sec 61(a) IRC dar, wenn die allgemeine Regelung Anwendung findet, S. Rep. No. 1622, 83rd Cong., 2nd Sess. 168 (1954); HR Rep. No. 1337, 83rd Cong., 2nd Sess. A18 (1954); *Jones, S.M.* (2001): 100; *Reusch, K.M.* (2002): 33; *Zschiegner, H.* (2002): 1146; *Müssener, I.* (2000): 20.

Eine Präzisierung dieser breiten Definition bietet der Zusatz in Sec 61(a) IRC, der Einkommen ausschließt, wenn sie im *Subtitel A (Income Taxes)* ausgenommen sind. Grundsätzlich sind die Ausnahmen vom *Gross Income* in den Sec 101–134 IRC aufgelistet, die zB Schenkungen, Erbschaften, Einkommen aus Lebensversicherungen, Zinsen aus Kommunalanleihen und Stipendien ausschließen.[99] In manchen Fällen werden diese Ausnahmen in voller Höhe ausgeschlossen, in anderen Fällen sind Teile davon sehr wohl dem Einkommen hinzuzurechnen und manchmal handelt es sich um eine Hinauszögerung der Einkommenswirkung in die Zukunft.

Der US-amerikanische Einkommensteuerbegriff geht über den im öEStG kodifizierten Einkommensteuerbegriff hinaus. Lt öEStG sind nur solche Einkünfte steuerpflichtig, die unter in §§ 21–29 öEStG genannten Einkunftsarten subsumiert werden können. Zwar wird durch die zahlreichen Ausnahmetatbestände im US-amerikanischen Steuerrecht die allgemeine Steuerpflichtigkeit sämtlicher Zuflüsse relativiert, jedoch nicht vollständig beseitigt.[100]

1.2. Aufwendungen

1.2.1. Laufende Aufwendungen

Sec 162 IRC ist eine sehr breit gefasste Bestimmung, die den Abzug von Aufwendungen erlaubt, wenn diese im Rahmen eines Betriebes *(trade or business)* gewöhnlich bzw notwendig sind *(ordinary and necessary)*.[101]

Eine Ausgabe wird dann als *ordinary* angesehen, wenn diese als üblich oder im Geschäft des Steuerpflichtigen akzeptiert ist. *Necessary* ist in diesem Kontext sehr breit gefasst und verlangt lediglich, dass die Ausgabe angebracht und hilfreich ist *(appropriate and helpful)*.[102]

---

99 Beteiligungserträge von Körperschaften sind im Gegensatz zu vielen Jurisdiktionen nicht vom Einkommen ausgenommen *(Participation Exemption)*; um eine Doppelbesteuerung zu vermeiden, sind Aufwendungen von Dividendenerträgen vorgesehen *(Dividend Deduction)*. Im *Gross Income* sind jedoch die Dividendenerträge in voller Höhe inkludiert.

100 *Reusch, K.M.* (2002): 36.

101 *Müssener, I.* (2000): 24; *Jones, S.M.* (2001): 100; allerdings sind im Gesetz keine Ausführungen diesbezüglich zu finden, es muss daher auf Gerichtsentscheidungen zurückgegriffen werden.

102 Obwohl Sec 162 IRC generell die Abzugsfähigkeit von Aufwendungen, soweit sie *Ordinary und Necessary Trade or Business* Ausgabe sind, normiert, ist jedoch gem Sec 162(c) IRC der Abzug von illegaler Bestechung und anderen Zahlungen nicht möglich. Sec 162(e) IRC verneint den Abzug von Aufwendungen, wenn diese im Zusammenhang mit politischen Kampagnen stehen. Gem Sec 162(f) IRC sind an Regierungen gezahlte Strafen aufgrund von Gesetzesübertretungen nicht abzugsfähig und Sec 162(g) IRC verneint die Abzugsfähigkeit von Ausgleichszahlungen aufgrund von *Antitrust Laws*.

Das Konzept des *Trade or Business* unterstellt einen geregelten, anhaltenden und auf Gewinnerzielung ausgerichteten Geschäftsbetrieb. Der *Supreme Court* urteilte im Fall *Groetzinger*[103], dass ein Steuerpflichtiger für einen Geschäftsbetrieb *"must be involved in the activity with continuity and regularity and that the taxpayer's primary purpose for engaging in the activity must be for income or profit."* Ein Geschäftsbetrieb muss jedoch von einer nichtbetrieblichen, jedoch auf Gewinnerzielung ausgerichteten Tätigkeit unterschieden werden. Passive Einkünfte wie zB Aktien- oder Investmenteinkünfte sind auf Gewinnerzielung ausgerichtet, jedoch erreichen sie nicht die Anforderungen eines aktiven Geschäftsbetriebs.[104]

Sec 262 IRC normiert, dass Lebenshaltungskosten einer natürlichen Person nicht abzugsfähig sind, außer das Gesetz sieht ausdrücklich eine Ausnahme von dieser generellen Regelung vor. Somit sind Ausgaben für Essen, Wohnen und Kleidung nicht abzugsfähig. Allerdings gestaltet sich eine Zurechnung zwischen persönlichem und betrieblichem Bereich oftmals als schwierig.

1.2.2. Verlustvorträge

Die Regelung bezüglich der Verlustvorträge (*Net Operating Loss* – NOL) findet sich in Sec 172 IRC und erlaubt die intertemporäre Verrechnung mit positiven Einkommen. Dabei wird der NOL als der Überhang der abzugsfähigen Aufwendungen über das Einkommen in einem Veranlagungsjahr definiert. Allerdings sind gem Sec 172(d) IRC folgende Anpassungen vorzunehmen:

- Ein Verlustvortrag kann nur dann in Anspruch genommen werden, wenn kein anderer Verlustvortrag aus einem anderen Jahr verwendet wird.
- Handelt es sich bei dem Steuerpflichtigen um keine Körperschaft, dürfen die *Capital Losses* den Betrag der *Capital Gains* nicht übersteigen und die Ausnahmen in Sec 1202 IRC sind nicht erlaubt. Weiters dürfen abzugsfähige Aufwendungen von nicht mit Geschäftsbetrieben in Zusammenhang stehenden Tätigkeiten nur in Höhe der Erträge abgezogen werden.
- Aufwendungen gem Sec 151 IRC, die sich auf die Aufwendungen bzw Befreiungen von Steuerpflichtigen, den Eheleuten von Steuerpflichtigen und deren Angehörige beziehen, können nicht als Verlust geltend gemacht werden.

Der NOL darf zwei Jahre rück- und 20 Jahre vorgetragen werden.[105] Das Steuerpflichtige hat dabei das Wahlrecht, auf einen Verlustrücktrag zu verzich-

---

103 Com. v. Groetzinger, 480 U.S. 23 (1987).

104 Higgins v. Com., 312 U.S. 212 (1941).

105 *Zschiegner, H.* (2002): 1148f; *Kroschel, J./Wellisch, D.* (1998): *499; Jones, S.M.* (2001): 122; *Jones, S.M./Rhoades-Catanach, S.C.* (2004): 54; *Müssener, I.* (2000): 22.

ten und den Verlust in den Folgejahren vorzutragen. Übt er dieses Wahlrecht nicht aus, erfolgt ein Rücktrag auf das frühestmögliche Wirtschaftsjahr. Dabei wird der NOL aus verschiedenen Wirtschaftsjahren kumuliert.[106] Das Einkommen in einem bestimmten Veranlagungsjahr kann daher sowohl um einem Vor- als auch Rücktrag vermindert werden.[107]

Der Verlustausgleich in den USA wird zwar zeitlich beschränkt, jedoch kann hier eine 100%ige Verrechnung mit Gewinnen erfolgen, während in Österreich die Verlustausgleichsbeschränkung gem § 2 (2b) öEStG nur zu 75% des Einkommens möglich ist.

1.3. Veräußerungsgewinne

Bei Veräußerungsgewinnen und -verlusten muss grundsätzlich zwischen *Ordinary Gain* bzw *Loss* und *Capital Gain* oder *Loss* unterschieden werden.[108] Während *Ordinary Gains* und *Losses* unter den Einkommensbegriff gem Sec 61(a) IRC fallen und daher mit dem progressiven Steuersatz besteuert werden müssen, unterliegt die Besteuerung von *Capital Gains* und *Losses* einem von der Besteuerung von *Ordinary Income* unabhängigen gesonderten Regelungskreis, der für natürliche Personen idR günstiger als die normale Einkommensteuer ist.[109] *Capital Gains* und *Losses* können dabei nur durch den Verkauf oder Tausch von *Capital Assets* erzielt werden. Gem der Negativdefinition in Sec 1221 IRC wird unter *Capital Asset* Vermögen, das vom Steuerpflichtigen gehalten wird, verstanden; ausgenommen davon sind bestimmte Arten von Vermögen wie zB Handelswaren, Forderungen.[110] Ein *Capital Gain* bzw *Loss* wird gem Sec 1001 IRC durch den Verkauf oder eine andere Form der Übertragung *(Sale or other Disposition)* realisiert[111] und ist im Veranlagungsjahr zu versteuern bzw zu berücksichtigen.[112]

Die *Capital Gain* und *Loss* Regelungen unterscheiden zwischen *Long-Term Gains* und *Losses* und *Short-Term Gains* und *Losses.* Sec 1222 IRC normiert,

---

106 *Reusch, K.M. (2002):* 76f.

107 *Scholes, M.S./Wolfson, M.A./Erickson, M./Maydew, E.L./Shevlin, T.* (2002): 295.

108 Ausführlich zu Veräußerungsgewinne siehe *Jacobsen, H.* (2005): 11ff und *Jacobsen, H.* (2005a): 49ff; *Jones, S.M.* (2001): 182.

109 *Jacobsen, H.* (2005): 16; *Blumenberg, J.* (1997): 132; *Müssener, I.* (2000): 20.

110 *Zschiegner, H.* (2002): 1146; *Blumenberg, J.* (1997): 161; *Cummings, J.L.* (2003): 10; *Scholes, M.S./Wolfson, M.A./Erickson, M./Maydew, E.L./Shevlin, T.* (2002): 296.

111 Helvering v. William Flaccus Oak Leather Co., 313 U.S. 247 (1941).

112 Nicht realisierte Gewinne oder Verluste während der Laufzeit bleiben unberücksichtigt, erst bei tatsächlicher Veräußerung oder einem Tausch kommt es zu einer steuerlichen Wirkung, *Jones, S.M.* (2001): 436.

dass das Vermögen mehr als ein Jahr gehalten werden muss, um als *Long-Term Gain* oder *Loss* qualifiziert werden zu können.[113]

Das Gesetz verlangt die Saldierung der *Long-Term Capital Gains* mit den *Long-Term Capital Losses* und die Saldierung der *Short-Term Capital Gains* mit den *Short-Term Capital Losses*. Der *Net Capital Gain*, der Überhang des *Long-Term Capital Gain* über den *Short-Term Capital Loss*, wird gem Sec 1 IRC begünstigt besteuert.[114] Übersteigen die *Short-Term Capital Gains* die *Long-Term Capital Losses*, werden diese mit dem normalen Tarif besteuert.[115] Die *Capital Losses* hingegen sind nur eingeschränkt verrechenbar. Diesbezüglich kommen unterschiedliche Vorschriften für natürliche Personen und Körperschaften zur Anwendung.

Bei natürlichen Personen können *Net Capital Losses* im Veranlagungsjahr gem Sec 1211 IRC bis 3.000 Dollar mit dem *Ordinary Income* verrechnet werden. Übersteigen die *Capital Losses* diese Grenze, können die Verluste gem Sec 1212 IRC uneingeschränkt vorgetragen werden.[116] Im Gegensatz zu Sec 1211 IRC wird beim Vortragen zwischen *Long-Term* und *Short-Term Capital Losses* unterschieden; die Verrechnung kann daher nur in der entsprechenden Kategorie erfolgen.

Körperschaften können zwar keine begünstigte Besteuerung der *Capital Gains* in Anspruch nehmen, trotzdem müssen sie *Capital Gains* und *Losses* gesondert ermittlen. Der *Capital Loss* kann in einem Veranlagungsjahr nur in Höhe des *Capital Gain* verrechnen. Übersteigt der *Capital Loss* den *Capital Gain* in einem Veranlagungsjahr, kann dieser ebenfalls gem Sec 1212 IRC vorgetragen werden,[117] allerdings wird der Vor- bzw Rücktrag als *Short-Term Capital Loss* behandelt. Der Verlust kann drei Jahre rück- und fünf Jahre vorgetragen

---

113 *Jones, S.M.* (2001): 439; *Müssener, I.* (2000): 31; *Reusch, K.M. (2002):* 78; für die Bestimmung, ob das Vermögen mehr als ein Jahr gehalten wurde, wird entweder der Eigentumsübergang oder der Übergang des Risikos und die Gewinnmöglichkeit herangezogen, je nachdem, welches zuerst stattgefunden hat, Rev. Rul. 69-89, 1969-1 C.B. 59; Newman v. Com., T.C. Memo 1982-61 (1982); allerdings können bestimmte Vorschriften die Einstufung in *Long-Term Capital Gain* verhindern.

114 *Cummings, J.L.* (2003): 10, das bedeutet, dass die *Net Short Term Capital Losses* zusammen mit den *Long Term Capital Losses* die *Long Term Capital Gains* reduzieren.

115 *Müssener, I.* (2000): 31.

116 *Jones, S.M.* (2001): 444; *Müssener, I.* (2000): 32; *Blumenberg, J.* (1997): 162.

117 Sec 1212(a)(3) IRC verhindert den Rücktrag von *Capital Losses* in Jahre, in denen die Körperschaft eine *Foreign Personal Holding Company* gem Sec 552 IRC, eine *Regulated Investment Company* gem Sec 851 IRC oder ein *Real Estate Investment Trust* gem Sec 856 IRC war bzw das Wahlrecht gem Sec 1247 IRC in Anspruch genommen hat.

werden.[118] Der Betrag des *Net Capital Loss* muss ehestmöglich konsumiert werden.[119]

Für die Veranlagungsjahre, die nach dem 6. Mai 2003 beginnen und vor dem 1. Jänner 2009 enden, sind verschiedene Steuersätze auf Veräußerungsgewinne anwendbar. Die unterschiedlichen Steuersätze kommen auf verschiedene Unterkategorien der *Capital Gains* zur Anwendung und reflektieren die Steuerpolitik der USA.[120] Für Steuerpflichtige mit geringem Einkommen kann ein Steuersatz von 5% (bzw 0% im Jahr 2008) in Anspruch genommen werden, wo sonst eine *Capital Gains Tax* von weniger als 25% gezahlt werden müsste.

Anders als im öEStG werden im US-amerikanischen Steuerrecht die Veräußerungsgewinne bzw -verluste in zwei Verrechnungskategorien unterteilt. Während die Veräußerungsverluste, die nicht zu den *Capital Assets* zu zählen sind, uneingeschränkt mit dem Einkommen verrechnet werden können, sind für *Capital Losses* nur ein horizontaler Verlustausgleich unbegrenzt möglich. Die vertikale Verrechenbarkeit ist stark eingeschränkt und wird zusätzlich an rechtsformspezifischen Merkmalen festgemacht. Im öEStG hingegen kann zwischen betrieblichen und nicht betrieblichen Verlusten unterschieden werden. Im außerbetrieblichen Bereich sind Veräußerungsgewinne nur dann steuerpflichtig, wenn der Spekulationstatbestand gem § 30 öEStG erfüllt ist oder eine Beteiligung iSd § 31 öEStG veräußert wird. Bei diesen Einkünften erfolgt ebenfalls ein uneingeschränkt horizontaler, jedoch ein eingeschränkt vertikaler Verlustausgleich. Im betrieblichen Bereich sind Veräußerungsgewinne bzw -verluste grundsätzlich mit dem steuerpflichtigen Einkommen zu verrechnen.

Grundsätzlich kann festgehalten werden, dass die Besteuerung von natürlichen Personen in den USA weiter gefasst ist als in Österreich, da durch das Ablaufen von Fristen eine Steuerbefreiung erzielt werden kann.[121] Allerdings können in

---

118 In bestimmten Fällen sind andere Zeiträume vorgesehen; *Scholes, M.S./Wolfson, M.A./ Erickson, M./Maydew, E.L./Shevlin, T.* (2002): 296; *Jones, S.M.* (2001): 184; *Müssener, I.* (2000): 33.

119 *Reusch, K.M.* (2002): 79f.

120 Ein 28%iger Steuersatz kommt gem Sec 1(h)(4) IRC auf Veräußerungsgewinne von Kunstwerken und Sammlungsstücken und der Veräußerung von Sec 1202 IRC Anteilen, die nach Abzug der Befreiung bestehen bleiben, zur Anwendung. Der Steuersatz in Höhe von 25% wird auf *Unrecaptured Gains* gem Sec 1250 IRC angewendet. Als *Unrecaptured Gain* wird der Gewinn aus der Veräußerung eines abschreibungsfähigen Wirtschaftsguts verstanden, der über den Gewinn auf die bereits in Anspruch genommene Abschreibung hinausgeht. Der auf die Abschreibung entfallende Gewinn ist als *Ordinary Income* zu versteuern. Der restliche Gewinn ist mit dem 15%igen Steuersatz zu versteuern.

121 Siehe auch *Jacob, F.* (1994): 367; *Jacobsen, H.* (2005): 12.

den USA die Veräußerungsverluste, die nicht einem *Capital Asset* zugerechnet werden, uneingeschränkt und unabhängig von Fristen mit dem zu versteuernden Einkommen verrechnet werden. Im betrieblichen Bereich erscheinen die Verrechnungsvorschriften der USA jedoch restriktiver, da hier kein uneingeschränkter Verlustausgleich mit *Capital Losses* möglich ist.

2. Besteuerung natürlicher Personen

2.1. Bemessungsgrundlage

Für die Berechnung der Steuerbelastung ist zunächst das Einkommen gem Sec 61 IRC zu ermitteln. Dafür werden alle Einkommensquellen des Steuerpflichtigen berücksichtigt.[122]

Das angepasste Einkommen *(Adjusted Gross Income – AGI)* ist das Einkommen eines Steuerpflichtigen abzüglich Aufwendungen. Sec 62(a) IRC teilt dabei die Aufwendungen in zwei Gruppen; einerseits in Aufwendungen, die vom *Gross Income* abgezogen werden, um das *Adjusted Gross Income* zu berechnen *(above-the-line deductions)*, und andererseits Aufwendungen, die vom *AGI* abgezogen werden, um das steuerpflichtige Einkommen zu ermitteln *(below-the-line deductions)*.[123]

Entsprechend dem objektiven Nettoprinzip sind gem Sec 62(a)(1) IRC alle Aufwendungen, die einem Betrieb zugeordnet werden können, für die Berechnung des *AGI* abzugsfähig. Das AGI soll wirtschaftlich gesehen dabei den Betrag widerspiegeln, den der Steuerpflichtige für die Lebensführung verwenden kann.[124]

Ausgehend vom AGI können entsprechend dem subjektiven Nettoprinzip die *Standard Deductions* bzw *Itemized Deductions* berücksichtigt werden. Der Gesamtbetrag der *Itemized Deductions* ist die Summe aller abzugsfähigen Aufwendungen, die nicht schon bei der Berechnung des AGI eingeflossen sind.[125]

---

122 *Jones, S.M.* (2001): 360.

123 *Blumenberg, J.* (1997): 141; *Kadel, J.* (2001a): *419; Jones, S.M.* (2001): 361; *Müssener, I.* (2000): 20.

124 S. Rep. No. 885, 78th Cong., 2nd Sess. 24–25, *"fundamentally, the deductions thus permitted to be made from gross income in arriving at adjusted gross income are those which are necessary to make as nearly equivalent as practicable the concept of adjusted gross income, when that concept is applied to different types of taxpayers deriving their income from varying sources".*

125 *Jones, S.M.* (2001): 365; Gem Sec 67 IRC können *Miscellaneous Itemized Deductions* von natürlichen Personen nur dann in Abzug gebracht werden, wenn sie 2 % des AGI übersteigen. Von dieser Untergrenze sind jedoch nicht alle *Itemized Deductions* erfasst, insbesondere Steueraufwendungen, Zinsaufwendungen gem Sec 163 IRC, Spenden gem

Dementsprechend gelten für natürliche Personen folgende Aufwendungen als *Itemized Deductions*: Medizinische Aufwendungen gem Sec 231 IRC, Steueraufwendungen gem Sec 164 IRC, Zinsen für *Qualified Residence* und *Investment Interest* gem Sec 163 IRC, Spenden gem Sec 170 IRC, *Casualty* und *Theft Losses* gem Sec 165 IRC und *Miscellaneous Itemized Deductions* gem Sec 67 IRC. Viele dieser Aufwendungen sind von der Größe des *AGI* abhängig. So sind zB medizinische Ausgaben oder Spenden nur in einer gewissen Höhe des *AGI* abzugsfähig.

Anstelle der *Itemized Deductions* kann der Steuerpflichtige auch Pauschalbeträge *(Standard Deductions)* in Anspruch nehmen. Er muss für die Inanspruchnahme tatsächliche Ausgaben nicht nachweisen. Je nach Art der Steuererklärung *(Filing Status)* sind unterschiedliche Beträge vorgesehen, die jedes Jahr um die Inflation bereinigt werden.[126]

Nach Berücksichtigung der Standard oder *Itemized Deductions* wird das AGI noch um den Freibetrag des Steuerpflichtigen gekürzt. Dieser Betrag variiert von Jahr zu Jahr und ist abhängig von der im Haushalt lebenden Anzahl von Familienmitgliedern.[127] Die Ermittlung des zu versteuernden Einkommens kann anhand folgender Darstellung zusammengefasst werden.[128]

	Einkommen	*Gross income gem Sec 61 IRC*
–	Ausgaben zur Einkommenserzielung sowie andere Abzüge	*Deductions allowed by Sec 62 IRC (most business deductions)*
=	Angepasstes Einkommen	*Adjusted gross income (AGI) gem Sec 62 IRC*
–	Pauschale oder spezielle Abzüge	*Itemized deductions or standard deductions*
–	Freibeträge	*Personal and dependency exemptions*
=	Zu versteuerndes Einkommen	*Taxable income gem Sec 63 IRC*

Tabelle 2: Berechnung des zu versteuernden Einkommens bei Nichtkörperschaften[129]

Sec 170 und 642(c) IRC, medizinische Aufwendungen gem Sec 213 IRC sind nicht dazuzuzählen.

126 *Jones, S.M.* (2001): 363.

127 *Jones, S.M.* (2001): 365ff, übersteigt das AGI einen bestimmten Höchstbetrag, wird der Freibetrag schrittweise reduziert.

128 Vlg hierfür *Jones, S.M.* (2001): 368.

129 *Bittker, B.I./Lokken, L.* (1999): 2.1.1; *Bittker, B.I./McMahon M.J./Zelenak: L.A.* (2002): 2.01[1]; *Reusch, K.M.* (2002): 34.

Das steuerpflichtige Einkommen stellt die Berechnungsgrundlage für die Bundessteuer dar.[130]

2.2. Tarif

Der Steuersatz für das steuerpflichtige Einkommen natürlicher Personen ist in Sec 1 IRC geregelt. Die anwendbaren Steuersätze gelten ausschließlich für *Ordinary Income*, die Besteuerung von Veräußerungsgewinnen erfolgt davon unabhängig und wird untenstehend besprochen.

Die Einkommenbesteuerung in den USA ist wie in Österreich progressiv ausgestaltet. Die Steuersätze der Sec 1 IRC kommen für das steuerpflichtige Einkommen einer natürlichen Person zur Anwendung. Die Progressionsstufen *(brackets)* stellen den Bereich dar, in dem für ein Einkommen ein bestimmter Steuersatz zur Anwendung kommt.[131] Die Progressionsstufen gem Sec 1 IRC werden in regelmäßigen Abständen der Inflation angepasst.[132]

Vor dem *Tax Relief Act* im Jahr 2001 betrugen die Steuersätze der unterschiedlichen Progressionsstufen 15%, 28%, 31%, 36% und 39,6%. Durch den *Tax Relief Act* 2001 wurde eine neue Progressionsstufe mit einem Steuersatz von 10% geschaffen und die Steuersätze der Progressionsstufen von 28%, 31%, 36% und 39,6% wurden für die Jahre 2001 bis 2006 vorübergehend herabgesetzt.[133] *Jobs and Growth Tax Relief Reconciliation Act* 2003 verringerte die Steuersätze ein weiteres Mal, sodass nun die Steuersätze für die Veranlagungsjahre 2003–2010 10%, 15%, 25%, 28%, 33% und 35% betragen.[134]

Die Steuerbelastung einer natürlichen Person ist abhängig vom jeweiligen *Filing Status*; dh je nachdem, in welcher Lebenssituation der Steuerpflichtige sich

---

130 Sec 1 IRC für natürliche Personen, *Estates und Trusts*, Sec 11 IRC für Körperschaften.

131 Die Steuersätze in den Progressionsstufen mit den höheren Steuersätzen kommen nur für den über die niedrigere Progressionsstufe hinausgehenden Betrag zur Anwendung. Dementsprechend ist der Durchschnittssteuersatz des Steuerpflichtigen niedriger als der Grenzsteuersatz der jeweiligen Progressionsstufe.

132 *Zschiegner, H.* (2002): 1158f; Es gelten besondere Vorschriften für die 10%ige Progressionsstufe, die 2001 dem Code hinzugefügt worden ist. Außer für Veranlagungsjahre, die im Jahr 2004 beginnen, wird die 10%ige Progressionsstufe für Veranlagungsjahre, die vor 2009 anfangen, nicht der Inflation angepasst; ab 2009 werden die Anpassungen nur Inflationsberichtigungen nach 2007 wiedergeben, Sec 1(i)(1)(C) IRC.

133 Die Herabsetzung des Steuersatzes ist für Veranlagungsjahre, die vor 2010 enden, in Kraft. Anschließend gelten wieder die bisherigen Steuersätze, diese Reduzierung wird auch als *Sunset Provision* bezeichnet.

134 *Cummings, J.L.* (2003): 8; *Goedde, H./Bauer, K.E./van Zante, N.R.* (2003): 216.

befindet, kommen unterschiedliche Steuerprogressionen zur Anwendung.[135] Ein Steuerpflichtiger kann in folgende Kategorien eingestuft werden:

1. *Married Individuals Filing Joint Returns* (und Witwen/Witwer);
2. *Heads of Households*;[136]
3. *Unmarried Individuals;* oder
4. *Married Individuals Filing Separate Returns.*[137]

Zur Bestimmung des Status für die Steuererklärung *(Filing Status)* sieht Sec 1 IRC umfangreiche Vorschriften vor.[138] Generell wird der letzte Tag des Veranlagungsjahres für die Einstufung herangezogen.[139]

Alle Steuerpflichtigen, die unverheiratet, nicht verwitwet und kein Haushaltsvorstand sind, werden nach folgender Steuertabelle veranlagt.[140]

Unmarried individuals

Bemessungsgrundlage		**Steuer**			
					auf einen Betrag über
0	7.550	0		10%	0
7.550	30.650	755	+	15%	7.550
30.650	74.200	4.220	+	25%	30.650
74.200	154.800	15.107,50	+	28%	74.200
154.800	336.550	37.675,50	+	33%	154.800
336.550		97.653	+	35%	336.550

Abbildung 3: Einkommensprogression für Singles[141]

2.3. Dividenden

Werden Dividenden von Körperschaften an natürliche Personen ausgeschüttet, so waren sie vor Inkrafttreten des *Jobs and Growth Tax Relief Reconciliation* Act 2003 mit dem vollen Einkommensteuersatz zu besteuern.[142] Damit hatten

---

135 *Rettenbacher, G.* (2000): 3.

136 Ein Haushaltsvorstand ist eine unverheiratete Person, die Haushaltsvorstand für eine abhängige Person ist.

137 Verheiratete Eheleute haben darüber hinaus die Möglichkeit ihr Einkommen einzeln zu veranlagen, *Jones, S.M.* (2001): 368ff.

138 *Jones, S.M.* (2001): 358.

139 Sec 7703(a)(1) IRC.

140 *Jones, S.M.* (2001): 359.

141 Stand 2006; die Progressionsstufen werden dabei jährlich der Inflation angepasst.

142 *Bittker, B.I./Eustice, J.S.* (2000): 1–6, somit unterlagen die Gewinne bei der Körperschaft zunächst auf Ebene der Gesellschaft der Körperschaftsteuer und waren im Ausschüttungsfall nochmals beim Gesellschafter zu versteuern.

die USA das klassische System der Dividendenbesteuerung verwirklicht, ohne die bereits gezahlte Steuer zu reduzieren oder auf die Einkommensteuer anzurechnen. Durch den *Jobs and Growth Tax Relief Reconciliation* Act 2003[143] wurde jedoch eine vorübergehende begünstigte Besteuerung von Dividenden eingeführt, die bis 2009 in Kraft bleibt.[144] Vor allem geringe Einkommen profitieren von der begünstigten Besteuerung.

Der *Jobs and Growth Tax Relief Reconciliation Act* 2003 reduziert den Steuersatz auf Dividenden von einem ursprünglichen Wert von bis zu 39,6% auf das Niveau von *Long-Term Capital Gains*. Dementsprechend werden Dividenden mit 15% besteuert. Dieser Betrag reduziert sich weiter auf 5%, wenn der Steuerpflichtige sich maximal in der zweiten Progressionsstufe befindet.[145] Steuerpflichtige in dieser Steuerstufe erhalten im Jahr 2008 Dividenden gänzlich steuerfrei.[146]

Hält ein Aktionär allerdings die Aktie nicht für mehr als 60 Tage während der 120-Tage-Frist, die mit 60 Tagen vor dem Ausschüttungszeitpunkt beginnt, so müssen diese Dividenden mit dem progressiven Einkommensteuertarif besteuert werden.[147] Die herabgesetzten Steuersätze kommen gem Sec 1(h)(11)(B)(iii) IRC auch nicht für Dividendenerträge zur Anwendung, wenn der Steuerpflichtige verpflichtet ist, ähnliche Zahlungen für Positionen, die den Dividendenerträgen im wesentlichen ähnlich sind bzw ähnliches Vermögen umfassen, zu leisten.[148] Eine weitere Ausnahme besteht für Dividenden, die für die Ermitt-

---

143 Unterzeichnet vom Präsidenten am 28. Mai 2003.

144 Der Grund für die zeitliche Befristung ist eine Sonderregelung des Senats, wonach Steuersenkungen für einen Zeitraum von mehr als 10 Jahren 60% der Stimmen bedürfen, *Hundt, F.* (2002): 830; durch die Präsidentschaftswahlen wird jedoch 2005/2006 eine Änderung des IRC erwartet.

145 *Sheppard, H.E.* (2004): 16; *Wacker, R.F.* (2004): 19; *Jones, S.M./Rhoades-Catanach, S.C.* (2004): 53; *Pannese, D.A./Iannone, P.N.* (2004): 358; *Goedde, H./Bauer, K.E./van Zante, N.R.* (2003): 219; *Lady, T.C.* (2004): 339ff.

146 *Burnett, S./Smith, D.P.* (2003): 78; *Wacker, R.F.* (2004): 19.

147 *Krumwiede, T./Witner, L.* (2004): 52; *Bernstein, P.* (2003): 729; die Behaltedauer erhöht sich für *Preferred Stock* auf 180 Tage, *Wacker, R.F.* (2004): 20; *Cummings, J.L.* (2003): 14; kritisch zur Behaltedauer *Sheppard, L.A.* (2003b): 1492ff.

148 Damit soll verhindert werden, dass der Steuerpflichtige eine Begünstigung in Anspruch nehmen kann, jedoch für eine gleiche Position eine Abzugsfähigkeit besteht und insofern das Verlustrisiko ausgeschalten ist; folgende Situationen sind hiervon erfasst: *"The shareholder had an option to sell, was under a contractual obligation to sell, or had made (and not closed) a short sale of substantially identical stock or securities.*

The shareholder was the grantor (writer) of an option to buy substantially identical stock or securities.

lung des Höchstbetrages der *Investment Interest* gem Sec 163(d)(4)(B) IRC miteinbezogen werden.[149]

Die Ausschüttung von qualifizierten Dividenden kann gem Sec 1(h)(11)(B)(i) IRC sowohl von inländischen als auch ausländischen Körperschaften erfolgen. Ausländische Dividendenerträge sind dann begünstigt, wenn mit dem auszahlenden Land ein umfassendes Doppelbesteuerungsabkommen besteht, das vom *Treasury Department* als ausreichend für diese Begünstigung erachtet wird und zwischen den Ländern ein Informationsaustausch besteht.[150] Eine ausländische Körperschaft ist auch dann für die Ausschüttung qualifizierter Dividendenerträge geeignet, wenn die Aktien an einer anerkannten US-Börse frei gehandelt werden.[151]

Durch die begünstigte Besteuerung qualifizierter Dividenden ist die Ausschüttungsbesteuerung für natürliche Personen dem österreichischen *Shareholder Relief* grundsätzlich vergleichbar. Die Gesamtsteuerbelastung einer Eigenfinanzierung kann im Grenzbereich auf 44,75 reduziert werden. Damit ergibt sich im Vergleich zu Österreich (43,75) eine ähnliche Steuerbelastung. Allerdings muss festgehalten werden, dass der US-amerikanische Grenzsteuersatz lediglich 35% beträgt und daher eine Eigenfinanzierung deutlich höher besteuert wird.[152]

2.4. Absetzbeträge

Ein Absetzbetrag *(Credit)* reduziert die berechnete Steuer um einen bestimmten Betrag. Bei *Credits* kann zwischen erstattungsfähigen *(Refundable)* und nicht erstattungsfähigen *(Non-Refundable) Credits* unterschieden werden. Nicht er-

---

The shareholder's risk of loss was diminished by one or more other positions in substantially similar or related property. Reg 1.246-5 contains more information about how to apply these conditions"; http://www.irs.gov/businesses/small/article/0,,id=122523,00.html.

149 *Wacker, R.F.* (2004): 20; *Cummings, J.L.* (2003): 15.

150 Eine mögliche Gestaltung wäre daher die Verschiebung ausländischer Gewinne in Länder, die diese Voraussetzung erfüllen, *Sheppard, H.E.* (2004): 16f; eine Liste wurde unter Notice 2003-69, 2003-42 IRB 851 veröffentlicht: die Voraussetzungen erfüllen 52 Staaten, ua Österreich, Schweiz, Deutschland, Italien, Frankreich und Großbritannien.

151 Eine genaue Auslegung dieser Definition findet sich in Notice 2003-71, 2003-43 IRB 922; Dividenden, die von einer *Foreign Investment Company* gem Sec 1246(b) IRC, einer *Passive Foreign Investment Company* gem Sec 1297 IRC oder einer *Foreign Personal Holding Company* gem Sec 552 IRC ausgeschüttet werden, können gem Sec 1(h)(11)(C)(iv) IRC nicht den begünstigten Steuersatz anwenden, *Wacker, R.F.* (2004): 27; *Sheppard, H.E.* (2004): 17; *Cummings, J.L.* (2003): 17; *Pannese, D.A./Iannone, P.N.* (2004): 364.

152 Vgl. Grafik in Kapitel VI.2.4.

stattungsfähige Credits können gem Sec 26 IRC die Steuerbelastung auf die Höhe der *Alternative Minimum Tax* bzw auf Null reduzieren, jedoch keine Steuergutschrift verursachen, während erstattungsfähige *Credits* zu einer Steuergutschrift führen können.[153] Im IRC sind die nicht-erstattungsfähigen *Credits* in den Sec 22 bis 25B IRC[154] geregelt, Sec 26 IRC bildet die Vorschrift über die Nichterstattungsfähigkeit. Die erstattungsfähigen persönlichen *Credits* sind in den Sec 31 bis 36 IRC[155] beschrieben, *Business-Related Credits* werden in den Sec 38 bis 45F IRC[156] erläutert.[157]

3. Besteuerung von Körperschaften

3.1. Bemessungsgrundlage

Eine Körperschaft ist eine Gesellschaft, die nach den Vorschriften des *State Laws* gegründet worden ist.[158] Das Einkommen gem Sec 61 IRC wird für Körperschaften ähnlich berechnet wie für natürliche Personen. Die meisten Aufwendungen werden für Körperschaften jedoch den Bereich der *Business Expenses* gem Sec 162 IRC, Abschreibungen gem Sec 167 IRC und

---

153 *Bittker, B.I./McMahon M.J./Zelenak: L.A.* (2002): 27.13; *Zschiegner, H.* (2002): 1164.

154 Zu den *Non-Refundable Personal Credits* sind vor allem der *Dependent Care Credit*, der *Credit for the Elderly and Disabled*, der *Adoption Tax Credit*, der *Child Tax Credit*, der *Mortgage Interest Credit*, *Education Credits* und der *Credit for Retirement Savings* zu zählen.

Zu den anderen *Non-Refundable Credits* gehören der *Foreign Tax Credit* (ausführlich im Kapitel V.4.1), der *Credit for Producing Fuel from Nonconventional Source*, der *Credit for Electric and Clean Fuel Vehicles* und der *Credit for Business Activity in Puerto Rico*.

155 Zu den *Refundable Credits* gehören der *Credit for Tax Withheld on Wages*, der *Credit for Excess Social Security Taxes Paid*, der *Earned Income Credit*, der *Credit for Tax Withheld at Source with Respect to Nonresident Aliens and on Foreign Corporations*, der *Credit for Certain Uses of Gasoline and Fuels* und der *Credit for Health Insurance Costs*.

156 *Business Credits* sind zB der *Credit for Alcohol Used as Fuel*, der *Credit for Increasing Research*, der *Low-Income Housing Tax Credit*, der *Enhanced Oil Recovery Credit*, der *Disabled Access Credit*, der *Renewable Electricity Production Credit*, der *Indian Employment Credit*, der *Credit for Taxes on Employee Tips*, der *Orphan Drug Credit*, der *Credit for New Markets*, der *Credit to Employer for Retirement Plan Startup Costs*, der *Credit to Employer for Providing Child Care Facilities*, der *Credit for Rehabilitation, Energy, and Reforestation*, der *Work Opportunity Credit*, der *Welfare-to-Work Credit* und der *Empowerment Zone Credit*.

157 *Bittker, B.I./McMahon M.J./Zelenak: L.A.* (2002): 27.13.

158 *Jones, S.M.* (2001): 270.

Verlustvorträge gem Sec 165 IRC umfassen. *Standard* und *Itemized Deductions* können gem Sec 61, 63(a) IRC nicht in Abzug gebracht werden:

	Gesamtbetrag der Einkünfte	*Gross income gem Sec 61 IRC*
–	Ausgaben zur Einkommenserzielung sowie andere Abzüge	*Deductions allowed by Sec 62 IRC (most business deductions)*
=	Zu versteuerndes Einkommen	*Taxable income gem Sec 63 IRC*

Tabelle 3: Berechnung des zu versteuernden Einkommens bei Körperschaften

3.2. Tarif

Sec 11(a) IRC bildet die Grundlage für die Besteuerung von Körperschaften.[159] Allerdings sind Körperschaften nicht körperschaftsteuerpflichtig, wenn sie von der Wahlmöglichkeit des Durchgriffsprinzips gemäß *Subchapter S* Gebrauch machen. Diese sog *S Corporations* werden wie Personengesellschaften besteuert.[160]

Körperschaften (*C Corporations*)[161] unterliegen einem progressiven Steuersatz auf das steuerpflichtige Einkommen[162], der maximal 35 % betragen kann.[163] Die Progression ist dabei auf vier Steuerstufen aufgeteilt, jedoch sehen zwei Zusatzregelungen Zuschläge – wahlweise in Form eines Prozentsatzes des Einkommens bzw eines Absolutbetrages – auf den anzuwendenden Steuersatz vor.[164] Ab einem gewissen Einkommen ist der Absolutbetrag dem Steuersatz vorzuziehen und damit wird der Steuersatz wieder auf den ursprünglichen Progressionsstufenwert gesenkt.[165]

159 *Bittker, B.I./Eustice, J.S.* (2000): 2-3.

160 *Jones, S.M.* (2001): 257.

161 Körperschaften heißen *C Corporations*, da sie im IRC unter *Subchapter C* geregelt sind.

162 Das steuerpflichtige Einkommen ist das Bruttoeinkommen minus Aufwendungen gem Sec 63(a) und 241 IRC.

163 *Müssener, I.* (2000): 55; *Blumenberg, J.* (1997): 140; Der Steuersatz für *Personal Holding Companies* gem Sec 448(d)(2) IRC beträgt gem Sec 11(b)(2) IRC jedenfalls 35%, unabhängig von der Höhe des Einkommens. *Bittker, B.I./Eustice, J.S.* (2000): 1-30.

164 Sec 11(b)(1) IRC sieht einen 5%igen Zuschlag auf den Steuersatz ab 100.000 vor oder einen Absolutbetrag von 11.750 bzw einen 3%igen Zuschlag auf den Steuersatz ab 15,000.000 oder einen Absolutbetrag von 100.000.

165 *Jones, S.M.* (2001): 277; *Zschiegner, H.* (2002b): 1202.

Durch diese Berechnungen kommt es zur folgenden achtstufigen Steuertabelle:

Bemessungsgrundlage		Steuer			
					auf einen Betrag über
	50.000			15%	
50.000	75.000	7.500	+	25%	50.000
75.000	100.000	13.750	+	34%	75.000
100.000	335.000[166]	22.250	+	39%	100.000
335.000	10,000.000	113.900	+	34%	335.000
10,000.000	15,000.000	3,400.000	+	35%	10,000.000
15,000.000	18,333.333[167]	5,150.000	+	38%	15,000.000
18,333.333		6,416.667	+	35%	18,333.333

Eine grafische Darstellung der Progression zeigt, dass die Kurve des Durchschnittsteuersatzes anfänglich sehr steil verläuft und bald ein Steuerniveau von 34% – 35% erreicht.

3.3. Strafsteuern

3.3.1. Accumulated Earnings Tax

Das ursprünglich klassische System der Doppelbesteuerung von Unternehmensgewinnen führte dazu, dass eine endgültige Ausschüttung vermieden wurde, um die uneingeschränkte Besteuerung der Dividenden hinauszuzögern. Damit konnte einerseits ein Steuerstundungseffekt erzielt werden bzw wurden die Aktien mit einem begünstigt besteuerten Veräußerungsgewinn verkauft.

Um diese Praktik zu vermeiden, wird gem Sec 532(a) IRC eine Strafsteuer auf die zur Steuervermeidung thesaurierten Gewinne erhoben. Eine Steuervermeidung wird gem Sec 533(a) IRC dann anzunehmen sein, wenn Gewinne über einen angemessenen Finanzierungsbedarf[168] hinaus thesauriert werden.[169] Diese Strafsteuer *(Accumulated Earnings Tax (AET))* fingiert eine Ausschüttung und

---

166 11.750/0.05 + 100.000.

167 100.000/0.03 + 15,000.000.

168 Der Finanzierungsbedarf umfasst die aktuellen und zukünftigen Kapitalerfordernisse. Dies muss gem Reg. 1.537-1(b)(1) in Form von spezifischen, eindeutigen und plausiblen Konzepten dargelegt werden.

169 *Bittker, B.I./Eustice, J.S.* (2000): 1-7; *Jones, S.M./Rhoades-Catanach, S.C.* (2004): 211f; *Jones, S.M.* (2001): 3112; *Müssener, I.* (2000): 52.

besteuert gem Sec 531 IRC sie mit 15%[170]. Steuerschuldner ist dabei die Gesellschaft. Die AET kann im Falle einer späteren Ausschüttung der Gewinne, für die bereits AET entrichtet wurde, nicht auf die Einkommensteuer angerechnet werden.

3.3.2. Personal Holding Company Tax

Da die Besteuerung natürlicher Personen in der Regel höher als die von Körperschaften war, bestand ein Anreiz, das von einer natürlichen Person gehaltene Portfolio in eine Körperschaft einzulegen. Um diesen Gestaltungen vorzubeugen, hat das Gesetz eine Strafsteuer gem Sec 541 IRC auf so genannte *Personal Holding Companies* (PHC) vorgesehen, die zusätzlich zur Steuer abgeführt werden muss. Die Steuer iHv 15% wird auf das nicht ausgeschüttete PHC Einkommen auferlegt, jedoch kann die Steuer verringert oder vermieden werden, indem eine Ausschüttung in entsprechender Höhe erfolgt.[171]

Die Frage, ob eine PHC vorliegt, wird anhand von zwei Faktoren überprüft. Eine PHC wird dann gegeben sein, wenn mindestens 60% des *Adjusted Ordinary Gross Income* als *Personal Holding Company Income* qualifziert werden, bzw wenn gem Sec 542(a)(2) IRC während der letzten sechs Montage des Veranlagungjahres mehr als 50% des Werts der Anteile an der Körperschaft höchstens von fünf natürlichen Personen direkt oder indirekt gehalten werden.[172] Unter *Personal Holding Company Income* wird idR passives Einkommen wie zB Zinsen, Dividenden und Lizenzgebühren zu verstehen sein.[173]

Auf die Strafsteuer ist gem Art 2 DBA USA-Ö das Doppelbesteuerungsabkommen nicht anwendbar.

3.4. Konzernbesteuerung

Ähnlich wie die Gruppenbesteuerung in Österreich besteht auch in den USA die Möglichkeit, mehrere Körperschaften als eine Einheit zu besteuern. Geben die Körperschaften einer *Affiliated Group* eine gemeinsame Steuererklärung (*Consolidated Return*) ab, werden nur die Transaktionen zu fremden Dritten berücksichtigt. Gem Sec 1504(b) IRC können nur *Includible Corporations* Teil einer *Affiliated Group* sein; bestimmte Körperschaften, die von der Definition der *Includible Corporations* ausgenommen sind, können einen *Consolidated*

---

170 *Burnett, S./Smith, D.P.* (2003): 78; *Jones, S.M./Rhoades-Catanach, S.C.* (2004): 211ff.

171 *Jones, S.M.* (2001): 313; *Jones, S.M./Rhoades-Catanach, S.C.* (2004): 214.

172 *Blumenberg, J.* (1997): 185; *Zschiegner, H.* (2002b): 1204; *Jones, S.M./Rhoades-Catanach, S.C.* (2004): 214.

173 *Müssener, I.* (2000): 17.

Return nicht abgeben. Solche Körperschaften sind steuerbefreite Körperschaften, Versicherungsgesellschaften, ausländische Körperschaften, S Corporations und *Foreign Sales Corporations* (FSC).[174]

Sec 1504(a) IRC definiert die Voraussetzungen für eine *Affiliated Group;* dafür muss eine US-Kapitalgesellschaft an einer US-Kapitalgesellschaft mit mindestens 80% aller Stimmrechte und mindestens 80% des Marktwertes aller ausgegebenen Aktien unmittelbar beteiligt sein.[175]

Bestimmte Körperschaften, die Teil einer *Affiliated Group* von *Includible Corporations* sind, können gem Sec 1501, 1504 IRC vom Wahlrecht Gebrauch machen, eine gemeinsame Steuererklärung *(Consolidated Income Tax Return)* abzugeben.[176] Damit wird die Gruppe nur auf Einkommen besteuert, das sich aus Geschäften mit Personen außerhalb der Gruppe generiert; innerkonzernliche Transaktionen werden nicht berücksichtigt.[177]

Wird ein *Consolidated Return* abgegeben, ist das Gesamteinkommen der Gruppe gem Sec 11 IRC zu versteuern. Gewinne und Verluste innerhalb der Gruppe werden genauso aus der Berechnung herausgenommen (Zwischengewinneliminierung) wie Ausschüttungen an Gruppenmitglieder. Die *Capital Gains* und *Losses* werden separat und auf konsolidierter Basis berechnet. Ein *Operating Loss* eines Mitglieds kann mit dem Gewinn eines anderen Mitglieds verrechnet werden. Nachteile aus der konsolidierten Besteuerung ergeben sich beispielsweise aus der verpflichtenden einheitlichen Anwendung von Bewertungsmethoden und der Stundung der Verrechenbarkeit von Verlusten innerhalb der Gruppe.[178]

Im weiteren Sinne entspricht die Abgabe des Consolidated Returns der österreichischen Gruppenbesteuerung. Die Eingliederungsmerkmale sind jedoch aufgrund der 80% Beteiligungshöhe weitaus restriktiver. Ein wesentlicher Unterschied besteht allerdings darin, dass im US-amerikanischen Steuerrecht eine Konsolidierung erfolgt, während in Österreich die steuerlichen Ergebnisse zusammengefasst werden.

---

174 *Jones, S.M./Rhoades-Catanach, S.C.* (2004): 240.

175 Sec 1504(a)(1)(B)(i) IRC; *Sheffield, J.T./Welke, W.R.* (1992): 798; *Zschiegner, H.* (2002b): 1220; *Bittker, B.I./Lokken, L.* (1999): 90.4.1; Sec 1504(a)(1)(B)(ii) und 243(b)(2)(A) IRC; *Jones, S.M.* (2001): 271; *Jones, S.M./Rhoades-Catanach, S.C.* (2004): 239; *Müssener, I.* (2000): 54 ; *Small, D.G.* (1995a): 208.

176 *Jones, S.M./Rhoades-Catanach, S.C.* (2004): 239; *Bittker, B.I./Lokken, L.* (1999): 90.4.1.

177 *Jones, S.M.* (2001): 271.

178 *Scholes, M.S./Wolfson, M.A./Erickson, M./Maydew, E.L./Shevlin, T.* (2002): 297.

4. Alternative Minimum Tax

Zusätzlich zu der oben angeführten Besteuerung können natürliche Personen bzw Körperschaften der *Alternative Minimum Tax* (AMT) unterliegen. Diese Steuer dient dazu, das wirtschaftliche Einkommen eines Steuerpflichtigen zu besteuern, selbst wenn dieser die Steuerpflicht durch Befreiungen, Aufwendungen und *Credits* vermieden hat.[179] Die AMT wird demnach nur insoweit erhoben, als sie die Einkommen- bzw Körperschaftsteuer übersteigt.[180] Die AMT multipliziert das *Alternative Minimum Taxable Income* (AMTI) einer Körperschaft mit einem Steuersatz von 20%.[181] Übersteigt die AMT die reguläre Steuer,[182] so ist der Differenzbetrag gem Sec 55(a) IRC als AMT fällig. Das AMTI einer Körperschaft ist ein Betrag, der ausgehend vom steuerpflichtigen Einkommen gewissen Abänderungen unterzogen wird.[183]

Für Körperschaften kann die AMT grundsätzlich mit der österreichischen Mindestkörperschaftsteuer verglichen werden, da sie eine von der steuerlichen Bemessungsgrundlage abweichende höhere Steuer darstellt, die in Folgejahren angerechnet werden kann. Allerdings handelt es sich bei der AMT nicht um einen Fixbetrag, sondern um eine Steuer, die vom wirtschaftlichen Einkommen erhoben wird. Die Berechnungsschemata der AMT zeigen, dass die Angleichungen zu einem den Rechnungslegungsgrundsätzen ähnlichen Ergebnis führen.

5. Besteuerung von Eigenkapital

5.1. Ausschüttungen einer Körperschaft

Im Bezug auf hybride Finanzierungsinstrumente wird sich dieses Kapitel vor allem mit Fragen der Ausschüttungen auseinandersetzen. Wird ein Finanzierungsinstrument bzw die Vergütung als Eigenkapital eingestuft, so kommen die Vorschriften des *Subchapter C* des IRC zur Anwendung. *Subchapter C* be-

---

179 So wird zB die *Dividends Received Deduction* (ausführlich dazu Kapitel IV.5.2) wieder hinzugezählt, *Jones, S.M./Rhoades-Catanach, S.C.* (2004): 158; *Rettenbacher, G.* (2000): 4; *Zschiegner, H.* (2002): 1160.

180 *Müssener, I.* (2000): 44/1.

181 Sec 55(b)(1)(B) IRC, für die Berechnung der AMT ist ein Freibetrag auf das AMTI von 40.000 Dollar vorgesehen, der jedoch ab einer bestimmten Höhe des AMTI schrittweise abnimmt, *Jones, S.M./Rhoades-Catanach, S.C.* (2004): 159; *Jones, S.M.* (2001): 284.

182 Sec 55(c)(1) IRC definiert den Begriff der regulären Steuer *(Regular Tax)* als Steuerschuld gem Sec 26(b) IRC abzüglich eines *Foreign Tax Credits*, den Sec 936 IRC *Credit* und den *Puerto Rico Economic Activity Credit.*

183 Sec 56 bis Sec 58 IRC.

handelt nicht nur Ausschüttungen einer Gesellschaft, sondern regelt auch die steuerlichen Konsequenzen der Anteilsinhaber. Dieses Kapitel wird ebenfalls auf beide Aspekte eingehen.

Eine Körperschaft ist eine eigenständige Rechtspersönlichkeit, deren Gewinn bei der Körperschaft selbst zu versteuern ist. Ursprünglich wurden Dividendenerträge bei einer natürlichen Person als Anteilsinhaber der ungekürzten Einkommenbesteuerung unterworfen, durch das JGTRRA allerdings unterliegen sie gem Sec 1(h) IRC nun derselben günstigen Besteuerung wie Veräußerungsgewinne von 15%.[184]

5.1.1. Der Dividendenbegriff

Ausschüttungen sind in den Sec 301(c) und 316(a) IRC geregelt, welche den Begriff „Dividende" als Ausschüttung von Vermögen aus dem laufenden oder kumulierten steuerlichen Gewinn *(Current or Accumulated Earnings and Profits)* definieren. Für die Ermittlung des steuerlichen Gewinns bleiben dabei die Dividenden unberücksichtigt.

Current Earnings and Profits werden gem Sec 316(a)(2) IRC beim Emittenten am Ende des Wirtschaftsjahrs berechnet, ohne die Ausschüttungen des laufenden Jahres in Abzug zu bringen. Eine Ausschüttung ist daher eine Dividende, wenn das Unternehmen am Ende des Veranlagungsjahrs positive *Current Earnings and Profits* erzielt hat, selbst wenn zum Zeitpunkt der Ausschüttung keine positiven *Earnings and Profits* vorhanden waren.[185] Das bedeutet allerdings auch, dass Dividenden von Unternehmen, die am Ende des Veranlagungsjahres keinen positiven *Current Earnings and Profits* erzielt haben, als Einlagenrückzahlungen zu behandeln sind.[186]

Eine erhaltene Ausschüttung ist beim Anteilsinhaber nur dann dem Einkommen hinzuzurechnen, wenn es sich um eine Dividende gem Sec. 316(a) IRC handelt.[187] Eine Dividende ist nach der *Claim of Right Doctrine* selbst dann

---

184 *Bittker, B.I./Lokken, L.* (1999): 92.1.1; siehe ausführlich Kapitel IV.1.3.

185 *Cummings, J.L.* (2003): 13; *Lee, A.R.* (2003): 204.

186 Reg. 1.316-2(b); Reg. 1.316-2(c); *Bittker, B.I./Lokken, L.* (1999): 92.1.2.

187 *Bittker, B.I./Lokken, L.* (1999): 92.1.1; gem Reg. 1.301-1(b) *"a distribution made by a corporation to its shareholders shall be included in the gross income of the distributees when the cash or other property is unqualifiedly made subject to their demands."*.

Die meisten Ausschüttungen erfolgen aus den *Current Earnings and Profits*; sollte jedoch ein Verlust erwirtschaftet worden sein, so wird die Ausschüttung auch dann als steuerpflichtige Dividende zu behandeln sein, solange positive *Accumulated Earnings and Profits* vorliegen, *Jones, S.M./Rhoades-Catanach, S.C.* (2004): 205.

steuerpflichtig, wenn der Nutzungsberechtigte zur Rückzahlung verpflichtet sein könnte.[188]

Übersteigt die Ausschüttung die *Current or Accumulated Earnings and Profits,* wird der Differenzbetrag als Einlagenrückzahlung behandelt und dementsprechend beim Anteilsinhaber der Buchwert der Anteile angepasst; übersteigt die Einlagenrückzahlung den Buchwert, so ist der Differenzbetrag beim Anteilsinhaber als Veräußerungsgewinn zu behandeln.[189]

Anteilsinhaber, die ihre Anteile zu einem späteren Zeitpunkt gekauft haben, übernehmen *Current or Accumulated Earnings and Profits.*[190] Diese Regelung wird allerdings eingeschränkt von der Bestimmung, dass eine Ausschüttung in der Höhe eine Dividende darstellt, in der ein laufender steuerlicher Gewinn erzielt wurde, auch wenn bei *Accumulated Earnings and Profits* ein Verlust ausgewiesen wird.[191]

---

[188] US v. Lesoine, 203 F2d 123 (9th Cir. 1953). *Bittker, B.I./Lokken, L.* (1999): 92.1.2; gem Sec 301 IRC sind Ausschüttungen an den Anteilsinhaber steuerpflichtig. Dies bedeutet allerdings nicht, dass ausschließlich der Anteilsinhaber den Betrag versteuern muss. Gibt der Anteilsinhaber seine Ausschüttungsrechte weiter, so ist der Begünstigte nach den allgemeinen Einkommensregelungen und nicht der Anteilsinhaber steuerpflichtig. Dasselbe Prinzip gilt aufgrund der Satzung eines *Trust*, *Bittker, B.I./Lokken, L.* (1999): 92.1.1.

[189] *Krumwiede, T./Witner, L.* (2004): 58; *Small, D.G.* (1995a): 207; *Blumenberg, J.* (1997): 159; *Raineri, W.T/Engle, H.S.* (1996): 1615; *Lee, A.R.* (2003): 204; *Bittker, B.I./Lokken, L.* (1999): 92.1.1; *Scholes, M.S./Wolfson, M.A./Erickson, M./Maydew, E.L./Shevlin, T.* (2002): 307; *Jones, S.M./Rhoades-Catanach, S.C.* (2004): 206.

Weiters regelt Sec 316(a) IRC, dass alle Ausschüttungen aus dem E&P kommen, solange E&P vorhanden ist, und dass die Dividende immer aus den jüngsten erzielten E&P stammt.

[190] Das heißt, obwohl für diese Steuerpflichtigen die Ausschüttung wirtschaftlich gesehen uU eine Einlagenrückzahlung bedeutet, wird dennoch die Ausschüttung für steuerliche Zwecke als Dividende behandelt, egal, zu welchem Zeitpunkt die *Accumulated Earnings and Profits* erzielt worden sind. Umgekehrt bedeutet dies, dass Anteilsinhaber, die ihre Anteile zu einem Zeitpunkt gekauft haben, in dem das *Accumulated Earnings and Profits* einenVerlust ausgewiesen hat, diese Ausschüttungen als Einlagenrückzahlungen zu behandeln sind, selbst wenn sie aus den Gewinnen gespeist werden, nachdem der Steuerpflichtige die Anteile erworben hat.

[191] *Bittker, B.I./Lokken, L.* (1999): 92.1.1; ebenfalls wird die Beteiligung an Verlustgesellschaften durch Sec 269 IRC eingeschränkt. Sec 269 IRC kommt zur Anwendung, wenn der Steuerpflichtige den Anteil vorwiegend aufgrund des *Accumulated Deficit* erworben hat, um nachfolgende Gewinne gegenrechnen zu können. Sec 169 IRC verneint die Steuervorteile des Verlustes.

5.1.2. Earnings and Profits

Überraschenderweise definiert der Code den Begriff „*Earnings and Profits*“ (E&P) nicht, obwohl er auch nicht im Gesellschaftsrecht definiert ist.[192] Die Berechnung des E&P eines Unternehmens ist eine komplexe Aufgabe, vor allem dann, wenn das Unternehmen mehrmals umgegründet worden ist. Für die korrekte Berechnung des E&P ist es uU notwendig, die steuerlichen Auswirkungen von Geschäftsfällen gem den damaligen Gesetzen zu ermitteln, um die Auswirkungen auf das E&P erfassen zu können.[193]

Der Begriff E&P wurde ursprünglich in den Reg im Jahr 1916 dem Gewinn *(Surplus)* gleichgestellt.[194] Bald darauf wurde festgestellt, dass der Gewinn aufgrund der Ermessensfragen keine geeignete Größe für die steuerliche Frage zur Behandlung von Ausschüttungen darstelle. Obwohl also E&P weder dem *Surplus* der Rechnungslegung, noch dem steuerpflichtigen Einkommen gleicht, stehen die Größen sehr wohl im Zusammenhang. Ausgehend vom steuerpflichtigen Einkommen können sowohl E&P als auch der *Surplus* durch entsprechende Angleichungen *(Adjustments)* errechnet werden.[195]

Die Berechnung des E&P erfolgt üblicherweise auf Basis des steuerpflichtigen Einkommens.[196] Folgende Anpassungen und Prinzipien sind bei der Berechnung zu berücksichtigen:

Die Berechnung des E&P dient dem Zweck, den ausschüttungsfähigen Betrag zu ermitteln. Um zur wirtschaftlichen Ausschüttungsfähigkeit zu gelangen, ist es in einem ersten Schritt notwendig, das steuerbefreite Einkommen dem steuerpflichtigen Einkommen hinzuzurechnen.[197] Einkommen aus dem Verkauf von

---

192 *Jones, S.M./Rhoades-Catanach, S.C.* (2004): 204; der IRS weigert sich, Auswirkungen von Transaktionen auf E&P zu beurteilen, Rev. Proc. 2004-3, 2004-1 IRB 114.

193 Da in Fragen des E&P keine *Statute of Limitation* vorgesehen sind, ist eine ständige Führung von Aufzeichnungen notwendig, *Bittker, B.I./Lokken, L.* (1999): 92.1.3

194 Reg. 33, Arts. 106, 107 (1918)

195 *Bittker, B.I./Lokken, L.* (1999): 92.1.3.

196 *Small, D.G.* (1995a): 207; *Jones, S.M./Rhoades-Catanach, S.C.* (2004): 204; Sowohl Codesections als auch Regulations beginnen die Berechnungen des E&P ausgehend vom steuerpflichtigen Einkommen. In den Reg. 1.312-6(a) heisst es: "*the amount of earnings and profits in any case will be dependent upon the method of accounting properly employed in computing taxable income*"; ebenfalls zu beachten ist, dass bei Verwendung der *cash method* für die Berechnung des steuerpflichtigen Einkommens nicht die *accrual method* für die Berechnung des E&P herangezogen werden darf bzw umgekehrt.

197 Reg. 1.312-6(b). verlangt, dass "*all income exempted by statute*", ebenso wie "*income not taxable by the Federal Government under the Constitution*" erfasst wird.

Zu den steuerbefreiten Einkommen sind Einkommen aus Lebensversicherungen gem Sec 101(a) IRC und Zinsen aus steuerbefreiten Bundesstaatsanleihen *(State and Local*

Vermögen sind gem 312(f)(1) IRC ebenfalls ins E&P miteinzubeziehen, allerdings nur in Höhe des Veräußerungsgewinnes bzw des -verlustes, solange dieser ebenfalls unter allgemeinen steuerlichen Grundsätzen zu besteuern wäre.

Im Allgemeinen werden Aufwendungen für die Ermittlung des steuerpflichtigen Einkommens auch für die Berechnung der E&P anerkannt, wenn sie tatsächlich wirtschaftliche Kosten darstellen. Dividenden von anderen Körperschaften zB werden zum E&P hinzugerechnet, selbst wenn sie unter Sec 243 IRC für die Ermittlung des steuerlichen Einkommens abgezogen werden konnten. Die Aufwendungen von *Depletion* werden auf Basis der Kosten durchgeführt, selbst wenn die *Percentage Depletion* Methode angewandt wird.[198] Eine *Net Operating Loss Deduction* gem Sec 172 IRC, oder ein *Capital Loss* Vor- oder Nachtrag gem Sec 1212 IRC vermindert nicht das E&P, da es ja bereits im Jahr der Entstehung berücksichtigt worden ist.[199]

Manche Aufwendungen, die sowohl für die Berechnung des steuerpflichtigen Einkommens als auch des E&P in Abzug gebracht werden können, sind allerdings in unterschiedlicher Höhe zu berücksichtigen. Gem Sec 312(k) IRC kann nur die lineare Abschreibung für die Berechnung des E&P verwendet werden, unabhängig davon, ob diese auch für die Berechnung des steuerpflichtigen Einkommens zur Anwendung gekommen ist.[200]

Wurden eben Aufwendungen besprochen, die zwar bei Ermittlung des steuerpflichtigen Einkommens, jedoch nicht für die Berechnung des E&P abzugsfähig sind, sind des weitern nicht abzugsfähigen Aufwendungen für steuerliche Zwecke zu berücksichtigen, die die Höhe des E&P verringern, um nicht als Dividende bei dem Anteilsinhaber besteuert zu werden. Beispiele für solche in Abzug zu bringenden Beträge sind gem 312(a) IRC bereits getätigte Dividendenausschüttungen, die Bundessteuer, nichtabzugsfähige Fremdkapitalzinsen, Spenden über der Abzugsgrenze, über den steuerlichen Höchstbetrag geleistete Versicherungsbeiträge für Mitarbeiter, Veräußerungsverluste, die nicht mit

---

Government Obligations) gem Sec 103 IRC zu zählen. *Contributions to Capital* andererseits sind sowohl aus dem steuerpflichtigen Einkommen als auch bei E&P ausgenommen, Rev. Rul. 66-353, 1966-2 CB 111; Schenkungen und Hinterlassenschaften sind ausgenommen, da sie nicht im wirtschaftlichen Sinne erzielt werden können, *Bittker, B.I./Lokken, L.* (1999): 92.1.3.

198 Reg. 1.312-6(c)

199 *Bittker, B.I./Lokken, L.* (1999): 92.1.3.

200 Demzufolge ist die Abschreibungsdauer für die Berechnung des E&P oft länger als für die Ermittlung des steuerpflichtigen Einkommens; verwendet ein Unternehmen das LIFO-Verfahren, muss gem Sec 312(n) IRC für die Berechnung des E&P trotzdem das FIFO-Verfahren angewandt werden, *Bittker, B.I./Lokken, L.* (1999): 92.1.3.

Veräußerungsgewinnen gegengerechnet werden konnten, Verluste bzw Aufwendungen durch Geschäfte mit beherrschenden Gesellschaftern.[201]

Die Kürzung des E&P wird einigen Aufwendungen versagt, die sehr wohl die Ausschüttungsfähigkeit des Unternehmens verringern. Sec 163(f) IRC versagt die Abzugsfähigkeit von Fremdkapitalzinsen bei nicht registrierten *Debt Instruments* für die Ermittlung des steuerpflichtigen Einkommens. Auch für Zwecke der Berechnung des E&P dürfen diese Zinsen gem Sec 312(m) IRC nicht in Abzug gebracht werden.[202] Das E&P einer CFC darf gem Sec 964(a) IRC auch nicht um die Bestechungs- und Schmiergelder, die gem Sec 162(c) IRC nicht abzugsfähig sind, verringert werden.[203]

5.1.3. Verdeckte Ausschüttungen

Gem Sec 301 IRC erfolgen sowohl die Dividendenausschüttung als auch die Einlagenrückzahlung ausdrücklich *„with respect to its stock“;* dh im Verhältnis der gehaltenen Anteile. In den Reg. 1.301-1(c) wird festgehalten, dass gem Sec 301 IRC der Begriff Dividende nur für Zahlungen der Körperschaft an die Gesellschafter in ihrer Funktion als Aktionäre Anwendung findet. Andere Zahlungen an die Gesellschafter stellen keine Dividende dar. Als Beispiel dafür können Gesellschafterdarlehen, Gehälter, Mietzahlungen uä genannt werden.[204]

Eine Ausschüttung an die Aktionäre ist jedoch auch dann von Sec 301 IRC geregelt, wenn dies nicht ausdrücklich als Dividende bezeichnet worden ist. Verdeckte Ausschüttungen sind vor allem bei *Closely Held Corporations* häufig, da zu den Aktionären ein gewisses Naheverhältnis besteht. Für das Vorliegen einer verdeckten Ausschüttung muss die Körperschaft einerseits dem Aktionär einen wirtschaftlichen Vorteil ohne Gegenleistung verschafft haben und andererseits muss der Vorteil hauptsächlich dem Aktionär und nicht der

---

201 *Bittker, B.I./Lokken, L.* (1999): 92.1.3.

202 Sec 312(m) IRC ist nicht anwendbar, wenn es sich um eine CFC, eine *Foreign Investment Company* oder eine *Foreign Personal Holding Company* handelt, und die Ausgabe nicht dem vorrangigen Zweck der Vermeidung der Sec 163(f) IRC diente.

203 Obwohl diese Beträge eindeutig die Ausschüttungsfähigkeit des Unternehmens verringern, dienen die Bestimmungen dazu, dem Unternehmen die Transaktion zusätzlich zur Nichtabzugsfähigkeit für die Ermittlung des steuerpflichtigen Einkommens durch die Besteuerung der Ausschüttung von wirtschaftlich gesehenem Eigenkapital so unattraktiv wie möglich zu gestalten, *Bittker, B.I./Lokken, L.* (1999): 92.1.3.

204 *Bittker, B.I./Lokken, L.* (1999): 92.2; *Scholes, M.S./Wolfson, M.A./Erickson, M./Maydew, E.L./Shevlin, T.* (2002): 309; selbst wenn solche Zahlungen an den Gesellschafter als Ausschüttung betrachtet werden können, entstehen diese allerdings nicht aufgrund des Aktionärsverhältnisses und da keine Dividende vorliegt, wird die Besteuerung daher in anderen Sections des Codes geregelt.

Körperschaft zugute kommen.[205] Üblicherweise wird der Vorteil dem Gesellschafter direkt gewährt, aber auch jede unverhältnismäßige Zuwendung an einen nahe stehenden Dritten qualifiziert eine verdeckte Ausschüttung.[206]

Die Charakterisierung einer Zahlung der Gesellschaft an einen Gesellschafter beeinflusst die Frage, ob die Zahlung bei der Körperschaft die steuerliche Bemessungsgrundlage verringert. Darüber hinaus kann die Zahlung dann bei der Berechnung des E&P als Aufwand geltend gemacht werden, wenn es sich nicht um eine Dividende handelt, bzw wird im Fall einer Dividende das E&P durch sie anschließend gekürzt. Ist die Zahlung keine Dividende, dann muss der Gesellschafter die Zahlung gem Sec 61(a) IRC versteuern, anderenfalls kann auch eine Einlagenrückzahlung gem Sec 310(c) IRC in Anspruch genommen werden. Empfängt eine Körperschaft die Zahlung, kann der Beteiligungsertrag uU gem Sec 243 IRC als Aufwand geltend gemacht werden.[207]

Verdeckte Ausschüttungen treten vor allem bei überhöhten Gehaltszahlungen,[208] Zahlungen der Gesellschaft für den Gesellschafter,[209] unterpreisige bzw überpreisige Verträge,[210] Bürgschaften,[211] Gesellschafterdarlehen, Darlehen der Körperschaft bzw Transaktionen zwischen Schwestergesellschaften auf.

---

205 Die Grenze zwischen Vorteil des Aktionärs und Vorteil der Gesellschaft ist nicht immer eindeutig, da manche Aufwendungen beide Kriterien erfüllen. Ein indirekter Vorteil soll jedenfalls nicht als Ausschüttung gewertet werden. Haftet der Aktionär für die Schulden der Körperschaft und begleicht die Körperschaft ihre Verbindlichkeiten, so gilt das nicht als Ausschüttung, *Bittker, B.I./Lokken, L.* (1999): 92.2.

206 *Jones, S.M./Rhoades-Catanach, S.C.* (2004): 210; eine Besteuerung der verdeckten Ausschüttung erfolgt beim Begünstigten, der nicht unbedingt mit dem Inhaber der Aktie übereinstimmen muss, *Bittker, B.I./Lokken, L.* (1999): 92.2.

207 *Bittker, B.I./Lokken, L.* (1999): 92.2.

208 Bei Gehaltszahlungen erlaubt Sec 162(a) IRC Körperschaften einen angemessenen Betrag für persönliche Dienstleistungen abzuziehen, wenn diese tatsächlich erbracht worden sind. Wenn keine Dienstleistung erbracht worden ist, bzw wenn die Vergütung nicht angemessen gewesen ist, so ist der Betrag bzw der Differenzbetrag bei dem Begünstigten als verdeckte Ausschüttung zu versteuern, *Bittker, B.I./Lokken, L.* (1999): 92.2.

209 Übernimmt die Gesellschaft Zahlungen für den Gesellschafter wie zB Reisevergütungen, Unterhaltungskosten, bei denen eine Aufteilung der Kosten zwischen Gesellschaft und Gesellschafter erfolgen sollte, so entspricht der unangemessene Teil einer verdeckten Ausschüttung. Übernimmt die Körperschaft Verpflichtungen des Aktionärs, so stellt dieser Teil ebenfalls eine verdeckte Gewinnausschüttung dar.

210 Verkauft eine Körperschaft einem Aktionär Vermögen unter dem Marktwert, so stellt der Differenzbetrag eine Ausschüttung gem Sec 301 IRC dar. Dies trifft allerdings nicht auf eigene Anteile bzw Rechte auf eigene Anteile der Körperschaft zu, welche in den meisten Fällen eine steuerfreie Ausschüttung darstellen. Die unterpreisige Vermietung bzw Nutzung von Vermögen stellt ebenfalls eine verdeckte Ausschüttung dar. Zahlt der

Gewährt die Körperschaft dem Gesellschafter ein Darlehen, ohne dass die Absicht zur Rückzahlung besteht, so sind die Zuwendungen jedenfalls eine verdeckte Ausschüttung. Ausschlaggebend hierfür ist die Absicht *(Intent)* und nicht die einzelnen Faktoren. Ein verzinstes verbrieftes Darlehen, bei dem es tatsächlich zu Zahlungen der Zinsen kommt, wird im allgemeinen als Fremdkapital angesehen,[212] während ein Kontokorrentkonto mit keinerlei Verzinsung und keinem bestimmten Rückzahlungstermin idR als Ausschüttung gewertet wird.[213] Überlässt eine Körperschaft dem Aktionär ein Darlehen und es werden keine Zinsen bzw Zinsen unter dem Marktwert vereinbart, wird gem Sec 7872 IRC eine verdeckte Ausschüttung bei der Körperschaft und eine verdeckte Zinszahlung *(Constructive Interest Payment)* beim Aktionär angenommen.[214]

Neben den herkömmlichen Arten der verdeckten Ausschüttung können auch Transaktionen zwischen Schwestergesellschaften zu einer verdeckten Ausschüttung einer der Körperschaften an die Aktionäre führen. Dies wird vor allem im Zusammenhang mit der Aufteilung von Erträgen und Aufwendungen gem Sec 482 IRC der Fall sein.

5.1.4. Sachausschüttungen

Kommt es zu einer Sachausschüttung, gelten dieselben Regeln wie bei einer Barausschüttung. Allerdings ist zusätzlich zu klären, ob die Ausschüttung einen Gewinn oder Verlust bei der Körperschaft auslöst, wie hoch dieser ist, welche Auswirkungen auf das E&P und den Buchwert des Vermögens beim Gesellschafter zum tragen kommen.

Gesellschafter eine zu niedrige Miete für die Überlassung des Vermögens, so ist der Differenzbetrag als verdeckte Ausschüttung zu behandeln. Nicht nur die unterpreisige Überlassung von Vermögen der Gesellschaft an den Gesellschafter, sondern auch die überpreise Überlassung von Vermögen des Gesellschafters an die Gesellschaft stellt eine verdeckte Ausschüttung dar. Als Entscheidungskriterium wird hierfür die Fremdüblichkeit herangezogen.

211 In einigen Fällen haben die Gerichte mit unterschiedlichen Ergebnissen beurteilt, ob Gebühren für Bürgschaften, die von der Körperschaft als Gegenleistung für übernommene Bürgschaften an den Aktionär gezahlt worden sind, bei der Körperschaft abzugsfähig seien oder als verdeckte Ausschüttung gewertet werden sollten.

212 Fischer v. IRS, 169 BR 43, 94-2 USTC 50.322 (MD Tenn. 1994), Darlehen an den Gesellschafter war keine Ausschüttung, da es konsistent als Fremdkapital behandelt wurde und es zu regelmäßigen Tilgungen kam.

213 Sollte der Aktionär der Gesellschaft ein Darlehen gewähren und kommt es in weiterer Folge zu einer Umqualifikation dieses Darlehens in Eigenkapital, so sind die Zahlungen nicht als Zinsen zu bewerten, sondern stellen steuerpflichtige Dividenden dar; *Bittker, B.I./Lokken, L.* (1999): 92.2.

214 Ausführlich dazu Kapitel IV.5.1.3.

Prinzipiell wird gem Sec 311(a) IRC bei der Körperschaft bei einer Dividendenausschüttung kein Gewinn oder Verlust realisiert. Schüttet die Körperschaft jedoch Vermögen[215] in einer *Non-Liquidating Distribution* aus, dem stille Reserven zuzuordnen sind, kommt es zu einer Gewinnrealisierung bei der Körperschaft, als wäre das Vermögen zum *Fair Market Value* an den Gesellschafter verkauft worden.[216] Für gewöhnlich wird der Gewinn als *Capital Gain* zu versteuern sein, jedoch kann, wenn es sich um abnutzbares Vermögen handelt und Käufer und Verkäufer *Related Persons* iSd Sec 1239 IRC sind, aufgrund von Sec 1239 IRC eine Versteuerung als *Ordinary Income* vorgesehen sein.[217] Allerdings ist im Falle einer Veräußerung von Vermögen mit stillen Lasten die Berücksichtigung eines Verlustes nicht möglich.[218] Ein Verlust kann jedoch dann realisiert werden, wenn in einem ersten Schritt das Vermögen mit einem Verlust verkauft wird und anschließend dem Gesellschafter die Barmittel ausgeschüttet werden.

Schüttet die Körperschaft Vermögen mit stillen Reserven aus, wird gem Sec 312(b)(1) IRC das E&P der Körperschaft um die stillen Reserven erhöht, da die Ausschüttung einen Veräußerungsgewinn verursacht. Ebenso kommt es zu einer Verringerung des E&P, wenn die Körperschaft Vermögen mit stillen Lasten ausschüttet. Die Steuern auf den Veräußerungsgewinn bzw -verlust sind ebenfalls beim *Current E&P* zu berücksichtigen.

Der Buchwert des Vermögens nach Ausschüttung beim Gesellschafter ist gem Sec 301(d) IRC der *Fair Market Value*, wobei die Behaltedauer vom Zeitpunkt der Ausschüttung gerechnet wird; eine Weiterrechnung der Behaltedauer der Körperschaft kommt nicht zur Anwendung.

---

215 Außer es handelt sich um eigene Obligationen.

216 *"As if such property were sold to the distributee at its fair market value"*, Sec 311(b)(1) IRC; Jones, S.M./Rhoades-Catanach, S.C. (2004): 207f; eine solche Ausschüttung wird dann eine Dividende sein, wenn ausreichend E&P vorhanden ist. Ist das E&P geringer als die Ausschüttung, wird die Ausschüttung bis in Höhe des E&P als Dividende zu behandeln sein. Ein das E&P übersteigender Betrag kürzt den Buchwert des Gesellschafters, ein darüber hinausgehender Betrag ist als Veräußerungsgewinn zu behandeln. Anschließend wird das E&P in der Höhe der Dividende gekürzt, *Bittker, B.I./Lokken, L.* (1999): 92.3.2; *Blumenberg, J.* (1997): 154.

217 Unter *Related Persons* werden Gesellschafter verstanden, die tatsächlich oder *Constructively* mehr als 50% der Anteile halten, *Bittker, B.I./Lokken, L.* (1999): 92.3.2.

218 *Scholes, M.S./Wolfson, M.A./Erickson, M./Maydew, E.L./Shevlin, T.* (2002): 309; *Bittker, B.I./Lokken, L.* (1999): 92.3.2; Sec 311(a)(2) IRC; wird Vermögen mit stillen Lasten und Vermögen mit stillen Reserven gleichzeitig ausgeschüttet, kommt es gem Sec 311(b)(3) IRC nicht zu einer Verrechnung des Gewinns mit dem Verlust.

5.1.5. Ausschüttungen von Obligationen

Schüttet eine Körperschaft Obligationen aus, so gelten dieselben Regeln wie für Ausschüttungen von anderen Vermögen. Die Höhe der Ausschüttung ist der *Fair Market Value* der Obligation zum Zeitpunkt der Ausschüttung und der Buchwert des Gesellschafters ist ebenfalls der *Fair Market Value*. Sec 311(b)(1) IRC, die für gewöhnlich eine Gewinnbesteuerung bei Sachausschüttung normiert, nimmt Obligationen der ausschüttenden Körperschaft ausdrücklich aus und daher realisiert die Körperschaft gem Sec 311(a) IRC weder Gewinn noch Verlust.[219]

Schüttet die Körperschaft an der Börse notierte Obligationen aus, ist der Ausgabebetrag der Obligation der *Fair Market Value* unmittelbar nach der Ausschüttung. Der Differenzbetrag stellt daher den OID dar. Wird eine solche Obligation nicht an einer Börse notiert, ist der Ausgabebetrag der Nennbetrag und damit der OID gleich null. Der Ausgabebetrag ist jedoch dann der Barwert aller Zahlungen des Instruments, diskontiert mit der zum Zeitpunkt gültigen AFR, wenn der Zinssatz der QSI geringer als der AFR ist, das Instrument eine Laufzeit von mehr als sechs Monaten hat und die Summe der Tilgungen und Zinszahlungen über die Laufzeit aller ausgeschütteten Instrumente mehr als 250.000 Dollar beträgt.[220]

5.1.6. Ausschüttungen von Aktien

Schüttet eine Körperschaft an ihre Gesellschafter im Verhältnis der gehaltenen Anteile ihre eigenen Aktien aus, kommt eine Generalregelung zur Nichtrealisierung *(Nonrecognition Rule)* zur Anwendung und solche Ausschüttungen sind gem Sec 305(a) IRC nicht dem *Gross Income* hinzuzuzählen.[221]

Allerdings gibt es einige Ausnahmen der *Nonrecognition Rule*, die eine Steuerpflicht der Aktienausschüttung in Höhe des *Fair Market Value* der Aktie als *Ordinary Income* bewirken können. Hat ein einziger oder haben alle Gesellschafter das Wahlrecht, entweder Aktien der Körperschaft oder anderes Vermögen im Zuge einer Ausschüttung zu erhalten *(Optional Distribution)*, ist die Ausschüttung gem Sec 305(b)(1) IRC für alle Gesellschafter steuerpflichtig und die *Nonrecognition Rule* kommt nicht zur Anwendung.[222]

---

219 *Bittker, B.I./Lokken, L.* (1999): 92.4.

220 *Bittker, B.I./Lokken, L.* (1999): 92.4.

221 Diese Regelung inkludiert Aktien und Rechte zum Aktienerwerb; zu dem Begriff Gesellschafter sind auch Inhaber von Rechten zum Aktienerwerb und Inhaber von *Convertible Bonds* zu zählen, *Keyes, K.M.* (1997): 1.02[2][a].

222 *Bittker, B.I./Lokken, L.* (1999): 92.5.3; 305(b)(1); *Keyes, K.M.* (1997): 1.02[2][a]; Reg. 1.305-2(a).

Eine Ausschüttung von Aktien oder Aktienrechten wird gem Sec 305(b)(2) IRC dann steuerpflichtig sein, wenn die Ausschüttung oder eine Serie von Ausschüttungen dazu führt, dass einige Gesellschafter Vermögen oder Bargeld erhalten und andere Gesellschafter eine Aktienausschüttung, die zu einer Erhöhung der Anteile an Vermögen oder an Gewinnen der ausschüttenden Gesellschaft führt *(Disproportionate Distribution)*.[223]

Erhalten einige *Common Shareholders* im Zuge einer Ausschüttung *Preferred Stock* und andere *Common Shareholders Common Stock (Distributions of Common and Preferred)*, müssen gem Sec 305(b)(3) IRC alle Gesellschafter den Erhalt der Aktien versteuern.[224]

Die Ausschüttung von *Convertible Preferred Stock* ist gem Sec 305(b)(5) IRC steuerpflichtig, wenn die Körperschaft nicht nachweisen kann, dass die Ausschüttung nicht zu einer Unverhältnismäßigkeit[225] gem Reg. 1.305-3 führt.[226]

Alle Aktienausschüttungen in Bezug auf *Preferred Stock* sind gem Sec 305(b)(4) IRC steuerpflichtig, unabhängig davon, ob die Anteilsverhältnisse gewahrt bleiben oder nicht. Dementsprechend kann nur *Common Stock* eine steuerfreie Aktienausschüttung gem Sec 305 IRC bewirken.[227]

---

223 *Keyes, K.M.* (1997): 1.02[2][a]; 305(b)(2). *Jones, S.M./Rhoades-Catanach, S.C.* (2004): 209; diese Regelung wird vor allem durch die Vorschriften bzgl des Vorliegens einer Serie von Ausschüttungen relevant. Sonst könnte eine Körperschaft zuerst eine Vermögensausschüttung an eine Klasse von Aktionären vornehmen und ein Monat später eine Aktienausschüttung an die andere Klasse von Aktionären. Eine Serie von Ausschüttungen liegt dann vor, wenn die Ausschüttungen aus einer Vermögensausschüttung und einer Aktienausschüttung bestehen, Reg. 1.305-3(b)(1); die Regulations sehen vor, dass es nicht notwendig ist, dass die Vermögens- und Aktienausschüttung aufgrund eines Plans, sondern innerhalb von 36 Monaten erfolgen, Reg. 1.305-3(b)(4). *Keyes, K.M.* (1997): 1.03[2][b].

224 *Keyes, K.M.* (1997): 1.03[3][a]; *Bittker, B.I./Lokken, L.* (1999): 92.5.3; 305(b)(3); Reg. 1.305-4.

225 Eine unverhältnismäßige Ausschüttung wird dann angenommen, wenn das Wandlungsrecht innerhalb einer kurzen Zeit nach der Ausschüttung ausgeübt werden muss und es aufgrund der Dividendenrate, Vorkehrungen für *Redemption*, des Wandlungspreises etc. vorhersehbar ist, dass manche Gesellschafter das Wandlungsrecht ausüben werden und manche nicht, *Bittker, B.I./Lokken, L.* (1999): 92.5.4; Reg. 1.305-6(b).

226 *Keyes, K.M.* (1997): 1.02[2][a];

227 *Keyes, K.M.* (1997): 1.04; Ist eine *Redemption* von *Preferred Stock* zu einem Betrag über den Ausgabebetrag vorgesehen, so ist dieser Unterschiedsbetrag *(Redemption Premium)* als eine Reihe von verdeckten Ausschüttungen über die Laufzeit gem Sec 305(b)(4) IRC zu versteuern, Reg. 1.305-5(b)(1); die Beträge der verdeckten Ausschüttung werden anhand der *Constant Interest Method* gem Sec 1272 IRC wie OID abgegrenzt; diese Regelung kommt auch dann zur Anwendung, wenn der Inhaber eine Put-Option für eine *Redemption* innehat, wobei Sec 305 IRC von der Annahme ausgeht, dass der Steuer-

Erhält der Gesellschafter eine steuerfreie Aktiendividende, muss er gem Sec 307(a) IRC den Buchwert der alten Aktien zwischen den ausgeschütteten Aktien und den alten Aktien aufteilen.[228] Die steuerfreie Aktienausschüttung bewirkt gem Sec 312 IRC keine Reduktion des E&P bei der ausschüttenden Körperschaft und führt bei der erhaltenden Körperschaft – so sie Gesellschafter ist – zu keiner Erhöhung des E&P.

Eine steuerpflichtige Aktienausschüttung hingegen wird gem Sec 305 IRC wie eine Sachausschüttung behandelt. Insofern ist die Höhe der Ausschüttung der *Fair Market Value* der Aktien. Der Buchwert beim Gesellschafter entspricht dem *Fair Market Value* der Aktien und die Behaltedauer der Aktien beginnt mit dem Zeitpunkt der Ausschüttung.[229] Das E&P wird um den *Fair Market Value* reduziert.[230]

5.1.7. Bailouts

Sec 306 IRC wurde eingeführt, um Gestaltungen mit Ausschüttungen von *Preferred Stock* zu unterbinden. IdR wurden Ausschüttungen von *Preferred Stock* gem Sec 305(a) IRC als steuerfreie Ausschüttung behandelt. Verkauft der Gesellschafter diese Anteile anschließend, muss er statt der Dividende, die in voller Höhe dem *Ordinary Income* zuzuordnen wäre, ausschließlich den Veräußerungsgewinn, dh den Differenzbetrag zwischen Verkaufspreis und Buchwert als *Capital Gain* gem Sec 307 IRC einer begünstigten Besteuerung unterziehen. Die Körperschaft *redeemed* anschließend die Aktien zu einem geringen Premium. Diese Gestaltung führt wirtschaftlich betrachtet zu einer Barausschüttung, jedoch zu einer wesentlich geringeren Versteuerung.[231]

---

pflichtige die Option zum frühestmöglichen Termin wahrnehmen wird, um die Rendite zu maximieren, Reg. 1.305-5(b)(4); unterliegt die Option jedoch *Contingencies*, die zu einer geringen Wahrscheinlichkeit zu einer *Redemption* führen, kommt es nicht zu einer verdeckten Ausschüttung, Reg. 1.305-5(b)(2); Sec 305 IRC kommt auch dann zur Anwendung, wenn der Emittent eine Call-Option hat, die er voraussichtlich ausüben wird; Reg. 1.305-5(b)(2); ist der *Redemption Premium* weniger als 0,25% des *Redemption Price*, multipliziert mit der Anzahl der vollständigen Jahre nach dem Ausgabezeitpunkt bis zum *Redemption* Zeitpunkt, müssen keine verdeckten Ausschüttungen berücksichtigt werden; diese Geringfügigkeitsgrenze ist dabei ein Freibetrag, *Keyes, K.M.* (1997): 1.04[2][a][ii]; *Bittker, B.I./Lokken, L.* (1999): 92.5.5.

228 Reg. 1.307-1(a)309(a); die Behaltedauer der ausgeschütteten Aktien entspricht gem Sec 1223(5) IRC der Behaltedauer der alten Aktien.

229 *Bittker, B.I./Lokken, L.* (1999): 92.5.6; Sec 301(d) IRC; Reg. 1.312-1(d).

230 *Keyes, K.M.* (1997): 1.02[2][c].

231 *Bittker, B.I./Lokken, L.* (1999): 92.6.1; diese Gestaltung ist natürlich nur dann vorteilhaft, wenn eine Barausschüttung aufgrund des E&P als Dividende qualifiziert worden wäre.

Sec 306 IRC ermöglicht zwar die steuerfreie Ausschüttung von *Preferred Stock*, selbst wenn Vereinbarungen bestehen, die einen weiteren Verkauf durch die Gesellschafter vorsehen, wobei die Gesellschaft die Anteile anschließend zurückkauft, jedoch wird gem Sec 306 IRC die Versteuerung als Dividende durch die Umqualifikation des Veräußerungserlöses in *Ordinary Income* garantiert.[232]

Sec 306 definiert die Aktien, die als *Section 306 Stock* bezeichnet werden und damit die Umqualifikation eines Veräußerungserlöses bewirken können. Anteile können in folgenden drei Fällen als *Section 306 Stock* charakterisiert werden:

1. Anteile, die nicht eine Ausschüttung von *Common Stock* auf *Common Stock* darstellen[233], an den veräußernden Gesellschafter ausgeschüttet wurden und nicht dem *Gross Income* gem Sec 305(a) IRC zuzuordnen waren;
2. Anteile – ausgenommen *Common Stock* –, wenn diese steuerfrei oder teilweise steuerfrei vom veräußernden Gesellschafter in einer Umgründung erhalten wurden;
3. Anteile – ausgenommen *Common Stock* –, die im Zuge eines Sec 351 IRC-Tauschs erhalten wurden, wenn im Falle einer Barzahlung diese als Dividende zu qualifizieren wären.

Anteile, deren Buchwert bei einem Gesellschafter anhand von Sec 306 Stock ermittelt wird, behalten diese Qualifikation auch bei Transaktionen, die den Buchwert anhand des Buchwerts des hingegebenen Guts bewerten. Dies ist zB bei steuerfreiem Tausch oder bei Schenkungen der Fall. Der Empfänger dieser Anteile unterliegt genauso wie der Gesellschafter vor der Transaktion Sec 306 IRC.[234]

Anteile werden dann nicht als *Section 306 Stock* bezeichnet, wenn die ausschüttende Körperschaft gem Sec 306(c)(2) IRC kein E&P aufweist.

Unterliegt *Section 306 Stock* einer *Redemption*, wird der gesamte Betrag, den der Gesellschafter erhalten hat, als Ausschüttung gem Sec 301 IRC behandelt.[235] Wird *Section 306 Stock* veräußert, wird der Veräußerungserlös als *Ordinary Income* versteuert, jedoch nur bis zu der Höhe, die als Dividende zu versteuern gewesen wäre, wenn die Körperschaft anstelle der Aktien Bargeld ausgeschüttet

---

Ist nicht ausreichend E&P vorhanden, ist die Ausschüttung als Rückzahlung des Eigenkapitals ohnedies steuerfrei bzw, wenn diese den Buchwert des Aktionärs übersteigt, als *Capital Gain* mit demselben Ergebnis wie der Bailout zu versteuern.

232 *Krumwiede, T.Witner, L.* (2004): 57; *Lee, A.R.* (2003): 214.

233 Diese Ausnahme besteht, weil *Common Stock* kein gutes Instrument für einen *Bailout* darstellt, da es in etwa dem Verkauf von bereits gehaltenen Anteilen entspricht.

234 *Bittker, B.I./Lokken, L.* (1999): 92.6.2; Sec 306(c)(1)(C) IRC.

235 Dementsprechend ist die Ausschüttung bis in Höhe des E&P als Dividende zu behandeln.

hätte. Wird ein höherer Veräußerungserlös erzielt, wird der Differenzbetrag unter Berücksichtigung des Buchwerts gem Sec 306(a)(1) IRC als *Capital Gain* behandelt. Kommt es zu einem Veräußerungsverlust, kann dieser nicht geltend gemacht werden. Eine Körperschaft kann bei einer Barausschüttung eine DRD (*Dividends Received Deduction*)[236] geltend machen, was bei einer Qualifikation des Veräußerungserlöses als *Ordinary Income* nicht der Fall ist.[237]

Von einer Versteuerung von *Section 306 Stock* als *Ordinary Income* bei Veräußerungen oder anderen Übertragungen wird in einigen Ausnahmefällen abgesehen. Kommt es bei einer *Redemption* von *Section 306 Stock* zu einer vollständigen Beendigung der Beteiligung des Gesellschafters, die die Voraussetzungen gem Sec 302(b)(3) IRC erfüllt, kommt Sec 306(a) IRC nicht zur Anwendung, sondern die Transaktion wird als gewöhnliche Veräußerung *(Ordinary Sale)* behandelt.[238]

5.2. Dividends Received Deduction

Die Doppelbesteuerung bei mehrstöckigen Konzernstrukturen wird in den USA dadurch vermieden bzw verringert, dass die Dividendenerträge zwar in einem ersten Schritt bei der erhaltenden Köperschaft der steuerlichen Bemessungsgrundlage hinzuzuzählen sind, anschließend sie jedoch einen Aufwand geltend machen kann, wenn es sich bei der auszahlenden Körperschaft um eine inländische Körperschaft handelt. Dieser Aufwand wird als *Dividends Received Deduction* (DRD) bezeichnet. Je nach Beteiligungsverhältnis variiert dieser Aufwand und führt bei einer nicht 100%igen Aufwandswirksamkeit zu einer teilweisen Doppelbesteuerung, was vor allem bei mehrstöckigen Konzernen hinderlich ist.[239]

Die Doppelbesteuerung von Dividenden aus ausländischen Körperschaften wird durch den *Foreign Tax Credit* vermieden, der völlig anderen Prinzipien unterliegt. Ist jedoch eine ausländische Körperschaft im Inland beschränkt steuerpflichtig, kann für den dem Inland zurechenbaren Teil eine DRD in Anspruch genommen werden.[240]

---

236 Siehe ausführlich Kapitel IV.5.2.

237 Bei der Veräußerung von Section 306 Stock ist die Höhe des E&P irrelevant. Dies kann sogar zu einer Doppelbesteuerung führen, da eine Barausschüttung die E&P verringert hätte, jedoch bleibt die E&P bei einer Veräußerung von E&P unverändert, *Bittker, B.I./ Lokken, L.* (1999): 92.6.3.

238 *Bittker, B.I./Lokken, L.* (1999): 92.6.4; Sec 306(b)(1)(A) IRC.

239 *Keyes, K.M.* (1997): 2.01.

240 Siehe Kapitel V.4.1.

5.2.1. Dividenden von inländischen Körperschaften

Werden Dividenden von inländischen Körperschaften an inländische Körperschaften ausgeschüttet, kann die erhaltende Körperschaft eine DRD in Anspruch nehmen. Je nach Beteiligungsverhältnis kommen hierfür unterschiedliche Höhen der Abzugsfähigkeit zur Anwendung.[241]

Gem Sec 243(a)(1) IRC kann eine Körperschaft 70% der Dividendenerträge in Abzug bringen, wenn diese von einer inländischen Körperschaft, die der Bundesbesteuerung unterliegt, ausgezahlt werden.[242] Die Abzugsfähigkeit erhöht sich gem Sec 243(c) IRC auf 80%, wenn die erhaltende Körperschaft mindestens 20% des Kapitals und der Stimmrechte an der ausschüttenden Körperschaft hält, und die 100%ige Abzugsfähigkeit versagt wird.[243]

Sec 243(a)(3) IRC gewährt eine 100%ige Abzugsfähigkeit von Dividendenerträgen, wenn diese von einer inländischen Körperschaft stammen, die zur selben Gruppe *(Affiliated Group*[244]*)* wie der Ertragsempfänger gehört.[245] Um die 100%ige Abzugsfähigkeit in Anspruch nehmen zu können, muss die Muttergesellschaft eine Erklärung zur Inanspruchnahme dieses Wahlrechts abgeben, der alle Teilnehmer zustimmen müssen.[246]

---

241 *Raineri, W.T/Engle, H.S.* (1996): 1617; *Keyes, K.M.* (1997): 2.02[1][a]; *Jones, S.M.* (2001): 275.

242 *Bittker, B.I./Eustice, J.S.* (2000): 5.05; *Scholes, M.S./Wolfson, M.A./Erickson, M./ Maydew, E.L./Shevlin, T.* (2002): 297; *Bittker, B.I./Lokken, L.* (1999): 90.4.1; die Abzugsfähigkeit von Beteiligungserträgen soll nur im Fall der Doppelbesteuerung erfolgen; die Voraussetzung, dass die auszahlende Körperschaft der US-Einkommensteuer unterliegen muss, spiegelt den Zweck der Bestimmung – die Vermeidung von Doppelbesteuerung – wider.

243 *Zschiegner, H.* (2002a): 1173; *Blumenberg, J.* (1997): 162; *Bittker, B.I./Eustice, J.S.* (2000): 5.05[1]; *Preferred Stock* werden nicht für die 20% Grenze hineingerechnet, wenn es sich um stimmrechtslose und nicht wandelbare Vorzugsaktien handelt, die Dividenden limitiert und vorgezogen werden, die Aktie nicht wesentlich am Unternehmenswert beteiligt ist und das Liquidationsvorrecht nicht den Ausgabewert übersteigt, *Bittker, B.I./Lokken, L.* (1999): 90.4.1.

244 Eine *Affiliated Group* ist eine Gruppe von Körperschaften, die geeignet ist, konsolidierte Abschlüsse zu unterfertigen; Sec 1504(a) IRC; siehe Kapitel IV.3.4.

245 Dabei ist es irrelevant, ob die *Affiliated Group* einen *Consolidated Return* abgibt oder nicht, *Bittker, B.I./Lokken, L.* (1999): 90.4.1; *Bittker, B.I./Eustice, J.S.* (2000): 5.05[2].

246 *Bittker, B.I./Eustice, J.S.* (2000): 5.05[2]; die 100%ige Abzugsfähigkeit ist nur für Dividenden anwendbar, die aus dem E&P des Veranlagungsjahres der ausschüttenden Gesellschaft stammen, solange sowohl die empfangende als auch die ausschüttende Gesellschaft im gesamten Veranlagungsjahr Teile der *Affiliated Group* sind, *Keyes, K.M.* (1997): 2.02[2][a]; *Bittker, B.I./Lokken, L.* (1999): 90.4.1.

Eine 100% Abzugsfähigkeit der Beteiligungserträge gilt auch für kleine Investmentbetriebe *(Small Business Investment Companies)*[247], die ihr Gewerbe gemäß des *Small Business Investment Act of 1958* betreiben.[248]

5.2.2. Ausländische Körperschaften

Für gewöhnlich ist das Einkommen einer ausländischen Körperschaft in den USA nicht steuerpflichtig. Ist die ausländische Körperschaft aufgrund einer Tätigkeit in den USA beschränkt steuerpflichtig, kann auch eine DRD in Anspruch genommen werden.[249]

Eine DRD für Dividenden von ausländischen Körperschaften unterliegt gewissen Restriktionen. Gem Sec 245(a)(2) IRC muss die inländische Körperschaft mindestens 10% des Nennkapitals bzw der Stimmrechte der ausländischen Körperschaft halten, und die ausländische Körperschaft darf weder eine *Personal Holding Company* noch eine *Passive Foreign Investment Company* darstellen. Sind diese Voraussetzungen erfüllt, kann nur für den Teil der Dividende eine DRD in Anspruch genommen werden, die den Anteil der US-Einkünfte widerspiegelt. Die ausländische Körperschaft muss US-Einkünfte erzielen, die im Zusammenhang mit einer aktiven Tätigkeit in den US stehen *(Effectively Connected with a Trade or Business in the USA)* und nicht von einem Doppelbesteuerungsabkommen ausgenommen werden, oder deren Dividenden von einer inländischen Körperschaft stammen, an der die ausländische Körperschaft zu mindestens 80% beteiligt ist.[250]

Sind alle diese Bedingungen erfüllt, wird eine Abzugsfähigkeit entsprechend den inländischen Prozentwerten gewährt, jedoch nur zu dem Ausmaß, zu dem die Dividende US-Einkommen widerspiegelt.[251]

---

[247] Ein kleiner Investmentbetrieb ist eine Körperschaft, die gemäß bundesstaatlichem Recht errichtet worden ist und mit Hilfe des Bundes Eigenkapital und langjähriges Fremdkapital kleinen Betrieben zur Verfügung stellt, *Bittker, B.I./Lokken, L.* (1999): 90.4.1.

[248] Sec 243(a)(2) IRC.

[249] *Bittker, B.I./Lokken, L.* (1999): 90.4.1.

[250] *Bittker, B.I./Eustice, J.S.* (2000): 5.05[4][a]; Der *Foreign Tax Credit* für ausländische Steuern, die auf die Dividende gezahlt wurden, die im Zusammenhang mit US-Einkommen stehen, wird gem Sec 245(a)(8) IRC verweigert. Dieser Anteil wird gem Sec 904 IRC als US-Einkommen für die Berechnung des *Foreign Tax Credit* behandelt, *Bittker, B.I./Lokken, L.* (1999): 90.4.1; behandelt ein DBA die Dividende als ausländisches Einkommen, muss der Steuerpflichtige sich gem Sec 245(a)(10) IRC für die DRD oder das DBA entscheiden.

[251] *Bittker, B.I./Lokken, L.* (1999): 90.4.1, Neben dieser eingeschränkten Abzugsmöglichkeit für Beteiligungserträge ausländischer Körperschaften besteht außerdem die Möglichkeit, dass die ausländische Körperschaft als inländische Körperschaft behandelt wird. Das

5.2.3. Buchwertanpassung für Extraordinary Dividends

Gewöhnlicherweise wird bei *Dividend Stripping* die Aktie kurz vor dem Ausschüttungstermin erworben und unter Einhaltung der Behaltedauer eine DRD in Anspruch genommen. Nach der Frist wird die Aktie zu einem Preis, der für gewöhnlich um den Ausschüttungsbetrag reduziert ist, verkauft und dadurch ein Veräußerungsverlust aus kurzfristigen Geschäften erzielt, der mit Veräußerungsgewinnen aus anderen kurzfristigen Geschäften gegengerechnet werden kann.[252] Sec 1059 IRC verhindert diese Gestaltungen nicht, indem die DRD verwehrt wird, sondern durch Anpassung des Buchwerts, der eine anschließende Veräußerung unattraktiv macht.[253]

Eine Dividende wird dann als *Extraordinary* eingestuft, wenn sie gem Sec 1059(c)(2) IRC bei *Preferred Stock* 5% oder mehr bzw bei anderen Aktien 10% oder mehr vom steuerlichen Buchwert beträgt.[254] Dieser Test wird für gewöhnlich für jede Ausschüttung getrennt beurteilt; erfolgen jedoch Ausschüttungen innerhalb von 85 Tagen, so werden diese zusammengezählt. Überschreitet die Dividende 20% des steuerlichen Buchwerts, so wird die Frist auf 365 Tage ausgeweitet.[255]

Sec 1059(f) IRC sieht darüber hinaus vor, dass Dividenden aus *Disqualified Preferred Stock* unabhängig von der Behaltedauer und der Höhe der Dividende als *Extraordinary Dividend* behandelt werden. Unter *Disqualified Preferred Stock* werden Anteile bezeichnet, die vorrangig gegenüber anderen Dividenden ausgezahlt werden und eine der folgenden Voraussetzungen erfüllen:

1. die Anteile haben eine Dividendenrate zum Ausgabezeitpunkt, die in der Zukunft verringert wird;
2. die Anteile werden zu einem Ausgabepreis begeben, der die Liquidationsrechte oder den Rückzahlungspreis übersteigt;

---

kann dann erfolgen, wenn der Beteiligungsertragsempfänger eine inländische Körperschaft ist, die 100% direkt oder indirekt der ausländischen Körperschaft hält und die Dividenden mit einem Gewinn in Zusammenhang stehen, der ausschließlich der aktiven Tätigkeit in den US zuzuordnen ist, *Bittker, B.I./Lokken, L.* (1999): 90.4.1; *Bittker, B.I./ Eustice, J.S.* (2000): 5.05[4][a].

252 *Bittker, B.I./Lokken, L.* (1999): 90.4.3.

253 *Keyes, K.M.* (1997): 2.04; *Bittker, B.I./Eustice, J.S.* (2000): 5.05[8].

254 *Krumwiede, T./Witner, L.* (2004): 56; *Bittker, B.I./Eustice, J.S.* (2000): 5.05[8]; *Keyes, K.M.* (1997): 2.04[1][a][i].

255 Der Steuerpflichtige kann gem Sec 1059(c)(4) IRC auch von dem Wahlrecht Gebrauch machen, dass die Prozentsätze nicht vom steuerlichen Buchwert, sondern vom Marktwert zum Zeitpunkt der Ausschüttung berechnet werden, *Bittker, B.I./Lokken, L.* (1999): 90.4.3; *Keyes, K.M.* (1997): 2.04[1][a][i].

3. die Anteile sind derart strukturiert, dass die Gesellschafter Sec 1059 IRC und Steuern durch eine Kombination zwischen DRD und Verlustveräußerung der Dividende vermeiden können.

Wird Sec 1059 IRC angewendet, so wird der steuerliche Buchwert um die DRD der *Extraordinary Dividend* reduziert. Überschreitet die DRD den steuerlichen Buchwert, so stellt der Differenzbetrag einen steuerpflichtigen Veräußerungsgewinn dar und der steuerliche Buchwert beträgt null. Die Anpassung des Buchwerts erfolgt am Tag der Ausschüttung.[256]

Sec 1059 IRC ist nicht auf Dividenden anwendbar, die eine 100%ige Abzugsfähigkeit durch die Zugehörigkeit zur selben Gruppe *(Affiliated Group)* in Anspruch nehmen können, wenn

1. die Dividende zu einer 100%igen Abzugsfähigkeit qualifiziert ist;
2. die Ausschüttung aus E&P erfolgt, die während der Gruppenzugehörigkeit erwirtschaftet worden ist und
3. die ausgeschütteten E&P nicht Veräußerungsgewinnen von Vermögen zugeordnet werden können, deren Wertsteigerungen vor der Zugehörigkeit zur Gruppe erzielt worden sind.[257]

Sec 1059 IRC ist grundsätzlich dann nicht anwendbar, wenn die Aktien seit Bestehen des ausschüttenden Unternehmens gehalten werden.[258] Sec 1059 IRC kommt auch nicht auf *Disqualified Preferred Dividends* zur Anwendung, wenn die Aktien mehr als fünf Jahre vor dem Veräußerungszeitpunkt gehalten wurden, mindestens jährlich fixe Dividendenzahlungen getätigt wurden und die Rendite der Aktien weniger als 15% beträgt.[259]

5.2.4. Beschränkungen

Sec 246(c) IRC verweigert die DRD gem Sec 243–245 IRC, wenn die Beteiligung kürzer als 45 Tage in einem 90tägigen Zeitraum, beginnend mit 45 Tagen vor der Dividendenauszahlung gehalten wurde.[260] Die 45tägige Behaltedauer

---

256 *Keyes, K.M.* (1997): 2.04[2]; *Bittker, B.I./Lokken, L.* (1999): 90.4.3; Sec 1059(d)(1) IRC.

257 *Keyes, K.M.* (1997): 2.04[3][c]; Sec 1059(e)(2) IRC.

258 Wurden jedoch die E&P von einer anderen Körperschaft übernommen, so ist die Befreiung nur dann anwendbar, wenn die Anteile des Steuerpflichtigen an der Vorgängergesellschaft ebenfalls seit Bestehen dieser Gesellschaft gehalten wurden und die Beteiligungshöhe dieselbe war wie an der ausschüttenden Gesellschaft, *Bittker, B.I./Lokken, L.* (1999): 90.4.3.

259 *Keyes, K.M.* (1997): 2.04[3][d].

260 Die Frist wird unterbrochen, wenn der Steuerpflichtige sein Verlustrisiko aufgrund einer Verpflichtung wie zB einer Verkaufsoption verringert, *Bittker, B.I./Eustice, J.S.* (2000):

wird auf 90 Tage bzw der Zeitraum auf 180 Tage erhöht, wenn es sich um Aktien handelt, die eine bevorzugte Ausschüttung vorsehen, wenn die Dividenden einer Periode zugeordnet werden können, die mehr als 366 Tage beträgt.[261]

Sec 163 IRC ermöglicht Körperschaften grundsätzlich Zinsen für Fremdkapital, das für den Ankauf von Aktien aufgenommen wurde, in Abzug zu bringen. Diese Möglichkeit wird jedoch von Sec 246A IRC teilweise unterbunden, der die DRD von *Portfolio Investments* dann einschränkt, wenn diese mit Fremdkapital finanziert worden ist.[262] Die Regelung umfasst Dividenden, die aus mit Fremdkapital *(portfolio indebtedness)* finanziertem *Portfolio Stock* stammen. Ein Aktienpaket wird dann als *Portfolio Stock* bezeichnet, wenn der Steuerpflichtige bei Ausschüttung weniger als 50% des Kapitals oder der Stimmrechte der ausschüttenden Gesellschaft hält.[263] *Portfolio Indebtedness* ist gem Sec 246A(c)(3)(A) IRC Fremdkapital, das dem Investment in *Portfolio Stock* direkt zugeordnet *(direct attributable)* werden kann.[264]

Sec 246A IRC normiert die Herabsetzung der DRD um den Betrag, der normalerweise abzugsfähig ist, multipliziert mit dem prozentuellen Ausmaß der Verschuldung in Bezug zum steuerlichen Buchwert der Aktien.[265] Der Zeitraum umfasst entweder die Tage zwischen der letzten und der in Frage kommenden Ausschüttung, 365 Tage vor der in Frage kommenden Ausschüttung oder den Zeitraum, in dem die Aktien gehalten worden sind, je nachdem, welcher der

---

5.05[7][c]; Gestaltungen bzgl der Behaltedauer beschreibt *Willens, R.* (1991): 276ff; für die Berechung der 45 bzw 90 Tage Regel wird gem Sec 246(c)(3) IRC zwar der Tag des Verkaufs miteinbezogen, nicht jedoch der Tag des Kaufs.

261 *Keyes, K.M.* (1997): 2.03[3]; *Bittker, B.I./Lokken, L.* (1999): 90.4.2; Sec 246(c)(2) IRC.

262 *Blumenberg, J.* (1997): 170; *Bittker, B.I./Lokken, L.* (1999): 90.4.4; *Bittker, B.I./Eustice, J.S.* (2000): 5.05[7][d].

263 Die *Constructive Ownership Rules* kommen nicht zur Anwendung, *Keyes, K.M.* (1997): 2.03[4][b][i].

264 *Kleinbard, E.D./Nijenhuis, E.W.* (2002): 1234; das wird dann der Fall sein, wenn das Fremdkapital für den Kauf der Aktien zurückgeführt werden kann.

Als Beispiel kann zB ein Schuldschein, der von derselben Person ausgestellt wurde, von der die Aktien gekauft worden sind oder ein Lombardkredit genannt werden. Eine Verschuldung nach dem Kauf von Aktien kann den Aktien zugeordnet werden, wenn das Fremdkapital als Besicherung die Aktien heranzieht und es vernünftiger gewesen wäre, die Aktien zu verkaufen als das Fremdkapital aufzunehmen, *Bittker, B.I./Lokken, L.* (1999): 90.4.4.

265 *Bittker, B.I./Lokken, L.* (1999): 90.4.4; *Keyes, K.M.* (1997): 2.03[4][d]; der durchschnittliche Prozentsatz der Verschuldung wird als durchschnittliche Verschuldung durch den durchschnittlichen steuerlichen Buchwert der Aktien über einen gewissen Zeitraum berechnet; die Reduktion gem Sec 264A IRC kann jedoch nicht die abzugsfähigen Zinsen der Verschuldung übersteigen.

kürzeste ist. Bei einer 100%igen Abzugsfähigkeit ist Sec 246A IRC nicht anwendbar.[266]

Sec 246 IRC sieht eine weitere Einschränkung der DRD vor. Beteiligungserträge sind dann nicht abzugsfähig, wenn die Gesellschaft nicht der Bundessteuer unterliegt. Dies wird damit begründet, dass in solchen Fälle aufgrund der fehlenden Besteuerung keine Doppelbesteuerung verringert oder vermieden werden muss.[267]

Eine weitere Beschränkung der DRD besteht in der Deckelung des abzugsfähigen Betrags. Die 70%ige und 80%ige Abzugsfähigkeit von Beteiligungserträgen vermindert das steuerliche Einkommen und nicht die Dividende an sich.[268] Für diese Zwecke wird das steuerpflichtige Einkommen ohne Berücksichtigung des Verlustvortrags oder -nachtrags, der 70%igen bzw 80%igen DRD, der DRD von ausländischen Körperschaften oder den Anpassungen gem Sec 1059 IRC berechnet. Erhält der Steuerpflichtige sowohl Dividenden, die eine 70%ige oder 80%ige Abzugsmöglichkeit erlauben, so wird in einem ersten Schritt die Abzugsfähigkeit der 80%igen Beteiligungserträge auf 80% des steuerlichen Einkommens limitiert.[269]

Beispiel:

Folgendes Beispiel dient der Veranschaulichung der Deckelung:

Ein Unternehmen hat ein steuerpflichtiges Einkommen vor Berücksichtung der DRD von 1.000 US-Dollar. Dieses Unternehmen erzielt Dividendenerträge von 500, die anspruchsberechtigt auf eine 100%ige Abzugsfähigkeit sind, Dividendenerträge von 200, die anspruchsberechtigt auf eine 80%ige Abzugsfähigkeit sind und Dividendenerträge von 400, die anspruchsberechtigt auf eine 70%ige Abzugsfähigkeit sind. Die Berechnung des steuerpflichtigen Einkommens erfolgt nach folgendem Schema:

---

266 *Bittker, B.I./Eustice, J.S.* (2000): 5.05[7][d].

267 Wie zB *Charitable Corporations, Federal Instrumentalities, Mutual Telephone Companies, Bittker, B.I./Eustice, J.S.* (2000): 5.05[7][a]; *Keyes, K.M.* (1997): 2.02[1][b][i]; *Bittker, B.I./Lokken, L.* (1999): 90.4.5.

268 Sec 246(b) IRC; diese Beschränkung kommt für alle Dividendenausschüttungen von ausländischen Körperschaften zur Anwendung, selbst dann, wenn die Abzugsrate 100% beträgt.

269 *Keyes, K.M.* (1997): 2.03[1]; *Bittker, B.I./Lokken, L.* (1999): 90.4.5; *Bittker, B.I./Eustice, J.S.* (2000): 5.05[7][b]; Die Abzugsfähigkeit von *Affiliated Groups* ist jedenfalls gewährleistet, Sec 246(b)(3)(A) IRC.

1.		Steuerpflichtiges Einkommen vor der *dividend received deduction*		1.000
2.		Abzug der Dividenden mit 100%iger Abzugsfähigkeit		– 500
3.		Abzug der Dividenden mit 80%iger Abzugsfähigkeit; das ist der kleinere Betrag von:		
	a)	80% des steuerpflichtigen Einkommens ohne des Abzugs von Dividenden mit 70%iger und 80%iger Abzugsfähigkeit (80% v. (1.000 – 500))	400	
	b)	80% von Dividenden mit 80%iger Abzugsfähigkeit (80% v. 200)	160	– 160
4.		Abzug der Dividenden mit 70%iger Abzugsfähigkeit; das ist der kleinere Betrag von		
	a)	70% des steuerpflichtigen Einkommens inklusive des Abzugs der Dividenden mit 100%iger und 80%iger Abzugsfähigkeit (70% v. (1.000 – 500 – 200))	210	
	b)	70% von Dividenden mit 70%iger Abzugsfähigkeit (70% v. 400)	280	– 210
5.		**Steuerpflichtiges Einkommen**		**130**

Tabelle 4: Berechnung der Dividends Received Deduction[270]

Durch diese Regelung wird garantiert, dass, wenn das verbleibende Einkommen kleiner als die Dividende ist, die 70% bzw 80% vom Einkommen berechnet werden und damit durch DRD keine völlige Vermeidung einer Besteuerung in einem Veranlagungsjahr erreicht werden kann.[271]

Diese Deckelung kommt jedoch nicht für Veranlagungsjahre zur Anwendung, in denen ein *Net Operating Loss* gem Sec 172 IRC auftritt. In diesem Fall ist die DRD dem NOL hinzuzufügen und es muss keine Beschränkung in Bezug auf das Einkommen berücksichtigt werden.[272]

5.3. Redemptions

Für gewöhnlich wird jede Ausschüttung einer Gesellschaft, solange ausreichend E&P vorhanden sind, als Dividende behandelt und bei der erhaltenden Gesellschaft der Besteuerung unterzogen. Eine Ausnahme von dieser Regel besteht in Sec 302 IRC, die eine Qualifikation der Dividende als *Redemption* ermöglicht. Als *Redemption* wird der Rückkauf der eigenen Anteile durch die Körperschaft bezeichnet und nur ein Überhang des Ausschüttungsbetrags über den Buchwert der Aktien wird als *Capital Gain* besteuert.[273] Für natürliche Personen ist dies

270 Nach dem Beispiel in *Bittker, B.I./Lokken, L.* (1999): 90.4.5.

271 *Bittker, B.I./Lokken, L.* (1999): 90.4.5.

272 *Keyes, K.M.* (1997): 2.03[1].

273 *Blumenberg, J.* (1997): 154; prinzipiell sind *Redemptions* und *Repurchases* zu unterscheiden. Diese Unterscheidung ist aus buchungstechnischer Hinsicht von Bedeutung,

vorteilhaft, da nur der Veräußerungsgewinn nach Abzug der Anschaffungskosten als *Capital Gain* versteuert werden muss, während bei einer Dividende der gesamte Ausschüttungsbetrag dem normalen Tarif unterliegt. Kapitalgesellschaften hingegen können für *Redemptions* nicht *Dividends Received Deduction* in Anspruch nehmen und bevorzugen idR die Qualifikation als Dividende.[274]

Eine *Redemption* wird in Sec 317(b) IRC als Anschaffung einer Körperschaft von eigenen Anteilen vom Aktionär in Gegenleistung von Vermögen definiert. Allerdings sind an die Behandlung als *Redemption* einige Voraussetzungen geknüpft. Sec 302 IRC ermöglicht die Behandlung nur, wenn der Anteilseigner seine Beteiligung im Verhältnis zu den anderen Anteilseignern wesentlich verringert *(substantially disproportionate redemptions)*, vollständig veräußert *(complete termination of a shareholder's interest)*, Redemptions, die keiner Dividende entsprechen *(redemptions not equivalent to dividends)* und bestimmte Teilliquidationen *(partial liquidations)*.[275]

5.3.1. Unverhältnismäßige Redemption

Der Tauschgedanke gem Sec 302(b)(2) IRC kommt für Ausschüttungen, die die Beteiligung eines Anteilseigners im Verhältnis zu den anderen Anteilseignern wesentlich verringert, zur Anwendung *(Subsiantially Disproportionate Redemptions)*. Der Grundgedanke liegt in der Annahme, dass diese Art der Ausschüttung durch die Unverhältnismäßigkeit keine Dividende darstellen wird. Im Gesetz werden zwei Voraussetzungen angeführt, an denen überprüft wird, ob die Reduktion der Anteile ausreichend war.

Die Behandlung als Tausch ist gem Sec 302(b)(2)(B) IRC dann nicht möglich, wenn unmittelbar nach der Ausschüttung der Empfänger weniger als 50% der Stimmrechte besitzt. Damit soll verhindert werden, dass der Aktionär nach der steuerbegünstigten *Redemption* noch immer das Unternehmen kontrollieren kann. Die zweite Voraussetzung wird anhand zweier Prozenttests durchgeführt. In einer ersten Überprüfung wird festgestellt, ob der Betrag der stimmberechtigten Anteile weniger als 80% der stimmberechtigten Anteile unmittelbar vor der *Redemption* beträgt. In einem zweiten Schritt wird überprüft, ob sich auch der *Common Stock* durch die *Redemption* um mehr als 20% verringert hat.[276]

---

aus Sicht des Unternehmenssteuerrechts ist sie jedoch unbeachtlich, *Ritzer-Angerer, P.* (2005): 318.

274 *Lee, A.R.* (2003): 206; *Jones, S.M./Rhoades-Catanach, S.C.* (2004): 327f; *Bittker, B.I./ Lokken, L.* (1999): 93.1.1.

275 *Bittker, B.I./Lokken, L.* (1999): 93.1.1; *Jones, S.M./Rhoades-Catanach, S.C.* (2004): 328f.

276 Die Überprüfung der unverhältnismäßigen *Redemption* erfolgt für jeden Gesellschafter getrennt. Dementsprechend kann eine *Redemption* für einige Gesellschafter unverhältnis-

Sec 302(a) IRC kommt nicht auf *Redemptions* von stimmrechtslosen Anteilen zur Anwendung. Werden diese jedoch zusammen mit Stimmrechtsanteilen zurückgezahlt, können sie als *Redemption* qualifiziert werden, wenn sich die Stimmaktien dafür qualifizieren.[277]

5.3.2. Vollständiger Verkauf der Anteile

Kommt es durch eine Ausschüttung zu einer vollständigen Veräußerung der Anteile, wird die Ausschüttung gem Sec 302(b)(3) IRC ebenfalls als *Redemption* behandelt *(Complete Termination of Shareholder's Interest).*[278]

Prinzipiell wären auch bei der vollständigen Veräußerung die *Family Attribution Rules* zu beachten, allerdings sieht das Gesetz gem Sec 318(a) IRC hier eine Erleichterung vor. Stehen nur die *Constructive Ownership Rules* der Qualifikation einer vollständigen Veräußerung als *Redemption* im Wege, sieht Sec 302(c) IRC eine Befreiung von der in Sec 318(a)(1) IRC normierten Zurechnung von Anteilen von Familienmitgliedern vor, wenn folgende Voraussetzungen erfüllt sind:

Die erste Voraussetzung für die Befreiung besteht gem Sec 302(c)(2)(A)(i) IRC darin, dass der Empfänger unmittelbar nach der Ausschüttung keine Anteile[279] an der Körperschaft mehr hält, ausgenommen dem Interesse als Gläubiger. Die mögliche Beibehaltung von Gläubigeransprüchen ist insofern wichtig, da anstatt einer tatsächlichen *Redemption* eine Verbindlichkeit eingegangen werden kann.[280] Die zweite Voraussetzung für die Befreiung gem Sec 302(c)(2)(A)(i)

---

mäßig sein und für andere Gesellschafter nicht, *Bittker, B.I./Lokken, L.* (1999): 93.1.2; Für die Ermittlung der Höhe der Beteiligung kommen die Regelungen des *Constructive Ownership* gem Sec 318(a) IRC zur Anwendung, wobei der Anteilsinhaber so behandelt wird, als wäre er der Besitzer der Anteile, die von anderen gehalten werden. Ausführlich zu *Constructive Ownership*: *Bittker, B.I./Lokken, L.* (1999): 93.1.7; *Lee, A.R.* (2003): 206; *Blumenberg, J.* (1997): 160; *Ritzer-Angerer, P.* (2005): 319.

277 *Bittker, B.I./Lokken, L.* (1999): 93.1.2; Sec 302(b)(2)(B) IRC; Reg. 1.302-3(a); um missbräuchliche Gestaltungen zu verhindern, sieht Sec 302(b)(2)(D) IRC vor, dass die Voraussetzungen auch auf eine Folge von Transaktionen überprüft werden. Auch bei der Überprüfung der Reduktion der Anteile finden die *Constructive Ownership Rules* gem Sec 318 IRC Anwendung und führen oftmals zu einem Scheitern einer geplanten *Redemption*, *Bittker, B.I./Lokken, L.* (1999): 93.1.2.

278 Die Veräußerung der gesamten Anteile kann somit verhindern, dass durch die *Constructive Ownership Rules* eine nicht vollständige Veräußerung nicht zu einer Qualifikation als *Redemption* geführt hätte, *Bittker, B.I./Lokken, L.* (1999): 93.1.3; *Lee, A.R.* (2003): 206.

279 Auch nicht als *Officer*, *Director* oder Angestellter.

280 *Bittker, B.I./Lokken, L.* (1999): 93.1.3; Reg. 1.302-4(d) nehmen auf die Bedenken Bezug, dass die Verbindlichkeit für die Durchsetzung des Rechtsanspruchs im Umfang nicht

IRC ist, dass der Empfänger innerhalb von 10 Jahren nach der Ausschüttung keine Anteile erwerben darf.[281] Die Anschaffung der Anteile durch eine Mutter-, Tochter- oder Nachfolgegesellschaft ist ebenfalls schädlich. Die dritte Voraussetzung besteht in der Abgabe einer Erklärung, in der der Aktionär festhält, dass er den IRS über den schädlichen Kauf der Anteile informiert und die notwendigen Aufzeichnungen behält.[282]

Prinzipiell ist ein Gläubigerverhältnis nach der vollständigen Beendigung der Beteiligung nicht schädlich. Werden dem Gläubiger jedoch zu viele Eigentümerrechte zugestanden, wird die Behandlung als *Redemption* nicht gewährt.[283] Eine steuerbefreite *Redemption* ist dann möglich, wenn die Rechte des Gesellschafters, der seine Anteile durch eine *Redemption* der Gesellschaft verkauft hat, nicht mehr notwendig sind, um die Schuld einzufordern, sie nicht nachrangig ist und die Tilgungen nicht vom Gewinn abhängig sind.[284]

5.3.3. Redemption entspricht nicht der Dividende

Für die Überprüfung, ob eine *Redemption*, die im Wesentlichen nicht einer Dividende entspricht, vorliegt *(Redemptions Not Essentially Equivalent to Dividends)*, kommen im Gegensatz zu dem bisher Gesagten keine objektiven Kriterien zur Anwendung. Auch bei diesem Test sind die *Constructive Ownership Rules* anwendbar.[285]

---

größer als notwendig sein darf, *„greater or broader in scope than necessary for the enforcement of his claim."*

281 Erbschaften sind allerdings ausgenommen.

282 *Bittker, B.I./Lokken, L.* (1999): 93.1.3; Reg. 1.302-4(a).

283 Reg. 1.302-4(d).

284 Die Kapitalüberlassung muss jedoch prinzipiell Fremdkapital darstellen, *Bittker, B.I./ Lokken, L.* (1999): 93.1.3.

285 *Lee, A.R.* (2003): 206; dies wurde auch vom *Supreme Court* in U.S. v. Davis, 397 U.S. 301 (1970) bestätigt, der sich mit der Frage beschäftigte, ob die *Redemption* von *Preferred Stock* eines Gesellschafters, der 25% des *Common Stock* und die gesamten *Preferred Stock* direkt gehalten hatte, einer Dividende entspricht. Der verbleibende *Common Stock* wurde von der Ehefrau und den Kindern gehalten. Das Gericht kam zu dem Urteil, dass die *Constructive Ownership Rules* gem Sec 318 IRC für die Frage der dividendenähnlichen Auszahlung zur Anwendung kommen und *Redemptions* eines Alleingesellschafters unter Berücksichtigung der *Constructive Ownership Rules* immer als Dividende zu beurteilen sind. Der *Business Purpose* ist für diese Beurteilung nicht relevant und eine *Redemption* wird nur dann nicht als Dividende zu betrachten sein, wenn es zu einer wesentlichen Reduktion *(Meaningful Deduction)* der Beteiligung des Gesellschafters kommt.

Reg. 1.302-2(b); *Bittker, B.I./Lokken, L.* (1999): 93.1.4.

Werden die Anteilsverhältnisse daher nicht verändert, wird die Ausschüttung als Dividende gem Sec 301 IRC zu behandeln sein. Liegt tatsächlich eine Reduktion der Anteile vor, ist die Frage zu beantworten, ob es sich um eine wesentliche Verringerung (*Meaningful Reduction*) handelt. Die Kontrollrechte, insbesondere die Stimmrechte, sind ein wichtiger Aspekt von Anteilen an Körperschaften, insofern wird besonderes Augenmerk auf die Veränderung der Stimmrechte des Aktionärs gelegt. Hat der Aktionär, der vor der *Redemption* mehr als 50% der Stimmrechte innehatte, auch nach der *Redemption* mehr als 50% der Anteile, ist eine Behandlung als *Redemption* unwahrscheinlich.[286] Kommt es zu einer Reduktion der Anteile von ursprünglich bereits weniger als 50% der Stimmrechte auf einen noch geringeren Anteil, variiert die diesbezügliche Position der IRS.[287]

Besitzt der Empfänger allerdings nur stimmrechtslose Anteile, kann die Analyse nicht anhand der Stimmrechte erfolgen. Stattdessen wird die Veränderung der Anteile am *Earnings and Profit* genau betrachtet. Reg. 1.302-2(a) bewertet die *Redemption* der Hälfte der stimmrechtslosen Anteile als Tausch.[288]

5.3.4. Teilliquidationen

Gem Sec 302(b)(4) IRC kann auch eine Teilliquidation der Körperschaft als *Redemption* qualifiziert werden. Im Gegensatz zu den anderen Alternativen kommt es hier auf die Art der ausgeschütteten Vermögen an und die Ausschüttung kann auch verhältnismäßig erfolgen. Das Gesetz definiert in Sec 302(e)(1) IRC Teilliquidationen als Ausschüttungen, die aus der Sicht der Körperschaft im Wesentlichen nicht einer Dividende entsprechen und die aufgrund eines im Veranlagungs- oder darauffolgenden Jahres festgelegten Plans getätigt wurden.[289]

Wesentlich dabei ist, dass die *Redemption* in Zusammenhang mit einer Verkleinerung *(Contraction)* des Betriebs der Körperschaft steht.[290] Der IRS hat dabei das Ausmaß, in dem die Körperschaft Vermögensgegenstände ausschüttet, festgelegt. Die Hälfte des Vermögens zB hat nicht ausgereicht, um als *Redemp-*

---

286 Der IRS hat in einem *Ruling* die Reduktion von 57% auf 50% der Stimmrechte als *Redemption* eingestuft, da der andere Aktionär zumindest ein Vetorecht geltend machen kann, Rev. Rul. 75-502, 1975-2 C.B. 111.

287 Eine *Redemption* einer Publikumsgesellschaft sollte jedoch den Voraussetzungen der Sec 302(b)(1) IRC genügen, sogar wenn die Reduktion nur gering ausfällt.

288 Rev. Rul. 77-426, 1977-2 C.B. 87

289 *Ritzer-Angerer, P.* (2005): 320; *Bittker, B.I./Lokken, L.* (1999): 93.1.6; Sec 302(e)(1) IRC.

290 Da auch eine gewöhnliche Ausschüttung das Vermögen einer Körperschaft verringern könnte, sucht der IRS nach weiteren Beweisen, damit nicht eine gewöhnliche Ausschüttung als Teilliquidation verdeckt ausgeschüttet werden kann, *Bittker, B.I./Lokken, L.* (1999): 93.1.6.

tion qualifiziert zu werden, da die Höhe der Ausschüttung nicht für die Ermittlung der *Contraction* relevant ist.[291] Der Verkauf von Aktien einer Tochtergesellschaft und die Ausschüttung des Verkaufserlöses qualifizieren ebenfalls nicht für eine Teilliquidation.[292]

Der Steuerpflichtige kann die schwierige Analyse der *Contraction Doktrin* vermeiden, indem er sich für eine *Safe Harbor* Bestimmung qualifiziert. Die Voraussetzung für die *Safe Habor* Regel wird dann erfüllt, wenn durch die Ausschüttung ein oder mehrere *Qualified Trade or Businesses*[293] unmittelbar nach der Ausschüttung beendet werden.[294] Um sich für diese Bestimmungen zu qualifizieren, muss die ausschüttende Gesellschaft mindestens zwei Betriebe haben.[295]

5.3.5. Redemptions von Related Corporations

Der Verkauf von Aktien durch eine natürliche Person an eine nahe stehende natürliche Person wird idR als *Capital Gain* behandelt. In einer solchen Situation kommt es zu keinem *Bailout* der E&P der Körperschaft, da das Vermögen bei der Körperschaft verbleibt. Kommt es jedoch zu einem Verkauf des Aktionärs an eine Körperschaft, an der der Verkäufer beteiligt ist, besteht die Gefahr eines *Bailouts*. Ist zB ein Aktionär Alleingesellschafter zweier Körperschaften und veräußert die Anteile einer Körperschaft an die andere, kann er die begünstige Besteuerung von *Capital Gains* geltend machen, ohne effektive Einflussmöglichkeiten veräußert zu haben. Sec 304 IRC beschränkt solche Gestaltungen.

Kauft eine Tochtergesellschaft, die von der Mutter beherrscht wird,[296] Aktien der Muttergesellschaft von einem Aktionär der Mutter, sieht Sec 304(a)(2) IRC vor, dass der für die Aktien gezahlte Betrag als mögliche *Redemption* zu behandeln ist. Sec 304(a)(2) IRC verweist für die Beurteilung auf Sec 302(b) IRC

---

291 Rev. Rul. 67-16, 1967-1 C.B. 77.

292 Rev. Rul. 75-223, 1975-1 C.B. 109; Rev. Rul. 79-184, 1979-1 C.B. 143

293 Ein *Qualified Trade or Business* liegt dann vor, wenn eine aktive Tätigkeit bereits fünf Jahre ausgeübt wurde und nicht von der Körperschaft innerhalb dieser Frist zu einem Verlust oder Gewinn gekauft wurde, *Bittker, B.I./Lokken, L.* (1999): 93.1.6; Sec 302(e)(3) IRC

294 *Bittker, B.I./Lokken, L.* (1999): 93.1.6; Sec 302(e)(2) IRC.

295 Die Vorschriften haben ihre Grundlage in der *Contraction* Doktrin, wobei der Grundgedanke darin besteht, dass, wenn die Körperschaft zwei aktive Betriebe hat und das Vermögen eines Betriebes ausschüttet, tatsächlich eine *Contraction* stattfindet.

296 Beherrschung wird in diesem Zusammenhang gem Sec 304(c)(1) IRC als 50% der Stimmrechte oder 50% der Kapitalanteile bezeichnet, die *Constructive Ownership Rules* gem Sec 318(a) IRC kommen zur Anwendung, jedoch wird gem Sec 304(c)(3)(B) IRC die Beteiligungsgrenze auf 5% reduziert.

um festzustellen, ob es zu einer *Redemption* oder einer Dividende von der Muttergesellschaft an den Aktionär gekommen ist. Buchwert der Aktien bei der Tochtergesellschaft sind gem Sec 1012 IRC die Kosten, unabhängig, ob die Transaktion als Dividende oder Tausch behandelt wird.[297]

Werden zwei Körperschaften von einer oder mehreren Personen beherrscht, wird gem Sec 304(a)(1) IRC die Überlassung der Aktien als eine Vermögensausschüttung mit einer möglichen *Redemption* der erwerbenden Körperschaft gesehen. Sec 304(a)(1) IRC sieht vor, dass eine solche Ausschüttung als mögliche *Redemption* von der erwerbenden Körperschaft behandelt werden soll. Um jedoch festzustellen, ob es sich um einem Tausch gem Sec 302(b) IRC handelt, werden die Anteile der veräußernden Körperschaft herangezogen.[298]

Da die Aktien, die an die andere Körperschaft veräußert werden, nicht tatsächlich als *redeemed* gewertet werden, kommen bestimmte Regeln für die steuerliche Behandlung zur Anwendung. Wird eine mögliche *Redemption* als Dividende gem Sec 301 IRC angesehen, so wird unterstellt, dass ein Sec 351 IRC Tausch zwischen den transferierten Aktien der veräußernden Körperschaft und den Aktien der kaufenden Körperschaft mit anschließender *Redemption* der Aktien, die die kaufende Körperschaft enthielt, stattgefunden hat. Wird die Transaktion als *Exchange* gewertet, behandelt die kaufende Körperschaft die Aktien als durch einen Tausch oder Verkauf erworben, was dazu führt, dass der Buchwert der Aktien *Cost Basis* sein wird. Die Basis der veräußernden Körperschaft wird nicht verändert.[299]

5.4. Zusammenfassung

Die Besteuerung von Eigenkapital in den USA kann grundsätzlich mit den Vorschriften des österreichischen Steuerrechts verglichen werden. Bei der ausschüttenden Körperschaft reduzieren Dividenden das steuerpflichtige Einkommen grundsätzlich nicht. Die steuerliche Behandlung einer anschließenden Ausschüttung beim Investor ist in erster Linie von den E&P abhängig, das in den Grundzügen mit dem steuerlichen Evidenzkonto vergleichbar ist. Anders als in Österreich ist allerdings für die Berechnung der E&P die wirtschaftliche Ausschüttungsfähigkeit maßgebend.

Erfolgt eine Ausschüttung aus den E&P, stellt diese eine steuerpflichtige Dividende dar; übersteigt die Ausschüttung die E&P, wird der steuerliche Buchwert beim Investor reduziert, ein darüberhinausgehender Betrag ist als Veräußerungs-

---

297 Rev. Rul. 80-189, 1980-2 C.B. 106; *Bittker, B.I./Lokken, L.* (1999): 93.3.

298 Sec 304(b)(1) geht Sec 304(a)(1) IRC in Bezug auf Sec 302 IRC vor.

299 *Bittker, B.I./Lokken, L.* (1999): 93.3.

gewinn zu behandeln. In diesem Zusammenhang gibt es keinen Unterschied zum österreichischen Steuerrecht.

Im Gegensatz dazu unterscheidet sich die Vermeidung der Doppelbesteuerung für Körperschaften im nationalen Bereich wesentlich von der Befreiungsmethode gem § 10 Abs 1 KStG. Das US-Steuerrecht sieht die Abzugsfähigkeit der Dividendenerträge vor, jedoch erfolgt diese nur zu 70%. Ab einer Beteiligungshöhe von 20% erhöht sich die Abzugsfähigkeit auf 80% und erst bei einer Zugehörigkeit zu einer *Affiliated Group* kann eine Abzugsfähigkeit in Höhe von 100% in Anspruch genommen werden.

Eine wesentliche Unterscheidung zum österreichischen Steuerrecht besteht in der Möglichkeit der Rückzahlung von Eigenkapitalanteilen. Diese ist in den USA kaum Beschränkungen unterworfen, während der Erwerb eigener Anteile in Östereich auf enge Grenzen stößt und eine Einlagenrückzahlung iSd § 4 Abs 12 EStg nur allen Gesellschaftern im gleichen Ausmaß gewährt werden kann.[300] Für die Behandlung als Rückzahlung muss jedoch beachtet werden, dass bei einer missglückten *Redemption* eine Qualifikation als Dividende und damit eine Besteuerung erfolgt.

6. Besteuerung von Fremdkapital

6.1. Allgemein

Für Gestaltungen mit Finanzierungsinstrumenten ist es nicht nur wichtig feststellen zu können, ob Eigen- oder Fremdkapital vorliegt, sondern es müssen auch die steuerlichen Konsequenzen der jeweiligen Finanzierungsart berücksichtigt werden.[301] Schließlich muss bereits bei der Strukturierung einer Gestaltung die Steuerlast in die Optimierung miteinfließen. Es reicht nicht, wenn Vergütungen aufgrund des Vorliegens einer Fremdfinanzierung wirtschaftlich als Zinsen anerkannt werden, diese jedoch aufgrund einer anderen Steuervorschrift nicht abzugsfähig sind. Dieses Kapitel soll die Besteuerung von Fremdkapital aufzeigen und damit Gestaltungen planbar machen.

Bei Fremdfinanzierungsinstrumenten ist eine Vielzahl an steuerlichen Regelungen zu beachten. Für die Emittenten ist der Zufluss von Kapital als Gegenleistung für ein Instrument idR nicht steuerpflichtig und die laufenden Zinszahlun-

---

[300] Insofern ist eine Ausschüttung von Dividenden auf Gesellschaftsanteilen, der Rückkauf eigener Anteile bzw der Kauf von anderen anderen Gesellschaftsanteilen von den Gesellschaftern durch die Gesellschaft in den USA üblich, *Blumenberg, J.* (1997): 150f.

[301] *Kleinbard, E.D.* (1989): 945, in einem ersten Schritt muss festgestellt werden, ob Eigen- oder Fremdkapital vorliegt, anschließend sind die wirtschaftlichen Kosten des Fremdkapitals zu ermitteln.

gen abzugsfähig. Grundsätzlich muss jeder Inhaber eines Fremdfinanzierungsinstruments unabhängig von der *method of accounting* Zinserträge versteuern. IdR sind alle Zahlungen eines Fremdfinanzierungsinstruments, die die Tilgung übersteigen, als Zinsen zu behandeln. Als Zinsen kommen hierfür entweder der angegebene Zinssatz *(Qualified Stated Interest – QSI)* oder der *Original Issue Discount* – OID[302] in Betracht.

In diesem Kapitel wird die Besteuerung von Fremdfinanzierungsinstrumenten behandelt. Insbesondere wird auf die Frage der zeitlichen Zuordnung und der Bewertung von Zinszahlungen eingegangen.

6.2. Der Zinsbegriff

6.2.1. Allgemein

Im Code sind prinzipiell zwei Codesections für die steuerliche Behandlung von Zinsen relevant. Sec 163(a) IRC erlaubt den Abzug von Zinsaufwendungen, die im Veranlagungsjahr gezahlt oder angefallen sind *(all interest paid or accrued within the taxable year on indebtedness).*[303] Dementsprechend ist für die Aufwandswirksamkeit von Zinsen sowohl das Vorliegen von Zinsen, als auch das Vorliegen einer Schuld notwendig. Im Gegensatz dazu sieht Sec 61(a)(4) IRC vor, dass erhaltene Zinsen dem steuerpflichtigen Einkommen hinzuzuzählen sind. Interessant ist hierbei die Unterschiedlichkeit der Begrifflichkeiten; während für die Aufwandswirksamkeit von Zinsen eine Verschuldung vorliegen muss, ist das für Zinserträge nicht notwendig.[304]

Die folgenden Ausführungen beschäftigen sich vorwiegend mit der Abzugsfähigkeit von Zinsaufwendungen, die durch mehrere Vorschriften beschränkt werden kann. Zinserträge werden hier nicht näher behandelt, da die Ertragswirksamkeit – nach erfolgter Abgrenzung eines hybriden Instruments – gem Sec 61 IRC jedenfalls gegeben ist.

---

302 Siehe Kapitel IV.6.4.

303 Die Abzugsfähigkeit von Zinsen ist seit der Einführung brisantes Thema, *Bittker, B.I./ Lokken, L.* (1999): 51.1.1; *Blumenberg, J.* (1997): 167; Selbst ohne die Regelung des Sec 163(a) IRC wären die Zinszahlungen im Rahmen der Geschäftsausgaben gem Sec 162 IRC oder als Ausgaben für die Erzielung von Einkommen gem Sec 212 IRC abzugsfähig, der Grund für diese Sonderstellung ist die besondere Abzugsfähigkeit von Zinsen aus privaten Krediten, die ohne diese Regelung gem Sec 262 IRC als Lebensführungskosten nicht abzugsfähig wären; ausführlich dazu *Bittker, B.I./Lokken, L.* (1999): 51.1.2; diese Regelung unterliegt jedoch ebenfalls gewissen Einschränkungen.

304 *Keyes, K.M.* (1997): 3.02[3].

6.2.2. Gegenleistung für Geld

Zinsen sind eine Gegenleistung für die Verwendung oder Stundung von Geld *(compensation for the use or forbearance of money)*.[305] Zinsen berechnen sich für gewöhnlich aus einem bestimmten festgelegten Prozentsatz des hingegebenen Betrages, jedoch ist es durchaus möglich, dass sich die Zinsen auch nach einer anderen Maßeinheit richten, wie zB dem Gewinn des Schuldners, solange sie nur bestimmbar sind.[306]

Obwohl der Begriff *Interest* in vielen *Sections* des *Codes* verwendet wird, werden damit nicht immer dieselben Sachverhalte umfasst. Je nach Zweck der Bestimmung kann es zu unterschiedlichen Definitionen und Interpretationen kommen.[307]

In den USA wird der Zinsbegriff eher eng gesehen, da zahlreiche steuerliche Konsequenzen an diese Einstufung gebunden sind. Eine Unterscheidung zu anderen Aufwendungen[308] ist wichtig, da Zinsen in Sec 163 IRC geregelt sind und damit auch den zahlreichen Beschränkungen unterliegen, während andere Aufwendungen etwa als *Business Expense* gem Sec 162 IRC, *Expenses for Production of Income* gem Sec 212 IRC oder Verluste gem Sec 165 IRC geltend gemacht werden können, oder zusätzlich zu den Anschaffungskosten zu aktivieren sind und damit den Buchwert und die jährliche Abschreibung erhöhen.[309]

Ein wesentliches Problem von Sec 163(a) IRC ist die Abgrenzung zwischen Tilgung und Zinszahlungen. Ursprünglich wurden für die steuerlichen Konsequenzen die vertraglichen Vereinbarungen des Gläubigers und des Schuldners herangezogen. Besteht keine Vereinbarung, wird der Status der Zahlung anhand des *State Laws* beurteilt, welches es für gewöhnlich dem Schuldner überlässt, die

---

305 *Bittker, B.I./Lokken, L.* (1999): 51.1.2, Die ausdrückliche Nennung von „Geld" schließt daher eine Abzugsfähigkeit gem Sec 163(a) IRC für die Verwendung von Wirtschaftsgütern aus. Das Hauptaugenmerk wird dabei auf eine wirtschaftliche Betrachtung gelegt, wie es zB beim OID der Fall ist, *Keyes, K.M.* (1997): 3.02[1][a].

306 Dementsprechend sind Zinsen von *Variable Debt Instruments* oder *Contingent Debt Interest* abzugsfähig.

307 *Bittker, B.I./Lokken, L.* (1999): 51.1.2; Sirbo Holdings, Inc. v. CIR, 509 F2d 1220, 1223 (2d Cir. 1975), *"where the Internal Revenue Code is concerned, no controlling weight can be given to the usual presumption that, when the same words are used in several sections of a statute, they mean the same thing"*.

308 Wie zB Aufwendungen wie Gebühren, Kommissionen, Gutachten, Versäumniszuschläge etc. verrechnet, *Keyes, K.M.* (1997): 3.02[1][a].

309 *Bittker, B.I./Lokken, L.* (1999): 51.1.3; die Bestimmung, ob eine bestimmte Zahlung Zinsen oder andere Aufwendungen darstellt, wird anhand der Faktoren wie zB des Verhältnisses zum entliehenen Betrag oder zur Laufzeit, dem *Intent* beider Vertragsparteien, etc geklärt; siehe ausführlich *Keyes, K.M.* (1997): 3.02[1][b].

Zahlung zu spezifizieren. Versäumt der Schuldner diese Qualifikation, so kann der Gläubiger die Aufteilung vornehmen, anderenfalls werden zuerst Zinszahlungen und dann Tilgungen angenommen.[310]

6.2.3. Vorliegen einer Schuld

Sec 163(a) IRC ermöglicht den Abzug für Zinsen, die auf eine Schuld gezahlt wurden oder angefallen sind *(interest paid or accrued ... on indebtedness)*. Zinsen können nur bei Vorliegen einer Verschuldung auftreten, dh liegt keine Schuld vor, so können die Vergütungen auch nicht Zinsen darstellen.[311]

Eine Schuld wird dabei als eine bestehende bindungslose und rechtlich durchsetzbare Verpflichtung für die Zahlung von Geld *(an existing, unconditional and legally enforceable obligation for the payment of money)*[312] verstanden.[313] Eine Schuld muss rechtlich durchsetzbar sein, jedoch ist eine persönliche Haftung nicht notwendig.[314] Im Fall von Gratisobligationen ist zu unterscheiden, ob die Zinsen einklagbar sind oder nicht.[315] Liegt keine Verschuldung vor, kann die Transaktion eine Schenkung, ein Schadenersatz, ein Verkauf etc oder eben Eigenkapital sein, wie bereits im Kapital IV erläutert.[316]

6.3. Beschränkungen der Abzugsfähigkeit

6.3.1. Allgemein

Prinzipiell sind Zinsen auf Verschuldungen gem Sec 163(a) IRC abzugsfähig. Im Laufe der Jahrzehnte wurde die Abzugsfähigkeit immer weiter einge-

---

310 Sollten Zinszahlungen in Form von OID vorliegen, so können die Vertragsparteien keine Aufteilung aussuchen, sondern sind an den Code gebunden.

311 *Keyes, K.M.* (1997): 7.01[3][a][ii].

312 First Nat'l Co. v. Com., 289 F2d 861 (6th Cir. 1961); Horn v. Com., 90 TC 908 (1988); Autenreith v. Com., 115 F2d 856 (3rd Cir. 1940).

313 *Keyes, K.M.* (1997): 3.02[2][a]; *Bittker, B.I./Lokken, L.* (1999): 51.1.4.

314 *Nonrecouse Debt*, der eine Geldschuld ohne persönliche Haftung, bei welcher der Gläubiger auf die Verwertung dinglicher Sicherheiten beschränkt ist, darstellt, wird idR als Verschuldung gem Sec 163(a) IRC angesehen. Gestaltungen diesbezüglich befassten sich vor allem mit *Inflated Debt*, bei dem Vermögen zu einem überhöhten Preis gekauft und allein durch *Nonrecourse Debt* finanziert wurde. Für natürliche Personen oder *Closely Held Corporations* wurden die Möglichkeiten bei *Nonrecourse Debt* durch die *At Risk Rules* gem Sec 465 IRC und die *Passive Activity Loss Rules* gem Sec 469 IRC wesentlich eingeschränkt, *Bittker, B.I./Lokken, L.* (1999): 51.1.4.

315 Ist dies nicht der Fall, stellen die Zinsen eine Schenkung dar und sind nicht abzugsfähig; ist eine Rechtsdurchsetzung gegeben, können die Zinsen auch von der Bemessungsgrundlage in Abzug gebracht werden, *Keyes, K.M.* (1997): 3.02[2][a].

316 *Keyes, K.M.* (1997): 3.02[2][a].

schränkt, teils um missbräuchliche Gestaltungen zu vermeiden, teils aus steuerpolitischen Gründen.[317]

Die Beschränkung des Zinsabzugs kann auf unterschiedliche Arten erfolgen. Der Code sieht entweder ein generelles Abzugsverbot *(Disallowance Provisions),* Aktivierungsgebot *(Capitalization Provisions)* oder Stundungsvorschriften *(Deferral Provisions)* vor.

Sec 163 IRC regelt die allgemeine Bestimmung zur Abzugsfähigkeit von gezahlten oder abgegrenzten Zinsen. Von dieser generellen Regel gibt es jedoch eine Vielzahl an Ausnahmen und Spezialvorschriften.

- Sec 163(b) IRC regelt die Bestimmungen für Ratenkäufe, bei denen der Zinsanteil nicht gesondert angegeben ist;
- Sec 163(c) IRC erläutert, dass jede periodische Rente unter den Redeemable Groud Rent als Fremdkapitalzinsen einer Hypothek zu behandeln sind;
- Sec 163(d) IRC stundet die Abzugsfähigkeit von Investment Zinsen;
- Sec 163(e) IRC beschreibt die Anwendung des *Original Issue Discount* bei Fremdfinanzierungsinstrumenten;[318]
- Sec 163(f) IRC verneint den Zinsabzug von bestimmten Schuldverhältnissen, die nicht registriert sind;
- Sec 163(g) IRC reduziert die Abzugsfähigkeit für Zinszahlungen im Zusammenhang mit Sec 25 IRC Darlehen in der Höhe des Darlehens;
- Sec 163(h) IRC verneint generell den Zinsabzug für den Privatbereich natürlicher Personen; allerdings bestehen signifikante Ausnahmen von dieser Regel, wie zB *„Qualified Residence Interest"*;[319]
- Sec 163(i) IRC kommt für bestimmte *High-Yield Discount Obligations* zur Anwendung;[320]
- Sec 163(j) IRC gilt für Körperschaften, die *Disqualified Interest* an nahe stehende Personen zahlen, die nicht der *Federal Income Tax* bezüglich der Zinszahlungen unterliegen;[321]
- Sec 163(k) IRC regelt die Nichtabzugsfähigkeit von Zinsen, die gem Sec 6601 IRC auf gestundete Erbschaftsteuerzahlungen gem Sec 6166 IRC anfallen; bzw

---

317 *Bittker, B.I./Lokken, L.* (1999): 52.2.3.

318 Im Kapitel IV.6.4 erläutert.

319 *Personal Interest* können auch nicht freiwillig aktiviert werden, Reg 1.163-8T(m)(2)(ii).

320 Ausführlich siehe Kapitel VI.3.2.

321 Siehe Kapitel V.5.4.

- Sec 163(l) IRC verneint den Zinsabzug aus Fremdkapitalinstrumenten, die in Eigenkapital des Emittenten oder einer dem Emittenten nahe stehenden Person auszahlbar sind.[322]
- Sec 163(m) IRC wurde durch den *American Jobs Creation Act of* 2004 dem Code hinzugefügt und verneint den Zinsabzug für jegliche Unterzahlung der Steuer, die einer nichtangeführten *Reportable Transaction* zugeordnet werden kann.

Zinsaufwendungen werden auch von anderen Sections des Codes beschränkt:

- Sec 263A IRC normiert die Aktivierung der Zinsaufwendungen auf Vermögen, das der Steuerpflichtige selbst hergestellt hat;[323]
- Sec 263(g) regelt die Aktivierung von Zinsaufwendungen bei bestimmten *Straddles*[324];
- Sec 264(a) IRC verneint Zinsen auf ein Darlehen, das für den Kauf von bestimmten Lebensversicherungen aufgenommen wurde;
- Sec 265(a)(2) IRC verneint den Zinsabzug von Darlehen, die für den Erwerb von gem Sec 103 IRC steuerfreien Wertpapieren angefallen sind;[325]
- Sec 266 IRC ist für Finanzierungskosten, die der Steuerpflichtige freiwillig aktiviert hat, anwendbar;[326]

---

322 Ausführlich siehe Kapitel VI.3.3.

323 Zinsen müssen wie andere Aufwendungen gem Sec 263A IRC im Rahmen eines aktiven Geschäftsbetriebs oder einer Tätigkeit mit Gewinnerzielungsabsicht bei der Produzierung oder Errichtung von Vermögen aktiviert werden. In solchen Fällen sind Zinsen nicht sofort abzugsfähig, sondern werden zu dem steuerlichen Buchwert des Vermöges dazugezählt und können im Rahmen einer Abschreibung geltend gemacht werden, *Bittker, B.I./Lokken, L.* (1999): 52.2.1; Zinsen unterliegen jedoch nicht so strengen Aktivierungsregeln wie andere Aufwendungen, gem Sec 263A(f) IRC werden Zinsen nur dann aktiviert, wenn diese im Produktionszeitraum gezahlt oder abgegrenzt wurden und Liegenschaften oder Privatbesitz mit einer Laufzeit von mehr als 20 Jahren oder einer Produktionszeit von mehr als zwei Jahren zuzuordnen sind. Zinsen aus Darlehen, die für den Kauf von Umlaufvermögen aufgenommen wurden, unterliegen nicht den Aktivierungsregeln, *Bittker, B.I./Lokken, L.* (1999): 52.9.1; bei selbst hergestelltem Umlaufvermögen kommt Sec 263A IRC nur für Zinsen, die im Produktionszeitraum gezahlt oder abgegrenzt wurden, zur Anwendung; *Blumenberg, J.* (1997): 171.

324 Ein *Straddle* ist eine Kombination von Finanzierungsinstrumenten, bei der das Risiko der Papiere gegenseitig aufgehoben wird. Kommt es zu einem Wertverlust einer Position, gewinnt die andere Position entsprechend, *Funk, T.* (1999): 489.

325 *Blumenberg, J.* (1997): 170.

326 Wird von diesem Wahlrecht Gebrauch gemacht, erhöhen die Zinsen den steuerlichen Wert und sind nur im Wege der Absetzung aufwandswirksam, Reg. 1.266-1(a)(1), (b)(1);

- Gem Sec 267(a)(2) IRC werden Zinsaufwendungen, die sonst steuerlich geltend gemacht werden können, gestundet, wenn der Schuldner die *Accrual Method of Accounting* anwendet, mit dem der Gläubiger in einem bestimmten Naheverhältnis steht, der zahlbare Betrag aber nicht tatsächlich im Veranlagungsjahr des Schuldners bzw 2,5 Monate später bezahlt würde und der Gläubiger nach der *Cash Method of Accounting* sein steuerpflichtiges Einkommen ermittelt;[327]
- Sec 279 IRC verneint die Abzugsfähigkeit von Zinsen auf *Corporate Acquisition Indebtedness,* die im Veranlagungsjahr 5,000.000 Dollar übersteigen;[328]
- Zinsaufwendungen sind nicht abzugsfähig, wenn das angebliche Fremdkapital gem Sec 385 IRC Eigenkapital ist;[329]
- Ein Steuerpflichtiger, der nach der *Cash Method* sein steuerpflichtiges Einkommen ermittelt, muss gem Sec 446 IRC eine tatsächliche Zahlung für die steuerliche Wirkung des Zinsabzugs leisten;
- Sec 465 IRC stundet die Aufwandswirkung von Verlusten aus bestimmten Aktivitäten mit dem Betrag, für den der Steuerpflichtige das Risiko übernommen hat;
- Sec 469 IRC verneint die Abzugsfähigkeit von Verlusten aus *Passive Activities*;
- Sec 482 IRC erlaubt dem IRC Einkommen und Aufwendungen (inklusive Zinsen) zwischen zwei oder mehr Organisationen, die einer einheitlichen Kontrolle unterliegen, aufzuteilen, um das Einkommen klar wiederzugeben *(Clearly Reflect Income);*[330]

---

ein Steuerpflichtiger muss jedoch gem Sec 263A(f) IRC die meisten Zinsaufwendungen, die selbst hergestellten Vermögen zuzuordnen sind, verpflichtend aktiveren.

327 Damit sind die Zinsen erst im Jahr der Zahlung abzugsfähig, *Schuch, J./Toifl, G.* (1997): 143; *Blumenberg, J.* (1997): 171; *Raineri, W.T/Engle, H.S.* (1996): 1626ff, diese Regelung beschränkt vor allem Zinszahlungen an ausländische Gesellschaften.

328 Unter *Corporate Acquisition Indebtedness* wird Fremdkapital verstanden, das als Gegenleistung für den Kauf von Aktien oder als zwei Drittel der *Noncash Operating Assets* einer anderen Körperschaft begeben wurde. Dabei muss das Fremdkapital nachrangig und wandelbar in das Eigenkapital sein bzw eine Option zum Erwerb der Aktien beinhalten. Eine weitere Voraussetzung besteht in dem Vorliegen eines *Debt-to-Equity Ratio* von mehr als 2:1 bzw die voraussichtlichen Gewinne übersteigen nicht das dreifache der Zinsen des *Acquisition Debt*, *Bittker, B.I./Lokken, L.* (1999): 52.7.1; *Eicher, J.D./Hitt, L.N.* (1994): 1035; *Graetz, M.J.* (1989): 722; *Blumenberg, J.* (1997): 169.

329 Ausführlich Kapitel VI.3.1.

330 Siehe Kapitel V.6.

- Sec 483 und 1274 IRC berechnen Zinsen bei Verkäufen mit hinausgeschobener Zahlung, bei denen der Vertrag keine Zinskomponente vorsieht oder diese unrealistisch gering ist;[331]
- Sec 1272 IRC regelt die Zinswirkung bei Kapitalforderungen, bei denen der Ausgabebetrag geringer ist als der Rückzahlungsbetrag *(Original Issue Discount – OID)*;[332]
- Sec 1274 IRC regelt die bedingte Zinszahlung von Finanzierungsinstrumenten;[333]
- Sec 1275 IRC regelt den zeitlichen Anfall von variablen Zinszahlungen bei Finanzierungsinstrumenten;[334]
- Sec 1277 IRC stundet die Zinsen in Verbindung mit dem Kauf von *Market Discount Bonds*;[335]
- Sec 1281 IRC regelt die Zinsaufwendungen von Fremdfinanzierungen bei kurzfristigen Verschuldungen;
- Sec 7872 IRC berechnet den Zinsanteil bei *Below-Market Loans*;[336] bzw
- Sec 1282 IRC regelt den zeitlichen Anfall von Zinsen bei *Short-Term Obligations.*

Um die Abzugsfähigkeit von Zinsen zu bestimmen, muss zuerst die Höhe der Zinsen berechnet werden, die in dem Jahr gezahlt oder wirtschaftlich verursacht ist. Anschließend muss festgestellt werden, ob die Zinsen abzugsfähig sind. Weiters muss überprüft werden, ob die Zinsen aktiviert werden müssen. Die Zinsen, die abzugsfähig sind und nicht aktiviert werden müssen, werden dann in Kategorien aufgeteilt, in denen es zu einer Steuerstundung kommen kann. Kommt eine Steuerstundung nicht zur Anwendung, können Regelungen der einzelnen Kategorien entscheiden, in welcher Höhe die Zinsen abzugsfähig sind.

Nachstehend werden die wichtigsten Beschränkungen von Zinsaufwendungen für Nichtkörperschaften, Körperschaften bzw alle Steuerpflichtigen angeführt. Diese Aufzählung geht auf die wichtigsten Beschränkungen von Zinsaufwendungen ein, die in Verbindung mit hybriden Finanzierungsinstrumenten stehen können.

---

331 Siehe Kapitel IV.6.8.

332 Siehe Kapitel IV.6.4.

333 Siehe Kapitel IV.6.10.

334 Siehe Kapitel IV.6.9.

335 Siehe Kapitel IV.6.4.1.

336 Siehe Kapitel IV.6.11.

6.3.2. Beschränkungen für alle Steuerpflichtigen

Mehrere Bestimmungen verneinen oder beschränken die Abzugsfähigkeit von Zinsen für alle Steuerpflichtigen.

Eine Einschränkung ist in Sec 265(a)(2) IRC verankert, die ein Zinsenabzugsverbot für die Fremdkapitalaufnahme für den Erwerb von steuerfreien Anleihen normiert. Diese Ausnahme betrifft vor allem *State* und *Local Bonds*, die von der Steuer gem Sc 103 IRC befreit sind. Der Grundgedanke dieser Regelung besteht darin, dass damit verhindert werden soll, dass die Abzugsfähigkeit von Zinsen das mit dem Investment nicht im Zusammenhang stehende Einkommen verringert.[337]

Sec 263(g) IRC normiert eine Bestimmung, die den Regelungen der Sec 163(d) IRC vorgeht. Zinsaufwendungen, die mit *Straddle Transactions* im Zusammenhang stehen, müssen aktiviert werden. *Straddle Transaction* beinhalten den Besitz von sich ausgleichenden Positionen des Vermögens, wie zB *Call* und *Put Option* bei im Wesentlichen gleichem Vermögen.

Um Steuervermeidungsstrategien hintanzuhalten, sieht Sec 465 IRC eine Kategorisierung von Aktivitäten vor, bei denen Aufwendungen nur in Höhe des jeweiligen Einkommens der entsprechenden Aktivität möglich sind. Sollten die Aufwendungen das Einkommen einer Aktivität übersteigen, so ist dieser Verlust nur dann mit anderen Einkünften verrechenbar, wenn der Steuerpflichtige ein *At-Risk Investment* getätigt hat. Selbst wenn ein solches Risiko bestanden hat, kann der Verlust noch von Sec 469 IRC nicht verrechenbar sein, nämlich dann, wenn der Steuerpflichtige nicht wesentlich an der wirtschaftlichen Aktivitiät teilgenommen hat. Um als Risikotätigkeit gem Sec 465 IRC anerkannt zu werden, muss der Steuerpflichtige für die Investition persönliche Finanzmittel überlassen oder eine persönliche Haftung für geborgte Mittel eingehen.[338]

Sec 163(f) verneint jeden Zinsabzug auf so genannten *Registration-Required Obligations,* solange diese nicht in registrierter Form vorliegen.[339] Prinzipiell

---

337 *Bittker, B.I./Lokken, L.* (1999): 52.3.1; *Jones, S.M.* (2001): 447f.

338 Diese Bestimmung ersetzt nicht die Regel des *Nonrecourse Debt*, bei dem Ausgaben abzugsfähig sind. Diesbezüglich sind sogar Ausgaben von *Nonrecourse Debt* in der Höhe der Einnahmen abzugsfähig, die vom Steuerpflichtigen für die Investition in *Tax Shelters* aufgenommen worden sind. Die Überhänge können vorgetragen werden.

339 Eine Registrierung ist gem Sec 163(f)(3) IRC dann gegeben, wenn ein Buchungseintrag vorliegt, der eine Aufzeichnung der Namen der Personen, die zum Zinsertrag berechtigt sind, vorweisen kann und die Vorschriften der Regulations eingehalten werden, *Bittker, B.I./Eustice, J.S.* (2000): 4.01[6]. Dies soll die Ausgabe von Inhaberschuldverschreibungen verhindern, bei denen die Besitzer nicht ausgemacht und daher auch kaum die Zinserträge der Steuer unterzogen werden können, *Bittker, B.I./Lokken, L.* (1999): 52.7.2.

sind alle Instrumente von Betrieben zu registrieren, jedoch werden in manchen Fällen Ausnahmen gemacht. Danach sind Instrumente, die von einer natürlichen Person herausgegeben und nicht der Öffentlichkeit angeboten werden, die eine Laufzeit von weniger als einem Jahr haben oder nur ausländischen Investoren angeboten werden, von der Registrierung befreit.[340]

Bei unregistrierten Instrumenten, die eigentlich gem Sec 163(f) IRC registriert sein müssten, wird neben des Zinsabzugsverbots der Veräußerungsgewinn gem Sec 1287(a) IRC als *Ordinary Income* behandelt, gem Sec 165(j) IRC der Verlustabzug verneint und gem Sec 4701(a) IRC eine Strafsteuer auferlegt werden.[341]

6.3.3. Beschränkungen für Nichtkörperschaften

Die Abzugsfähigkeit von Zinsaufwendungen wird für natürliche Personen und Personengesellschaften durch eine Reihe von Bestimmungen eingeschränkt.

Zinszahlungen, die im Rahmen eines Geschäftsbetriebs bzw im Zusammenhang mit Vermögen zur Erzielung von Einkommen stehen *(Trade or Business Interest)*, können prinzipiell abgezogen werden, wenn nicht Spezialvorschriften dies beschränken. *Investment Interest* und *Passive Activity Interest* fallen nicht unter die Definition des *Trade or Business Interest.*

Gem Sec 469 IRC besteht eine Beschränkung für sogenannte *Passive Activity Interest*, die eine Gegenrechnung von Verlusten aus passiven Tätigkeiten mit

---

340 Die Ausnahme für Instrumente, die ausländischen Investoren angeboten werden, kommt gem Sec 163(f)(2)(B) und 163(f)(2)(C) IRC dann zur Anwendung, wenn die Instrumente mit ziemlicher Sicherheit nur ausländischen Personen verkauft werden, die Zinsen im Ausland zahlbar sind und am Instrument angeführt wird, dass jede US-Person, die dieses Instrument hält, Beschränkungen des US-Einkommensteuergesetztes unterliegt *(any United States person who holds such obligation will be subject to limitations under the United States income tax laws)* und das Instrument nicht unter eine Ausnahmeregelung der Regulations fällt, Staff of Joint Comm. on Tax'n, 98th Cong, 2nd Sess., General Explanation of the Revenue Provisions of the Deficit Reduction Act of 1984, 394 (Comm. Print 1984), *"because of compliance problems associated with bearer debt, the Treasury is authorized to exclude any future obligation from the exemption from the ... registration requirements for foreign-targeted issues without regard to whether the obligation is determined to be used frequently in avoiding Federal taxes. Thus, the Treasury has full discretion to require registration of foreign-targeted issues"*.

341 Die Höhe der Strafe beträgt 1% des Nennbetrags für jedes Veranlagungsjahr bzw Teilen davon; ein gutgläubiger Emittent wie zB bei der Ausnahme bezüglich der ausländischen Investoren unterliegt jedoch nicht der Strafsteuer, *Bittker, B.I./Eustice, J.S.* (2000): 4.01[4]; *Bittker, B.I./Lokken, L.* (1999): 52.7.2.

Einkommen aus anderen Investitionen versagt.[342] Eine passive Tätigkeit ist eine Einkommensart, bei der der Steuerpflichtige Eigentümerrechte hat, aber nicht wesentlich mitwirkt.[343] Diese Definition umfasst die meisten *Tax Shelter* Investitionen, aber bezieht sich nicht ausschließlich auf diese. Diese Regelung zielt also darauf ab, steuerbegünstigtes Einkommen nicht durch steuerwirksames Fremdkapital finanzieren zu können. Gem Sec 469 IRC werden die nicht in Abzug gebrachten Zinsen vorgetragen und mit späteren Einkommen aus den Investitionen aus passiver Tätigkeit gegengerechnet und spätestens bei Verkauf der Investition in voller Höhe in Abzug gebracht.[344]

Sec 163(d) IRC beschränkt die Abzugsfähigkeit von *Investment Interest*, die im Zusammenhang mit Investitionsgütern stehen.[345] Gem Sec 163(d) IRC können Steuerpflichtige, die keine Körperschaften sind, *Investment Interest* nur in Höhe des *Net Investment Income* eines bestimmten Veranlagungsjahrs geltend machen. Als *Investment Interest* werden gezahlte oder abgegrenzte Zinsen definiert, die dem *Property Held for Investment*[346] zuzuordnen sind[347] und gem Sec 163(d)(3) IRC als Zinsen definiert werden. Das *Net Investment Income*, das die Deckelung der *Investment Interest* darstellt, ist der positive Differenzbetrag zwischen *Investment Income* und *Investment Expense*. *Investment Income* ist dabei das Einkommen, das aus dem *Property Held for Investment* generiert wurde, exklusive den Veräußerungsgewinnen.[348] Die nicht verrechenbaren Zinsen werden ins nächste Veranlagungsjahr vorgetragen und dort zu den *Invest-*

---

342 *Bittker, B.I./Lokken, L.* (1999): 52.2.1.

343 *Zschiegner, H.* (2002): 1149.

344 *Bittker, B.I./Lokken, L.* (1999): 52.2.1; *Jones, S.M.* (2001): 452 und 454.

345 Der Hintergrund für diese Restriktion liegt in der Überlegung, dass die Wertsteigerung einer Investition erst bei Verkauf besteuert wird, während die Zinsaufwendungen schon vorzeitig anfallen. Insofern wird der Abzug der Zinsen auf das durch die Investition in diesem Jahr erzielte Einkommen limitiert. Können Zinsen nicht in einem bestimmten Veranlagungsjahr in Abzug gebracht werden, besteht die Möglichkeit, diese vorzutragen.

346 *Property Held for Investment* ist gem Sec 163(d)(3) und 163(d)(5) IRC Vermögen, das Portfolio Einkommen wie Zinsen, Dividenden, Annuitäten oder Lizenzgebühren generiert. *Property held for Investment* beinhaltet auch Anteile an einem Betrieb, wenn der Betrieb keine passiven Tätigkeiten iSd Sec 469(e)(1) IRC durchführt (insofern geht Sec 469 IRC den Regelungen zu *Investment Interest* vor) und der Steuerpflichtige nicht wesentlich am Geschäftsbetrieb beteiligt ist. Damit werden die Sachverhalte angesprochen, die von Sec 469 IRC ausdrücklich ausgenommen sind. Vermögen wird dann nicht zum *Property Held for Investment* zu zählen sein, wenn es im Rahmen des gewöhnlichen Geschäftsbetriebs angefallen ist *(Derived in the Ordinary Course of Business).*

347 Temp. Reg. 1.163-8T.

348 Die Veräußerungsgewinne sind nur dann dazuzuzählen, wenn der Steuerpflichtige von diesem Wahlrecht Gebrauch gemacht hat, Sec 163(d)(4)(B)(iii) IRC.

ment Interest dazugezählt. Insofern handelt es sich bei dieser Regelung um eine Steuerstundung, falls nicht ein ständiger Überhang besteht.[349]

Prinzipiell sind *Personal Interest* gem Sec 163(h)(2) als Lebensführungskosten nicht abzugsfähig.[350] Allerdings sind gesetzlich einige Ausnahmen normiert, wie zB *Nonemployee Business Interest, Investment Interest, Passive Activity Interest, Certain Interest on Estate Taxes, Qualified Residence Interest und Qualified Educational Loan Interest.* Kann der Steuerpflichtige Zinsen in diesen sechs Kategorien ausweisen, sind diese auch abzugsfähig.[351]

6.3.4. Beschränkungen für Körperschaften

Zinsaufwendungen sind generell abzugsfähig, wenn sie im Veranlagungsjahr gezahlt oder angefallen sind, das Fremdkapital zulässig ist und es sich um eine Verschuldung des Steuerpflichtigen handelt. Es gibt jedoch drei Ausnahmen, die allein auf Körperschaften anwendbar sind.

Die Beschränkungen des Zinsabzugs für *Passive Activity Losses*[352] kommen gem 469(a)(2)(B) und (C) IRC sowohl für *Closely Held C Corporations*[353] und

---

349 *Bittker, B.I./Lokken, L.* (1999): 52.5.

350 Zinsen, die dem *Personal Interest* zugeordnet werden können, sind generell nicht abzugsfähig. Damit sollen die Zinsaufwendungen für Darlehen, die den persönlichen Lebensbereich finanzieren, nicht die Steuerbemessungsgrundlage verringern. Der Grundgedanke dieser Regelung besteht darin, dass Zinsaufwendungen, die aus Verschuldungen stammen, mit denen steuerfreies Einkommen generiert wird, nicht abzugsfähig sind. Unter diesen Voraussetzungen wird unter steuerfreiem Einkommen auch die Leistung einer Waschmaschine bzw eines Autos verstanden. Diese Einkommen werden allerdings deswegen nicht versteuert, weil die Versteuerung nicht praktikabel ist, *Bittker, B.I./ Lokken, L.* (1999): 52.2.1.

351 Dabei sind *Personal Interest* eine Negativabgrenzung zu *Trade or Business Interest, Investment Interest, Interest Allocable to a Passive Activity, Qualified Residence Interest, Interest on Certain unpaid Estate Taxes* und *Interest on Educational Loans*; ausgenommen davon sind bestimmte Zinsen, die ausdrücklich als *Personal Interest* definiert werden und daher nicht abzugsfähig sind. Dazu zählen Zinsen aufgrund von Unterzahlungen von Bundes-, Bundesstaaten- oder Lokalsteuern, Zinsen in Verbindung mit der Zahlung von Steuern, Zinsen, die von einem Trust, einer S Corporation oder einer Personengesellschaft aufgrund Unterzahlung von Bundes-, Bundesstaaten- oder Lokalsteuern ausgezahlt werden, Reg. 1.163-9T(b)(2)(i)(B).

352 Passive Tätigkeiten in diesem Zusammenhang sind Tätigkeiten, die aus einem Geschäftsbetrieb stammen, an dem der Steuerpflichtige nicht wesentlich teilnimmt *(materially participate).*

353 Eine *Closely Held C Corporation* ist gem Sec 469(j)(1) IRC im Allgemeinen eine Körperschaft, deren Kapital zu 50% von fünf oder weniger natürlichen Personen gehalten wird.

Personal Service Corporations[354] zur Anwendung. Dementsprechend sind Zinsen, die einer passiven Aktivität zugeordnet werden können und von einer solchen Körperschaft gezahlt oder abgegrenzt wurden, nur durch die *Passive Acitivity Loss* Regelungen abzugsfähig. *Portfolio Income* und *Expenses* sind ausdrücklich nicht in der Berechnung des *Passive Activity Loss* enthalten.[355] Nettoverluste von *Passive Acitivties* sind generell nicht abzugsfähig, können jedoch in Folgejahren vorgetragen werden. Sec 469 IRC versagt die Abzugsfähigkeit des Verlustes, jedoch ist ein Vortrag ins nächste Jahr möglich.

Diese Bestimmung unterteilt die Tätigkeiten eines Steuerpflichtigen im Wesentlichen in drei Kategorien. Es wird zwischen den aktiven, passiven und den Portfolio Aktivitäten unterschieden. In jeder Kategorie kommt es zu einer Verrechnung des Einkommens mit den entsprechenden Aufwendungen. Kommt es nun zu einem Verlust aus passiven Tätigkeiten, so kann dieser nicht mit den Gewinnen der anderen Kategorien verrechnet werden.

6.4. Original Issue Discount

6.4.1. Allgemein

Wird eine Verbindlichkeit oder Schuld mit dem Nennbetrag zurückgezahlt, so stellen die zwischenzeitlich bezahlten Zinsen das Entgelt für die Zurverfügungstellung des Kapitals dar. Verzichtet jedoch der Gläubiger auf eine regelmäßige Vergütung und erhält dafür einen Abschlag auf den Ausgabebetrag, so ist wirtschaftlich gesehen die Differenz zum höheren Rückzahlungsbetrag die Vergütung. Die Aufgabe der OID Bestimmungen ist es, Zinsen nach wirtschaftlichen Gesichtspunkten abzugrenzen.[356]

---

354 Eine *Personal Service Corporation* ist für gewöhnlich eine *C Corporation*, deren Hauptaufgabe entweder Gesundheit, Recht, Ingenieurwesen, Architektur, Revisionswesen, Versicherungswesen, darstellende Künste oder Consulting ist, Reg. 1.469-1T(g) und Reg. 1.441-4T(d).

355 Portfolio Einkommen entspricht dem typischen Investitionseinkommen und beinhaltet ua Zinserträge, Dividenden, Renten und Lizenzgebühren bzw Veräußerungsgewinne aus dem Verkauf der Vermögensgegenstände, die ein solches Einkommen generieren und die nicht im Rahmen eines aktiven Geschäftsbetriebs erzielt werden. Portfoliozinsaufwendungen sind Zinsen, die diesem Einkommen zugeordnet werden können. Wird ein *Net Portfolio Loss* erzielt, so kann dieser mit anderen aktiven und passiven Einkünften des Steuerpflichtigen verrechnet werden.

356 Der Congress überließ es dabei dem IRS und dem Treasury, die genauen Bestimmungen auszuarbeiten; in Sec 1275 IRC findet sich der Verweis auf *Legislative Regulations*; 1986 wurden die ersten *Proposed Regulations* veröffentlicht, die 1992 von nicht so detaillierten *Proposed Regulations* abgelöst worden sind. Im Jahr 1994 wurden erstmalig

Ein Fremdfinanzierungsinstrument wird gem Sec 1273(a)(1) IRC dann einen OID beinhalten, wenn der angegebene Rückzahlungsbetrag bei Fälligkeit (*Stated Redemption Price at Maturity* – SRPM) den Ausgabebetrag (*Issue Price*) übersteigt.[357] OID kann daher vorliegen, wenn ein Fremdfinanzierungsinstrument, das Zahlungen des QSI beinhaltet und die Zahlung des Nennbetrags zu einem *Discount* erfolgt, ein Fremdfinanzierungsinstrument mit Zerocoupon, das nur eine einzige Zahlung am Ende der Laufzeit vorsieht, die sowohl einen Tilgungs- als auch einen Zinsanteil enthält, und Anleihen mit unregelmäßigen Zinszahlungen oder ein Fremdfinanzierungsinstrument, das Zinszahlungen vor Fälligkeit vorsieht, die nicht QSI darstellen.[358]

6.4.2. Voraussetzungen

Besteht zwischen dem Ausgabebetrag *(Issue Price)* und dem angegebenen Rückzahlungsbetrag bei Fälligkeit *(Stated Redemption Price at Maturity)* eine Differenz, ist dieser Differenzbetrag *(Original Issue Discount)* gem den *OID Rules* zu behandeln. Die *OID Rules* kommen grundsätzlich bei Kapitalforderungen mit einer Laufzeit von mehr als einem Jahr zur Anwendung, wenn keine laufenden jährlich anfallenden, qualifizierten, offen ausgewiesenen Zinszahlungen zu marktüblichen Konditionen anfallen. Gem Sec 1275(a)(1)(A) IRC sind unter Fremdfinanzierungsinstrumenten (*Debt Instruments*) *Bonds, Debentures, Notes or Certificate or other Evidence of Indebtedness* zu verstehen.[359]

Final Regulations herausgegeben, die 1996 abgeändert wurden, *Keyes, K.M.* (1997): 4.01[4].

357 *Gertzman S.F.* (1993): 11.02; *Weinrib, B./Mann, J.* (1995): 55; *Jones, S.M.* (2001): 433; *Bittker, B.I./Lokken, L.* (1999): 53.1; Reg. 1.1273-1(a); *Keyes, K.M.* (1997): 4.02.

358 Für Zwecke des OID wird jede Zahlung vor Fälligkeit, die nicht QSI darstellt, als *Installment Obligation* angesehen, Reg. 1.1273-1(e); eine *Installment Obligation* beinhaltet eine oder mehrere Tilgungen vor Fälligkeit. Das Vorliegen von *Installment Obligations* bedeutet nicht das Vorliegen von OID, solange keine Zinszahlungen erfolgen, die nicht QSI sind; *Keyes, K.M.* (1997): 4.01[1][a].

359 Gem den Regulations wird darunter jedes Instrument oder jede vertragliche Vereinbarung verstanden, die eine Verschuldung nach den allgemeinen Prinzipien des Steuerrechts auslöst, *Keyes, K.M.* (1997): 4.01[2][a][i]; *Gertzman, S.F.* (1993): 11.02[1]; Reg. 1.1275-1(d); diese Definition ist für die Sec 1272 bis 1275 IRC anwendbar.

Als Fremdfinanzierungsinstrument werden auch alle Instrumente, die in Verbindung mit derselben oder ähnlichen Transaktionen begeben wurden, gem Reg. 1.1275-2(c)(1) als ein einziges Instrument behandelt *(Aggregation Rules)*, Ausnahmen bestehen für Instrumente, von denen ein wesentlicher Teil an einem etablierten Markt gehandelt wird bzw wenn der Investor und der Emittent nicht *Related Person* sind oder der Investor keine anderen Instrumente des Emittenten erwirbt, Reg. 1.1275-2(c)(2); *Bittker, B.I./Lokken, L.* (1999): 53.3.6.

Für gewöhnlich ist der *Issue Price* der Betrag, den der Emittent für die Begebung des Instruments erhält.[360] Wird die Ausgabe eines Papiers schrittweise vorgenommen, ist Ausgabepreis eines Fremdfinanzierungsinstruments der Betrag, für den ein wesentlicher Teil des Fremdfinanzierungsinstruments verkauft wurde,[361] bzw der Ausgabezeitpunkt der erste *Settlement or Closing Date,* an dem der wesentliche Betrag gezahlt wurde.[362] Für die Ermittlung des Ausgabepreises und -datums bleiben Verkäufe an *Bond Houses, Brokers* oder ähnliche Einrichtungen, die als Unterhändler fungieren, außer Ansatz.[363]

Der SRPM eines Fremdfinanzierungsinstruments ist gem Sec 1273(a)(2) IRC der vertraglich angegebene Rückzahlungsbetrag der letzten Anpassung des *Purchase Agreement.* Darin sind die Zinsen und andere Beträge inkludiert. Zinsen, die zur Fälligkeit bezahlt werden, die jedoch aufgrund eines fixen Zinssatzes bedingungslos zu bestimmten festgelegten regelmäßigen jährlichen oder unterjährigen Abständen während der gesamten Laufzeit gezahlt werden, fallen nicht unter den *Stated Redemption Price at Maturity.*[364]

Der SRPM ist daher die Summe aller Zahlungen, die unter die Bezeichnung *other than qualified stated interest payments (QSI)* fallen. Dementsprechend muss festgestellt werden, ob Zinszahlungen unter die Definition von QSI fallen und damit für die Berechnung des SRPM unbeachtlich sind. Soweit die ausgewiesenen Zinsen *Qualified Stated Interest* übersteigen, wird der Betrag in das SRPM inkludiert.[365] Sobald alle Zahlungen eines Fremdfinanzierungsinstruments bekannt sind, kann der SRPM bestimmt werden.[366]

Qualified Stated Interest (QSI) werden als ausgewiesene Zinsen definiert, die jährlich zu einem festen Zinssatz bedingungslos in Form von Geld oder Vermögen[367] gezahlt werden müssen.[368] Weist ein Fremdfinanzierungsinstrument

---

360 Reg. 1.1273-2(a)-(f).

361 *Gertzman, S.F.* (1993): 11.02[4][a]; *Keyes, K.M.* (1997): 4.02[2][a]; Reg. 1.1273-2(a)(1), der Begriff „wesentlich" *(Substantial)* wird nicht näher definiert.

362 Reg. 1.1273-2(a)(2).

363 Reg. 1.1273-2(e); ausführlich dazu *Bittker, B.I./Lokken, L.* (1999): 53.3.

364 *"The amount fixed by the last modification of the purchase agreement and includes interest and other amounts payable at that time (other than any interest based on a fixed rate, and payable unconditionally at fixed periodic intervals of 1 year or less during the entire term of the debt instrument)"*, Sec 1273(a)(2) IRC; Reg 1.1273-1(b) und 1.1273-1(c)(1)(i); *Bittker, B.I./Lokken, L.* (1999): 53.3.4; *Keyes, K.M.* (1997): 4.02[1].

365 Reg. 1.1273-1(c)(4).

366 *Keyes, K.M.* (1997): 4.02[1][a].

367 Fremdfinanzierungsinstrumente des Emittenten sind allerdings ausgeschlossen.

368 Reg. 1.1273-1(c)(1)(i); *Qualified Stated Interest* können nur Zinszahlungen sein, die bedingungslos erfolgen. Eine bedingungslose Zahlung *(Unconditionally Payable)* liegt

die Zahlungen nicht als Zinsen aus, so sind sie somit auch nicht ausgewiesene Zinsen *(Stated Interest).*[369] Ein einziger fixer Zinssatz *(Single Fixed Rate)* ist Voraussetzung für die Zuordnung als *Qualified Stated Interest*. Ein solcher Zinssatz wird nur dann vorliegen, wenn dieser über die gesamte Laufzeit in regelmäßigen Abständen ausgezahlt wird und die Zinsen den Zeitraum zwischen den einzelnen Zahlungen berücksichtigen.[370] Spezielle Vorschriften bestehen für die Zeiträume bei ersten und letzten Zahlungen. Sollte die erste bzw letzte Zahlung nicht dem während der Laufzeit üblichen Intervall entsprechen, erlauben die Regulations eine vernünftige Anpassung der *Single Fixed Rate*, die nicht mithilfe der Zinseszinsrechnung bestimmt werden muss.[371]

Die OID Bestimmungen kommen gem Sec 1272(a)(2) IRC nicht auf folgende Instrumente zur Anwendung:

Tax Exempt Obligations;[372]

- *Unites States Saving Bonds*;
- Instrumente mit einer Laufzeit von weniger als einem Jahr;[373] bzw
- Darlehen zwischen natürlichen Personen, wenn das Darlehen nicht im Zuge einer Geschäftstätigkeit des Darlehensgebers begeben wurde und 10.000 Dollar nicht übersteigt.[374]

---

dann vor, wenn angemessene rechtliche Mittel die rechtzeitige Zahlung durchsetzen können oder wenn das Fremdfinanzierungsinstrument Konditionen beinhaltet, die die Wahrscheinlichkeit von verspäteten Zahlungen (innerhalb einer gewissen Toleranzfrist) oder Nichtzahlungen ausscheidet. Diese Rechtsmittel und Konditionen werden nur dann berücksichtigt, wenn die Transaktion fremdüblich ist und der Inhaber diese auch anwenden würde. Bei der Definition der bedingungslosen Zahlung werden Insolvenzen oder ähnliche Umstände ignoriert, *Keyes, K.M.* (1997): 4.02[1][b][ii]; *Bittker, B.I./ Lokken, L.* (1999): 53.3.4.

369 *Keyes, K.M.* (1997): 4.02[1][b][i].

370 *Gertzman, S.F.* (1993): 11.02[4][a][i]; *Bittker, B.I./Lokken, L.* (1999): 53.3.4; eine Verzinsung in Bezug auf den noch ausstehenden Betrag des Nennbetrags und eine damit variierende Verzinsung ist der *Single Fixed Rate* nicht schädlich, *Keyes, K.M.* (1997): 4.02[1][b][i].

371 Reg. 1.1273-1(c)(1)(iii)(B).

372 Eine *Tax Exempt Obligation* ist eine Verschuldung, deren Zinsen gem Sec 103 IRC nicht zum Einkommen zu zählen sind bzw die durch eine andere Vorschrift steuerbefreit ist, Reg. 1.1275-2(e).

373 Solche Instrumente werden als *Short-Term Obligations* bezeichnet, die in Sec 1281 bis 1283 IRC geregelt sind.

374 *Gertzman S.F.* (1993): 11.02[3][a][i]; *Keyes, K.M.* (1997): 4.01[2][a][ii]; diese Bestimmung kommt gem Sec 1272(a)(2)(E)(ii) IRC nicht zur Anwendung, wenn einer der Hauptgründe des Darlehens die Steuervermeidung ist.

6.4.3. Behandlung des OID

Der OID wird als Zinszahlung fingiert, wobei dieser sich an der Rückzahlungsrendite *(Yield to Maturity)* berechnet. Dies führt zu einer Verteilung der Zinsen, die nicht auf die Laufzeit aufgeteilt, sondern bei der am Anfang der Laufzeit geringere Zinszahlungen fingiert werden, gegen Ende der Laufzeit jedoch verhältnismäßig höhere Zinsen steuerlich zu berücksichtigen sind. Durch die jeweilige Versteuerung der Zinsen erhöht sich auch dementsprechend der steuerliche Buchwert, insofern wird bei einer vorzeitigen Veräußerung der Veräußerungsgewinn anhand des erhöhten steuerlichen Buchwerts bemessen.

Gem Sec 1272(a)(1) IRC muss der Inhaber eines Fremdfinanzierungsinstruments gem Sec 1272(a)(1) IRC jährlich den Betrag des OID tagesgenau versteuern.[375] Sec 163(e)(1) andererseits erlaubt dem Emittenten, jährlich einen Aufwand ebenfalls aufgrund einer tagesgenauen Berechnung geltend zu machen.[376]

Für die Berechnung des OID muss zuerst die Rendite ermittelt werden, anschließend erfolgen die Bestimmung der Abgrenzungsperiode und eine Berechnung des OID für jede Abgrenzungsperiode. Danach wird der taggenaue Anteil des OID festgestellt.[377]

Die Rendite wird als Prozentsatz[378] auf jährlicher Basis unter Anwendung der Zinseszinsrechnung kalkuliert. Die Rendite stellt dabei den Abzinsungsfaktor dar, der den Barwerten aller Zahlungen eines Instruments zum Ausgabepreis entspricht.[379]

Das zu berücksichtigende OID muss anhand des Abgrenzungszeitraums *(Accrual Period)* bestimmt werden. Ein Abrechnungszeitraum ist eine Periode, in der eine Zahlung (Zinsen oder Tilgung) entweder am ersten oder letzten Tag der Periode auftritt.[380] Die Laufzeit eines Fremdfinanzierungsinstruments wird in eine Serie von *Accrual Periods* aufgeteilt, die zwar unterschiedlich lang, jedoch

---

375 *"The sum of the daily portions of the original issue discount for each day during the taxable year on which such holder held such debt instrument"*, Reg. 1.1272-1(a)(1), das OID wird dabei unabhängig von der *Method of Accounting* berücksichtigt, während QSI je nach gewählter Methode anfällt.

376 *Keyes, K.M.* (1997): 4.03[1]; *Bittker, B.I./Lokken, L.* (1999): 53.4.1.

377 *Keyes, K.M.* (1997): 4.03[2][a].

378 Auf zwei Dezimalstellen genau.

379 *Gertzman S.F.* (1993): 11.02[3][a][i]; *Bittker, B.I./Lokken, L.* (1999): 53.4.4; *Keyes, K.M.* (1997): 4.03[2][a][i]; *"the yield to maturity or yield of a debt instrument is the discount rate that, when used in computing the present value of all principal and interest payments to be made under the debt instrument, produces an amount equal to the issue price of the debt instrument"*, Reg. 1.1272-1(b)(1)(i).

380 Reg. 1.1272-1(b)(1)(ii).

nicht länger als ein Jahr sein dürfen,[381] und der OID ist für jede *Accrual Period* zu berechnen.[382] Es besteht diesbezüglich keine Verpflichtung, dass der Inhaber und der Emittent dieselben Abgrenzungsperioden für die Bewertung von Einkommen und Aufwendungen verwenden. Der Emittent kann den Ausgabetag wählen, während der Inhaber den Tag nach der Ausgabe bestimmen kann.[383]

Die dem Abgrenzungszeitraum *(Accrual Period)* zuzuordnenden Zinsen entsprechen dem Differenzbetrag zwischen dem Produkt des angepassten Ausgabebetrags *(Adjusted Issue Price)*[384] des Fremdkapitalinstruments am Anfang des Abgrenzungszeitraums mal der Rückzahlungsrendite *(Yield to Maturity)* und den tatsächlichen Zinszahlungen in der Abgrenzungsperiode.[385]

Sind die Rendite und der Abgrenzungszeitraum ermittelt, berechnet der Inhaber des Fremdfinanzierungsinstruments den OID taggenau.[386] Handelt es sich bei dem ermittelten OID um einen unwesentlichen Betrag, so kann der Inhaber diesen außer Acht lassen. Die Geringfügigkeitsgrenze *(de minimis)* beträgt gem Sec 1273(a)(3) IRC ¼ von 1 Prozent (0,0025) des SRPM, multipliziert mit den vollen Jahren bis zur Fälligkeit. In diesem Fall werden alle *Stated Interest* als QSI behandelt.[387]

---

381 Die *Accrual Period* kann auch über die Laufzeit unterschiedlich lang sein, jedoch wird dadurch die Berechnung des OID erschwert, Reg. 1.1272-1(b)(1)(ii).

382 *Gertzman, S.F.* (1993): 11.02[3][a][i]; Reg. 1.1272-1(b)(1)(ii); *Bittker, B.I./Lokken, L.* (1999): 53.4.2; *Keyes, K.M.* (1997): 4.03[2][a][ii].

383 Für gewöhnlich wird der erste Abgrenzungszeitraum am Ausgabetag beginnen und der letzte Abgrenzungszeitraum wird am Tag vor der Fälligkeit aufhören, Reg. 1.1272-1(j); die Regulations verwenden auch ein Monat mit 30 Tagen und ein Jahr mit 360 Tagen, jedoch können sowohl Inhaber als auch Emittent angemessene Anpassungen vornehmen, Reg. 1.1272-1(b)(1)(ii); *Keyes, K.M.* (1997): 4.03[2][a][ii].

384 Der *Adjusted Issue Price* zu Beginn der Abgrenzungsperiode ist der *Original Issue Pirce* erhöht durch alle bisherigen OID Anpassungen, Sec 1272(a)(4) IRC.

385 Der angepasste Ausgabepreis am ersten Tag der ersten Abgrenzungsperiode ist der Ausgabepreis. Später entspricht der angepasste Ausgabepreis inklusive dem OID, das bisher dem Einkommen irgendeines Inhabers hinzugerechnet wurde und exklusive anderen Zahlungen, die nicht QSI darstellen, Reg. 1.1275-1(b)(1); anhand dieses neuen Buchwerts wird der OID der nächsten Periode berechnet.

Gem der *Payment Ordering Rule* wird jede Zahlung eines Fremdfinanzierungsinstruments zuerst als Zahlung in dem Ausmaß als OID behandelt, in dem es dem abgegrenzten OID entspricht und nicht vorigen Zahlungen zugeordnet werden kann und anschließend als Tilgung, *Keyes, K.M.* (1997): 4.03[2][b]. Diese Regel kommt nicht auf QSI zur Anwendung, *Keyes, K.M.* (1997): 4.03[2][b].

386 *Keyes, K.M.* (1997): 4.03[2][a][iii].

387 Die Geringfügigkeitsgrenze kommt dann zur Anwendung, wenn der Ausgabepreis eines Fremdfinanzierungsinstruments leicht unter dem Rückzahlungsbetrag ist oder wenn eine

Die somit ermittelten Zinsen sind beim Investor gem Sec 1272(a) IRC als Zinserträge und beim Emittenten gem Sec 163(e) IRC als Zinsaufwendungen zu berücksichtigen.

Wesentlich dabei ist, dass die OID *Rules* der ansonsten vom Gläubiger und Schuldner verwendeten Methode der Einkommensermittlung[388] vorgehen; dh allein der sich rechnerisch ergebende Betrag ist relevant, unbeachtlich bleiben Buchungen bzw Zahlungen. Durch diese Regelung kann der Emittent bereits vorzeitig Aufwendungen geltend machen, während der Investor bereits Erträge versteuern muss, für die noch keine Zahlung eingegangen ist.

Wird das Fremdfinanzierungsinstrument von einer nahestenden ausländischen Person *(Related Foreign Person)*[389] gehalten, die in Verbindung mit dem Emittenten steht, sind die Zinsen nicht abzugsfähig, solange es nicht zu einer tatsächlichen Zahlung des OID gekommen ist. Dies wird damit begründet, dass ausländische Investoren oftmals nicht den OID zu versteuern haben bzw der

---

oder mehrere Zinszahlungen eines Intervalls unter den anderen Zinszahlungen liegen; Reg. 1.1273-1(d)(1); *Bittker, B.I./Lokken, L.* (1999): 53.6.5; der Emittent muss jedoch jedenfalls die Aufwandswirksamkeit seiner Zinszahlungen anhand der OID Bestimmungen berechnen, *Keyes, K.M.* (1997): 4.06.

Oftmals vereinbart der Darlehensgeber mit dem Darlehensnehmer niedrige oder keine Zinszahlungen für eine oder mehrere Perioden, um das Darlehen attraktiver zu gestalten. Das kann dazu führen, dass die angegebenen Zinsen nicht als QSI anerkannt werden. Um dem Abhilfe zu schaffen, unterbreiten die Regulations spezielle Bestimmungen, dass ein Fremdfinanzierungsinstrument mit einer *Teaser Rate, Interest Holiday* oder *Interest Shortfall* ebenfalls unter die Geringfügigkeitsgrenze fällt und daher den OID nicht berücksichtigen muss. Diese Regeln kommen nur dann zur Anwendung, wenn die Geringfügigkeitsgrenze der allgemeinen Regel überschritten wird und wenn *Stated Interest* nicht QSI darstellen, da für ein oder mehr Perioden ein geringer Zinssatz angewendet wird; *Gertzman, S.F.* (1993): 11.02[4][c]; Reg. 1.1273-1(d)(4)(i); *Bittker, B.I./Lokken, L.* (1999): 53.6.5; *Keyes, K.M.* (1997): 4.06[1][b].

Der somit ermittelte SRPM wird anschließend in die allgemeine Geringfügigkeitsberechnung eingefügt, *Bittker, B.I./Lokken, L.* (1999): 53.6.5; *Keyes, K.M.* (1997): 4.06[1][b].

Fällt nun ein Fremdfinanzierungsinstrument unter die Geringfügigkeitsgrenze, dann behandelt der Emittent alle *Stated Interest* als QSI, Somit werden die Zinsen anteilig zwischen den Zahlungszeitpunkten aufgeteilt und im Einklang mit der *Method of Accounting* des Emittenten erfasst. Wird ein Fremdfinanzierungsinstrument zu einem Diskont emittiert und der OID ist unter der Geringfügigkeitsgrenze, kann der Emittent durch die Behandlung aller *Stated Interest* als QSI nicht den OID in Abzug bringen, *Bittker, B.I./Lokken, L.* (1999): 53.6.5.

388 *Accural Method* oder *Cash Method.*

389 *Related Persons* gem Sec 267(b) IRC

OID erst bei Zahlung versteuert werden kann.[390] Diese Regel kommt gem Sec 163(e)(3)(A) IRC nicht für OID zur Anwendung, welches als *Effectively Connected with the Holder's conduct of a Trade or Business* in den USA in Verbindung steht und nicht von der Steuer durch das Gesetz oder ein DBA befreit oder begünstigt besteuert ist.[391]

Muss der Investor OID in seinem Einkommen berücksichtigen, steigt gem Sec 1272(d)(2) IRC der Buchwert mit jeder OID bzw sinkt, wenn andere Zahlungen außer QSI getätigt werden.[392] Damit wird sichergestellt, dass der OID nicht ein weiteres Mal bei Veräußerung versteuert wird. Wird das Instrument während der Laufzeit zu einem höheren Preis als dem AIP gekauft, wird der OID gem den Premium Rules insoweit reduziert, dass der Unterschied zwischen AIP und Purchase Price bis zur Fälligkeit ausgeglichen ist. Erfolgt ein Kauf unter dem AIP, so kann zusätzlich zum OID ein *Market Discount* berücksichtigt werden.[393] Obwohl OID bei einem steuerbefreiten Instrument nicht versteuert wird, muss der Inhaber den Buchwert um den OID anpassen, um bei einem Verkauf oder Tausch den Gewinn oder Verlust bestimmen zu können.

Der Emittent kann das Fremdfinanzierungsinstrument vor Ende der Laufzeit zu einem Preis über den AIP zurückkaufen. Wenn dies der Fall ist, ist der Überhang *(Repurchase Premium)* als Zinsen im Jahr des Rückkaufs abzugsfähig.[394] Wird der Ausgabepreis des neuen Fremdfinanzierungsinstruments durch eine Section des Code bestimmt, die die Berechnung von Zinsen *(Imputation of Interest)* regelt,[395] so ist der *Repurchase Premium* im Jahr des Rückkaufs nicht

---

390 Die tatsächliche Zahlung gem Sec 163(e)(3) IRC wird dann als geleistet erachtet, wenn auch eine Zahlung gem Sec 1441 oder 1442 IRC eingetreten ist. Sec 1441 und 1442 IRC verlangen den Abzug der Quellensteuer von Sec 871(a)(1) und 881(a) IRC bei *Foreign Persons* bei nichtbetrieblichen Einkommen aus Quellen der USA. Die Quellensteuer wird auf OID nur berechnet, wenn das Instrument verkauft oder getauscht wird oder eine Zahlung an den Investor stattfindet. Kommt es zu einem solchen Zahlungsstrom, wird der bis zu diesem Zeitpunkt angefallene OID versteuert.

391 *Bittker, B.I./Lokken, L.* (1999): 53.5.3.

392 *Gertzman, S.F.* (1993): 11.02[3][a][i]; Reg. 1.1272-1(g).

393 *Bittker, B.I./Lokken, L.* (1999): 53.4.9, siehe ausführlich Kapitel IV.6.6 und IV.6.4.1.

394 Reg. 1.163-7(c); der Rückkauf zu einem Premium wird typischerweise in Debt-for-Debt Tausch vorkommen, bei dem der Ausgabepreis des neuen Fremdfinanzierungsinstruments in Tausch für das alte Fremdfinanzierungsinstrument den AIP des alten Fremdfinanzierungsinstruments übersteigt. Das wird dann der Fall sein, wenn das alte Fremdfinanzierungsinstrument öffentlich gehandelt wurde und der *Fair Market Value* aufgrund eines Sinkens der Leitzinsen über den AIP gestiegen ist. In so einem Fall ist der Rückkaufpreis der Ausgabepreis des neu herausgegebenen Fremdfinanzierungsinstruments, *Bittker, B.I./Lokken, L.* (1999): 53.5.2.

395 Wie zB Sec 483 IRC.

abzugsfähig, sondern wird über die Laufzeit des neuen Fremdfinanzierungsinstruments auf dieselbe Weise wie der OID abgeschrieben.[396]

6.5. Market Discount

Ein *Market Discount Bond* (MDB) ist ein Fremdfinanzierungsinstrument, das nach dem Ausgabezeitpunkt zu einem *Discount* gekauft wurde.[397] Ein Discount wird idR dann gewährt werden, wenn die Marktzinsen gestiegen sind, oder die Bonität des Schuldners gesunken ist. Obwohl dieser *Discount* wirtschaftlich betrachtet dem OID sehr ähnlich ist, unterscheidet das Gesetz zwischen OID und MDB. Während OID jährlich als Zinsen zu berücksichtigen ist, kann der Steuerpflichtige vom Wahlrecht Gebrauch machen, den *Discount* erst beim Ausscheiden zu berücksichtigen.[398]

Die *Market Discount* Regelungen kommen nur auf den Inhaber eines Instruments zur Anwendung; der Emittent ist von den Vorschriften nicht betroffen.[399]

Das Vorliegen eines *Market Discount* ist abhängig davon, ob ein Instrument OID beinhaltet oder nicht. Hat das Fremdfinanzierungsinstrument keinen OID, so beträgt der *Market Discout* gem Sec 1278(a)(2)(A) IRC den Überhang des SRPM zum Zeitpunkt des Kaufs über den Buchwert des Käufers unmittelbar nach dem Kauf.[400] Hat das Fremdfinanzierungsinstrument einen OID, so ist der *Market Discount* der Überhang des Ausgabepreises inklusive der bisher angefallenen OIDs *(Revised Issue Price)* über dem Buchwert des Käufers unmittelbar nach dem Kauf.[401]

Sec 1278(a)(2)(C) IRC sieht ähnlich wie beim OID eine Geringfügigkeitsgrenze vor, die den *Market Discount* mit Null annimmt, wenn der *Market Discount* weniger als ein Viertel von einem Prozent des SRPM, multipliziert mit der

---

396 Reg. 1.163-7(c); *Bittker, B.I./Lokken, L.* (1999): 53.5.2.

397 Der Code umfasst lt Definition jedes Fremdfinanzierungsinstrument, nicht nur Bonds; *Bittker, B.I./Lokken, L.* (1999): 56.4.5; *Gertzman, S.F.* (1993): 11.05.

398 *Bittker, B.I./Lokken, L.* (1999): 56.4.1; *Jones, S.M.* (2001): 432.

399 *Keyes, K.M.* (1997): 8.01.

400 *Santangelo, R.A.* (1997): 335; *Bittker, B.I./Lokken, L.* (1999): 56.4.5.

401 *Keyes, K.M.* (1997): 8.02[2][a]; *Bittker, B.I./Lokken, L.* (1999): 56.4.5; die Regelungen des *Market Discount* kommen nicht zur Anwendung für *Short Term Obligations, Tax Exempt Bonds, Demand Instruments, US Savings Bonds* und jegliche Fremdfinanzierungsinstrumente, die als Gegenleistung eines Verkaufs herausgegeben wurden, wenn die Erzielung eines Gewinns beim Verkäufer unter Anwendung der Regeln bezüglich der *Installment Sales* gestundet wird, *Bittker, B.I./Lokken, L.* (1999): 56.4.8; *Gertzman, S.F.* (1993): 11.05[1]; *Keyes, K.M.* (1997): 8.02[1][a].

Anzahl der vollständigen Jahre bis zur Fälligkeit ausmacht. Enthält ein Instrument OID, wird der SRPM durch den *Revised Issue Price* ersetzt.[402]

Der Inhaber eines Instruments mit *Market Discount* stundet die Versteuerung des *Market Discount* bis zum Ausscheiden des Instruments. Dementsprechend wird *Market Discount* daher nicht zur steuerlichen Bemessungsgrundlage gezählt, solange das Instrument nicht zu einem Gewinn ausgeschieden ist.[403] Kommt es zu einer Veräußerung mit Gewinn, ist der Betrag in Höhe des bisher angefallenen *Market Discount* als Zinsen dem *Ordinary Income* hinzuzuzählen.[404] Erst ein darüber hinausgehender Betrag kann als *Capital Gain* versteuert werden. Wird das Instrument zu einem Verlust veräußert, muss auch der *Market Discount* nicht berücksichtigt werden.[405]

Market Discount fällt ab dem Zeitpunkt des Kaufes während der Laufzeit linear und tagesgenau an,[406] jedoch kann der Käufer eines MDB gem Sec 1276(b)(2) IRC auch den *Market Discount* anhand einer *Constant Interest Basis* berechnen. Dieses Wahlrecht kann für jedes Instrument einzeln geltend gemacht werden und ist unwiderruflich.[407]

Ob nun als Einkommen bei Ausscheiden des MDB oder im laufenden Einkommen erfasst, oder ob der *Discount* linear oder anhand der *Constant Interest Basis* ermittelt wird, anteiliger *Market Discount* wird für alle Bestimmungen des Code als Zinsen anzusehen sein. Die Ausnahme von dieser Regel besteht in den Vorschriften bezüglich der Quellensteuer für *Sourced Fixed or Determinable*

---

402 *Bittker, B.I./Lokken, L.* (1999): 56.4.5; *Keyes, K.M.* (1997): 8.02[2][c].

403 Der Steuerpflichtige kann allerdings gem Sec 1276(b)(1) IRC auch vom Wahlrecht der sofortigen Besteuerung Gebrauch machen, *Keyes, K.M.* (1997): 8.05[1].

404 *Gertzman, S.F.* (1993): 11.05[2]; *Bittker, B.I./Lokken, L.* (1999): 56.4.2; Somit unterliegt dieser Gewinn der Progression und nicht der begünstigten Besteuerung von Veräußerungsgewinnen; wird der MDB in einer anderen Transaktion als Verkauf, Tausch oder unfreiwillige Wandlung ausgeschieden, so wird eine Realisation zum *Fair Market Value* fingiert, *Bittker, B.I./Lokken, L.* (1999): 56.4.2.

405 *Keyes, K.M.* (1997): 8.03[1][a]; der berücksichtigte *Market Discount* wird als Zinsertrag behandelt.

Sieht das Papier jedoch Tilgungen vor Fälligkeit vor, wie das zB bei *Installment Obligations* der Fall ist, so werden diese Zahlungen in dem Ausmaß zum Einkommen gezählt, in dem sie nicht den anteiligen *Market Discount* überschreiten. Wird ein Anteil der Tilgung in das Einkommen des Inhabers gem dieser Regel inkludiert, so wird der Betrag des anteiligen *Discount* um diesen Betrag gekürzt, um Doppelbesteuerung bei Ausscheiden des Fremdfinanzierungsinstruments zu vermeiden, *Keyes, K.M.* (1997): 8.03[1][b].

406 *Bittker, B.I./Lokken, L.* (1999): 56.4.6.

407 *Gertzman, S.F.* (1993): 11.05[2]; *Keyes, K.M.* (1997): 8.05[2].

Annual or Periodic Income von beschränkt Steuerpflichtigen und ausländischen Gesellschaften.[408]

Bei der Entwicklung der *Market Discount* Regelungen wurde auch auf mögliche *Tax Shelters* Rücksicht genommen, die einen Zinsabzug von Fremdkapital, das für den Kauf der MDBs aufgenommen wurde, beschränkt.[409] Das Gesetz sieht die Regelung vor, dass die Zinsen aus einem Darlehen, das für den Kauf von MDBs aufgenommen wurde, solange gestundet werden, bis der *Market Discount* als Einkommen versteuert wird. Der Anteil der gestundeten Zinsen im Veranlagungsjahr ist gem Sec 1277(a) IRC entweder der direkte Nettozinsaufwand *(Net Direct Interest Expense)* oder der Betrag des taggenauen anteiligen *Market Discount* in dem Jahr, in dem das MDB beim Steuerpflichtigen gehalten wurde, je nachdem, welcher geringer ist.[410]

Unter *Net Direct Interest Expense* wird der Überhang der Zinsen, die mit Fremdkapital, das zum Kauf oder Halten einer Anleihe aufgenommen wurde, angefallen sind, minus Zinsenerträge (inklusive OID) aus dieser Anleihe im betreffenden Veranlagungsjahr, verstanden. Abzugsfähig ist dabei nur der Teil der Nettozinsen, der den auf das Veranlagungsjahr umgelegten *Market Discount* überschreitet.[411] Überschreiten die Erträge die Aufwendungen im Veranlagungsjahr, so wird der Betrag als Nettozinseinkommen bezeichnet.[412]

Der Zinsaufwand, der nicht in Abzug gebracht werden kann, wird als *Disallowed Interest Expense* bezeichnet. Genauso wie der anteilige *Market Discount* wird er für jedes Jahr berechnet und kumuliert im Zuge der Laufzeit. Wird

---

408 Sec 871(a), 881, 1441 und 1442 IRC; der Zahlende braucht die Zinsen gem den *General Information Return Requirements* nicht dem IRS angeben, Sec 6049 IRC; *Keyes, K.M.* (1997): 8.03[2][b].

409 Stehen mit *Marktet Discount Bonds* Zinsaufwendungen von Darlehen zur Finanzierung dieser Fremdfinanzierungsinstrumente in Verbindung und wären diese Zinsen abzugsfähig, so könnte der Steuerpflichtige Aufwendungen geltend machen, deren Erträge *(Market Discount)* erst in Folgejahren zu versteuern wären. Somit wurden Bestimmungen erlassen, die den Abzug von Zinsen vom Fremdkapital, das für den Kauf von MDBs aufgenommen wurde, in dem Ausmaß verneinen, in dem sie den steuerpflichtigen Ertrag des Instruments übersteigen, *Keyes, K.M.* (1997): 8.04.

410 *Gertzman, S.F.* (1993): 11.05[3]; *Bittker, B.I./Lokken, L.* (1999): 56.4.3; *Keyes, K.M.* (1997): 8.04.

411 Das bedeutet, dass nur Zinsen in Höhe des *Market Discount* nicht abzugsfähig sind; Zinsen, die auf die gezahlten Zinserträge oder OID entfallen, sind abzugsfähig und Zinsaufwendungen, die den *Market Discount* übersteigen, sind ebenfalls abzugsfähig; *Keyes, K.M.* (1997): 8.04[1][a].

412 Diese Berechnung ist für jedes MDB separat durchzuführen, *Bittker, B.I./Lokken, L.* (1999): 56.4.3.

das Instrument verkauft, kann der *Disallowed Interest* als Aufwand geltend gemacht werden.[413]

Wenn in einem Jahr die Zinserträge (und OID) eines MDB die Zinsen eines Fremdkapitals, das für desses Kauf aufgenommen wurde *(Net Interest Income),* überschreiten, kann der Steuerpflichtige wählen, jeden Anteil der kumulierten *Disallowed Interest Expense* als gezahlt oder angefallen in dem Jahr, in dem das Wahlrecht ausgeübt wird,[414] in dem Ausmaß als Aufwand zu behandeln, in dem die *Disallowed Interest Expense* nicht die Nettozinserträge übersteigt. Die kumulierte *Dissallowed Interest Expense* wird um den geltend gemachten Betrag gekürzt.[415] Bei Ausscheiden des MDB werden idR die gesamte *Dissallowed Interest Expense* aufwandswirksam erfasst.

6.6. Bond Premium

Wird ein Fremdfinanzierungsinstrument entweder zum Ausgabezeitpunkt oder später gekauft und beinhaltet *Stated Interest* einen Zinssatz, der die Rate für Fremdfinanzierungsinstrumente gleicher Laufzeit und Qualität übersteigt, so ist der Käufer offenbar bereit, ein *Bond Premium* zu zahlen.[416] Dies wird für gewöhnlich die Summe der Barwerte des über dem marktüblichen Zinssatz liegenden Anteils sein.[417]

Im Allgemeinen muss der Inhaber eines Fremdfinanzierungsinstruments die periodischen Kuponzahlungen des QSI im Einkommen nach seiner gewählten *Method of Accounting* berücksichtigen. Sec 1016(a)(5) IRC des Code legt fest, dass der anteilige Premiumbetrag gegen das Zinseinkommen verrechnet werden kann.[418] Die Berechnung des *Bond Premium* erfolgt gem Sec 171(b)(1)(A) und

---

413 *Keyes, K.M.* (1997): 8.04[2][b].

414 Für die Berechnung des kumulierten *Disallowed Interest* wird der Bestand des vorangegangen Jahres herangezogen.

415 *Keyes, K.M.* (1997): 8.04[2][b].

416 Ein *Premium* kann als Gegenteil von OID betrachtet werden. Im Fall von OID wird der Käufer zusätzlich zu den QSI Zahlungen erhalten, die seine Investition übersteigen. Im Fall von einem *Premium* übersteigt die Investition eines Fremdfinanzierungsinstruments die Zahlungen exklusive dem QSI. Dieser Überhang wird als Gegenleistung für das Recht zum Bezug der über dem Marktwert liegen Zahlungen angesehen. Obwohl das Gesetz und die Regulations von einem *Bond Premium* sprechen, umfasst diese Regelung alle Fremdfinanzierungsinstrumente, Reg. 1.171-1(b)(1); dementsprechend sind die Begriffe *Bond* und *Debt Instrument* austauschbar, *Keyes, K.M.* (1997): 3.03[1].

417 *Keyes, K.M.* (1997): 3.03[1].

418 Handelt es sich jedoch um ein steuerfreies Instrument, so kann gem Sec 171(a)(2) IRC kein Aufwand in Anspruch genommen werden.

(B) IRC anhand des Buchwertes und dem Betrag, der zur Fälligkeit gezahlt werden wird *(payable on maturity).*[419]

Der *Bond Premium* wird anhand der *Constant Yield Method* errechnet.[420] Innerhalb der Abgrenzungsperiode erfolgt die Aufteilung des *Bond Premium* linear *(ratably).*[421]

Die Rendite wird auf dieselbe Art wie beim OID errechnet, jedoch statt dem *Issue Price* wird der Buchwert herangezogen.[422] Nachdem die Abgrenzungsperioden bestimmt wurden, kann das anteilige *Premium* als der Überhang von QSI in der Abgrenzungsperiode über das Produkt von *Adjusted Acquistion Price (AAP)* und Rendite bestimmt werden.[423] Der AAP eines Bonds am Anfang der ersten Abgrenzungsperiode entspricht dem Buchwert des Inhabers. In den folgenden Perioden entspricht der AAP dem Buchwert, vermindert durch den bisherig angefallenen *Bond Premium* und den bisherigen Zahlungen des Instru-

---

419 Der Begriff „*Amount Payable on Maturity*" entspricht der Definition des SRPM gem den *Regulations* bezüglich OID. Ein Fremdfinanzierungsinstrument hat nur dann ein *Premium*, wenn der Buchwert beim Käufer unmittelbar nach dem Kauf die verbleibenden Zahlungen des Instruments übersteigt (exkl QSI), Reg. 1.171-1(d)(1); ist der Buchwert gleich oder geringer als dieser Betrag, so kann auch kein *Premium* abgeschrieben werden. Anders als bei den OID Bestimmungen kommen hier keine Geringfügigkeitsgrenzen zur Anwendung, *Keyes, K.M.* (1997): 3.03[1][a][i]; *Bittker, B.I./Lokken, L.* (1999): 56.8.1.

420 Bei der *Constant Yield Method* muss als erstes die Rendite, dann die Abgrenzungsperiode bestimmt werden, um dann den anteiligen *Bond Premium* zu errechnen, Reg. 1.171-2(a)(3); *Bittker, B.I./Lokken, L.* (1999): 56.8.1; *Santangelo, R.A.* (1997): 336.

Gem Reg. 1.171-1(b)(2) kommen die Bestimmungen des *Bond Premium* für folgende Sachverhalte nicht zur Anwendung: REMIC Zinsen, *Qualified Mortgages*, die von einem REMIC gehalten werden und bestimmte andere Fremdfinanzierungsinstrumente, die Zahlungen mit Wertsteigerungen beinhalten; *Bonds*, die den *Regulations* bezüglich CPDIs unterliegen; *Bonds*, für die das Wahlrecht gem Reg 1.1272-3 IRC in Anspruch genommen wurde und *Bonds*, die als Umlaufvermögen anzusehen sind, *Bittker, B.I./ Lokken, L.* (1999): 56.8.1; *Keyes, K.M.* (1997): 3.03[1][e].

421 Reg. 1.171-2(a)(3); *Keyes, K.M.* (1997): 3.03[1][b][ii].

422 Reg. 1.171-2(a)(3)(i); die Rendite eines Fremdfinanzierungsinstruments mit *Bond Premium* ist der Abzinsungsfaktor, welcher die Barwerte aller verbleibenden Zahlungen eines Fremdfinanzierungsinstruments zum Zeitpunkt des Kaufs so abzinst, dass sie dem Buchwert zum Zeitpunkt des Kaufs entsprechen. Die Rendite muss über die restliche Laufzeit des Instruments konstant bleiben und auf mindestens zwei Dezimalstellen genau bestimmt werden; *Keyes, K.M.* (1997): 3.03[1][e][ii].

423 Reg. 1.171-2(a)(3)(iii); *Keyes, K.M.* (1997): 3.03[1][e][ii]; im Falle eines fixen Zinssatzes kann das anteilige *Bond Premium* nicht den anteiligen QSI übersteigen. Diese Bestimmung wird erst bei variablen Zinssätzen deutlich.

ments, die nicht QSI sind.[424] Ein Inhaber schreibt das Premium durch die Verrechnung mit dem anteiligen QSI in der Abgrenzungsperiode ab.[425] Der Buchwert des Fremdfinanzierungsinstruments beim Inhaber wird um den Betrag verringert, der mit dem Einkommen in dem Jahr verrechnet werden kann.[426]

Die Regulations sehen spezielle Vorkehrungen für Fälle vor, in denen das anteilige *Bond Premium* den anteiligen QSI in einer Abgrenzungsperiode übersteigt *(Excess Premium Rules)*.[427] Die Regulations schreiben vor, dass der Inhaber eines steuerpflichtigen Bonds den *Excess Premium* als Abschreibung in der Abgrenzungsperiode mit anderen Einkommen verrechnen kann. Der Abschreibungshöchstbetrag ist jedoch mit dem gesamten Zinsertrag des Fremdfinanzierungsinstruments aus vorherigen Abrechnungsperioden, verringert durch den gesamten Betrag der Abschreibungen aus *Bond Premiums* aus Vorperioden, begrenzt.[428]

Übersteigt der Ausgabebetrag den Rückzahlungsbetrag, liegt ein *Issuance Premium* beim Emittenten vor. Als *Issuance Premium* wird der Überhang des *Issue Price* über den SRPM bezeichnet.[429] Die Regulations bezüglich des Steuerpflichtigen, der ein Fremdfinanzierungsinstrument zu einem *Premium* ausgibt, sehen vor, dass der *Issuance Premium* entsprechend der *Constant Interest Methode* berücksichtigt werden muss.[430]

---

424 Reg. 1.171-2(b); *Bittker, B.I./Lokken, L.* (1999): 56.8.1; *Keyes, K.M.* (1997): 3.03[1][d] und 3.03[1][e][ii].

425 *Bittker, B.I./Lokken, L.* (1999): 56.8.1; die Verrechnung erfolgt, wenn die QSI durch die *Method of Accounting* des Steuerpflichtigen berücksichtigt wird. Dementsprechend kann es nur dann Premiumabschreibungen bei der Anwendung der *Cash Method* in den Jahren geben, in denen QSI ausgezahlt wird, *Keyes, K.M.* (1997): 3.03[1][e][ii].

426 Bei steuerfreien Fremdfinanzierungsinstrumenten kommt es ebenfalls zu einer jährlichen Buchwertanpassung, selbst wenn die Zinserträge nicht steuerpflichtig sind.

427 Reg. 1.171-2(a)(4)(i).

428 Reg. 1.171-2(a)(4)(i)(A), übersteigt das anteilige Premium der Abgrenzungsperiode die Summe des anteiligen QSI und den abschreibungsfähigen Betrag gem der *Excess Premium Rules*, so muss der Überhang zur nächsten Abgrenzungsperiode vorgetragen werden. Ist ein Fremdfinanzierungsinstrument steuerbefreit, so ist auch der *Excess Premium* nicht abzugsfähig.

429 Wie bei den *Bond Premium Rules*, enthält der Ausgabepreis eines *Convertible Bond* nicht den Betrag, der der Wandlungsoption zugerechnet werden kann, *Keyes, K.M.* (1997): 3.03[2][c][i]; Reg. 1.163-13(c).

430 Kauft der Emittent das Fremdfinanzierungsinstrument mit einem Debt-for-Debt Tausch zurück, so ist gem Sec 483 IRC der Rückkaufpreis der Ausgabepreis des neu emittierten Fremdfinanzierungsinstruments, reduziert um *Unstated Interest*. Wird der *Issue Price* durch die Codevorschriften bezüglich der *Imputation of Interest* ermittelt, so muss der

Die Vorschriften bezüglich des *Issuance Premium*[431] sind den Vorschriften bezüglich der Abschreibung von *Bond Premium* sehr ähnlich. Im Allgemeinen wird der anteilige QSI, der zur Gänze abzugfähig sein würde, wenn das Fremdfinanzierungsinstrument nicht zu einem *Premium* begeben worden wäre, mit dem anteiligen *Issuance Premium* verrechnet. Die Verrechnung erfolgt, wenn die QSI gem der vom Emittenten gewählten *Method of Accounting* anfallen.[432]

Der *Excess Premium* wird als *Ordinary Income* behandelt, jedoch ist der Betrag beschränkt mit dem Überhang der bisher angefallenen Zinsaufwendungen von Vorperioden über den Gesamtbetrag der Beträge, die der Emittent in Vorperioden als gewöhnliches Einkommen behandelt hat. Übersteigt der *Excess Premium* diese Beschränkung, wird der Betrag in die nächste Abgrenzungsperiode vorgeschrieben. Besteht bei Rückzahlung des Instruments noch ein Vortrag, so wird er dann dem Einkommen hinzugerechnet.[433]

Der Abzug von gezahltem *Premium* beim Rückkauf von Wandelschuldverschreibungen ist in dem Ausmaß verboten, als der Rückkaufspreis den AIP inklusive einer Call Premium, der zu veranschlagen wäre, wenn es sich nicht um ein Wandelinstrument handeln würde, übersteigt.[434]

6.7. Stripped Bonds

Ein Fremdfinanzierungsinstrument, das mit Kupons ausgestattet ist, berechtigt den Inhaber zu einer Reihe von periodischen Zahlungen von *Stated Interest* und zur Rückzahlung des Nennbetrags zur Fälligkeit. Transferiert nun der Inhaber ein das Recht auf eine oder mehrere Kuponzahlungen an eine dritte Person, so hat der Inhaber das Papier „gestripped". Der Preis für diese Komponenten wird der Barwert der Zahlung sein.[435]

Repurchase Premium über die Laufzeit des neu herausgegeben Instruments wie im Fall von OID geltend gemacht werden.

431 Reg. 1.163-13

432 Reg. 1.163-13(d)(1); Wie bei der *Bond Premium* Regelung fällt innerhalb der Abgrenzungsperioden das QSI ebenso wie das *Issuance Premium* gleichmäßig an, Reg. 1.163-13(d)(3); das *Issuance Premium* für eine Abgrenzungsperiode wird mit der *Constant Yield Method* ermittelt. Die Anti-Abuse Regeln des OID in Reg. 1.1275-2(g) kommen für diese Bestimmungen auch zur Anwendung, *Keyes, K.M.* (1997): 3.03[2][c][i]; Reg. 1.163-13(a).

433 *Keyes, K.M.* (1997): 3.03[2][c][i].

434 Reg. 1.249-1(c).

435 Heutzutage sind fast alle Fremdfinanzierungsinstrumente von Körperschaften eingetragen, egal, ob in Form einer Urkunde oder anhand eines Bucheintrags. Das *Stripping*

Das Gesetz bezieht sich auf den Begriff *Stripped Bonds.*[436] Ein *Stripped Bond* ist ein Fremdfinanzierungsinstrument mit Kuponzahlungen, bei dem es zu einer Teilung des Eigentums an dem Instrument und eines noch nicht gezahlten Kupons gekommen ist. Ein *Stripped Coupon* ist jeder Kupon, der in Verbindung mit einem *Stripped Bond* steht.[437]

Kauft eine Person einen *Stripped Bond* oder einen *Stripped Coupon*, so wird der Bond oder Kupon so behandelt, als ob er zum Kaufdatum mit einem OID[438], der dem Überhang des SRPM (bzw im Falle eines Kupons dem zahlbaren Betrag) über dem anteiligen Kaufpreis entspricht, begeben worden wäre. Wurden sowohl ein Kupon als auch ein Teil des Instruments erworben, wird der Kaufpreis anhand des *Fair Market Value* den einzelnen Teilen zugeordnet.[439]

Wird ein *Stripped Bond* oder *Coupon* in weniger als einem Jahr nach Kauf fällig, so kommen die Regelungen der *Short-Term Obligation* zur Anwendung. Vergeht nach dem Kauf mehr als ein Jahr, so werden sie in allen Belangen als Fremdfinanzierungsinstrumente behandelt und können genauso OID und *Market Discount* haben. Verkauft eine Person eine oder mehrere Kuponzahlungen oder den Korpus des Instruments, so werden in dem Veranlagungsjahr die bis zur Veräußerung angefallenen anteiligen, noch nicht gezahlten Zinsen und der *Market Discount* zum Einkommen dazugezählt. Der dadurch ermittelte Buchwert des *Bond* und der *Coupons* unmittelbar vor dem Strip wird anhand des *Fair Market Value* auf die verbleibenden und veräußerten Anteile aufgeteilt.[440]

Schließlich wird der Verkäufer so behandelt, als ob er die verbleibenden Anteile zu deren Buchwerten am Tag der Veräußerung gekauft hätte.[441]

---

wird dem Emittenten mitgeteilt, der eine entsprechende Eintragung des Rechts vornimmt. Die Zinszahlungen gehen dann direkt an den Eigentümer des Rechts.

436 Unter *Bonds* ist jede Art der Verschuldung zu verstehen, Sec 1286(e)(1) IRC.

437 Wird nun ein Kupon von einem Instrument abgelöst, so sind alle verbleibenden Kupons *Stripped Coupons*, *Bittker, B.I./Lokken, L.* (1999): 56.6.1; *Keyes, K.M.* (1997): 10.03[1][a].

438 Die Berechnung des OID erfolgt dabei anhand der *Constant Interest Method.*

439 *Bittker, B.I./Lokken, L.* (1999): 56.6.1; *Keyes, K.M.* (1997): 10.03[2][b]; die Renditen der *Stripped Coupons* können von der Rendite des ungestrippten Fremdfinanzierungsinstruments abweichen. Aufgrund der Zahlungsbedingungen der Zinsen sollten andere Zinssätze zur Ermittlung des Barwerts der Zahlungen erfolgen. Die Ermittlung des *Fair Market Value* kann zu wesentlichen Bewertungsschwierigkeiten führen.

440 Sec 1286(b)(3) IRC; *Bittker, B.I./Lokken, L.* (1999): 56.6.1.

441 *Bittker, B.I./Lokken, L.* (1999): 56.6.1.

6.8. Zugerechnete Zinsen

6.8.1. Allgemein

Wird Vermögen mit einer vertraglichen Vereinbarung zu einer auch nur teilweisen späteren Bezahlung verkauft, so wird gem Sec 483 und Sec 1274 IRC eine Zinszahlung fingiert, wenn der Vertrag nicht einen ausreichenden Zinsanteil vorsieht. Jeder späteren Zahlung ist somit wirtschaftlich gesehen ein Zinsanteil inhärent.[442]

Zwei gesetzliche Vorschriften, die beide durch ausführliche Regulations interpretiert werden, behandeln die den Geschäftsfällen unterstellten Zinsen *(Imputed Interest)*. Jedes dieser Gesetze normiert einen spezifischen Bereich und die Anwendungsbereiche schließen einander aus. Diese Vorschriften sind in Sec 483 IRC und Sec 1274 IRC geregelt. Die Bestimmungen wurden erlassen um sicherzustellen, dass beim Verkauf von Vermögen ein angemessener Zinsanteil enthalten ist.[443]

Zinsen werden dann gem Sec 483 und 1274 IRC bei Verkaufsverträgen oder Finanzierungsinstrumenten berechnet, wenn diese keinen adäquaten Zinssatz beinhalten. Als adäquater Zinssatz wird die *Applicable Federal Rate* (AFR)[444] verstanden. Ist die Summe der Barwerte der diskontierten Zahlungen nicht gleich bzw höher als der angegebene Nennbetrag des Instruments, so enthält das Instrument keinen adäquaten Zinssatz.

Der IRS bestimmt gem Sec 1274(d)(1)(B) IRC für jeden Kalendermonat die AFR, die für die folgenden Kalendermonate zur Anwendung kommt.[445] Die Rendite eines Instruments ist von der Laufzeit abhängig und wird mit der Laufzeit steigen. Die angemessene AFR für ein Fremdfinanzierungsinstrument wird deshalb in unterschiedliche Laufzeiten eingeteilt, um diesem Grundgedanken gerecht zu werden.[446]

---

442 Durch Sec 483 und 1274 IRC werden im entsprechenden Ausmaß Zinsen fingiert, der Zinsanteil vom Verkaufspreis in Abzug gebracht und sowohl beim Käufer als auch Verkäufer steuerlich berücksichtig, *Bittker, B.I./Lokken, L.* (1999): 54.1.

443 Bestimmte Fremdfinanzierungsinstrumente sind von der Berechnung gem Sec 483 und 1274 IRC befreit, wie zB öffentlich gehandelte Fremdfinanzierungsinstrumente oder Instrumente, die für öffentlich gehandeltes Vermögen begeben wurden.

444 Wie in Sec 1274(d) IRC definiert; die AFR basiert auf der Rendite der ausstehenden US Obligationen mit ähnlichen Laufzeiten innerhalb eines einmonatigen Betrachtungszeitraums, Reg. 1.1274-4(b); *Keyes, K.M.* (1997): 5.02[3][a].

445 Die AFR wird *im Internal Revenue Bulletin* veröffentlicht, *Keyes, K.M.* (1997): 5.02[3][a].

446 *Keyes, K.M.* (1997): 5.02[3][a]; der IRS ist gem Sec 1274(d) IRC verpflichtet, monatlich diese drei AFR zu bestimmen, *Bittker, B.I./Lokken, L.* (1999): 54.2.

Laufzeit des Instruments	anzuwendende AFR
unter 3 Jahren	Federal Short Term Rate
3 bis 9 Jahre	Federal Mid Term Rate
über 9 Jahre	Federal Long Term Rate[447]

Für die Frage, ob ein Tausch oder Verkauf einen angemessenen Zinssatz vorsieht, wird die Drei-Monats-Rate *(3-month Rate)* herangezogen.[448]

Die Drei-Monats-Rate ist die geringere von folgenden Regelungen:

1. die kleinste AFR während eines dreimonatigen Zeitraums, der mit dem ersten Monat, in welchem der verbindliche schriftliche Vertrag, der im Wesentlichen die Bedingungen des Verkaufs oder Tauschs festsetzt, zu dem der Verkauf geschlossen wird, endet oder
2. die kleinste gültige AFR während einer Drei-Monats-Periode, die mit dem Monat, in dem der Verkauf oder Tausch stattgefunden hat, endet.[449]

6.8.2. Section 1274

Sec 1274 IRC kommt auf Instrumente zur Anwendung, die für einen Verkauf oder Tausch von Vermögen *(Property)*[450] begeben wurden, mindestens eine Zahlung vorsehen, die mehr als sechs Monate nach Verkauf oder Tausch anfällt,

---

447 Gem Rev. Rul. 2006-24 beträgt der langfristige AFR 4,85%, der mittelfristige AFR 4,84% und der kurzfristige AFR 5,00% für den Monat Mai 2006.

448 *Gertzman, S.F.* (1993): 11.02[5][a][i]; Reg. 1.1274-4(a)(1)(i).

449 *Bittker, B.I./Lokken, L.* (1999): 54.2; gibt es keinen verbindlichen schriftlichen Vertrag wie in Punkt 1) beschrieben, kommt die Regel in Punkt 2) zur Anwendung, Reg. 1.1274-4(a)(1)(ii)-(iii).

Die Anwendung des Drei-Monats-Zinssatzes kann in manchen Fällen nicht zum richtigen Ergebnis führen. Dementsprechend wurde in den Regulations eine *Alternative Test Rate* für Fremdfinanzierungsinstrumente aufgenommen, die eine Laufzeit von weniger als einem Jahr aufweist *(Short Term Obligations)* und die ausdrücklich am Papier ausweist, dass die Zinsen iSd Sec 1274(d)(1)(D) IRC angemessen sind und der Emittent und der Inhaber darüber übereinkommen, dass das Instrument angemessene Zinsen enthält, Reg. 1.1274-4(a)(2)(iii); die *Alternative Test Rate* ist die Marktrendite der *US Treasury Bills* mit derselben Laufzeit des Finanzierungsinstruments. Der Zinssatz wird zum Zeitpunkt des verbindlichen, schriftlichen Vertrags oder zum Zeitpunkt des Kaufs oder Tauschs festgelegt, je nachdem, welcher Zinssatz der niedrigere ist. Besteht kein verbindlicher schriftlicher Vertrag, so ist der Zeitpunkt des Verkaufs oder Tauschs anzuwenden, *Bittker, B.I./Lokken, L.* (1999): 54.2; Reg. 1.1274-4(a)(2)(iii)(B).

450 Für Zwecke der Sec 1274 IRC bedeutet der Begriff *Property* sowohl Fremdfinanzierungsinstrumente und *Investment Units,* nicht jedoch Money, Services oder das Recht *Property* zu benutzen, Reg. 1.1274-1(a); *Keyes, K.M.* (1997): 5.02[1][a].

die angegebenen Zinsen *(Stated Interest)* nicht angemessen oder nicht unbedingt mindestens einmal jährlich zu einem fixen Zinssatz zahlbar sind und wo kein Ausnahmetatbestand anwendbar ist.[451]

Enthält ein Fremdfinanzierungsinstrument einen angemessenen Zinssatz *(Adequate Stated Interest)*, entspricht der Ausgabepreis dem angegebenen Kapitalbetrag *(Stated Principle Amount)*,[452] enthält ein Fremdfinanzierungsinstrument keinen angemessenen Zinssatz, entspricht der Ausgabepreis dem kalkulatorischen Kapitalwert *(Imputed Principal Amount)*.[453]

Bei Vorliegen einer Option wird für Zwecke der Sec 1274 IRC dem Emittenten unterstellt, dass er die Option so ausübt, dass der *Imputed Principal Amount* minimiert wird und dem Inhaber unterstellt, dass er die Option so ausübt, dass der *Imputed Principal Amount* maximiert wird.[454]

Um *Tax Shelters* vorzubeugen, entschied der Congress neben den *At-Risk Rules* gem Sec 465 IRC und den *Passive Activity Losses* und *Credits* gem Sec 469 IRC auch die *Potentially Abusive Situations Rules* einzuführen. Liegt eine *Potentially Abusive Situation* vor, so entspricht der *Imputed Principal Amount* eines Fremdfinanzierungsinstruments gem Sec 1274(b)(3)(A) IRC dem *Fair Market Value* des Vermögens, angepasst den Gegenleistungen, die dieser Transaktion inhärent sind.[455]

---

451 *Bittker, B.I./Lokken, L.* (1999): 54.3.1; *Keyes, K.M.* (1997): 5.02[1][a].

452 Als *Stated Principle Amount* wird die Summe aller Zahlungen exklusive *Stated Interest* verstanden. Ein Fremdfinanzierungsinstrument beinhaltet gem Sec 1274(c)(2) IRC einen angemessenen Zinsanteil, wenn der angegebene Nennbetrag gleich hoch oder geringer als der kalkulatorische Nennbetrag *(Imputed Principal Amount)* ist.

453 Der *Imputed Principal Amount* ist üblicherweise die Summe der Barwerte aller Zahlungen des Fremdfinanzierungsinstruments, inklusive *Stated Interest*, abgezinst zur *Test Rate* (üblicherweise zur Drei-Monats-Rate der AFR), *Bittker, B.I./Lokken, L.* (1999): 54.3.3; *Keyes, K.M.* (1997): 5.02[2]; *Gertzman, S.F.* (1993): 11.02[5][a].

Obwohl gem Sec 1274(d) IRC der Abzinsungsfaktor *(AFR)* für die Berechnung des Kapitalwerts herangezogen wird, kann es in Ausnahmefällen zu anderen Berechnungsschemata kommen. Wenn der angegebene Kapitalwert des Fremdfinanzierungsinstruments geringer als 2,800.000 Dollar ist, so beträgt der maximale Diskontierungszinssatz 9% bei einer halbjährlichen Berechnung. Der Betrag von 2,800.000 Dollar wird seit 1988 an die Inflation angepasst. Der IRS veröffentlicht jährlich den neuen Betrag; *Bittker, B.I./Lokken, L.* (1999): 54.3.2; Bei der Veräußerung von Vermögen zwischen Familienmitgliedern beträgt der maximale Diskontierungszinssatz bei einer halbjährlichen Verzinsung 6%, wenn der Veräußerungspreis 500.000 Dollar nicht übersteigt.

454 Reg 1.1274-2(d)

455 Reg. 1.1274-2(b)(3); die *Consistency Rule* kommt auch bei *Potentially Abusive Situations* zur Anwendung. Gem dieser Regeln ist die Einstufung des Emittenten bindend für alle Inhaber, außer sie legen eine ausdrücklich abweichende Position der Steuererklärung bei,

Eine *Potentially Abusive Situation* wird gem Sec 1274(b)(3)(B) IRC dann vorliegen, wenn es sich um einen *Tax Shelter*[456] handelt bzw bei anderen Situationen, wie zB *Recent Sales Transactions, Nonrecourse Financing*, Finanzierung, die die Nutzungsdauer des Vermögens übersteigt, ein Fremdfinanzierungsinstrument mit klar überhöhten Zinsen *(Clearly Excessive Interest)*[457] oder andere Situationen, die vom *Treasury Secretary* spezifiziert werden können.[458]

Die Vorschriften der *Imputed Interest* sind nur dann wirksam, wenn der Verkauf oder Tausch zu fremdüblichen Konditionen erfolgt. Dies deshalb, weil die Bestimmungen auf der Annahme basieren, dass der Verkäufer den Betrag erhält, der dem *Fair Market Value* des Vermögens plus einem entsprechenden Zinsanteil auf die gestundeten Zahlungen entspricht. Die *Imputation Rules* sehen lediglich vor, dass ein Teil dieses Betrags als Zinsen angesehen wird. Wird jedoch von den Vertragspartnern eine Gegenleistung vorgesehen, die höher oder niedriger als der fremdübliche Betrag ist, gehen diese Vorschriften ins Leere. Deshalb ist es notwendig, zwischen nahe stehenden Dritten den Fremdvergleichsgrundsatz anzuwenden.

Wird nun nicht öffentlich gehandeltes Vermögen an eine nahe stehende Person verkauft, bei dem ein Teil oder die gesamte Gegenleistung eine Fremdfinanzierung darstellt, wird gem Reg 1.1012-2 untersucht, ob die Gegenleistung den *Fair Market Value* übersteigt oder niedriger ist. Übersteigt die Gegenleistung den Wert des Vermögens, wird für die Transaktion nur der Wert des Vermögens als Verkauf anerkannt und der übersteigende Betrag wird anhand der Beziehung zwischen den Vertragspartnern charakterisiert. Ist die Gegenleistung geringer, so wird die Transaktion nur mit dem Wert der Gegenleistung als Verkauf anerkannt, und der Differenzbetrag wird wieder anhand der Beziehung zwischen den Vertragspartnern charakterisiert.[459]

Bittker, B.I./Lokken, L. (1999): 54.3.4; Reg. 1.1274-3(d), *Gertzman, S.F.* (1993): 11.02[5][a][ii].*Keyes, K.M.* (1997): 5.02[2][d].

456 Ein *Tax Shelter* gem Sec 6662(d)(2)(C)(ii) IRC.

457 Fremdfinanzierungsinstrumente mit klar überhöhten Zinsen *(Clearly Excessive Interest)* sind gem Reg. 1.1274-3(a)(2)(iv) solche Instrumente, bei denen die Zinsen im Lichte der Konditionen des Instruments und der Kreditwürdigkeit des Emittenten wesentlich höher sind als bei einer fremdüblichen Transaktion. Damit werden vor allem Transaktionen mit Steuerpflichtigen angesprochen werden, die nicht der US-Steuer unterliegen. Liegt eine solche Situation vor, werden die überhöhten Zinsen in eine Tilgung umgewandelt, *Keyes, K.M.* (1997): 5.02[2][d][iv].

458 *Gertzman, S.F.* (1993): 11.02[5][a][ii]; *Bittker, B.I./Lokken, L.* (1999): 54.3.4; *Keyes, K.M.* (1997): 5.02[2][d].

459 Reg. 1.1012-2(a).

6.8.3. Section 483

Sec 483 IRC ist bei Verträgen für den Verkauf oder Tausch von Vermögen anwendbar, während Sec 1274 IRC auf Fremdfinanzierungsinstrumente als Gegenleistung für Verkauf oder Tausch von Vermögen zur Anwendung kommt.[460]

Da Sec 483 IRC lediglich dann zur Anwendung kommt, wenn Sec 1274 IRC nicht angewendet wird, können nur folgende Transaktionen Sec 483 IRC unterliegen.

- Der Verkauf einer *Principal Residence* durch eine natürliche Person;
- der Verkauf einer Farm oder eines Kleinbetriebs für weniger als 1 Millionen Dollar durch eine natürliche Person;
- der Verkauf von Vermögen, dessen Zahlungen (Tilgung und Zinsen) weniger als 250.000 Dollar ausmachen;
- bestimmte Verkäufe von Grundstücken zwischen nahe stehenden Personen, die unter die Bestimmungen der Sec 483(e) IRC fallen.

Die Regulations[461] bezüglich Sec 483 IRC folgen dem Gesetz, das dann zur Anwendung kommt, wenn ein Vertrag (ausdrücklich oder konkludent) über den Verkauf oder Tausch von Vermögen vorliegt, eine oder mehr Zahlungen nach einem Jahr fällig sind und der Vertrag keine angemessenen Zinsen *(Adequate Interest)*[462] vorsieht.[463]

Sind die *Stated Interest* nicht *Adequate*, wird ein Teil des *Stated Principal* als *Unstated Interest* umqualifiziert. Die *Unstated Interest* sind dabei der Überhang der Summe aller Zahlungen des *Stated Principal*, der mehr als sechs Monate nach dem Verkauf oder Tausch fällig ist, über den Barwert aller Zahlungen, inklusive der *Stated Interest*, die mit der AFR, jedoch höchstens mit 9% abgezinst werden.[464]

Anschließend werden die *Stated* und *Unstated interest* über die Laufzeit des Vertrags anhand der *Constant Interest Method* verteilt; die Besteuerung erfolgt jedoch nach der *Method of Accounting* des Steuerpflichtigen.[465]

---

460 Reg. 1.483-1(a)(1), 1.1274-1(a).

461 Reg. 1.483-1(a)(1).

462 *Adequate Interest* sind in diesem Zusammenhang Zinsen, die jährlich gezahlt oder verzinst werden; die Verzinsung erfolgt zu einem Zinssatz entsprechend der *Test Rate*. In den meisten Fällen entspricht die *Test Rate* der AFR, höchstens jedoch 9%, *Bittker, B.I./Lokken, L.* (1999): 54.4.2; *Keyes, K.M.* (1997): 5.03[1].

463 *Bittker, B.I./Lokken, L.* (1999): 54.4.2; *Keyes, K.M.* (1997): 5.03[1].

464 *Bittker, B.I./Lokken, L.* (1999): 54.4.3; *Keyes, K.M.* (1997): 5.03[2][b].

465 *Gertzman, S.F.* (1993): 11.04; *Bittker, B.I./Lokken, L.* (1999): 54.4.3.

6.9. Variable Rate Debt Instruments

6.9.1. Allgemein

Zu den *Variable Rate Debt Instruments* (VRDI) werden ua Instrumente gezählt, die eine oder mehrere Zahlungen zu *Qualified Floating Rates* (QFR) vorsehen. Eine QFR ist ein Zinssatz, der in einem angemessen Rahmen die Schwankungen der Kosten des geliehenen Kapitals berücksichtigt.[466]

Der Zweck der VRDI Bestimmung ist die Vermeidung der Komplexität der CPDI Regulations. Dabei werden die OID Bestimmungen auf VRDIs angepasst. Dies wird grundsätzlich dadurch erreicht, dass der variable Zinssatz in einen fixen Zinssatz umgewandelt wird und anschließend die allgemeinen OID Bestimmungen zur Anwendung kommen. Diese Vorgehensweise wäre für die meisten CPDI nicht durchführbar. Insofern können die VRDI als Sonderfall der CPDI Bestimmungen angesehen werden.

6.9.2. Definition der VRDI

Das *Treasury* wurde durch einen Verweis gem 1275(d) IRC ermächtigt, Regulations auszugeben. Ein Fremdfinanzierungsinstrument, das einen variablen Zinssatz beinhaltet, muss bestimmte Voraussetzungen erfüllen, um als VRDI behandelt zu werden.[467]

1. Der Ausgabepreis darf nicht die Summe der *Noncontingent Principal Payments* als der geringere von folgenden Beträgen übersteigen:
   a) 0,015 multipliziert mit dem Produkt aller *Noncontingent Principal Payments* und der Anzahl der vollständigen Jahre bis zur Fälligkeit oder
   b) 15% der Summe der *Noncontingent Principle Payments*[468]
2. das Fremdfinanzierungsinstrument darf nur *Stated Interest* vorsehen (mind jährlich gezahlt oder verzinst), das beinhaltet
   a) eine oder mehrere *Qualified Floating Rates* (QFRs);
   b) eine oder mehrere QFRs in Verbindung mit einem fixen Zinssatz;
   c) eine objektive Rate *(Single Objective Rate* – OR)

466 Reg. 1.1275-5(b)(1); für gewöhnlich wird der Zinssatz auf objektiven Indizes basieren, wie zB der *London Interbank Offered Rate* (LIBOR) oder der *Prime Rate* einer bestimmten Bank oder der Rendite der *Treasury Securities*.

467 Reg. 1.1275-5(a)(1).

468 *Keyes, K.M.* (1997): 6.02[1][a].

d) einen fixen Zinssatz und eine *Objective Rate,* die eine *Qualified Inverse Floating Rate* (QIFR) ist.[469]

3. Das Fremdfinanzierungsinstrument muss eine QFR oder OR aufweisen, die laufend zum aktuellen Wert aktualisiert werden. Ein aktueller Wert ist der Zinssatz drei Monate vor dem Eintreten des Zinssatzes bzw ein Jahr nach Eintreten des Zinssatzes;

4. Das Fremdfinanzierungsinstrument darf nicht Tilgungen vorsehen, die *Contingent* sind.

Wird eine dieser Voraussetzungen nicht erfüllt, ist das Instrument gem den *Regulations* bzgl der *Contingent Payments* zu behandeln.[470]

Ein variabler Zinssatz ist eine QFR, wenn die Veränderungen des Zinssatzes die Veränderungen der Kosten von neu aufgenommen Kapital vernünftig messen können.[471] Die QFR muss nur die Veränderungen der *Borrowing Costs* wiedergeben.[472] Im Allgemeinen ist ein Vielfaches eines QFR nicht eine QFR. Allerdings besteht eine Ausnahme von dieser Regelung. Ein variabler Zinssatz gilt als QFR, wenn eine QFR mit einer Konstanten multipliziert wird, die größer als 0,65, aber kleiner als 1,35 ist.[473] Wird von diesem Produkt ein fixer Zinssatz dazugezählt oder abgezogen, ist das der Qualifikation als QFR nicht schädlich.[474] Gewisse Beschränkungen begrenzen das Ausmaß der Schwankungen bei Floating Rates.[475] Die Regulations erlauben jede Einschränkung, solange sie über die Laufzeit unverändert bleiben und nicht wesentlich die sonst zu

---

469 Reg. 1.1275-5(a)(3); *Keyes, K.M.* (1997): 6.02[1][b].

470 *Bittker, B.I./Lokken, L.* (1999): 56.2.2; *Garlock, D.C.* (2002): 975; *Keyes, K.M.* (1997): 6.02[1][c].

471 *"Variations in the value of the rate can reasonably be expected to measure contemporaneous variations in the cost of newly borrowed funds in the currency in which the DI is denominated.",* Reg. 1.1275-5(b)(1).

472 *Keyes, K.M.* (1997): 6.02[2][a][i]; Wenn also die *Borrowing Cost* um einen bestimmen Prozentpunkt steigen oder fallen, so kann erwartet werden, dass der variable Zinssatz um dasselbe Ausmaß steigt oder fällt. Eine QFR kann daher aus dem Zinsindex plus/minus einer gewissen Anzahl von Basispunkten sein, wie zB LIBOR, nicht jedoch S&P 500 *Index* oder *Commodity Index*, da diese nicht geeignet sind, die Kosten des neu aufgenommenen Kapitals zu bewerten, *Bittker, B.I./Lokken, L.* (1999): 56.2.2.

473 *Garlock, D.C.* (2002): 975; *Bittker, B.I./Lokken, L.* (1999): 56.2.2; Reg. 1.1275-5(b)(2).

474 *Bittker, B.I./Lokken, L.* (1999): 56.2.2; *Keyes, K.M.* (1997): 6.02[2][a][i].

475 Diese Beschränkungen werden als *Caps, Floors* und *Governors* bezeichnet. Ein *Cap* deckelt den Zinssatz über die Laufzeit eines Instruments, ein *Floor* ist eine prozentuelle Untergrenze. Ein *Governor* beschränkt den Betrag, um den der Zinssatz von einer Abgrenzungsperiode zur anderen schwanken kann.

erwartende Rendite verändern.[476] Hat ein Fremdfinanzierungsinstrument eine oder mehrere QFR, die dieselben Werte über die Laufzeit des Instruments haben werden, werden die QFRs als eine QFR behandelt. Sie erfüllen dann die Voraussetzung, wenn ihre Werte zum Ausgabezeitpunkt sich nicht um mehr als 0,25 Basispunkte unterscheiden.[477]

Die Regulations sehen eine weitere Art der variablen Verzinsung vor, die eine Behandlung als VRDI zulässt. Ist ein Fremdfinanzierungsinstrument an eine *Objective Rate* gebunden, soll eine Behandlung als VRDI zulässig sein, wenn die Grundprinzipien der OID Vorschriften eingehalten werden. Eine *Objective Rate* ist ein fixer Schlüssel, der auf objektiven finanziellen oder wirtschaftlichen Informationen basiert. Eine *Objective Rate* ist zB ein Zinssatz, der auf mehreren QFRs[478], der Rendite des *Actively Traded Personal Property* oder dem *Commodity Index* basiert.[479] Zu den OR sind auch die QIFR zu zählen. Als QIFR sind fixe Zinssätze abzüglich einer QFR zu verstehen, vorausgesetzt, die Änderungen der Rate sind angemessen, um gegenläufige Abänderungen der Kosten des neu aufgenommenen Kapitals widerzuspiegeln. Für steuerbefreite Fremdfinanzierungsinstrumente ist eine OR nur eine QIFR oder eine *Qualified Inflation Rate,* die Veränderungen der Inflation anhand eines allgemeinen Inflationsindex erfasst.[480]

6.9.3. Behandlung der Zinsen

Um die OID Bestimmungen anzuwenden, müssen sowohl der Ausgabepreis, die Rendite und die QSI für jede Abgrenzungsperiode bestimmt werden. Die *Regulations* rechnen das VRDI zu einem fixen Zinssatz um und wenden dann die OID Vorschriften an. Der Ausgabepreis eines VRDI wird anhand der OID Bestimmungen festgestellt.[481] Ein QSI fällt innerhalb einer Abgrenzungsperiode

---

476 *Bittker, B.I./Lokken, L.* (1999): 56.2.2; *Keyes, K.M.* (1997): 6.02[2][a][ii]; Reg. 1.1275-5(b)(3).

477 Reg. 1.1275-5(b)(1).

478 zB LIBOR mal zwei, *Bittker, B.I./Lokken, L.* (1999): 56.2.2.

479 *Bittker, B.I./Lokken, L.* (1999): 56.2.2; Ein OR beinhaltet nicht einen Zinssatz, der auf Informationen basiert, die der Kontrolle des Emittenten oder einer nahe stehenden Person unterliegen *(Within the Control)* oder die auf die Umstände des Emittenten oder einer nahe stehenden Person einzigartig sind, wie zB Dividenden, Gewinne, Wert der Aktien. Basiert jedoch die Information auf der Bonität des Emittenten, dann ist die Verwendung als OR zulässig, *Keyes, K.M.* (1997): 6.02[2][b][i]; *Garlock, D.C.* (2002): 976; Reg. 1.1275-5(c)(1)(i).

480 *Bittker, B.I./Lokken, L.* (1999): 56.2.2; *Keyes, K.M.* (1997): 6.02[2][b][i]; Reg. 1.1275-5(c)(5).

481 Reg. 1.1273-2 bzw Reg. 1.1274-2; *Keyes, K.M.* (1997): 6.03.

linear an und muss bei allen Vertragspartnern anhand der generellen *Method of Accounting* berücksichtigt werden.[482]

Die OID-Regulations unterteilen das VRDI in drei unterschiedliche Kategorien:

1. VRDIs, die jährliche Zinszahlungen zu einem einzigen variablen Zinssatz vorsehen;
2. alle anderen VRDIs, ausgenommen die, die einen fixen Zinssatz für eine oder mehrere Abgrenzungsperioden vorsehen; und
3. VRDIs, die einen fixen Zinssatz für eine oder mehrere Abgrenzungsperioden vorsehen.[483]

Im Fall eines VRDI, das eine Verzinsung zu einem variablen Zinssatz vorsieht,[484] sind alle *Stated Interest* QSI und der Betrag des QSI und des OID wird unter der Fiktion eines fixen Zinssatzes berechnet. Dieser ist im Fall einer QFR oder QIFR der Wert dieser Zinssätze zum Ausgabezeitpunkt bzw im Fall einer OR (andere als QIFR) ein fixer Zinssatz, der die Rendite des Instruments vernünftig wiedergibt.[485]

Bei VRDIs, die nicht einen variablen Zinssatz mit laufenden Zinszahlungen und keine fixe Verzinsung vorsehen, werden die Bestimmungen des QSI und des OID anhand von vier Schritten geprüft:[486]

Als erster Schritt wird ein *Fixed Rate Substitute (FR Subsitute)* für den variablen Zinssatz bestimmt.[487] Der zweite Schritt ist die Bildung eines äquivalenten

---

482 Reg. 1.446-2(a)(1), (b).

483 *Keyes, K.M.* (1997): 6.03; Die Regulations sehen vereinfachende Bestimmungen vor, die die Behandlung von bestimmten VRDIs, die einen fixen Zinssatz die ersten Zeit und eine QFR oder OR für die verbleibende Laufzeit eines Fremdfinanzierungsinstruments vorsehen. Besteht der fixe Zinssatz am Anfang der Laufzeit eines Instruments nicht mehr als ein Jahr und liegt in den Folgejahren der Laufzeit ein variabler Zinssatz vor und soll sich der variable Zinssatz dem fixen Zinssatz annähern, so werden der fixe und der variable Zinssatz zusammen als eine QFR oder OR behandelt. Diese Voraussetzungen werden dann gegeben sein, wenn der Wert des variablen Zinssatzes zum Ausgabezeitpunkt nicht mehr als 25 Basispunkte vom fixen Zinssatz abweicht, Reg. 1.1275-5(a)(3)(ii); *Keyes, K.M.* (1997): 6.02[1][b].

484 QFR oder OR, die jährlich bindungslos in Bargeld oder Vermögen (nicht Fremdfinanzierungsinstrument des Emittenten) gezahlt werden, oder der *Constructively Received* gem Sec 451 IRC unterliegt.

485 *Bittker, B.I./Lokken, L.* (1999): 56.2.3; *Keyes, K.M.* (1997): 6.03[1]; *Freeman, L.S./ Stevens, M.A./Hollender, V.* (2002): 1371; Reg. 1.1275-5(e)(2).

486 *Bittker, B.I./Lokken, L.* (1999): 56.2.3; Reg. 1.1275-5(e)(3)(i)-(iv).

487 Im Falle einer QFR ist das der Wert der QFR zum Ausgabezeitpunkt. Liegen zwei oder mehrere QFR vor und sehen diese unterschiedliche Intervalle zwischen den Anpassungszeitpunkten vor, so muss die *FR Substitute* an die Intervalle angepasst werden, Reg.

Fremdfinanzierungsinstruments mit einer fixen Verzinsung.[488] In einem dritten Schritt wird der Betrag des QSI und des OID auf Basis des äquivalenten Zinssatzes anhand der regulären OID Vorschriften bestimmt.[489] Dementsprechend werden die Zahlungen als OID behandelt, soweit der OID in der aktuellen Periode angefallen ist und noch nicht in Vorperioden erfasst wurde.[490] Im vierten Schritt wird der anteilige QSI oder OID erhöht oder vermindert, wenn die tatsächlich bezahlten oder angefallenen Zinsen gem der variablen Verzinsung in einer Abgrenzungsperiode die fiktiven Zinsen gem der äquivalenten FR übersteigen. Die Erhöhung bzw Verminderung ist eine Abänderung der QSI, wenn das Instrument eine QSI beinhaltet und die Erhöhung bzw Verminderung wird anhand des tatsächlichen gezahlten Betrags ermittelt.[491]

Ein Instrument, das eine fixe Verzinsung vorsieht, ist nur dann ein VRDI, wenn es einen fixen Zinssatz und eine oder mehrere QFRs vorsieht oder einen fixen Zinssatz und eine oder mehrere QIFR.[492] Sieht nun ein VRDI eine fixen Zinssatz für eine oder mehrere Perioden vor und auch eine QFR für eine oder mehrere Perioden, so wird zuerst der *Fair Market Value* zum Ausgabezeitpunkt bestimmt. Das VRDI wird so behandelt, als ob es ausschließlich QFR Verzinsungen vorsehen würde. Anschließend wird die QFR durch einen fixen Zinssatz unter Beibehaltung desselben *Fair Market Values* ersetzt. In weiterer Folge werden die OID Vorschriften angewandt.[493]

1.1275-5(e)(3)(i); im Fall einer QIFR entsprechen die *FR Substitute* dem Wert des QIFR Zinssatzes zum Ausgabezeitpunkt. Für alle anderen OR ist der *FR Substitute* ein Zinssatz, der die zu erwartende Rendite des Instruments widerspiegelt, *Bittker, B.I./Lokken, L.* (1999): 56.2.3; *Keyes, K.M.* (1997): 6.03[2][a].

488 Dieses Instrument muss dieselben Konditionen wie das VRDI haben, ausgenommen der zu zahlenden Zinsen, *Keyes, K.M.* (1997): 6.03[2][a]; Reg. 1.1275-5(e)(3)(ii).

489 Reg. 1.1275-5(e)(3)(iii).

490 Kein Anteil der Zahlung wird als Vorauszahlung von Zinsen erfasst. Diese Regel ist nicht auf QSI anwendbar, *Bittker, B.I./Lokken, L.* (1999): 56.2.3; Reg. 1.1275-2(a).

491 *Bittker, B.I./Lokken, L.* (1999): 56.2.3; *Keyes, K.M.* (1997): 6.03[2][a]; Reg. 1.1275-5(e)(3)(iv).

492 Ein Instrument mit einer kombinierten Verzinsung aus fixem Zinssatz und OR ist kein VRDI. Für solche VRDIs kommen dieselben Regeln zur Anwendung wie für VRDIs mit einem oder mehreren variablen Zinssätzen, außer in dem Fall, wo das VRDI behandelt wird, als ob es einen QFR (oder einen QIFR, wenn das Instrument einen fixen Zinssatz und einen QIFR vorsieht) anstelle einer fixen Rate hätte, Reg. 1.1275-5(e)(4)(i).

493 *Bittker, B.I./Lokken, L.* (1999): 56.2.3; *Keyes, K.M.* (1997): 6.03[2][b].

6.10. Contingent Payments Debt Instruments

6.10.1. Allgemein

Oftmals werden Finanzierungsinstrumente emittiert, deren Zahlungen bedingt *(Contingent)* sind; dh sie sind an ein bestimmtes Ereignis gebunden.[494] Tritt dieses Ereignis ein, muss eine Zahlung erfolgen. Um Missbrauch zu vermeiden, hat der *Congress* dem *Treasury* im Gesetz die Möglichkeit gegeben, ausführliche *Legislative Regulations* zu erlassen. Durch die Umsetzung dieser *Regulations* können CPDI in zwei Kategorien fallen.

Die erste Kategorie umfasst CDPIs, die emittiert werden, damit Gesellschaften kostengünstig Kapital zur Verfügung gestellt bekommen. Diese Instrumente, die typischerweise von *Investment Bankers* strukturiert werden, offerieren den potenziellen Investoren die Möglichkeit, einen Ertrag über dem von *Noncontingent Debt* durch Gestaltungen, die durch sogenannte *Embedded Derivatives* in Form von *Forwards* oder *Options* erreicht werden, zu generieren. Solche Emittenten hedgen üblicherweise das Risiko der *Embedded Derivatives* derart, dass die Kapitalkosten mit einer gewissen Sicherheit bestimmt werden. Investoren steht es frei, die Risiken und Ertragsmöglichkeiten der ungesicherten Positionen einzugehen.

Die zweite Kategorie von CPDIs wird typischerweise von Käufern von nicht öffentlich gehandelten Vermögen herausgegeben, wenn Verkäufer und Käufer uneinig über den Wert des Vermögens sind.[495] Diese Instrumente werden für gewöhnlich eine oder mehrere Zahlungen vorsehen, die auf den Erträgen oder auf dem Wert des verkauften Vermögens basieren. Diese Instrumente können nicht gehedged werden.

Bezüglich der ersten Kategorie von Instrumenten ist es manchmal schwierig festzustellen, ob es sich dabei um ein Fremdfinanzierungsinstrument handelt. Die *CPDI Regulations* kommen nur dann für Instrumente, die für Geld ausgegeben wurden, zur Anwendung, wenn es sich um Fremdfinanzierungsinstrumente gem der Definition in Sec 1275 IRC und den entsprechenden *Regulations* handelt.[496] Die Frage, ob ein CPDI mit *Embedded Financial Product (Forwards* oder *Options)* als Fremdfinanzierungsinstrument oder als *Financial Product* mit *Embedded Debt* zu behandeln ist, ist genauso schwierig zu beantworten wie die Frage, ob es sich bei einem Instrument um Fremd- oder Eigenkapital handelt.

---

494 Eine bedingte Zahlung kann zB an den Gewinn oder Umsatz des Emittenten oder einer nahe stehenden Person gebunden sein, *American Bar Association Section of Taxation* (1995): 196.

495 *Weisbach, D.A.* (2002): 884.

496 Sec 1275(a)(1) IRC und die Definition gem Reg. 1.1275-1(d).

Bezüglich der zweiten Kategorie von CPDI ist diese Frage nicht ganz so wesentlich, da die *Regulations* für nicht öffentlich gehandeltes Vermögen jedenfalls, egal, ob es als Fremdfinanzierungsinstrument einzustufen ist oder nicht, zur Anwendung kommen.[497]

Rechtsfolge der CPDI Vorschriften liegt in der Umsetzung der OID Prinzipien. Es soll sichergestellt werden, dass Zinserträge gleichmäßig und unabhängig von tatsächlichen Zahlungen über die Laufzeit versteuert werden. Insofern sind im Falle, wo der Inhaber nicht unter Sec 1272 IRC verpflichtet ist, OID Einkommen zu inkludieren, die CPDI Regeln irrelevant. Obwohl steuerbefreite Obligations nicht den OID Regeln gem Sec 1272 IRC unterliegen, ist die Berechnung nach den CPDI Vorschriften für Zwecke des Buchwerts trotzdem durchzuführen.

6.10.2. CPDIs gegen Geld oder öffentlich gehandeltes Vermögen

Die CPDI Regulations sind dann anzuwenden, wenn ein Fremdfinanzierungsinstrument, das für Geld oder öffentlich gehandeltes Vermögen begeben wurde, mindestens ein *Contingent Payment* vorsieht *(Debt instrument that provides for one or more contingent payments)*[498]. Es ist also zu klären, ob

1. ein Fremdfinanzierungsinstrument bzw
2. *Contingent Payments* vorliegen.

Ein Problem bei der Behandlung von CPDI ist vor allem das Vorliegen eines Fremdfinanzierungsinstruments. Gem Sec 1275(a)(1) IRC und den entsprechenden *Regulations*[499] wird ein Fremdfinanzierungsinstrument als ein Instrument oder eine vertragliche Vereinbarung definiert, das bzw die eine Verschuldung gemäß den allgemeinen Prinzipien des *Federal Income Tax* konstituiert.[500] Diesbezüglich wird oft auf die Fremdkapitaldefinition des Falls *Gilbert v.*

---

[497] Außer es liegt Eigenkapital vor; Liegt ein Fremdfinanzierungsinstrument vor, so kommt Sec 1274 IRC zur Anwendung und dementsprechend auch die CPDI Regulations, Reg. 1.1275-4(c)(1); liegt kein Fremdfinanzierungsinstrument vor bzw unterliegt das Instrument nicht Sec 1274 IRC, sehen die Regulations gem Sec 483 IRC ähnliche Regeln wie die CPDI Regulations vor, Reg. 1.483-4; der einzige Unterschied liegt darin, dass Zahlungen eines Instruments, auf das Sec 483 IRC anzuwenden ist, die Zinsen vom Steuerpflichtigen gem der gewöhnlichen *Method of Accounting* zu berücksichtigen sind.

[498] Reg. 1.1275-4(a)(1).

[499] Reg. 1.1275-1(d).

[500] Die *Regulations* bestimmen ausdrücklich, dass nichts in den *Regulations* herangezogen werden kann, um die Frage nach dem Vorliegen eines Fremdfinanzierungsinstruments zu beantworten, *Keyes, K.M.* (1997): 7.01[3][a][ii]; *Reinhold, R.L./Solomon, A.P.* (2002): 550.

Com.[501] verwiesen, in der es heißt: *"the classic debt is an unqualified obligation to pay a sum certain at a reasonably close fixed maturity date along with ... interest payable regardless of the debtor's income or lack thereof ... Some variation from this formula is not fatal."* Wird ein CPDI in Gegenleistung für Geld herausgegeben, so muss es mindestens eine oder mehrere *Noncontingent Payments* vorweisen, um als Fremdfinanzierungsinstrument behandelt zu werden.[502]

Für das Vorliegen von CPDI ist die Zahlung von einem oder mehreren *Contingent Payments* notwendig. Eine Zahlung wird dann als *Contingent Payment* eingestuft, wenn der zeitliche Anfall und/oder die Höhe des Betrags zum Ausgabezeitpunkt nicht bestimmt werden können.[503] Die Unsicherheit einer oder mehrerer Zahlungen führt dabei noch nicht zur Anwendung der *Regulations*, wenn die Eventualität entfernt oder zufällig *(Remote or Incidental)* ist.[504] Ist ein Betrag einer *Contingent Payment* weniger als sechs Monate vor der Auszahlung bereits fix, wird die Zahlung trotz Fixierung als *Contingent Payment* behandelt. Wird jedoch der Betrag einer *Contingent Payment* mehr als sechs Monate vor Fälligkeit fixiert, so muss der Inhaber den Unterschied zwischen dem Barwert des fixen Betrages und dem Barwert des vorgesehenen Betrages zum Zeitpunkt der Fixierung berechnen und als Anpassung berücksichtigen. Als Diskontierungsfaktor wird die vergleichbare Rendite des CPDI herangezogen.[505]

---

501 242 F2d399 (2d Cir. 1957).

502 Entspricht die Summe der *Noncontingent Payments* mindestens dem Ausgabepreis, werden alle *Contingent Payments* als Zinsen zu behandeln sein. Ist dies nicht der Fall, stellt sich die Frage, wenn das Instrument als Fremdfinanzierungsinstrument behandelt wird, ob Teile der *Contingent Payments* als Tilgungen zu behandeln sind, *Keyes, K.M.* (1997): 7.01[3][a][ii].

503 *Keyes, K.M.* (1997): 7.01[3][b][iii];

504 *Weisbach, D.A.* (2002): 883; Reg. 1.1275-4(a)(5); eine Eventualität wird dann als entfernt eingestuft, wenn die Wahrscheinlichkeit des Eintretens entfernt ist, Reg. 1.1275-2(h)(2); *Garlock, D.C.* (2002): 912; eine Eventualität bzgl des zeitlichen Anfalls wird dann zufällig sein, wenn unter allen vernünftig anzunehmenden Marktkonditionen der Unterschied zwischen frühestens und spätestens eintretenden Datums unwesentlich ist, Reg. 1.1275-2(h)(3)(ii); bzgl des Betrags wird eine Eventualität dann zufällig sein, wenn unter allen vernünftig anzunehmenden Marktkonditionen *(under all reasonably expected market conditions)* der mögliche Betrag durch das Eintreten der Eventualität unwesentlich in Bezug auf den zu erwartenden Gesamtbetrag der verbleibenden Zahlungen ist, *Bittker, B.I./Lokken, L.* (1999): 56.1.2; Reg. 1.1275-2(h)(3)(i).

505 *Lokken, L.* (1991): 497; *Keyes, K.M.* (1997): 7.06[2][f][ii]; *Bittker, B.I./Lokken, L.* (1999): 56.1.3; *Reinhold, R.L./Solomon, A.P.* (2002): 559; *Garlock, D.C.* (2002): 926; *Freeman, L.S./Stevens, M.A./Hollender, V.* (2002): 1354; Reg. 1.1275-4(b)(9)(ii)(A).

Ein Fremdfinanzierungsinstrument ist noch kein CPDI, nur weil es in Aktien des Emittenten oder Aktien bzw Fremdkapital eines nahe stehenden Dritten bzw in Geld oder anderes Vermögen, das diesen Werten entspricht, wandelbar ist.[506]

Von den Regulations sind Fremdfinanzierungsinstrumente ausgenommen, die unter Spezialvorschriften fallen. Folgende Instrumente sind ausdrücklich ausgeschlossen:

- ein Fremdfinanzierungsinstrument, dessen Ausgabepreis gem Sec 1273(b)(4) bestimmt wird (wie zB Instrumente gem Sec 483 IRC);
- VRDIs;[507]
- ein Fremdfinanzierungsinstrument, das bestimmte *Alternative Payment Schedules* beinhaltet;[508]
- ein Fremdfinanzierungsinstrument gem Sec 988 IRC;[509]
- ein Fremdfinanzierungsinstrument, auf das Sec 1272(a)(6) IRC zur Anwendung kommt;
- ein Fremdfinanzierungsinstrument (ausgenommen steuerbefreite Instrumente), das von den OID Vorschriften ausgenommen ist *(US Saving Bonds, Short-Term Obligations und bestimmte Darlehen zwischen natürlichen Personen);*
- *Inflation-Indexed Debt Instruments* (gem Regs. 1.1275-7T);
- *Prepaid Tuition Plans*, die von Bundesstaaten unterstützt werden *(Qualified State Tuition Programs).*[510]

Auch bedingte Zahlungen, die von untergeordneter Bedeutung sind, werden nicht notwendigerweise als *Contingent Payments* qualifiziert.[511]

---

506 Reg. 1.1275-4(a)(4); Für die Berechnung des OID wird die Wandelbarkeit einfach ignoriert, *Garlock, D.C.* (2002): 912; *Keyes, K.M.* (1997): 7.01[3][b][ii]; Reg. 1.1272-1(e); eine Zahlung wird auch nicht als *Contingent* angesehen, nur weil die Möglichkeit der Insolvenz oder Ähnlichem gegeben ist, Reg. 1.1275-4(a)(3); *Garlock, D.C.* (2002): 912; *Gertzman, S.F.* (1993): 11.03[1].

507 Reg. 1.1275-5,

508 Reg. 1.1272-1(c) oder Reg. 1.1272-1(d).

509 Darunter fallen Fremdfinanzierungen, deren Betrag in einer *Nonfunctional Currency* mit einer oder mehr *Contingencies* angegeben ist, Fremdfinanzierungen, deren *Contingencies* von Währungsentwicklungen abhängen und Fremdfinanzierungen, die beide Merkmale aufweisen, *Garlock, D.C.* (2002): 929.

510 *Garlock, D.C.* (2002): 912f; *Bittker, B.I./Lokken, L.* (1999): 56.1.3; *Keyes, K.M.* (1997): 7.06[1][a]; Reg. 1.1275-4(a)(2)(i)-(viii).

511 *Keyes, K.M.* (1997): 7.06[1][c]; *Reinhold, R.L./Solomon, A.P.* (2002): 551; Reg. 1.1275-4(a)(5).

Die Regulations sehen Vorschriften bezüglich für Geld ausgegebene CPDI vor, die sogenannte *Noncontingent Bond Method*;[512] für steuerbefreite CPDI herrschen Spezialvorschriften.[513]

6.10.2.1. Noncontingent Bond Method

Die *Noncontingent Bond Method* (NCBM) kommt für CPDIs zur Anwendung, die für Geld oder öffentlich gehandeltes Vermögen ausgegeben wurden oder selbst öffentlich gehandelt werden.[514] Die NCBM ist auch für wandelbare CPDIs anwendbar.[515]

Unter der NCBM berechnet der Steuerpflichtige die anteiligen Zinsen durch die Bestimmung der Rendite, basierend auf dem *Payment Schedule*, das zum Ausgabezeitpunkt aufgestellt wird und versteuert die Zinsen ähnlich den OID Vorschriften. Keine Zinszahlungen des CPDI, egal, ob *Contingent* oder *Noncontingent* sind QSI.[516] Kommt es zu einer Zahlung, so ist der Unterschied zwischen dem Betrag der Zahlung und den vorhergesagten Beträgen beim Einkommen des Emittenten und des Inhabers zu berücksichtigen.

Die Regulations sehen einzelne Schritte für die Berechnung der Erträge, Aufwendungen, des Gewinns oder Verlusts nach der NCBM vor:

- Bestimmung der vergleichbaren Rendite;
- Bestimmung des *Projected Payment Schedule;*
- Bestimmung des täglichen Anteils der Zinsen;
- Anpassung des Betrags der Erträge oder Aufwendungen aufgrund der Unterschiede zwischen vorgesehenen und tatsächlichen Zahlungen.[517]

Sieht ein Fremdfinanzierungsinstrument eine oder mehrere *Contingent Payments* vor, jedoch resultieren alle möglichen *Payment Schedules* in derselben fixen Rendite, so ist diese fixe Rendite die Rendite des Instruments. Dementsprechend ist die Rendite eines Instruments mit Tilgungen, die in der Höhe feststehen, jedoch ungewiss im zeitlichen Anfall sind, die *Stated Interest Rate* des Instruments, wenn der Ausgabepreis dem angegebenen Nennbetrag entspricht und die Zinsen über die Laufzeit gezahlt oder verzinst werden.

512 Reg. 1.1275-4(b); *Bittker, B.I./Lokken, L.* (1999): 56.1.1.

513 Reg. 1.1275-4(d).

514 *Weinrib, B./Mann, J.* (1995): 56; *Keyes, K.M.* (1997): 7.06[2]; *Reinhold R.L./Solomon, A.P.* (2002): 557; Reg. 1.1275-4(b)(1).

515 Rev. Rul. 2002-31, 2002-22 I.R.B. 1023.

516 *Herrmann, G.A./Whyburn, K.G./Wolf, G.G.* (1995): 206; *Bittker, B.I./Lokken, L.* (1999): 56.1.3;

517 *Keyes, K.M.* (1997): 7.06[2]; *Trier, D.L./ Farr, L.W.* (2002): 1039.

Ist jedoch der primäre Zweck einer Fremdfinanzierungsgestaltung ein Resultat, das unangemessen iSd Sec 163(e), 1271–1275 IRC erscheint, hat der Commissioner das Recht von den Regulations abzuweichen, um ein angemessenes Ergebnis zu erreichen.[518]

Der Emittent muss zuerst die vergleichbare Rendite des Instruments bestimmen, zB zu welcher Rendite er ein fix verzinstes Fremdfinanzierungsinstrument mit Konditionen, die ähnlich dem CPDI sind, herausgeben würde.[519] Die Bestimmung der vergleichbaren Rendite darf keine Anpassung an das Risiko der *Contingencies* oder die Liquidität des Instruments enthalten; die vergleichbare Rendite muss für den Emittenten angemessen sein und darf nicht weniger betragen als die AFR, basierend auf der Laufzeit des Fremdfinanzierungsinstruments.[520]

---

518 Reg. 1.1275-2(g), *Kleinbard, E.D./Nijenhuis, E.W.* (2002): 1097.

519 Wie zB Nachrangigkeit, Laufzeit, zeitliche Berücksichtigung von Zahlungen und allgemeine Marktbedingungen, *Bittker, B.I./Lokken, L.* (1999): 56.1.3; *Freeman, L.S./Stevens, M.A./Hollender, V.* (2002): 1382; Reg. 1.1275-4(b)(4)(i)(A); *Reinhold, R.L./Solomon, A.P.* (2002): 557; Reg. 1.1275-4(b)(4)(i); *Garlock, D.C.* (2002): 918, eine Risikoanpassung ist nicht vorgesehen.

Die vergleichbare Rendite und der vorgesehene *Payment Schedule* müssen gleichzeitig von einer Dokumentation unterstützt werden, die darlegt, dass die getroffenen Annahmen angemessen sind, auf verlässlichen, vollständigen und richtigen Daten basieren und nach bestem Wissen und Gewissen getroffen wurden *(must be supported by contemporaneous documentation showing [that it] is reasonable, ... based on reliable, complete, and accurate data, and ... made in good faith), Bittker, B.I./Lokken, L.* (1999): 56.1.3; *Keyes, K.M.* (1997): 7.06[2][a]; *Garlock, D.C.* (2002): 918; Reg. 1.1275-4(b)(4).

Die meisten CPDIs, die für Geld begeben worden sind, werden von den Emittenten gehedged. Dies wird für gewöhnlich durch eine *Investment Bank* vorgenommen werden, die auch die Konditionen des Instruments strukturiert hat. Die *Hedging* Transaktionen wandeln die Rechte und Pflichten des Emittenten fix verzinsten Fremdfinanzierungsinstrument um. Erfüllt der *Hedge* die Kriterien in Regs 1.1275-6, so kann der Emittent von dem Wahlrecht Gebrauch machen, das CPDI und die hedging Transaktion derart zu integrieren, sodass das CPDI und der *Hedge* als ein einziges synthetisches festverzinsliches Fremdfinanzierungsinstrument behandelt werden. Der *Commissioner* kann eine Integration auch verlangen, Reinhold R.L./Solomon, A.P. (2002): 553ff; *Herrmann, G.A./Whyburn, K.G./Wolf, G.G.* (1995): 211; die Regulations sehen vor, dass, wenn ein *Hedge* unter Reg 1.1275-6 möglich ist, die vergleichbare Rendite die Rendite des synthetischen festverzinslichen Instruments ist, die zur Anwendung käme, wenn der Emittent einen Reg 1.1275-6 *Hedge* eingehen würde; *Bittker, B.I./Lokken, L.* (1999): 56.1.3; *Keyes, K.M.* (1997): 7.06[2][b][i]; *Garlock, D.C.* (2002): 918; Reg. 1.1275-4(b)(4)(i)(A).

520 Reg. 1.1275-4(b)(4)(i)(A); haben die Zinsaufwendungen bzw Zinserträge des vorgesehenen *Payment Schedule* großen Einfluss auf die Steuerlast des Emittenten oder des Inhabers, wird der Angemessenheit der Rendite große Beachtung geschenkt. Wird ein CPDI einem Inhaber veräußert, der nicht der US Steuer unterliegt, so wird die vergleichbaren Rendite genau geprüft und wird nicht anerkannt werden, wenn die Dokumentation nicht darlegen kann, dass die Rendite nicht zu hoch ist.

Sind ein oder mehrere *Contingent Payments* nicht *market-based* und das CPDI ist Teil einer Emission, die im Wesentlichen Teil an Personen, die nicht der US Steuer unterliegen, vermarktet oder verkauft werden, so wird die vergleichbare Rendite mit dem AFR angenommen. Diese Annahme kann nur mit einem klaren und überzeugenden Beweis *„clear and convincing evidence"*, dass die vergleichbare Rendite eine Rendite über den AFR ist, widerlegt werden. Der Beweis muss emittentenspezifisch sein und darf sich nicht auf vergleichbare Emittenten oder generelle Marktkonditionen beziehen.[521]

Der nächste Schritt ist die Erstellung eines *Projected Payment Schedule*. Dieser *Schedule* beinhaltet jede *Noncontingent Payment* und jeden vorgesehenen Betrag für die *Contingent Payments*. Die Bestimmung des vorgesehenen Betrags ist abhängig davon, ob er marktorientiert oder nicht marktorientiert ist.[522] Eine marktorientierte *Contingent Payment* wird als Zahlung definiert, die auf Marktinformationen beruht.[523] Im Falle von nicht marktorientierten Zahlungen sind die vorgesehenen Zahlungen der erwartete Wert der *Contingent Payments* zum Ausgabezeitpunkt.[524]

Der vorgesehene *Payment Schedule* des Emittenten wird verwendet, um die Zinsabgrenzungen und Anpassungen zu bestimmen. Der Emittent muss den *Schedule* dem Inhaber in der Form zur Verfügung stellen, dass er den OID Anhangsvorschriften entspricht.[525]

---

521 *Keyes, K.M.* (1997): 7.06[2][b][i]; *Bittker, B.I./Lokken, L.* (1999): 56.1.3; *Garlock, D.C.* (2002): 918; Reg. 1.1275-4(b)(4)(i)(B); unterliegen die Zinsen der Withholding beim US Zahler, wenn sie zB nicht den Portfolio Zinsen unterliegen oder von einem DBA ausgenommen sind, kommt die angenommene AFR nicht zur Anwendung.

522 *Bittker, B.I./Lokken, L.* (1999): 56.1.3; *Garlock, D.C.* (2002): 919; die vorgesehen Zahlungen werden prinzipiell vom Preis eines *Forward* bestimmt. Der Preis eines *Forward* ist der Betrag, den ein unabhängiger Dirtter zum Ausgabezeitpunkt für das Recht der *Contingent Payment* zahlen würde, *Keyes, K.M.* (1997): 7.06[2][b][ii]; *Reinhold, R.L./ Solomon, A.P.* (2002): 558; Reg. 1.1275-4(b)(4)(ii)(A).

523 Reg. 1.1275-4(b)(4)((ii)(A); die Regulations definieren Marktinformationen als jede Information, auf der eine *Objective Rate* gem Sec 1.1275-5(1) oder (2) basieren kann, Reg. 1.1275-4(b)(4)(iii); eine *Objective Rate* basiert auf einer objektiven finanzwirtschaftlichen oder volkswirtschaftlichen Information, die nicht vom Emittenten oder einer nahe stehenden Person beeinflusst werden kann oder einzigartig für die Umstände des Emittenten oder der nahe stehenden Person ist, Reg. 1.1275-5(c)(1); weiters inkludiert der Zinssatz Faktoren von QFR oder Preise und Rendite von *Actively Traded Personal Property*, Reg. 1.1275-5(c)(1); *Garlock, D.C.* (2002): 919.

524 *Bittker, B.I./Lokken, L.* (1999): 56.1.3; Reg. 1.1275-4(b)(4)(ii)(B).

525 *Keyes, K.M.* (1997): 7.06[2][b][iii]; Reg. 1.1275-4(b)(4)(iv); die Bestimmung der vergleichbaren Rendite und des vorgesehenen *Payment Schedule* vom Emittenten wird dann anerkannt werden, wenn sie gleichzeitig mit einer Dokumentation untermauert wird und nicht unangemessen ist, Reg. 1.1275-4(b)(4)(v).

Hat der Emittent den vorgesehenen *Payment Schedule* ermittelt, müssen sowohl die fixen als auch die vorgesehenen Zahlungen mit der vergleichbaren Rendite abgezinst werden. Entspricht der Barwert der abgezinsten Zahlungen dem Ausgabepreis, sind die Rendite des Instruments und die vergleichbare Rendite gleich hoch. Liegt keine Übereinstimmung vor, muss der *Payment Schedule* angepasst werden.[526] Sieht ein CPDI sowohl marktorientierte als auch nicht marktorientierte Zahlungen vor, müssen die Änderungen zuerst bei den nicht marktorientierten Zahlungen vorgenommen werden, weil für diese objektivere Informationen erhältlich sind.[527] Nach den Anpassungen entspricht die Rendite des Instruments der vergleichbaren Rendite.[528]

Hat der Emittent die vergleichbare Rendite und den vorgesehenen *Payment Schedule* eines CPDI ermittelt und sie den Inhabern gem den *Consistency Rules* beigelegt,[529] so können die Zinserträge des Inhabers und die Zinsaufwendungen des Emittenten entsprechend einem *Noncontingent* Fremdfinanzierungsinstrument bestimmt werden.[530]

Es ist sehr unwahrscheinlich, dass der tatsächliche Auszahlungsbetrag der *Contingent Payment* genau dem vorgesehenen entspricht. Während diese Abweichungen keinen Einfluss auf die Abgrenzung der Zinsen haben, müssen sie dennoch für eine *Clear Reflection of Income* berücksichtigt werden. Gem der *Noncontingent Bond Method* wird dies durch eine Anpassung des steuerpflichtigen Ein-

---

Unter der *Noncontingent Bond Method* bleibt der vorgesehene *Payment Schedule*, der zum Ausgabezeitpunkt ermittelt wurde, während der gesamten Laufzeit unabhängig von Abweichungen der vorgesehenen oder bereits getätigten Zahlungen fix, Reg. 1.1275-4(b)(4)(ii).

526 Die Regulations sehen nur vor, dass die Abänderungen der nicht marktorientierten Zahlungen die erwarteten Werte angemessen wiedergeben und nicht Zinsen aufgrund der Steuerwirksamkeit verschoben werden sollen, *Reinhold, R.L./Solomon, A.P.* (2002): 558; Reg. 1.1275-4(b)(4)(ii)(C).

527 *Keyes, K.M.* (1997): 7.06[2][b][ii]; *Bittker, B.I./Lokken, L.* (1999): 56.1.3; Reg. 1.1275-4(b)(4)(ii)(C).

528 Geht der Emittent eines CPDI einen Reg 1.1275-6 *Hedge* ein und ist dadurch die Reg 1.1275-4 nicht anwendbar, so muss der Emittent trotzdem die vergleichbare Rendite und den *Payment Schedule* dem Inhaber zur Verfügung stellen, damit dieser sein Zinseinkommen anhand der *Noncontingent Bond Method* ermitteln kann. Geht der Inhaber einen Reg 1.1275-6 *Hedge* ein, so kommen die Reg 1.1275-5 für keine der beiden Vertragsparteien zur Anwendung.

529 *Bittker, B.I./Lokken, L.* (1999): 56.1.3; Reg. 1.1275-4(b)(4)(iv).

530 *Bittker, B.I./Lokken, L.* (1999): 56.1.3; gem den *Consistency Rules* muss der Inhaber eines CPDI selbst die vergleichbare Rendite oder den *Payment Schedule* ermitteln, wenn der Emittent dieser Verpflichtung nicht nachkommt, oder die Annahmen nicht angemessen sind. In einem solchen Fall muss der Inhaber dies ausdrücklich anführen, *Keyes, K.M.* (1997): 7.06[2][b][iii]; *Bittker, B.I./Lokken, L.* (1999): 56.1.3.

kommens im Jahr der Auszahlung der *Contingent Payment* erreicht. Dabei wird bei Auszahlung einer *Contingent Payment* diese mit dem vorgesehenen Betrag verglichen. Übersteigt sie den vorgesehenden Betrag, dann ist eine positive Anpassung *(Positive Adjustment)* in Höhe des Überhangs durchzuführen. Ist der Betrag geringer als der vorgesehene Betrag, so ist in Höhe des Differenzbetrags eine negative Anpassung *(Negative Adjustment)* vorzunehmen. Positive und negative Anpassungen werden innerhalb eines Veranlagungsjahres saldiert.[531]

Jede positive Anpassung wird als zusätzliche Zinszahlung des CPDI behandelt. Jede negative Anpassung reduziert die aufgrund der vergleichbaren Rendite und des vorgesehenen *Payment Schedule* errechneten Zinsen. Jeder Überhang der negativen Anpassung über die Zinsen wird in dem Ausmaß als *Ordinary Loss* beim Inhaber und als *Ordinary Income* beim Emittenten behandelt, in dem die gesamten Zinsen des Inhabers in Vorjahren den Gesamtbetrag der negativen Anpassungen der Vorjahre übersteigt.[532] Können die negativen Anpassungen nicht verrechnet werden, so wird der Betrag vorgetragen. Kommt es zu keiner Verwertung des Vortrags, so wird er bei der Veräußerung, beim Tausch oder Ausscheiden geltend gemacht.[533]

6.10.2.2. Ausscheiden von Contingent Payments Debt Instruments

Der *Adjusted Issue Price* eines CPDI wird durch die in Vorperioden angefallenen OID erhöht und durch *Noncontingent Payments* und den vorgesehenen Betrag einer *Contingent Payment,* die in Vorperioden getätigt worden sind, vermindert.[534]

Der Buchwert des Inhabers wird auf dieselbe Art ermittelt, jedoch wird der Ausgabepreis durch den Buchwert zum Anschaffungszeitpunkt ersetzt.[535] Jede Differenz zwischen Buchwert und AIP muss angemessen über die Laufzeit des Instruments verteilt werden. Der tägliche Anteil der im Einkommen zu berück-

---

531 *Herrmann, G.A./Whyburn, K.G./Wolf, G.G.* (1995): 207; *Keyes, K.M.* (1997): 7.06[2][c]; *Bittker, B.I./Lokken, L.* (1999): 56.1.3; *Reinhold, R.L./Solomon, A.P.* (2002): 559; *Garlock, D.C.* (2002): 920.

532 *Bittker, B.I./Lokken, L.* (1999): 56.1.3; *Keyes, K.M.* (1997): 7.06[2][c].

533 *Reinhold, R.L./Solomon, A.P.* (2002): 559; Reg. 1.1275-4(b)(6)(iii)(A)-(C); wird das Instrument von einer natürlichen Person nicht im Rahmen des Betriebsvermögens gehalten, so kann es nicht vorgetragen werden, *Garlock, D.C.* (2002): 921; *Freeman, L.S./Stevens, M.A./Hollender, V.* (2002): 1384f.

534 *Herrmann, G.A./Whyburn, K.G./Wolf, G.G.* (1995): 208; *Bittker, B.I./Lokken, L.* (1999): 56.1.3; *Garlock, D.C.* (2002): 922; Reg. 1.1275-4(b)(7)(ii).

535 Reg. 1.1275-4(b)(7)(iii); *Garlock, D.C.* (2002): 922; der Buchwert des Inhabers wird dann vom AIP abweichen, wenn das CPDI nach der Ausgabe für einen höherern oder niedrigeren Preis als die *Adjusted Basis* emittiert worden ist.

sichtigenden Zinsen wird durch eine tagesgenaue lineare Abgrenzung der in die Abgrenzungsperiode fallenden Zinsen bewerkstelligt.[536]

Im Allgemeinen werden der AIP und der Buchwert des Inhabers anhand der vergleichbaren Rendite und des vorgesehenen *Payment Schedule* ohne Berücksichtung einer positiven oder negativen Anpassung ermittelt.[537] Ist der tatsächlich gezahlte oder erhaltene Betrag bei Fälligkeit jedoch unterschiedlich von dem vorgesehenen Betrag, wird dieser als positive oder negative Anpassung berücksichtigt. Der Rückzahlungsbetrag beim Inhaber wird um Vorträge aus negativen Anpassungen gekürzt.[538]

Der größte Nachteil der CPDI Regulations ist, dass jeder Gewinn, der vom Inhaber bei Verkauf, Tausch oder Rückzahlung erzielt wird, als Zinsertrag zu versteuern ist,[539] wenn noch *Contingent Payments* ausstehen.[540] Jeder Verlust bei Verkauf, Tausch oder Rückzahlung wird als gewöhnlicher Verlust behandelt, jedoch nur in dem Ausmaß, als die gesamten Zinserträge die gesamten negativen Anpassungen übersteigen.[541] Jeder zusätzliche Verlust wird als Veräußerungsverlust behandelt.[542] Verbleiben keine *Contingent Payments* bis zum Zeitpunkt der Fälligkeit, so ist der Gewinn bzw Verlust jedenfalls als Veräußerungsgewinn bzw -verlust zu behandeln.[543]

6.10.3. CPDIs und nicht öffentlich gehandeltes Vermögen

Bei CPDIs, die nicht öffentlich gehandelt werden und die als Gegenleistung für nicht öffentlich gehandeltes Vermögen herausgegeben wurden, kommt nicht die *Noncontingent Bond Method* zur Anwendung.[544] Statt der NCBM werden die *Contingent* und *Noncontingent Payments* wie zwei unabhängige Instrumente behandelt und der OID getrennt berechnet.[545]

---

536 *Bittker, B.I./Lokken, L.* (1999): 56.1.3; *Keyes, K.M.* (1997): 7.06[2][d][i].

537 Reg. 1.1275-4(b)(7)(iv).

538 *Bittker, B.I./Lokken, L.* (1999): 56.1.3; *Garlock, D.C.* (2002): 923; Reg. 1.1275-4(b)(6)(iii)(C); eine nicht geplante Rückzahlung wird als Rückkauf gewertet, Reg. 1.1275-4(b)(7)(v).

539 *Keyes, K.M.* (1997): 7.06[2][e].

540 Diese Regel kommt selbst dann zur Anwendung, wenn die Wertsteigerung des CPDI aufgrund eines Zinseinbruchs zustande kommt.

541 Reg. 1.1275-4(b)(8)(ii).

542 Reg. 1.1275-4(b)(8)(ii); *Keyes, K.M.* (1997): 7.06[2][e]; *Garlock, D.C.* (2002): 923.

543 *Bittker, B.I./Lokken, L.* (1999): 56.1.3; *Garlock, D.C.* (2002): 923.

544 *Bittker, B.I./Lokken, L.* (1999): 56.1.4; Reg. 1.1275-4(c)(1).

545 *Garlock, D.C.* (2002): 930; sind keine *Noncontingent Payments* vorgesehen, dann ist die Obligation weder ein Fremdfinanzierungsinstrument noch ein CPDI und fällt auch nicht unter die Reg 1.1275-4(c).

Der Ausgabepreis der *Noncontingent Payments* eines CPDI ist gem Sec 1274 IRC der Ausgabepreis des gesamten CPDI. Demnach ist Ausgabepreis entweder die Summe aller *Noncontingent Principle Payments* oder der Barwert aller *Noncontingent Payments of Principle and Interest*, je nachdem, welcher geringer ist.[546] Wird das Instrument jedoch in einer *Potentially Abusive Situation* begeben, entspricht der Ausgabepreis dem *Fair Market Value.*[547]

Die *Contingent Payment* wird erst im Jahr der Auszahlung berücksichtigt. Inhaber und Emittent behandelt die Zahlung sowohl als Zinszahlung als auch als Tilgung. Der Anteil der Tilgung ist der Barwert der Zahlung, abgezinst zum Ausgabezeitpunkt. Als Abzinsungsfaktor wird die AFR *(Test Rate)* des Fremdfinanzierungsinstruments, das unter Sec 1274 IRC fällt, zum Ausgabezeitpunkt des CPDI herausgegeben und bei Zahlung der *Contingent Payment* fällig ist, herangezogen. Der die so ermittelte Tilgung übersteigende Betrag wird als Zinszahlung zu qualifizieren sein und ist als Einkommen beim Inhaber und als Aufwand beim Emittenten zu berücksichtigen.[548]

6.10.4. Tax-Exempt Obligations (TEO)

Die *Noncontingent Bond Method* kommt auch für Tax-Exempt Obligations (TEOs), die *Contingent Payments* vorsehen, zur Anwendung, wenn alle *Contingent Payments Interest-Based* oder *Revenue-Based* sind.[549]

Zahlungen werden dann als *Interest-Based Payments (IBP)* angesehen, wenn das Instrument als VRDI zu qualifizieren sein würde, jedoch in ein oder zwei der folgenden Faktoren von den Voraussetzungen eines VRDIs abweicht:

1. Es ist mehr als ein fixer Zinssatz vorgesehen.
2. Das Instrument beinhaltet einrn oder mehrere *Caps, Floors* oder *Governors*, die bereits zum Ausgabezeitpunkt feststehen.
3. Zinsen der TEO werden nicht mindestens jährlich gezahlt oder verzinst.
4. Der Zinssatz für die gesamte Laufzeit bzw Teile davon ist ein fixierter Multiplikator einer *Qualified Floating Rate,* vorausgesetzt, dass der Multiplikator höher als 0 und niedriger als 0,65 ist.

---

546 Reg 1.1274-2(g); *Bittker, B.I./Lokken, L.* (1999): 56.1.4.

547 *Keyes, K.M.* (1997): 7.06[3][a]; keine Zinszahlungen werden als QSI behandelt und die Geringfügigkeitsgrenze des OID kommt nicht zur Anwendung, *Bittker, B.I./Lokken, L.* (1999): 56.1.4; *Keyes, K.M.* (1997): 7.06[3][b].

548 Reg. 1.1275-4(c)(4); *Keyes, K.M.* (1997): 7.06[3][b]; *Garlock, D.C.* (2002): 933; enthalten die *Contingent Payments* Zahlungen von *Stated Principal* und Zinsen, die die *Test Rate* übersteigen, so ist die *Test Rate* der angegebene Zinssatz, *Bittker, B.I./Lokken, L.* (1999): 56.1.4.

549 *Bittker, B.I./Lokken, L.* (1999): 56.1.5.

5. Der Zinssatz ist ein fixierter Multiplikator (höher als 0 und niedriger als 0,65) einer *Qualified Floating Rate,* plus/minus eines fixen Zinssatzes.[550]

Eine TEO wird dann als gewinnabhängig *(Revenue-Based Payments – RBP)* einzustufen sein, wenn sie für die Finanzierung eines Projekts oder eines Unternehmens herausgegeben wurde und sie sonst als VRDI zu qualifizieren wäre, jedoch das Instrument *Stated Interest* vorsieht, die mindestens jährlich aufgrund eines fixen Prozentsatzes des Gewinnes, des Werts, der Wertänderung oder einer ähnlichen Größe die Wertentwicklung des Projekts oder des Unternehmens wiedergeben.[551]

Enthält die TEO entweder IBPs oder RBP, wird die *Noncontingent Bond Method* so abgeändert, dass der tägliche Anteil der Zinsen anhand der *Noncontingent Bond Method* ermittelt und jeder positive Anpassungsbetrag als Zinsen für Zwecke der Sec 103 IRC behandelt und damit steuerfrei gestellt wird.[552] Ein negativer Anpassungsbetrag reduziert den Betrag der steuerbefreiten Zinsen im Veranlagungsjahr. Übersteigt der negative Anpassungsbetrag die Zinsen, so ist dies ein nicht abzugsfähiger Verlust.[553] Jeder Gewinn eines Verkaufs, Tauschs oder einer Rückzahlung ist ein Veräußerungsgewinn. Jeder Verlust wird genauso wie der negative Anpassungsbetrag behandelt.[554]

Enthält eine TEO *Contingent Payments,* jedoch weder IBP noch RBP, wird die *Noncontingent Bond Method* ebenfalls abgeändert. Die vergleichbare Rendite einer TEO ist entweder die Rendite, die ohne Berücksichtigung der *Contingent Payments* ermittelt wurde oder die steuerfreie AFR, die für das Instrument zur Anwendung kommt. Der größere der Beträge wird herangezogen.[555] Für Zwecke der Sec 103 IRC werden die Zinsen gem der *Noncontingent Bond Method* als Zinsen behandelt und damit steuerfrei gestellt.[556] Ein positiver Anpassungsbetrag wird als Gewinn und ein negativer Anpassungsbetrag als Verlust für den Inhaber behandelt und als *Capital Gain* oder als steuerlich nicht zu berücksichtigender *Loss* versteuert.[557] Gewinne oder Verluste, die bei dem Verkauf,

---

550 Reg. 1.1275-4(d)(2)(ii); *Bittker, B.I./Lokken, L.* (1999): 56.1.5; *Garlock, D.C.* (2002): 939.

551 *Keyes, K.M.* (1997): 7.06[4][a]; *Garlock, D.C.* (2002): 939; Reg. 1.1275-4(d)(2)(iii).

552 Reg. 1.1275-4(d)(2)(iv)(A).

553 Reg. 1.1275-4(d)(2)(iv)(B).

554 *Bittker, B.I./Lokken, L.* (1999): 56.1.5; *Keyes, K.M.* (1997): 7.06[4][a]; Reg. 1.1275-4(d)(2)(iv)(C)-(D).

555 *Herrmann, G.A./Whyburn, K.G./Wolf, G.G.* (1995): 210; Reg. 1.1275-4(d)(3)(ii)(A).

556 Reg. 1.1275-4(d)(3)(ii)(B).

557 *Herrmann, G.A./Whyburn, K.G./Wolf, G.G.* (1995): 210; Reg. 1.1275-4(d)(3)(ii)(C); *Garlock, D.C.* (2002): 940.

Tausch oder Ausscheiden einer TEO erzielt werden, werden als Gewinne oder Verluste behandelt.[558]

Übersteigt der Buchwert der TEO unmittelbar nach dem Kauf den AIP, muss der Inhaber die Differenz anhand der Restlaufzeit und der Rendite auf tägliche Zinsanteile aufteilen. Der aufgeteilte Betrag ist nicht abzugsfähig und reduziert den Buchwert. Ist der Buchwert geringer als der AIP, muss die Differenz ähnlich aufgeteilt werden, jedoch wird der Betrag als gewöhnliches Einkommen erfasst. Die aufgeteilten Beträge erhöhen den Buchwert der TEO.[559]

6.11. Below-Market Loans

6.11.1. Allgemein

Ursprünglich wurden Darlehen, deren Verzinsung unter der AFR lag, für steuerliche Zwecke nicht korrigiert. Mit seinem Urteil hat der *Supreme Court* schließlich im Fall Dickman v. Com.[560] einen zinsenfreien Kredit in Höhe einer entsprechenden Zinszahlung als Schenkung des Kreditgebers an den Gläubiger qualifiziert. In Reaktion auf diese Entscheidung wurde vom *Congress* Sec 7872 IRC eingeführt.

Sec 7872 IRC ist sowohl für einkommensteuerliche als auch schenkungsteuerliche Zwecke relevant. Sec 7872 IRC ist die Grundlage für die Erfassung fiktiver Zinsen, wenn Fremdkapital ohne Verzinsung oder einer Verzinsung unter dem Marktwert ausgegeben wird. Gem Sec 7872 IRC werden fiktive Zinserträge beim Gläubiger und abzugsfähige Zinsaufwendungen beim Schuldner – soweit

---

558 *Keyes, K.M.* (1997): 7.06[4][b]; *Bittker, B.I./Lokken, L.* (1999): 56.1.5; Reg. 1.1275-4(d)(3)(ii)(D); siehe ausführlich *Garlock, D.C.* (2002): 939ff.

559 Wie auch für alle anderen CPDIs kommen die Regeln bezüglich der Abschreibung des *Bond Premium* und des *Market Discount* nicht auf TEOs zur Anwendung, andere relevanten Bestimmen dieser *Sections* sind jedoch anwendbar, *Keyes, K.M.* (1997): 7.06[4][c]; Reg. 1.1275-4(d)(4)(i)-(iii).

Ist eine TEO, das als Gegenleistung für nicht öffentlich gehandeltes Vermögen ausgegeben wurde, ein VRDI, das eine OR vorsieht und unter Sec 1274 IRC fällt, so ist der Ausgabepreis der höhere von dem *Fair Market Value* oder dem angegebenen Nennbetrag. Fällt eine TEO sowohl unter Sec 1274 IRC und Reg 1.1275-4, so ist der Ausgabepreis der *Fair Market Value.* Sieht eine TEO IBP bzw RBP vor, so ist der Ausgabepreis der höhere vom *Fair Market Value* oder dem angegebenen Nennbetrags, Reg. 1.1274-2(j)(1)-(2); wird der Ausgabepreis nach den oben genannten Regeln ermittelt, so sind die Kosten des zurechenbaren Vermögens die Summe der Barwerte der *Noncontingent Payments*, Reg. 1.1274-2(c); Reg. 1.1012-1(g)(2); *Keyes, K.M.* (1997): 7.06[4][d].

560 Dickman v. Comr., 465 U.S. 330 (1984).

diese gem Sec 163 IRC abzugsfähig sind – in das steuerpflichtige Einkommen miteinberechnet.[561]

Sec 7872 IRC kommt auf Transaktionen zur Anwendung, die geleichzeitig folgende Voraussetzungen erfüllen:

- die Verzinsung des Darlehens ist unter dem Marktwert *(Below Market Loan);*
- das Darlehen fällt in spezielle Kategorien von *Below-Market Loans;*
- es kommt keine Ausnahme zur Anwendung.[562]

In den Regulations wird angeführt, dass ein Darlehen dann kein *Below Market Loan* ist, wenn ausreichend Zinsen vorgesehen sind. Das wird dann gegeben sein, wenn die Verzinsung mindestens der AFR entspricht, die an die Abzinsungsperiode angepasst ist.[563] Die Regelungen gem Sec 7872 IRC sind dann anzuwenden, wenn die unter dem Marktwert liegenden Zinsen eine Schenkung des Gläubigers an den Schuldner darstellen, und Gläubiger und Schuldner in einem bestimmten Naheverhältnis stehen bzw die Transaktion zur Steuervermeidung strukturiert ist.[564]

Sec 7872 IRC unterscheidet zwischen *Demand Loans* und anderen Darlehen.

Ein *Demand Loan* ist ein Darlehen, bei dem die Rückzahlung vom Gläubiger jederzeit einforderbar ist.[565] Ein *Demand Loan* wird gem Sec 7872(e)(1)(A) IRC dann als *Below-Market Loan* eingestuft, wenn die Verzinsung geringer als die AFR der entsprechenden Laufzeit ist. Die Regulations beschreiben jedoch, dass ein Zinssatz, der der AFR entspricht bzw höher ist, einen ausreichenden Zinssatz darstellt *(Sufficient Stated Interest).*[566]

Die AFR für einen *Demand Loan* ist gem Sec 7872(f)(2)(B) IRC die *Short Term Rate* für den Zeitraum, in dem die entgangenen Zinsen *(Forgone Interest)* be-

---

561 Sec 7872 IRC unterstellt in einem ersten Schritt den Transfer des wirtschaftlichen Vorteils des Kredits mit Verzinsung unter dem Marktwert vom Kapitalgeber zum Schuldner und in einem zweiten Schritt die Zahlung von Zinsen vom Schuldner zum Kapitalgeber in derselben Höhe. Diese zwei fiktiven Schritte sind notwendig, um einerseits eine Schenkung bzw ein Einkommen des Schuldners zu kreieren, andererseits Einkommen bzw Zinsaufwendungen beim Kapitalgeber zu fingieren.

562 *Bittker, B.I./Lokken, L.* (1999): 55.2.1; *Keyes, K.M.* (1997): 11.02.

563 *Keyes, K.M.* (1997): 11.02[2].

564 *Bittker, B.I./Lokken, L.* (1999): 55.2.1.

565 *"Payable in full at any time on the demand of the lender"* oder *"within a reasonable time after the lender's demand"*, *Keyes, K.M.* (1997): 11.02[2][b]; *Bittker, B.I./Lokken, L.* (1999): 55.2.3; Sec 7872(f)(5) IRC; Prop. Reg. 1.7872-10(a)(1).

566 Prop. Reg. 1.7872-3(c)(1); *Gertzman, S.F.* (1993): 11.11[1]; *Bittker, B.I./Lokken, L.* (1999): 55.2.3;

stimmt werden. Zur Bestimmung der Marktüblichkeit der Zinsen muss ein *Demand Loan* halbjährlich überprüft werden. Ein *Demand Loan* ist für ein Halbjahr marktüblich, wenn die Verzinsung entweder mindestens dem Mischsatz des IRS für die Bestimmung von *Forgone Interest* oder dem *Short-Term* AFR im ersten Monat des Halbjahres entspricht, je nachdem, welche geringer ist.[567]

Ein Darlehen, das kein *Demand Loan* ist, wird gem Sec 7872(f)(6) IRC als *Term Loan* behandelt. Bei einem *Term Loan* kann die Dauer der ausstehenden Schuld bestimmt werden.[568] Sieht das Darlehen eine Verlängerungsoption vor, wird diese bei der Bestimmung der Laufzeit ignoriert und bei Inanspruchnahme der Prolongation ein neues Darlehen unterstellt.[569]

Ein *Term Loan* ist *Below-Market*, wenn der ausgeliehene Betrag[570] den Barwert aller Zahlungen des Darlehens übersteigt.[571] Als Abzinsungsfaktor wird gem Sec 7872(f)(1) IRC die AFR, die der Laufzeit des Darlehens entspricht, verwendet.[572]

6.11.2. Below Market Loans gem Sec 7872 IRC

Obwohl Sec 7872 IRC prinzipiell auch *Below Market Loans* regelt, werden nur ganz bestimmte Transaktionen bei Vorliegen eines *Below Market Loan* erfasst. Zu diesen Transaktionen gehören *Gift Loans, Compensations Related Loans, Corporation-Shareholder Loans, Tax Avoidance Loans* und *Significant Effect Loans*.

---

567 *Gertzman, S.F.* (1993): 11.11[3][a]; Prop. Reg. 1.7872-3(b)(3) und Rev. Rul. 86-86, 1986-2 CB 147; dementsprechend kann bei einem *Demand Loan* im vorhinein nicht festgestellt werden, ob dieser eine ausreichende Verzinsung vorsieht.

Dieser Regelung kann durch eine Vertragsregelung, die eine Verzinsung anhand der *Short-Term* AFR vorsieht, entgegengewirkt werden, Prop. Reg. 1.7872-3(c)(2); *Bittker, B.I./Lokken, L.* (1999): 55.2.3; *Keyes, K.M.* (1997): 11.02[2][b][i].

568 *"Specifies an ascertainable period of time during which the loan is to be outstanding"*, Prop. Reg. 1.7872-10(a)(3).

569 *Bittker, B.I./Lokken, L.* (1999): 55.2.3; *Keyes, K.M.* (1997): 11.02[2][c].

570 Der ausgeliehene Betrag ist gem Sec 7872(f)(4) IRC dabei der Betrag, der vom Schuldner erhalten wurde.

571 *"The amount loaned exceeds the present value of all payments due under the loan"*, Sec 7872(e)(1)(B) IRC.

572 Prop. Reg. 1.7872-3(b)(4); *Bittker, B.I./Lokken, L.* (1999): 55.2.3; *Keyes, K.M.* (1997): 11.02[2][c][i]; Die Regulations sehen im Unterschied zum Gesetz vor, dass auch hier ein Darlehen marktüblich sein wird, wenn es ausreichend Zinsen vorsieht *(Sufficient Interest)*, Prop. Reg. 1.7872-3(c)(1); Zinsen werden dann ausreichend sein, wenn diese anhand des ausstehenden Darlehens zu einem Zinssatz, der nicht geringer als die AFR der Abzinsungsperiode ist, berechnet werden. Damit wird der Gesetzesdefinition wieder entsprochen, *Gertzman, S.F.* (1993): 11.11[1].

Ein *Below Market Loan* wird dann als *Gift Loan* einzustufen sein, wenn die *Forgone Interest* gem Sec 7872(f)(3) IRC eine Schenkung darstellen, welcher *„is in the nature of a gift"*. Ein *Gift Loan* kann sowohl bei natürlichen Personen und Körperschaften als auch bei *Related* oder *Unrelated* Personen vorliegen.[573]

Sec 7872 IRC kommt auch für *Below Market Loans* zur Anwendung, die direkt oder indirekt zwischen Arbeitnehmer und Arbeitgeber getätigt worden sind, oder einem unabhängigen Vertragspartner und einer Person, die Services für den Vertragspartner liefert.[574] Unter *Compensation Related Loans* fallen auch *Below Market Loans* zwischen Partner und *Partnership*, wenn das Darlehen als Gegenleistung für ein Service des Partners, die er nicht in seiner Funktion als Partner ausübt, getätigt worden ist.[575]

Sec 7872 IRC kommt auf *Below Market Loans* zur Anwendung, wenn diese direkt oder indirekt zwischen Körperschaft und Gesellschafter einer solchen

---

573 *Bittker, B.I./Lokken, L.* (1999): 55.2.4; *Keyes, K.M.* (1997): 11.02[3][a][i]; in dieser Berechnung werden sowohl Darlehen, die marktüblich, als auch Darlehen, die nicht marktüblich sind, zusammengezählt, Prop. Reg. 1.7872-8(b)(2); dabei ist zu beachten, dass Ehegatten gem Sec 7872 IRC als eine Person angesehen werden. Ein *Gift Loan* ist von Sec 7872 IRC ausgenommen, wenn dieses zwischen zwei natürlichen Personen auftritt und der kumulierte Betrag der ausstehenden Beträge des Darlehens 10.000 Dollar nicht übersteigt. Schwankt die Summe des Darlehens im Zeitablauf, kommt die Ausnahmeregelung nur für Tage, an denen die Grenze nicht überschritten wurde, zur Anwendung, Prop. Reg. 1.7872-8(b)(1); wird ein *Gift Loan* mit einer bestimmten Laufzeit getätigt, müssen die Bestimmungen der Schenkungssteuer für die gesamte Restdauer des Darlehens berücksichtigt werden, sobald die Geringfügigkeitsgrenze überschritten wird, Sec 7872(f)(10) IRC; Prop. Reg. 1.7872-8(b)(1); die Ausnahme kommt nicht zur Anwendung, wenn das Darlehen direkt einem Vermögen zugeordnet werden kann, das der Einkommenserzielung dient, Prop. Reg. 1.7872-8(b)(3); dazu sind auch Aktien zu zählen. Wird nun ein *Gift Loan*, das geringer als 10.000 Dollar ist, für den Kauf von Aktien verwendet, kommt die Ausnahmeregelung nicht zum Tragen, Prop. Reg. 1.7872-8(b)(4); *Bittker, B.I./Lokken, L.* (1999): 55.2.4; *Keyes, K.M.* (1997): 11.02 [3][a][ii]; *Gertzman S.F.* (1993): 11.11[2]

574 *"Directly or indirectly between an employer and an employee or an independent contractor and a person for whom such independent contractor provides services"*, Sec 7872(c)(1)(B) IRC.

575 Prop. Reg. 1.7872-4(c)(1); *Bittker, B.I./Lokken, L.* (1999): 55.2.4; *Keyes, K.M.* (1997): 11.02[3][b][i].

Auch in diesem Fall kommt die Geringfügigkeitsgrenze gem Sec 7872 IRC zur Anwendung, bei der ein Darlehen bis 10.000 Dollar von der Anwendung von Sec 7872 IRC ausgenommen ist, wenn die Vermeidung der Steuer nicht der Hauptzweck des Darlehens gewesen ist, Prop. Reg. 1.7872-4(c)(3); das Gesetz sieht weitere Ausnahmen von Sec 7872 IRC für *Compensation Related Loans* vor, wenn gewisse Voraussetzungen erfüllt sind, die vor allem auf die finanzielle Unterstützung des Arbeitgebers bzgl Umzugskosten des Arbeitnehmers abzielen, Reg. 1.7872-5T(c)(1)(i); *Bittker, B.I./Lokken, L.* (1999): 55.2.4; *Keyes, K.M.* (1997): 11.02[3][b][iv].

Körperschaft abgewickelt werden.[576] Dies wird dann als Gesellschafterdarlehen *(Corporate Shareholder Loans)* bezeichnet.[577]

Es ist dabei wichtig, eine genaue Abgrenzung zwischen *Compensation Related Loans* und *Corporate Shareholder Loans* zu treffen, da unterschiedliche Befreiungen wirken und vor allem die Zinszahlungen der Gesellschaft im Falle eines *Compensation Related Loas* abzugsfähig sind, während bei einem Gesellschafterdarlehen diese als Ausschüttung qualifiziert werden können und damit eine Aufwandswirksamkeit versagt wird. Das Gesellschafterdarlehen geht idR dem *Compensation Related Loan* vor. Es wird vor allem dann davon ausgegangen, dass das Gesellschafter-Gesellschafts-Verhältnis der Grund für ein solches Darlehen ist, wenn der Gesellschafter im Falle einer *Publicly Held Corporation* mehr als 0,5% der Anteile besitzt bzw wenn keine *Publicly Held Corporation* vorliegt, bei der er mehr als 5% der Anteile hält.[578] Übersteigt einer dieser drei Prozentsätze 0,5 oder 5%, wird ein solches Naheverhältnis angenommen.[579]

Ein *Below Market Loan,* das nicht einer der bisher genannten Kategorien zuzuordnen ist, kann trotzdem unter Sec 7872 IRC fallen, wenn gem Sec 7872(c)(3)(B) IRC einer der Hauptgründe für das Darlehen die Steuervermeidung *(Tax Avoidance Loan)* ist. Die Steuervermeidung kann dabei sowohl beim Gläubiger als auch beim Schuldner vorliegen.[580]

---

576 *"Directly or indirectly between a corporation and any shareholder of such corporation",* Prop. Reg. 1.7872-4(d)(1).

577 *Bittker, B.I./Lokken, L.* (1999): 55.2.4; *Keyes, K.M.* (1997): 11.02[3][c][i]. Auch beim *Corporate Shareholder Loan* kommt die Geringfügigkeitsgrenze gem Sec 7872 IRC in der Höhe von 10.000 Dollar zur Anwendung, wenn Steuervermeidung nicht der Hauptzweck der Transaktion ist, *Bittker, B.I./Lokken, L.* (1999): 55.2.4; *Keyes, K.M.* (1997): 11.02[3][c][iii].

578 Prop. Reg. 1.7872-4(d)(2); die Prozentgrenze wird dabei auf dreifache Art berechnet. Einerseits der Prozentsatz der Stimmrechte des Aktionärs in Bezug auf alle Aktien, die Stimmrechte beinhalten *„the total voting power of all classes of stock entitled to vote"*, weiters der Prozentsatz der Kapitalanteile des Aktionärs in Bezug auf alle anderen Aktienarten *„the total value of shares of all other classes of stock"* und schließlich der Prozentsatz der Kapitalanteile in Bezug auf alle Aktien *„the total value of shares of all classes of stock (including voting stock)", Bittker, B.I./Lokken, L.* (1999): 55.2.4; *Keyes, K.M.* (1997): 11.02[3][c][ii].

579 Diese Annahme kann nur durch einen klaren und überzeugenden Beweis widerlegt werden, dass das Darlehen nur in Verbindung mit der Lieferung von Services steht, Prop. Reg. 1.7872-4(d)(2); kann dies widerlegt werden, so wird von einem *Compensation-Related Loan* ausgegangen, *Bittker, B.I./Lokken, L.* (1999): 55.2.4; *Keyes, K.M.* (1997): 11.02[3][c][ii].

580 Prop. Reg. 1.7872-4(e); *Bittker, B.I./Lokken, L.* (1999): 55.2.4; *Keyes, K.M.* (1997): 11.02[3][d][i].

Das *Treasury* hat die Möglichkeit, das Anwendungsgebiet von Sec 7872 IRC auf *Below Market Loans,* die nicht in eine der vier oben genannten Kategorien fallen, auszuweiten, wenn die Zinsgestaltung des Darlehens einen wesentlichen Einfluss *(Significant Effect)* auf die Steuerpflicht des Gläubigers oder des Schuldners hat. In den *Proposed Regulations* wird zwar auf diese Möglichkeit nicht eingegangen,[581] jedoch nimmt der *Staff of the Joint Committee on Taxation* einen *Significant Effect* dann an, wenn zB nichtabzugsfähige Zinsen durch das Darlehen in abzugsfähige Zinsen umgewandelt werden.[582]

Gift Loans, Compensation Related Loans und *Corporate Shareholder Loans* können sowohl direkt als auch indirekt vorliegen. Auch indirekte *Below Market Loans* fallen unter Sec 7872 IRC, wenn das Darlehen aufgrund einer Beziehung zu einer dritten Person begeben worden ist.[583]

Gewährt eine Körperschaft ein *Below Market Loan* einer anderen Körperschaft und beide Körperschaften sind Schwesterngesellschaften, wird ein Darlehen als ein *Corporate Shareholder Loan* an die Muttergesellschaft und ein *Corporate Shareholder Loan* von der Muttergesellschaft an die andere Körperschaft angenommen. Allerdings muss beachtet werden, dass die steuerlichen Konsequenzen unterschiedlich sind. Während das erste Darlehen eine Dividende, soweit ausreichend E&P vorhanden ist, darstellt, ist das andere Darlehen als Einlage zu bewerten.[584]

Wird ein Zwischenhändler eingeschaltet, um die Anwendung von Sec 7872 IRC zu vermeiden, wird dieser bei der Beurteilung außer Acht gelassen.[585] Ist einer der Gründe eines *Back-to-Back Loan* die Vermeidung von Sec 7872 IRC, wird

---

581 Prop. Reg. 1.7872-4(f) wurden deswegen abgeändert.

582 Bei der Beurteilung eines Sachverhalts wird vom *Treasury* erwartet, dass auf folgende Faktoren Rücksicht genommen wird: Erträge und Aufwendungen eines solchen Darlehens heben einander auf, Höhe der Beträge, Kosten des Steuerpflichtigen, Befolgung der Vorschriften und andere nichtsteuerliche Gründe für das Eingehen eines *Below-Market Loans*, *Bittker, B.I./Lokken, L.* (1999): 55.2.4; *Keyes, K.M.* (1997): 11.02[3][e].

583 Gewährt zB ein Vater als Aktionär einer Körperschaft ein Darlehen unter dem Marktwert an seinen Sohn, der ebenfalls beteiligt ist, wird in einem ersten Schritt ein Darlehen vom Vater zum Sohn und anschließend vom Sohn zur Gesellschaft fingiert, Prop. Reg. 1.7872-4(g)(1); Sec 7872 IRC kann anschließend auf jedes dieser Darlehen zur Anwendung kommen. So kann das Darlehen des Vaters an den Sohn ein *Gift Loan* sein und das Darlehen des Sohns an die Gesellschaft ein *Corporate Shareholder Loan*, *Bittker, B.I./Lokken, L.* (1999): 55.2.4; *Keyes, K.M.* (1997): 11.02[3][g][i].

584 Prop. Reg. 1.7872-4(g)(1); *Bittker, B.I./Lokken, L.* (1999): 55.2.4; *Keyes, K.M.* (1997): 11.02[3][g][i]; ob es zu so einer Umstrukturierung kommt, ist von dem jeweiligen Sachverhalt *(Facts and Circumstances)* abhängig, Prop. Reg. 1.7872-4(g)(1); *Bittker, B.I./Lokken, L.* (1999): 55.2.4.

585 Prop. Reg. 1.7872-4(g)(2).

die zwischengeschaltete Person ignoriert und es wird ein direktes Darlehen fingiert.[586]

Für Zwecke der Sec 7872 IRC werden Ehegatten als eine Person betrachtet.[587] Da eine Person sich selbst kein Darlehen gewähren kann, fallen auch Darlehen zwischen Ehegatten nicht unter Sec 7872 IRC.[588]

Sec 7872 IRC kommt nicht auf Verschuldungen zur Anwendung, die der Käufer als Gegenleistung für einen Verkauf oder Tausch von Vermögen begibt.[589] Allerdings kommt in bestimmten Fällen Sec 7872 IRC vor Sec 483 und 1274 IRC zur Anwendung, wenn ein Fremdfinanzierungsinstrument in Gegenleistung für einen Verkauf oder Tausch zu einem Zinssatz begeben wird, der ein *Below-Gift Loan*, ein *Compensation Related Loan* oder ein *Corporate Sharholder Loan* ist und das Fremdfinanzierungsinstrument ist entweder auf *Demand* zahlbar, ein Instrument, das entweder an einer etablierten Börse gehandelt oder für solche Instrumente begeben wird bzw ein Instrument darstellt, das als Gegenleistung für Vermögen, das vom Käufer für persönliche Zwecke gekauft wird und der Verkäufer mit der Allgemeinheit Geschäfte unter diesen Bedingungen nicht abschließen würde.[590]

Das Gesetz ermöglicht dem *Treasury*, Sec 7872 IRC nicht anzuwenden, wenn das Darlehen keinen wesentlichen Einfluss auf die Steuerpflicht des Gläubigers oder des Schuldners hat.[591] Diese Bestimmung kann daher sowohl eine Anwendung von Sec 7872 IRC auslösen, als diese auch verneinen.[592]

Die Anwendungsfälle von Sec 7872 IRC können sich mit dem Anwendungsgebiet von Sec 482 IRC überschneiden. Sec 482 IRC ermöglicht es dem IRS,

---

586 Eine Person kann eine natürliche Person, ein Trust, ein *Partnership* oder eine Körperschaft sein, Prop. Reg. 1.7872-4(g)(2); *Bittker, B.I./Lokken, L.* (1999): 55.2.4; *Keyes, K.M.* (1997): 11.02[3][g][ii].

587 Sec 7872(f)(7) IRC.

588 Prop. Reg. 1.7872-11(c); *Bittker, B.I./Lokken, L.* (1999): 55.2.5; *Keyes, K.M.* (1997): 11.02[4][a].

589 Prop. Reg. 1.7872-2(a)(2)(ii); *Bittker, B.I./Lokken, L.* (1999): 55.2.5.

590 Prop. Reg. 1.7872-2(a)(2)(ii)(C); *Bittker, B.I./Lokken, L.* (1999): 55.2.5; *Keyes, K.M.* (1997): 11.02[4][b].

591 *"Which have no significant effect on any Federal tax liability of the lender or the borrower"*, Sec 7872(h)(1)(C) IRC; Reg. 1.7872-5T(b)(14).

592 Allerdings muss beachtet werden, dass diese Befreiung nicht anwendbar ist, wenn einer der Hauptgründe des Darlehens die Steuervermeidung ist, *Bittker, B.I./Lokken, L.* (1999): 55.2.5; *Keyes, K.M.* (1997): 11.02[4][d].

Eine weitere Ausnahme besteht für Anleihen, die von Israel ausgegeben werden, in US Dollar zahlbar sind und einen Zinssatz von mindestens 4% vorsehen, *Bittker, B.I./Lokken, L.* (1999): 55.2.5.

Einkommen, Aufwendungen, Credits zwischen gemeinsam kontrollierten Betrieben aufzuteilen. Darlehen unterliegen ebenfalls dieser Zuständigkeit, insofern kann Sec 7872 IRC auch auf Fälle anwendbar sein, die Sec 482 IRC unterliegen. Gem den *Proposed Regulations* kommt Sec 7872 IRC zuerst zur Anwendung, jedoch obliegt es dem *Commissioner* Sec 482 IRC zusätzlich zu Sec 7872 IRC anzuwenden.[593]

6.11.3. Steuerliche Behandlung

Liegt ein *Below Market Loan* vor, auf den Sec 7872 IRC anwendbar ist, ist je nach Art des Darlehens mit untenstehenden steuerlichen Konsequenzen zu rechnen.

Im Falle eines *Term Loans* wird angenommen, dass ein Teil des geliehenen Betrags eine Zinsvergütung darstellt. Die Höhe der fiktiven Zinsen ist der Überhang des ausgeliehenen Betrags über den Kapitalwert aller Zahlungen gem den Vereinbarungen des Darlehens. Als Diskontierungsfaktor wird hierfür die entsprechende AFR verwendet.[594]

Ist der Betrag des *Term Loans* innerhalb der Freigrenze, kommt Sec 7872 IRC nicht zur Anwendung und es müssen auch keine Zinsen berechnet werden. Wird jedoch die Freigrenze zu einem späteren Zeitpunkt überschritten, ist Sec 7872 IRC anwendbar und es müssen fiktive Zinsen derart berechnet werden, als ob das Darlehen zu einem späteren Zeitpunkt gewährt worden wäre. Der Kapitalwert wird daher auf den Zeitpunkt des erstmaligen Überschreitens der Freigrenze berechnet und auch auf diesen Zeitpunkt abgezinst. Es wird angenommen, dass Sec 7872 IRC auf die restliche Laufzeit des Darlehens anwendbar ist. Alle Zahlungen, die vor dem Überschreiten der Freigrenze getätigt worden sind, bleiben für die Berechnung der Zinsen außer Ansatz.[595] Fällt ein Darlehen ein-

---

593 Prop. Reg. 1.7872-2(a)(2)(iii); weil die AFR sowohl für Sec 7872 IRC als auch Sec 482 IRC anwendbar ist, und Sec 7872 IRC sehr weit gefasst ist, ist die Rolle von Sec 482 IRC in diesen Fällen eher gering, Reg. 1.482-2(a)(2), 1.482-2(a)(3); *Bittker, B.I./Lokken, L.* (1999): 55.2.5.

594 Prop. Reg. 1.7872-7(a)(5); *Keyes, K.M.* (1997): 11.03[1][a]; *Bittker, B.I./Lokken, L.* (1999): 55.3.1; liegt ein *Gift Term Loan* vor, so kommt diese Bestimmung nur für die *Gift Tax* zur Anwendung; für Fragen der *Income Tax* wird ein *Gift Term Loan* als *Demand Loan* behandelt, Prop. Reg. 1.7872-7(a)(2); Prop. Reg. 1.7872-7(a)(2); *Keyes, K.M.* (1997): 11.03[1][a]; *Bittker, B.I./Lokken, L.* (1999): 55.3.1.

595 Die AFR wird entsprechend der Restlaufzeit ausgewählt, jedoch ist die AFR im Zeitpunkt der Gewährung des Darlehens heranzuziehen, nicht der Zeitpunkt des Überschreitens der Geringfügigkeitsgrenze, Prop. Reg. 1.7872-7(b)(1); *Keyes, K.M.* (1997): 11.03[1][b].

mal unter Sec 7872 IRC, kann keine Freigrenze mehr in Anspruch genommen werden, selbst wenn das Darlehen unter 10.000 fällt.[596]

Die Qualifikation der Vergütung ist abhängig von der Beziehung der betreffenden Vertragsparteien. Im Falle eines *Gift Loan* wird die Vergütung eine Schenkung vom Gläubiger zum Schuldner darstellen. Im Falle eines *Compensation-Related Loan* wird die Vergütung als Gehalt oder Lohn vom Arbeitgeber zum Arbeitnehmer für die erbrachten Leistungen dargestellt. Liegt ein *Corporate Shareholder Loan* vor, wird die Vergütung bei einem Darlehen an den Gesellschafter als Ausschüttung gem Sec 301 IRC qualifiziert und bei entsprechendem E&P als Dividende behandelt, bei einem Darlehen an die Gesellschaft werden die fiktiven Zinsen als Einlage gewertet.[597]

Die Höhe der Vergütung wird dabei als OID behandelt. Dieser OID wird zum OID nach Sec 1273 IRC hinzugezählt.[598] Der Buchwert des Gläubigers eines *Below Market Loan* ist der Kapitalwert der Darlehenszahlungen. Wird OID während der Laufzeit berücksichtigt, erhöht sich der Buchwert um den entsprechenden OID; werden Zahlungen außer QSI vorgenommen, sinkt der Buchwert.[599]

Die Berechnung der fiktiven Zinsen eines *Demand Loan* unterscheidet sich von der Berechnung bei *Term Loans*. Bei *Demand Loans* werden zwei Transaktionen fingiert: In einem ersten Schritt wird dem Gläubiger unterstellt, dass er den Betrag der fiktiven Zinsen *(Forgone Interest)*[600] dem Schuldner zukommen

---

596 Prop. Reg. 1.7872-7(b)(2); *Keyes, K.M.* (1997): 11.03[1][b]; *Bittker, B.I./Lokken, L.* (1999): 55.3.1.

597 Prop. Reg. 1.7872-4(a) bis (d); *Keyes, K.M.* (1997): 11.03[1][c]; *Bittker, B.I./Lokken, L.* (1999): 55.3.1.

598 Gewährt eine Körperschaft einem Gesellschafter ein Darlehen iHv 1.000 Dollar mit einer Laufzeit von 5 Jahren und einer Verzinszung von 5 %, obwohl die entsprechende AFR 9,2% ist, wird der Kapitalwert aller Zahlungen berechnet. Bei einem Diskontierungsfaktor von 9,2% entspricht dies einem Betrag von 837 Dollar. Dementsprechend sind 163 Dollar eine Ausschüttung an den Gesellschafter. Darüber hinaus hat das Darlehen OID in Höhe von 163 Dollar, die jährlich bei beiden Vertragsparteien berücksichtigt werden müssen, Prop. Reg. 1.7872-7(a)(3)(ii); *Keyes, K.M.* (1997): 11.03[2]; *Bittker, B.I./ Lokken, L.* (1999): 55.3.1; *Gertzman, S.F.* (1993): 11.11[3][b].

599 Prop. Reg. 1.7872-7(a)(6); *Keyes, K.M.* (1997): 11.03[3]; *Bittker, B.I./Lokken, L.* (1999): 55.3.1.

600 Der Betrag der *Forgone Interest* wird für jede Periode, auf die Sec 7872 IRC anwendbar ist, berechnet und der Zeitpunkt der Vergütung wird mit 31.12. angenommen, Prop. Reg. 1.7872-6(c); für ein Veranlagungsjahr ist der Betrag der *Forgone Interest* der Überhang der Zinsen, die im Veranlagungsjahr lt AFR zu zahlen gewesen wären über die Summe aller Zinszahlungen und OID, die dem Veranlagungsjahr zugerechnet werden können,

lässt, wobei die Qualifikation dieser Vergütung vom wirtschaftlichen Gehalt der Transaktion abhängig ist.[601] Anschließend wird vermutet, dass der Schuldner diesen Betrag dem dem Gläubiger als Zinsen zu zahlen hat.[602] Die fiktive Zinszahlung stellt einerseits Erträge beim Gläubiger, andererseits Aufwendungen beim Schuldner dar, die nach den allgemeinen Regeln abzugsfähig sind.[603]

6.12. Zusammenfassung

Im US-Steuerrecht können Zinsaufwendungen durch zahlreiche *Codesections* beschränkt, gestundet oder generell verboten werden. Die Abzugsfähigkeit wird dabei vor allem von der Rechtsform der Gesellschaft und von den wirtschaftlichen Zusammenhängen abhängig sein. Im Gegensatz dazu sind die Bestimmungen in Österreich weitaus überschaubarer und ist vor allem durch die Einführung von § 11 Abs 1 Z 4 KStG die Abzugsfähigkeit von Fremdkapitalzinsen in Bezug auf Beteiligungen iSd § 10 KStG für Körperschaften gewährleistet.

Ein wesentlicher Bestandteil der Bestimmungen bzgl Zinsaufwendungen bzw -erträgen sind die Vorschriften zum *Time Value of Money*, die den zeitlichen Anfall regeln. Die OID-Vorschriften, der Market Discount, das Premium, die VRDI und die CPDI Bestimmungen dienen vorrangig dem Zweck, die Zinsen für ein entsprechendes Veranlagungsjahr zu ermitteln. Dies wird prinzipiell anhand von Kapitalwertmodellen bewerkstelligt, die den Zinseszinseffekt berücksichtigen. Im österreichischen Recht wird der Zinseszinseffekt vor allem bei Nullkuponanleihen berücksichtigt.

Neben dem zeitlichen Anfall wird auch die Fremdüblichkeit von Zinszahlungen überprüft. Jedem Geschäft, das eine Zahlung mit einem Zahlungsziel von min-

---

Prop. Reg. 1.7872-13(a)(1); *Keyes, K.M.* (1997): 11.04[3][a]; *Bittker, B.I./Lokken, L.* (1999): 55.3.2.

601 Die Vergütung kann demnach eine Schenkung, ein Gehalt, eine Dividende etc sein, Prop. Reg. 1.7872-1(a).

602 Prop. Reg. 1.7872-6(b)(1).

603 *Gertzman, S.F.* (1993): 11.11[3][a]; *Keyes, K.M.* (1997): 11.04[1]; *Bittker, B.I./Lokken, L.* (1999): 55.3.2.

Besondere Beschränkungen kommen auf bestimmte *Gift Loans* zur Anwendung. Diese Vorschriften sind dann anzuwenden, wenn ein *Gift Loan* direkt zwischen zwei natürlichen Personen gewährt wird und der ausstehende Betrag 100.000 Dollar nicht überschreitet. Sind diese Voraussetzungen erfüllt, sind die fiktiven Zinsen mit dem *Net Investment Income* des Schuldners limitiert, Prop. Reg. 1.7872-8(c)(1); als *Net Investment Income* wird der Überhang des Investment Income über die *Investment Expenses* bezeichnet, wie in Sec 163(d)(4) IRC erläutert. Das *Net Investment Income* wird mit 0 angenommen, wenn der Betrag des *Net Investment Income* 1.000 nicht übersteigt, *Keyes, K.M.* (1997): 11.04[4]; *Bittker, B.I./Lokken, L.* (1999): 55.3.2.

destens einem Jahr vorsieht, wird ein Zinsanteil unterstellt, selbst wenn dieser nicht ausdrücklich ausgewiesen wird. Dieser Zinsanteil bzw die Fremdüblichkeit der angegebenen Zinsen wird anhand der *Applicable Federal Rate* (AFR) überprüft, die vom IRS in regelmäßigen Abständen publiziert wird. Im Gegensatz zu Österreich, wo sich der Fremdvergleich als äußerst schwierig erweisen kann, wird dem Steuerzahler einer gewisse Rechtssicherheit geboten, andererseit ist ein Abweichen von dieser Vorgabe mit größerem Aufwand verbunden.

7. Tax Shelters

Unter Tax Shelters werden Gestaltungen verstanden, die vorrangig die Vermeidung oder Minderung der Ertragssteuer vorsehen.[604] Steuerpflichtige sind durch die Tax Shelter Bestimmungen gem Sec 6111 IRC verpflichtet, dem IRS bestimmte Gestaltungen mitzuteilen.[605] Durch diese Bestimmungen erhält der IRS umfangreiche Informationen bezüglich Transaktionen, die der Steuervermeidung dienen können. Erscheint dem IRS eine Gestaltung als missbräuchlich, kann eine Prüfung eingeleitet werden bzw vom IRS eine Bestimmung erlassen werden, die solche Transaktionen unterbindet.[606]

Liegt ein mitteilungspflichtiges Geschäft vor, sind sowohl vom Steuerpflichtigen als auch vom Organisator und von Beratern Mitteilungs-, Registrierungs- und Dokumentationspflichten zu beachten, wenn sie Strafzuschläge vermeiden wollen.[607] Gem den *Regulations* gibt es sechs Kategorien von *Reportable Transactions*:

- Der Steuerpflichtige ist die Gestaltung unter der Bedingung der Vertraulichkeit eingegangen *(Confidential Transactions)*.[608]
- Der Steuerpflichtige hat eine vertragliche Absicherung gegenüber dem Nichteintreten der angestrebten Steuerersparnis, falls diese nicht erhalten wird *(Contractual Protection)*.

---

[604] Ein Tax Shelter ist eine *"tax transaction or scheme that shelters income from normal taxation by taking a tax position that is not supported by tax law or manipulates the law in a manner that is not consistent with the intent of the law", Beeman, E.R.* (2005): 451 zitiert den IRS.

[605] In Sec 6111 IRC wird dem IRS das Recht zur Veröffentlichung von *Regulations* gegeben, die durch den Verweis Gesetzescharakter innehaben.

[606] *Kleinbard, E.D./Nijenhuis, E.W.* (2002): 1238; *Jakob, D.* (1998): 136.

[607] *Kotzen, W.L./Rieser, J.A./Bailey, D.B.* (2005): 33; *Kreienbaum, M.* (2005): 722.

[608] *Kotzen, W.L./Rieser, J.A./Bailey, D.B.* (2005): 35, der Steuerpflichtige muss dabei dem Anbieter eine Gebühr zahlen; für Körperschaften beträgt diese 250.000 Dollar, *Kreienbaum, M.* (2005): 722; ausführlich *Zschiegner, H.* (2002c): 1230.

- Der Steuerpflichtige generiert durch die Gestaltung einen Verlust von 2 Millionen im Veranlagungsjahr oder 4 Millionen Dollar in mehreren Veranlagungsjahren *(Loss Transactions)*.[609]
- Die Behandlung der Gestaltung für steuerliche Zwecke in einem Veranlagungsjahr differiert oder wird wahrscheinlich um 10 Millionen Dollar von der Behandlung der Gestaltung für Rechnungslegungszwecke abweichen *(Significant Book-Tax Difference)*.[610]
- Der Steuerpflichtige kann durch die Transaktionen *Credits* (inkl. *Foreign Tax Credits*) von über 250.000 Dollar in Anspruch nehmen, obwohl er das diesen *Credit* generierende Vermögen weniger als 46 Tage hielt *(Brief Holding Period)*.[611]
- Des weiteren veröffentlicht der IRS eine Liste, die bestimmte Transaktionen beinhaltet, die der IRS als missbräuchlich einstuft *(Listed Transactions)*.[612]

Liegt eine *Reportable Transaction* vor, muss nicht nur der Steuerpflichtige, sondern jeder, der bei der Umsetzung einer *Reportable Transaction* zumindest beratend beteiligt ist und daraus Einkommen in bestimmter Höhe erzielt *(Material Advisor)* eine Erklärung einreichen, die das Geschäft beschreibt und die Steuerfolgen angibt.[613] Darüber hinaus ist jeder, der potenziell missbäuchliche Steuersparmodelle organisiert oder vertreibt, verpflichtet, eine Liste der Steuerpflichtigen, die an dem Modell beteiligt sind, zu erstellen und auf Anforderung dem IRS zur Verfügung zu stellen.[614]

Kommt der Steuerpflichtige nicht der Verpflichtung zur Offenlegung der *Reportable Transactions* im Rahmen der Steuererklärung nach, sieht Sec 6707A

---

609 Die Grenze für Körperschaften beträgt 10 bzw 20 Millionen Dollar, *Schaefer, R.C.* (2005): 564; *Kotzen, W.L./Rieser, J.A./Bailey, D.B.* (2005): 36f.

610 Unter Rechnungslegungszwecken werden idR die GAAP verstanden. Diese Regelung kommt für Unternehmen, die gem den Vorschriften der SEC bilanzieren, bzw Unternehmen, die Anlagevermögen von über 250.000 Dollar aufweisen, zur Anwendung, *Kotzen, W.L./Rieser, J.A./Bailey, D.B.* (2005): 38; allerdings gibt es von diesen Regelungen zahlreiche Ausnahmetatbestände, *Schaefer, R.C.* (2005): 564.

611 Rev. Proc 2004-68 sieht einige Ausnahmen von dieser Regelung vor, *Schaefer, R.C.* (2005): 564; *Kotzen, W.L./Rieser, J.A./Bailey, D.B.* (2005): 39f.

612 Ausführlich siehe *Naujok, J.-P.* (2003): 861f; *Kotzen, W.L./Rieser, J.A./Bailey, D.B.* (2005): 34ff; Der IRS hat das Recht, diese Liste jederzeit abzuändern, siehe www.irs.gov; *Krupsky, K.J./Day, J.* (2003): 367f.

613 Dazu ist das Formular 8886 auszufüllen und dem *Office of Tax Shelter Analysis* abzugeben, *Kotzen, W.L./Rieser, J.A./Bailey, D.B.* (2005): 41.

614 Die Liste ist sieben Jahre aufzubewahren und dem IRS auf Anfrage innerhalb von 20 Tagen zur Verfügung zu stellen, *Kreienbaum, M.* (2005): 723.

IRC Strafen für die Nichtanführung vor. Die Strafe beträgt für das Verschweigen von nicht gelisteten Transaktionen 10.000 Dollar für natürliche Personen bzw 50.000 Dollar für alle anderen Steuerpflichtigen; bei Nichtangabe von gelisteten Transaktionen erhöht sich die Strafe auf 100.000 bzw 200.000 Dollar.[615]

Darüber hinaus sieht Sec 6662A IRC Strafen auf nicht korrekte Angaben bzgl *Tax Shelter* vor. Eine 20%ige Strafsteuer wird auf nicht korrekte Angaben bzgl nicht gelisteter Transaktionen und eine 30%ige Strafsteuer auf nicht korrekte Angaben bzgl gelisteter Transaktionen eingehoben.[616]

---

615 Der IRS kann jedoch die Strafe abschwächen, wenn dadurch die Compliance oder die Administration vereinfacht wird, *Schaefer, R.C.* (2005): 565; *Kotzen, W.L./Rieser, J.A./ Bailey, D.B.* (2005): 42.

616 Kann der Steuerpflichtige jedoch nachweisen, dass er einen guten Grund für diese Angabe hatte, kommt unter bestimmten Voraussetzungen die Strafsteuer gem Sec 6664(d) IRC nicht zur Anwendung, *Schaefer, R.C.* (2005): 566; *Kotzen, W.L./Rieser, J.A./Bailey, D.B.* (2005): 44; *Kreienbaum, M.* (2005): 723.

V. Internationale Besteuerung in den USA

1. Allgemein

Das US-amerikanische Steuerrecht unterteilt internationale Aktivitäten in zwei Kategorien. Die wirtschaftlichen Aktivitäten ausländischer natürlicher Personen in den USA werden als *Inbound Transaktionen* qualifiziert, während die ausländischen Aktivitäten von US-amerikanischen natürlichen Personen und US-Körperschaften als *Outbound Transaktionen* bezeichnet werden. Die USA besteuern diese zwei Kategorien auf unterschiedliche Weise.

In Outbound Geschäften unterliegt der Steuerpflichtige üblicherweise der Welteinkommenbesteuerung, bei der die USA das Besteuerungsrecht gem Sec 61(a) IRC für das Einkommen aus jeglicher Quelle *(from whatever source derived)* besitzen. Der Welteinkommensteuerpflicht unterliegen natürliche Personen, die als US-Personen klassifiziert werden und US-Körperschaften.[617] Zur Vermeidung der Doppelbesteuerung wenden die USA konsequent die Anrechnungsmethode an, die sowohl im Recht der Doppelbesteuerungsabkommen, als auch im Rahmen unilateraler Maßnahmen gem Sec 901 bis 908 IRC als *Foreign Tax Credit* Anwendung findet. Damit wurde in den USA das Prinzip der Kapitalexportneutralität verwirklicht und die ausländischen Einkünfte eines unbeschränkt Steuerpflichtigen unterliegen zumindest der Höhe des US-Steuerniveaus. Das Einkommen ausländischer Tochtergesellschaften unterliegt normalerweise nicht der US-Besteuerung, die Ausschüttung wird erst im Zeitpunkt der Repatriierung besteuert. Von dieser generellen Regel gibt es verschiedene Ausnahmetatbestände.

Bei Inbound Geschäftsfällen üben die USA gem Sec 2(d) IRC und Sec 11(d) IRC eine begrenzte Quellenbesteuerung aus. Einkommen aus *Inbound Transaktionen* wird in zwei Kategorien eingeteilt. Einerseits unterscheidet das US-Steuerrecht gem Sec 871(b) IRC Einkommen, das mit einer aktiven Tätigkeit in den USA zusammenhängt *(effectively connected with the conduct of a trade or business in the US – ECI)* bzw andererseits gem Sec 871(a) IRC Einkommen aus passiver Tätigkeit *(fixed or determinable annual or periodic income – FDAP)*.

Das ausländische Einkommen von *Nonresident Aliens* und ausländischen Körperschaften ist gem Sec 872(a) und 882(b) IRC von der US-Besteuerung ausgenommen.[618]

---

617 *Bittker, B.I./Eustice, J.S.* (2000): 15.01[1].

618 *Bittker, B.I./Lokken, L.* (2003): 65.1.2;

Im Teil 2 wird zuerst die Frage nach beschränkter bzw unbeschränkter Steuerpflicht geklärt. Anschließend dient das Teil 3 dazu, die umfangreichen Quellenregeln zu beschreiben, die bestimmen, wann Einkommen als US-Einkommen und wann als ausländisches Einkommen angesehen wird. Teile 4 und 5 behandeln die Besonderheiten der Inbound und Outbound Transaktionen, Teil 6 beschäftigt sich mit der Frage der Verrechnungspreise und der Teil 7 geht speziell auf den Geltungsbereich der Doppelbesteuerungsabkommen ein.

2. Unbeschränkte und beschränkte Steuerpflicht

Das US-amerikanische Steuerrecht unterscheidet zwischen unbeschränkter und beschränkter Steuerpflicht. Die Unterscheidung ist insofern von Bedeutung, als ein unbeschränkt Steuerpflichtiger mit dem Welteinkommen zu besteuern ist und unterschiedliche Regelungen im IRC bezüglich Aufwendungen, Freibeträgen, Anrechnungsbeträgen und Steuersätzen mit unterschiedlichen steuerlichen Auswirkungen Anwendung finden.[619]

Die Definition der beschränkten Steuerpflicht ist gem Sec 7701(b)(1)(B) IRC eine negative Abgrenzung zur unbeschränkten Steuerpflicht. Natürliche Personen, die in den USA nicht unbeschränkt steuerpflichtig sind *(Non-Resident Aliens)*, unterliegen mit ihren Einkünften in den USA der beschränkten Steuerpflicht.[620]

2.1. Natürliche Personen

In den USA bewirkt die unbeschränkte Steuerpflicht die Besteuerung des Welteinkommens. Als unbeschränkt steuerpflichtig gelten gem Sec 7701(a)(30)(A) IRC folgende Personen:

- US-Staatsbürger *(Citizenship)* bzw
- ansässige Ausländer *(Resident Aliens)*.

In den USA wird die unbeschränkte Steuerpflicht entsprechend dem Nationalitätsprinzip durch die US-Staatsbürgerschaft begründet,[621] gleichgültig, ob die

---

619 Mit der unbeschränkten Steuerpflicht sind jedoch auch unterschiedliche steuerliche Abzugsmöglichkeiten verbunden, die bei beschränkter Steuerpflicht nicht gewährt werden, *Gustafson, C.H./Peroni, R.J./Pugh, R.C.* (2001): 36; *Brinker, T.M./Shermann, W.R.* (2004): 16f.

620 *Haun, J.* (1996): 160; *Brinker, T.M./Shermann, W.R.* (2004): 16; *Buzanich, H./Kofler, G.* (2004): 257; *Bittker, B.I./Lokken, L.* (2003): 65.2.1.

621 Der *Supreme Court* hat im Fall Cook v. Tait, 265 US 47 (1924), zu dieser Besonderheit Stellung genommen und ist zu dem Schluss gekommen, dass weder gegen das Völkerrecht noch gegen die US-Verfassung verstoßen wird, wenn US-Staatsbürger in den USA unbeschränkt steuerpflichtig sind, selbst wenn sich der Wohnsitz im Ausland befindet

natürliche Person in den USA lebt oder nicht. Damit unterscheidet sich das US-Steuerrecht von den meisten anderen Steuerrechtssystemen, die eine Anknüpfung der Welteinkommenbesteuerung an die Staatesbürgerschaft nicht vorsehen.

Die unbeschränkte Steuerpflicht umfasst auch Doppelstaatsbürger.[622] Sollte die US-Staatsbürgerschaft zurückgelegt werden, so bleibt die unbeschränkte Steuerpflicht gem Sec 877(a)(1) IRC für weitere 10 Jahre aufrecht, solange nicht nachgewiesen werden kann, dass die Steuervermeidung nicht mit ein Grund für das Zurücklegen der Staatsbürgerschaft gewesen ist.[623]

Durch die Ansässigkeit eines Ausländers wird ebenfalls die unbeschränkte Steuerpflicht begründet. *Resident Aliens* werden damit US-Staatsbürgern in steuerlichen Fragen weitgehend gleichgestellt.[624] Es ist allerdings zu beachten, dass sich der Begriff *„Resident Aliens"* für steuerliche Zwecke nicht mit der Zuordnung *„Resident Aliens"* der Einwanderungsbehörde deckt.[625]

Die Ansässigkeit in einem Veranlagungsjahr wird nach Sec 7701(b)(1)(A) IRC entweder

- durch eine permanente Aufenthaltsbewilligung begründet *(Lawful Permanent Resident Test)*, oder
- durch einen Aufenthalt über einen bestimmten Zeitraum *(Substantial Presence Test)* ausgelöst.[626]

Eine natürliche Person, die während des Veranlagungsjahres als *Lawful Permanent Resident* in die USA aufgenommen wurde, gilt gem Sec 7701(b)(1)(A)(i)

---

und der Steuerpflichtige nur ausländisches Einkommen hat. "*... the consequence ... is that the native citizen who is taxed may have domicile, and the property from which his income is derived may have situs, in a foreign country and the tax be legal – the government having power to impose the tax"; Bittker, B.I./Lokken, L.* (2003): 65.1.2; *Gustafson, C.H./Peroni, R.J./Pugh, R.C.* (2001): 33f.

622 Matheson v. US, 532 F2d 809 (2nd Cir. 1976); Vriniotis v. Commissioner, 79 TC 298 (1982).

623 Eine Absicht zur Steuervermeidung wird dann angenommen, wenn die US-Steuerbelastung des ehemaligen US-Staatsangehörigen bestimmte Beträge übersteigt, *Toifl, G.* (1998): 77; eine Verschäftung dieser Bestimmung sieht ein Gesetzesentwurf vor, der noch vom Senat und vom Repräsentantenhaus genehmigt werden muss, *Bruce, C.M./ Serat, L./Hirsch, G.F./Lagonico, S.* (2006): 131; *Müssener, I.* (2000): 15; *Schuch, J./ Toifl, G.* (1997): 137; *Gustafson, C.H./Peroni, R.J./Pugh, R.C.* (2001): 38; ausführlich dazu *Zschiegner, H.* (2005a): 1353ff; *Thiele, C.* (1997): 353f.

624 *Gustafson, C.H./Peroni, R.J./Pugh, R.C.* (2001): 34; *Thiele, C.* (1997): 353.

625 Park v. Commissioner, 79 T.C. 252 (1982), aff'd, 755 F2d181 (D.C.Cir.1985).

626 *Bittker, B.I./Lokken, L.* (2003): 65.2.1; *Müssener, I.* (2000): 15; *Zschiegner, H.* (2000): 1071; *Bittker, B.I./Eustice, J.S.* (2000): 15.01[3]; *Schneidman, L./Schaul-Yoder, R.* (2002): 895; *Schnittker, H./Poe, P.* (2001): 1115f.

IRC als *Resident Alien* für das entsprechende Veranlagungsjahr. Sie gilt dann als *Lawful Permanent Resident*, wenn sie gem Sec 7701(b)(6) IRC als Immigrant unter den *Immigration Laws* von der Einwanderungsbehörde (*Immigration and Naturalization Service)* eine dauerhafte Aufenthaltsbewilligung erteilt bekommt *(Green Card (alien registration card))*[627] und diese nicht aberkannt worden ist.[628] Für die Erfüllung des *Green Card Test* ist allein die rechtliche Stellung ausschlaggebend, die körperliche Anwesenheit ist nicht Voraussetzung.[629]

Hält sich ein Ausländer für mehr als 183 Tage in den USA auf, wird dieser für steuerliche Zwecke als *Resident Alien* qualifiziert und unterliegt der unbeschränkten Steuerpflicht *(Substantial Presence Test)*. Um missbräuchliche Gestaltungen zu vermeiden, wird bei Überschreiten einer 30-tägigen Aufenthaltsdauer in den USA[630] im Veranlagungsjahr ein weiterer Test ausgelöst, der zu einer Qualifikation als *Resident Alien* führen kann.

Der Test berechnet sich nach folgender Formel *(Lookback Formula)*:

$$\begin{array}{c}\text{Aufenthaltstage}\\ \text{im laufenden}\\ \text{Jahr}\end{array} + \frac{\begin{array}{c}\text{Aufenthaltstage}\\ \text{im Vorjahr}\end{array}}{3} + \frac{\begin{array}{c}\text{Aufenthaltstage}\\ \text{Vorvorjahr}\end{array}}{6} \geq \begin{array}{c}183\\ \text{Tage}\end{array}$$

Abbildung 4: Lookback Formula

Die Qualifikation als *Resident Alien* wird bei Überschreiten von 183 Tagen angenommen, wobei die Tage in den Vorjahren nicht gleich gewichtet werden. Die Tage im Veranlagungsjahr werden gem Sec 7701(b)(3)(A) IRC als ganze Tage gezählt, die Tage im Vorjahr werden zu einem Drittel gewichtet, während die Tage im Vorvorjahr nur zu einem Sechstel gewichtet werden.[631] Sollte das Ergebnis mehr als 183 Tage betragen, so wird der Ausländer (nur) im Veran-

---

627 *Brinker, T.M./Shermann, W.R.* (2004): 16.

628 Die Voraussetzungen des *Lawful Permanent Resident Test* bleiben solange erfüllt, bis die *Permanent Residence* widerrufen oder verwaltungsmäßig oder gerichtlich aufgehoben wird, *Blumenberg, J.* (1997): 131; *Bittker, B.I./Lokken, L.* (2003): 65.2.1; Die Bewilligung eines *Non-Immigrant Visas* begründet nicht den Status des *Lawful Permanent Resident*, 8 U.S. C. Sec 1101(a)(15), (20).

629 Sollte der *Green Card* Besitzer allerdings nicht in die USA einreisen, so gilt er nicht als *Resident Alien;* Durch die erstmalige Einreise wird jedoch eine fortdauernde Ansässigkeit begründet, *Zschiegner, H.* (2002): 1144.

630 Davon ausgeschlossen sind *US possessions and territories* gem Reg. 301.7701(b)-1(b)(2)(ii).

631 *Blumenberg, J.* (1997): 131; *Brinker, T.M./Shermann, W.R.* (2004): 16; *Thiele, C.* (1997): 353.

lagungsjahr als *Resident Alien* qualifiziert und damit die unbeschränkte Steuerpflicht ausgelöst.[632]

Von dieser recht umfangreichen unbeschränkten Steuerpflicht wird in zwei Fällen eine Ausnahme gemacht. Der erste Ausnahmefall betrifft gem Sec 7701(b) (5) IRC einen bestimmten Personenkreis, der in den USA ein gewisses Ziel verfolgt; umfasst werden hierbei ausländische Lehrer, Studenten, Profisportler, Diplomaten und Teilnehmer von kulturellem Austausch.[633] Der zweite Ausnahmefall besteht dann, wenn der Aufenthalt eines Ausländers weniger als 183 Tage im Veranlagungsjahr beträgt, jedoch aufgrund der *Lookback Formula* eine unbeschränkte Steuerpflicht bestehen würde und nachgewiesen werden kann, dass gem Sec 911(d)(3) IRC ein *Tax Home* – ein Auslandswohnsitz mit enger persönlicher, rechtlicher und/oder geschäftlicher Beziehung zu einem anderen Staat[634] – besteht. Bei diesen Voraussetzungen wird gem Sec 7701(b)(3)(B) IRC kein gewöhnlicher Aufenthalt im steuerlichen Sinne begründet und damit auch keine unbeschränkte Steuerpflicht ausgelöst.[635]

Im Gegensatz zu Österreich ist die unbeschränkte Steuerpflicht in den USA wesentlich weiter gefasst. Zwar ist ein Wohnsitz nicht für die unbeschränkte Steuerpflicht maßgeblich, jedoch ist bereits jeder US-Staatsbürger bzw Steuerpflichtige mit US-amerikansicher Aufenthaltsbewilligung mit dem Welteinkommen steuerpflichtig, unabhängig davon, ob er sich in den USA aufhält. Auch der gewöhnliche Aufenthalt ist weiter gefasst, da nicht nur das Überschreiten von einer Aufenthaltsdauer von mehr als 183 Tagen zu einer unbeschränkten Steuerpflicht führt, sondern auch vergangene Veranlagungsjahre Ursache für eine Welteinkommensbesteuerung sein können. Durch die

Umsetzung sowohl des Nationalitätsprinzips als auch des Ansässigkeitsprinzips erweitern die USA die Möglichkeit zur Besteuerung ausländischen Einkommens.[636]

---

632 *Schnittker, H./Poe, P.* (2001): 1116; *Buzanich, H./Kofler, G.* (2004): 258.

633 *Brinker, T.M./Shermann, W.R.* (2004): 16.

634 Unter *Tax Home* ist der Ort zu verstehen, wo der Betrieb hauptsächlich ausgeübt wird bzw wenn kein Betrieb vorliegt, der Ort des Mittelpunkts der Lebensinteressen, *Bittker, B.I./Lokken, L.* (2003): 65.2.3; Reg. 301.7701(b)-2(d); Reg. 1.911-2(b); *Schnittker, H./Poe, P.* (2001): 1117.

635 *Bittker, B.I./Lokken, L.* (2003): 65.2.1; *Buzanich, H./Kofler, G.* (2004): 258f.

636 *Jacobs, O.H.* (2002): 7.

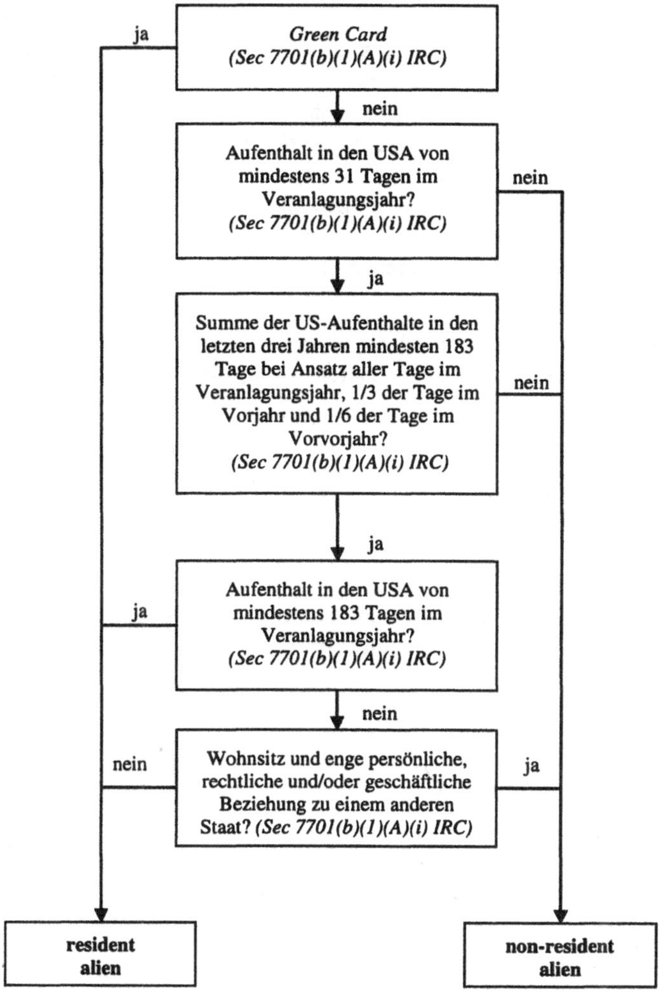

Abbildung 5: Prüfungsschema Resident Alien[637]

2.2. Körperschaften

Der unbeschränkten Steuerpflicht unterliegen alle Körperschaften gem Sec 7701(a)(4) IRC, die nach dem Recht der USA, ihrer Bundesstaaten oder des

[637] *Buzanich, H./Kofler, G.* (2004): 259; *Zschiegner, H.* (2000): 1072.

District of Columbia errichtet worden sind.[638] Bei nach US-amerikanischem Recht gegründeten Körperschaften ist es daher unerheblich, wo sich der tatsächliche Ort der Geschäftsleitung befindet. Bei nicht nach US-Recht gegründeten Kapitalgesellschaften wird die unbeschränkte Steuerpflicht nur dadurch begründet, wenn der Gesellschaftssitz verlegt und die Gründungsurkunde bei der zuständigen Behörde eingereicht wird, wodurch das Unterwerfen unter die amerikanischen gesellschaftsrechtlichen Statuten erfolgt. Die unbeschränkte Steuerpflicht führt dazu, dass das gesamte, weltweit erzielte Einkommen der Kapitalgesellschaft in den USA steuerpflichtig ist.

Die beschränkte Steuerpflicht für Körperschaften ist gem Sec 7701(a)(5) IRC eine negative Abgrenzung zur unbeschränkten Steuerpflicht. Körperschaften, die nicht nach dem Recht der USA errichtet worden sind, sind nur beschränkt steuerpflichtig.

3. Quellenregelungen

3.1. Allgemein

Neben der Frage, ob unbeschränkte oder beschränkte Steuerpflicht vorliegt, ist zu klären, ob das Einkommen als inländisch oder ausländisch eingestuft wird. Durch diese Unterscheidung ergeben sich vier unterschiedliche Szenarien:

	Unbeschränkte Steuerpflicht	*Beschränkte Steuerpflicht*
Inländisches Einkommen	(1)	(3)
Ausländisches Einkommen	(2)	(4)

Ein unbeschränkt Steuerpflichtiger unterliegt mit seinem inländischen Einkommen (1) generell der US-Besteuerung. Erwirtschaftet ein unbeschränkt Steuerpflichtiger ausländisches Einkommen (2), ist auch dieses aufgrund des Welteinkommensprinzips in den USA steuerpflichtig, jedoch kann für dieses Einkommen zur Vermeidung der Doppelbesteuerung ein *Foreign Tax Credit* in Anspruch genommen werden.[639] Beschränkt Steuerpflichtige sind ausschließlich

638 *Schuch, J./Toifl, G.* (1997): 138; *Gustafson, C.H./Peroni, R.J./Pugh, R.C.* (2001): 48; *Bittker, B.I./Lokken, L.* (2003): 65.3.1; *Bittker, B.I./Eustice, J.S.* (2000): 15.01[3]; *Zschiegner, H.* (2002b): 1196; *Thiele, C.* (1997): 353.

639 *Doering, J.A.* (2005): 49.

mit ihrem in Inland erzielten Einkommen (3) in den USA steuerpflichtig; erwirtschaftet dementsprechend ein beschränkt Steuerpflichtiger ausländisches Einkommen (4), ist diesen in den USA nicht steuerbar.[640]

Einkommen wird gem Sec 7701(a)(9) IRC grundsätzlich dann als inländisch – also als US Einkommen – eingestuft, wenn es in den einzelnen Staaten oder dem *District of Columbia* erzielt worden ist.[641]

3.2. Zuordnung von Einkommen

3.2.1. Zinsen

Gem Sec 861(a)(1) IRC sind Zinsen[642] dann in den USA erzielt worden, wenn der Schuldner eine in den USA unbeschränkt steuerpflichtige natürliche Person oder eine US-Körperschaft ist. Zinsen von unbeschränkt steuerpflichtigen Schuldnern werden als inländisches Einkommen, Zinsen von beschränkt steuerpflichtigen Schuldnern als ausländisches Einkommen erachtet.[643] Dabei ist es unerheblich, wo die zugrunde liegende Transaktion getätigt oder wo die Verschuldung beurkundet worden ist oder ob Zinsen tatsächlich bezahlt worden sind.[644]

---

640 *Bittker, B.I./Lokken, L.* (2003): 73.1; *Yoon K.K./Beddingfield, A.S.* (2002): 551; *Gustafson, C.H./Peroni, R.J./Pugh, R.C.* (2001): 64f.

641 *Bittker, B.I./Lokken, L.* (2003): 73.1; die Quellenregeln sind in Sec 861-865 IRC geregelt.

642 In diesem Zusammenhang werden unter Zinsen *Imputed Interest* gem Sec 483 IRC, OID gem Sec 1272 IRC, nicht jedoch *Market Discount* gem Sec 1276(a)(4) IRC verstanden, *Bittker, B.I./Eustice, J.S.* (2000): 15.02[1][b]; *Schneidman, L./Schaul-Yoder, R.* (2002): 900.

643 *Haun, J.* (1996): 161; *Gustafson, C.H./Peroni, R.J./Pugh, R.C.* (2001): 65; *Jones, S.M./ Rhoades-Catanach, S.C.* (2004): 298.

644 *Doernberg, R./L.* (2001): 68; *Yoon, K.K./Beddingfield, A.S.* (2002): 552; Iglesias v. US, 848 F2d 362 (2d Cir. 1988); AC Monk & Co. v. CIR, 10 TC 77 (1948) Zinsen von einer chinesischen Betriebsstätte einer US-Körperschaft wurden als im Inland erzielt angesehen, obwohl diese von einer chinesischen Bank abgehoben und aufgrund chinesischer Geschäfte bezahlt worden sind; McKinnon's Est. V. Com., 6 BTA 412 (1927), Ort der Zinskupons war nicht ausschlaggebend für die Bestimmung der Quelle der Zinszahlung; Rev. Rul 71-519, 1971-2 CB 264 Zahlungsort und Nationalität des Agenten waren nicht ausschlaggebend für die Bestimmung der Quelle der Zinsen.

Im Falle einer Bürgschaft ist die Ansässigkeit des Primärschuldners von Relevanz, selbst wenn der Bürge die Zinszahlungen leistet. Erst wenn der Bürge als Primärschuldner einspringt, ist die Ansässigkeit des Bürgen ausschlaggebend, Reg. 1.861-2(a)(5); Tonopah & Tidewater RR v. Com., 39 BTA 1043 (1939), rev'd, 112 F2d 970 (9th Cir. 1940); Zinszahlungen einer ausländischen Muttergesellschaft als Bürge für Zinsenausfälle der US-Tochtergesellschaft wurden als in den USA erzielt angesehen; Rev. Rul. 78-118, 1987-1 CB 219, der Beteiligte, der das Risiko des Verlustes getragen hat, galt als Primärschuldner der Finanzierungstransaktion.

Von dieser allgemeinen Regel gibt es jedoch Ausnahmen. Zinsen von ausländischen Betriebsstätten amerikanischer Geschäftsbanken werden gem Sec 861(a)(1)(B)(i) IRC als im Ausland erzielte Zinsen betrachtet, selbst wenn die Betriebsstätte Teil einer US-Körperschaft ist.[645] Im Gegenzug sind gem Sec 884(f)(1) IRC Zinsen von ausländischen Körperschaften (Schuldner), die sich wirtschaftlich in den USA betätigen, als in den USA erzielte Zinsen im Verhältnis zu der aktiven Tätigkeit in den USA anzusehen.

Zinsen von unbeschränkt steuerpflichtigen natürlichen Personen und US-Körperschaften werden gem Sec 861(a)(1)(A) IRC dann als im Ausland erzielte Zinsen betrachtet, wenn mindestens 80% des Einkommens der letzten drei Jahre im Ausland aus einer aktiven Tätigkeit *(Active Foreign Business Income gem Sec 861(c)(1) IRC)* erwirtschaftet worden ist.[646] Erzielt eine ausländische Gesellschaft mehr als 80% des Einkommens im Ausland, so werden die Zinszahlungen zu unabhängigen Dritten zur Gänze als ausländisches Einkommen behandelt und sind daher nicht steuerpflichtig.[647]

3.2.2. Dividenden

Die Quellenregel für ausländische Dividendenerträge[648] ist eine negative Abgrenzung zu inländischen Dividendenerträgen. Dividenden, die von US-Körperschaften ausgeschüttet werden, sind gem Sec 861(a)(2) IRC generell als im Inland erzieltes Einkommen einzustufen. Dividenden von ausländischen Körperschaften werden gem Sec 862(a)(2) IRC als im Ausland erzieltes Einkommen betrachtet.[649]

---

645 *Bittker, B.I./Eustice, J.S.* (2000): 15.02[1][a].

646 *Haun, J.* (1996): 161 in FN 45; *Schneidman, L./Schaul-Yoder, R.* (2002): 900; werden die Zinsen jedoch an einen nahe stehenden Dritten gezahlt, so wird gem Sec 861(c)(2) IRC nur der Teil der Zinsen als im Ausland erzielt angesehen, der dem Verhältnis des erwirtschafteten aktiven Einkommens im Ausland im Bezug zum Welteinkommen entspricht. Ein nahe stehender Dritter ist gem Sec 861(c)(2) IRC dann anzunehmen, wenn der Dritte 10% der Stimmrechte oder 10% des Nennkapitals von dem Unternehmen hält, *Bittker, B.I./Eustice, J.S.* (2000): 15.02[1][a]; *Yoon, K.K./Beddingfield, A.S.* (2002): 553; *Gustafson, C.H./Peroni, R.J./Pugh, R.C.* (2001): 66.

647 Erfolgt die Zahlung an einen nahe stehenden Dritten, wird nur der Teil als ausländisches Einkommen betrachtet, der das Verhältnis des ausländischen Einkommens zum Gesamteinkommen widerspiegelt, *Bittker, B.I./Eustice, J.S.* (2000): 15-67; *Doernberg, R./L.* (2001): 68f.

648 ISd Sec 316 IRC, *Bittker, B.I./Eustice, J.S.* (2000): 15.02[1][b].

649 *Doernberg, R./L.* (2001): 71; *Infanti, A.C.* (2003): 21; Haun, J. (1996): 161; *Bittker, B.I./ Eustice, J.S.* (2000): 15.02[1][a]; *Gustafson, C.H./Peroni, R.J./Pugh, R.C.* (2001): 66; *Schneidman, L./Schaul-Yoder, R.* (2002): 901; *Wacker, R.F.* (2004): 22; *Jones, S.M./ Rhoades-Catanach, S.C.* (2004): 298.

Eine Ausnahme von dieser generellen Regel besteht für ausländische Körperschaften, die mehr als 25% des Einkommens in den USA im Rahmen einer aktiven Tätigkeit im Beobachtungszeitraum von drei Jahren erwirtschaften. In diesem Fall wird gem Sec 861(a)(2)(B) IRC der Teil der Dividende als im Inland erzielt angesehen werden, der dem Verhältnis von in den USA erwirtschaftetem Einkommen und Welteinkommen entspricht, gem Sec 245 IRC kann die ausländische Körperschaft dadurch allerdings auch die 70%, 80% oder 100% *Dividends Received Deduction* in Anspruch nehmen.[650]

Eine weitere Ausnahme besteht für ausländische Dividendenerträge, die dann gem Sec 861(a)(2)(C) bzw 243(e) IRC als inländische Erträge behandelt werden, wenn sie aus *Earnings and Profits* ausgeschüttet werden, die von einer inländischen Körperschaft zu einem Zeitpunkt erwirtschaftet wurden, in der die Körperschaft der US-Besteuerung unterlag.[651]

Für die Berechnung des *Foreign Tax Credit* werden Dividendenerträge, die eine Beteiligungsertragsbefreiung in Anspruch nehmen können, nicht als ausländische Dividenden in dem Ausmaß der Befreiung erachtet.[652]

3.3. Zuordnung von Aufwendungen

3.3.1. Einleitung

Neben den Einkünften muss weiters untersucht werden, welche Aufwendungen in welcher Höhe geltend gemacht werden können.[653] Dabei ist die Aufteilung der Aufwendung der Quellenbestimmung der Einkünfte nachgelagert.[654] Gem Sec 861(b) IRC dürfen Ausgaben, Verluste und andere Aufwendungen, die sich dem im Inland erzielten Einkommen direkt zuordnen lassen, in voller Höhe abgezogen werden. Sec 862(b) sieht ähnliche Vorschriften für ausländisches Einkommen vor.[655]

---

650 *Yoon, K.K./Beddingfield, A.S.* (2002): 554; *Gustafson, C.H./Peroni, R.J./Pugh, R.C.* (2001): 66; *Schneidman, L./Schaul-Yoder, R.* (2002): 901.

651 *Yoon, K.K./Beddingfield, A.S.* (2002): 555, diese Regel ist nur dann anzuwenden, wenn die Dividenden nicht nach der 25%-Regel US-Einkommen darstellen.

652 Sec 861(a)(2)(B) IRC.

653 *Gustafson, C.H./Peroni, R.J./Pugh, R.C.* (2001): 112.

654 *Yoon, K.K./Beddingfield, A.S.* (2002): 565.

655 *Gustafson, C.H./Peroni, R.J./Pugh, R.C.* (2001): 112; FDAP Einkommen wird zwar brutto besteuert, jedoch erfolgt hier auch eine Zuordnung der Aufwendungen, vor allem deshalb, um eine fälschliche Zuordnung zum aktiven Einkommen zu vermeiden.

3.3.2. Allgemeine Aufwendungen

In einem ersten Schritt *(Allocation)* müssen die Aufwendungen gem Reg 1.861-8(a)(3) einer Einkommensgruppe zugeordnet werden. Zu einer Gruppe werden beispielsweise Dividenden, Zinsen, Lizenzgebühren, Mieteinnahmen, etc zusammengefasst. Die Zurechnung von Aufwendungen zu diesen Einkommensgruppen verläuft verursachungsgerecht, dh dann, wenn ein Aufwand durch eine Einkommensgruppe begründet worden ist oder im Zusammenhang mit dieser steht.[656] Sind Aufwendungen wie Gemeinkosten keiner Einkommensgruppe zuzuordnen, so werden diese gem Reg 1.861-8(b)(5) allen Einkommensgruppen unterworfen und nach Einkommenserzielung zugeordnet.[657]

In einem zweiten Schritt *(Apportionment)* werden Aufwendungen einer bestimmten Einkommensgruppe prozentuell dem im Inland bzw im Ausland erzielten Einkommen im Bezug auf bestimmte Faktoren zugeordnet.[658] Diese Faktoren können sein:

- Units sold;
- Gross sales or receipts;
- Costs of goods sold;
- Profit contribution;
- Expenses incurred, assets used, salaries paid, space utilized, time spent.[659]

Kann eine Aufwendung nicht anhand des gewählten Faktors zugeteilt werden, so erfolgt gem Reg 1.861-8(c)(3) eine verhältnismäßige Zuteilung anhand des Einkommens *(Gross Income)*.[660] Dieses Wahlrecht eröffnet dem Steuerpflichtigen Spielraum, die Aufteilung der Aufwendungen anhand von Faktoren zu treffen, die eine gewünschte Einkommensstruktur erwirken. Dadurch wird entweder das inländische oder das ausländische zu versteuernde Einkommen reduziert.

---

656 Reg 1.861-8(b)(2).

657 *Yoon, K.K./Beddingfield, A.S.* (2002): 565; Reg 1.861-8T(d)(2); *Gustafson, C.H./Peroni, R.J./Pugh, R.C.* (2001): 112f; *Bittker, B.I./Lokken, L.* (1999): 73.10.1; erwirtschaftet eine Einkommensgruppe kein Einkommen, können die Aufwendungen gem Reg 1.861-8(b)(2) trotzdem in Abzug gebracht werden, wenn die Einkommensgruppe Einkommen in den Vorjahren erzielt hat bzw Einkommen in der Zukunft erwartet werden. Aufwendungen werden steuerfreien genauso wie steuerpflichtigen Einkommen zugeordnet.

658 Bei dieser Zuteilung muss zwischen *Statutory Grouping* und *Residual Grouping* unterschieden werden. *Statutory Grouping* innerhalb einer Einkommensgruppe muss dann vorgenommen werden, wenn gesetzliche Vorschriften eine spezielle Behandlung dieses Einkommens vorsehen. So muss zB für die Berechnung des *Foreign Tax Credit* das ausländische Einkommen ermittelt werden, *Yoon, K.K./Beddingfield, A.S.* (2002): 565f; *Bittker, B.I./Lokken, L.* (1999): 73.10.1; *Doernberg, R./L.* (2001): 90f.

659 Reg 1.861-8T(c)(1).

660 *Gustafson, C.H./Peroni, R.J./Pugh, R.C.* (2001): 113.

3.3.3. Zinsaufwendungen

Neben dieser generellen Regelung für die Zuteilung von Aufwendungen sehen die Regulations noch einige spezielle Vorschriften für die Zuordnung von Zinsaufwendungen vor, da diese aufgrund der Fungibilität schwierig zuzuteilende Aufwendungen darstellen.[661]

Zinsaufwendungen eines Steuerpflichtigen[662] sind gem Sec 864(e)(2) IRC auf Basis des durchschnittlich gehaltenen Anlagevermögens zu verteilen.[663] Der Grundgedanke für diese Bestimmung besteht darin, dass Zinsaufwendungen als in Zusammenhang mit allen einkommensproduzierenden Aktivitäten und Anlagevermögen stehen und daher dem Einkommen dieser Anlagevermögen zuzurechnen sind.[664] Die Zinsaufwendungen, die nach den herkömmlichen Regelungen des Steuerrechts abzugsfähig sein müssen, werden dabei nicht um die Zinserträge gekürzt.

Für die Bewertung des Anlagevermögens kann der Steuerpflichtige sowohl steuerliche Buchwerte als auch Marktwerte heranziehen.[665] Diese Wahlmöglichkeit lässt Spielraum für gestalterische Zwecke offen.[666] Durch diese Regelung werden Zinsaufwendungen, die eine inländische Körperschaft verursacht hat, in dem Maße ausländischem Einkommen zugerechnet, als sie der Beteiligung an der ausländischen Körperschaft im Anlagevermögen der inländischen Körperschaft zuzuordnen sind.[667] Durch den *American Jobs Creation Act* 2004 können nun inländische Körperschaften, die mehr als 80% einer ausländischen Körperschaft halten, vom Wahlrecht Gebrauch machen, Zinszahlungen auf Weltbasis

---

661 *Zink, B.* (2005): 78; *Doering, J.A.* (2005): 49.

662 Für die Frage der Zinsaufteilung wird eine Gruppe *(Affiliated Group)* dabei gem Sec 864(e)(1) IRC als ein einziges Unternehmen angesehen, um missbräuchliche Gestaltungen zu vermeiden, *Gustafson, C.H./Peroni, R.J./Pugh, R.C.* (2001): 114; ausländische Körperschaften fallen jedoch gem 1504(b)(3) IRC nicht unter eine *Affiliated Group*.

663 *Doernberg, R./L.* (2001): 94; *Yoon, K.K./Beddingfield, A.S.* (2002): 569; *Streng, W.P.* (2002): 797f;

664 Reg 1.861-9T(a); *Zschiegner, H.* (2002a): 1181.

665 Reg. 1.861-9T(g)(1)(i); *Zink, B.* (2005): 78.

666 *Gustafson, C.H./Peroni, R.J./Pugh, R.C.* (2001): 114; die Berechnungsformel für das durchschnittliche Anlagevermögen ist dabei gem. Temp. Reg. 1.861-9T(g)(2)(i) der Anfangsbestand plus dem Endbestand, geteilt durch zwei.

667 *Doering, J.A.* (2005): 49, dabei wird die Aufteilung zwischen inländischem und ausländischem Einkommen anhand des Kriteriums vorgenommen, ob das Anlagevermögen inländisches oder ausländisches Einkommen erzielt. Eine Beteiligung an einer ausländischen Gesellschaft wird als Anlagevermögen, das ausländisches Einkommen erzielt, gewertet. Durch diese Bestimmung wird die Obergrenze eines *Foreign Tax Credit* schneller erreicht und somit kann es zu einer Doppelbesteuerung kommen.

zu ermitteln und somit keine Zinsen zuweisen zu müssen, außer der *Debt-Asset Ratio* ist im Inland höher als im Ausland.[668]

Von dieser allgemeinen Regel der Aufteilung der Zinsen sind Ausnahmen vorgesehen.[669] Insbesondere sind die speziellen Zuteilungsregeln der *Excess Related Group Indebtedness* zu beachten.[670] Gem den Reg. 1.861-10(e) wird der Fremdkapitalzuwachs in Bezug auf das Anlagevermögen einer nahe stehenden CFC und der Fremdkapitalzuwachs einer US-Körperschaft bestimmt und miteinander verglichen.[671] Ist der Fremdkapitalzuwachs bei der US-Körperschaft höher als bei der CFC, sind anteilige Zinsen der US-Körperschaft der CFC zuzurechnen, die auch das ausländische Einkommen kürzen.[672]

Besonders interessant in diesem Zusammenhang ist Reg. 1.861-10(e)(8)(vi), die vorsieht, dass Beteiligungen an nahe stehende CFCs, die von einer US-Körperschaft gehalten werden und deren Vergütungen im Ausland als Zinsen abzugsfähig sind, bei der Berechnung der *Related Group Indebtedness* berücksichtigt werden müssen. In diesem Fall wird also davon ausgegangen, dass ein Instrument im Ausland als Fremdkapital und im Inland als Eigenkapital qualifiziert wird.[673]

Die Zinsaufwendungen einer ausländischen Körperschaft reduzieren dagegen nicht die inländische Bemessungsgrundlage.[674] Ist jedoch eine ausländische Kör-

---

668 *Zschiegner, H.* (2005): 1333; *Gravelle, J.G.* (2005): 355ff; *Zink, B.* (2005): 78; eine genaue Berechnung beschreibt *Doering, J.A.* (2005): 50, dieses Wahlrecht kommt nur auf Zinsaufwendungen von Fremdkapital nicht nahe stehender Dritter zur Anwendung.

669 Zinsen bei *Qualified Nonrecourse Debt* werden direkt dem Vermögen zugeordnet, Reg. 1.861-10T(b)(1); Zinsen, die als Teil einer *Integrated Financial Transaktion* zugeordnet werden können, sind ebenfalls direkt zuzuordnen, Reg. 1.861-10T(c).

670 Das *Treasury* wollte mit diesen so genannten *CFC Netting Rules* verhindern, dass US-Körperschaften Darlehen aufnehmen und diese an nahe stehende CFCs weiterleiten.

671 Es muss sowohl *Excess Related Group Indebtedness* (ERGI) als auch *Excess US Shareholder Indebtedness* (ESI) vorliegen. ERGI entspricht der *Related Group Indebtedness* abzüglich der *allowable Related Group Indebtedness*, während ESI *Unaffiliated Indebtedness* abzüglich *Allowable Unaffiliated Indebtedness* darstellt. Im Prinzip entsprechen diese Berechnungen dem Fremdkapitalzuwachs im Bezug zum Anlagevermögen, Reg. 1.861-10(e)(1)(ii); es kommen ebenfalls bestimmte *Safe-Hobour* Regelungen zur Anwendung, *Roth, J./Bond, D.* (1995): 408; *Doernberg, R./L.* (2001): 97.

672 Damit kann die Inanspruchnahme eines *Foreign Tax Credit* wesentlich eingeschränkt werden; *Doernberg, R./Ll.* (2001): 97f.

673 Gerade hybride Finanzierungsinstrumente hätten die *CFC-Netting Rules* aushebeln können, da die Vergütung als Dividende gewertet worden wäre und damit die *Related Group Indebtedness* nicht erhöht worden wäre. Durch die *CFC-Netting Rules* ist die Vorteilhaftigkeit in der Hinsicht reduziert worden, *Connors, P.J./Woll, G.H.J.* (2002): 814f.

674 *Doering, J.A.* (2005): 50; da nur US-Zinsen der Aufteilung unterliegen, kann eine solche Aufteilung vermieden werden, wenn das Fremdkapital im Ausland aufgenommen wird, *Scholes, M.S./Wolfson, M.A./Erickson, M./Maydew, E.L./Shevlin, T.* (2002): 282f.

perschaft in den USA beschränkt steuerpflichtig, kann die Zinsaufwendung aliquot berücksichtigt werden. Die Zinsaufwendungen der ausländischen Körperschaft werden dabei dem Einkommen, das in den USA durch eine aktive Tätigkeit erzielt worden ist, zugeordnet *(Effectively Connected with the Conduct of a US Trade or Business).*[675]

3.4. Zusammenfassung

Die Quellenregeln stellen im internationalen Steuerrecht neben der Frage der unbeschränkten bzw beschränkten Steuerpflicht die wichtigste Grundlage für die steuerlichen Rechtsfolgen dar. Ein beschränkt Steuerpflichtiger ist nur mit inländischem Einkommen steuerpflichtig, während ein unbeschränkt Steuerpflichtiger zwar sowohl mit dem inländischen als auch ausländischen Einkommen steuerpflichtig ist, jedoch für das ausländische Einkommen einen *Foreign Tax Credit* zur Vermeidung der Doppelbesteuerung in Anspruch nehmen kann.

Zinserträge gelten grundsätzlich dann als inländisches Einkommen, wenn der Schuldner in den USA unbeschränkt steuerpflichtig ist, bzw als ausländischen Einkommen, wenn der Schuldner beschränkt steuerpflichtig ist. Dividenden sind prinzipiell dann ausländisches Einkommen, wenn sie von einer ausländischen Körperschaft ausgeschüttet werden, bzw inländisches Einkommen, wenn sie von einer inländischen Körperschaft ausgeschüttet werden. Ausnahmen bestehen lediglich dann, wenn das Einkommen der beschränkt steuerpflichtigen ausländischen Körperschaft zu mehr als 25% in den USA erzielt worden ist bzw wenn es in einer wirtschaftlichen Betrachtungsweise von einer US-Körperschaft erwirtschaftet wurde.

Der Besteuerung unterliegen nur die Nettoerträge, dh es dürfen sowohl vom inländischen als auch ausländischen Einkommen die entsprechenden Aufwendungen in Abzug gebracht werden. Eine Ausnahme von dieser Regelung besteht lediglich für beschränkt Steuerpflichtige mit ihren passiven Einkünften. Die Zuteilung der Aufwendungen ist von großer Bedeutung, da dadurch das zu ver-

---

675 *Yoon, K.K./Beddingfield, A.S.* (2002): 569; Reg. 1.882-5(d)(4)(ii), die Körperschaft ermittelt zuerst die Buchwerte bzw den *Fair Market Value* des US-Anlagevermögens. Anschließend werden die Verbindlichkeiten, die mit dem US-Anlagevermögen in Verbindung stehen, ermittelt. Die mit dem US-Anlagevermögen in Verbindung stehenden Verbindlichkeiten werden mit dem Prozentsatz multipliziert, der sich entweder aufgrund des *Debt-to-Asset* Ratio ergibt, oder es wird der fixe Prozentsatz der *Regulations* herangezogen. Im letzten Schritt muss die Körperschaft die gezahlten Zinsen an die zurechenbaren Zinsen anpassen. Übersteigen die ermittelten Zinsen die tatsächlichen Zinsen, sind die dem ECI zurechenbaren Zinsen das Produkt von den gezahlten Zinsen mal dem *Scaling Ratio*. Als *Scaling Ratio* wird das Verhältnis zwischen zurechenbaren Verbindlichkeiten und tatsächlichen Verbindlichkeiten verstanden. Sind die zurechenbaren Zinsen geringer als die tatsächlichen Zinsen, sind die dem ECI zurechenbaren Zinsen die tatsächlichen Zinsen inklusive einem fingierten Zinssatz, der mit dem Differenzbetrag zwischen tatsächlichen Verbindlichkeiten und zurechenbaren Verbindlichkeiten multipliziert wird.

steuernde Einkommen entweder ins Inland oder ins Ausland verschoben werden könnte. Grundsätzlich werden Aufwendungen in einem ersten Schritt einer bestimmten Einkommensgruppe (Dividenden, Zinserträge, ...) zugeordnet und anschließend innerhalb dieser Gruppe anhand von bestimmten Faktoren wie *Units sold, Gross sales or receipts* bzw *Costs of goods sold* zwischen inländischen und ausländischen Aufwendungen aufgeteilt. Spezielle Regelungen gelten für Zinsaufwendungen, da besonders hier die Gefahr des Missbrauchs besteht.

4. Besteuerung von Outbound-Transaktionen

Die Besteuerung von Outbound Transaktionen erfolgt im weitesten Sinne, nachdem Einkommen aus jeder Quelle steuerpflichtig ist *(from whatever source derived)*. Dieses Welteinkommensbesteuerungsprinzip hat zur Folge, dass die Frage im Zusammenhang mit Outbound Transaktionen viel weniger den sachlichen Anwendungsbereich betrifft, sondern sich vor allem mit der Vermeidung einer dadurch ergebenden Doppelbesteuerung *(Foreign Tax Credit)* und mit der zeitlichen Erfassung der ausländischen Einkünfte *(zB Controlled Foreign Corporations)* beschäftigt.[676]

4.1. Vermeidung von Doppelbesteuerung durch den Foreign Tax Credit

4.1.1. Allgemein

Die Vermeidung einer Doppelbesteuerung erfolgt in den USA entweder durch die Anrechnung der ausländischen Steuer auf die inländische Steuer im Rahmen des *Foreign Tax Credit* – FTC gem Sec 901(b)(1) IRC, oder gem Sec 164(a) IRC durch den Abzug der ausländischen Steuer von der inländischen Bemessungsgrundlage *(deduction for foreign taxes)*. Prinzipiell besteht gem Sec 901(a) IRC ein Wahlrecht für die Inanspruchnahme des FTC;[677] wird jedoch von diesem Recht Gebrauch gemacht, kann die Steuer nicht mehr gem Sec 275(a)(4) IRC in Abzug gebracht werden. Von diesem Recht kann innerhalb der *Statute of Limitations* für Steuergutschriften zurückgetreten werden und das Wahlrecht besteht jedes Jahr aufs Neue. Da jedoch die bloße Reduktion der Bemessungsgrundlage nicht denselben Effekt wie die Anrechnung auf die Steuerschuld bewirkt, wird der Steuerpflichtige jedenfalls den FTC vorziehen.[678]

---

676 *Bittker, B.I./Eustice, J.S.* (2000): 15.20[1][a].

677 Das Wahlrecht kann nur für alle anrechenbaren Steuern geltend gemacht werden, eine Auswahl ist nicht möglich.

678 *Scholes, M.S./Wolfson, M.A./Erickson, M./Maydew, E.L./Shevlin, T.* (2002): 246; *Andersen, R.E.* (2002): 737; *Jones, S.M.* (2001): 330; *Jones, S.M./Rhoades-Catanach, S.C.* (2004): 295; Reg 1.901-1(d).

Die Absicht des FTC ist es, Doppelbesteuerung zu vermeiden.[679] Der FTC wird als Anzahlung zur US-Steuer verstanden und reduziert damit die zu zahlende Steuer in den USA.

Für die Berechnung des Anrechnungshöchstbetrages der ausländischen Steuern dürfen das in verschiedenen Ländern erwirtschaftete Einkommen und die daraus resultierende ausländische Steuerbelastung zusammengezählt werden. Durch diese Regelung ist es möglich, Steuern aus Ländern mit einer hohen Besteuerung und Steuern aus Ländern mit einer niedrigen Besteuerung gegenzurechnen und eine volle Anrechnung der insgesamten Steuerbelastung im Ausland zu erwirken. Diese generelle Regelung wird allerdings durch eine Vielzahl von Beschränkungen – wie zB die *Basket Limitation*, die eine Kategorisierung des ausländischen Einkommens vorsieht – eingeschränkt, um dem *Cross-Crediting* Einhalt zu gebieten.[680] Die USA haben daher nicht die *Per-Country Limitation*, sondern die *Per-Item-Of-Income* oder *Income-Basket-Limitation* in Kombination mit der *Overall-Limitation* verwirklicht.[681]

Das System des FTC wird durch Sec 902 IRC in dem Sinn erweitert, dass es bestimmten inländischen Körperschaften, die Dividenden von ausländischen Körperschaften beziehen, erlaubt, die Körperschaftsteuer der ausländischen Gesellschaft auf die US-Körperschaftsteuer anzurechnen. Diese Regelung ist insofern notwendig, da mangels einer Beteiligungsertragsbefreiung für ausländische Dividendenerträge diese der Progression der Körperschaftsteuer zu unterziehen wären und damit eine Doppelbesteuerung des Gewinns erfolgen würde. Durch diese Regelung wird die Besteuerung der ausländischen Körperschaft großteils der Besteuerung der ausländischen Betriebsstätte gleichgestellt.[682]

4.1.2. Direct Foreign Tax Credit

Der FTC ist gem 901(b)(1)–901(b)(3) IRC grundsätzlich nur für US-Staatsbürger, *Resident Aliens* und inländische Körperschaften, dh für unbeschränkt Steuerpflichtige, vorgesehen.[683] Eine Ausnahme besteht gem 901(c) IRC für *Resident Aliens*, wenn ihr Herkunftsstaat für die in seinem Land ansässigen US-

---

679 *Bittker, B.I./Eustice, J.S.* (2000): 15.21[1][a].

680 *Bittker, B.I./Lokken, L.* (2003): 72.1.

681 *Jacobs, O.H.* (2002): 46f.

682 Ein wesentlicher Unterschied ist der Zeitpunkt der Besteuerung, wenn es sich nicht um eine CFC handelt; *Bittker, B.I./Lokken, L.* (2003): 72.1; *Scholes, M.S./Wolfson, M.A./ Erickson, M./Maydew, E.L./Shevlin, T.* (2002): 246.

683 Dazu sind Körperschaften gem Sec 7701(a)(4) IRC zu zählen, die nach dem Recht der USA inkorporiert worden sind; ausländische Personen können nur unter sehr beschränkten Umständen den Credit in Anspruch nehmen, siehe Sec 906 IRC.

Bürger keine Vermeidung der Doppelbesteuerung in Bezug auf ihr US-Einkommen gewährt.[684]

Nicht alle Steuern werden von den FTC-Regelungen berücksichtigt. Der FTC wird gem 901(a) IRC üblicherweise auf Steuern gewährt, die gem Sec 1 bzw Sec 11 IRC erhoben werden.[685] Ausländische Steuern werden nur dann angerechnet, wenn die Steuer mit der US-amerikanischen Steuer vergleichbar ist. Dies wird dann der Fall sein, wenn

- die Ertragsteuern anrechenbar sind;[686]
- eine zwingende Abführung durch den Rechtsanspruch eines Landes ohne Gegenleistung (zB Subventionen) besteht;[687]
- die Besteuerung von einer Nettogröße (*Net-Gain Test*) erfolgt[688] und
- die Erhebung der ausländischen Steuer nicht von der Steueranrechnung in den USA abhängig ist (*No Soak-Up Tax*).[689]

Beispiel:[690]

Eine US-Körperschaft erzielt im Inland einen Gewinn vor Steuern von 150.000 und im Ausland einen Gewinn vor Steuern von 300.000 Dollar. Im Ausland wird darauf eine Steuer in Höhe von 44.000 eingehoben. Vor der Inanspruchnahme des Credit unterliegt das gesamte Welteinkommen der US-Besteuerung. Die US-Körperschaft hat daher einen Gewinn von 450.000 zu berücksichtigen. Die US-

---

684 *Bittker, B.I./Lokken, L.* (2003): 72.3; *Doernberg, R./L.* (2001): 184.

685 Ein *Nonresident Alien* oder eine ausländische Körperschaft können den FTC nicht mit Quellensteuern gem Sec 871(a) und 881 IRC gegenrechnen und ausländische Körperschaften können vom FTC auch nicht im Bezug auf die *Branch Profit Tax* Gebrauch machen; in bestimmten Ausnahmefällen kann jedoch ein *Nonresident Alien* oder eine ausländische Körperschaft den FTC gem 906 IRC mit den Steuern auf das ECI gegenrechnen, *Bittker, B.I./Lokken, L.* (2003): 72.2.

686 Es müssen Steuern iSd US-Einkommensteuer sein, Verbrauchsteuern bzw Verkehrsteuern sind jedoch als Betriebsausgabe abzugsfähig; *Jones, S.M.* (2001): 330; *Jones, S.M./Rhoades-Catanach, S.C.* (2004): 295.

687 Siehe ausführlich *Bittker, B.I./Lokken, L.* (2003): 72.4.2; *Andersen, R.E.* (2002): 743.

688 Der *Net-Gain Test* ist dann erfüllt, wenn im ausländischen Recht das Realisationsprinzip ähnlich dem US-amerikanischen Vorbild zur Anwendung kommt, die Berechnung von den Bruttoerträgen ausgeht und die Kosten als Aufwendungen abzugsfähig sind, Reg. 1.901-2(b)(1). Erfüllt eine Steuer nicht diese Bedingungen, kann sie trotzdem angerechnet werden, wenn die betreffende Steuer für bestimmte Steuerpflichtige oder bestimmte Einkünfte anstelle einer Ertragsteuer erhoben wurde, wie das zB bei einer Quellensteuer der Fall ist, Sec 903 IRC; ausführlich *Bittker, B.I./Lokken, L.* (2003): 72.4.3; *Andersen, R.E.* (2002): 744f.

689 Reg. 1.901-2(a)(3)(ii); ausführlich *Bittker, B.I./Lokken, L.* (2003): 72.4.4; *Andersen, R.E.* (2002): 743; *Doernberg, R./L.* (2001): 185ff.

690 In Anlehung an *Jones, S.M./Rhoades-Catanach, S.C.* (2004): 296.

Steuer auf das Welteinkommen beträgt 153.000. Durch den Credit kann die US-Steuer folgendermaßen gekürzt werden:

US-Steuer vor Credit	*153.000*
Credit	*44.000*
US-Steuer	*109.000*

Selbst wenn die Voraussetzungen für die Anrechnung der Steuern gegeben ist, sieht Sec 901(j), (k) IRC vor, dass gewisse ausländische Steuern nicht angerechnet werden dürfen, wenn zu den betreffenden Ländern „schlechte Beziehungen" *(Bad Relations)* bestehen[691] bzw betreffende Länder Quellensteuern auf Dividenden erheben, obwohl diese nur kurze Zeit gehalten wurden.[692]

Der Steuerpflichtige, der den FTC in Anspruch nehmen will, muss alle notwendigen Informationen für den Nachweis und die Berechnung des *Credit* dem *Treasury Department* vorweisen können. Hierfür muss das ausländische Einkommen, der Betrag pro Land und die Steuer, für die der Steuerpflichtige den Credit beantragt, angeführt werden.[693]

4.1.3. Indirect Foreign Tax Credit

Neben der Anrechnung einer etwaigen Quellensteuer auf Dividenden im Rahmen des *direct FTC* wird das System des *FTC* durch Sec 902 IRC um den *deemed FTC* (oder *indirect FTC*)[694] erweitert, welcher die Anrechnung der von einer ausländischen Tochtergesellschaft gezahlten Körperschaftsteuer auf die Körperschaftsteuerschuld der inländischen Muttergesellschaft vorsieht.[695] Vor-

---

691 Das wird dann der Fall sein, wenn die USA die ausländische Regierung nicht anerkennen (Sec 901(j)(2)(A)(i) IRC – eine Ausnahme besteht dann, wenn das Land in der Lage ist, Abwehrprodukte oder Services gem dem *Arms Export Control Act* zu erwerben), die USA keine diplomatischen Beziehungen zu dem Land pflegen (Sec 901(j)(2)(A)(ii) IRC) oder der *Secretary of State* das Land als Unterstützer von internationalem Terrorismus ansieht (Sec 901(j)(2)(A)(iv) IRC), *Bittker, B.I./Lokken, L.* (2003): 72.5.1; *Jones, S.M./ Rhoades-Catanach, S.C.* (2004): 295.

692 Gem Sec 901(k) IRC muss für die Gewährung des FTC bei Dividenden eine 30tägige Behaltedauer erfüllt sein, die 15 Tage vor Ausschüttung beginnt. Handelt es sich bei der Beteiligung um Vorzugsaktien, wird die Behaltedauer auf 90 Tage erweitert. Damit soll verhindert werden, dass ausländische Steuern auf die US-amerikanische Steuer angerechnet werden dürfen, ohne dass sonst ein wirtschaftlicher Gehalt vorzuweisen ist, Bittker, B.I./Eustice, J.S. (2000): 15.21[1][c]; *Bittker, B.I./Lokken, L.* (2003): 72.5.2.

693 Sec 905(c) IRC; die Steuer muss hierfür gem Sec 986(a) IRC in Dollar umgerechnet werden.

694 *Gustafson, C.H./Peroni, R.J./Pugh, R.C.* (2001): 315.

695 US v. Goodyear Tire & Rubber Co., 493 US 132 (1989), *"the credit protects domestic corporations that operate through foreign subsidiaries from double taxation of the same*

aussetzung für den *deemed FTC* ist gem Sec 902(a) IRC, dass die Muttergesellschaft zu mindestens 10% am stimmberechtigten Kapital beteiligt ist und im Veranlagungszeitraum eine Ausschüttung erhalten hat. Im Gegensatz zum *Direct Foreign Tax Credit* kann der *Indirect Credit* nur von Körperschaften in Anspruch genommen werden. Zur Berechnung der inländischen Steuerschuld wird zur Bemessungsgrundlage die ausländische Körperschaftsteuer zugerechnet, um eine Doppelbesteuerung zu vermeiden (*gross-up* gem Sec 78 IRC). Durch diese Regelung wird die ausländische Körperschaft in Fragen der Besteuerung der ausländischen Betriebsstätte großteils gleichgestellt.[696] Bei Bestehen einer bestimmten Mindestbeteiligung können auch Enkel- und Urenkelgesellschaften (bis zum *sixth tier*) in die Anrechnung einbezogen werden. Sec 960 IRC behandelt bei Vorliegen einer *CFC* das *Subpart F* Einkommen[697] als Dividende für die Zwecke des *FTC*.

4.1.3.1. Anwendungsvoraussetzungen

Um den indirekten FTC in Anspruch nehmen zu können, muss der Steuerpflichtige eine inländische Körperschaft sein und die Voraussetzungen der *Ownership* und des *Dividend Test* erfüllen. Der *Ownership Test* verlangt gem Sec 902(a) IRC, dass die inländische Körperschaft zu mindestens 10% an den Stimmrechten beteiligt ist.[698] Die Anteile müssen direkt gehalten werden, die Regelungen des *Constructive Ownership* finden hier keine Anwendung.[699] Eine Körperschaft, die nur Vorzugsaktien hält, kann also vom indirekten FTC nicht Gebrauch machen. Besitzt allerdings eine Körperschaft genügend Anteile an den Stimmrechten, so ist der *indirect FTC* auch für die stimmrechtslosen Anteile anwendbar.[700]

---

income: taxation first by the foreign jurisdiction, when the income is earned by the subsidiary, and second by the United States, when the income is received as a dividend by the parent".

696 Ein wesentlicher Unterschied ist der Zeitpunkt der Besteuerung, wenn es sich nicht um eine *CFC* handelt, *Jones, S.M.* (2001): 337f.

697 Vgl Kapitel V.4.2

698 *Andersen, R.E.* (2002): 748f.

699 *Schuch, J./Toifl, G.* (1997a): 172; First Chicago NBD Corp. v. Com., 135 F3d 457 (7th Cir. 1998), die Anteile von Gesellschaften, die von einer Muttergesellschaft kontrolliert werden, dürfen für die Berechnung der 10% Grenze nicht zusammengezählt werden, selbst wenn sie einen *Consolidated Return* abgeben; Rev. Rul. 85-3, 1985-1 CB 222 (entsprechend); Rev. Rul. 74-459, 1974-2 CB 207, kein *indirect Credit* konnte in Anspruch genommen werden, da der Steuerpflichtige zwar durch eine ausländische Körperschaft 50% der Stimmrechte, direkt jedoch nur stimmrechtslose Anteile hielt.

700 Rev. Rul. 79-74, 1979-1 CB 242, US-Körperschaft, die 10% der Stimmrechte und 5% stimmrechtslose Anteile besitzt, kann den 902 Credit nur in Anspruch nehmen, wenn

Der *Dividend Test* ist dann erfüllt, wenn die inländische Körperschaft den *Ownership Test* zum Zeitpunkt einer tatsächlichen oder verdeckten Dividende[701] erfüllt.[702] Ist die US-Körperschaft US-Aktionär einer CFC und hält mehr als 10% der Stimmrechte, wird der Gewinn der ausländischen Gesellschaft schon vor Ausschüttung als Subpart F Einkommen besteuert. Für Zwecke des FTC werden daher Subpart F Einkommen gem Sec 960 IRC behandelt. Kann eine inländische Körperschaft den *indirect FTC* für mehrere ausländische Körperschaften in Anspruch nehmen, so sind die Sec 902 und 960 IRC für jede Körperschaft einzeln anzuwenden.[703]

4.1.3.2. Berechnung des Credit

Die Berechnung des *Indirect Credit* gem Sec 902 IRC entspricht folgender Formel:

$$\text{Indirect Credit} = \frac{\text{Dividends Received}}{\text{Accumulated Profits of the Foreign Corporations}} \times \text{Cumulative Foreign Income Taxes of the Foreign Corporation}$$

Abbildung 6: Berechnung des Indirect Foreign Tax Credit

Gem Sec 902 IRC wird eine inländische Körperschaft im Falle einer Ausschüttung so behandelt, als ob die im Verhältnis zur Dividende stehenden ausländischen Steuern einer ausländischen Körperschaft, an der sie mindestens 10% der Stimmrechte hält, von der inländischen Körperschaft bezahlt wurden. Der Betrag, der als gezahlt erachtet wird, entspricht dem Verhältnis der ausländischen Steuern zum E&P im Prozentsatz der Ausschüttung.

Gem Reg. 1.902-1(a)(6) wird die Bezeichnung Dividenden für die Berechnung des *Indirect Credit* als *Ordinary Dividends* gem Sec 316 IRC ausgelegt. *Redemptions* sind daher nicht erfasst. Die *Accumulated Profits* werden anhand der nationalen Vorschriften gem Sec 964 IRC ermittelt[704] und beziehen sich auf

---

Ausschüttungen der stimmrechtslosen Anteile erfolgen; *Bittker, B.I./Lokken, L.* (1999): 72.9.2.

701 Die Definition von Dividende gem Sec 316 IRC als Ausschüttung von E&P ist auch für Sec 902 IRC gültig, Reg 1.902-1(a)(11)

702 *Bittker, B.I./Eustice, J.S.* (2000): 15.21[2][a]; *Andersen, R.E.* (2002): 749; Die analoge Voraussetzung gem Sec 960 IRC für CFC besteht darin, dass der *Ownership Test* im Jahr der Hinzurechnung des Subpart F Einkommens erfüllt sein muss.

703 Reg 1.902-1(c)(1)(i); Reg 1.902-1(f) Ex. 2; *Bittker, B.I./Lokken, L.* (2003): 72.9.3.

704 Damit wird sichergestellt, dass dieselben Grundsätze für Zähler und Nenner zum Tragen kommen.

die bisher erzielten Gewinne bis inklusive Ende des Veranlagungsjahres, für die die Berechnung des FTC getätigt wird. Die *Accumulated Profits* verstehen sich dabei als ein Gewinn nach ausländischen Steuern und werden dabei gem Sec 901(c)(1) IRC nicht um die Dividende des betreffenden Jahres reduziert.[705] Die Steuer wird jedoch nach ausländischem Recht ermittelt.[706]

Sec 78 IRC verpflichtet den US-Aktionär, die ausländischen Körperschaftsteuern, die gem Sec 902 IRC anzurechnen sind, der inländischen Bemessungsgrundlage hinzuzufügen.[707] Gem dem *Gross Up* ermittelt der US-Aktionär den *Indirect Foreign Tax Credit* und berücksichtigt diesen Betrag als fiktive Dividende beim Einkommen.[708] Dadurch wird sichergestellt, dass in den USA eine Bruttogröße – Nettodividende inklusive ausländische Körperschaftsteuer – besteuert wird. Durch diese Bestimmung werden die ausländischen Tochtergesellschaften den ausländischen Betriebsstätten in Bezug auf die ausgeschütteten Gewinne gleichgestellt.[709]

Die Ermittlung der kumulierten Gewinne ist ausführlich in den Reg. 1.964-1 geregelt, die umfassende Anpassungen vorsehen. Allerdings sind auch vereinfachende Vorschriften vorgesehen, die von Anpassungen absehen, wenn diese nicht wesentlich sind, *Gustafson, C.H./Peroni, R.J./Pugh, R.C.* (2001): 323; *West, P.R.* (1996): 162; eine ausführliche Behandlung der Berechnung: *Lau, P.C./Soltis, S.* (2004): 290.

705 *Gustafson, C.H./Peroni, R.J./Pugh, R.C.* (2001): 315; für die Jahre, in denen der Steuerpflichtige noch nicht den *Ownership Test* erfüllt hat, werden weder *Profits* noch ausländische Steuern gem Sec 902(c)(3)(A) IRC in der Berechnung berücksichtigt.

706 *Bittker, B.I./Eustice, J.S.* (2000): 15.21[2][c].

707 Damit wurde auf den Fall American Chicle Co. v. US, 316 US 450 (1942) eingegangen, indem der Supreme Court befand, dass nur die ausländischen Steuern, die dem Nettoeinkommen zugerechnet werden, als Credit geltend gemacht werden können; Steuern, die Gewinnen zugerechnet werden, mit denen die Steuern selbst zu bezahlen seien, können nicht gem Sec 902 IRC gegengerechnet werden. Durch dieses Urteil wurde die ausländische Körperschaftsteuer mit der Ausschüttung in Verhältnis gesetzt und damit eine höhere Besteuerung unterstellt. Es war also vorteilhafter, eine ausländische Tochtergesellschaft zu gründen, anstatt die Geschäfte über eine Betriebsstätte abzuwickeln, *Bittker, B.I./Eustice, J.S.* (2000): 15.21[2][d].

708 Der *Gross-Up* verhindert, dass sowohl die Abzugsmethode als auch die Anrechnungsmethode in Anspruch genommen werden können, da der Ausschüttungsbetrag bereits um die ausländische Steuer reduziert ist: *"The 'gross-up' prevents the U.S. corporate taxpayer from effectively obtaining a deduction as well as a credit for foreign taxes, since the amount of the actual distribution or subpart F inclusion reflects only after-foreign tax profits."* Staff of Joint Comm. on Tax'n, 99th Cong., 2d Sess., General Explanation of the Tax Reform Act of 1986 at 858 n.6 (Comm. Print 1987); *Gattegno, J.S./Yesnowitz, J.C.* (2005): 32.

709 US v. Goodyear Tire & Rubber Co., 493 US 132 (1989), die Rechtsgeschichte des *Indirect Credit* soll die Behandlung von US-Körperschaften, die eine ausländische Toch-

Beispiel:

Eine ausländische Körperschaft erwirtschaftet im Jahr X_0 1000, im Jahr X_1 0 und im Jahr X_2 2000 Gewinn. Im Ausland wird darauf 25% Körperschaftsteuer eingehoben. Die ausländische Körperschaft schüttet jedes Jahr eine Dividende von 75 aus.

		X_0	X_1	X_2
Gewinn im Ausland		1000	0	2.000
ausländische Steuer	25%	–250	0	–500
Gewinn nach Steuer		750	0	1.500
US Einkommen		75	75	75
Dividend Gross-Up		25	25	25
Steuerpflichtiges Einkommen		100	100	100
US-Steuer	35%	–35	–35	–35
Indirect Foreign Tax Credit		25	25	25
zu zahlende US-Steuer		–10	–10	–10
Gesamtsteuerbelastung		**35**	**35**	**35**

Tabelle 5: Berechnung der Gesamtsteuerbelastung

Bei der Berechnung des Indirect Credit wird berücksichtigt, dass die Accumulated Profits um die im Vorjahr ausgeschüttete Dividende reduziert werden bzw die kumulierte ausländische Steuer um die bereits erfolgte Anrechnung reduziert wird.

X_0: $$25 = \frac{75}{750}\,250$$

X_1: $$25 = \frac{75}{675}\,225$$

X_2: $$25 = \frac{75}{2.175}\,725$$

Tabelle 6: Berechnung des Indirect Credit

Erzielt die ausländische Gesellschaft in einem Veranlagungsjahr einen Verlust, so wird dieser in den noch nicht ausgeschütteten Gewinnen berücksichtigt.

---

tergesellschaft und US-Körperschaften, die eine ausländische Betriebsstätte haben, gleichstellen; *"reflects an intent to equalize treatment between domestic corporations that operate through foreign subsidiaries and those that operate through unincorporated foreign branches"*.

Unterschiede kommen vor allem bei thesaurierenden ausländischen Körperschaften zum Tragen, *Bittker, B.I./Eustice, J.S.* (2000): 15.21[2][e].

Diese Kürzung führt zu einer Erhöhung des Verhältnisses gezahlte ausländische Steuern zu kumulierten Gewinnen und damit auch zu einer fiktiven Steuerbelastung der Dividende. Verringern die Verluste die noch nicht ausgeschütteten Gewinne soweit, dass diese unter dem laufenden Gewinn liegen, kann der Bruch jedoch nicht mehr als eins betragen. Übersteigt eine Dividende den kumulierten Gewinn, kann auf diesen Teil kein *Indirect Foreign Tax Credit* geltend gemacht werden, selbst wenn eine Dividende ausgeschüttet wird oder das Einkommen als Subpart F berücksichtig werden muss. Jedoch wird diese Dividende[710] durch einen negativen Betrag im kumulierten Gewinn berücksichtigt. Die auf die Dividende gezahlte Steuer wird in diesem Jahr nicht berücksichtigt, jedoch auch nicht gekürzt und kann somit für zukünftige FTC in Anspruch genommen werden.

4.1.3.3. Vorschriften für Untergesellschaften

Eine inländische Körperschaft, die die 10%-Grenze gem Sec 902(a) IRC erfüllt, kann den *Indirect* FTC gem Sec 902(b) IRC auch bei Untergesellschaften der ausländischen Gesellschaft geltend machen.[711]

Die Voraussetzungen für das Einbeziehen der Untergesellschaften bestehen in einer mindestens 10%igen Beteiligung der ausländischen Körperschaft an der Untergesellschaft und das Vorliegen einer *Qualified Group*. Als *Qualified Group* werden ausländische Körperschaften bezeichnet, an der die US-Körperschaft mindestens 5% der Stimmrechte indirekt hält. Für die *Qualified Group* können nur Gesellschaften bis zum *Sixth Tier* berücksichtigt werden. Allerdings können *Fourth, Fifth* und *Sixth Tier* Gesellschaften gem Sec 902(b) IRC nur dann berücksichtigt werden, wenn es sich abei um *Controlled Foreign Corporations* handelt. Damit müssen für diese Gesellschaften die Voraussetzungen der CFCs vorliegen, ua die zwingende 10%ige Beteiligung der US-Körperschaft an der betreffenden Gesellschaft. Im Unterschied zum FTC werden jedoch bei CFCs sowohl *Indirect* als auch *Constructive Ownership* berücksichtigt.[712]

Damit der *Credit* in Anspruch genommen werden kann, muss gem Sec 902(b)(1) IRC eine Ausschüttung von der Untergesellschaft an die ausländische Tochtergesell-

---

[710] Im US-Steuerrecht ist auch dann eine Dividende möglich, wenn *Cumulative Earnings and Profits* (entspricht in etwa dem steuerlichen Evidenzkonto) insgesamt einen negativen Betrag ausweisen, solange im Veranlagungsjahr ein Gewinn erzielt wurde.

[711] Sind die ausländischen Tochtergesellschaften Teil einer ausländischen Gruppe, wird die Steuerbelastung anteilig anhand des steuerlichen Gewinns zwischen den Gesellschaften aufgeteilt, Rev. Rul. 77-209, 1977-1 CB 238.

[712] Für weitere Untergesellschaften ist eine Inanspruchsnahme des IFTC nicht möglich, selbst wenn Beteiligungen zu 100% vorliegen, *Bittker, B.I./Eustice, J.S.* (2000): 15.21[2][b]; *Bittker, B.I./Lokken, L.* (2003): 72.9.5; *Zschiegner, H.* (2002b): 1216.

schaft und wiederum eine Ausschüttung der ausländischen Tochtergesellschaft an die US-Körperschaft erfolgt sein.[713]

4.1.4. Beschränkungen des Foreign Tax Credit

4.1.4.1. Allgemeine Beschränkung

Der Anrechnungshöchstbetrag für ausländische Steuern ist gem Sec 904(a) IRC mit dem Betrag limitiert, der vor Abzug des *FTC* gemäß US-Besteuerung zu entrichten gewesen wäre.[714] Dabei wendet Sec 904 IRC die Quellenregelungen des IRC an, was zu einer doppelten Besteuerung führen kann, wenn der ausländische Staat Einkommen besteuert, das nach US-Steuerrecht als US-Einkommen behandelt wird.[715]

Die ausländische Steuer kann daher nur maximal bis in Höhe der inländischen Steuer angerechnet werden. Sollte der Höchstanrechnungsbetrag den Anrechnungsbetrag im Veranlagungsjahr übersteigen, so kann der Differenzbetrag 1 Jahr rück- oder 10 Jahre vorgetragen werden.[716] Kann dieser Überhang nicht im angegebenen Zeitraum ausgeglichen werden – was vor allem bei einer gleich bleibenden Einkommenstruktur mit jährlichem Steuerüberhang der Fall ist –, so wird dieser zur Definitivsteuer.[717]

---

713 Werden nur die Dividenden der Urenkelgesellschaft an die Enkelgesellschaft ausgeschüttet, wird fingiert, dass die Enkelgesellschaft die Steuer auf den Gewinn abgeführt hat. Schüttet nun wiederum die Enkelgesellschaft an die Tochtergesellschaft aus, wird unterstellt, dass die Tochtergesellschaft den Gewinn versteuert hat. Bei der Ausschüttung an die US-Körperschaft kann nun die fiktiv gezahlte Steuer auf die US-Steuerlast angerechnet werden, *Bittker, B.I./Eustice, J.S.* (2000): 15.21[2][b].

714 *Jones, S.M.* (2001): 331; *Jones, S.M./Rhoades-Catanach, S.C.* (2004): 295; *Bittker, B.I./Lokken, L.* (2003): 75-5; *Bittker, B.I./Eustice, J.S.* (2000): 15.21[3]; *Wacker, R.F.* (2004): 30f; für natürliche Personen ist die US-Steuer vor Abzug des FTC die Steuer unter Berücksichtigung der *Nonrefundable Personal Credits,* wie zB des *Credit for Household* und *Dependent Care Services* (Sec 21 IRC), des *Credit* für *Elderly* und *Permanently and Totally Disabled* (Sec 22 IRC), des *Credit für Adoption Expenses* (Sec 23 IRC), des *Child Tax Credit* (Sec 24 IRC), des *Credit* für *Interest* auf bestimmte *Home Mortgages* (Sec 25 IRC) und des *Hope and Lifetime Learning Credit* (Sec 25A IRC).

715 *Bittker, B.I./Lokken, L.* (2003): 72.6.1.

716 Sec 904(c) IRC, ein Steuerpflichtiger, der den Vor- oder Nachtrag in Anspruch nimmt, muss das Formular 1116 oder 1118 der Steuererklärung beilegen, Reg 1.904-2(f); Sec 904(c) IRC, *Fuller, J.P.* (2004): 333; *Schuch, J./Toifl, G.* (1997a): 175; *Zschiegner, H.* (2005): 1335; *Gustafson, C.H./Peroni, R.J./Pugh, R.C.* (2001): 353; *Russell, R.* (2004): 10; *Doering, J.A.* (2005): 55, vor dem *American Jobs Creation Act of* 2004 konnte der Credit 2 Jahr rück- und 5 Jahre vorgetragen werden, die Verlängerung soll die Wettbewerbsfähigkeit der US-Gesellschaften erhöhen.

717 *Jones, S.M.* (2001): 332; *Andersen, R.E.* (2002): 753, 764, der Vortrag des Überhangs ist nur in den einzelnen Baskets (siehe Kapitel V.4.1.4.3) möglich.

Die maximale Anrechnungshöhe ergibt sich aus folgender Formel *(sec 904 limitation)*[718]:

$$\text{Foreign Tax Credit Limitation} = \frac{\text{Foreign Source Taxable Income}}{\text{Worldwide Taxable Income}} \times \text{US-Taxes on Worldwide Income before credits}$$

Abbildung 7: Berechnung der Foreign Tax Credit Limitation

Beispiel:[719]

Eine US-Körperschaft erzielt ausländische Einkünfte iHv 150.000 und inländisches Einkommen iHv 300.000. Im Ausland wurde eine Steuer von 60.000 auf dieses Einkommen eingehoben. Vor Berücksichtigung des Foreign Tax Credit muss der Höchstanrechnungsbetrag ermittelt werden. Die US-Besteuerung auf ein Einkommen von 450.000 ergibt 153.000:

$$51.000 = \frac{150.000}{450.000} \times 153.000$$

Da der Höchstanrechnungsbetrag niedriger als die tatsächlich bezahlten Steuern im Ausland ist, kann nur der Höchstanrechnungsbetrag als Foreign Tax Credit geltend gemacht werden. Die zu zahlende US-Steuer beträgt daher 102.000 (153.000 – 51.000).

Um missbräuchliche Gestaltungen zu verhindern, erließ der Congress Sec 901(k)(1)(A) IRC, die den kurzfristigen Handel von Aktien um den Ausschüttungszeitpunkt verhindern soll. Erfüllt die Obergesellschaft nicht eine 30tägige Behaltedauer, beginnend mit 15 Tagen vor der Dividendenauszahlung oder der Dividendenempfänger hat eine Zahlungsverpflichtung in Bezug auf dieses Vermögen, kann kein *Credit* in Anspruch genommen werden.[720]

---

718 Allerdings muss bei dieser Berechnung für natürliche Personen die begünstigte Besteuerung ausländischer Dividendenerträge berücksichtigt werden, *Wacker, R.F.* (2004): 30ff; *Doernberg, R./L.* (2001): 211.

719 In Anlehnung an *Jones, S.M./Rhoades-Catanach, S.C.* (2004): 296.

720 Im Fall Compaq v. Com., 113 TC 214 (1999) wurden Gestaltungen mit dem kurzfristigen Halten von ausländischen Beteilungen und der daraus entstehenden Möglichkeit, einen Veräußerungsverlust zu generieren und einen FTC in Anspruch nehmen zu können, versagt; Townsend, J.A. (2002): 693f; im Falle von *Preferred Stock* erhöht sich die Behalte-

4.1.4.2. Quellenregel

Sec 904(g) IRC normiert eine weitere Einschränkung des FTC, die auf Aktionäre oder Gläubiger zur Anwendung kommt, die mehr als 50% der Stimmrechte oder des Kapitals einer ausländischen Körperschaft halten. Damit soll verhindert werden, dass eine US-Körperschaft die steuerliche Bemessungsgrundlage durch zB Zinsaufwendungen reduzieren und für die anschließende Ausschüttung der ausländischen Körperschaft einen FTC in Anspruch nehmen kann.

Dementsprechend werden Dividenden in dem Ausmaß als US-Source umqualifiziert, in dem die Ausschüttung von in den USA erwirtschafteten *Earnings and Profits* (E&P) stammt. In einem ersten Schritt wird hierfür die Dividende einem bestimmten Veranlagungsjahr zugeordnet und anschließend mit folgender Formel multipliziert:

$$\frac{\text{E\&P from US-Sources for that year}}{\text{E\&P for that year}}$$

Allerdings kommt es nicht zu einer Umqualifikation, wenn den USA weniger als 10% zuzuordnen wären.[721] Zinsen werden ebenfalls auf US-Einkommen umqualifiziert, wenn sie in einem ersten Schritt von der US-Körperschaft oder einer nahe stehenden Person gezahlt wurden.[722]

Diese Vorschriften zur Umqualifikation von ausländischen Einkommen in inländisches Einkommen haben vor allem den Nachteil, dass für dieses Einkommen kein FTC geltend gemacht werden kann und damit bei entsprechender Besteuerung im Ausland eine Doppelbesteuerung des Einkommens verursacht wird. Wird jedoch die Quelle des entsprechenden Einkommens von einem DBA als ausländisches Einkommen angesehen, kann der Steuerpflichtige gem Sec 904(g) (10) IRC die Anwendung des DBAs wählen.

4.1.4.3. Einteilung in Baskets

Bis 1976 wurde die *Per Country Limitation* angewandt,[723] nach deren Abschaffung wurde die Errichtung von *Baskets* vorgenommen, die das ausländische Einkommen in eigene Einkunftsarten untergliedern und den FTC für jede dieser Einkunftsart separat berechnen. Durch diese Untergliederung soll es dem Steuerpflichtigen erschwert werden, ausländische Einkünfte mit hoher Besteuerung

---

dauer um 45 Tage in einem 90-tägigen Betrachtungszeitraum; *Benson, D./Mundaca, M.F./Rollinson, M.A./O'Connor, P.* (2004a): 597.

721 *Bittker, B.I./Lokken, L.* (2003): 72.6.2.

722 *Langbein, S.I.* (2000): 16.02[2][b]; *Bittker, B.I./Lokken, L.* (2003): 72.6.2.

723 *Bittker, B.I./Eustice, J.S.* (2000): 15.21[3].

mit ausländischen Einkünften mit niedriger Besteuerung auszugleichen *(Cross-Crediting)* und damit den Höchstanrechnungsbetrag zu optimieren.[724]

Bis 2007 sieht Sec 904(d) IRC neun Gruppen *(Baskets)* von ausländischen Einkünften vor, die untereinander nicht ausgeglichen werden können. Diese Einteilung erfolgt in

1. Allgemeine Einkünfte;
2. Passive Einkünfte;
3. Zinsen mit einer Quellenbesteuerung von über 5%;
4. Einkünfte von Finanzdienstleistungen von Banken, Versicherungsgesellschaften und anderen Finanzierungsgesellschaften;
5. Speditionseinkünfte;
6. Einkommen aus DISCs;
7. Einkommen aus FSCs;
8. Dividenden von *Noncontrolled Corporations*.[725]

Ab 2007 werden die *Baskets* auf passive Einkünfte und allgemeine Einkünfte reduziert, wobei die allgemeinen Einkünfte eine Negativabgrenzung zu den passiven Einkünften darstellen.[726]

Unter dem Begriff *Passive Income* werden vor allem Dividenden, Zinsen, Mieteinkünfte, Lizenzgebühren usw verstanden. Dabei stellt *Passive Income* einen Restposten zu den anderen *Baskets* dar; Einkommen wird nur dann zum *Passive Income* gezählt, wenn es keiner anderen Kategorie zuzuordnen ist. Eine weitere Einschränkung des *Passive Incomes* besteht in der Überzeugung, dass hochbesteuertes Einkommen *(High Taxed Income)* nicht *Passive Income* darstellen kann. Das wird gem Sec 904(d)(2)(F) IRC dann der Fall sein, wenn die Effektivbesteuerung im Ausland mehr als der Grenzsteuersatz in den USA beträgt.[727]

---

[724] *Schuch, J./Toifl, G.* (1997a): 173; *Blumenberg, J.* (1997): 128; *Bittker, B.I./Eustice, J.S.* (2000): 15.21[3]; *Doering, J.A.* (2005): 52f; Erklärung mit Beispiel *Jones, S.M.* (2001): 333; ebenso *Jones, S.M./Rhoades-Catanach, S.C.* (2004): 296f.

[725] Das sind Einkünfte, für die der *Indirect* FTC in Anspruch genommen werden kann, da die Beteiligung mind 10 % beträgt, die ausländische Körperschaft jedoch keine CFC ist; *Scholes, M.S./Wolfson, M.A./Erickson, M./Maydew, E.L./Shevlin, T.* (2002): 278; *Andersen, R.E.* (2002): 753f.

[726] *Zink, B.* (2005a): 76; *Gravelle, J.G.* (2005): 358; *Zschiegner, H.* (2005): 1333; *Russell, R.* (2004): 10; *Doering, J.A.* (2005): 53, dadurch sollen die Vorschriften des FTC erleichtert und somit die Konkurrenzfähigkeit der US-Gesellschaften erhöht werden.

[727] Damit wird verhindert, dass ein Hochsteuersatz mit Niedrigsteuersätzen im Basket für passives Einkommen verrechnet werden kann, *Bittker, B.I./Lokken, L.* (2003): 72–77, die Berechnung erfolgt dabei auf einer *Income Item* zu *Income Item Basis*, kann jedoch auch für bestimmte Gruppen von passiven Einkommen, wie zB im Falle einer CFC zwischen Einkommen aus dem Land der CFC oder Einkommen aus einem anderen Land, vorgenommen werden; *Andersen, R.E.* (2002): 755f.

Eine weitere Ausnahme besteht für *Export Financing Intererst*, das ebenfalls nicht zum *Passive Income* zu zählen ist.[728]

Das Einkommen eines jeden *Baskets* wird anhand der ausländischen Rechtsvorschriften ermittelt. Ist der Steuerpflichtige eine CFC, wird jeder abzugsfähige Zinsaufwand für Zinszahlungen an den *US-Shareholder* zuerst als *Passive Income* gewertet. Alle anderen Aufwendungen werden anhand des ausländischen Rechts aufgeteilt.[729]

$$\text{Basket Limitation} = \frac{\text{Ausländische Einkünfte je Basket}}{\text{Welteinkommen}} \times \text{U.S. Steuer vom Welteinkommen}$$

Abbildung 8: Berechnung der Basket Limitation

Die so errechnete *Basket Limitation* wird anschließend in Bezug zu der ausländischen Steuer gesetzt, die ebenfalls auf die einzelnen *Baskets* aufzuteilen ist.[730] Innerhalb des *Baskets* kommen dieselben Verlustvor- und Nachtragsvorschriften wie bei den allgemeinen Beschränkungen zu tragen.[731]

4.1.4.4. Verluste

Sec 904(f) IRC regelt die Verwendung von ausländischen Verlusten. Hat ein Steuerpflichtiger in einem Veranlagungsjahr einen Verlust in einer Kategorie erlitten und einen Gewinn in einer anderen Kategorie erzielt, dann kann gem Sec 904(f)(5)(B) IRC der Verlust mit dem Gewinn ausgeglichen werden und damit die US-Steuer gesenkt werden. Wird in Folgejahren jedoch ein Gewinn in der Kategorie erzielt, in der ursprünglich der Verlust ausgewiesen war, so ist dieser der Kategorie zuzuordnen, die mit dem damaligen Verlust verrechnet wurde.[732] Ausländische Verluste reduzieren gem Sec 904(f)(5)(A) IRC erst dann US-Ein-

---

728 *Zink, B.* (2005a): 76; *Bittker, B.I./Lokken, L.* (2003): 72-80, *Export Finance Interest* muss dabei den Vertrieb von Waren unterstützen, die außerhalb der USA konsumiert werden, die in den USA von der Person, die die Zinsen empfängt, produziert wird und wobei nicht mehr als 50% des *Fair Market Value* der importierten Komponenten dem Produkt zuzuordnen sind.

729 *Bittker, B.I./Lokken, L.* (2003): 72-102.

730 Die Aufteilung erfolgt anhand der Höhe des Einkommens eines jeden *Baskets*; werden jedoch bestimmte Einkünfte im Ausland steuerbefreit, können diesen Einkünften keine Steuern zugewiesen werden, Reg. 1.904-6(a)(1)(i).

731 *Bittker, B.I./Lokken, L.* (2003): 72.7.1; *Doering, J.A.* (2005): 53.

732 *Bittker, B.I./Lokken, L.* (2003): 72.6.1.

kommen, wenn die Verluste aller *Baskets* die Gewinne aller *Baskets* übersteigen. Hat der Steuerpflichtige einen Verlust im Veranlagungsjahr, muss der Betrag in den Folgejahren, in denen der Steuerpflichtige wieder ausländische Gewinne erzielt, berücksichtigt werden.[733]

Hat der Steuerpflichtige einen Verlust aus US-Einkommen im Veranlagungsjahr, wird dieser proportional auf die *Baskets* aufgeteilt. Dies geschieht auf dieselbe Weise wie die Verteilung eines ausländischen Verlusts.[734]

4.1.4.5. Geringfügigkeitsgrenze

Eine natürliche Person kann gem Sec 904(j)(1) IRC von dem Wahlrecht Gebrauch machen, das sie von den Einschränkungen der Sec 904 IRC in einem bestimmten Veranlagungsjahr ausnimmt, wenn das ausländische Einkommen ausschließlich aus *Qualified Passive Income* besteht und die anrechenbaren ausländischen Steuern 300 Dollar (600 Dollar für *Joint Returns*) nicht übersteigen.[735] *Qualified Passive Income* inkludiert ua Dividenden, Zinsen, Lizenzgebühren.[736] Selbst wenn das Einkommen *Qualified Passive Income* darstellt, kann von diesem Wahlrecht nicht Gebrauch gemacht werden, wenn der Steuerpflichtige die *Cash Method* anwendet und ausländische Einkommensteuern für Einkommen aus einem anderen Jahr bezahlt.

Wird von dem Wahlrecht Gebrauch gemacht, so sind weder Vorträge von Anrechnungsbeträgen in dem Jahr des Wahlrechts anrechenbar noch kann ein Anrechnungsüberschuss vorgetragen werden.[737]

---

[733] In den Folgejahren werden gem Sec 905(f)(1) IRC mindestens 50% des ausländischen Einkommens in US-Einkommen umqualifiziert, bis der Betrag dem im Vorjahr geltend gemachten Verlust entspricht; damit ist eine Inanspruchnahme des FTC auf diesen Betrag nicht möglich. Der Steuerpflichtige kann gem Sec 905(f)(1) IRC einen höheren Prozentsatz wählen, um die Verrechnung zu beschleunigen, *Bittker, B.I./Lokken, L.* (2003): 72.6.2; *Doering, J.A.* (2005): 55f.

[734] *Bittker, B.I./Lokken, L.* (2003): 72.7.9; Werden in den Folgejahren inländische Gewinne erzielt, werden diese anschließend als *Foreign Source Income* umqualifiziert, um somit eine Inanspruchnahme eines *Foreign Tax Credit* möglich zu machen, *Doering, J.A.* (2005): 58.

[735] Sec 904(j) IRC; Staff of Joint Comm. on Tax'n, 105th Cong., 1st Sess., General Explanation of Tax Legislation Enacted in 1997, 295 (Comm. Print 1997), die Absicht des Congress ist, dass eine natürliche Person nicht das Formular 1116 der Steuererklärung beilegen muss, um den Credit in Anspruch nehmen zu können.

[736] Sec 904(j)(3)(A) IRC greift auf die *Basket* Definition gem 904(d)(2)(A) IRC zurück, allerdings ohne die Ausnahme der *Export Financing Interest, High-Taxed Income*, und anderen Einkommen, die nicht in den *Passive Basket* fallen.

[737] Prop Reg 1.904(j)-1(b)(1), die Nichtanrechenbarkeit für Vorträge im Jahr des Wahlrechts verlängert nicht die Vortragsdauer; Reg. 1.904(j), Vorträge werden nicht in die Berechnung mit eingenommen, wenn die ausländische Steuer mehr als 300 bzw 600 Dollar übersteigt, Prop Reg 1.904(j)-1(b)(3).

4.1.5. Foreign Tax Credit und Controlled Foreign Corporations

Für Fragen der *Basket Limitations* des FTC wird eine ausländische Körperschaft, die als CFC qualfiziert wird, als transparent angesehen *(Look-Through Rules).* Dementsprechend werden gem Sec 904(d)(3) Dividenden, Zinsen und Lizenzgebühren, die von einer CFC an den US-amerikanischen Aktionär ausgezahlt werden, entsprechend auf die einzelnen Baskets aufgeteilt. Schüttet eine CFC, die ausschließlich passive Einkünfte erzielt, eine Dividende aus, ist die Dividende den passiven Einkünften zuzurechnen.[738]

Gem Sec 959(a) IRC ist das Einkommen einer CFC, das bereits als Subpart F[739] Einkommen besteuert wurde, von der Zurechnung zum Einkommen des Steuerpflichtigen zum Zeitpunkt der direkten Ausschüttung oder einer Kette von Ausschüttungen ausgenommen.[740] Kommt es anschließend zu einer Ausschüttung, kann der US-Aktionär nur Steuern geltend machen, für die er noch keinen *Credit* berücksichtigt hat. Um jedoch etwaige Quellensteuern im Jahr der Ausschüttung anrechnen zu können, sieht Sec 960(b) IRC eine Erhöhung des in Sec 904 IRC genannten Anrechnungshöchstbetrages vor.[741]

Gem Sec 960(b) IRC erhöht sich der Anrechnungshöchstbetrag gem Sec 904 IRC im Jahr der Ausschüttung um entweder die ausländischen Steuern auf die Ausschüttung, oder dem *Excess Limitation Account*[742], je nachdem, welches der geringere Betrag ist. Für jedes Jahr, in dem ein Betrag als Subpart F Einkommen das steuerpflichtige Einkommen des US-Aktionärs erhöht, wird der *Excess*

---

[738] *Schuch, J./Toifl, G.* (1997a): 174; *Goldstein, S./Halpern, I./Kearney, T.* (2005): 86ff, dasselbe gilt auch für Dividenden von 10/50 Körperschaften. 10/50 Körperschaften sind Körperschaften, an denen ein US-amerikanischer Aktionär mit mehr als 10% beteiligt ist, jedoch weniger als 50% der Körperschaft von US-Aktionären gehalten werden; Reg 1.904-5(c)(1)(i); *Andersen, R.E.* (2002): 759f; *Bittker, B.I./Lokken, L.* (2003): 72-74; allerdings gelten für CFCs gem Sec 954(a) und 953(a) IRC Geringfügigkeitsgrenzen. Beträgt das ausländische Einkommen im Veranlagungsjahr weniger als 5% des Gesamteinkommens oder 1,000.000 Dollar, je nachdem, welches der kleinere Betrag ist, wird das gesamte Einkommen als allgemeines Einkommen bewertet. Das passive Einkommen einer CFC wird gem Sec 904(d)(3)(E) IRC auch dann zum allgemeinen Einkommen gezählt, wenn die ausländische Effektivbesteuerung mindestens 90% der maximalen US-Steuer beträgt, aktuell wären es 31,5% (35% x 90%).

[739] Vorzeitig besteuertes Einkommen einer CFC, siehe ausführlich Kapitel V.4.2.

[740] *Bittker, B.I./Lokken, L.* (2003): 72.6.5.

[741] Diese Erhöhung gilt sowohl für natürliche Personen als auch für Körperschaften, wenn die aus dem Einkommen ausgenommene Ausschüttung in Vorjahren als Subpart F Einkommen bereits besteuert wurde, die ausländischen Steuern im Jahr der Ausschüttung auf die Ausschüttung einbehalten wurden und der Steuerpflichtige die Anwendung des FTC sowohl im Jahr der Besteuerung des Subpart F Einkommens als auch im Jahr der Ausschüttung anstelle der Abzugsmethode gewählt hat.

[742] Jeder US-Aktionär einer CFC besitzt einen *Excess Limitation Account*, der über die Jahre berechnet wird.

Limitation Account um den Betrag, der die Höchstanrechnungsgrenze minus der ausländischen Steuern, die anrechnungsfähig sind, erhöht.[743] Im Jahr einer befreiten Ausschüttung wird der *Excess Limitation Account* um die Anrechnung der ausländischen Steuer reduziert.

4.2. Controlled Foreign Corporation

4.2.1. Allgemein

Eine in den USA ansässige Körperschaft muss ihr gesamtes Einkommen versteuern, unabhängig davon, wo das Einkommen erzielt wurde. Die Besteuerung von Erträgen aus ausländischen Tochtergesellschaften erfolgt allerdings idR erst bei einer Ausschüttung dieser Gesellschaft.[744] Aus US-amerikanischer Sicht wird dies – für Österreich selbstverständlich – als Privileg der Steuerstundung empfunden und dementsprechend als *deferral privilege* bezeichnet.[745] Vor allem bei Gestaltungen mit Niedrigsteuerländern kann es daher interessant sein, die Gewinne zu thesaurieren und erst zu einem späteren Zeitpunkt auszuschütten.

Eine Ausnahme von dieser Steuerstundung stellen unter anderem *Controlled Foreign Corporations* dar. US-Aktionäre von CFCs werden auch dann der US-Besteuerung unterzogen, wenn die Körperschaft keine Ausschüttung an die Gesellschafter vornimmt.[746] Thesauriert die CFC Gewinne, die nicht beim Steuerpflichtigen vorzeitig besteuert werden, werden diese erst bei tatsächlicher Ausschüttung versteuert.

4.2.2. Anwendungsvoraussetzungen

Eine ausländische Körperschaft ist gem Sec 957(a) IRC eine CFC in einem bestimmten Veranlagungsjahr, wenn mehr als 50% der Aktien oder der Stimmrechte von US-Aktionären in diesem Jahr gehalten werden.[747] Für die Berech-

---

743 Im Prinzip entspricht das der Differenz US- minus ausländischer Steuer; dh ist die ausländische Steuerlast höher als die US-Steuer, ist die Quellensteuer bei Ausschüttung definitiv.

744 Die sogenannte *Repatriation Tax*, *Fleming, J.C./Peroni, R.J.* (2004): 1406; *Bittker, B.I./Eustice, J.S.* (2000): 15.60[1].

745 *Fleming, J.C./Peroni, R.J.* (2004): 1407; *Jones, S.M.* (2001): 338f.

746 *Bittker, B.I./Lokken, L.* (2003): 65.1.4.

747 *Zschiegner, H.* (2002b): 1209; *Raineri, W.T.* (2002): 434; Selbst wenn eine ausländische Körperschaft zu 100% von US-Personen gehalten wird, muss eine CFC noch nicht vorliegen. Erst wenn die Voraussetzungen der 10% der Stimmrechte durch einen US-Aktionär erfüllt werden, kommt es zu einer vorzeitigen Besteuerung des Einkommens. Ebenso kommt es bei einem 50-50 Joint Venture mit einem unabhängigen ausländischen Dritten zu keiner Qualifikation als CFC, da die Voraussetzung über das Vorliegen von mehr als 50% der Stimmrechte bzw des Kapitals nicht gegeben ist, *Bittker, B.I./Eustice, J.S.* (2000): 15.61[2].
Bittker, B.I./Lokken, L. (1999): 69.1; *Jones, S.M.* (2001): 340f; *Jones, S.M./Rhoades-Catanach, S.C.* (2004): 301f.

nung der 50%-Regelung kommen sowohl die Anteile am Kapital als auch die Anteile an den Stimmrechten in Frage; sobald eine der beiden Voraussetzungen die 50% Grenze überschreitet, wird diese Bestimmung erfüllt.[748]

Die Berechnung der 50% Grenze der Stimmrechte erfolgt gem Sec 957(a) IRC nach dem wirtschaftlichen Gehalt *(Substance)*.[749] So wurde zB eine ausländische Gesellschaft als CFC eingestuft, obwohl 55% der Stimmrechte von ausländischen Aktionären gehalten wurden, weil ein Abkommen mit den US-Aktionären bestanden hat, dass diese ihre Stimme nach Anweisung der US-Aktionäre abgeben würden.[750] Andererseits verweigerte der Tax Court die Behandlung einer ausländischen Körperschaft, deren Aktien zu exakt 50% von US-Personen gehalten werden, als CFC und widersetzte sich dabei der Argumentation des Steuerpflichtigen, die *Substance over Form* Doktrin seien anzuwenden.[751]

Gem 951(b) IRC können ausschließlich US-Personen US-Aktionäre sein; dh gem 7701(a)(30) und 7701(a)(31) IRC kommen US-Staatsbürger, *Resident Aliens* und US-Körperschaften für die Qualifikation als US-Aktionär in Frage.[752] Ein US-Aktionär ist eine US-Person, die mehr als 10% der Stimmrechte einer ausländischen Körperschaft hält.[753] Für die Berechnung der 10% Grenze werden im Gegensatz zum FTC sowohl direkte, indirekte als auch konstruktive Anteile miteinbezogen.[754]

Eine ausländische Tochtergesellschaft, die unter dieser Beteiligungsschwelle liegt, wird als *Noncontrolled Foreign Corporation* bezeichnet, und es erfolgt daher auch keine Hinzurechnungsbesteuerung.

748 *Scholes, M.S./Wolfson, M.A./Erickson, M./Maydew, E.L./Shevlin, T.* (2002): 249; *Infanti, A.C.* (2003): 22.

749 Reg. 1.957-1(b).

750 Koehring Co. v. US, 583 F2d 313 (7th Cir. 1978); Weiskopf v. Com., 64 TC 78 (1975), aff'd, 538 F2d 317 (2nd Cir. 1976); Kraus v. Com., 59 TC 681 (1973), aff'd, 490 F2d 898 (2nd Cir. 1974); Garlock, Inc. v. Com., 58 TC 423 (1972), aff'd, 489 F2d 197 (2nd Cir. 1973).

751 Framatome Connectors USA, Inc. v. Com., 118 TC 32 (2002), der Grund für diese Entscheidung lag vor allem darin, dass der Steuerpflichtige bis 1986, als die Behandlung als CFC nachteilig war, die Körperschaft nicht als CFC betrachtet hatte und mit der Gesetzesänderung in 1986 die Behandlung als CFC jedoch bevorzugte.

752 *Bittker, B.I./Eustice, J.S.* (2000): 15.61[2]; allerdings gibt es gem Sec 957(c)(1) und 957(c)(2) IRC spezielle Vorschriften für Körperschaften in Puerto Rico, Guam, American Samoia und Northern Mariana Islands und CFC-Regelungen.

753 *Zschiegner, H.* (2002b): 1209; Reg 1.951-1(g)(2), als Stimmrecht wird das Recht verstanden, eine Person zu wählen, zu ernennen oder zu ersetzen, die die Rechte eines Mitglieds des *Board of Directors* einer US-Körperschaft ausübt.

754 *Bittker, B.I./Eustice, J.S.* (2000): 15.61[2]; obwohl die *Indirect* und *Constructive Ownership* für die Ermittlung des US-Aktionärs zusammengezählt werden, muss dennoch für andere Bestimmungen klar getrennt werden; zB Subpart F Einkommen wird nur anhand der direkten und indirekten Beteiligungen ermittelt. Die Bestimmungen der *Constructive Ownership* gem Sec 318(a) IRC sind für CFC-Fragen jedoch ein wenig abgeändert,

Indirekte Anteile *(indirect ownership)* können durch ausländische Körperschaften gehalten werden, eine indirekte Beteiligung über eine inländische Gesellschaft kommt nicht in Frage, da diese ja wiederum als US-Aktionär der CFC-Besteuerung unterliegen könnte.[755] Die indirekte Zurechnung der Anteile endet somit bei der ersten inländischen Körperschaft. Die Aktien, die über eine ausländische Gesellschaft gehalten werden, werden proportional in die Berechnung miteinbezogen.[756]

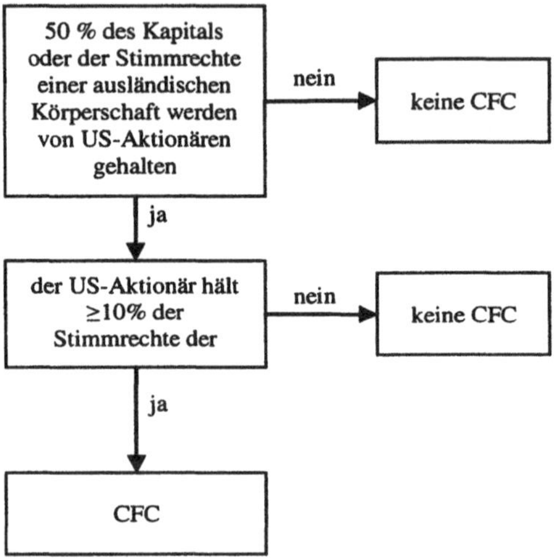

Abbildung 9: Prüfschema für Controlled Foreign Corporations

IdR werden die meisten Anwendungsfälle von CFC-Besteuerung bei direkt gehaltenen ausländischen Tochtergesellschaften auftreten. Ist dies jedoch nicht der Fall, ist die Überprüfung der Voraussetzungen für das Vorliegen einer CFC (50% des Kapitals oder Stimmrechte, 10% der Stimmrechte eines US-Aktionärs) nicht nur am Jahresende, sondern täglich durchzuführen, da bei Nichtvorliegen einer CFC über das gesamte Veranlagungsjahr das steuerpflichtige Einkommen durch Sec 951 IRC reduziert wird. Bei Vorliegen der Voraussetzngen an weniger als 30 aufeinander folgenden Tagen wird kein Einkommen vorzeitig besteuert.[757]

Sec 958(b) IRC. Sec 958(b) IRC verweist grundsätzlich auf Sec 318(a) IRC, der ua eine Zurechnung einer Beteiligung zwischen Angehörigen bzw eine Zurechnung einer mittelbaren Beteiligung durch eine Kapitalgesellschaft oder Personengesellschaft vorsieht; *Gustafson, C.H./Peroni, R.J./Pugh R.C.* (2001): 406.

755 Reg 1.958-1.

756 *Bittker, B.I./Eustice, J.S.* (2000): 15.61[2].

757 *Gattegno, J.S./Yesnowitz, J.C.* (2005): 36; *Bittker, B.I./Eustice, J.S.* (2000): 15.61[2]; *Raineri, W.T.* (2002): 434; *Leitner, A.* (2004): 307

4.2.3. Ermittlung der fiktiven Ausschüttung

4.2.3.1.Allgemein

Allerdings ist nicht das gesamte Einkommen einer CFC vorzeitig zu versteuern, sondern nur bestimmte Einkunftsarten. Im Wesentlichen werden zwei Kategorien von Einkommen einer CFC gem Sec 952(a) IRC direkt beim Aktionär besteuert. Dies ist einerseits das Einkommen gem Subpart F[758] und Einkommen aus Investitionen in US-Vermögen.[759] Subpart F Einkommen umfasst mehrere Arten von Einkommen, die eine steuerliche Ausnutzung von Steuerparadiesen verhindern soll, wie zB Einkommen aus Versicherungsgeschäften aus Ländern außerhalb der CFC, Einkommen aus passiven Investitionen, Einkommen aus dem Verkauf von Gütern, die von nahe stehenden Dritten gekauft oder an sie verkauft wurden, Einkommen für Services, die im Namen einer nahe stehenden Dritten ausgeführt wurden, Einkommen aus den *shipping operations in foreign commerce* und Einkommen aus der Verarbeitung, dem Transport oder der Vertreibung von Öl oder Gas.[760] Zusätzlich zum Subpart F-Einkommen einer CFC werden Einkünfte hinzugezählt, wenn die Körperschaft Geschäfte in einem Land betreibt, das schlechte Beziehungen zu den USA unterhält, bzw wenn diese Schmiergeld zahlt oder an internationalen Boykotten beteiligt ist.[761] Zahlt die CFC illegale Schmiergelder an einen Beamten bzw Arbeitnehmer der Regierung, so wird gem Sec 952(a)(4) IRC die Höhe dieser Zahlung zum Subpart F-Einkommen dazugezählt.[762] Das Subpart F-Einkommen einer CFC wird gem Sec 952(a)(3) IRC außerdem um Beträge erhöht, wenn die CFC an einem internationalen Boykott teilnimmt.[763]

Eine Schwierigkeit stellt die Ermittlung des Subpart F Einkommens dar, wenn die ausländischen Bücher und Aufzeichnungen nicht mit den US-Standards

---

[758] Die Sec 951 bis 964 IRC können als *Subparts* zusammengefasst werden; die Regelungen für *CFCs* befinden sich im *Subpart F.*

[759] *Yoder, L.D./Walker, G.R.* (2004): Regs. 1.951-1; *Bittker, B.I./Eustice, J.S.* (2000): 15.62; *Jones, S.M.* (2001): 342.

[760] *Yoder, L.D./Walker, G.R.* (2004): 613; *Bittker, B.I./Lokken, L.* (2003): 69-4.

[761] Dazu sind gem Sec 901(j)(2), 952(a)(5) IRC zu zählen: Einkommen aus einem Land, bei dem die USA die Regierung nicht anerkennen und das Land nicht in der Lage ist, Verteidigungsmaterial gem des *Arms Export Control Act* zu erwerben, zu dem die USA keine diplomatischen Beziehungen unterhalten oder diese nicht ausüben bzw dass das *Secretary of State* als ein Land bezeichnet, das internationalen Terrorismus unterstützt.

[762] Reg 1.952-1(a)(4); Schmiergelder werden dann als illegal eingestuft, wenn diese Zahlung von einer US-Person unter denselben Umständen als ungesetzlich gem *Foreign Corrupt Practices Act* sein würde.

[763] Reg 1.952-1(a)(3); die Höhe entspricht dem CFC Einkommen, multipliziert mit einem „Internationalen Boykott Faktor", welcher üblicherweise einen Prozentsatz der Geschäfte darstellt, den die CFC in den Ländern, die den Boykott verhängt haben, getätigt hat.

übereinstimmen, was vor allem in Fragen der Abschreibung und zeitlichen Erfassung von Erträgen und Aufwendungen der Fall sein wird. In den Reg 1.964-1T(g)(3) wird die Ermittlung des steuerlichen Gewinns ausführlich behandelt.[764]

Einkommen, obwohl es Subpart F-Einkommen ist, wird dann aus der Berechnung des Subpart F herausgenommen, wenn es aus US-Quellen stammt oder es *Effectively Connected* mit einer US-Tätigkeit ist, weil die CFC diese Einkommen bereits als US-Einkommen zu versteuern hat. Diese Ausnahme kommt dann nicht zum Tragen, wenn das ECI gemäß DBA begünstig besteuert oder befreit wird.[765] Thesauriert die CFC Gewinne, die beim Steuerpflichtigen nicht als Subpart F oder als Gewinne, die aus Investitionen in den USA besteuert werden, stammen, werden erst beim Verkauf der Aktie die stillen Reserven beim Steuerpflichtigen besteuert.

Der Subpart F wurde dem IRC zugefügt, um die Steuerstundung der US-Besteuerung von bestimmten Einkommen zu verhindern. Der Grund, warum nicht das gesamte Einkommen von CFC der sofortigen Besteuerung durch die USA unterzogen wird, liegt in der Aufrechterhaltung der Wettbewerbsfähigkeit von CFCs im Ausland, die ihr Einkommen hauptsächlich aus aktiven Tätigkeiten erzielen. Die internationale Steuerpolitik der USA basiert auf dem Grundgedanken, sowohl nationale als auch internationale Unternehmen gleich zu behandeln, ohne die US-amerikanischen Gesellschaften in ihrer Wettbewerbsfähigkeit einzuschränken.[766] Dies entspricht dem Gedanken der Kapitalexportneutralität.

4.2.3.2. Beschränkung

Subpart F Einkommen dürfen die im Veranlagungsjahr erzielten E&P einer CFC nicht übersteigen.[767] Allerdings ist zu beachten, dass, wenn das Subpart F-Einkommen die in diesem Jahr erwirtschafteten E&P übersteigt, der Differenzbetrag vorzutragen ist. Dies führt in den Folgejahren zur Umqualifizierung von E&P in Subpart F Einkommen in Höhe dieses Differenzbetrages.[768]

---

764 *Bittker, B.I./Eustice, J.S.* (2000): 15.61[1].

765 Sec 952(b) IRC; Einkommen wird nicht als von der US-Steuer befreit angesehen, wenn es durch ein DBA von den *Branch Taxes* gem Sec 884 IRC ausgenommen wird.
Der Grundgedanke des Subpart F Einkommens ist die Verhinderung der Steuerstundung der US-Steuern. Wenn eine CFC der US-Besteuerung unterzogen wird, so ist eine Inkludierung ins Subpart F-Einkommen nicht mehr notwendig. Dies gilt jedoch nicht für eine Quellensteuer gem Sec 881(a) IRC, Reg 1.952-1(b)(2).

766 TD 8767, 1998-1 CB 875; Reg 1.954-1(e)(1), die Art der Einkommen wird anhand des wirtschaftlichen Gehalts festgemacht.

767 Sec 952(c)(1)(A) IRC; Reg 1.952-1(e); Reg 1.952-1(c)(1), *Earnings and Profits* werden am Jahresende ohne Abzug von Ausschüttungen berechnet; für die Ermittlung von *Earnings and Profits* ist das FIFO-Verfahren anzuwenden, wenn dieses zur Ermittlung des steuerpflichtigen Einkommens verwendet wird, Sec 312(n)(4), 312(n)(5), 312(n)(6), 952(c)(3) IRC; generell für die Ermittlung von *Earnings and Profits* Reg 1.964-1.

768 Sec 952(c)(2) IRC; Reg 1.952-1(f).

Eine weitere Bestimmung erlaubt, dass ein Verlust aus Vorjahren vorgetragen werden kann und das Subpart F-Einkommen der Folgejahre reduziert. Dieser Ausgleich wird für jeden Aktionär einzeln und im Verhältnis seines Anteils durchgeführt.[769] Gewisse Subpart F-Einkommen können nicht durch Verluste verringert werden; das ist zB bei Subpart F-Einkommen der Fall, das in Ländern erwirtschaftet wurde, zu denen schlechte Beziehungen bestehen oder im Falle von Schmiergeldern oder Teilnahmen an internationalen Boykotten.[770] Ein Ver lust kann nur dann in Abzug gebracht werden, wenn er in einem Jahr erwirtschaftet wurde, in dem die Körperschaft eine CFC gewesen ist und er nicht unter die Einschränkungen für die Zeit vor 1987 fällt.[771]

Darüber hinaus kann gem Sec 952(c)(1)(C)(i) IRC der Verlust einer CFC das Subpart F Einkommen einer anderen CFC reduzieren, wenn es sich um Mutter und Tochter handelt und beide Körperschaften desselben Landes sind. Voraussetzung für diese Gegenrechnung ist, dass die CFC eine qualifizierte Körperschaft *(Qualified Chain Member)*[772] ist, der Verlust in demselben Jahr wie der Gewinn der steuerpflichtigen CFC erwirtschaftet wurde, sowohl der Gewinn als auch der Verlust aus derselben Tätigkeit entstammen und der Steuerpflichtige von diesem Wahlrecht Gebrauch macht.

4.2.3.3.Ausnahme von Subpart F

Der Grundgedanke der vorzeitigen Besteuerung von CFC liegt darin, steuermotivierte Gestaltungen in Steuerparadiesen zu unterbinden. Unterliegt das Einkommen einem Rechtssystem, das eine hohe Besteuerung vorsieht, ist die Basis für die vorzeitige Besteuerung nicht mehr gegeben. Unterliegen die Subpart F-Einkommen bzw die Einkommen aus Versicherung einer effektiven Besteuerung von mehr als 90% der höchsten US-Körperschaftsteuer, sind diese gem Sec 954(b)(4) IRC vom Subpart F-Einkommen ausgenommen.[773]

Eine Geringfügigkeitsgrenze sieht ebenfalls eine Ausnahme von der vorzeitigen Besteuerung vor. Ist das ausländische Einkommen im Veranlagungsjahr kleiner als 5% des Gesamteinkommens bzw 1,000.000 Dollar, je nachdem, welches der kleinere Betrag ist, wird das gesamte Einkommen als allgemeines Einkommen

---

[769] Allerdings ist zu beachten, dass ein Ausgleich nur möglich ist, wenn sowohl das Subpart F Einkommen als auch der Verlust dafür qualifiziert sind, Sec 952(c)(1)(B)(i) IRC.

[770] Sec 952(c)(1)(B)(iii) IRC.

[771] Sec 952(c)(1)(B)(ii) IRC, eine weitere Einschränkung besteht darin, dass der Verlust nur gegen dieselben Tätigkeiten verrechnet werden kann.

[772] Sec 952(c)(1)(C)(ii) IRC; eine qualifizierte Körperschaft ist eine CFC, die im selben Land wie die andere CFC eingetragen ist und zu 100% direkt oder indirekt an der anderen CFC beteiligt ist. Dabei ist es egal, ob der Gewinn bzw der Verlust bei der Mutter oder bei der Tochter erwirtschaftet wurden.

[773] *Zschiegner, H.* (2002b): 1210; nach derzeitiger Rechtslage kommt die Befreiung auf Staaten zur Anwendung, die eine effektive Besteuerung von über 31,5% vorsehen.

bewertet, beträgt es zwischen 5% und 70%, wird das anteilige Subpart F-Einkommen vorzeitig besteuert, beträgt es mehr als 70% des Gesamteinkommens der Körperschaft, unterliegt das gesamte Einkommen der vorzeitigen Besteuerung.[774]

4.2.4. Behandlung beim Aktionär

Jeder US-Aktionär, der die Voraussetzungen für das Vorliegen von einer 10% Beteiligung an den Stimmrechten erfüllt, muss gem Sec 951 IRC sein anteiligen Einkommen bei der Steuererklärung angeben.[775] Obwohl für das Vorliegen von 10% der Stimmrechte auch die *Indirect* und *Constructive Ownerships* berücksichtigt werden, wird das anteilige Einkommen nur von dem Anteil berechnet, den der US-Aktionär direkt oder indirekt durch eine ausländische Körperschaft hält.[776]

Subpart F Einkommen soll eine Besteuerung des nicht ausgeschütteten Gewinns einer ausländischen Körperschaft verursachen. Werden daher Dividenden ausgeschüttet, sind diese nicht im Einkommen gem Sec 951 IRC zu erfassen. Werden die nicht ausgeschütteten Gewinne als Subpart F Einkommen versteuert, erhöht sich gem Sec 961 IRC der Buchwert der Anteile, während anschließende Ausschüttungen des bereits versteuerten Einkommens *(Previously Taxed Income)* gem Sec 959 IRC steuerfrei ausgezahlt werden[777] und den Buchwert der Anteile reduzieren. Übersteigen die Ausschüttungen des PTI den Buchwert, wird der Differenzbetrag als Veräußerungsgewinn behandelt. In Sec 961(c) werden die Veränderungen des Buchwerts auch für Untergesellschaften gewährt.[778]

Schüttet die CFC einen Teil des Gewinns aus, stellt sich die Frage, ob diese Ausschüttung PTI oder einen im Veranlagungsjahr erzielten Gewinn und damit eine steuerpflichtige Ausschüttung darstellt. Alle Ausschüttungen werden gem Sec 959(c) IRC zuerst vom bereits versteuerten Einkommen (PTI) angenommen und anschließend von noch nicht versteuerten Einkommen.[779]

---

774 *Doernberg, R./L.* (2001): 314f; *Gattegno, J.S./Yesnowitz, J.C.* (2005): 37; *Bittker, B.I./ Eustice, J.S.* (2000): 15.62[3]; Sec 954(b)(3)(B) IRC; *Scholes, M.S./Wolfson, M.A./ Erickson, M./Maydew, E.L./Shevlin, T.* (2002): 250; sogenannte Full Inclusion Companies, *Wells, B./Wilezynski, M.* (2002): 35.

775 *Yoder, L.D./Walker, G.R.* (2004): 615f; *Raineri, W.T.* (2002): 479; *Leitner, A.* (2004): 307; bzgl des anteiligen Einkommens siehe *Anonymous* (2004a): 6;

776 *Bittker, B.I./Eustice, J.S.* (2000): 15.61[3]; ist der US-Aktionär eine US-Körperschaft, wird gem Sec 960 IRC das Einkommen als Dividende für die Berechnung des *Indirect Foreign Tax Credit* behandelt.

777 *Yoder, L.D./Walker, G.R.* (2004): 613f; *Raineri, W.T.* (2002): 506.

778 *Bittker, B.I./Eustice, J.S.* (2000): 15.61[3].

779 *Raineri, W.T.* (2002): 511f; *Yoder, L.D.* (2003): 427.

4.2.5. Verkauf von CFCs

Um der Qualifikation als Dividende zu entgehen, kann der Steuerpflichtige die Gewinne von CFCs thesaurieren und zu einem späteren Zeitpunkt die CFC-Veräußerung und den Gewinn als Veräußerungsgewinn günstig versteuern. Dies ist vor allem für das noch nicht als Subpart F versteuerte Einkommen interessant.

Sec 1248 IRC nimmt auf diese Gestaltungen Bezug; die Regelung kommt auf US-Aktionäre bei dem Verkauf von CFC Anteilen zur Anwendung. Dabei wird ein Teil des Veräußerungsgewinns als *Ordinary Income* behandelt, um den US-Anspruch auf nichtausgeschüttete Gewinne zu garantieren.[780] Durch diese Regelung wird sichergestellt, dass das anteilige Einkommen einer CFC entweder sofort als Subpart F-Einkommen, oder bei Ausschüttung bzw Veräußerung als Dividende zu versteuern ist.[781]

Sec 1248 IRC kommt dann zur Anwendung, wenn eine US-Person, die mindestens 10% der Stimmrechte der CFC hält, die Anteile teilweise oder gänzlich veräußert. Das ist auch dann der Fall, wenn die Körperschaft irgendwann in den letzten fünf Jahren eine CFC und der Aktionär zu diesem Zeitpunkt ein US-Aktionär gem den Vorschriften der CFC gewesen ist.[782]

4.3. Zusammenfassung

Die USA besteuern im Falle der unbeschränkten Steuerpflicht entsprechend dem Welteinkommensprinzip sowohl inländisches als auch ausländisches Einkommen. Zur Vermeidung der Doppelbesteuerung folgen die USA dem Grundsatz der Kapitalexportneutralität – ausländische Steuern werden im Rahmen des *Foreign Tax Credit* bei der inländischen Steuerbelastung berücksichtigt. Ist eine US-Muttergesellschaft an einer ausländischen Tochtergesellschaft mit mehr als 10% direkt beteiligt, besteht darüber hinaus die Möglichkeit, die ausländische Körperschaftsteuer als *Indirect Foreign Tax Credit* mit der inländischen Steuer zu verrechnen. Es ist allerdings zu beachten, dass *der Foreign Tax Credit* durch mehrere Bestimmungen beschränkt wird. So können ausländische Steuern nur soweit angerechnet werden, als dies einer inländischen Besteuerung entsprechen würde. Eine weitere Einschränkung besteht durch die *Basket Limitations*, die eine Kategorisierung des Einkommens vorsehen und damit verhindern, dass

---

780 *Gattegno, J.S./Yesnowitz, J.C.* (2005): 38; *Yoder, L.D.* (2004a): 256f; *Gustafson, C.H./Peroni, R.J./Pugh, R.C.* (2001): 490f.

781 *Bittker, B.I./Eustice, J.S.* (2000): 15.63[3]; *Scholes, M.S./Wolfson, M.A./Erickson, M./Maydew, E.L./Shevlin, T.* (2002): 249; Körperschaften können jedoch in dem Fall einen FTC in Anspruch nehmen, Reg 1.1248-1(d).

782 Dementsprechend ist Sec 1248 IRC auch dann anwendbar, wenn zum Zeitpunkt der Veräußerung die Voraussetzungen nicht mehr erfüllt sind, *Bittker, B.I./Eustice, J.S.* (2000): 15.63[1].

generell hoch besteuerte operative ausländische Gewinne mit generell niedrig besteuerten passiven Einkünften verrechnet werden können. Innerhalb einer Kategorie ist jedoch ein *Cross-Crediting* zwischen den Einkünften aus verschiedenen Ländern möglich.

Bei Outbound Gestaltungen müssen weiters die Regelungen der Controlled Foreign Corporations berücksichtigt werden, die eine Besteuerung bestimmter Einkünfte vorsehen, selbst wenn keine Ausschüttung an den US-Anteilsinhaber erfolgt. Kommt es zu einer vorzeitigen Besteuerung, sind diese Einkünfte bei einer nachfolgenden Ausschüttung nicht ein weiteres Mal der US-Steuer zu unterziehen. Das Einkommen einer CFC, das nicht der Hinzurechnungsbesteuerung unterliegt, kann zwar vorläufig steuerfrei thesauriert werden, im Falle einer Veräußerung sind jedoch die auf die Thesaurierung entfallenden stillen Reserven als Dividende nachzuversteuern.

5. Besteuerung von Inbound-Transaktionen

5.1. Allgemein

Beschränkt Steuerpflichtige unterliegen nur mit ihrem in den USA erzielten Einkommen der US-amerikanischen Besteuerung. Damit haben die USA, wie auch die meisten anderen Staaten, bei beschränkter Steuerpflicht das Territorialitätsprinzip verwirklicht. Bei der Besteuerung von beschränkt steuerpflichtigen Einkünften muss zwischen Einkünften aus aktiven Tätigkeiten und Einkünften aus passiven Tätigkeiten unterschieden werden.[783] Der Grund für die Unterscheidung in aktive und passive Tätigkeit besteht vor allem aufgrund der Durchsetzbarkeit der Besteuerung. Es wird angenommen, dass die aktive Tätigkeit für gewöhnlich die physische Präsenz in den USA verlangt und daher ein Rückgriff auf den Steuerpflichtigen möglich ist. Bei passiver Tätigkeit befindet sich der Steuerpflichtige meist im Ausland; die Besteuerung wird sichergestellt, indem an der Quelle – in den USA – die Steuer einbehalten wird.[784]

Die aktiven Einkünfte einer beschränkt steuerpflichtigen natürlichen Person oder einer beschränkt steuerpflichtigen Körperschaft werden auf dieselbe Art besteuert wie das Geschäftseinkommen einer US-Person. Insofern kann der beschränkt Steuerpflichtige anteilig Aufwendungen und Verluste mit den erzielten Einkommen verrechnen und die Steuer entspricht dem Progressionssteuersatz für natürliche Personen gem Sec 1 IRC. Passive Einkünfte werden hingegen ohne Abzüge von Aufwendungen und Verlusten mit einem Steuersatz von 30% besteuert.

---

783 *Buzanich, H./Kofler, G.* (2004): 260.

784 *Bittker, B.I./Lokken, L.* (2003): 65.1.3.

Folgende Grafik soll eine Übersicht über die unterschiedlichen Einteilungsmöglichkeiten von Inbound Geschäftsfällen bieten:

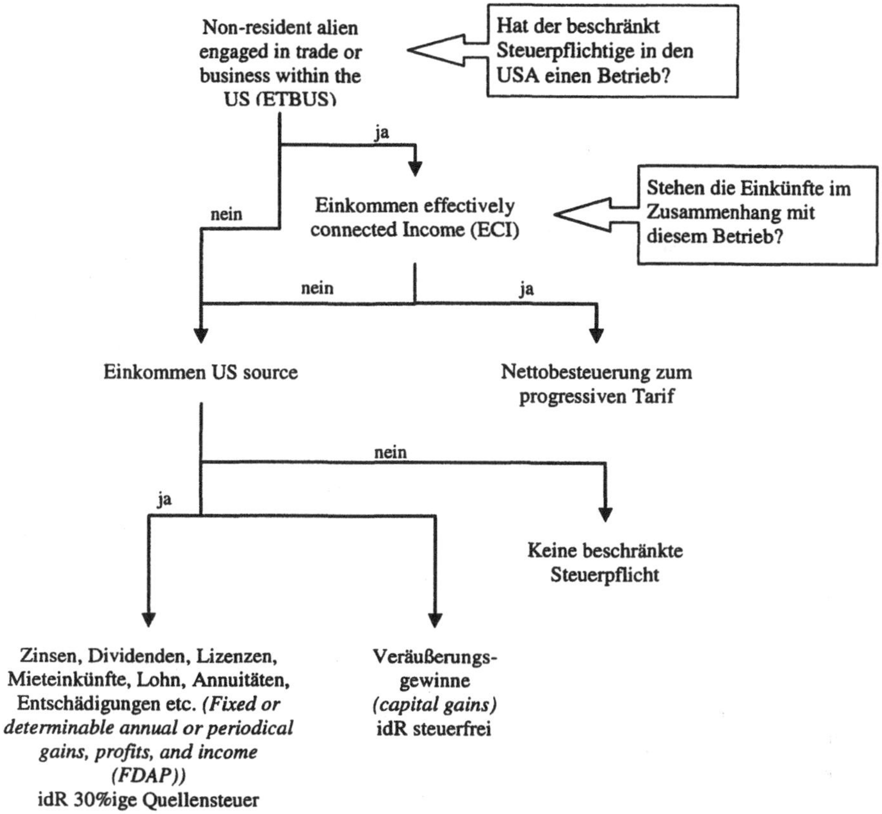

Abbildung 10: Beschränkte Steuerpflicht in den USA[785]

Grundsätzlich muss festgestellt werden, ob der beschränkt Steuerpflichtige einen Betrieb in den USA hat. Liegt ein solcher Betrieb vor, ist zu prüfen, ob die erzielten Einkünfte – egal, ob aktiver oder passiver Art – tatsächlich mit diesem Betrieb in Verbindung stehen. Ist dies der Fall, erfolgt eine Besteuerung zum Tarif. Liegt eine solche Verbindung nicht vor, sind die inländischen Einkünfte

[785] *Buzanich, H./Kofler, G.* (2004): 262.

idR der Quellensteuer zu unterziehen, außer es handelt sich um Veräußerungsgewinne.[786]

5.2. Einkünfte aus aktiver Erwerbstätigkeit

Einkünfte, die im Zusammenhang mit einer aktiven Erwerbstätigkeit stehen, werden im Wege der Veranlagung zum Progressivsatz gem Sec 1 IRC oder Sec 11 IRC ähnlich wie unbeschränkt steuerpflichtige Einkünfte besteuert.[787] Bei der Ermittlung der Bemessungsgrundlage werden die Aufwendungen, die mit der aktiven Erwerbstätigkeit in Verbindung stehen, ebenfalls erfasst. Die Besteuerung erfolgt daher auf Nettobasis.[788]

Voraussetzung für das Vorliegen von aktiven Tätigkeiten ist eine betriebliche Betätigung in den USA *(engaged in trade or business within the US (ETBUS))*. Nur das Nettoeinkommen, das mit dieser Tätigkeit im Zusammenhang steht *(effectively connected with that conduct)*, unterliegt der Progressionsbesteuerung.[789]

5.2.1. Engaged in trade or business in the US

Grundsätzlich muss geklärt werden, ob es sich denn überhaupt um eine gem Sec 871(b)(1), 882(a)(1) IRC betriebliche Tätigkeit in den USA handelt, bzw ob diese in den USA stattgefunden hat. Zwar nennt das Gesetz ausdrücklich Einkommensarten, die als aktive Tätigkeit bzw passive Tätigkeit eingestuft werden, jedoch fehlt eine abschließende Beurteilung.[790]

Der Code verwendet den Begriff *„trade or business“* in mehreren Zusammenhängen, eine Definition wird jedoch nicht bereitgestellt. In den Reg. 1.864-2(e) wird die Frage, ob der Steuerpflichtige tatsächlich eine aktive betriebliche Tätigkeit durchführt, an dem jeweiligen Sachverhalt *(Facts and Circumstances)* festgemacht. Zwar können Gerichtsurteile für eine grundsätzliche Einschätzung

---

786 *Pinkernell, R.* (2001): 243; gem Art 13 Abs 6 DBA Österreich-USA gewährt das Besteuerungsrecht von nicht gesondert erwähnten Vermögen, zu dem auch Veräußerungsgewinne aus Kapitalbeteiligungen zu zählen sind, dem Ansässigkeitsstaat; *Staringer, C.* (1997): 10.

787 Sec 871(b) IRC, Sec 873 IRC; gem Sec 891, 896 IRC behält sich der Präsident der USA allerdings das Recht vor, die Steuersätze anzuheben, wenn der ausländische Staat diskriminierende Steuern auf US-Steuerpflichtige erhebt.

788 *Bittker, B.I./Lokken, L.* (2003): 65.1.3.

789 *Bittker, B.I./Eustice, J.S.* (2000): 15.02[2][a].

790 *Doernberg, R./L.* (2001): 28; *Haun, J.* (1996): 161; *Streng, W.P.* (2002): 782.

herangezogen werden,[791] jedoch hat keines dieser Urteile eine umfassende Definition hervorgebracht. Eine aktive betriebliche Betätigung wird zB dann vorliegen, wenn diese als regelmäßig, andauernd und als vernünftig betrachtet wird;[792] das Vorliegen einer festen Einrichtung ist dabei nicht notwendig.[793]

5.2.2. Effectively connected income

Nachdem festgestellt wurde, dass eine betriebliche Tätigkeit vorliegt, muss gem Sec 871(b)(1) bzw 882(a)(1) IRC in einem weiteren Schritt überprüft werden, ob diese Einnahmen gem Sec 864(c) IRC mit der betrieblichen Tätigkeit effektiv verbunden sind, dh ob *effectively connected income (ECI)* vorliegt.[794] Ist dies der Fall, werden die steuerpflichtigen Einkünfte ebenso wie Einkünfte einer unbeschränkt steuerpflichtigen Person der Einkommensteuer unterworfen. Dh es können Aufwendungen gem Sec 873(a) IRC berücksichtigt werden.[795]

Grundsätzlich kann jedes US-Einkommen einer aktiven Erwerbstätigkeit zugeordnet werden, wenn die notwendigen Voraussetzungen gegeben sind. Daher ist es möglich, dass auch passives Einkommen nach Abzug von Aufwendungen mit dem Progressionssatz versteuert wird, wenn es in Verbindung zu einer aktiven

---

791 Continental Trading, Inc. v. Com., 265 F2d 40 (9th Cir. 1959), obwohl der Steuerpflichtige neben seinen umfassenden Investitionstätigkeiten mit Dosen gehandelt hat, galt dies nicht als aktive betriebliche Tätigkeit, weil Umstände darauf hindeuteten, dass dies allein aus steuerlichen Zwecken getätigt worden ist; der IRS wird auf die Frage zum Vorliegen von einer aktiven Tätigkeit keine Rulings herausgeben; *Snow v. Comr.*, 416 U.S. 500 (1974), der Supreme Court hat darauf hingewiesen, dass der Begriff *Trade or Business* je nach Codesection eine geringfügige, jedoch nicht wesentlich unterschiedliche Bedeutung haben kann.

792 Pinchot v. Com., 113 F2d 718 (2nd Cir. 1940).

793 Das Höchstgericht betrachtete ein Unternehmen, das sich hauptsächlich durch umfangreiche Investitionen und mit der Verwaltung der Investitionen beschäftigte, nicht als aktive betriebliche Tätigkeit, Higgins v. Com., 312 U.S. 212 (1941): die Größe eines Unternehmens spielt bei der Zuordnung zu einer aktiven betrieblichen Tätigkeit keine Rolle; Lewellyn v. Pittsburgh B. & L.E.R. Co., 222 F. 177 (3rd Cir. 1915); Inverworld. Inc. v. Com., T.C. Memo 1996-301; U.S. v. Balanovski, 236 F2d 298 (2nd Cir. 1956), eine sporadische Tätigkeit reicht nicht aus.

Sec 864(b)(2)(A) sieht eine Ausnahmeregelung für das Vorliegen einer aktiven betrieblichen Tätigkeit vor, wenn ein ausländischer Steuerpflichtiger entweder selbst oder durch einen Broker an US-Börsen handelt, *Schneidman, L./Schaul-Yoder, R.* (2002): 898; ausgenommen sind gem Sec 864(b)(2)(C) IRC allerdings Steuerpflichtige, die über ein Büro oder eine fixe Einrichtung in den USA verfügen und durch diese die Geschäfte betreiben, *Streng, W.P.* (2002): 783f.

794 *Doernberg, R./L.* (2001): 32; *Haun, J.* (1996): 163; *Bittker, B.I./Eustice, J.S.* (2000): 15.02[3][a]; *Streng, W.P.* (2002): 788; *Infanti, A.C.* (2003): 25; *Hannes, S.* (2003): 168.

795 *Schuch, J./Toifl, G.* (1997): 138; *Schneidman, L./Schaul-Yoder, R.* (2002): 898f.

Tätigkeit steht. Dementsprechend kann man zwei Arten von Einkünften unterscheiden:

1. Zinsen, Dividenden, Mieteinnahmen, Löhne, etc *(Fixed or Determinable Annual or Periodical Gains, Profits and Income (FDAP))* oder Gewinne aus der Veräußerung von *Capital Assets* und
2. anderes US-Einkommen.

Ad 1) Diese sind dann zu ECI zu zählen, wenn sie entweder aus betrieblich genutzten Wirtschaftsgütern erzielt werden *(Asset Use Test)* oder die betriebliche Tätigkeit ein wesentlicher Faktor für die Erwirtschaftung der Einkünfte war *(Business-Activities Test)*.[796] Ist dies der Fall, wird das Einkommen dem Einkommen aus aktiver Tätigkeit gem Sec 871(b) und 882 IRC zugeordnet, andernfalls als *Investment Income* gem Sec 871(a) und 881(a) IRC.[797]

Ad 2) Einkünfte, die weder zu FDAP noch Gewinne aus der Veräußerung von *Capital Assets* darstellen, werden dann als ECI definiert, wenn sie US-Quellen entstammen *(Force of Attraction Principle)*.[798]

Auch ausländisches Einkommen kann gem Sec 864(c)(4) IRC *Effectively Connected Income* darstellen, wenn bestimmte Bedingungen in Bezug auf die Art des Einkommens und der Beziehung zur US-Tätigkeit erfüllt sind. Mit dieser Regelung soll verhindert werden, dass ausländische Körperschaften US-Einkommen zu ausländischem Einkommen umqualifizieren können. Diese Bestimmung zielt nicht auf die Unterscheidung zwischen aktiver und passiver Tätigkeit ab, es soll sichergestellt werden, dass – unabhängig der Aufteilung des Einkommens durch die *Sourcing Rules* – die Steuerhoheit in einer wirtschaftlichen Betrachtungsweise erhalten bleibt.[799]

Folgende Voraussetzungen müssen erfüllt sein:

1. Es muss ein Büro oder eine andere fixe Geschäftseinrichtung gem Sec 864(c)(5)(A) und den Regs 1.864-7 in den USA vorhanden sein;[800]
2. das Einkommen muss gem 864(c)(5)(B) und 864(c)(5)(C) IRC der Geschäftseinrichtung zurechenbar *(Attributable)* sein;[801] und

---

796 Regs 1.864-6(c); *Bittker, B.I./Eustice, J.S.* (2000): 15.02[3][b]; *Schneidman, L./Schaul-Yoder, R.* (2002): 899; *Hannes, S.* (2003): 168; *Zschiegner, H.* (2001): 1104.

797 *Haun, J.* (1996): 163; *Bittker, B.I./Eustice, J.S.* (2000): 15-47.

798 *Buzanich, H./Kofler, G.* (2004): 261; *Bittker, B.I./Eustice, J.S.* (2000): 15.02[3][c]; *Streng, W.P.* (2002): 789.

799 *Infanti, A.C.* (2003): 28.

800 Dies entspricht ungefähr der Definition der *Permanent Establishments* in den DBAs.

801 Das ist dann der Fall, wenn die Geschäftseinrichtung ein wesentlicher Faktor für die Erzielung des Einkommens ist, Reg. 1.864-6.

3. es muss sich um eine bestimmte Art von Einkommen handeln; Zinsen und Dividenden werden entweder durch das Betreiben eines Bank- oder Finanzierungsgeschäfts in den USA oder von einer Gesellschaft erzielt, deren Geschäftszweig der Handel mit Wertpapieren ist.[802]

Liegt kein *Effectively Connected Income* vor und die Einkünfte sind nach den Quellenregeln als inländisches Einkommen anzusehen, sind die verbleibenden Einkünfte aus passiver Tätigkeit der Quellenbesteuerung zu unterziehen.[803]

5.3. Einkünfte aus passiver Tätigkeit

5.3.1. Allgemein

Einkünfte aus passiver Tätigkeit liegen dann vor, wenn sie nicht einer betrieblichen Tätigkeit in den USA zuzurechnen sind *(Non-ECI US-Source Income)*. Das kann entweder der Fall sein, wenn der Steuerpflichtige keinen Betrieb in den USA hat oder wenn das Einkommen nicht betrieblicher Natur ist.[804] FDAP aus US-Quellen unterliegen gem Sec 871(a), 881(a) einer 30%igen Besteuerung, wobei das Einkommen nicht um Aufwendungen gekürzt werden darf. Gem Sec 1441(f) IRC wird die 30%ige Steuer im Wege des Quellensteuerabzugs *(Withholding Tax)* erhoben.[805]

---

802 *Doernberg, R./L.* (2001): 33f; ausführlich *Blumenberg, J.* (1997): 254; *Streng, W.P.* (2002): 791f; Eine Ausnahme von dieser Regel besteht gem Sec 864(c)(4)(B) IRC für Dividenden, Zinsen und Lizenzgebühren, die von einer ausländischen Körperschaft gezahlt werden, an der der Steuerpflichtige mit mehr als 50% der Stimmrechte beteiligt ist oder das Einkommen als Subpart F Einkommen erfasst wird, *Bittker, B.I./Eustice, J.S.* (2000): 15-49f.

803 Siehe Kapitel V.5.3.

804 *Bittker, B.I./Lokken, L.* (2003): 65.1.3.

805 *Doernberg, R./L.* (2001): 38; *Schuch, J./Toifl, G.* (1997): 138; *Blumenberg, J.* (1997): 131f u 163; *Gattegno, J.S./Yesnowitz, J.C.* (2005): 26; *Haun, J.* (1996): 164; *Umbrecht, R.L./Llewellyn, D.W.* (1994): 642; *Gustafson, C.H./Peroni, R.J./Pugh, R.C.* (2001): 195; die Quellensteuer wird dabei bei der auszahlenden Quelle einbehalten; damit ist die US-Steuer abgegolten, *Bittker, B.I./Lokken, L.* (2003): 67.2.1; *Bittker, B.I./Eustice, J.S.* (2000): 15.03[1]; *Schneidman, L./Schaul-Yoder, R.* (2002): 905.

Die effektive Besteuerung von passiven Einkünften beträgt jedoch weit mehr als 30%, da die Aufwendungen nicht berücksichtigt werden können. Die einzige Möglichkeit, die Steuerbelastung zu senken, besteht im Falle von Doppelbesteuerungsabkommen. In den DBAs wird idR eine niedrigere Quellenbesteuerung vereinbart und somit die Belastung für die ausländische Körperschaft oder ausländische natürliche Person gesenkt, *Bittker, B.I./Lokken, L.* (2003): 65.1.3.

5.3.2. Zinsen

Prinzipiell unterliegen Zinszahlungen[806] ebenfalls dem Quellensteuerabzug, sofern nicht in den DBAs etwas anderes vorgesehen ist. Im Gegensatz zu unbeschränkt Steuerpflichtigen erfolgt die Besteuerung bei beschränkt Steuerpflichtigen gem Sec 871(a)(1)(C) IRC erst bei Zufluss.[807]

Eine Ausnahme von dieser generellen Steuerpflicht stellen Zinsen aus *Portfolio Debt Investments* gem Sec 871(h) und 881(c) IRC dar, die von der 30%igen Abgeltungsteuer befreit sind, wenn diese nicht mit einer aktiven Tätigkeit in den USA in Zusammenhang stehen.[808] Die Bestimmungen der *Portfolio Debt Investments* gelten für Zinszahlungen auf namentlich registrierte Schuldverschreibungen und sonstige, nicht erfolgsabhängige Zinsen auf andere Inhaberpapiere.[809] Liegen die Instrumente in registrierter Form vor, kommt die Regelung zum *Portfolio Interest* gem Sec 871(h)(2)(B)(ii) und 882(c)(2)(B)(ii) IRC nur dann zur Anwendung, wenn in einer Erklärung an die auszahlende Gesellschaft angegeben ist, dass die begünstigte Partei nicht eine US-Person ist. Handelt es sich um nicht zu registrierende Dokumente, ist die Abgabe einer solchen Erklärung nicht notwendig.[810]

Allerdings gibt es von der Regelung des *Portfolio Interest Exemption* einige Ausnahmen. So fallen bestimmte Zinsen nicht unter die *Exemption*, wenn sie

---

806 *Doernberg, R./L.* (2001): 39, dazu sind auch der *Original Issue Discount* zu zählen, siehe Kapitel IV.6.4.

807 Erhält nun der beschränkt Steuerpflichtige eine Zahlung, wird der bisher angefallene OID besteuert, *Bittker, B.I./Lokken, L.* (2003): 67.2.2; dasselbe Prinzip kommt gem Sec 871(a)(1)(C) und 881(a)(3) IRC bei dem Verkauf des Instruments zur Anwendung, *Bittker, B.I./Eustice, J.S.* (2000): 15-69.

808 *Bittker, B.I./Lokken, L.* (2003): 67.2.2, der Grund für die Befreiung liegt an der Öffnung des US-Marktes für den *Eurobond Market*; *Bittker, B.I./Eustice, J.S.* (2000): 15.03[2]; *Connors, P.J.* (2002): 939f; *Berman, D.M./Strain, D.O.* (2000): 682; *Haun, J.* (1996): 164; *Zschiegner, H.* (2001): 1104; *Blumenberg, J.* (1997): 124.

809 *Pinkernell, R.* (2001): 243; *Buzanich, H./Kofler, G.* (2004): 404.

810 *Buzanich, H./Kofler, G.* (2004): 404; *Berman, D.M./Strain, D.O.* (2000): 682; allerdings sind an die Befreiung gem Sec 871(h)(2)(A) Voraussetzungen geknüpft, die sicherstellen sollen, dass die Zinsen im Ausland verbleiben. Das wird dann der Fall sein, wenn die Transaktion derart gestaltet ist, dass das Instrument an keine US-Person verkauft werden wird, die Zinsen nur im Ausland zahlbar sind und eine Erklärung auf der Obligation erfolgt, dass jede US-Person, die das Instrument besitzt, gewissen Beschränkungen des Steuerrechts unterliegt. Diese Voraussetzungen dienen dazu, dass nicht registrierte Obligationen in den USA steuerfrei sind; *Shaw, R.A.* (2004): 702.

Contingent Payments beinhalten.[811] Weiters kann die Befreiung gem Sec 881(c)(1) IRC nicht von ausländischen Banken in Anspruch genommen werden.[812]

Zwei weitere Ausnahmen betreffen das Gläubiger-Schuldner-Verhältnis. Hält ein ausländischer Gläubiger mehr als 10% der Stimmrechte[813] einer US-Körperschaft, wird gem Sec 871(h)(3) IRC die Behandlung als Portfolio verneint.[814] Zinszahlungen an eine CFC von einem nahe stehenden Dritten qualifizieren sich gem Sec 881(c)(3)(C) IRC ebenfalls nicht als *Portfolio Interest*.[815] Durch diese Regelung wird generell die Kreditaufnahme im Ausland erleichtert.

5.3.3. Dividenden

Dividenden, die von einer US-Körperschaft ausgeschüttet werden, stellen im Inland erzieltes Einkommen dar, das ebenfalls der 30%igen Quellensteuer unterliegt. Dieser Prozentsatz kann durch ein DBA herabgesetzt sein.[816] Für Dividenden gibt es allerdings kein Äquivalent zu der *Portfolio Interest Exemption* bei Zinsen.

Wenn das ausschüttende Unternehmen gem Sec 861(c)(1) IRC jedoch mehr als 80% seines Bruttoeinkommens aus ausländischen Tätigkeiten erzielt, wird gem Sec 871(i)(2)(B) IRC nicht auf die gesamte Dividende Quellensteuer einbehalten.[817] Der steuerfreie Betrag ist der Prozentsatz der Dividende, der in einem Dreijahreszeitraum dem Verhältnis der im Ausland erzielten Einkommen zum Gesamteinkommen entspricht.[818]

---

811 Dies wird dann gem Sec 871(h)(4)(A)(i) IRC der Fall sein, wenn die Zinsen zB vom Gewinn, dem Umsatz oder Wertänderungen abhängig sind, *Bittker, B.I./Eustice, J.S.* (2000): 15-66; *Shaw, R.A.* (2004): 701; *Doernberg, R./L.* (2001): 42.
Da *Contingent Payments* von der *Portfolio Exemption* ausgenommen sind, wird damit sichergestellt, dass Dividenden nicht in Form von Zinsen steuerfrei ins Ausland transferiert werden können; *Contingent Payments* sind gem DBA USA-Österreich Art 11 Abs 5 auch von der Anwendbarkeit des DBA ausgenommen.

812 *Bittker, B.I./Eustice, J.S.* (2000): 15.03[2]; *Connors, P.J./Woll, G.H.J.* (2002): 432 PLI/Tax 800.

813 *Attribution Rules* kommen gem Sec 871(h)(3)(C) IRC zur Anwendung.

814 Sec 871(h)(3) und 881(c)(3)(B) IRC; *Buzanich, H./Kofler, G.* (2004): 404.

815 Zinserträge an eine CFC werden als Subart F gem Sec 951 IRC im Veranlagungsjahr der US-Steuer unterzogen; *Bittker, B.I./Eustice, J.S.* (2000): 15-65; *Gustafson, C.H./Peroni, R.J./Pugh, R.C.* (2001): 204; *Berman, D.M./Strain, D.O.* (2000): 682.

816 *Raineri, W.T/Engle, H.S.* (1996): 1617; *Wacker, R.F.* (2004): 22; bzgl Quellensteuerermäßigung siehe *Zschiegner, H.* (2001): 1106f.

817 Die Dividende wird trotzdem als US-Einkommen angesehen.
Die Überprüfung der 80% erfolgt in einem Dreijahreszeitraum, in dem nachzuweisen ist, dass 80% aller Einkommen ausländisches Einkommen darstellen, das einer aktiven ausländischen Tätigkeit außerhalb der USA zugeordnet werden kann.

818 *Doernberg, R./L.* (2001): 46.

5.4. Earnings Stripping

Um die Aushöhlung der Steuerbemessungsgrundlage durch Zinszahlungen von US-Körperschaften oder ausländischen Körperschaften, die eine aktive Tätigkeit in den USA ausüben, an nahe stehende Personen, die für diese Zinsen nicht der Steuer unterliegen, zu verhindern, wurde Sec 163(j) IRC durch den *Revenue Reconciliation Act* 1989[819] dem Gesetz hinzugefügt. Das Gesetz beschränkt dabei die Abzugsfähigkeit solche Zinsaufwendungen, die für ein Darlehen von nahe stehenden Personen gezahlt werden bzw Darlehen, für die nahe stehende Personen eine Garantie übernommen haben.[820]

Der IRS hat diesbezüglich *Proposed Regulations* entwickelt, die die Anwendung der Sec 163(j) IRC verständlich machen sollen:

Bestimmte Zinszahlungen *(Disqualified Interest)* können von Körperschaften nicht in Abzug gebracht werden, wenn diese Zinsen an eine nahe stehende Person direkt oder indirekt gezahlt oder dieser zugerechnet werden und nicht der Steuer unterliegen.[821] Zinsen *(Tax Exempt Interest)* werden dann als steuerfrei angesehen, wenn der Empfänger nicht der US-Steuer gem Subtitel A des Codes unterliegt.[822]

---

[819] Revenue Reconciliation Act of 1989, Pub. L. No. 101-239, § 7210 (1989); damit soll vor allem die zu dieser Zeit zunehmenden Fremdfinazierungen von US-Kapitalgesellschaften durch ausländische und steuerfreie inländische Anteilseigner bekämpft werden, *Blumenberg, J.* (1997): 256.

[820] *Levey, M.M.* (1995): 6.01; *Bittker, B.I./Lokken, L.* (1999): 52.7.4; 66.5; *Bittker, B.I./Eustice, J.S.* (2000): 4.04[8]; *Streng, W.P.* (2002): 798f; *McClintock, M./Royse, R.* (1992): 51; *Umbrecht, R.L./Llewellyn, D.W.* (1994): 641; *Tobin, J.J.* (2003): 264f.

[821] Personen, die gem Sec 267(b) oder Sec 707(b)(1) IRC als *Related Persons* anzusehen sind, gelten auch für Zwecke von Sec 163(j) IRC als *Related Persons*. Gem Sec 267(b) IRC sind eine natürliche Person und eine Körperschaft dann *Related Person*, wenn die natürliche Person mehr als 50% des Werts der Körperschaft hält. Zwei Körperschaften sind dann *Related Persons*, wenn sie Mitglieder derselben *Controlled Group* gem Sec 1563 IRC sind, wobei statt der 50% Beteiligung eine 80% Beteiligung erfüllt sein muss, *Levey, M.M.* (1995): 6.02[3][b]; *Streng, W.P.* (2002): 799; *Bittker, B.I./Eustice, J.S.* (2000): 4.04[8]; Prop. Reg. 1.163(j)-2(a).

[822] Die Überprüfung muss für jeden Posten separat durchgeführt werden. Steuerbefreite Zinsen umfassen auch gezahlte oder angefallene Zinsen an eine ausländische Person, die einer 0% Quellensteuer gem eines DBAs unterliegt. Verringert ein DBA teilweise die Quellensteuer der US, wird jener Teil der Zinsen als steuerbefreit angesehen, der den Differenzbetrag zwischen reduzierter Quellensteuer und sonst zu erhebender Steuer darstellt, *Levey, M.M.* (1995): 6.02[3][c][i]; Sec 163(j)(5)(B) IRC; *Umbrecht, R.L./Llewellyn, D.W.* (1994): 651; *Streng, W.P.* (2002): 799; Prop. Reg. 1.163(j)-4(a); *McClintock, M./Royse, R.* (1992): 57; *Haun, J.* (1996): 224.

Sec 163(j) IRC kommt dann zur Anwendung, wenn der Debt-to-Equity Ratio über 1,5 : 1 ist und *Excess Interest Expenses* vorliegen. Der *Debt-Equity Ratio* ist dabei das Verhältnis des gesamten Fremdkapitals der Körperschaft in Bezug auf Gesamtvermögen (*money and all other assets*) abzüglich des gesamten Fremdkapitals.[823] Die Höhe der *Disqualified Interest* ist dabei entweder der *Excess Interest Expense* einer Körperschaft oder der *Exempt Related Party Interest Expense*, je nachdem, welcher von beiden der geringere ist.[824]

In der Regel wird gem Sec 163(j)(2)(B) IRC dann ein Zinsüberhang *(Excess Interest Expense)* vorliegen, wenn die Nettozinsen *(Net Interest Expense)* 50% des angepassten Einkommens *(Adjusted Taxable Income)* inklusive eines Anrechnungsguthabens *(Excess Limitation)* übersteigt:[825]

Net Interest Expense
– 50% des Adjusted Taxable Income
– Excess Limitation
Excess Interest Expense

Net Interest Expense ist der Überhang der Zinsen, die gezahlt oder angefallen sind, über die Zinsen, die dem *Gross Income* hinzugezählt werden.[826] Das *Adjusted Taxable Income* wird ohne Berücksichtigung der Aufwendungen für *Net Interest Expense, Net Operating Losses* und Abschreibungen zu berechnen sein.[827] Entsteht aufgrund dieser Berechnung ein Verlust, wird das ATI mit Null angenommen. Zusätzlich verringert der *Adjusted Taxable Loss* die *Limitation*

---

823 Der *Debt-Equity Ratio* kann nicht geringer als eins sein, *Levey, M.M.* (1995): 6.02[3][d][i]; Prop. Reg. 1.163(j)-2(a); *Blumenberg, J.* (1997): 274, die Berechnung erfolgt auf Grundlage steuerlicher Buchwerte; *Nuernberger, E./Pelzer, D.* (2003): 1248; *Small, D.G.* (1995a): 206; *McClintock, M./Royse, R.* (1992): 64; *Goodman, G.R.* (1996): 677ff; *Umbrecht, R.L./Llewellyn, D.W.* (1994): 653, der Debt-*Equity Ratio* hat große Aufmerksamkeit auf sich gezogen und wurde als zu restriktiv angesehen.

824 *Levey, M.M.* (1995): 6.02[2]; *Schuch, J./Toifl, G.* (1997): 142; *McClintock, M./Royse, R.* (1992): 51; *Umbrecht, R.L./Llewellyn, D.W.* (1994): 651; *Berman, D.M./Strain, D.O.* (2000): 684; *Haun, J.* (1996): 223.

825 *Blumenberg, J.* (1997): 271; *Zschiegner, H.* (2002b): 1210f; *Nuernberger, E./Pelzer, D.* (2003): 1248; *Ferencz, G.E.* (1993): 186; *Croker, J.E./Birnkrant, H.J.* (1994): 30; *Streng, W.P.* (2002): 799; *Levey, M.M.* (1995): 6.02[3][e].

826 Sowohl Zinsen an *Related Parties* als auch *Unrelated Parties* werden in die Berechnung miteinbezogen. Zinserträge werden gem Sec 61 IRC berechnet und insofern sind auch OID und *Acquisition Premiums* darunter zu verstehen. Zinsaufwendungen werden gem Sec 163(a) IRC bestimmt und beinhalten ebenfalls OID; *McClintock, M./Royse, R.* (1992): 56.

827 *Levey, M.M.* (1995): 6.02[3][f]; Prop. Reg. 1.163(j)-2(f); *Streng, W.P.* (2002): 799.

Carryforward. Der *Adjusted Taxable Loss* kann nicht vorgetragen werden.[828] Übersteigen 50% des *Adjusted Taxable Income* die *Net Interest Expense*, so kann die Körperschaft diesen *Excess Limitation* drei Jahre vortragen. Der auf diese Weise vorgetragene Betrag kann die *Excess Interest Expense* in einem solchen Jahr nicht übersteigen.[829]

Beispiel: Eine inländische Körperschaft ist eine 100%ige Tochtergesellschaft einer ausländischen Körperschaft. Der Debt-Equity Ratio der inländischen Körperschaft ist größer als 1,5 : 1. Im Jahr X_0 erzielte die inländische Körperschaft folgendes Ergebnis:

100	*Adjusted Taxable Income*
20	*Zinseinkommen*
90	*Zinsaufwendungen (davon 60 an die Muttergesellschaft)*

Die Berechnungen der Sec 163(j) IRC werden wie folgt ausgeführt:

Net Interest Expense:	*(90 – 20) =*	*70*
50% des Adjusted Taxable Income:	*(50% v 100) =*	*50*
Related Person Interest Expense:		*60*
Excess Interest Expense:	*(70 – 50) =*	*20*

Die nicht abzugsfähigen Zinsen betragen daher 20 und können vorgetragen werden.[830]

Sind Zinsen aufgrund dieser Bestimmung nicht abzugsfähig, können sie für unbegrenzte Zeit vorgetragen und in Folgejahren gegen ungenutzte Anrechnungsbeträge verrechnet werden.[831] Dementsprechend gibt es zwei Arten des Vortrags: liegen keine *Excess Interest* vor, kann der Differenzbetrag drei Jahre vorgetragen werden; sind Zinsen nicht abzugsfähig können sie unbegrenzt vorgetragen werden.

Alle Mitglieder einer *Affiliated Group* werden als ein einziger Steuerpflichtiger für Zwecke der Sec 163 IRC angesehen.[832] Es kann daher vorkommen, dass eine

---

[828] Prop. Reg. 1.163(j)-2(f)(4); *Levey, M.M.* (1995): 6.02[3][e].

[829] *Bittker, B.I./Eustice, J.S.* (2000): 15.04[4]; *Levey, M.M.* (1995): 6.02[3][h]; Prop. Reg. 1.163(j)-2(c)

[830] Beispiel aus *McClintock, M./Royse, R.* (1992): 54f; ausführlich mit Beispiel *Jacobs, O.H.* (2002): 809f.

[831] Die Regulations stellen jedoch klar, dass die *Safe-Harbor* Regelung des *Debt-Equity Ratio* nicht auf Vorträge zur Anwendung kommt, sondern für den Vortrag der *Disqualified Interest* die *Excess Limitation* der Sec 163(j) IRC ohne Berücksichtigung des *Safe Harbour* berechnet wird, *Levey, M.M.* (1995): 6.02[2]; *Bittker, B.I./Eustice, J.S.* (2000): 4.04[8]; Prop. Reg. 1.163(j)-1(b); *Blumenberg, J.* (1997): 294.

[832] Dabei ist es unbeachtlich, ob die *Affiliated Group* einen *Consolidated Return* abgibt, Prop. Reg. 1.163(j)-5(a); *Ferencz, G.E.* (1993): 187; ausführlich dazu *McClintock, M./Royse, R.* (1992): 66ff; *Blumenberg, J.* (1997): 277.

Körperschaft auf eine *Stand-Alone Basis* unter Sec 163(j) IRC fallen würde, aufgrund der Zusammenrechnung einer *Affiliated Group* jedoch nicht den *Earnings Stripping Regulations* unterliegt. Das Gegenteil ist jedoch genauso denkbar.[833]

Die *Proposed Regulations* erläutern, dass die Beschränkung der Zinsaufwendungen keine Auswirkung auf die Ermittlung des *Earnings and Profits* der auszahlenden Gesellschaft hat. Dementsprechend bleiben auch die Berechnungen des *Foreign Tax Credit*, mögliche Dividenden und daher auch die Quellensteuer auf Dividenden, die an ausländische Aktionäre gezahlt werden sowie die Berechnung des *Branch-Profit* und der *Branch Interest Tax* unverändert.[834]

Die Beschränkungen gem Sec 163(j) IRC kommen erst nach der Berücksichtigung aller anderen Codesections[835] zur Anwendung, die eventuell Zinsaufwendungen stunden oder beschränken würden. Werden Zinsen in einem bestimmten Veranlagungsjahr nicht anerkannt, wird der nicht berücksichtigte Teil nicht in die Berechnung gem Sec 163(j) IRC miteinbezogen. Verneint eine andere Vorschrift den Zinsabzug,[836] werden diese Aufwendungen für die Berechnung von Sec 163(j) nicht berücksichtigt.[837]

Sec 163(j) IRC kommt auch auf ausländische Körperschaften zur Anwendung, die eine aktive Tätigkeit in den USA ausüben *(Engaged in a US Trade or Business)* und die Zinsaufwendungen dieser Tätigkeit zuzuordnen sind.[838] Allerdings sind für die Berechnung des *Net Interest Expense, ATI, Excess Interest* und der *Excess Limitation* nur das Einkommen und die Aufwendungen des *Effectively Connected Income* heranzuziehen.[839] Der Debt-Equity-Ratio ist im Gegensatz dazu entsprechend der Vorschriften für inländische Körperschaften zu berechnen.[840]

---

833 *Levey, M.M.* (1995): 6.03[1].

834 Prop. Reg. 1.163(j)-1(e).

835 Wie zB Sec 163(e)(3) IRC (OID auf Fremdfinanzierungen, die von einer ausländischen Person gehalten werden, dürfen erst bei Zahlung berücksichtigt werden) oder Sec 267(a)(3) IRC (Zinsen auf Fremdfinanzierungen, die von einer ausländischen Person gehalten werden, dürfen erst bei Zahlung berücksichtigt werden); *Levey, M.M.* (1995): 6.04[3].

836 Wie zB Sec 265 IRC (Zinsaufwendungen auf steuerbefreites Einkommen) oder Sec 279 IRC (Zinsen im Zusammenhang mit Akquisitionen von über 5 Millionen Dollar); werden nur Teile der Zinsen nicht anerkannt, wie zB Sec 465 IRC (Zinsen im Zusammenhang mit *At-Risk Investment)* oder Sec 469 IRC (Beschränkung bei *Passive Activities),* kommt Sec 163(j) IRC nur auf den anerkannten Anteil zur Anwendung; *Levey, M.M.* (1995): 6.04[2] und 6.04[4].

837 *Bittker, B.I./Eustice, J.S.* (2000): 4.04[8]; Prop. Reg. 1.163(j)-7

838 Prop. Reg. 1.163(j)-8(a).

839 Prop. Reg. 1.163(j)-8(c); *Levey M.M.* (1995): 6.05[1]; ausführlich *Daub, P.M.* (1991): 379ff; *Raineri, W.T/Engle, H.S.* (1996): 1625f.

840 Reg. 1.163(j)-3(e).

1993 hat der Congress das Anwendungsgebiet der Sec 163(j) IRC erweitert. Für Veranlagungsjahre nach 1993 gilt Sec 163(j) IRC auch für Zinsen, die an unabhängige Dritte gezahlt werden und keine *Gross Basis Tax* darauf eingehoben wird,[841] wenn die Verschuldung gem Sec 163(j)(6)(B) IRC von einer nahe stehenden Person, die von der Steuer ausgenommen ist, garantiert *(Disqualified Guaranty)* wird. *Disqualified Guaranty* gem Sec 163(j)(6)(D) IRC inkludiert jede direkte oder indirekte Vereinbarung, die bedingt oder unbedingt die Zahlung von Fremdkapital einer anderen Person besichert.[842]

Die Bush-Administration plant eine Verschärfung der *Earnings Stripping* Regeln. Folgende Änderungen wurden dem Congress am 6. Februar 2006 für das Fiscal Year 2007 Budget vorgeschlagen:

- Aufhebung der gegenwärtigen Safe-Harbor Debt-Equity Ratio von 1,5 : 1;
- *Net Interest Expense* dürfen nur 25% des *Adjusted Taxable Income* ausmachen;[843]
- Begrenzung des unbeschränkten Vortragszeitraums der *Excess Interest* auf zehn Jahre und
- Aufhebung des Vortragszeitraums von drei Jahren für die *Excess Limitation.*[844]

Durch diese Veränderung wäre die Abzugsmöglichkeit von Zinsen einer ausländischen Fremdfinanzierung wesentlich eingeschränkt.[845]

Bei den *Earnings Stripping* Vorschriften stellt sich die Frage, ob diese Regelungen den DBAs widersprechen, die eine Zinsbesteuerung den Ansässigkeitsstaaten zugestehen. Die Bestimmung ist jedoch derart gestaltet, dass nach Meinung des IRS eine Aushebelung der DBAs nicht nachgewiesen werden kann, da sie auf alle steuerbefreiten Personen und nicht nur für ausländische Körperschaften zur Anwendung kommt. Allerdings ist es offensichtlich, dass die

---

841 Unterliegen die Zinsen der 30%igen Quellensteuer, liegen keine *Disqualified Interest* vor, *Croker, J.E./Birnkrant, H.J.* (1994): 32.

842 *Zschiegner, H.* (2002b): 1210f; *Blumenberg, J.* (1997): 282f; *O'Connell, F.J.* (2004): 545; *Croker, J.E./Birnkrant, H.J.* (1994): 30; *Levey, M.M.* (1995): 6.07[4]; *Bittker, B.I./Eustice, J.S.* (2000): 4.04[8]; Sec 163(j) IRC betrifft mehr ausländische Personen, da im allein nationalen Kontext das Problem bereits durch Sec 267, 4975, 512(b)(13) IRC angesprochen wird.

843 Diese Grenze gilt nicht für Zinsen an fremde Dritte, die von einem nahe stehenden Dritten garantiert werden; in diesem Fall gilt die 50% Grenze, *Benson, D./Mundaca, M.F./Rollinson, M.A./O'Connor, P.* (2004): 598.

844 *Benson, D./Mundaca, M.F./Rollinson, M.A./O'Connor, P.* (2004): 598; bezugnehmend auf einer Vorversion des Vorschlags: *Nuernberger, E./Pelzer, D.* (2003): 1250.

845 *Webb, N.C.* (2004): 461.

Earnings Stripping Rules de facto vor allem grenzüberschreitende Sachverhalte regeln.[846]

5.5. Zusammenfassung

Die beschränkte Steuerpflicht in den USA unterscheidet grundsätzlich zwei Arten von Einkommen. Einerseits kann das Einkommen im Zusammenhang mit einer aktiven Erwerbstätigkeit stehen *(Effectively Connected Income with a Trade or Business)* oder es stellt FDAP Einkommen dar. Im ersten Fall erfolgt unter Berücksichtigung der Aufwendungen eine Besteuerung gem dem progressiven Steuersatz, im zweiten Fall wird die Bruttogröße mit einem fixen Steuersatz besteuert. Diese Vorgehensweise ist in den meisten Staaten umgesetzt.

6. Transfer Pricing

Sec 482 IRC gibt dem IRS die Möglichkeit, steuerwirksame Geschäftsfälle zwischen nahe stehenden Dritten aufzuteilen, um Steuervermeidungsgestaltungen vorzubeugen bzw das Ergebnis klar wiederzugeben *„in order to prevent evasion of taxes or clearly to reflect the income of any of such organizations, trades, or businesses"*.[847] Gem Sec 482 IRC sehen die *Transfer Pricing Rules* vor, dass im Fall von zwei oder mehr inländischen bzw ausländischen Betrieben[848], die direkt oder indirekt von einer Person kontrolliert werden, der IRS Erträge, Aufwendungen, *Credits* oder *Allowances* zwischen solchen Betrieben aufteilen kann, wenn es für die richtige Darstellung des Einkommens *(clear reflection of income)* notwendig ist.[849]

Mit Sec 482 IRC versucht der IRS sowohl die Verschiebung von Gewinnen in Niedrigsteuerländer zu unterbinden, als auch die nationale Verschiebung, motiviert durch Progressionseffekte, zu vermeiden. Die *Transfer Pricing Rules* sind daher nicht nur bei grenzüberschreitenden Sachverhalten zu beachten.

Für die Anwendung der *Transfer Pricing* Vorschriften ist das Vorliegen einer gemeinsamen Beherrschung *(Control)* notwendig. Bei dieser Beherrschungs-

---

846 *Doernberg, R.L.* (1993): 986; *Doernberg, R./L.* (2001): 135; einen offensichtlichen Verstoß gegen die abkommensrechtlichen Bestimmungen sieht *Blumenberg, J.* (1997): 258.

847 Steuerpflichtige können allerdings von dieser Vorschrift nicht Gebrauch machen, es steht allein dem IRS zur Verfügung; *Ossi, G.J./Chung, K./Sidher, S.K.* (2003): 283; *Doernberg, R./L.* (2001): 237.

848 Dabei ist es unerheblich, ob in Form einer Körperschaft oder als Mitglied einer Gruppe.

849 *Streng, W.P.* (2002): 802f, dementsprechend kommt Sec 482 IRC sowohl auf Mutter-Tochter-Transaktionen, als auch auf Transaktionen zwischen Schwestergesellschaften zur Anwendung.

voraussetzung wird jedoch nicht konkret auf eine Beteiligungshöhe abgezielt, sondern auf die Tatsache, dass genügend Einfluss besteht, um Gewinne verlagern zu können.[850]

Die Verteilung des Gewinnes wird anhand Reg. 1.482-1(b)(1) von Fremdvergleichsgrundsätzen *(Arm's Length)* vorgenommen.[851] Dabei werden nicht nur tatsächliche Transaktionen angepasst, sondern der IRS fingiert auch Transaktionen, die in einer wirtschaftlichen Betrachtungsweise getätigt hätten werden müssen.[852]

In den Regulations werden mehrere Methoden für die Ermittlung des Verrechnungspreises genannt, jedoch besteht keine hierarchische Gliederung dieser Methoden.[853] Stattdessen ist die „beste Methode" *(best method Rule)* anzuwenden, die die verlässlichste unter den gegebenen Umständen darstellt.[854] Das verlässlichste Ergebnis wird idR sowohl von der Vergleichbarkeit zwischen *Un-*

---

850 *Streng, W.P.* (2002): 803; Reg 1.482-1(i)(4); *Gustafson, C.H./Peroni, R.J./Pugh, R.C.* (2001): 627; *Jones, S.M.* (2001): 120f und 344f; *Doernberg, R./L.* (2001): 239.

851 Beim Herstellen der Vergleichbarkeit wird insbesondere auf die strukturellen Rahmenbedingungen Rücksicht zu nehmen sein: Funktionen und Mittel, vertragliche Bedingungen, Risiken, die den Preis oder Gewinn beeinflussen können, wirtschaftliche Bedingungen, die den Preis oder den Gewinn beeinflussen können; Vermögen oder Dienstleistungen, die transferiert werden, Reg 1.482-1(d)(1)(i); *Hannes, S.* (2003): 176; *Doernberg, R./L.* (2001): 240f.

852 Likins-Foster Honolulu Corp. v. Com., 840 F2d 642 (9th Cir. 1988); Fitzgerald Motor Co. v. Com., 508 F2d 1096 (5th Cir. 1975); Kahler Corp. v. Com., 486 F2d 1 (8th Cir. 1973); B. Forman Co. v. Comr., 453 F2d 1144 (2nd Cir. 1972);

Der IRS ist jedoch nicht verpflichtet, eine Bandbreite an Fremdüblichkeit herzustellen, um die Anpassungen der Verrechnungspreise zu rechtfertigen. Unter bestimmten Verrechnungspreismethoden kann der IRS Anpassungen aufgrund einer einzig vergleichbaren Transaktion vornehmen, Reg 1.482-1(e)(4).

853 Reg 1.482-2 bis 6.

854 *Pelzer, D.* (2003): 825; *Zschiegner, H.* (2000a): 1052f; *Jacobs, O.H.* (2002): 936f; *Ossi, G.J./Chung, K./Sidher, S.K.* (2003): 284; *Doernberg, R./L.* (2001): 242; *Miesel, V.H./Higinbotham, H.H./Yi, C.W.* (2002): 19; Reg 1.482-1(c)(1); für immaterielle Wirtschaftsgüter sehen die Regulations folgende drei Verrechnungspreisverfahren vor: *the comparable uncontrolled transaction method, the comparable profits method* und *the profit split method;* im Falle von materiellen Wirtschaftgütern kommen folgende Verrechnungspreismethoden in Frage: *the comparable uncontrolled price method, the resale price method, the cost plus method, the comparable profits method* und *the profit split method,* Reg 1.482-4(a)(1); *Streng, W.P.* (2002): 804; *Jones, S.M./Rhoades-Catanach, S.C.* (2004): 304ff. Die Regulations räumen jedoch ein, dass die beste Methode nicht unbedingt eine angeführte, sondern eine nicht näher spezifizierte Methode sein könnte, *Streng, W.P.* (2002): 805; *Miesel, V.H./Higinbotham, H.H./Yi, C.W.* (2003): 29, damit unterscheiden sich die Regulations wesentlich von OECD-Verrechnungspreisrichtlinien.

controlled und *Controlled Transactions* als auch der Qualität der Daten und Prämissen der Analyse bestimmt.[855]

Beabsichtigt der IRS eine Aufteilung der Verrechnungspreise gem Sec 482 IRC, hat er die Befugnis, gleichzeitig Anpassungen vorzunehmen, um eine konsistente Besteuerung zwischen den betreffenden Vertragsparteien zu gewährleisten. Werden also Anpassungen bei einer Vertragspartei getätigt, so sind idR Anpassungen bei der anderen Vertragspartei ebenfalls notwendig.[856]

Eine Aufteilung der Erträge und Aufwendungen wird auch dann erfolgen, wenn ein Mitglied einer *Controlled Group* einem anderen Mitglied ein Darlehen gewährt und keine fremdüblichen Zinsen dafür verlangt.[857] Folgende Fremdkapitalüberlassungen sind davon erfasst:

1. Darlehen oder andere Fremdkapitalüberlassungen (sowohl in schriftlicher als auch konkludenter Form);
2. Verschuldungen, die während des operativen Geschäfts entstehen, wie zB Verkäufe, Leasing oder das Erbringen von Dienstleistungen zwischen nahe stehenden Dritten.[858]

Zur Ermittlung der Fremdüblichkeit von Fremdfinanzierungen werden alle relevanten Faktoren wie zB Höhe des Kredits, Laufzeit, gewährte Sicherheiten, Kreditwürdigkeit des Schuldners, aber auch die Höhe der Zinsen bei Darlehen an nicht nahe stehende Personen berücksichtigt.[859]

Zwei Sondervorschriften weichen von dieser allgemeinen Regel bzgl Fremdfinanzierungen ab. Einerseits wird bei einem Safe-Harbour Zinssatz die Fremdüblichkeit jedenfalls angenommen. Dies wird dann der Fall sein, wenn der Zinssatz nicht weniger als 100% und nicht mehr als 130% der *Applicable Federal Rate* (AFR) beträgt.[860] Beträgt der Zinssatz weniger als 100% des AFR, wird eine Fremdüblichkeit von 100% des AFR angenommen; beträgt der Zinssatz über 130% des AFR, sind 130% des AFR fremdüblich. Allerdings hat der

---

855 *Miesel, V.H./Higinbotham, H.H./Yi, C.W.* (2002): 20; Reg 1.482-1(c)(2); *Jones, S.M./Rhoades-Catanach, S.C.* (2004): 303.

856 *Doernberg, R./L.* (2001): 280ff.

857 Reg 1.482-2(a)(2)(i).

858 Reg 1.482-2(a)(1)(ii)(A)(2).

859 Reg 1.482-2(a)(1)(i); Für gewöhnlich sollten die Zinsen über die gesamte Laufzeit des Kredits anfallen. Die Regulations erlauben jedoch kurzfristig eine zinsenlose Periode im Zusammenhang mit den Forderungen der nahe stehenden Person, um dem Geschäftsgebrauch Rechnung zu tragen, dass Forderungen für eine bestimmte Zeit ohne Verzinsung offen bleiben, Reg 1.482-2(a)(1)(iii) IRC.

860 Die Fremdüblichkeit anhand des AFR muss jedoch nicht der Fremdüblichkeit des anderen Landes entsprechen, *Wells, B./Wilezynski, M.* (2002): 24.

Steuerpflichtige die Möglichkeit nachzuweisen, dass der von ihm gewählte Zinssatz, selbst wenn er nicht zwischen 100 % und 130% des AFR liegt, angemessen ist.[861]

Zweitens wird, wenn der Gläubiger den Betrag selbst über einen unabhängigen Dritten fremdfinanziert, als fremdüblicher Zinssatz zwischen den nahe stehenden Personen der Zinssatz des Fremdkapitals des Gläubigers inklusive der Kosten und Aufwendungen, die dem Gläubiger durch die Weiterleitung des Darlehens entstanden sind, angenommen, außer der Steuerpflichtige kann nachweisen, dass ein anderer Zinssatz angemessener ist.[862] Es ist also nicht verpflichtend, einen Gewinn auf die Weiterleitung des Kapitals an eine nahe stehende Person aufzuschlagen.[863]

Der IRS hat ein *Advanced Pricing Agreements* (APA) Procedere, in dem sich der Steuerpflichtige und der IRS im vorhinein für bestimmte Transaktionen auf eine Verrechnungspreismethode für eine gewisse Anzahl von Jahren einigen.[864]

Der Steuerpflichtige schlägt hierfür eine Verrechnungspreismethode vor und untermauert dies durch die Beilage von Daten, die die gewählte Methode als die beste Methode hervorgehen lassen. Sind die Verhandlungen mit dem IRS erfolgreich, wird ein Abkommen unterzeichnet, das sowohl für den Steuerpflichtigen als auch für den IRS bindend ist. Der Steuerpflichtige kann darüber hinaus beantragen, dass die USA mit den Behörden der Länder, in denen die nahe stehenden Dritten ihren Sitz haben, verhandeln. Sind diese Verhandlungen erfolgreich, wird ein bilaterales APA unterzeichnet und somit eine Doppelbesteuerung vermieden.[865]

Werden die Verrechnungspreise nicht sorgfältig und richtig ermittelt, sieht der Code hohe Strafen für wesentliche Falschangaben vor.[866] Die Strafen werden

---

861 *Doernberg, R./L.* (2001): 267; *Bittker, B.I./Lokken, L.* (2003): 79.4.

862 Reg 1.482-2(a)(2)(ii).

863 *Bittker, B.I./Lokken, L.* (2003): 79.4

864 Rev. Proc. 96-53, 1996-2 C.B. 375 erläutert die verfahrensrechtlichen Schritte für die Durchsetzung eines APAs mit dem IRS; *Streng, W.P.* (2002): 805; *Doernberg, R./L.* (2001): 287; Der Abschluss von APA ist in den USA seit 1991 möglich, *Jacobs, O.H.* (2002): 878f; bis 2005 wurden insgesamt 610 APAs abgeschlossen, davon sind 320 bilaterale und 8 multilaterale APAs; *Zschiegner, H.* (2003): 1279.

865 Rev. Proc. 2006-9; *Miesel, V.H./Higinbotham, H.H./Yi, C.W.* (2002): 12; *Jones, S.M./Rhoades-Catanach, S.C.* (2004): 308; für die schnelle Administration der APA-Anträge sind im IRS eigene Arbeitsgruppen geschaffen worden, *Grotherr, S.* (2005a): 354;

2005 wurden insgesamt 85 APA-Anträge gestellt, wobei 61 davon bilaterale Anträge darstellten, ausführlich dazu 2005 APA Statutory Report (Announcement 2006-22); dh die meisten APAs verlangen eine internationale Abstimmung im Rahmen eines Verständigungsverfahrens, *Grotherr, S.* (2005): 861.

866 *Blumenberg, J.* (1997): 126.

gem Sec 6662 IRC als Prozentsatz jenes Betrags verhängt, der zu einer Reduzierung der Steuerbemessungsgrundlage in einem Veranlagungsjahr geführt hat. Der Prozentsatz kann entweder 20% oder 40% betragen.

Die 20% Strafsteuer wird gem Sec 6662(e) IRC auf wesentliche Bewertungsfalschangaben *(Substantial Value Misstatement)* verhängt.[867] Das wird dann der Fall sein, wenn

1. der Verrechnungspreis entweder 200% höher oder 50% niedriger als der richtige Verrechnungspreis ist, oder
2. die Nettoverrechnungspreisanpassungen im Veranlagungsjahr entweder 5 Millionen Dollar oder 10% der Bruttoumsätze *(Gross Receipt)* übersteigen, je nachdem, welcher Betrag kleiner ist.[868]

Die 40%ige Steuer wird auf grobe Bewertungsfalschangaben *(Gross Value Misstatement)* auferlegt. Grobe Bewertungsfalschangaben werden anhand derselben Faktoren wie die wesentlichen Falschangaben ermittelt, jedoch wird hier eine größer Bandbreite vorgegeben. Die 40%ige Strafsteuer kommt dann zur Anwendung, wenn der Verrechnungspreis entweder 400% höher oder 25% weniger als der richtige Verrechnungspreis ist.[869] Übersteigen die Anpassungen entweder 20 Millionen Dollar oder 20% der Bruttoumsätze, liegt gem Sec 6662(h)(2)(A)(iii) IRC ebenfalls eine grobe Falschangabe vor.[870]

Hat der Steuerpflichtige in gutem Glauben gehandelt und hatte Beweise für seine Gründe, kommt gem Sec 6664(c)(1) IRC die Strafsteuer nicht zur Anwendung.[871]

---

867 *Ossi, G.J./Chung, K./Sidher, S.K.* (2003): 285.

868 Sec 6662(e)(1)(B)(ii) IRC; *Streng, W.P.* (2002): 807; *Dolan, K.D./Jackman, P./Tretiak, P./Dabrowski, R.* (1995): 20.06[2][a].

869 *Pelzer, D.* (2003): 826; *Doernberg, R./L.* (2001): 167, die Strafe erhöht sich auf 75%, wenn es sich um Betrug handelt; *Ossi, G.J./Chung, K./Sidher, S.K.* (2003): 285.

870 In der Literatur wird vermutet, dass vorsorglich durch Verrechnungspreise ein zu hoher Gewinn in den USA ausgewiesen wird, um möglichen Strafsteuern zu entgehen, *Grotherr, S.* (2005): 861; *Streng, W.P.* (2002): 807; *Dolan, K.D./Jackman, P./Tretiak, P./Dabrowski, R.* (1995): 20.06[2][a].

871 *Reasonable Cause and Good Faith, Ossi, G.J./Chung, K./Sidher, S.K.* (2003): 285; *Doernberg, R./L.* (2001): 167; *Dolan, K.D./Jackman, P./Tretiak, P./Dabrowski, R.* (1995): 20.06[3].

7. Doppelbesteuerungsabkommen

7.1. Allgemein

Im Gegensatz zum übrigen Völkerrecht[872] sind die Vorschriften der DBAs in den USA den nationalen Gesetzen gleichgestellt[873] und stellen eine Erweiterung der Prinzipien der nationalen Besteuerung dar. Kommt es zu einem Konflikt zwischen nationalem Recht und DBA, ist das später approbierte anzuwenden *(later adopted prevails)*, selbst wenn dies eine Missachtung der DBAs bedeuten würde.[874] Im Gegensatz zu nationalen Steuergesetzen müssen DBAs nur vom Senat bewilligt werden, während nationale Gesetze sowohl vom Senat als auch vom Congress bewilligt werden müssen.[875]

Die Vereinigten Staaten verwenden ihr eigenes Musterabkommen. Das *US-Model Treaty*, das 1996 entwickelt wurde, dient als Basis für die Vertragsverhandlungen[876] und stimmt im Wesentlichen mit den OECD-MA überein.[877] Das mit Österreich 1997 abgeschlossene Abkommen gilt als das erste Abkommen, das die geänderte Position der Abkommenspolitk des neuen US-MA

---

872 *Vienna Convention on the Law of Treaties*, Art. 27; *Restatement of Foreign Relations Law of the United States*, 135(1)(b).

873 *Gustafson, C.H./Peroni, R.J./Pugh, R.C.* (2001): 62; *"for purposes of determining the relationship between a provision of a treaty and any law of the United States affecting revenue, neither the treaty nor the law shall have preferential status ..."* Sec 7852(d)(1) IRC; jedoch *"shall be applied to any taxpayer with due regard to any treaty obligation of the United States which applies to such taxpayer"*, Sec 894(a)(1) IRC; *Buss, D./Hryck, D./Rothman, R.* (2005): 14; *Raabe, W.A./Whittenburg, G.E./Sanders, D L./Bost, J.C.* (2003): 69f.

874 Whitney v. Roberts, 124 U.S. 190 (1888); im Fall Compaq v. Com., 113 TC 214 (1999) wurde Gestaltungen mit dem kurzfristigen Halten von ausländischer Beteilung und der daraus entstehenden Möglichkeit, einen Veräußerungsverlust zu generieren und einen FTC in Anspruch nehmen zu können, aufgrund Sec 901(k) IRC untersagt, obwohl nach dem DBA die Anrechnung nicht an Voraussetzungen geknüpft ist; auch die Anti-Abuse Regelungen des Common Laws sind auf DBAs anwendbar, *Townsend, J.A.* (2002): 693f; aA *Buss, D./Hryck, D./Rothman, R.* (2005): 14; *Doernberg, R.L.* (1995): 79; *Doernberg, R./L.* (2001): 108; *Rettenbacher, G.* (2000): 7.

875 U.S. Const., Art. I, § 7, U.S. Const., Art. I, § 2; dadurch wird der nationale Gesetzgebungsprozess umgangen, siehe ausführlich: *Berman, D.M.* (2002): 632ff; *Bittker, B.I./ Eustice, J.S.* (2000): 15.02[4][b]; *Townsend, J.A.* (2002): 650; *Doernberg, R.L.* (1995): 77f; *Doernberg, R./L.* (2001): 107.

876 *Jones, S.M./Rhoades-Catanach, S.C.* (2004): 291.

877 Die Vereinigten Staaten haben ein umfangreiches Netz an Doppelbesteuerungsabkommen mit über 50 Ländern, *Bittker, B.I./Lokken, L.* (2003): 65.1.6; *Jones, S.M./Rhoades-Catanach, S.C.* (2004): 290; *Doernberg, R./L.* (2001): 105.

berücksichtigt.[878] Die konkrete Ausgestaltung der einzelnen DBAs ist jedoch in hohem Maße von der wirtschaftlichen Potenz der Vertragspartner abhängig, was beim DBA Österreich-USA dazu geführt hat, dass Österreich nur in Randfragen versuchte, seine eigenen Vorstellungen – wie zB die stille Gesellschaft – durchzusetzen.[879]

Zwar ist die wesentliche Aufgabe des DBA die Vermeidung bzw die Verringerung von Doppelbesteuerung, jedoch können auch andere Zwecken wie die Unterbindung von Steuerflucht und Steuerhinterziehung und die Lösung von technischen Konflikten genannt werden.[880] Die USA schränken jedoch die Anwendung eines DBAs insoweit ein, als dass für die persönliche Anwendbarkeit des DBAs neben der Ansässigkeit zusätzliche Voraussetzungen erfüllt sein müssen. Dementsprechend muss eine aktive Tätigkeit vorliegen, wenn die in einem Vertragsstaat ansässige Person keine natürliche Person ist, bzw müssen Anteile an ausländischen Körperschaften von mehr als 50% von natürlichen Personen des Vertragsstaates oder von Staatsbürgern der USA gehalten werden.[881] Diese *Limitation of Benefits* soll das *Treaty Shopping* einschränken.[882] Eine weitere Einschränkung besteht in den in Reg 1.881-3, 1.881-4 und 1.1441-7 normierten *Anti Conduit Regulations*, die dem IRS erlauben, Gesellschaften, die für bestimmte Transaktionen zwischengeschaltet werden, zu ignorieren.[883]

Der sachliche Anwendungsbereich des US-MA umschließt nur die *Federal Income Tax*, die *State Taxes* sind davon nicht umfasst.[884]

Für hybride Finanzierungsinstrumente ist vor allem der Dividendenartikel von Bedeutung. Gem Art 10 Abs 3 DBA Österreich-USA sind Dividenden Einkünfte

---

878 *Loukota, H.* (1998): 76.

879 *Lang, M.* (1997): 32f; die Einkünfte sowohl des echten als auch unechten stillen Gesellschafters sind gem Art 7 Abs 8 DBA Österreich-USA den Einkünften aus Unternehmensgewinnen zuzuordnen. Ob eine stille Gesellschaft oder ein partiarisches Darlehen, das unter Art 11 DBA Österreich-USA fällt, vorliegt, ist anhand der maßgebenden Abgrenzungskriterien des originär innerstaatlichen österreichischen Rechts zu bestimmen.

880 *Bittker, B.I./Eustice, J.S.* (2000): 15.02[4][a]; zum Verständigungsverfahren siehe ausführlich *Zschiegner, H.* (2002d): 1191ff.

881 *Schuch, J.* (1997a): 50f; ausführlich *Kofler, G.* (2005): 217ff; *Jirousek, H.* (1998): 393ff; *Widhalm, C.* (1997): 94; zum *Headquater Test* als Voraussetzung für die Abkommensberechtigung siehe *Schuch, J./Toifl, G.* (1997c): 137ff.

882 *Schneidman, L./Schaul-Yoder, R.* (2002): 902; *Streng, W.P.* (2002): 819; *Bittker, B.I./ Lokken, L.* (2003): 65.1.6; ausführliche Beschreibung der *Limitation of Benefits*: *Buss, D./Hryck, D./Rothman, R.* (2005): 17f; *Doernberg, R./L.* (2001): 130; *Andersen R.E./ Blessing P.H.* (1999): 22.01[1]; *Gassner, W.* (1997): 1997, 448f; *Lechner, E.* (1997): 269.

883 *Buss, D./Hryck, D./Rothman, R.* (2005): 17; *Schneidman, L./Schaul-Yoder, R.* (2002): 903.

884 *Lechner, E.* (1997): 264; Art 2 Abs 2 lit a DBA Österreich-USA.

aus Aktien oder anderen Rechten mit Gewinnbeteiligung, soweit diese nicht als Fremdkapital anzusehen sind, Einkünfte aus sonstigen Gesellschaftsanteilen, die nach dem Recht des Staates, in dem die ausschüttende Gesellschaft ansässig ist, steuerlich als Dividenden behandelt werden und Einkünfte aus Vereinbarungen, einschließlich Schuldverschreibungen, die ein Recht auf Gewinnbeteiligung vorsehen oder deren Ausschüttungen gewinnbezogen sind, und zwar insoweit, als dies nach dem Recht des Vertragsstaates, aus dem die Einkünfte stammen, festgelegt ist.

Auffallend ist, dass im Unterschied zum OECD-MA Genussrechte in Art 10 keine Erwähnung finden.[885] Außerdem sind gem Art 10 Abs 3 letzter Halbsatz DBA Österreich-USA Schuldverschreibungen, die eine gewinnabhängige Vergütung vorsehen, ebenfalls unter dem Begriff Dividenden zu subsumieren, wenn diese in dem Vertragsstaat, aus dem die Einkünfte stammen, als Dividenden qualifiziert werden. Diese Bestimmung soll sicherstellen, dass alle Einkünfte, die nach dem geltenden Recht des Quellenstaates als Erträge aus Geschäftsanteilen angesehen werden, unter den Begriff Dividenden fallen.[886] Bei hybriden Finanzierungsinstrumenten wird daher Art 10 Abs 3 DBA Österreich-USA dann zu Anwendung kommen, wenn das nationale Recht des Quellenstaates das zu Grund liegende Finanzierungsinstrument steuerrechtlich als Eigenkapital qualifiziert. Im Zusammenhang mit den USA sind hiervon vor allem Gesellschafterfremdfinanzierungen, die als Eigenkapital umqualifiziert werden, betroffen.

Liegen Dividenden vor, darf die vom Ansässigkeitsstaat auf die Dividende erhobene Quellensteuer nach Art 10 Abs 2 lit a im Fall von Schachteldividenden 5%, in allen anderen Fällen 10% des Bruttobetrags der Dividenden nicht übersteigen.[887]

Der Zinsbegriff gem Art 11 Abs 2 DBA Österreich-USA umfasst im Wesentlichen Einkünfte aus Forderungen jeder Art, auch wenn die Forderungen durch Pfandrechte an Grundstücken besichert oder mit einer Beteiligung am Gewinn des Schuldners ausgestattet sind, und insbesondere Einkünfte aus öffentlichen Anleihen sowie aus Obligationen einschließlich der damit verbundenen Aufgelder und der Gewinne aus Losanleihen. Einkünfte, die nach Art 10 als Dividenden behandelt werden, fallen nicht unter den Begriff Zinsen.[888]

---

885 IdR werden Substanzgenussrechte jedoch unter den dritten Teilbereich des Dividendenbegriffs fallen; obligationenartige Genussrechte werden jedoch aufgrund der fehlenden Substanzbeteiligung und dem festgelegten Rückzahlungsdatums eher als Fremdkapital qualifiziert werden; *Schuch, J.* (2004): 235f.

886 *Tumpel, M.* (1997): 239.

887 *Ault, H.J.* (1997): 18; *Jirousek, H.* (1998): 396; *Lechner, E.* (1997): 267.

888 *Tumpel, M.* (1997): 242.

Eine wesentliche Ausnahme von diesem Zinsbegriff bilden gem Art 11 Abs 5 lit a DBA Österreich-USA *Contingent Payments*, die nicht die Voraussetzungen der *Portfolio Interest Exemption* erfüllen. Damit wird sichergestellt, dass gewinnabhängige Vergütungen nicht als Zinsen steuerfrei ins Ausland gelangen.[889]

Liegen Zinsen iSd DBA vor, dürfen nach Art 11 Abs 1 die Zinsen, die eine in einem Vertragsstaat ansässige Person als Nutzungsberechtigter bezieht, nur im Ansässigkeitstaat besteuert werden. Im Gegensatz zum Art 11 OECD-MA ist ein Quellensteuerabzug nicht vorgesehen.

Die Vermeidung der Doppelbesteuerung erfolgt gem Art 22 Abs1 DBA Österreich–USA für die USA anhand der direkten Anrechnungsmethode. Besteht eine Beteiligung von mehr als 10% an einer österreichischen Körperschaft und werden diese Anteile von einer US-Körperschaft gehalten, kann die Vermeidung der Doppelbesteuerung auch anhand der indirekten Anrechnungsmethode erfolgen.[890]

Nimmt der Steuerpflichtige eine Bestimmung des DBA in Anspruch und setzt damit eine nationale Vorschrift außer Kraft, so muss er dies gem Sec 6114(a) IRC bei der Steuererklärung bekannt geben.[891] Selbst wenn bei korrekter Anwendung des DBA aufgrund fehlender Besteuerung keine Pflicht zur Steuererklärung besteht, muss trotzdem eine Steuererklärung abgegeben werden, die die Inanspruchnahme des DBA dokumentiert.[892] Eine Ausnahme für die Beilage zur Steuererklärung besteht dann, wenn das sonst anzugebende Einkommen 10.000 Dollar[893] nicht übersteigt oder wenn es sich um Dividenden, Zinsen oder andere fixe jährliche oder periodische Einkommen handelt, bei denen die Quellensteuer reduziert oder eliminiert wird.[894]

Bei fehlender Angabe ist gem Sec 6712 IRC mit einer Strafe in Höhe von 10.000 Dollar für Körperschaften und 1.000 Dollar für natürliche Personen zu

---

889 *Jirousek, H.* (1998): 396; *Philipp, A./Loukota, H./Jirousek, H.* (2005): I/2 DBA USA, 42/20.

890 *Lechner, E.* (1997): 265f.

891 Es sind zB Angaben zu machen, wenn die *Branch Profit Tax* oder *Branch-Level Interest Tax* durch das DBA reduziert oder aufgehoben wird oder das *Effectively Connected Income* wird nicht besteuert, da es nicht einer Betriebsstätte zuzuordnen ist oder der Status der Residence nach den DBA Bestimmungen und nicht nach Sec 7701(b) IRC ermittelt wird; ausführlich *Schneidman, L./Schaul-Yoder, R.* (2002): 903f; *Doernberg, R./L.* (2001): 142; *Blumenberg, J.* (1997): 129f.

892 Wie es zB beim *Effectively Connected Income* bei ausländischen Körperschaften der Fall ist; *Bittker, B.I./Lokken, L.* (2003): 65.4.3.

893 In Fällen der unbeschränkten Steuerpflicht 100.000 Dollar.

894 *Zschiegner, H.* (2002b): 1212; Dies ist nur dann der Fall, wenn die auszahlende Partei das Formular 1042S abgegeben hat.

rechnen. Dieser Betrag wird für jede durch das DBA in Anspruch genommene Position veranschlagt.[895]

7.2. Dokumentation

Für gewöhnlich kann der IRS genauso wie von unbeschränkt Steuerpflichtigen auch von beschränkt Steuerpflichtigen die Herausgabe von Aufzeichnungen und Büchern verlangen.

Im internationalen Bereich sind im Zuge der Rechtsdurchsetzung folgende Vorgehensweisen etabliert:

- Informationsaustausch zwischen den Regierungen durch die DBAs oder andere Abkommen,
- Vorschriften in manchen DBAs, in denen sich die Vertragspartner zur Hilfeleistung bei der Steuereintreibung verpflichten,
- Regelung über die Sperrung von ausländischen Dokumenten, wenn diese als Beweis in einem laufenden Gerichtsverfahren über Steuern gebraucht werden und während einer Prüfung des IRS nicht vorgezeigt werden konnten,
- Vorschriften über die Führung von Büchern und Dokumenten von einer US-Körperschaft, die wesentliche Anteile im Ausland hält und ausländische Körperschaften, die betrieblich in den USA tätig sind.[896]

7.2.1. Dokumentation vor Gerichten

Sec 982 IRC begründet die Zulässigkeit ausländischer Dokumente vor dem IRS bzw vor Gericht.[897] Konnte der Steuerpflichtige der Aufforderung des IRS zur Vorlage von Dokumenten im Rahmen eines *Formal Document Request* nicht innerhalb von 90 Tagen im Wesentlichen Folge leisten, sind die in der Anfrage angeführten Dokumente in einem Gerichtsverfahren nicht mehr zulässig.[898] Ein *Formal Document Request* ist gem Sec 982(c)(1) IRC eine Anfrage im Rahmen einer Prüfung des IRS auf ausländische Dokumente, nachdem der vorgelagerte *Information Document Request* gescheitert ist. Kann der Steuerpflichtige nachweisen, dass ein vernünftiger Grund für die Nichtvorlage der Dokumente vorliegt, kommt Sec 982(a) IRC nicht zur Anwendung. Handelt es sich bei dem

---

895 Ist der Fehler nicht wesentlich, kann von der Strafe abgesehen werden, Reg 301.6712-1(b), bzw der IRS kann von einer Strafe absehen; *Bittker, B.I./Lokken, L.* (2003): 65.4.3; *Schneidman, L./Schaul-Yoder, R.* (2002): 903.

896 *Bittker, B.I./Lokken, L.* (2003): 65.5.1.

897 Diese Vorschrift trifft sowohl auf beschränkt als auch unbeschränkt Steuerpflichtige zu, eine wesentliche Beteiligung ist nicht notwendig.

898 *Kuntz, J.D./Peroni, R.J.* (1991): A3.11[2][b].

Steuerpflichtigen zB um einen Minderheitsaktionär, kann dies einen vernünftigen Grund für die Nichtvorlage darstellen.[899]

7.2.2. Berichtsvorschriften für Gesellschaften im ausländischen Besitz

Sec 6038A und 6038C IRC normieren die Vorschriften der Dokumentations- und Verfahrensfragen bzgl Transaktionen zwischen nahe stehenden Dritten, bei denen eine US-Gesellschaft, deren Anteile im Ausland gehalten werden, involviert ist. Damit wird sichergestellt, dass nicht nur US-Muttergesellschaften, sondern auch ausländische Muttergesellschaften die Dokumentationspflichten für *Transfer Pricing* einhalten müssen.[900]

Eine Körperschaft muss dann den Vorschriften der Sec 6038A und 6038C IRC folgen, wenn sie eine *Reporting Corporation* ist. Eine *Reporting Corporation* liegt dann vor, wenn sich eine ausländische Gesellschaft in den USA wirtschaftlich betätigt *(has a trade or business)* oder eine US-Körperschaft zu mindestens 25% des Kapitals oder der Stimmrechte von einer ausländischen Körperschaft gehalten wird. Sec 6038A und 6038C IRC kommen nur auf Transaktionen zwischen nahe stehenden Dritten zur Anwendung. Ein nahe stehender Dritter einer *Reporting Corporation* ist dabei ein ausländischer Aktionär, der mehr als 25% hält.[901]

Im Zuge der Steuererklärung muss die *Reporting Corporation* spezielle Angaben über die betreffende Gesellschaft und die Art der Transaktion machen. Weiters muss die *Reporting Corporation* ausreichend Unterlagen[902] in den USA aufbewahren bzw eine zeitgerechte Übermittlung der Unterlagen auf Anfrage des IRS gewährleisten. Kommt der Steuerpflichtige diesen Anforderungen nicht nach, wird eine Strafe von 10.000 Dollar für jedes Veranlagungsjahr eingehoben. Kann der Steuerpflichtige einer Anfrage nicht innerhalb von 90 Tagen Folge leisten, wird die 10.000 Dollar Strafe alle 30 Tage erneut veranschlagt.[903] Hat der Steuerpflichtige Transaktionen mit mehr als einer nahe stehenden Person, gelten diese Regeln unabhängig voneinander.[904]

---

[899] *Bittker, B.I./Lokken, L.* (2003): 65.5.2.

[900] Staff of Joint Comm. On Tax'n, 97th Cong., 2d Sess., *General Explanation of the Revenue Provisions of the Tax Equity and Fiscal Responsibility Act* of 1982 at 250 (Comm. Print 1982); *Doernberg, R./L.* (2001): 166.

[901] *Kuntz, J.D./Peroni, R.J.* (1991): A3.11[2][c] und A3.11[2][d]; *Doernberg, R./L.* (2001): 291.

[902] Dazu zählt auch ein eigenes *Profit and Loss Statement*, wenn dieses als wesentlich eingestuft wird, ausführlich dazu *Bittker, B.I./Lokken, L.* (2003): 65.5.3.

[903] Bis zu einem Maximalbetrag von 50.000 Dollar, *Zschiegner, H.* (2002b): 1213.

[904] *Doernberg, R./L.* (2001): 292f.

Weiters bestehen gem Sec 6038A und 6038C IRC Vorschriften für *Foreign Related Parties,* die Transaktionen mit *Reporting Corporations* betreiben, die Verpflichtung, die *Reporting Corporation* als Agent für Fragen der *Compliance* mit dem IRS zu bestimmen. Diese Ernennung ermöglicht der *Reporting Corporation,* im Namen der ausländischen Gesellschaft verfahrensrechtliche Sachverhalte mit dem IRS zu klären.

Eine *Reporting Corporation* ist von den Dokumentationsvorschriften befreit, wenn die Umsätze im Veranlagungsjahr weniger als 10 Millionen Dollar betragen,[905] dabei werden alle nahe stehenden *Reporting Corporations* in die Berechnung miteinbezogen. Eine weitere Ausnahme besteht bei Zahlungen an bzw von der *Reporting Corporation,* wenn diese weniger als 5 Millionen Dollar betragen und weniger als 10 % des Einkommens ausmachen.[906]

7.2.3. Berichtsvorschriften für US-Personen mit Anteilen an ausländischen Gesellschaften

US Personen, die ausländische Gesellschaften kontrollieren, müssen eine Reihe von Berichtsvorschriften erfüllen und den Jahresabschluss und eine genaue Beschreibung der Transaktionen zwischen den Gesellschaften anführen. Kontrolliert eine US-Person eine ausländische Körperschaft für mindestens 30 aneinanderfolgende Tage im Veranlagungsjahr,[907] muss sie Form 5471, in dem Informationen über die ausländische Gesellschaft und ein ausführlicher Jahresabschluss verlangt werden, der Steuererklärung beilegen. Kommt der Steuerpflichtige dieser Aufforderung nicht nach, wird gem Sec 6038(b) IRC eine Strafe von 1.000 Dollar auferlegt. Diese Strafe erhöht sich für jeden Zeitraum von 30 Tagen um 1.000 Dollar, wenn der Steuerpflichtige der Anfrage des IRS in einem 90tägigen Zeitraum nicht nachkommt, bis der Betrag von 24.000 Dollar erreicht ist. Darüber hinaus wird der FTC um 10% und für alle weiteren 30 Tage um 5 % reduziert. Kann der Steuerpflichtige einen vernünftigen Grund für die Nichtbeilage der Unterlagen anführen, werden diese Strafen nicht auferlegt.[908]

---

905 Regs. 1.6038A-1(h).

906 *Bittker, B.I./Lokken, L.* (2003): 65.5.3.

907 *Zschiegner, H.* (2002b): 1212; Eine Kontrolle wird gem Sec 6038(e)(2) IRC bei einer Beteiligung von über 50 % des Werts der Anteile bzw der Stimmrechte angenommen. Dabei kommen die *Constructive Ownership Rules* gem Sec 318 IRC zur Anwendung. Hält die kontrollierte Körperschaft mehr als 50% einer anderen Körperschaft, wird unterstellt, dass die US-Person diese Gesellschaft ebenfalls kontrolliert.

908 *Bittker, B.I./Lokken, L.* (2003): 65.5.4.

8. Zusammenfassung

Das internationale Steuerrecht der USA kann deutlich vom österreichsichen bzw deutschen internationalen Steuerrecht unterschieden werden. Bereits bei der Frage der unbeschränkten Steuerpflicht weicht das US-Steuerrecht aufgrund des Nationalitätsprinzips von österreichischen/deutschen Prinzipien ab. Dadurch und auch durch die erweiterte Ansässikgeitsregelungen wird die unbeschränkte Steuerpflicht in den USA sehr weit gefasst.

Ein weiteres Unterscheidungsmerkmal sind die detaillierten Quellenbestimmungen, die das Einkommen eines Steuerpflichtigen in inländisches bzw ausländisches Einkommen untergliedern. Auffällig ist hier vor allem, dass die Bestimmungen oftmals das Einkommen einer wirtschafltiche Betrachtung unterziehen, sodass die Qualifikation der Einkünfte daran gemessen wird, wo diese tatsächlich erzielt worden sind. Besondere Aufmerksamkeit wird der Quellenbestimmung von Aufwendungen geschenkt, die im Fall von CFC-Beteiligung tendentiell der ausländischen Gesellschaft zugeschrieben werden, damit eine Erosion der US-Bemessungsgrundlage verhindert wird.

Bei Outbound-Geschäftsfällen sind vor allem die Anrechnungsmethode und die dafür notwendigen Sonderbestimmungen von der in Österreich bzw Deutschland vorherrschenden Befreiungsmethode zu unterscheiden. Durch die Anrechnungsmethode und ihren Beschränkungen ist die Steuerplanung erheblich aufwendiger als in Österreich bzw Deutschland und bei Nichtbeachtung der Vorschriften kann eine wirtschaftliche Doppelbesteuerung erfolgen. Diesbezüglich sind auch die Bestimmungen zu *Controlled Foreign Corporations* zu beachten, die Steuergestaltungen zusätzlich erschweren.

Die Inbound-Transaktionen hingegen ähneln den Vorschriften in Österreich und Deutschland. Liegt eine aktive Erwerbstätigkeit vor und sind die Einkünfte dieser zuzuordnen, erfolgt eine Besteuerung aufgrund der Nettobasis. Bei passiven Einkünften erfolgt ein Quellensteuerabzug, der entweder von nationalen oder vom internationalen Steuerrecht abgemildert werden. Im nationalen Bereich sind zB Zinsen, die zu *Portfolio Debt Investments* zu zählen sind, gänzlich von der Quellenbesteuerung befreit. *Contingent Interest* sind von der Portfolio Debt Exeption ausgenommen und sind gem Art 11 Abs 5 US-MA nicht von der Quellenbesteuerung befreit:

	Dividenden für Körperschaften mit einer Beteiligung von mehr als 10%	**Dividenden** für natürliche Personen und Körperschaften mit einer Beteiligung von weniger als 10%	**Zinsen** bei einer Beteiligung von mehr als 10% bzw bei CFCs	**Zinsen** bei einer Beteiligung von weniger als 10%	**Contingent Interest**
Kein DBA	30%	30%	30%	0%	30%
DBA US-MA	5%	15%	0%	0%	30%
DBA US-Ö	5%	15%	0%	0%	30%

Tabelle 7: Quellensteuer bei Inbound-Transaktionen[909]

[909] Grafik in Anlehnung an *Blumenberg, J.* (1997): 165.

VI. Behandlung hybrider Finanzierungsinstrumente als steuerliches Eigen- oder Fremdkapital

1. Allgemein

Im Lichte der Finanzierungsfreiheit können Gesellschafter ihr Unternehmen entweder ausschließlich mit Eigenkapital oder auch mit Fremd- und Eigenkapital finanzieren. Erhält die Körperschaft Kapital von außenstehenden Dritten, wird die Entscheidung über die Art der Finanzierung oftmals von nichtsteuerlichen Motiven geleitet sein.[910] Bei der Kapitalausstattung können Gläubiger fällige Zah lungen einklagen, während unzufriedene Aktionäre nur durch ihr Stimmrecht Veränderungen erwirken können. Im Falle der Gesellschafterfremdfinanzierung sind jedoch diese Unterscheidungsmerkmale unterbunden; die Art der Finanzierung wird vor allem anhand steuerlicher Kriterien erfolgen.[911]

Das typische Eigen- und Fremdkapital stellt die Eckpfeiler einer Vielzahl von Finanzinstrumenten dar. Auf dem Kontinuum zwischen den Polen Eigen- und Fremdkapital können die hybriden Finanzierungsinstrumente jede Position einnehmen.[912]

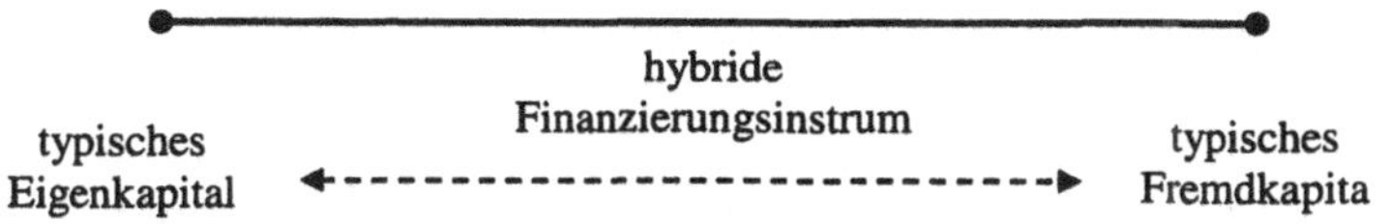

Abbildung 11: Eigenkapital, Fremdkapital, hybride Finanzierungsinstrumente

Der Einsatz hybrider Finanzierungsinstrumente ist dann interessant, wenn die Behandlung eines Instruments von Behörden, *Rating Agenturen* oder ausländischem Recht in Bezug auf Abzugsfähigkeit, Ertragswirksamkeit oder zeitlichem Anfall voneinander abweicht.[913] Hybride Finanzierungsinstrumente im grenz-

---

910 *Bittker, B.I./Lokken, L.* (1999): 91.10.1.

911 Dieser wesentliche Unterschied wird jedoch bei *Closely Held Corporations* nicht schlagend, wenn die Aktionäre das Fremdkapital im Verhältnis zu den Anteilen am Unternehmen halten, *Bittker, B.I./Eustice, J.S.* (2000): 4.01[1]; eine Fremdfinanzierung war für *Closely Held Corporation* jedenfalls vorteilhafter, da bis 2003 Eigenkapital einer Doppelbesteuerung unterlag, *Helleloid, R.T./Weber, J.A./Cleveland, G.A.* (2000): 145.

912 *Bittker, B.I./Streng, W.P./Emory, M.* (1995): 4.02[1]; die Rendite wird dabei vom Risiko des Instruments abhängen, *Golland, F./Gehlhaar, L./Grossmann, K./Eickhoff-Klea, X./ Jänisch, C.* (2005): 2.

913 Darüber hinaus können hybride Finanzierungsinstrumente so gestaltet werden, dass dem Investor die gewünschte Rendite und Sicherheit geboten wird, jedoch für die Inanspruchnahme bestimmter Codesections die Beteiligungsschwelle erreicht wird. Allerdings muss

überschreitenden Bereich können sich für steuerliche Zwecke an der Trennlinie anordnen, um abweichende Qualifikationen zweier Staaten auszunutzen und eine betriebswirtschaftlich optimale Doppelnichtbesteuerung bzw eine Verringerung der Steuerlast herbeizuführen.[914]

Im US-Steuerrecht wird Fremdkapital als eine uneingeschränkte Verpflichtung angesehen, eine bestimmte Summe zu einem in nächster Zukunft gelegenen fixierten Zahlungstermin zu begleichen und einen fixen Zinssatz zu bezahlen, egal, ob der Schuldner einen Gewinn erwirtschaftet oder nicht.[915] Eigenkapital wird als uneingeschränkter Anspruch auf den verbleibenden Gewinn und die Verpflichtungen aus dem Eigentum definiert. Es ist die Absicht des Aktionärs Unternehmensrisiko einzugehen, um etwaige Gewinne zu erwirtschaften.[916]

Dieses Kapitel widmet sich der für diese Arbeit zentralen Frage der steuerlichen Behandlung von hybriden Finanzierungsinstrumenten. Hierbei wird kurz auf die Besteuerungsunterschiede eingegangen und anschließend die Abgrenzung zwischen Eigen- und Fremdkapital umfassend analysiert. Weiters beschäftigt sich dieser Abschnitt mit konkreten Beispielen und deren entsprechenden Besteuerung.

---

hinzugefügt werden, dass oftmals an Eigenkapital zusätzlich Voraussetzungen wie zB Stimmrechte gebunden sein können, wie es zB gem Sec 1504(a)(4) IRC beim *Consolidated Return* der Fall ist, *Sheffield, J.T./Welke, W.R.* (1992): 798; *Connors, P.J./Woll, G.H.J.* (2002): 432 PLI/Tax 791; *Ballan, H.* (2002): 722.

914 Grafik in Anlehnung an: *Wood, R.* (1999): 51; *Kippenberg, J.* (2000): 737f.

915 Gilbert v. CIR, 248 F2d 399, 402 (2nd Cir. 1957), *"An unqualified obligation to pay a sum certain at a reasonably close fixed maturity date along with a fixed percentage in interest payable regardless of the debtor's income or the lack of thereof"*; *Keyes, K.M.* (1997): 7.03[1][a][i]; *Ballan, H.* (2002): 723.

916 US v. Title Guarantee & Trust Co., 133 F2d 990 (6th Cir. 1943), *"the stockholder's intention is to embark upon the corporate adventure, taking the risks of loss attendant upon it, so that he may enjoy the chances of profit"*; *Keyes, K.M.* (1997): 3.06[1]; *Madison, R.B.* (1986): 472; *Bittker, B.I./Eustice, J.S.* (2000): 4.02[1]; im Fall Com. v. O.P.P. Holding, 76 F2d 12 (2nd Cir. 1935), wurde der Unterschied folgendermaßen definiert: *"The shareholder is an adventurer in the corporate business; he takes the risk, and profits from success. The creditor, in compensation for not sharing the profits, is to be paid independently of the risk of success, and gets a right to dip into the capital when the payment date arrive."*; das Risiko selbst ist jedoch nicht allein entscheidend: American Processing & Sales Co. v. US, 371 F2d 842, 856 (Ct. Cl. 1967), *"in the final analysis all loans to a company depend for their repayment on the success of the borrower, and this is, of course, equally true of salvaging equity investments"*; Motel Co. v. Com., 340 F2d 445 (2nd Cir. 1965), *"the advance was a contribution to risk capital, not merely a risky loan – an elusive categorization, to be sure, but one that is required by the fact that while interest is deductible, returns on or of capital are not [deductible]"*.

2. Besteuerungsunterschiede zwischen Eigen- und Fremdkapital

Für steuerliche Zwecke ist es von entscheidender Bedeutung, ob Finanzinstrumente als Eigen- bzw Fremdkapital eingestuft werden, da unterschiedliche steuerliche Konsequenzen damit verbunden sind.[917] Dementsprechend muss bei der Frage nach der optimalen Finanzierung auf die jeweilige steuerliche Situation des Emittenten bzw des Investors geachtet werden. Da die Steuersätze sowohl für natürliche Personen als auch Körperschaften progressiv ausgestaltet sind, können Steuervorteile durch das Verschieben des steuerpflichtigen Einkommens erzielt werden. Besonders im internationalen Umfeld kann durch die Verschiebung der steuerlichen Bemessungsgrundlage die Steuerlast wesentlich reduziert werden. International betrachtet müssen die Vorschriften des *Foreign Tax Credit* der *Portfolio Interest* und der *Withholding Tax* berücksichtigt werden.[918]

2.1. Laufende Vergütung

Ausschüttungen an Aktionäre sind nicht abzugsfähig und verringern nicht das steuerpflichtige Einkommen,[919] während Zinsen gem Sec 163(a) IRC prinzipiell abzugsfähig sind *(all interest paid or accrued within the taxable year on indebtedness)* und dadurch das steuerpflichtige Einkommen verringern.[920]

Prinzipiell können Unternehmen durch diesen Steuervorteil den Investoren einen höheren Zinssatz gewähren und tendieren daher zur Fremdkapitalemission. In bestimmten Umständen ist es jedoch aus steuerlichen Gründen vorteilhafter, Eigenkapital zu begeben. Das kann zB dann der Fall sein, wenn der Steuervorteil durch die Abzugsfähigkeit nicht zum Tragen kommt, weil das Unternehmen Verluste erwirtschaftet und auch in Zukunft nicht mit Gewinnen rechnet und daher von dem Steuervorteil nicht profitieren kann.[921]

Ausschüttungen von Unternehmen, die keine *Earnings and Profits*[922] aufweisen, werden als Einlagenrückzahlungen bis in Höhe des Buchwerts beim Aktionär nicht besteuert. Werden die Anteile von anderen Körperschaften gehalten, so

---

917 *Conlon, S.D./Aquilino, V.M.* (1999 B2.02[1].

918 *Bittker, B.I./Eustice, J.S.* (2000): 4.01[2].

919 *Raineri, W.T/Engle, H.S.* (1996): 1617; *Bittker, B.I./Eustice, J.S.* (2000): 4.01[2].

920 Prinzipiell sind die Vorschriften des OID nur für Fremdfinanzierungsinstrumente anzuwenden. Eine Ausnahme davon bildet Sec 305(c)(3) IRC, der den Überhang des *Call Premium* von Vorzugsaktien einer OID-ähnlichen Behandlung unterzieht, *Bittker, B.I./ Eustice, J.S.* (2000): 4.01[4].

921 *Bittker, B.I./Eustice, J.S.* (2000): 4.01[2].

922 Siehe ausführlich Kapitel IV.5.1.2.

können die Unternehmen die 70%, 80% oder 100%igen *Dividend Received Deduction* gem Sec 243(a) IRC in Anspruch nehmen.[923]

Beim Investor sind die Zinsen steuerpflichtig, während er für Dividendenerträge bei Körperschaften eine *Dividends Received Deduction* in Anspruch nehmen kann.[924] Durch den *Jobs and Growth Tax Relief Reconciliation Act* 2003 werden die Dividendenerträge bei natürlichen Personen im Gegensatz zu Zinserträgen zwischen 5% und 15% besteuert.[925] Ein weiterer wesentlicher Unterschied zwischen Eigen- und Fremdkapital ist die zeitliche Erfassung der Zinsen bzw Dividenden. Im Falle von Fremdkapital kommen typischerweise die Regeln *Time Value of Money* Bestimmungen wie der OID, *Market Discount* und *Premium* zum Tragen.[926]

2.2. Rückzahlung des Instruments

Neben der laufenden Vergütung müssen die steuerlichen Konsequenzen am Ende der Laufzeit eines Finanzierungsinstruments berücksichtigt werden.

Im Gegensatz zum deutschen/österreichischen Recht, wo die Einlagenrückzahlung nur im Verhältnis zu allen Anteilsinhabern erfolgen kann, ist in den USA die Rückzahlung von Eigenkapital (*Redemption*) an einen einzelnen Gesellschafter prinzipiell möglich. Die Rückzahlung verändert dabei nicht das steuerpflichtige Ergebnis der emittierenden Gesellschaft und stellt für den Gesellschafter bis in Höhe des Buchwerts einen steuerneutralen Vorgang dar. Jeder Minder- oder Mehrbetrag wird als Veräußerungsgewinn bzw -verlust behandelt.[927]

Bei der *Redemption* besteht für den Investor allerdings das Risiko, dass die Rückzahlung als Dividende behandelt wird und damit steuerpflichtig ist. Der Buchwert würde bei einer missglückten *Redemption*, die als Ausschüttung behandelt wird, jedoch nicht verändert werden. Voraussetzungen für eine Redemption sind vor allem, dass die Aktionäre durch die *Redemption* vollständig aus-

---

923 *Bittker, B.I./Eustice, J.S.* (2000): 4.01[2]; *Berman, D.M./Strain, D.O.* (2000): 678.

924 Durch diesen Aufwand, der je nach Beteiligungsausmaß am auszahlenden Unternehmen unterschiedlich hoch sein kann, wird die Ertragswirkung der Dividenden reduziert, die *Dividends Received Deduction* wird ausführlich in Kapitel IV.5.2 behandelt.

925 *Burnett, S./Smith, D.P.* (2003): 77.

926 *Berman, D.M./Strain, D.O.* (2000): 678f; durch die steuerliche Abzugsfähigkeit wird in vielen Fällen eine Fremdfinanzierung vorzuziehen sein. Dadurch kann eine höhere Nach-Steuer-Rendite angeboten und gleichzeitig die Steuerlast auf den Inhaber abgewälzt werden, *Bittker, B.I./Streng, W.P./Emory, M.* (1995): 4.0[2], ausführlich zur Behandlung von Fremdkapital siehe Kapitel IV.6.

927 *Bittker, B.I./Eustice, J.S.* (2000): 4.21[2]; *Sheffield, J.T./Welke, W.R.* (1992): 794.

geschieden sind bzw die Rückzahlung im Wesentlichen unproportional verglichen zu den anderen Aktionären ist.[928]

Die Rückzahlung eines Fremdfinanzierungsinstruments ist bis in Höhe des steuerlichen Buchwerts steuerfrei, da die Zahlung bei Fälligkeit gem Sec 1271(a)(1) IRC als Tausch angesehen wird. Erfolgt jedoch eine Rückzahlung, die den Buchwert übersteigt bzw niedriger ist (*Premium* oder *Discount*), kann die emittierende Gesellschaft zu versteuerndes Einkommen (*Cancellation of Indebtedness Income – CODI*) bzw einen aufwandwirksamen Verlust (*Bond Premium*) erzielen.[929]

Unter Fremdfinanzierungsinstrumenten sind hierbei lt Definition Sec 1275(a)(1) IRC auch *Bonds, Debentures, Notes, Certificates* oder jede andere Verschuldung zu verstehen. Auf Fremdkapital, das nicht in diese Kategorie fällt, wie es zB beim Kontokorrentkredit der Fall ist, kann der Tausch bzw Verkaufsgrundsatz gem Sec 1222 IRC nicht angewendet werden und die Rückzahlung wird dementsprechend nicht als *Capital Gain* oder *Loss*, sondern als *Ordinary Income* bzw *Loss* zu behandeln sein,[930] mit der Konsequenz, dass der begünstige Besteuerung von *Capital Gains* nicht in Anspruch genommen werden kann.

Ist der Rückzahlungsbetrag höher oder geringer als der Buchwert, so ist der Unterschiedsbetrag beim Investor als Veräußerungsgewinn bzw Veräußerungsverlust zu behandeln.[931] Eine Ausnahme von dieser Regelung besteht jedoch für Beträge, die einem OID zugeordnet werden können und daher als *Ordinary Income* zu versteuern sind. Dasselbe gilt gem Sec 1276 IRC für einen anteiligen *Market Discount*, der dann anfallen wird, wenn der Käufer des Instruments dem Vorbesitzer weniger als den *Stated Redemption Price* gezahlt hat.[932]

2.3. Veräußerung des Instruments

Aus dem Blickwinkel des Investors sind sowohl Eigen- als auch Fremdfinanzierungsinstrumente idR *Capital Assets* gem Sec 1221 IRC und dementsprechend ist ein Veräußerungsgewinn bzw -verlust gem Sec 1222 IRC als *Capital Gain* bzw *Capital Loss* zu behandeln. Im Unterschied zum laufenden Gewinn bzw Verlust sind Veräußerungsgewinne sowohl im Privat- als auch Betriebsvermögen begünstigt besteuert und es besteht eine beschränkte Ausgleichsfähigkeit von Veräußerungsverlusten.[933]

---

[928] Siehe ausführlich Kapitel IV.5.3; *Bittker, B.I./Eustice, J.S.* (2000): 4.01[3]; *Sheffield, J.T./Welke, W.R.* (1992): 794; *Bittker, B.I./Eustice, J.S.* (2000): 4.21[2].

[929] *Sheffield, J.T./Welke, W.R.* (1992): 794.

[930] *Bittker, B.I./Eustice, J.S.* (2000): 4.21[1].

[931] *Burnett, S./Smith, D.P.* (2003): 77; *Bittker, B.I./Streng, W.P./Emory, M.* (1995): 4.0[1].

[932] *Bittker, B.I./Eustice, J.S.* (2000): 4.21[1].

[933] *Bittker, B.I./Eustice, J.S.* (2000): 4.20.

Fremdkapital unterliegt den OID Bestimmungen gem Sec 1271 bis 1275 IRC. Ähnliche Vorschriften werden für *Stripped Bonds* und *Coupons* gem Sec 1286 IRC und auf den Veräußerungsgewinn von bestimmten *Market Discount Bonds* angewendet. In diesen Fällen kann ein Teil des Veräußerungsgewinns nicht als *Capital Gain* günstig besteuert werden, sondern wird als *Ordinary Income* der gewöhnlichen Progression unterworfen.[934]

2.4. Steuerbelastungsvergleich Eigenkapital – Fremdkapital

Die Gesamtsteuerbelastung einer Kapitalüberlassung einer natürlichen Person an eine Körperschaft ist je nach Art der Finanzierung unterschiedlich. Zinsen werden idR bei der Körperschaft abzugsfähig und bei der natürlichen Person zu versteuern sein, während eine Eigenfinanzierung zu keiner Verringerung der Steuerbemessungsgrundlage führt, jedoch die Dividende begünstigt besteuert wird.

Folgende Darstellung veranschaulicht die unterschiedliche Gesamtsteuerbelastung:

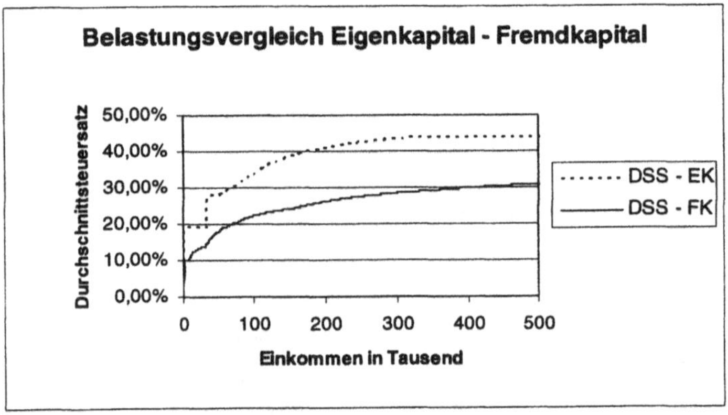

Abbildung 12: Steuerbelastungsvergleich – natürliche Person

Trotz der begünstigen Besteuerung der Dividendenerträge ist eine Fremdfinanzierung aus steuerlichen Gründen jedenfalls der Eigenfinanzierung vorzuziehen.

Finanziert eine Körperschaft eine andere Körperschaft, ist die Gesamtsteuerbelastung vor allem von der Beteiligungshöhe abhängig, da bei einer Eigenfinzierung je nach Beteiligungsausmaß die Vermeidung der Doppelbesteuerung in unterschiedlichem Ausmaß erfolgt. Prinzipiell sind die Zinsen bei der auszah-

934 *Bittker, B.I./Eustice, J.S.* (2000): 4.20.

lenden Gesellschaft abzugsfähig und bei der erhaltenden Gesellschaft dem progressiven Steuersatz zu unterwerfen, während Dividenden bei der auszahlenden Gesellschaft nicht abzugsfähig und bei der erhaltenden Gesellschaft teilweise steuerfrei sind. Die Vermeidung der Doppelbesteuerung erfolgt dabei durch die steuerwirksame Berücksichtigung der Beteiligungserträge und das gleichzeitige Gewähren eines entsprechenden Aufwands. Da dieser Aufwand je nach Beteiligungshöhe 70%, 80% bzw 100% des Dividendenertrags ausmacht, entspricht die Gesamtsteuerbelastung der Eigenfinanzierung nur bei 100%iger Aufwandswirksamkeit der Fremdfinanzierung.[935]

Folgender Belastungsvergleich veranschaulicht den Unterschied der Gesamtsteuerbelastung zwischen Eigen- und Fremdkapital, wenn ein 80%iger Aufwand geltend gemacht werden kann.

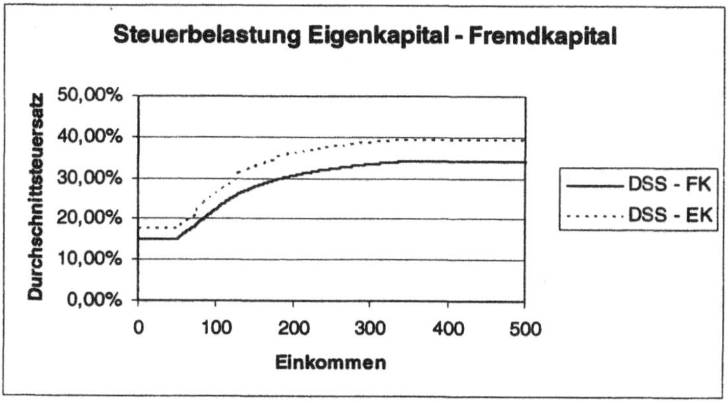

Abbildung 13: Steuerbelastung Körperschaft

3. Gesetzliche Grundlagen

Die Steuergesetze der USA gehen grundsätzlich davon aus, dass Eigen- und Fremdkapital klar voneinander abgegrenzt werden können. Sollte ein Instrument nicht eindeutig Fremd- oder Eigenkapital zuzuordnen sein, ist es daher notwendig eine Abgrenzung zu treffen, damit in weiterer Folge eine entsprechende Besteuerung erfolgen kann. Diese Aufgabe soll durch Sec 385 IRC gelöst werden, durch den ein Instrument nach dem wirtschaftlichen Gehalt entsprechend zugeordnet werden soll. Darüber hinaus beschäftigen sich sowohl Sec 163(i) als auch 163(l) IRC mit Instrumenten, die aufgrund ihrer Ausgestaltung sowohl Eigen- als auch Fremdkapitaleigenschaft aufweisen.

---

935 Siehe ausführlich Kapitel IV.5.2.

3.1. Eigenkapital – Fremdkapital

Sec 385 IRC regelt die Abgrenzung von hybriden Instrumenten. Im Laufe der Zeit wurde Sec 385 IRC erweitert bzw wurden Regulations erlassen.

Im Jahr 1969 wurde im Rahmen des *Tax Reform Act of* 1969 Sec 385 IRC dem Code hinzugefügt.[936] Inhalt dieses Gesetzes ist die Abgrenzung zwischen Eigen- und Fremdkapital. Sec 385 IRC ermöglicht damit dem IRS ein Finanzierungsinstrument als Eigenkapital oder Fremdkapital zu qualifizieren.[937]

Eine Liste mit fünf Aufzählungspunkten soll zur Klärung beitragen, jedoch besteht unter den einzelnen Faktoren keine hierarchische Gliederung bzw können andere, nicht genannte Faktoren ebenfalls von gleicher Bedeutung sein.[938]

Die fünf Faktoren sind

a) Bedingungslose Rückzahlung eines adäquaten Betrages bzw Vermögens in angemessener Höhe auf Anfrage bzw zu einem bestimmten Zeitpunkt und eine festgelegte Verzinsung;
b) Nach- bzw Vorrangigkeit gegenüber anderem Fremdkapital;
c) Eigen-Fremdkapital-Verhältnis;
d) Wandelschuldverschreibung;
e) Eigentümer-Investor-Verhältnis.

Der Kongress autorisierte gleichzeitig in Sec 385(a) IRC die IRS, *Regulations* für die Abgrenzung von Fremd- bzw Eigenkapital zu verfassen. Diese *Regula-*

---

936 Sec 385 IRC ist im Part VI *(Treatment of Certain Corporate Interests as Stock or Indebtedness)* im Subchapter C *(Corporate Distributions and Adjustments)* des Internal Revenue Code geregelt und daher nur auf Körperschaften anwendbar, *Conlon, S.D./ Aquilino, V.M.* (1999): B2.04[1].

937 *Keyes, K.M.* (1997): 3.06[2]; *Burnett, S./Smith, D.P.* (2003): 78; *Bittker, B.I./Streng, W.P./Emory, M.* (1995): 4.1[2]; *Scholes, M.S./Wolfson, M.A./Erickson, M./Maydew, E.L./ Shevlin, T.* (2002): 301; *Robertson, P./Burckel, D.V.* (1988): 785; *Madison, R.B.* (1986): 482; *Golub, E.G./Henderson, J.L.* (1989): 920; *Berman, D.M./Strain, D.O.* (2000): 671.

Dabei geht Sec 385 IRC der Sec 279 IRC vor, in der die Abzugsfähigkeit von Fremdkapitalzinsen geregelt ist. Sec 279 IRC (*Interest on indebtedness incurred by corporation to acquire stock or assets of another corporation)* verneint die Abzugsfähigkeit von Zinsen, wenn das Fremdkapital als Gegenleistung für den Kauf von Aktien oder Anlagevermögen begeben worden ist. Voraussetzung für die Nichtabzugsfähigkeit ist ua die Wandelbarkeit bzw Nachrangigkeit, *Golub, E.G./Henderson, J.L.* (1989): 923.

938 Im 1969 *Senate Committee Report* wird ausdrücklich angeführt, dass Faktoren von möglichen *Regulations* derselbe Stellenwert eingeräumt wird; S. Rep't No. 91-552, 91st Cong., 1st Sess., 1969-3 CB 423; *Keyes, K.M.* (1997): 3.06[2]; *Nuernberger, E./Pelzer, D.* (2003): 1246; *Merkt, H.* (1995): 96.

tions wären aufgrund ihrer ausdrücklichen Nennung im Gesetz als *Legislative Regulations* einzustufen und haben damit gesetzlichen Charakter.[939]

Ursprünglich war vorgesehen, dass Finanzierungsinstrumente entweder vollständig Eigen- oder Fremdkapital darstellen.[940] Durch den *Revenue Reconciliation Act* 1989 wurde in Sec 385(a) IRC normiert, dass der IRS auch Teile eines Finanzierungsinstruments als Eigen- bzw Fremdkapital behandeln kann.[941] Für eine genaue Abgrenzung sollen diesbezüglich Regulations veröffentlicht werden, jedoch wurden diese bis heute nicht erlassen.[942] Diese Methode *(Bifurcation)* soll dann zur Anwendung kommen, wenn sowohl wesentliche Bestandteile von Eigen- als auch von Fremdkapital vorliegen.[943] Die Gerichte jedoch wenden diese Methode im Allgemeinen nicht an.[944]

1992 fügte der Congress im Rahmen des *Energy Policy Act* 1992[945] der Sec 385 IRC einen weiteren Absatz hinzu. Für Instrumente, die nach dem 24.10.1992 ausgegeben werden, ist die Qualifikation des Emittenten für den Investor bindend; der IRS ist allerdings nicht an die Qualifikation gebunden. Eine Ausnahme von der Regel besteht jedoch, wenn der Investor das Finanzierungsinstrument widersprüchlich zu der Klassifizierung des Emittenten behandelt und dies bei der Einkommenserklärung angibt.[946] Allerdings findet Sec 385(c) IRC keine Anwendung im grenzüberschreitenden Bereich; der Steuerpflichtige ist daher

---

939 *Bittker, B.I./Lokken, L.* (1999): 91.10.3; *Blumenberg, J.* (1997): 191; *Conlon, S.D./ Aquilino, V.M.* (1999): B2.04[1]; *Bittker, B.I./Streng, W.P./Emory, M.* (1995): 4.1[2]; *Thomas, D.W./Sellers, K.F.* (1992): 39; Freeman, *L.S./Stevens, M.A./Hollender, V.* (2002): 1283; siehe dazu Kapitel II.2.3.2.2.

940 *Keyes, K.M.* (1997): 3.06[2].

941 *Conlon, S.D./Aquilino, V.M.* (1999): B2.04[1]; *Bittker, B.I./Lokken, L.* (1999): 91.10.3; *Bittker, B.I./Streng, W.P./Emory, M.* (1995): 4.1[2], *Freeman, L.S./Stevens, M.A./Hollender, V.* (2002): 1284, allerdings ist nur eine Trennung von Eigen- und Fremdkapital vorgesehen, nicht jedoch eine Trennung von einem Finanzierungsinstrument und Derivative.

942 *Freeman, L.S./Stevens, M.A./Hollender, V.* (2002): 1287.

943 HR Rep. No. 247, 101st Cong., 1st Sess. 1235 (1989); *Thomas, D.W./Sellers, K.F.* (1992): 39; *Rizzi, R.A.* (1991): 271.

944 *Berman, D.M./Strain, D.O.* (2000): 675; *Keyes, K.M.* (1997): 3.06[2]; *Bittker, B.I./ Eustice, J.S.* (2000): 4.02[5], bei nur wenigen Urteilen wurde eine *Bifurcation* angewandt, siehe Kapitel VI.4.4.

945 Pub. L. No. 102-486, § 1936(a), 106 Stat. 3111 (1992).

946 *Keyes, K.M.* (1997): 3.06[2]; *Conlon, S.D./Aquilino, V.M.* (1999): B2.04[1]; *Burnett, S./ Smith, D.P.* (2003): 79; der *Committee Report* verdeutlicht jedoch, dass trotz dieser Regelung sowohl Emittent als auch Investor für eine fälschliche Qualifikation strafbar gemacht werden können, *Bittker, B.I./Lokken, L.* (1999): 91.10.2; H. Rep't No. 102-1018, 102nd Cong., 2nd Sess. (1992) (Conference Report), *"neither a holder nor an issuer is excused from any interest or penalties that might result under present law from an improper characterization"*.

nicht verpflichtet, eine divergierende Behandlung in der Steuererklärung anzugeben.[947]

3.2. High Yield Discount Obligation

Fremdfinanzierungsinstrumente werden oftmals für die Finanzierung von *Leveraged Buyouts* oder *Acquisitions* herausgegeben und enthalten Zinssätze, die aufgrund des vorliegenden Risikos wesentlich über den vorherrschenden marktüblichen Sätzen liegen. Die Zinsen mindern die Steuerbemessungsgrundlage und damit die Steuer des Emittenten und erlauben ihm, das Fremdfinanzierungsinstrument zu einem *Discount* zu emittieren.

Die Inhaber des Fremdfinanzierungsinstruments müssen den OID[948] pro rate temporis versteuern, selbst wenn keine tatsächliche Auszahlung erfolgt, während der Emittent den OID pro rate temporis auch dann aufwandwirksam geltend machen kann, wenn er dem Investor keine Vergütung zukommen lässt.[949] Die Investoren müssen also darauf vertrauen, dass der Emittent genügend Erträge erwirtschaftet, um die Zinszahlungen vornehmen zu können. Damit haben solche Instrumente Charakteristika von Eigenkapital, da der Ertrag des Inhabers wesentlich von der Profitabilität des Emittenten abhängt.

Aufgrund der Eigenkapitalkriterien beschloss der *Congress*, dass solche *High Yield Instruments* in dem Ausmaß als Eigenkapital zu behandeln sind, als die Zinsen nicht sofort gezahlt werden. Spezialvorschriften in Sec 163(i)(1) IRC regeln das Vorliegen von *„High-Yield OID Obligations"*, die dann zur Anwendung kommen, wenn die Verzinsung 5% über der AFR liegt. In diesem Fall kann der gesamte OID erst bei Zahlung beim Emittenten aufwandwirksam

---

947 *Berman, D.M./Strain, D.O.* (2000): 676; *Flick, H.F.W.* (2002): 238; *Cummings, J.L.* (2003): 18, ist die ausländische Gesellschaft nicht verpflichtet, eine Steuererklärung abzugeben, wird Sec 385(c) IRC nicht anwendbar sein; *Lemein, G.D./McDonald, J.D.* (2001): 7.
Der Vorschlag zum *Budget Bill* 1996 der Clinton Administration enthielt Vorschläge zur Behandlung von Finanzierungsinstrumenten und sollte auch die Abgrenzung zwischen Eigen- und Fremdkapital klären, *Ballan, H.* (2002): 756; Es wurde vorgesehen, dass in Sec 385(c)(3) IRC alle Instrumente, die nicht als Fremdkapital in einer nichtsteuerlichen Bilanz ausgewiesen sind, steuerlich als Eigenkapital zu behandeln seien, wenn die emittierende Gesellschaft eine *Public Company* ist und es sich um langfristiges Fremdkapital handelt; Langfristigkeit wird mit einer Laufzeit von über 20 Jahren angenommen; *Eustice, J.S.* (1996): 1673; *Surdell, S.M.* (1996): 1531. Hiermit wollte man unterschiedliche Behandlungen im Steuerrecht zu anderen Vorschriften, wie zB den GAAP unterbinden. Allerdings wurde dieser Vorschlag nicht umgesetzt; Notice 94-47 jedoch listet dieses Kriterium als einen der ausschlaggebenden Faktoren für das Vorliegen von Eigen- bzw Fremdkapital.

948 Siehe ausführlich Kapital IV.6.4.

949 *Bittker, B.I./Lokken, L.* (1999): 53.5.4.

erfasst werden, obwohl der Investor diesen regelmäßig versteuern muss. Ist die Rendite sogar 6% über der AFR, wird der nicht qualifizierte Anteil *(Disqualified Portion)* des OID als Dividende behandelt und ist daher nicht abzugsfähig bzw kann der Investor in einem solchen Fall eine *Dividends Received Deduction* oder die begünstigte Besteuerung von Dividenden in Anspruch nehmen.[950]

Im Detail sind folgende Voraussetzungen zu prüfen: Ein Fremdfinanzierungsinstrument wird gem Sec 163(e)(5) IRC als *Applicable High Yield Discount Obligation* (AHYDO) angesehen:

1. die emittierende Gesellschaft ist eine Körperschaft;
2. ein Fremdfinanzierungsinstrument mit einer Laufzeit von mehr als fünf Jahren ab dem Ausgabezeitpunkt;
3. eine Rendite *(Yield to Maturity)* fünf Prozentpunkte über der *Applicable Federal Rate* (AFR) für das Kalendermonat, in dem das Finanzierungsinstrument emittiert wurde;
4. *Significant OID.*[951]

Ein Instrument hat dann *Significant OID*, wenn die Summe der Beträge *(Aggregate Amount)*, die dem Einkommen des Investors zugerechnet wurde, die Summe folgender Beträge übersteigt:[952]

1. Die Summe der tatsächlich gezahlten Zinsen des Instruments bis zum Ende der betreffenden Periode und
2. den Ausgabepreis multipliziert mit der *Yield to Maturity.*[953]

Liegt eine *Applicable High Yield Discount Obligation* vor, muss der OID zwischen *Disqualified* OID und *Nondisqualified* OID aufgeteilt werden.[954] Die *Nondisqualified Portion* stellt dabei die Restgröße zur *Disqualified Portion* dar.

---

950 *Santangelo, R.A.* (1997): 310; *Rizzi, R.A.* (1991): 271f; *Berman, D.M./Strain, D.O.* (2000): 680; *Bittker, B.I./Lokken, L.* (1999): 53.5.4; *Connors, P.J./Woll, G.H.J.* (2002): 432 PLI/Tax 800; *Bittker, B.I./Eustice, J.S.* (2000): 4.03[5]; *Bittker, B.I./Streng, W.P./Emory, M.* (1995): 4.23[e]; *Thomas, D.W./Sellers, K.F.* (1992): 40; *Sheffield, J.T./Welke, W.R.* (1992): 800.

951 *Santangelo, R.A.* (1997): 312ff; *Langbein, S.I.* (2001): 3.03[5][a]; *Blumenberg, J.* (1997): 170; *Keyes, K.M.* (1997): 4.05[1][a]; *Regulations* können auch einen höheren Zinssatz als den der AFR erlauben.

952 Der Berechnungszeitraum muss jedoch mindestens 5 Jahre ab Ausgabedatum betragen.

953 Damit wird sichergestellt, dass der OID im Bezug auf die tatsächlich geleisteten Zinsen wesentlich höher ist. Um der Klassifikation als AHYDO zu entgehen, kann ein Instrument die Zinszahlungen daher nur in dem Ausmaß aufschieben, als dass sie den Zinsen während der ersten fünf Jahre entsprechen, *Bittker, B.I./Lokken, L.* (1999): 53.5.4.

Keyes, K.M. (1997): 4.05[1][b]; dieser Test muss am Ende jeder Abgrenzungsperiode, die fünf Jahre nach dem Ausgabezeitpunkt endet, durchgeführt werden; Sec 163(i)(1)(C), 163(i)(2)(A), und 163(i)(2)(B) IRC; *Bittker, B.I./Streng, W.P./Emory, M.* (1995): 4.23[e].

Die *Disqualified Portion* eines OID ist der geringere von folgenden Beträgen:

1. dem OID des Instruments;
2. dem Anteil des Gesamtertrages *(Total Return)*[955] des Finanzierungsinstruments, der dem Anteil des *Disqualified Yield*[956] in Bezug auf die *Yield to Maturity* entspricht.[957] = *Total Return x (Disqualified Yield / Yield to Maturity)*

Übersteigt die Rendite eines AHYDO die AFR, der im Zeitpunkt der Ausgabe des Instruments anwendbar war, um sechs Prozentpunkte *(Disqualified Yield)*, so wird der Überhang der Rendite als *Disqualified Yield* auf der Grundlage, auf welcher die *Disqualified Portion* (oder *Dividend Equivalent Portion)* bestimmt wird, angesehen. Dieser Betrag, wenn es sich bei den Inhabern um Körperschaften handelt, wird gem 163(e)(5)(B) IRC als Dividende von der ausgebenden Körperschaft behandelt.[958] Eine Behandlung als Dividende ist jedoch nur in dem Ausmaß möglich, als die Zahlung aus den *Earnings and Profits* des Emittenten erfolgt.[959]

Der *Nondisqualified* OID kann beim Emittenten erst dann aufwandwirksam geltend gemacht werden, wenn eine tatsächliche Zahlung erfolgt.[960] Beim Inhaber hingegen ist der *Nondisqualified* OID zum Einkommen zuzurechen, egal, ob die Zinsen beim Emittenten abzugsfähig sind oder nicht.[961]

---

954 HR Rep. No. 386, 101st Cong., 1st Sess. 44 (Conf. Rep. 1989).

955 *Total Return* wird dabei als der Betrag betrachtet, der OID darstellen würde, wenn alle *Other Stated Interest* (OSI) zum SRPM hinzugezählt werden würden, *Keyes, K.M.* (1997): 4.05[2]; *Langbein, S.I.* (2001): 3.03[5][b].

956 *Disqualified Yield* ist der AFR plus 6%.

957 Sec 163(e)(5)(C)(i) IRC.

958 *Blumenberg, J.* (1997): 170; *Keyes, K.M.* (1997): 4.05[2], dementsprechend kann auch eine DRD oder eine begünstigte Besteuerung im Falle von natürlichen Personen in Anspruch genommen werden.

959 *Earnings and profits* werden für gewöhnlich ohne Berücksichtigung von Sec 163(e)(5) IRC berechnet. Allerdings sieht Sec 163(e)(5)(E) vor, dass für die Ermittlung der *Dividend Equivalent Portion* die *Earnings and Profits* nicht um die *Disqualified Portion* reduziert werden; *Langbein, S.I.* (2001): 3.03[5][b].

960 *Langbein, S.I.* (2000): 4.02[3]; dabei wird jeder Betrag, der nicht *Qualified Stated Interest* darstellt, als OID betrachtet, *Keyes, K.M.* (1997): 4.05[2]; Reg. 1.1275-2(a)(1).

961 Sec 163(e)(5)(B) IRC; *Bittker, B.I./Lokken, L.* (1999): 53.5.4.

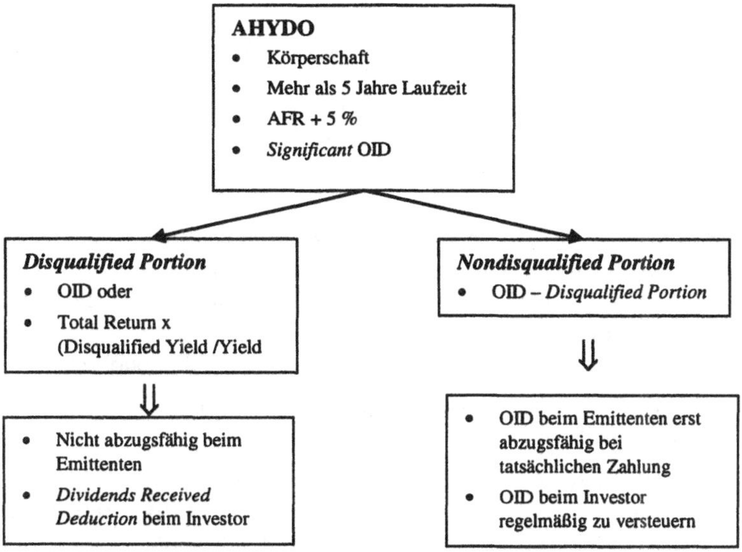

Abbildung 14: Applicable High Yield Discount Obligations

Eine Qualifikation als AHYDO kann vermieden werden, wenn kein *Significant OID* vorliegt, wenn die Rendite weniger als 5% über dem AFR liegt oder wenn die Laufzeit weniger als fünf Jahre beträgt.[962]

Grundsätzlich weist die Bestimmung gewisse Ähnlichkeiten mit der versteckten Ausschüttung auf, die bei einer Gesellschafterfremdfinanzierung eine Umqualifikation des nichtfremdüblichen Teils in eine Ausschüttung vorsieht. Im amerikanischen Steuerrecht erfolgt dieser Fremdvergleich anhand der AFR. Im Gegensatz zur verdeckten Ausschüttung muss im US-Steuerrecht der Vorteil jedoch nicht im Gesellschafterverhältnis begründet sein, insofern sind hier auch Verhältnisse zu Dritten zu beachten. Weiters ist zu beachten, dass die Ausgestaltung wesentlich konkreter erfolgt und an ein genaues Prüfschema geknüpft ist. Liegt ein AHYDO vor, erfolgt beim Emittenten eine steuerwirksame Berücksichtigung der Zinsen erst bei tatsächlicher Zahlung, um missbräuchliche Gestaltungen zu vermeiden.

3.3. Disqualified Debt Instruments

Im Gegensatz zu Eigenkapital können die Zinsen von Fremdfinanzierungsinstrumenten von der steuerlichen Bemessungsgrundlage abgezogen werden. Emitten-

---

962 *Keyes, K.M.* (1997): 4.05[1][b].

ten bevorzugen aufgrund dieses Steuervorteils die Behandlung als Fremdkapital und tendieren dazu, Instrumente derart zu gestalten, dass die Abzugsfähigkeit gewährleistet ist. Diese Vorgehensweise führt dazu, dass Instrumente emittiert werden, die in einer wirtschaftlichen Betrachtung Eigenkapital darstellen.

Als Antwort auf derartige Gestaltungen fügte TRA 1997 Sec 163(l) IRC dem Gesetz hinzu, indem die Abzugsfähigkeit von Zinsen (inklusive OID) für *Disqualified Debt Instruments* verneint wird.[963] Ein Finanzierungsinstrument wird gem Sec 163(l)(2) IRC dann als *Disqualified Debt Instrument* einzustufen sein, wenn es von einer Körperschaft emittiert wird und in Eigenkapital des Emittenten bzw einer nahe stehenden Person[964] zu tilgen ist.[965] Diese Regelung soll verhindern, dass Finanzierungsinstrumente als Fremdkapital ausgegeben werden, die jedoch bei näherer Betrachtung Eigenkapital darstellen.[966]

Ein Finanzierungsinstrument wird gem Sec 163(l)(3) IRC dann als in Eigenkapital zahlbar einzustufen sein, wenn

1. ein umfassender Betrag *(Substantial Amount)* des Kapitals oder der Zinsen in Eigenkapital des Emittenten oder in Eigenkapital einer nahe stehenden Person bezahlt oder umgewandelt wird;
2. ein umfassender Betrag *(Substantial Amount)* des Kapitals oder der Zinsen anhand des Werts des Eigenkapitals des Emittenten bzw des Eigenkapitals einer nahe stehenden Person ermittelt wird; *"by reference to the value of such equity"*; oder
3. ein Finanzierungsinstrument auch dann als zahlbar in Eigenkapital betrachtet wird, wenn dies Teil eines Arrangements ist, das zu den oben angeführten Resultaten führt.[967]

Die ersten zwei Sachverhalte sind auch dann erfüllt, wenn eine *Substantial Portion* des Nennbetrags oder der Zinsen durch die Ausübung einer Option des Emittenten bzw der nahe stehenden Person in Eigenkapital bezahlt oder umgewandelt bzw anhand des Eigenkapitals ermittelt wird.[968]

---

963 *Bittker, B.I./Streng, W.P./Emory, M.* (1995): 4.23[e].

964 Eine nahe stehende Person steht in einem in Sec 267(b) oder 707(b) IRC beschriebenen Verhältnis, welches für gewöhnlich einen Anteil von mehr als 50% umfasst, *Keyes, K.M.* (1997): 3.02[4][f].

965 *"Is payable in equity of the issuer or a related party"*, Sec 163(l)(2) IRC; *Connors, P.J./Woll, G.H.J.* (2002): 432 PLI/Tax 800; *Eustice, J.S.* (1996): 1672.

966 *Bittker, B.I./Lokken, L.* (1999): 52.7.3; *Jakob, D.* (1998): 132.

967 *Berman, D.M./Strain, D.O.* (2000): 680; *Keyes, K.M.* (1997): 3.02[4][f]; *Bittker, B.I./Streng, W.P./Emory, M.* (1995): 4.23[e]; *Ballan, H.* (2002): 762.

968 Hat jedoch der Inhaber eine Option zur Wandlung und ist die Ausübung nicht sehr wahrscheinlich, kommt Sec 163(l) IRC nicht zur Anwendung, *Bittker, B.I./Streng, W.P./Emory, M.* (1995): 4.23[e].

Entsprechend den Erläuternden Bemerkungen *(Legislative History)* werden folgende *Arrangements* als in Eigenkapital wandelbar angesehen:

1. Bestimmte Emissionen von *Forward Contracts* in Verbindung mit der Ausgabe von Fremdkapital;[969]
2. *Nonrecourse Debt*, das hauptsächlich von Eigenkapital besichert wird; und
3. Fremdfinanzierungsinstrumente, die durch die Ausübung einer Option des Inhabers wandelbar sind und es sehr wahrscheinlich ist, dass von diesem Recht Gebrauch gemacht wird.[970]

Es muss jedoch beachtet werden, dass der Inhaber des Instruments nicht von dem Verbot der Abzugsfähigkeit der Zinsen beim Emittenten betroffen ist. Unterliegt ein Sachverhalt Sec 163(l) IRC, liegt für steuerliche Zwecke immer noch Fremdkapital vor. Demzufolge tritt der Fall ein, dass die Zinsen beim Emittenten nicht abzugsfähig, jedoch beim Investor zu versteuern sind. In der *Legislative History* wird außerdem ausdrücklich angemerkt, dass Sec 163(l) IRC nicht zur Abgrenzung zwischen Eigen- und Fremdkapital gedacht ist und auch keine Auswirkungen auf die bis dahin gültigen Abgrenzungskriterien haben soll.[971]

4. Kriterien zur Beurteilung von hybriden Finanzierungsinstrumenten

4.1. Allgemein

Die Frage nach der Abgrenzung von hybrider Finanzierung scheint aufgrund von fehlenden gesetzlichen Bestimmungen durch die rechtsetzenden Gerichte eine Rechtsfrage zu sein. Einige der Hauptfaktoren zur Beurteilung hybrider Finanzierungsinstrumente wie zB der *Intent* der Vertragsparteien bzw ob ein Rückzahlungsdatum in der näheren Zukunft liegt, sind jedoch am jeweiligen

---

969 Dieser Punkt scheint genau auf *DECS (Debt Exchangeable in Common Stock)* abzuzielen. Sec 163(l) IRC würde jedoch nicht auf DECS anwendbar sein, wenn der Emittent der Aktien nicht dem Emittenten des Fremdkapitals gem Sec 267(b) oder Sec 707(b) IRC nahe steht.

970 1997 Bluebook, 193, *Ballan, H.* (2002): 762f; bzgl Wandelschuldverschreibungen liegen keine Anhaltspunkte vor, wann eine Wandlungsoption „sehr wahrscheinlich" ausgeübt wird. Allerdings soll diese Bestimmung nicht auf Wandelschuldverschreibungen anwendbar sein, bei denen der Wandlungspreis signifikant höher ist als der Marktwert der Aktien zum Ausgabezeitpunkt, *Bittker, B.I./Lokken, L.* (1999): 52.7.3; *Keyes, K.M.* (1997): 3.02[4][f].

971 1997 Bluebook, 193; *Keyes, K.M.* (1997): 3.02[4][f]; *Ballan, H.* (2002): 761; *Bittker, B.I./Streng, W.P./Emory, M.* (1995):4.0[11].

Sachverhalt festzumachen, der, wenn durch ein Gericht entschieden, kaum vom Berufungsgericht nachgeprüft werden wird.[972]

Da für die Qualifikation hybrider Finanzierungsinstrumente keine *Regulations* vorliegen, müssen die Faktoren des *Case Law* für die Beurteilung herangezogen werden. Allerdings hat sich aus der Masse von Fällen kein allgemein gültiger Abgrenzungsstandard ableiten lassen. Die Gerichte betrachten für eine Abgrenzung den genauen Sachverhalt *(Facts and Circumstances)*, der einem hybriden Instrument zugrunde liegt.[973] Jeder Abgrenzungsfall muss anhand der vorliegenden Fakten beurteilt werden, und da es so viele verschiedene Kombinationsmöglichkeiten an Sachverhalten gibt, sind die Präzendenzfälle nur von geringem Wert.[974]

Eine Vielzahl von Gerichtsentscheidungen behandelt die Abgrenzung zwischen Eigen- und Fremdkapital. Durch die Urteile wurde eine Reihe von Faktoren geschaffen, anhand derer eine Bestimmung des Charakters des Finanzierungsinstruments möglich sein soll.[975] Neben den zahlreichen Urteilen über hybride Instrumente sind ebenfalls die generellen Doktrinen wie *Substance over Form, Business Purpose, Step Transactions, Sham Transactions, Disavowal of Form by Taxpayers* und *Tax Avoidance Transactions* zu beachten.[976] Die *Danielson*

---

972 *Bittker, B.I./Eustice, J.S.* (2000): 4.02[6]; *Bittker, B.I./Lokken, L.* (1999): 91.10.2; John Kelley Co. v. Com., 326 US 521 (1946), der Fall *"might be said to be a question of law as to whether the primary facts adduced made the payments dividends or interest"*; Madison, R.B. (1986): 472; Austin Village, Inc. v. US, 432 F2d 741 (6th Cir. 1970), verwarf die Ansicht, dass die Abgrenzung zwischen Eigen- und Fremdkapital eine Faktenfrage sei und kam zu dem Schluss, dass eine Rechtsfrage vorläge, *"on conceptual analysis the better view may be that this issue is a question of law"*; Roth Steel Tube Co. v. Com., 800 F2d 625 (6th Cir. 1986), ging nicht auf das Urteil *Austin Village* ein und befand das Vorliegen einer Faktenfrage; die erstgerichtliche Entscheidung wird nicht in Frage gestellt, außer es liegt ein eindeutiger Fehler vor; Bauer v. Com., 748 F2d 1365 (9th Cir. 1984), Faktenfrage, weil es vorrangig auf den *Intent* der Vertragsparteien ankommt; Mixon's Est. v. US, 464 F2d 394 (5th Cir. 1972), Fall ist eine Rechtsfrage; US v. Snyder Bros., 367 F2d 980 (5th Cir. 1966), Rechtsfrage, weil es sich um eine Interpretation des Vertrages handelt.

973 *Bittker, B.I./Streng, W.P./Emory, M.* (1995): 4.0[4].

974 *"Must be decided on its own facts and there are so many combinations of factual circumstances that precedents in factual cases are usually of little value"*, Georgia-Pacific, 63 TC 796 (1975); American Processing & Sales Co. v. US, 371 F2d 842 (Ct. Cl. 1967); *Keyes, K.M.* (1997): 3.06[3]; *Bittker, B.I./Eustice, J.S.* (2000): 4.02[7]; *Conlon, S.D./Aquilino, V.M.* (1999): B2.04[1];.

975 *Freeman, L.S./Stevens, M.A./Hollender, V.* (2002): 1281.

976 Als maßgebend für die Behandlung hybrider Finanzierungsinstrumente in der Literatur gilt der Artikel The Federal Income Tax Significance of Corporate Debt: A Critical Analysis and a Proposal, 26 Tax L. Rev der von William T. Plumb, Jr. im Jahr 1971 verfasst wurde. Der fast 300 Seiten umfassende Beitrag gilt als Standardwerk für die Ab-

Rule bzw die *Strong Proof Rule* kommen allerdings nur für Instrumente zur Anwendung, deren Form eindeutig im Namen angegeben ist. Ist die Bezeichnung des Instruments doppeldeutig, oder ist eine Zuordnung anhand der Bezeichnung nicht möglich, so sollte der Steuerpflichtigen nach der *Preponderance of the Evidence Standard* den wirtschaftlichen Gehalt herstellen können.[977]

Die Gerichte sind jedoch aufgrund fehlender gesetzlicher Bestimmungen dazu gezwungen, die Faktenfrage anhand von Kriterien festzumachen. Die Beurteilung der Kriterien gestaltet sich dabei als äußerst schwierig. Die Auswahl stammt von einer Vielzahl an Gerichtsurteilen, die in ihrem Spruch keines der Kriterien als entscheidend oder ausreichend qualifiziert erachteten, das ausschlaggebende Moment für die Abgrenzung zwischen Eigen- und Fremdkapital zu sein.[978] Oftmals wurde die Liste der Kriterien vor dem Hintergrund einer Ge-

---

grenzung von Eigen- und Fremdkapital und wird als Ansatzpunkt für Analysen herangezogen. Plumb identifiziert 30 Faktoren, die sich in vier Kategorien untergliedern, *Conlon, S.D./Aquilino, V.M.* (1999): B2.04[2]. Da dieser Artikel sich hauptsächlich mit den einzelnen Faktoren beschäftigt, sind die Forschungsergebnisse von William T. Plumb im Kapitel VI.4 eingearbeitet; *Bittker, B.I./Lokken, L.* (1999): 91.10.2; siehe auch Kapitel III.1.5.

977 *Connors, P.J./Woll, G.H.J.* (2002): 432 PLI/Tax 793f; *Blumenberg, J.* (1997): 202f.

978 *Berman, D.M./Strain, D.O.* (2000): 671; *Freeman, L.S./Lipton, R.M.* (1994): 954; *Conlon, S.D./Aquilino, V.M.* (1999): B2.04[1]; wie zB in Fin Hay Realty Co. v. US, 398 F2d 694 (3rd Cir. 1968): (1) der Intent der Vertragsparteien; (2) die Identität zwischen Gläubiger und Aktionär; (3) Teilnahme am Management; (4) Fremdüblichkeit; (5) Thin Capitalization; (6) Risiko; (7) die Form des Instruments; (8) Nachrangigkeit; (9) Stimmrecht des Investors; (10) fixe Zinszahlungen; (11) Bedingtheit der Rückzahlung; (12) die Herkunft der Zinszahlungen; (13) fixes Rückzahlungdatum; (14) Regelungen bzgl Redemption; (15) Bestimmung zur Redemption auf Option des Investors; und (16) Zeitpunkt der Kapitalüberlassung im Verhältnis zur Gründung des Unternehmens; Roth Steel Tube Co. v. Com., 800 F2d 625 (6th Cir. 1986), 11 Faktoren; Estate of Mixon v. US, 464 F2d 394 (5th Cir. 1972), 13 Faktoren; AR Lantz Co. v. US, 424 F2d 1330 (9th Cir. 1970), 11 Faktoren; JS Biritz Constr. Co. v. Com., 387 F2d 451 (8th Cir.1967), 10 Faktoren; Georgia-Pacific Corp. v. Com., 63 TC 790 (1975), 13 Faktoren; Hardman v. US, 827 F2d 1409 (9th Cir. 1987), 11 Faktoren; Laidlaw Transportation Inc., et al. v. Com., TC Memo 1998-232 (1998), Mulitfaktorenanalyse; Segel, 89 TC 816 (1987), ausgewählte Faktoren; First M&F Corp. v. US, 767 F. Supp. 792 (ND Miss. 1991), 12-Faktoren Analyse; Service Notice 94-47, 1994-1 CB 357; Nestle Holdings Inc., TC Memo 1995-441 (1995), 9-Faktoren Analyse, Schwerpunkt wurde jedoch auf *Intent*, Wahrscheinlichkeit der Rückzahlung und wirtschaftlicher Gehalt gelegt, aff'd, 152 F3d 83 (2nd Cir. 1998); *Ballan, H.* (2002): 777 in Fn 12.

American Offshore, Inc. v. Com., 97 TC 579 (1991) folgte der Faktorenliste von Mixon; Roth Steel Tube Co. v. Com., 800 F2d 625 (6th Cir. 1986), wandte eine 11-Faktoren Analyse an und befand, dass ein Darlehen eines Aktionärs, der mit 62% beteiligt war, als Eigenkapital anzusehen sei, obwohl die anderen Aktionäre keine Kapitalüberlassungen tätigten; Cenex, Inc. v. US, 156 F3d 1377 (Fed. Cir. 1998), wandte die Roth-Faktoren an sellschafterfremdfinanzierung erstellt, um somit den wahren wirtschaftlichen Gehalt der Finanzierung festmachen zu können. Weiters sind die Kriterien nicht hierarchisch gegliedert bzw gewichtet und es gibt keine vernünftige Begründung, warum ein bestimmtes Kriterium wesentlicher als das andere sein sollte.[979]

Folgende Kriterien können für die Abgrenzung hybrider Finanzierungsinstrumente herangezogen werden. Die Untersuchung erfolgt in erster Linie an den vereinbarten Konditionen des Instruments. Liegt eine Gesellschafterfinanzierung vor, wird zusätzliches Augenmerk auf folgende Umstände gelegt:

- Allgemeine Faktoren
    - Bezeichnung und Dokumentation des Finanzierungsinstruments
    - Laufende Vergütung
    - Beteiligung am Gewinn bzw Verlust
    - Rückzahlung des Instruments
    - Rückzahlungszeitpunkt
    - Wandelbarkeit
    - Herkunft der Zahlung
    - Rechtsanspruch
    - Verlauf der Finanzierungsbeziehung
    - Besicherung
    - Vorliegen von Gesellschafterrechten
    - Nachrangigkeit
    - Abgrenzung für nichtsteuerliche Zwecke
- Spezielle Faktoren bei Gesellschafterfinanzierungen
    - Der „Intent" der Vertragsparteien
    - Verwendung des Kapitals
    - Verhältnismäßigkeit zu bestehenden Anteilen
    - Fremdüblichkeit
    - Bürgschaft der Gesellschafter
    - Unterkapitalisierung

---

und kam zu dem Urteil, dass die Kapitalüberlassung eines Aktionärs aufgrund eines Abkommens zur Kostenteilung eines Pipeline Projektes der Körperschaft Eigenkapital darstelle; Bauer v. Com., 748 F2d 1365 (9th Cir. 1984), wandte eine 11 Faktoren-Liste an; In re Lane, 742 F2d 1311 (11th Cir. 1984), ermittelte Eigen-/Fremdkapital anhand einer 13 Faktoren Liste.

979 *Favelukes, K.S.* (2003): 23, das könnte zu dem Ergebenis führen, dass derselbe Sachverhalt von unterschiedlichen Gerichten unterschiedlich beurteilt wird; *Haun, J.* (1996): 91; *Bittker, B.I./Eustice, J.S.* (2000): 4.03[2][a]; *Keyes, K.M.* (1997): 3.06[3]; John Kelley Co. v. Com., 326 US 521 (1946), *"no one characteristic, not even exclusion from management ... can be said to be decisive in the determination of whether the obligations are risk investments in the corporation or debts"*.

4.2. Allgemeine Faktoren

Die Abgrenzung eines bestimmten Instruments erfolgt idR zum Ausgabezeitpunkt. In manchen Fällen kann es jedoch der Fall sein, dass sich die Kriterien für die Beurteilung während der Laufzeit ändern.[980]

Kein Faktor an sich ist entscheidend und die Aufzählung ist nicht abschließend.[981] Generell bilden diese Faktoren jedoch die Entscheidungsgrundlage für Gerichte. Die Überprüfung eines Instruments anhand der Faktoren soll dabei nicht bloß ein Aufrechnen von Faktoren sein,[982] sondern die Absicht der Vertragsparteien und den wirtschaftlichen Gehalt widerspiegeln. Dabei ist auch darauf zu achten, in welchem Naheverhältnis die Vertragsparteien zueinander stehen.[983]

4.2.1. Bezeichnung und Dokumentation des Finanzierungsinstruments

Die Bezeichnung der hybriden Finanzierungsinstrumente enthält oftmals sowohl Eigen- als auch Fremdkapitalbezeichnungen.[984] Der vom Emittenten gewählte Name stellt jedoch bereits ein Indiz für das Vorliegen von Eigen- bzw Fremdkapital dar.[985] Obwohl der IRS die Abgrenzung unabhängig von der Bezeichnung vornimmt,[986] verweigern die Gerichte idR eine dem Namen nach abwei-

---

[980] Instrumente, die ursprünglich Fremdkapitalcharakter hatten, nahmen im Zeitverlauf immer mehr Eigenkapitalcharakter an; dieser Vorgang ist auch umgekehrt möglich, allerdings bis heute noch nicht ausjudiziert; Tampa & Gulf Coast R.R. Co. v. Com., 469 F2d 263 (5th Cir. 1972), ursprüngliches Fremdkapital wurde in Eigenkapital umqualifiziert; Cuyuna Realty Co. v. US, 382 F2d 298 (Ct. Cl. 1967), auch hier wurde ursprüngliches Fremdkapital in Eigenkapital umqualifiziert; Fin Hay Realty Co. v. US, 398 F2d 694 (3rd Cir. 1968), ursprünglicher Eigenkapitalstatus blieb trotz veränderten Sachverhalts bestehen.

[981] John Kelley Co. v. Com., 326 US 521 (1946); *Keyes, K.M.* (1997): 3.06[3]; *Berman, D.M./Strain, D.O.* (2000): 674.

[982] Tyler v. Tomlinson, 414 F2d 844 (5th Cir. 1969), *"the object of the inquiry is not to count factors, but to evaluate them"*.

[983] *Keyes, K.M.* (1997): 3.06[3]; *Freeman, L.S./Lipton, R.M.* (1994): 954, Praktiker orientieren sich in der Regel an Gerichtsurteilen, die ähnlich gelagerte Fälle entschieden haben.

[984] *Debenture Stock, Guaranteed Stock.*

[985] Notice 94-47; *Plumb, W.T.* (1971): 450; *Blumenberg, J.* (1997): 203; *Haun, J.* (1996): 100f; *Berman, D.M./Strain, D.O.* (2000): 674, die Bezeichnung ist ebenfalls ein Indiz für den *Intent* der Vertragsparteien; *Bittker, B.I./Lokken, L.* (1999): 91.10.2; Monon RR v. Com., 55 TC 345 (1970), *"The name given to the instrument and the nomenclature employed in connection with it should be considered, although they are not conclusive"*.

[986] Helvering v. Richmond, F. & P.R.R. Co., 90 F2d 971 (4th Cir. 1937), *"The question in such case is not, what did the parties call it? But, what do the facts and circumstances require the court to call it?"*.

chende Behandlung des emittierten Instruments von den Vertragsparteien.[987] Dieser Grundsatz (*Disavowal of Form by Taxpayer*) wird damit begründet, dass der Steuerpflichtige mit der Wahl der Bezeichnung seine ursprüngliche Absicht ausgedrückt und eine entsprechende Besteuerung zu erfolgen hat. Die Ausgabe von Aktionärsurkunden deutet auf Eigenkapital hin, während die Ausgabe von Fremdkapitalurkunden wie zB *Bonds, Notes* oder *Debentures* auf Fremdkapital hinweist.[988]

Wenn keine Urkunde ausgegeben wurde bzw keine Dokumentation vorliegt, ist ein Fremdvergleich auf ähnliche handelsübliche Praktiken abzustellen. Werden also Zahlungen von Aktionären an die Gesellschaften ohne Regelungen bezüglich Zahlungskonditionen, Verzinsung oder Gegenleistung geleistet, so kann dies auf Eigenkapital hindeuten.[989] Im Fall J & W Fence Supply Co. v. US[990] stellte jedoch der Seventh Circuit klar, dass eine fehlende Dokumentation nicht automatisch den Rückschluss auf Eigenkapital zuließe: *"it is hazardous to say ... that an investment must be equity because it is not documented as debt; lack of documentation does not help us choose."*[991]

4.2.2. Laufende Vergütung

Die Kapitalüberlassung wird entweder in Form von Dividenden oder in Form von Zinsen vergütet. Aktionäre erhalten idR eine Dividende, wenn das Unter-

---

987 *Bittker, B.I./Eustice, J.S.* (2000): 4.03[2][i]

988 *Burnett, S./Smith, D.P.* (2003): 80; Hardman v. United States, 827 F2d 1409 (9th Cir. 1987), *"the issuance of a stock certificate indicates an equity contribution and the issuance of a bond, debenture or note indicates a bona fide indebtedness"*; Estate of Mixon v. US, 464 F2d 394 (5th Cir. 1972).

Für gewöhnlich befassen sich die Gerichte mit Instrumenten, die als Fremdkapital bezeichnet werden und für die Körperschaften einen Zinsabzug anstreben. Allerdings sind auch einige Fälle ausjudiziert, bei denen Körperschaften einen Zinsabzug auf Instrumente geltend machen wollten, die als Preferred Stock emittiert worden sind: Die Abzugsfähigkeit wurde in folgenden Fällen gewährt: Bowersock Mills & Power Co. v. Com., 172 F2d 904 (10th Cir. 1949); Choctaw, Inc. v. Com., PH TCM P 53397 (1953); US v. Title Guar. & Trust Co., 133 F2d 990 (6th Cir. 1943); abweichend Richmond, F. & P. RR v. Com., 528 F2d 917 (4th Cir. 1975), *Guaranteed Stock* war zwar Fremdkapital, aber die überhöhten Dividenden wurden nicht als Zinsen angesehen.

989 *Haun, J.* (1996): 102f; *Keyes, K.M.* (1997): 3.06[3][a]; *Burnett, S./Smith, D.P.* (2003): 80; Roth Steel Tube Co. v. Com., 800 F2d 625 (6th Cir. 1986), *"The absence of notes or other instruments of indebtedness is a strong indication that the advances were capital contributions and not loans"*; C Cerand & Co. v. Com., TC Memo 1998-423 (1998).

990 230 F3d 896, 898/7th Cir. (2000).

991 *Bittker, B.I./Lokken, L.* (1999): 91.10.2; *Plumb, W.T.* (1971): 462, vertritt jedoch die Meinung, dass das Fehlen einer Dokumentation eher auf Eigenkapital schließen ließe.

nehmen ausreichend *Earnings and Profits* erwirtschaftet und der *Board of Directors* einer Ausschüttung zustimmt, während die vom Gewinn unabhängigen Zinszahlungen im klassischen Fall im vorhinein zu einem fixen Zinssatz festgelegt werden.[992] Zwischen diesen zwei Ansätzen gibt es zahlreiche Abstufungen, die einen Hinweis auf den wirtschaftlichen Gehalt des Instruments geben können. Fehlt die Vereinbarung einer festgelegten Verzinsung[993] oder ist daher die Zahlung von der Entscheidung des *Board of Directors* abhängig, wird Eigenkapital anzunehmen sein. Werden die im vorhinein festgelegten Zinsen zur Fälligkeit nicht ausgezahlt und besteht der Investor auf die Zinszahlung nicht, wird für gewöhnlich kein Fremdkapital anzunehmen sein, da Gläubiger die Zahlung der Zinsen nicht vom Unternehmensrisiko abhängig machen werden, außer sie werden entsprechend dafür vergütet.[994]

Allerdings ist die Ausgestaltung der Vergütung nicht allein ausschlaggebend. *Preferred Stock*, die eine fixe Dividende vorsehen, sind trotzdem als Eigenkapital einzustufen,[995] während *Contingent Payments* zwar für das Vorliegen von Eigenkapital sprechen, der Einstufung des Instruments als Fremdkapital aber nicht schädlich sind,[996] wenn sie nach Eintreffen einer gewissen Bedingung bedingungslos zu zahlen sind.[997]

---

992 *Plumb, W.T.* (1971): 430; *Sheffield, J.T./Welke, W.R.* (1992): 795; *Madison, R.B.* (1986): 475.

993 Rev. Rul. 83-98, 1983-2 CB 40; Roth Steel Tube Co. v. Com., 800 F2d 625 (6th Cir. 1986), *"The absence of a fixed rate of interest ... is a strong indication that the advances were capital contributions rather than loans"*; National Carbide Corp. v. Com., 336 US 422 (1949), fehlende Vereinbarung für Zinszahlungen zeigte, dass die angeblichen Darlehen *"were identical, except in name, with contributions to capital"*; Cenex, Inc. v. US, 156 F3d 1377 (Fed. Cir. 1998), fehlende Bestimmungen bzgl Zinsen sprachen für das Vorliegen von Eigenkapital; Rev. Rul. 83-98, 1983-2 CB 40, *Adjustable Variable-Interest Convertible Notes* sind Eigenkapital, weil ua die Verzinsung wesentlich niedriger als Verzinsungen bei vergleichbaren Unternehmen war und die Wandlung als wahrscheinlich eingestuft wurde.

994 *Keyes, K.M.* (1997): 3.06[3][d][ii]; *Bittker, B.I./Eustice, J.S.* (2000): 4.03[2][e]; *Burnett, S./Smith, D.P.* (2003): 82; *Haun, J.* (1996): 97.

995 Rev. Rul. 90-27, 1990-1 CB 50, *Preferred Stock* wurde als Eigenkapital klassifiziert, obwohl die Dividende alle 49 Tage durch eine *Dutch Auction Procedure* angepasst wurde, um die Aktien zum Nennwert zu handeln.

996 *Bittker, B.I./Lokken, L.* (1999): 91.10.2; insbesondere sei hier auf die *Contingent Payments Debt Instruments* verwiesen, siehe Kapitel IV.6.10.

997 *Plumb, W.T.* (1971): 431; *Bittker, B.I./Eustice, J.S.* (2000): 4.03[2][e]; Monon RR v. Com., 55 TC 345 (1970), *"Traditionally, interest on an indebtedness is payable without regard to whether there are corporate profits or surplus"*, trotzdem wurde das Instrument als Fremdkapital eingestuft, weil *"issuance of debt obligations in which interest is payable only out of income is a common practice in the railroad industry"*; Hardman v. US, 827 F2d 1409 (9th Cir. 1987); Rev. Rul. 68-54, 1968-1 CB 69, nachrangiges

Die rechtliche Sicherheit der Vergütung ist ein wesentliches Kennzeichen von Fremdkapital. Aufgrund des Fehlens dieses Merkmals wurden die *Dutch-Auction Rate Preferred* als Eigenkapital qualifiziert.[998]

4.2.3. Beteiligung am Gewinn bzw Verlust

Die Beteiligung am Gewinn ist eine der Grundvoraussetzungen für das Vorliegen von Eigenkapital. Enthält jedoch ein Fremdfinanzierungsinstrument eine gewinnabhängige Vergütung, beeinflusst dies nicht das Gläubiger-Schuldner-Verhältnis und damit das Vorliegen von Fremdkapital.[999] Das Partizipationsrecht am gesellschaftlichen Gewinn wird weder in Form von einer anteiligen Gewinnauszahlung, noch durch das Vorliegen einer Option zum Wandel in Eigenkapital beeinträchtigt. Ist jedoch von einer Wandlung auszugehen, da das Umtauschverhältnis für den Gläubiger äußerst vorteilhaft ist, können damit die Voraussetzungen für Fremdkapital uU nicht mehr erfüllt werden. Dies wurde durch die *Clinton Budget Bills* in Sec 163(l) IRC normiert, die einen Zinsabzug bzw OID für Fremdfinanzierungsinstrumente verweigern, wenn diese verpflichtend in Aktien ausgezahlt werden bzw eine Auszahlung in Aktien sehr wahrscheinlich ist.[1000]

Eine Beteiligung am Gewinn einer Gesellschaft ist für das Vorliegen von Fremdkapital unschädlich, ist jedoch das Instrument auch am Verlust beteiligt, wird das Kriterium für eine Gewährleistung der Zahlungen des Fremdkapitals somit untergraben. In seltenen Fällen wurde die Einstufung als Fremdkapital auch bei Instrumenten zuerkannt, die am Gesamtrisiko eines Unternehmens beteiligt waren, jedoch wird idR von Eigenkapital auszugehen sein.[1001]

4.2.4. Rückzahlung des Instruments

Einige Gerichte kamen zu dem Urteil, dass ein Instrument nicht Fremdkapital darstellt, wenn es sehr unwahrscheinlich oder unmöglich ist festzustellen, ob Fremdkapital tatsächlich zurückgezahlt wird.[1002] Eine Rückzahlung würde dann

---

Fremdkapital wurde als Fremdkapital eingestuft, obwohl die Zinsen teilweise vom Gewinn abhängig waren.

998 *Blumenberg, J.* (1997): 206; *Bittker, B.I./Eustice, J.S.* (2000): 4.03[2][e]; bzgl *Dutch-Auctions* siehe Kapitel VI.6.6.

999 *Blumenberg, J.* (1997): 207; *Plumb, W.T.* (1971): 437ff, sind jedoch Beschränkungen wie *Floors* oder *Collars* gegeben, ist eher von Fremdkapital auszugehen.

1000 *Bittker, B.I./Eustice, J.S.* (2000): 4.03[2][f].

1001 *Plumb, W.T.* (1971): 442ff; *Bittker, B.I./Eustice, J.S.* (2000): 4.03[2][g].

1002 *Berman, D.M./Strain, D.O.* (2000): 672; Sunburst Oil & Ref. Co. v. Com., 23 BTA 829 (1931); Lemery v. Com., 52 TC 367 (1969); Inter-City Television Film Co. v. Com., 43 TC 270 (1964); CRC Corp. v. Com., 693 F2d 281 (3rd Cir. 1982); Saviano v. Com., 80 TC 955 (1983); Redford v. Com., 28 TC 773 (1957); Graf v. Com., 80 TC 944 (1983).

so ungewiss bzw spekulativ werden, dass kein Fremdkapital mehr angenommen werden kann.[1003] Andererseits bedeutet eine Rückzahlung des Instruments nicht automatisch Fremdkapital, da viele Eigenkapitalinstrumente einen festen Rückzahlungstermin aufweisen.[1004]

In den Regulations zu den *Contingent Payments* waren ursprünglich auch Bestimmungen vorgesehen, die die Behandlung einer bedingten Rückzahlung regelten.[1005] Obwohl in der Letztfassung der *Regulations* keine Definition des Begriffs Fremdkapital zu finden ist, impliziert jedoch allein das ursprüngliche Vorliegen dieser Bestimmungen, dass eine Bedingtheit der Rückzahlung nicht prinzipiell gegen Fremdkapital spricht.[1006]

Ein weiteres Indiz für Fremdkapital ist das Vorliegen und die Rangigkeit eines Liquiditätsanspruches.[1007]

4.2.5. Rückzahlungszeitpunkt

Die Gerichte beschäftigen sich auch mit der Frage, wann ein Instrument zurückgezahlt wird. Ein festgelegtes Fälligkeitsdatum ist dabei ein Hinweis auf eine Rückzahlungsverpflichtung und idR für das Vorliegen von Fremdkapital notwendig.[1008] Allerdings ist ein Umkehrschluss, dass bei angegebenem Fälligkeitsdatum jedenfalls eine Fremdverbindlichkeit vorliegt, nicht zulässig, da auch Eigenkapital verpflichtend zurückgezahlt werden kann, jedoch ist das Fehlen eines Fälligkeitsdatums ein Charakteristikum für Eigenkapital.[1009]

1003 *Ballan, H.* (2002): 724; zur selben Ansicht kommt *Madison, R.B.* (1986): 474; "*in a true lending transaction, there exists the reasonable likelihood that the lender will be repaid in light of all reasonably foreseeable risks.*" Gibson Prods. Co. v. US, 637 F2d 1041 (5th Cir. 1981); *Keyes, K.M.* (1997): 7.01[3][a][ii].

1004 *Haun, J.* (1996): 94.

1005 Reg. 1.1275-4(f) (1986).

1006 Reg. 1.1275-4(b)(4)(vi); *Keyes, K.M.* (1997): 7.01[3][a][ii].

1007 *Berman, D.M./Strain, D.O.* (2000): 673.

1008 *Blumenberg, J.* (1997): 206; *Golub, E.G./Henderson, J.L.* (1989): 921; *Bittker, B.I./ Eustice, J.S.* (2000): 4.03[2][b]; United States v. Title Guarantee & Trust Co., 133 F2d 990 (6th Cir. 1943); ebenso Laidlaw Transportation Inc., et al. v. Com., TC Memo 1998-232 (1998), welcher Mixon's Est. v. US, 464 F2d 394 (5th Cir. 1972) anführte; eine Ausnahme davon bildet Helvering v. Richmond, F. & P.R.R. Co., 90 F2d 971 (4th Cir. 1937), bei dem *guaranteed stock* mit sowohl Eigen- als auch Fremdkapitalcharakteristika als Fremdkapital eingestuft wurde, obwohl der Inhaber die Rückzahlung nicht verlangen konnte, solange jährlich garantierte Dividendenzahlungen erfolgten.

1009 *Plumb, W.T.* (1971): 413; *Favelukes, K.S.* (2003): 23, andernfalls würden Vorzugsaktien vorliegen; *Keyes, K.M.* (1997): 3.06[3][b]; Murphy Planing Mill, Inc. v. Com., 16 TCM 151 (1957); das Fehlen eines Fälligkeitsdatums wurde als Eigenkapital gedeutet: Farley

Gibt es jedoch Hinweise darauf, dass trotz fehlenden Fälligkeitsdatums eine erwartete Rückzahlung in der näheren Zukunft erfolgt, wird das Finanzierungsinstrument als Fremdkapital einzustufen sein. Allerdings kann ein vertraglich festgelegtes Fälligkeitsdatum irrelevant sein, wenn die Beteiligten davon ausgehen, dass der Emittent nicht zurückzahlen wird. Wird das Fälligkeitsdatum immer wieder hinausgeschoben, so wird von Eigenkapital ausgegangen, da der Emittent anscheinend nicht die Absicht hat zurückzuzahlen.[1010]

Ein weiterer Hinweis auf die Abgrenzung zwischen Eigen- und Fremdkapital ist der Rückzahlungszeitpunkt. Liegt dieser in unmittelbarer Zukunft, spricht diese Tatsache für das Vorliegen von Fremdkapital, ist jedoch der Zeitpunkt erst in ferner Zukunft, trägt der Gläubiger das Risiko des Unternehmensuntergangs und ist damit den Aktionären gleichzusetzen.[1011] Dabei ist jedoch zu beachten, dass je nach Branche von unterschiedlich langen Laufzeiten ausgegangen wird.[1012] Im Fall *Monon Railroad v. CIR*[1013] wurde jedoch ein Instrument trotz einer Laufzeit von 50 Jahren als Fremdkapital eingestuft, weil in wirtschaftlicher Betrachtung Fremdkapital vorlag und das Unternehmen bereits seit 1897 bestanden hat und damit eine derart lange Laufzeit als gerechtfertigt angesehen wurde.[1014] Allerdings wies der IRS darauf hin, dass das Urteil nicht als Rechtsgrundlage für die Behandlung von Instrumenten als Fremdkapital herangezogen werden könne, wenn das Instrument zusätzlich Charakteristika aufweise, die in dem Fall nicht

---

Realty Corp. v. Com., 279 F2d 701 (2nd Cir. 1960); Cenex, Inc. v. US, 156 F3d 1377 (Fed. Cir. 1998), das Fehlen eines *Repayment Schedule* war der Qualifikation als Fremdkapital schädlich; Brake & Elec. Sales Corp. v. US, 287 F2d 426 (1st Cir. 1961); Roth Steel Tube Co. v. Com., 800 F2d 625 (6th Cir. 1986), das Fehlen eines festgelegten Rückzahlungstermins und einer Verpflichtung zur Rückzahlung deutete auf das Vorliegen von Eigenkapital hin.

Aus diesem Grund sind *Demand Loans* anfällig für eine Umqualifikation: Laidlaw Transportation Inc., et al. v. Com., TC Memo 1998-232 (1998), *"Provision for payment on demand, without a fixed maturity date, may indicate that an advance is equity"*.

1010 *Burnett, S./Smith, D.P.* (2003): 80; *Berman, D.M./Strain, D.O.* (2000): 672.

1011 *Golub, E.G./Henderson, J.L.* (1989): 921; *Bittker, B.I./Eustice, J.S.* (2000): 4.03[2][b]; *Bittker, B.I./Lokken, L.* (1999): 91.10.2; *Berman, D.M./Strain, D.O.* (2000): 672; eine ausführliche Analyse der Laufzeit bietet *Santangelo, R.A.* (1997): 315ff.

1012 Im Fall Reef Corp. v. Com., TC Memo 1965-72 (1965), aff'd, 368 F2d 125 (5th Cir. 1966) wurde die Laufzeit von 15 Jahren als unangemessen lang für die Öl- und Gasindustrie eingestuft.

1013 Monon Railroad v. Com., 55 TC 345 (1970).

1014 *"Although 50 years might under some circumstances be considered as a long time for the principal of a debt to be outstanding, we must take into consideration the substantial nature of the petitioner's business, and the fact that it had been in corporate existence since 1897, or 61 years prior to the issuance of the debenture"*, Monon Railroad v. Com., 55 TC 345 (1970).

vorlägen.[1015] Der IRS überprüft den genauen Sachverhalt *(Facts and Circumstances)* wie zB, ob die Laufzeit angemessen ist, bzw ob der Emittent wirtschaftlich in der Lage sei, eine Rückzahlung vorzunehmen. Insofern ist eine *Relending Obligation* einer genauen Prüfung zu unterziehen.[1016]

4.2.6. Wandelbarkeit

Eine Wandelbarkeit ist für die Einstufung als Fremdkapital prinzipiell nicht schädlich.[1017] In Rev. Rul 85-119 wurde ein Instrument, das eine Rückzahlung in Aktien erlaubte, vom IRS als Fremdkapital qualifiziert. Der Steuerpflichtige hatte in diesem Fall das Recht, entweder bar ausgezahlt oder durch Aktien befriedigt zu werden. Die Anwendbarkeit des Rev. Rul. 85-119 wurde jedoch aufgrund der im Jahr 1994 veröffentlichten Notice 94-47 auf den Sachverhalt beschränkt; Instrumente, die dem im Ruling ähnlich sind, jedoch mehr in Richtung Eigenkapital tendieren, werden nicht als Fremdkapital angesehen.

Prinzipiell wird nach der Rechtsansicht des IRS ein Instrument, das in Eigenkapital rückzahlbar ist, als Eigenkapital angesehen.[1018] Ist der Inhaber nicht verpflichtet, einer Rückzahlung in Aktien zuzustimmen, oder ist das Recht auf Barauszahlung derart gestaltet, dass der Inhaber einer Auszahlung in Aktien zustimmt, liegt Eigenkapital vor.[1019]

Durch Sec 163(l) IRC sind die Zinsaufwendungen für wandelbare Instrumente, die eine Auszahlung in Aktien oder eine Bewertung der Rückzahlung anhand von Aktien vorsehen, nicht zulässig. Dieses Abzugsverbot hat jedoch keinen Einfluss auf die Abgrenzung zwischen Eigen- und Fremdkapital. Liegt Fremdkapital vor, so sind für den Inhaber des Instruments die Vorschriften des OID und anderen *Time Value of Money* Bestimmungen zu beachten.[1020]

4.2.7. Finanzierung der Vergütung und Rückzahlung

Die Zinszahlungen bzw die Tilgungen eines Instruments können aus unterschiedlichen Quellen erfolgen. Für die Aufbringung der liquiden Mittel können entweder Wirtschaftsgüter verkauft oder zusätzlich Fremdkapital aufgenommen werden, oder die Rückzahlung erfolgt aus dem Gewinn bzw aus dem *Cash Flow*. Je nach Quelle können Indizien für das Vorliegen von Fremd- bzw Eigenkapital vorliegen. Erfolgt die Rückzahlung des Instruments aus dem Gewinn

---

[1015] Notice 94-47; *Conlon, S.D./Aquilino, V.M.* (1999): B2.04[3].

[1016] *Bittker, B.I./Lokken, L.* (1999): 91.10.2;

[1017] *Plumb, W.T.* (1971): 435; *Golub, E.G./Henderson, J.L.* (1989): 921.

[1018] *Berman, D.M./Strain, D.O.* (2000): 674; *Ballan, H.* (2002): 724; *Haun, J.* (1996): 99.

[1019] *Bittker, B.I./Lokken, L.* (1999): 91.10.2; *Burnett, S./Smith, D.P.* (2003): 84.

[1020] *Keyes, K.M.* (1997): 3.06[3][l], siehe ausführlich Kapitel IV.6.4.

bzw aus der Liquidation von Wirtschaftsgütern, so scheint es sich um Eigenkapital zu handeln. Werden die Zahlungen aus dem *Cash Flow* getätigt, deutet das auf Fremdkapital hin.[1021] Ein Finanzierungsinstrument wird eher als Eigenkapital eingestuft werden, wenn das Unternehmen nicht über genügend Barmittel verfügt und auch in Zukunft keine Bareingänge erwartet werden, mit denen das Instrument zurückgezahlt werden kann.[1022] Das Kriterium der Herkunft der Zahlung ist jedoch von untergeordneter Bedeutung und in der Literatur umstritten.[1023]

4.2.8. Rechtsanspruch

Die uneingeschränkte Verpflichtung zur Rückzahlung des hingegebenen Betrags deutet idR auf Fremdkapital hin.[1024] Kann der Emittent die Zahlungsverpflichtung nicht erfüllen, so hat der Gläubiger dementsprechend die Möglichkeit, dieses Recht gerichtlich durchzusetzen und uU somit die Insolvenz des Unternehmens auszulösen. Sind diese Rechte gegeben, so deutet dies auf Fremdkapital hin.[1025] Erwartet jedoch weder der Investor noch der Emittent die Rückzahlung, ist das Recht die Rückzahlung verlangen zu können, gegenstandslos.[1026]

Im Gegensatz dazu hat der Aktionär keinen rechtlichen Anspruch auf die Auszahlung einer Dividende. Allerdings steht es Aktionären offen, im Rahmen der Hauptversammlung durch ihr Stimmrecht Einfluss auf die Geschäftsführung zu nehmen bzw den *Board of Directors* zu ersetzen.[1027]

1021 *Blumenberg, J.* (1997): 221f; *Plumb, W.T.* (1971): 526; *Haun, J.* (1996): 98; *Steuerle, G.* (1989): 1166; *Keyes, K.M.* (1997): 3.06[3][i]; *Bittker, B.I./Lokken, L.* (1999): 91.10.2; Laidlaw Transportation Inc., et al. v. Com., TC Memo 1998-232 (1998), *"An advance is more likely to be equity if the recipient does not have liquid assets or reasonably anticipated cash-flow from which to repay"*; Roth Steel Tube Co. v. Com., 800 F2d 625 (6th Cir. 1986), der Schuldner musste *"look ... solely to earnings for repayment of the advances ... is evidence that the advances were capital contributions rather than loans."*

1022 *Burnett, S./Smith, D.P.* (2003): 80.

1023 *Keyes, K.M.* (1997): 3.06[3][i]; *Bittker, B.I./Lokken, L.* (1999): 91.10.2

1024 *Keyes, K.M.* (1997): 3.06[3][c].

1025 *Plumb, W.T.* (1971): 420; *Haun, J.* (1996): 95; *Keyes, K.M.* (1997): 3.06[3][c][i]; *Ballan, H.* (2002): 724, in manchen Fällen sind die Gläubigerrechte die einzige Möglichkeit, Eigen- von Fremdkapital zu unterscheiden: siehe Rev. Rul. 90-27, 1990-1 C.B. 50; US v. South Georgia Ry. Co., 197 F2d 3 (5th Cir. 1939), Vorzugsaktien wurden als Eigenkapital eingestuft, weil kein Recht auf Klage vorhanden war; Ragland Investment Co. v. Com., 52 TC 854 (1969), aff'd, 435 F2d 118 (6th Circ. 1970).

1026 *Burnett, S./Smith, D.P.* (2003): 80; Slappey Drive Indus. Park v. US, 561 F2d 572 (5th Cir. 1977), die Zahlungen wurden nur in Gewinnjahren verlangt.

1027 *Bittker, B.I./Eustice, J.S.* (2000): 4.03[2][c]; *Keyes, K.M.* (1997): 3.06[3][c][i].

4.2.9. Verlauf der Finanzierungsbeziehung

Zur Beurteilung des Gläubiger-Schuldner-Verhältnisses wird nicht nur das Finanzierungsinstrument allein geprüft, sondern sämtliche damit in Verbindung stehenden bisher vorliegenden Geschäftsfälle. Von Interesse ist ebenfalls die Entwicklung der Transaktion inklusive aller Zahlungen, Stundungen, Nachlassungen, Nachrangigkeit und vielleicht auch andere in Zusammenhang stehende Instrumente.[1028]

Vor allem der Zahlungsausfall von Zinsen und Tilgungen ist der Qualifikation als Fremdkapital schädlich, selbst wenn das Instrument rechtsgültige Bedingungen vorsieht.[1029] Werden hingegen Zinszahlungen und Tilgungen regelmäßig vorgenommen, wird von einer Fremdfinanzierung ausgegangen. In einer Entscheidung des *Court of Appeals* hob dieser das Urteil des *Tax Court* eines *Open Accounts* als Eigenkapital auf und befand, dass der Court *"abused its discretion by omitting from its analysis a highly significant bit of evidence"*. Als fehlender Beweis diente die Tatsache, dass der Steuerpflichtige wesentliche Anteile der Zinszahlungen als Erträge versteuert hat.[1030]

4.2.10. Besicherung des Instruments

Ist die Rückzahlung des Fremdkapitals besichert, so spricht dies für das Vorliegen von Fremdkapital. Das Fehlen einer solchen Sicherheit wurde schon als eigenständiger Faktor zur Beurteilung des Finanzierungsinstruments herangezo-

---

1028 *Haun, J.* (1996): 104; *Keyes, K.M.* (1997): 3.06[3][d][i]; *Bittker, B.I./Eustice, J.S.* (2000): 4.04[7].

1029 *Plumb, W.T.* (1971): 490f; *Bittker, B.I./Lokken, L.* (1999): 91.10.2; Laidlaw Transportation Inc., et al. v. Com., TC Memo 1998-232 (1998), *"The fact that the agreements may have been legally binding counts for little if ... the parties understood that they would never be enforced"* und *"Failure to demand timely repayment effectively subordinates intercompany debt to the rights of other creditors who receive payment in the interim";* Foresun, Inc., 348 F2d 1006 (6th Cir. 1965), wiederholter Aufschub des Rückzahlungsdatums; Ambassador Apts., Inc. v. Com., 406 F2d 288 (2nd Cir. 1969), Zahlungssäumnis folgte die Stundung, anschließend keine Rechtsdurchsetzung bei neuem Fälligkeitsdatum; Cuyuna Realty Co. v. US, 382 F2d 298 (Ct. Cl. 1967), Fremdkapital wurde zu Eigenkapital, aufgrund wiederholter Zahlungssäumisse des insolventen Schuldners; Roth Steel Tube Co. v. Com., 800 F2d 625 (6th Cir. 1986), *"The absence of interest payments is a strong indication that the advances were capital contributions rather than loans";* jedoch Bordo Prods. Co. v. US, 476 F2d 1312 (Ct. Cl. 1973), die Unterlassung des Aktionärs, das Fremdkapital einzufordern, da er unerwartete finanzielle Rücklagen hatte, widersprach nicht dem Intent, eine Fremdfinanzierung einzugehen.

1030 Cerand & Co. v. Com., 254 F3d 258, 261 (DC Cir. 2001); Cerand & Co. v. Com., 82 TCM (CCH) 755 (2001), widerlegtes Urteil, das Kapitalüberlassung als Eigenkapital befand, weil die Vertragsparteien nicht die Absicht hatten, Fremdkapital zu begründen.

gen.[1031] Ist die Besicherung jedoch unangemessen oder nicht klagbar, wird das Vorliegen einer Besicherung nicht einen wesentlichen Faktor darstellen.[1032]

4.2.11. Vorliegen von Gesellschafterrechten

Für gewöhnlich ist ein Fremdkapitalgeber nicht an der Mitwirkung im Management oder zur Stimmabgabe berechtigt. Werden aufgrund des Finanzierungsinstruments die Gesellschaftsrechte erweitert, weist dies auf Eigenkapital hin.[1033]

Für gewöhnlich sind Stimmrechte ausschließlich Aktionären durch die Bestimmungen der Gründungsurkunde bzw des Rechts des Bundesstaates vorbehalten, jedoch können auch Fremdfinanzierungsinstrumente wie zB Anleihen mit Mitspracherechten in Bezug auf finanzielle Sachverhalte wie die Höhe der Ausschüttung, die Rangigkeit neuer Verschuldungen bzw Akquisitionen neuer Unternehmen ausgestattet sein. In seltenen Fällen kann Gläubigern auch eine Vertretung im *Board of Directors* gestattet werden. Im Gegensatz dazu kann bei bestimmten Eigenfinanzierungsinstrumenten die Mitwirkung im Management eingeschränkt sein. *Preferred Stock* zB werden ohne Stimmrechte begeben; jedoch ist dieses Argument für sich allein betrachtet kein Grund, nicht Eigenkapital anzunehmen.[1034]

Obwohl die Beeinflussung des Management oftmals als Indiz für das Vorliegen von Eigenkapital herangezogen wird, stellt sie lediglich einen untergeordneten Faktor für die Klassifizierung eines Finanzierungsinstruments dar.[1035]

4.2.12. Nachrangigkeit

Hat ein Finanzierungsinstrument einen nachrangigen Status gegenüber anderen Fremdkapitalgebern, wird das Instrument idR dem Eigenkapital zuzuordnen

---

1031 AR Lantz Co. v. US, 424 F2d at 1330 (9th Cir. 1970).

1032 *Keyes, K.M.* (1997): 3.06[3][c][ii]; *Bittker, B.I./Lokken, L.* (1999): 91.10.2; Roth Steel Tube Co. v. Com., 800 F2d 625 (6th Cir. 1986), *"The absence of security for the advances is a strong indication that the advances were capital contributions rather than loans"; Plumb, W.T.* (1971): 466f, das Vorliegen einer Besicherung ist ein starkes Anzeichen für Fremdkapital, das Fehlen jedoch nur von untergeordneter Bedeutung.

1033 *Plumb, W.T.* (1971): 447, bei Gesellschafterdarlehen hat dieses Argument selbstverständlich keine Relevanz; *Favelukes, K.S.* (2003): 23; *Berman, D.M./Strain, D.O.* (2000): 673; *Bittker, B.I./Lokken, L.* (1999): 91.10.2; Monon RR v. Com., 55 TC 345 (1970), *"Ordinarily, a creditor, as such, is not entitled to vote in the affairs of the debtor corporation or to participate in its management"* und *"The fact that an instrument does not confer upon the holder a voting right or any power of management suggests that the instrument is debt"; Burnett, S./Smith, D.P.* (2003): 80.

1034 *Keyes, K.M.* (1997): 3.06[3][c][ii]; *Madison, R.B.* (1986): 478; *Haun, J.* (1996): 99, die Ausstattung von Fremdkapital mit Stimmrechten dient oft der Attraktivität der Fremdfinanzierung.

1035 *Plumb, W.T.* (1971): 447f; *Bittker, B.I./Eustice, J.S.* (2000): 4.03[2][h].

sein, da die Nachrangigkeit als einer der wesentlichsten Faktoren eines Gläubiger-Schuldner-Verhältnisses fehlt.[1036]

Besteht jedoch trotz der Nachrangigkeit gegenüber anderen Fremdkapitalgebern noch immer eine Vorrangigkeit gegenüber anderem Eigenkapital, muss die Nachrangigkeit nicht zwangsläufig zur Annahme von Eigenkapital führen.[1037] Besonderes Augenmerk muss darauf gelegt werden, ob die Nachrangigkeit nur bei Insolvenz des Unternehmens zur Anwendung kommt, dh die laufenden Ansprüche des Instruments erfüllt werden, während vorrangige Ansprüche noch immer fällig sind, oder die Ansprüche des fraglichen Instruments erst beglichen werden, wenn alle anderen Gläubiger befriedigt worden sind, unabhängig davon, ob das Unternehmen insolvent ist. Kommt die Nachrangigkeit erst bei Insolvenz zum Tragen, steht das einer Klassifizierung als Fremdkapital weniger entgegen als einer Nachrangigkeit gegenüber jeglicher laufender Zahlungsverpflichtung.[1038]

Selbst wenn ein Instrument ausdrücklich nicht nachrangig gegenüber den anderen Gläubigern ist, kann Nachrangigkeit gem der *Deep Rock Doktrin* gerichtlich im Falle einer Insolvenz fingiert werden, wenn die Verschuldung von *Controlling Shareholders* gehalten wird.[1039]

Die Gerichte bagatellisieren oftmals die Bedeutung der Nachrangigkeit, wenn diese von institutionellen Anlegern bzw Aufsichtsbehörden dem Unternehmen aufgezwungen werden. Andererseits deutet diese Tatsache an sich schon auf das Vorliegen von Eigenkapital hin.[1040]

[1036] *Plumb, W.T.* (1971): 422f; *Golub, E.G./Henderson, J.L.* (1989): 921; *Bittker, B.I./Lokken, L.* (1999): 91.10.2; Roth Steel Tube Co. v. Com., 800 F2d 625 (6th Cir. 1986), *Subordination of advances to claims of all other creditors indicates that the advances were capital contributions and not loans*"; Rev. Rul. 83-98, 1983-2 CB 40, die Nachrangigkeit gegenüber den allgemeinen Gläubigern war ein Indiz für Eigenkapital; anders Rev. Rul. 73-122, 1973-1 CB 66, nachrangige Verschuldung mit fixem Rückzahlungszeitpunkt, die von Teilnehmern der New York Stock Exchange begeben wurden, wurden als Fremdkapital eingestuft, obwohl unter bestimmten Umständen eine Stundung vorgesehen war.

[1037] *Burnett, S./Smith, D.P.* (2003): 80; *Paeslee, J.M./Nirenberg, D.Z.* (2002): 651; *Madison, R.B.* (1986): 477, allerdings sollte noch immer eine Vorrangigkeit gegenüber *Preffered Stock* bestehen; *Haun, J.* (1996): 96.

[1038] *Bittker, B.I./Eustice, J.S.* (2000): 4.03[2][d].

[1039] *Blumenberg, J.* (1997): 207; *Bittker, B.I./Lokken, L.* (1999): 91.10.2; Taylor v. Standard Gas & Elec. Co., 306 US 307 (1939); Gerichte haben diese Doktrin angewendet: US v. Snyder Bros. Co., 367 F2d 980 (5th Cir. 1966); Kraft Foods Co. v. Com., 232 F2d 118 (2nd Cir. 1956); Jewell Ridge Coal Corp. v. Com., 318 F2d 695 (4th Cir. 1963); Kentucky River Coal Corp. v. Lucas, 51 F2d 586, 588 (WD Ky. 1931) , aff'd, 63 F2d 1007 (6th Cir. 1932), kam zu dem Urteil, dass das *Local Law* die vertraglich vereinbarte Rückzahlung zu einem bestimmten Zeitpunkt von sogenannten *Debenture Stock* verbietet, wenn bestimmte Gläubigerrechte verletzt werden.

[1040] *Bittker, B.I./Eustice, J.S.* (2000): 4.03[2][d].

4.2.13. Abgrenzung für nichtsteuerliche Zwecke

Der IRS achtet bei der Beurteilung eines Instruments auch auf die Behandlung für nichtsteuerliche Zwecke. Wird ein Instrument für steuerliche Zwecke als Fremdkapital, für nichtsteuerliche Zwecke wie zB Aufsichtsbehörden, Rating Agenturen oder Rechnungslegung als Eigenkapital behandelt, so deutet dies auf das Vorliegen von Eigenkapital hin.[1041]

Die Gerichte schenken diesem Kriterium jedoch wenig Beachtung. In der Vielzahl an Fällen konnte nur ein Fall ermittelt werden, bei dem die Behandlung eines Instruments vor einer Aufsichtsbehörde als Eigenkapital zu einer Umqualifikation geführt hat.[1042] Die Abgrenzung im ausländischen Recht ist prinzipiell für die Behandlung im US-Steuerrecht unbeachtlich, jedoch kann es natürlich ein Indiz iSd genannten Faktoren sein.[1043]

4.3. Spezielle Kriterien bei Gesellschafterfinanzierungen

4.3.1. Einleitung

Neben den allgemeinen Faktoren zur Abgrenzung hybrider Finanzierungsinstrumente wird von den Gerichten und dem Service zusätzlich ein Augenmerk auf die Beziehung zwischen Emittent und Investor gelegt. Wird Fremdkapital von den Aktionären im Verhältnis zu den Anteilen gehalten, ist eine Umqualifizierung selbst bei Vorliegen sämtlicher Fremdkapitalkriterien ohne jegliche Eigenkapitalausprägungen *(Straight Debt)* möglich. Dies wird damit begründet, dass die Transaktion nicht unter fremdüblichen Bedingungen stattgefunden hat und der Aktionär seine Ansprüche nicht mit derselben Rechtsgewalt wie andere Gläubiger durchsetzen wird.[1044] Ähnliche Überlegungen werden auch bei Finanzierung von Schwestergesellschaften,[1045] konzernverbundenen Gesellschaften,

---

1041 Im Notice 94-47 wird die Behandlung für nichtsteuerliche Zwecke als ein eigenständiger Faktor aufgelistet, darüber hinaus wurde Notice 94-74 infolge von Emissionen von Instrumenten veröffentlicht, die derart strukturiert waren, dass für steuerliche Zwecke Fremdkapital und für nichtsteuerliche Zwecke Eigenkapital vorlag; *Bittker, B.I./Lokken, L.* (1999): 91.10.2; *Haun, J.* (1996): 101.

1042 Milwaukee & Suburban Transp. Corp. v. Com., 283 F2d 279 (7th Cir. 1960); Monon RR v. Com., 55 TC 345 (1970), dass die Körperschaft das Instrument vor der Aufsichtsbehörde und den Aktionären als Fremdkapital dargestellt hat, war ein Indiz für das Vorliegen von Fremdkapital.

1043 *Berman, D.M./Strain, D.O.* (2000): 686.

1044 *Plumb, W.T.* (1971): 457; *Whittington, R./Whittenburg, G.* (1980): 409; *Blumenberg, J.* (1997): 200; *Bittker, B.I./Eustice, J.S.* (2000): 4.02[3]; *Paeslee, J.M./Nirenberg, D.Z.* (2002): 650.

1045 Old Dominion Plywood Corp., P-H TC Memo. 66,135 (1966), Kapitalüberlassung von einer Aktionärsgruppe, die zwar nicht identisch, jedoch überschneidend war; Develop-

Darlehen von Familienmitgliedern des Aktionärs[1046] und Kreditüberlassungen an konkursgefährdete Körperschaften angestellt.[1047] In diesem Sinne sind auch Verkäufe von Vermögen auf Ziel an eine unterkapitalisierte Gesellschaft, die nur durch die Aufwertung des Vermögens den Kredit zurückzahlen kann, selbst wenn es sich nicht um einen Aktionär handelt, von dieser Betrachtung eingeschlossen.[1048]

Diese Fälle würdigen die Gerichte in wirtschaftlicher Betrachtungsweise dahingehend, dass hier nicht die Interessen zweier unabhängiger Vertragsparteien zur Geltung kommen, sondern tatsächlich die Interessen in einer Person vereinigt sind. Dementsprechend können sogar Instrumente umqualifiziert werden, die keine hybriden Charakteristika aufweisen.[1049]

Grundsätzlich ist dieser Gedanke mit den Vermögensverschiebungen causa societatis im österreichischen Recht vergleichbar. Vermögenswerte Vorteile, deren Ursache im Gesellschafterverhältnis zu finden sind und an fremde Dritte nicht gewährt werden würden, sind als verdeckte Ausschüttung zu behandeln.

---

ment Corp. of Am., P-H TC Memo. 88,127 (1988); Laidlaw Transportation Inc., et al. v. Com., TC Memo 1998-232 (1998).

1046 Foresun, Inc. v. Com., 348 F2d 1006 (6th Cir. 1965), das Instrument wurde von der Tochter und dem Schwiegersohn gehalten.

1047 *Bittker, B.I./Eustice, J.S.* (2000): 4.04[1]; Merlo Builders, Inc., P-H TC Memo. 64,034 (1964), Instrumente an einen Investor, deren Nennbetrag das Dreifache der tatsächlichen Kapitalüberlassung aufweist zu einem Zeitpunkt des Kapitalbedarfs; In re Indian Lake Estates, Inc., 448 F2d 574 (5th Cir. 1971); Laidlaw Transportation Inc., et al. v. Com., TC Memo 1998-232 (1998).

1048 Sherwood Memorial Gardens, Inc. v. Com, 350 F2d 225 (7th Cir. 1965), Friedhofsgesellschaft konnte die Zahlungen eines Instruments nicht in Abzug bringen, da die Instrumente im Zuge eines Landkaufs begeben worden sind, dessen Verkaufspreis an den Erträgen des Wiederverkaufs gemessen wurde.

1049 *Bittker, B.I./Eustice, J.S.* (2000): 4.04[2]; Fin Hay Relaty Co. v. US, 398 F2d 694 (3rd Cir. 1968), *"the same persons occupy both sides of the bargaining table, form does not necessarily correspond to the intrinsic economic nature of the transaction, for the parties may mold it at their will with no countervailing pull", "power to create whatever appearance would be of tax benefit to them despite the economic reality of the transaction"* führt manchmal zu einer Umqualifikation; Kraft Foods Co. v. Com., 232 F2d 118 (5th Cir. 1956), *"no ambiguity on their face";* P.M. Fin. Corp. v. Com., 302 F2d 786 (3rd Cir. 1962), vom Alleingesellschafter gehaltenes Darlehen *"enable him to render nugatory the absolute language of any instrument of indebtness";* Tyler v. Tomlinson, 414 F2d 844 (5th Cir. 1969), Verflechtung von Aktionären und Gläubigern *"so undermined the traditional dichotomy between debtor and creditor that exercise of the demand [for repayment of purported debt] under any normal circumstances was extremely unlikely";* anders Federal Express corp. v. US, 645 F. Supp. 1281 (WD Tenn. 1986) wurde als Fremdkapital eingestuft, da sich die Transaktion als fremdüblich erwies; *Robertson, P./Burckel, D.V.* (1988): 790.

Das US-Steuerrecht geht hier jedoch restriktiver vor: Selbst wenn Gesellschafterdarlehen fremdüblich sind, kann es zu einer Umqualifikation kommen, da die Gesellschafter uU nicht dieselbe Rechtsgewalt anwenden würden wie fremde Dritte. Die Umqualifikation trifft dabei nicht nur die Vergütung an sich, sondern auch die Kapitalüberlassung, die in weiterer Folge ausschlaggebend für andere steuerliche Sachverhalte sein kann.

4.3.2. Der „Intent" der Vertragsparteien

Die Gerichte legen bei der Analysierung von Instrumenten viel Wert auf den *Intent* der Vertragsparteien, tatsächlich eine Gläubiger-Schuldner-Beziehung einzugehen.[1050]

In *Gooding Amusement Co.*[1051] befand der *Tax Court*, dass die Schuldscheine des Alleinaktionärs nicht Fremdkapital – obwohl das Instrument Faktoren des Fremdkapitals aufwies – darstellten, weil der Aktionär nicht die Absicht *(Intent)* hatte, die Rückzahlung der Schuldscheine einzufordern.[1052] Obwohl dieses Urteil von wesentlichem Beweismaterial gestützt wurde und nicht offensichtlich eine Fehlentscheidung vorlag, wurde das Kriterium der Absicht eher anhand einer unwiderlegbaren Vermutung als anhand von Beweisen vorgenommen.

Der *Tax Court* kam in seiner ständigen Rechtsprechung dem Urteil sehr nahe, dass Darlehen von Gesellschaftern niemals Fremdkapital darstellen könnten, da der Aktionär psychologisch betrachtet niemals entsprechend einem fremden Dritten agieren würde.

Die Berufungsgerichte jedoch übernahmen eine gemäßigte Auslegung in Bezug auf die notwendige Absicht eine Fremdfinanzierung zu begründen. Da der Begriff der Absicht schwer festzumachen ist, werden objektivere Kriterien geprüft.[1053] Der *Court of Appeals* des *Second Circuit* hat in *Gilbert v. CIR*[1054] folgende Faktoren für das Ausmachen der Absicht bestimmt:

[1050] *Blumenberg, J.* (1997): 211; *Berman, D.M./Strain, D.O.* (2000): 674; *Madison, R.B.* (1986): 473; Monon RR v. Com., 55 TC 345 (1970) (acq.), *"It is relevant whether the parties intended, at the time of the issuance of the debentures, to create a debtor-creditor relationship"*.

[1051] Gooding Amusement Co., 23 TC 408 (1954).

[1052] *Haun, J.* (1996): 102; der Steuerpflichtige hatte keine *"intention at the time of the issuance of the notes ever to enforce payment of his notes, especially if to do so would either impair the credit rating of the corporation, cause it to borrow from other sources the funds necessary to meet the payments or bring about its dissolution,"* Gooding Amusement Co. v. Com., 23 TC 408 (1954), aff'd, 236 F2d 159 (6th Cir. 1956).

[1053] *Madison, R.B.* (1986): 473.

[1054] Gilbert v. Com. 248 F2d 399 (2nd Cir. 1957).

1. mit der Rückzahlung ist zu rechen;
2. Debt-Equity-Ratio;
3. verhältnismäßiges Halten von Fremdkapital;
4. die Verwendung des zugeführten Kapitals;
5. Fremdüblichkeit der Kapitalüberlassung;
6. das Verhalten entspricht dem eines Gläubigers.[1055]

Durch diese Faktoren wird verhindert, dass die Gerichte auf die Behauptungen der Vertragsparteien angewiesen sind.[1056] Dieser Standard, der in weiterer Folge als *Substantial Economic Reality*[1057] bezeichnet wird, kann jedoch nicht kritiklos angewandt werden, er dient jedoch zur Verallgemeinerung.[1058] Der *Intent* der Vertragsparteien ist besonders dann schwierig festzumachen, wenn dasselbe Instrument für steuerliche Zwecke im Ausland bzw in den USA unterschiedlich klassifiziert wird.[1059]

4.3.3. Verwendung des Kapitals

In manchen Gerichtsurteilen wurde Fremdkapital, mit dem betriebsnotwendiges Vermögen *(Core Assets)* besichert oder angeschafft wurde, als Eigenkapital umqualifiziert, wenn kein stichhaltiger betriebswirtschaftlicher Grund für die Fremdfinanzierung gesprochen hat. Im Gegensatz dazu soll die Verwendung für das operative Geschäft für das Vorliegen von Fremdkapital sprechen.[1060]

[1055] *Bittker, B.I./Lokken, L.* (1999): 91.10.2.

[1056] In Texas Farm Bureau v. US, 725 F2d 307 (5th Cir. 1984) verweigerte das Gericht die bloße Absicht der Vertragsparteien zu berücksichtigen und wendete stattdessen eine Faktorenliste an: *"in a land of hard economic facts, we cannot root important decisions in parties' pious declarations of intent"; Robertson, P./Burckel, D.V.* (1988): 788.

[1057] Der Begriff wurde durch das Urteil Nassau Lens, Inc. v. Com., 308 F2d 39 (2nd Cir. 1962) geprägt.

[1058] *Bittker, B.I./Eustice, J.S.* (2000): 4.04[5]; *Bittker, B.I./Lokken, L.* (1999): 91.10.2; Uneco, Inc. v. US, 532 F2d 1204 (8th Cir. 1976), Kapitalüberlassung war Eigenkapital, objektive Kriterien waren dem *Intent* der Vertragsparteien vorrangig; Nestle Holdings, Inc., TC Memo 1995-441 (1995), *Intent* der Vertragsparteien war vorhanden und der wirtschaftliche Gehalt, dass das Kapital zurückgezahlt werden konnte und würde, aff'd, 152 F3d 83 (2nd Cir. 1998).

[1059] *Keyes, K.M.* (1997): 3.06[3][m].

[1060] *Plumb, W.T.* (1971): 520f; *Bittker, B.I./Lokken, L.* (1999): 91.10.2; *Burnett, S./Smith, D.P.* (2003): 82; Mixon's Est. v. US, 464 F2d 394 (5th Cir. 1972), *"the extent to which the advance was used to acquire capital assets"* wurde als einer von 13 Faktoren zitiert; Laidlaw Transportation Inc., et al. v. Com., TC Memo 1998-232 (1998), *"use of cash advances to acquire capital assets suggests that an advance is equity";* J.I. Morgan, Inc., 30 TC 881 (1958), die Fähigkeit einer Körperschaft ohne das Vermögen zu operieren, das von der Kapitalüberlassung angeschafft wurde, galt als ein günstiger Umstand, rev'd, 272 F2d 936 (9th Cir. 1959); Roth Steel Tube Co. v. Com, 800 F2d 625 (6th Cir. 1986),

Rechtsgrundlage bildet hierfür der Fall *Schnitzer v. Com.*, obwohl nicht eindeutig festgestellt werden kann, ob die Besicherung durch das betriebsnotwendige Vermögen die Entscheidung des Gerichts maßgeblich beeinflusst hat, da andere eigenkapitalähnliche Faktoren ebenfalls vorlagen. Es wird argumentiert, dass, wenn betriebsnotwendiges Vermögen durch das Kapital angeschafft wird, eine Rückzahlung ohne Verkauf des betriebsnotwendigen Vermögens unwahrscheinlich ist. Der Steuerpflichtige muss daher bestätigen können, dass die Rückzahlung aus dem übrigen Vermögen kommen wird, um eine Abhängigkeit vom wirtschaftlichen Erfolg – und damit eine Eigenfinanzierung – zu vermeiden. Diese Betrachtung ist im Fall vom Umlaufvermögen weniger relevant.[1061]

Diese Urteile sind jedoch kritisch zu hinterfragen. Fremdkapital von unabhängigen Dritten, das für die Anschaffung von wesentlichem Vermögen benutzt wird, unterliegt keiner Umqualifzierung.[1062] Darüber hinaus kann eine Umqualifikation durch den Verkauf des betriebsnotwendigen Vermögens an die Aktionäre mit anschließendem Leasing zurück an die Gesellschaft verhindert werden.

In vielen Fällen ist es Unternehmen nur möglich, die Fremdfinanzierung zu tilgen, indem ganze Abteilungen verkauft werden. Der IRS hat es unterlassen, diese Finanzierungen umzuqualifizieren. Eine andere Beurteilung wäre für einige Industriezweige fatal. So könnten Immobilienunternehmen, die ihre Fremdfinanzierungen größtenteils durch Hypotheken besichern und eine Rückzahlung erst durch den Verkauf der Immobilie ermöglicht wird, steuerlich kein Fremdkapital geltend machen.[1063]

4.3.4. Verhältnismäßigkeit zu bestehenden Anteilen

Werden Kapitalüberlassungen von Aktionären im Verhältnis ihrer Anteile getätigt, bedeutet dies zwar nicht automatisch eine Umqualifikation in Eigenkapital, jedoch tendieren Gerichte in ihren Entscheidungen zu einer genauen Prüfung des wirtschaftlichen Grundgeschäfts, da der Aktionär für gewöhnlich nicht auf Rückzahlung der Schuld besteht, wenn dadurch eine Insolvenz verursacht wer-

---

"Use of advances to meet the daily operating needs of the corporation, rather than to purchase capital assets, is indicative of bona fide indebtedness"; Santa Anita Consolidated, Inc., 50 TC 536 (1968), da das Kapital der Anschaffung notwendigen Vermögens diente, muss aufgewogen werden gegen *"basic rule that, unless the debt is a mere sham or subterfuge, taxpayers are not foreclosed from financing a transaction in a manner to provide a minimum exposure of their assets to the risks of the venture";* Covey Inv. Co. v. US, 377 F2d 403 (10th Cir. 1967).

1061 *Haun, J.* (1996): 105f; *Keyes, K.M.* (1997): 3.06[3][k]; JS Biritz Constr. Co. v. Com., 387 F2d 451 (8th Cir. 1967).

1062 *Plumb, W.T.* (1971): 526, 523.

1063 *Bittker, B.I./Eustice, J.S.* (2000): 4.04[4]; *Blumenberg, J.* (1997): 222f;

den könnte. Dadurch wird ein wesentliches Merkmal von Fremdkapital nicht erfüllt.[1064] Die Anteile müssen dabei nicht direkt gehalten werden.[1065] Besteht in der Kapitalüberlassung und den Anteilen ein offensichtliches Missverhältnis[1066], spricht dies für das Vorliegen von Fremdkapital.[1067]

Die Fremdkapitalaufnahme einer Publikumsgesellschaft wird in den seltensten Fällen im Verhältnis zu den Anteilen an der Gesellschaft erfolgen, jedoch bei Mutter-Tochter-Darlehen wird der wirtschaftliche Gehalt genau zu überprüfen sein.[1068] Auch die konzerninterne Kapitalüberlassung unterliegt einer genaueren Überprüfung durch die Gerichte.[1069]

[1064] *Plumb, W.T.* (1971): 470; *Berman, D.M./Strain, D.O.* (2000): 674; *Paeslee, J.M./ Nirenberg, D.Z.* (2002): 650; *Keyes, K.M.* (1997): 3.06[3][g]; Segel v. Com., 89 TC 816 (1987), proportionales Fremdkapital stellt Eigenkapital dar; Laidlaw Transportation Inc., et al. v. Com., TC Memo 1998-232 (1998), *"If advances by shareholders are proportionate to their stock ownership, the advances are more likely to be equity"*; Gilbert v. Com., 248 F2d 399 (2nd Cir. 1957); PM Fin. Corp v. Com., 302 F2d 789 (3rd Cir. 1962), verhältnismäßig gehaltene Anteile wurden als Eigenkapital qualifiziert; Gooding Amusement Co. v. Com., 236 F2d 159 (6th Cir. 1956); Development Corp. of Am., P-H TC Memo. 88.127 (1988), proportionale Kapitalüberlassung der Muttergesellschaft an die Tochtergesellschaft wurde als Eigenkapital qualifiziert.

[1065] *Burnett, S./Smith, D.P.* (2003): 82; *Haun, J.* (1996): 104.

[1066] Unter Berücksichtigung von familiärer und wirtschaftlicher Verbundenheit; wird diese einbezogen, kann damit ein Missverhältnis aufgehoben werden: Liflans Corp. v. US, 390 F2d 965 (Ct. Cl. 1968); Motel Co. v.CIR, 340 F2d 445 (2nd Cir. 1965).

[1067] *Bittker, B.I./Lokken, L.* (1999): 91.10.2; Tyler v. Tomlinson, 414 F2d 849 (5th Cir. 1969); Fin Adelson v. US, 737 F2d 1569 (Fed. Cir. 1984), wurde als Fremdkapital qualifiziert, da der Gläubiger nur einen geringen Eigenkapitalanteil aufwies; Estate of Mixon v. US, 464 F2d 394 (5th Cir. 1972), Zahlungen, die in keiner Relation zum Eigenkapital standen, wurden als Fremdkapital umqualifiziert; Hay Realty Co. v. US, 398 F2d 697 (3rd Cir. 1968); P.M. Fin. Corp. v. Com., 302 F2d 786 (3rd Cir. 1962); Liflans Corp. v. US, 390 F2d 965 (Ct. Cl. 1968); Green Bay Steel, Inc. v. Com., 53 TC 451 (1969); Bauer v. Com., 748 F2d 1365 (9th Cir. 1984), wesentliches Missverhältnis der Kapitalüberlassung zwischen zwei nahestehenden Aktionären an deren Körperschaft; Green Bay Structural Steel, Inc., 53 TC 451 (1969); Wilbur Sec. Co. v. Com., 279 F2d 657 (9th Cir. 1960); Charles E. Curry, 43 TC 667 (1965); Hardman v. US, 827 F2d 1409 (9th Cir. 1987), Gläubigerin war nur ein 25%iger Aktionär, allerdings besaß ihr Mann 64%, was vom Gericht ignoriert wurde, *„there was no correlation whatsoever between her percentage interest in the corporation and the amount of money distributed to her."*

[1068] *Bittker, B.I./Eustice, J.S.* (2000): 4.04[2]; *Bittker, B.I./Lokken, L.* (1999): 91.10.2;

Urteile, die ein Mutter-Tochter-Darlehen akzeptierten: Jack Daniel Distillery v. US, 379 F2d 569 (Ct. Cl. 1967), Muttergesellschaft leitete ein Darlehen einer Bank an die Tochtergesellschaft weiter; Litton Bus. Sys., Inc. v. Com., 61 TC 367 (1973), Kapitalüberlassung an Tochtergesellschaft für die Finanzierung einer Akquisition einer anderen Körperschaft, fehlende Formalitäten waren nicht schädlich; Kraft Foods Co. v. Com., 232

4.3.5. Fremdüblichkeit

Für die Beurteilung, ob ein Finanzierungsinstrument Fremdkapital darstellt, wird überprüft, ob das Unternehmen zu denselben Konditionen Fremdkapital von fremden Dritten hätte aufnehmen können *(Independent Creditor Test)*. Ist das nicht der Fall, kann die Kapitalüberlassung aufgrund des inhärenten Risikos als Eigenkapital angesehen werden.[1070]

Im Urteil *Fin Hay Realty Co. v. United States*[1071] befand das Gericht, dass der wirtschaftliche Gehalt eines Instruments dadurch festgestellt werden könne, ob

---

F2d 118 (2nd Cir. 1956); Wagner Elec. Co. v. US, 529 F2d 533 (Ct. Cl. 1976), Darlehen an Tochter wurde als Fremdkapital qualifiziert; Byerlite Corp. v. Williams, 286 F2d 285 (6th Cir. 1960); Georgia-Pacific Corp., 63 TC 790 (1975), Fremdkapital, obwohl die veränderten Bedingungen eine Rückzahlung unwahrscheinlich machten; Nestle Holdings, Inc., TC Memo 1995-441 (1995), Darlehen der Muttergesellschaft an Tochtergesellschaft zur Finanzierung eines LBO war Fremdkapital, 152 F3d 83 (2nd Cir. 1998);

Urteile die ein Mutter-Tochter-Darlehen nicht akzeptierten: Cuyuna Realty Co. v. US, 382 F2d 298 (Ct. Cl. 1968), Kapitalüberlassung an Tochtergesellschaft hätte bei Zahlung als Fremdkapital gegolten, jedoch wurde aufgrund fehlenden Gläubigerverhaltes im Zeitverlauf eine Qualifikation als Eigenkapital vorgenommen; American-La France-Foamite Corp. v. Com., 284 F2d 723 (2nd Cir. 1960), Kapitalüberlassung der Muttergesellschaft an Tochtergesellschaft, die zu 51% kontrolliert wurde, galt als Eigenkapital; Uneco, Inc. v. US, 532 F2d 1204 (8th Cir. 1976), objektive Eigen-/Fremdkapitalkriterien gingen subjektivem *Intent* vor; Laidlaw Transportation Inc., et al. v. Com., TC Memo 1998-232 (1998);

Roth Steel Tube Co. v. Com., 800 F2d 625 (6th Cir.), Eigenkapital, obwohl nur 62% Beteiligung; Development Corp. of Am., P-H TC Memo. 88,127 (1988); Laidlaw Transportation Inc., et al. v. Com., TC Memo 1998-232 (1998), wurde als Eigenkapital angesehen.

1069 C.M. Gooch Lumber Sales Co., 49 TC 649 (1968), 406 F2d 290 (6th Cir. 1969); Northeastern Consol. Co. v. US, 406 F2d 76 (7th Cir.); American Processing & Sales Co. v. US, 371 F2d 842 (Ct. Cl. 1967); Mills v. Com., 840 F2d 229 (4th Cir. 1988), informelle Kapitalüberlassung zwischen Schwestern wurde als Fremdkapital angesehen, da die Vertragsparteien den *Intent* zur Fremdfinanzierung hatten, die Erwartung der Rückzahlung bestand und ein wirtschaftlicher Grund für die Transaktion gegeben war.

1070 *Plumb, W.T.* (1971): 433 und 530ff; *Blumenberg, J.* (1997): 202; *Haun, J.* (1996): 106; *Berman, D.M./Strain, D.O.* (2000): 673; *Bittker, B.I./Eustice, J.S.* (2000): 4.04[6]; *Bittker, B.I./Lokken, L.* (1999): 91.10.2; Roth Steel Tube Co. v. Com., 800 F2d 625 (6th Cir. 1986), *"The fact that no reasonable creditor would have acted in the same manner as the taxpayer [shareholder-lender] is strong evidence that the advances were capital contributions rather than loans"*; Towne Square, Inc., P-H TC Memo. 83,010 (1983), Kapitalgesellschaft konnte nicht ausreichend Kapital von Finanzdienstleistern aufnehmen, bestehende Gläubiger drohten mit Zwangsvollstreckung, etc; Segel, 89 TC 816 (1987) *Independent Creditor Test* stellt den wichtigsten Test dar; Development Corp. of Am., P-H TC Memo. 88,127 (1988); Laidlaw Transportation Inc., et al. v. Com., TC Memo 1998-232 (1998).

1071 398 F2d 697 (3rd Cir. 1977).

ein unabhängiger Dritter das Vertragsverhältnis unter diesen Umständen eingegangen wäre. *"the acid test of the economic reality of a purported debt is whether an unrelated party would have extended credit in the circumstances."*[1072]

Kann das Unternehmen nachweisen, dass die Mittel von unabhängigen Dritten zu denselben Konditionen aufgenommen hätten werden können, liegt wahrscheinlich Fremdkapital vor.[1073]

4.3.6. Bürgschaft der Gesellschafter

Fremdkapital von Banken oder fremden Dritten wird nur in seltenen Fällen in Eigenkapital umqualifiziert. Wird jedoch ein solches Darlehen durch eine Bürgschaft von den Gesellschaftern besichert, wird die Kapitalüberlassung genauer zu überprüfen sein. Verlässt sich der Darlehensgeber hauptsächlich auf die Kreditwürdigkeit der Gesellschafter, so kann das Gericht in einer wirtschaftlichen Betrachtungsweise eine direkte Kapitalüberlassung der Gesellschafter an die Gesellschaft fingieren. Kann die Bonität der Gesellschaft das Darlehen nicht absichern, wird die Finanzierung als Eigenkapital einzustufen sein.[1074]

4.3.7. Unterkapitalisierung

Das Verhältnis Eigen- zu Fremdkapital ist ein wichtiger Indikator für die Abgrenzung hybrider Finanzierungsinstrumente, da bei geringer Eigenkapitalausstattung der Fremdkapitalgeber am wirtschaftlichen Erfolg des Unternehmens beteiligt ist und die Risiken eines Aktionärs übernimmt. Bei einer geringen Eigenkapitalquote wird auch die Fremdüblichkeit der Kapitalüberlassung ange-

---

1072 *Keyes, K.M.* (1997): 3.06[3][j].

1073 Hardman v. US, 827 F2d 1414 (9th Cir. 1987); *Burnett, S./Smith, D.P.* (2003): 82; Mixon's Est. v. US, 464 F2d 394, 402 (5th Cir. 1972), *"the ability of the corporation to obtain loans from outside lending institutions"* ist einer von 13 Faktoren, Gesellschafterdarlehen wurde vor der Überschreitung des Kreditrahmens aufgenommen, es waren keine fehlgeschlagenen Kreditaufnahmeversuche zu verzeichnen; Bauer v. Com., 748 F2d 1365 (9th Cir. 1984), es lag der Beweis vor, dass ein Bankdarlehen hätte aufgenommen werden können.

1074 *Plumb, W.T.* (1971): 482f; *Bittker, B.I./Lokken, L.* (1999): 91.10.2;
Bürgschaft wurde in Eigenkapital umqualifiziert: In re Lane, 742 F2d 1311 (11th Cir. 1984); Plantation Patterns, Inc. v. Com., 462 F2d 712 (5th Cir.); Casco Bank & Trust Co. v. US, 544 F2d 528 (1st Cir. 1976);
Bürgschaft wurde nicht in Eigenkapital umqualifiziert: Murphy Logging Co. v. US, 378 F2d 222 (9th Cir. 1967); Falkoff v. Com., 604 F2d 1045 (7th Cir. 1979); Smyers v. Com., 57 TC 189 (1971).

zweifelt, da fremde Dritte das Risiko der Zahlungsunfähigkeit nicht eingehen würden.[1075]

Im *Private Letter Ruling* 8523009 nahm der IRS von der Bedeutung von *Thin Capitalization* bei unabhängigen Dritten Abstand und befand, dass dies in solchen Fällen für die Abgrenzung wenig brauchbar wäre.[1076] Dementsprechend ist die Kapitalstruktur besonders bei Gesellschafterfremdfinanzierungen interessant.[1077]

Der Supreme Court urteilte: *"as material amounts of capital were invested in stock, we need not consider the effect of extreme situations such as nominal stock investments and an obviously excessive debt structure."*[1078] Im Rückschluss bedeutet das, dass bei Fremdfinanzierungen sehr wohl eine überhöhte *(Excessive)* Fremdkapitalquote berücksichtigt werden muss. Die Gerichte haben daraufhin eine angemessene *Debt-Equity-Ratio* gesucht. Für die Berechnung des Eigenkapitals werden für gewöhnlich die Marktwerte und nicht die Buchwerte des Vermögens inklusive des Firmenwerts herangezogen und das Fremdkapital inklusive des strittigen Instruments abgezogen. In manchen Fällen werden auch Buchwerte herangezogen, wenn Marktwerte nicht ermittelt werden können.[1079]

Das angemessene Verhältnis ist jedoch nicht an einer mathematischen Formel festzumachen, da der Begriff „überhöht" je nach Industrie anders ausgelegt werden kann.[1080] Selbst in einem Industriezweig können die Kapitalstrukturen we-

---

1075 *Plumb, W.T.* (1971): 507; *Berman, D.M./Strain, D.O.* (2000): 673; *Bittker, B.I./Lokken, L.* (1999): 91.10.2; *Paeslee, J.M./Nirenberg, D.Z.* (2002): 650; Brazoria County Stewart Food Mkts., Inc. v. CIR, TC Memo 2001-220 (2001) *"In an arm's-length debtor-creditor relationship, a creditor expects to be repaid whether the debtor does well or poorly at his business. If the debtor does poorly the creditor expects to be repaid from capital. Where there is no capital, the creditor is exposed to the risks of a shareholder, not a lender"*; Astleford v. Com., 33 TCM 793 (1974), wurde die Eigenkapitalquote als zu niedrig eingestuft, aff'd, 516 F2d 1394 (8th Cir. 1975).

1076 *Keyes, K.M.* (1997): 3.06[3][h].

1077 *Blumenberg, J.* (1997): 216ff; Truschel v. Com., 29 TC 433 (1957), *"in the ordinary thin capitalization case, the alleged bondholders or noteholders and stockholders are the same persons."*

1078 John Kelley Co. v. Com., 326 US 521 (1946).

1079 *Bittker, B.I./Eustice, J.S.* (2000): 4.04[3]; *Bittker, B.I./Lokken, L.* (1999): 91.10.2; Kraft Foods Co. v. Com., 232 F2d 118 (2nd Cir. 1956); Sheldon Tauber, 24 TC 179 (1955); Miller's Estate v. Com., 239 F2d 729 (9th Cir. 1956); Liflans Corp. v. US, 390 F2d 965 (Ct. Cl. 1968); Gooding Amusement Co. v. Com., 23 TC 408 (1954), aff'd, 236 F2d 159 (6th Cir. 1956); Bauer v. Com., 748 F2d 1365 (9th Cir. 1984), unter Verwendung von Buchwerten, Beweise, dass eine Bank ein äquivalentes Darlehen gegeben hätte; anders jedoch Laidlaw Transportation Inc., et al. v. Com., TC Memo 1998-232 (1998), Verweigerung der Verwendung von Marktwerten.

1080 *Golub, E.G./Henderson, J.L.* (1989): 922; *Haun, J.* (1996): 105; Scotland Mills, Inc. v. Com., 24 TCM 265 (1965); vor allem bei Finanzierungsgesellschaften wurde ein hoher sentlich voneinander abweichen. Prinzipiell kann angenommen werden, dass ein Debt-Equity-Ratio von 3 : 1 toleriert wird. Ist das Verhältnis weniger vorteilhaft, wird das Instrument genauer überprüft.[1081] Die Kennzahl dient jedoch nur als zusätzliche Überprüfung der Faktoren, allein aufgrund des Eigen-Fremdkapital-Verhältnisses kommt es zu keiner Umqualifizierung.[1082] Sogar mit einem ungewöhnlich hohen Debt-Equity Ratio wurden Instrumente als Fremdkapital klassifiziert, solange die Sicherheit des finanziellen Erfolgs des Unternehmens vorlag.[1083]

Debt-to-Equity Ratio als unnatürlich aufgefasst: PM Fin. Corp. v. Com., 302 F2d 786 (3rd Cir. 1962); Security Fin. & Loan Co. v. Hoehler, 210 F. Supp. 603 (D. Haw. 1962); Jaeger Auto Fin. Co. v. Nelson, 191 F. Supp. 693 (ED Wis. 1961), *"the cases relating to the debt-equity ratio are not appropriate ... where the very business is the profitable utilization of borrowed funds."*

1081 Roth Steel Tube Co., 800 F2d 630, eine Unterkapitalisierung wurde bei einem Debt-to-Equity Ratio von 300 : 1 angenommen; folgende Fälle, die eine *Thin Capitalization* feststellten, wurden umqualifiziert: Northeastern Consol. Co. v. US, 406 F2d 76 (7th Cir.); Tyler v. Tomlinson, 414 F2d 844 (5th Cir. 1969); US v. Henderson, 375 F2d 36 (5th Cir.); Development Corp. of Am., P-H TC Memo. 88,127 (1988); Laidlaw Transportation Inc., et al. v. Com., TC Memo 1998-232 (1998).

1082 Nye v. Com., 50 TC 203 (1968), *"thin capitalization is only one of the factors from which the presence or absence of a bona fide debtor-creditor relationship may be determined, and the existence of that factor alone will not transform a valid indebtedness into equity capital"*; *Bittker, B.I./Eustice, J.S.* (2000): 4.04[3]; *Keyes, K.M.* (1997): 3.06[3][h]; *Bittker, B.I./Lokken, L.* (1999): 91.10.2; Roth Steel Tube Co. v. Com., 800 F2d 625, 630 (6th Cir. 1986), *"Thin or inadequate capitalization is strong evidence that the advances are capital contributions rather than loans ... Advances made to a corporation whose debt to equity ratio exceeds 300 to 1 are indicative of venture capital rather than loans"*; Laidlaw Transportation Inc., et al. v. Com., TC Memo 1998-232 (1998), *"Inadequate capitalization strongly suggests that an advance is equity if: (a) The debt to equity ratio was initially high; (b) the parties realized that it would likely go higher; and (c) the recipient of the funds used a substantial part of the funds to buy capital assets and to meet expenses needed to begin operations"*.

1083 *Keyes, K.M.* (1997): 3.06[3][h]; Truschel v. Com., 29 TC 433 (1957), Instrument, das dem Vorbesitzer begeben wurde, wurde als Fremdkapital qualifiziert, obwohl der Debt-to-Equity Ratio bei 22.000 : 1 lag; Baker Commodities v. Com., 48 TC 396 (1967), 692:1 Ratio wurde als nicht überhöht angesehen, da es sich um ein bekanntes Unternehmen handelte, das in der Lage war, die Zahlungen aus den Earnings & Profits zu tätigen und gute Zukunftsperspektiven hatte; Byerlite Corp. v. Williams, 286 F2d 285 (6th Cir. 1960); Bradshaw v. US, 683 F2d 365 (Ct. Cl. 1982), hoher Debt-Equity Ratio war nicht schädlich, da die Rückzahlung ziemlich sicher war, unabhängig davon, ob das Unternehmen erfolgreich ist; Liflans Corp. v. US, 390 F2d 965 (Ct. Cl. 1968); Bauer v. Com., 748 F2d 1365 (9th Cir. 1984); Sun Properties v. US, 220 F2d 171 (5th Cir. 1955), Debt-to-Equity Ratio von 310 : 1 wurde akzeptiert; Rowan v. US, 219 F2d 51 (5th Cir. 1955); Baker Commodities, Inc., 48 TC 374 (1967), aff'd 415 F2d 519 (9th Cir. 1969), *Debt-Equity-Ratio* von 700 : 1 war nicht schädlich, da das Unternehmen ertragreich genug war, um Zahlungen vornehmen zu können; Piedmont Corp. v. Com., 388 F2d 886 (4th Cir. 1968);

Der *Debt-Equity Ratio* wird von Gerichten auch dann herangezogen, wenn eine willkürliche Aufteilung zwischen Eigen- und Fremdkapital von den Gesellschaftern vorgenommen wurde. *"When the organizers of a new enterprise arbitrarily designate as loans the major portion of the funds they lay out in order to get the business established and under way, a strong inference arises that the entire amount paid in is a contribution to the corporation's capital and is placed at risk in the business".*[1084]

Im Code geht Sec 163(j) IRC ausdrücklich auf den *Debt-Equity-Ratio* ein und beschränkt die Abzugsfähigkeit von Zinsen, die an steuerbefreite Personen gezahlt werden, wenn das Verhältnis 1,5 : 1 übersteigt. Diese so genannte *Earnings-Stripping* Bestimmung berechnet allerdings das Verhältnis zu Buchwerten.[1085]

4.4. Bifurcation

Ein Finanzierungsinstrument kann derart ausgestaltet sein, dass neben dem fixverzinslichen Darlehen andere Rechte, wie zB Wandlungsrechte, Optionen oder Futures verknüpft sind. Der *Congress* hat dementsprechend in Sec 385(a) IRC die Bestimmung erlassen, dass ein bestimmtes Instrument durch *Regulations* in einen Eigen- und einen Fremdkapitalanteil in die wirtschaftlichen Bestandteile aufgegliedert werden darf. Die steuerliche Behandlung würde entsprechend erfolgen.[1086]

Bis heute wurden keine *Regulations* diesbezüglich erlassen und der IRS hat keine Anhaltspunkte für eine mögliche Aufteilung veröffentlicht; es ist auch fraglich, ob eine *Bifurcation* jemals praktiziert werden wird. Die Gerichte bzw der IRS folgen dem *„All or Nothing"* Approach, der eine Aufteilung des Instru-

---

Christie v. Com., 410 F2d 759 (5th Cir. 1969), Vermögen entsprach dem Gesellschafterdarlehen; Green Leaf Ventures, Inc., RIA TC Memo. 95.155 (1995), *leveraged buyout acquisition*, bei der die akquirierte Tochter 55 Mio Fremdkapital und 1.000 Eigenkapital hatte, es wurde nicht viel Wert darauf gelegt, da andere Eigenkapitalkriterien gefunden werden konnten; Nestle Holdings, Inc., RIA TC Memo. 95.441 (1995), da mit einer Rückzahlung zu rechnen war, wurde Fremdkapital angenommen, aff'd, 152 F3d 83 (2nd Cir. 1998).

1084 Dobkin v. Com., 15 TC 31, 33 (1950), aff'd 192 F2d 392 (2nd Cir. 1951), die Erstinvestition wurde in Form von Fremdkapital getätigt und führte zu einem Debt-Equity Ratio von 35 : 1; *Keyes, K.M.* (1997): 3.06[3][h].

1085 *Bittker, B.I./Eustice, J.S.* (2000): 4.04[3].

1086 Besonders Anfang der 90-er Jahre schien eine *Bifurcation* eines komplexen Instruments als die beste Möglichkeit. Kritisch jedoch *Kleinbard, E.D.* (1989): 947ff; ausführlich behandelt von *Thomas, D.W./Sellers, K.F.* (1992): 40f; *Kau, R.K.C.* (1990): 1005f.

Ein Befürworter der Bifurcation iZm *Contingent Payment Debt Instruments* war die *American Bar Association Section of Taxation* (1995): 198, die eine Aufteilung anhand objektiver Kriterien vorschlug.

ments nicht vorsieht, sondern eine Abgrenzung nach den überwiegenden Faktoren vornimmt und anschließend entsprechend besteuert.[1087] Diese Vorgehensweise wird damit begründet, dass gleichwertige Transaktionen auf vielfältige Weise strukturiert sein können und eine Aufteilung eines Instruments daher – betrachtet man alle möglichen Rechte und Verpflichtungen – eine schwierige Aufgabe darstellen würde. Selbst bei Wandelschuldverschreibungen kommt es nicht zu einer *Bifurcation* des Instruments in einen Fremdkapitalteil vor Wandlung und einen Eigenkapitalteil nach Wandlung.[1088]

Eine seltene Ausnahme von dieser Regel stellt das Urteil in *Farley Realty Corp. v. Comm.*[1089] dar, bei dem es sich um ein Finanzierungsinstrument handelte, das mit einem gestaffelten Zinssatz (15% in den ersten zwei Jahren, 13% in den Folgejahren) und 50% der Wertsteigerung von bestimmten Vermögen ausgestattet war. Das Gericht kam zu dem Schluss, dass das Wertsteigerungsrecht ein eigenständiges Eigentumsrecht *(Property Right)* darstelle, obwohl es nicht selbstständig wandelbar war.[1090]

Die AHYDO Regelungen können insofern als *Bifurcation* betrachtet werden, als ein *Excessive* OID in gestundete und nicht abzugsfähige Anteile aufgesplittet wird.[1091]

5. Empirische Analyse der Faktoren

Wie schon im Kapitel V erläutert, ist eine qualitative Bewertung der Faktoren nicht möglich. Da eine hierarchische Unterteilung fehlt, besteht die Frage darin, ob allein die Anzahl der Kriterien ausschlaggebend ist, oder doch bestimmte Faktoren „gewichtiger" als andere sind. Durch das Urteil des *Supreme Court* in

---

1087 *Freeman, L.S./Stevens, M.A./Hollender, V.* (2002): 1281; *Haun, J.* (1996): 90; *Madison, R.B.* (1986): 479; *Keyes, K.M.* (1997): 3.06[2]; *Ballan, H.* (2002): 725f, der *All or Nothing Approach* wird zum Zeitpunkt der Emission durchgeführt und kann nicht – im Gegensatz zu den Bestimmungen der Regulating Agencys und Regulatory Analysis – während der Laufzeit geändert werden.

1088 *Bittker, B.I./Eustice, J.S.* (2000): 4.03[6], im Fall Chock O'Nutzs Corp v. US, 453 F2d 300 (2nd Cir. 1971) weigerte sich das Gericht, ein Wandlungsrecht als eigenständiges Vermögen zu behandeln; *Heitner, K.H./Kushner, J.M.* (1992): 72.

1089 279 F2d 701, 705 (2nd Cir. 1960).

1090 *Berman, D.M./Strain, D.O.* (2000): 675; *Freeman, L.S./Lipton, R.M.* (1994): 954f; *Conlon, S.D./Aquilino, V.M.* (1999): B2.04[5]; *Madison, R.B.* (1986): 479f, in der Literatur wird das Urteil als fragwürdig angesehen; *Ballan, H.* (2002): 777 in FN 14; *Freeman, L.S./Stevens, M.A./Hollender, V.* (2002): 1281; *Gibson, M.A.* (1987): 461f.

1091 Vgl Kapitel VI.3.2; *Thomas, D.W./Sellers, K.F.* (1992): 40; *Bittker, B.I./Eustice, J.S.* (2000): 4.03[6]; *Keyes, K.M.* (1997): 3.06[2]; *Freeman, L.S./Stevens, M.A./Hollender, V.* (2002): 1287.

Paulsen v. Com in 1985[1092] wurde eine unabhängige Beurteilung der Eigen- bzw Fremdkapitalaspekte vorgeschlagen und die Klassifizierung anhand des vorherrschenden Aspekts vorgenommen.[1093]

Es ist jedoch unbestritten, dass die Gerichte einige Faktoren stärker bewerten als andere. Dieses Kapitel beschäftigt sich mit der empirischen Analyse der Faktoren, damit ausgehend von dem Ergebnis Gestaltungen planbarer sind. Das hier verwendete Datenmaterial stammt aus einer Analyse des *Research Institute of America* (RIA), die unter Annotation 1635.0565 veröffentlicht wurde.

Das RIA untersuchte über 400 Gerichtsentscheidungen, die sich mit der Frage der Abgrenzung zwischen Eigen- und Fremdkapital beschäftigten. Die daraus resultierenden Faktoren wurden in zwölf Kategorien eingeteilt, wobei jede Kategorie für sich jeden Faktor genau untersuchte. Folgende 12 Kategorien konnten ausgemacht werden:

1. Keine eindeutige Regelung *(No Comprehensive Rule);*
2. Der Name des Instruments *(Name);*
3. Absicht der Vertragsparteien *(Intent);*
4. Laufzeit des Instruments *(Maturity Date);*
5. Sicherheit der Rückzahlung *(Certainty of Payment of Principal);*
6. Sicherheit der laufenden Zinszahlung
7. *(Certainty of Payment of Interest);*
8. Recht am Gewinn *(Right to Share in Profits);*
9. Stimmrechte *(Voting Rights);*
10. Steuervermeidung – wirtschaftlicher Gehalt
11. *(Tax Avoidance – Business Purpose);*
12. Kapitalüberlassung von Aktionären *(Advances by Stockholders);*
13. Genossenschaften *(Cooperatives);*[1094]
14. Sonstiges *(Miscellaneous).*[1095]

Ausgehend von dem Forschungsergebnis des RIA werden hier die jeweils häufigsten Entscheidungsmerkmale jeder Kategorie vorgestellt.

Die Analyse zeigt, dass keines der Gerichtsurteile zu einer eindeutigen Regelung bzgl Eigen- und Fremdkapital führte, jedoch die Urteile in den meisten Fällen

---

1092 Paulsen v. CIR, 469 US 131 (1985), es lag Eigenkapital vor, dass sowohl Eigen- als auch Fremdkapitalcharakteristika aufwies.

1093 Durch diese Vorgehensweise werden zugunsten der vorherrschenden Kriterien die nicht dominanten Kriterien ignoriert, *Robertson, P./Burckel, D.V.* (1988): 789; *Haun, J.* (1996): 108; *Knight, L.G./Knight, R.A./Robertson, G.* (1988): 49.

1094 Die Ergebnisse dieser Analyse sind von geringer Bedeutung und werden hier nicht behandelt.

1095 Die Ergebnisse dieser Analyse sind von geringer Bedeutung und werden hier nicht behandelt.

aufgrund einer Vielzahl an Faktoren entschieden wurden. Bei den einzelnen Fällen handelte es sich zunehmend um eine Faktenfrage, wobei kein einziger Faktor als entscheidend angeführt wurde. Die Beweislast lag in den meisten Fällen beim Steuerpflichtigen.

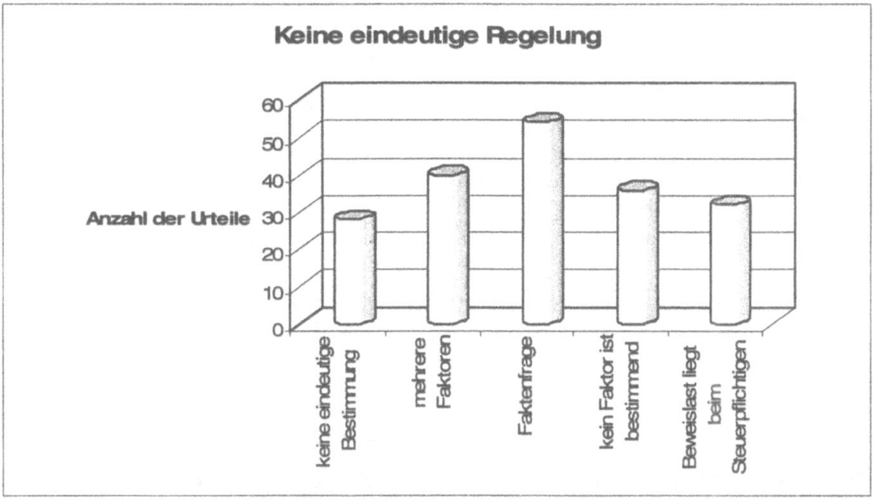

Abbildung 15: Keine eindeutige Regelung

Die meisten Gerichte kamen zu dem Urteil, dass der Name des Instruments nicht ausschlaggebend für den wirtschaftlichen Gehalt sei, jedoch zumindest ein Indiz darstellen würde.

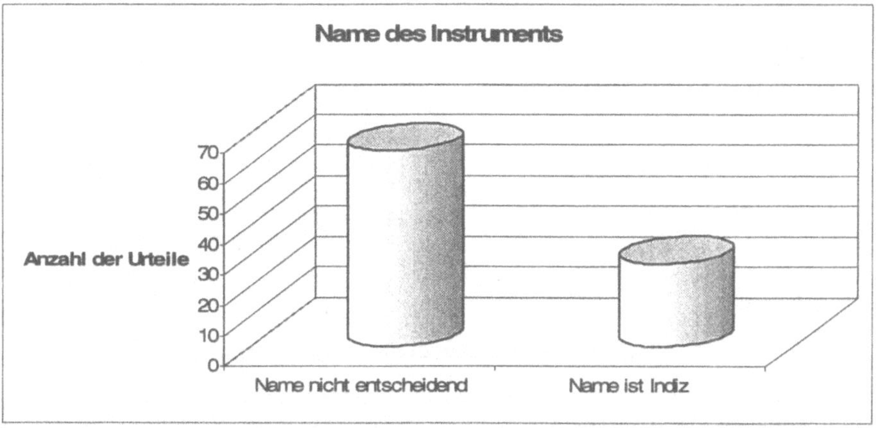

Abbildung 16: Name des Instruments

Die Analyse verdeutlicht, dass es für die Behandlung als Fremdkapital vorteilhaft ist, den Namen des Instruments am Deckblatt anzugeben.

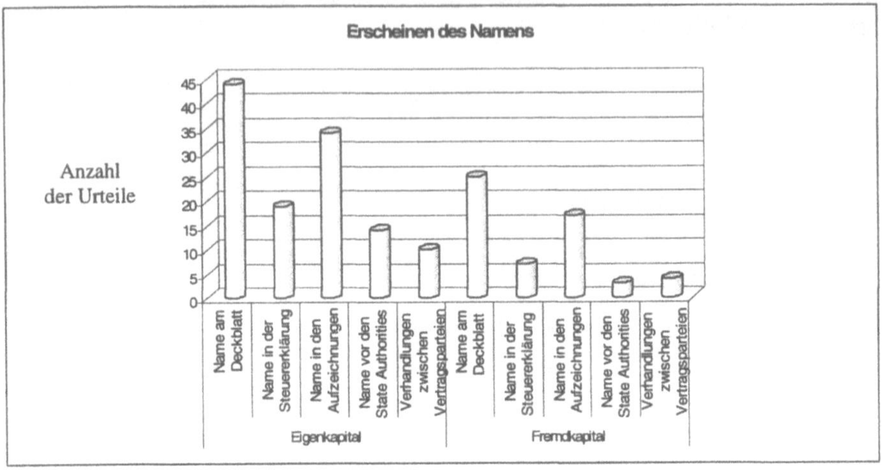

Abbildung 17: Erscheinen des Namens

Für die Bestimmung eines Instruments ist der *Intent* der Vertragsparteien wesentlich und wird anhand der jeweiligen Fakten festgemacht. Für die Ermittlung des *Intent* müssen die äußeren Bedingungen berücksichtigt werden.

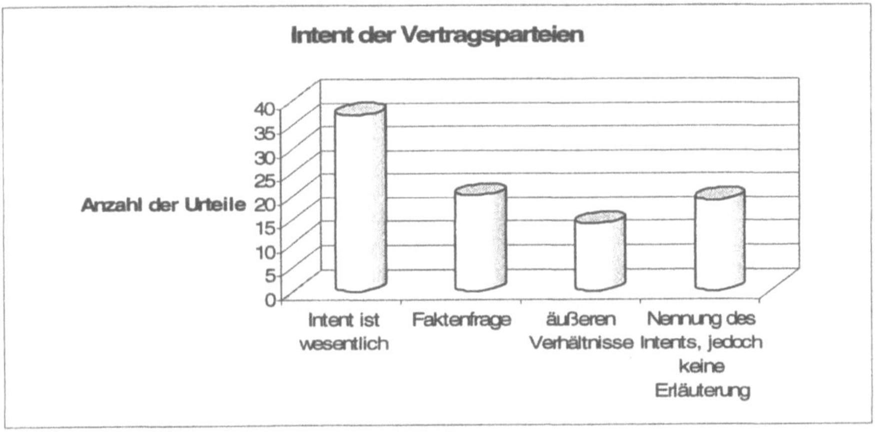

Abbildung 18: Intent der Vertragsparteien

Einige Gerichturteile kamen zu dem Schluss, dass ein fixer Rückzahlungstermin essenziell für das Vorliegen eines Gläubiger-Schuldner-Verhältnisses ist und dass die Wichtigkeit dieses Faktors öfters betont wurde. In mehreren Urteilen, in denen Instrumente als Fremdkapital angesehen wurden, war der Rückzahlungstermin ein Merkmal für Fremdkapital, während ebenso Urteile Instrumente als Eigenkapital ansahen, in denen ein solcher Rückzahlungstermin fehlte. Allerdings führt die Nennung eines Rückzahlungstermins nicht automatisch zu einer Qualifikation als Fremdkapital, da andere wesentliche Merkmale des Fremdkapitals fehlen können.

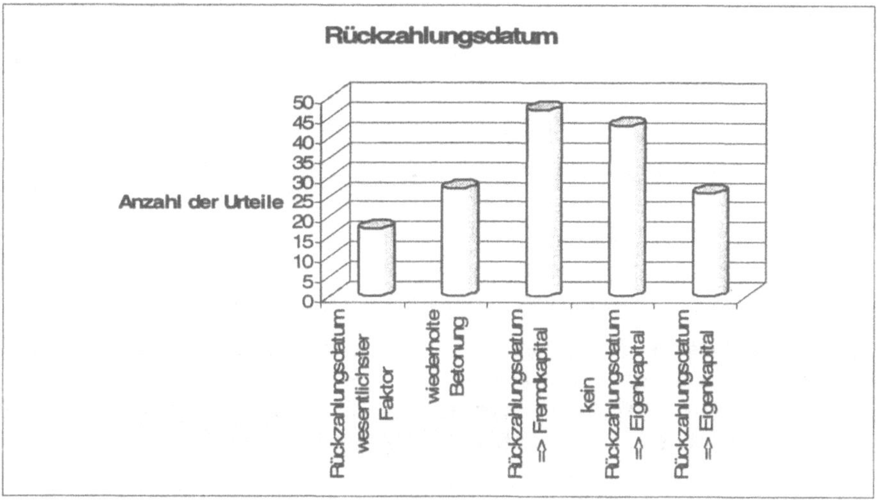

Abbildung 19: Rückzahlungstermin

Die Sicherheit der Rückzahlung wurde sowohl in Fällen, in denen das Instrument als Eigenkapital, als auch in Fällen, in denen das Instrument als Fremdkapital angesehen wurde, berücksichtigt. Die Rechtsdurchsetzung der Rückzahlung wurde dabei in mehreren Fällen als ein Indiz für Fremdkapital angesehen. Hatte der Investor zwar die Möglichkeit der Rechtsdurchsetzung, jedoch nicht die Absicht, diese auch auszuüben, wurde das als Indiz für Eigenkapital angesehen. Nachrangigkeit gegenüber den übrigen Gläubigern wurde als Kriterium für das Vorliegen von Eigenkapital angesehen, während keine Nachrangigkeit als Fremdkapitalindiz anerkannt wurde. Allerdings bedeutet eine Nachrangigkeit nicht zwangsläufig das Vorliegen von Eigenkapital.

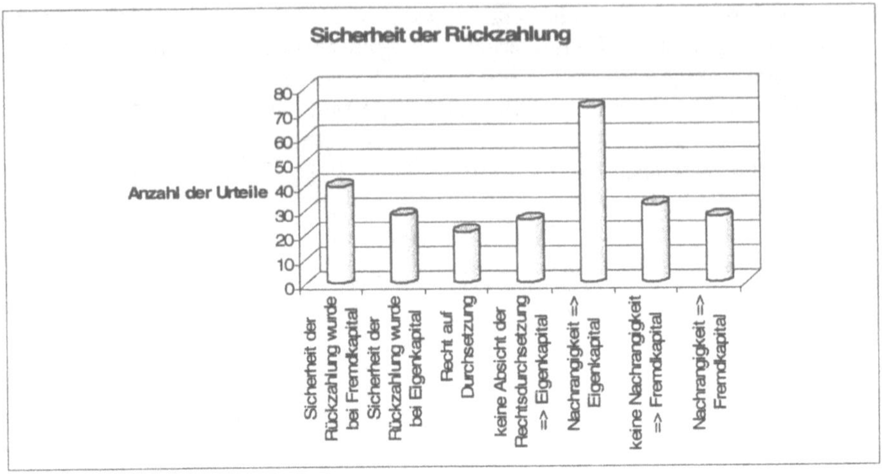

Abbildung 20: Sicherheit der Rückzahlung

Die Abhängigkeit der Zahlungen von Gewinnen bzw dem Entschluss der emittierenden Körperschaft war ein Indiz für Eigenkapital, während eine bedingungslose Zahlung unabhängig von Gewinnen auf Fremdkapital hindeutete. Eine fixe Vergütung wurde ebenfalls als ein Merkmal für Fremdkapital angesehen.

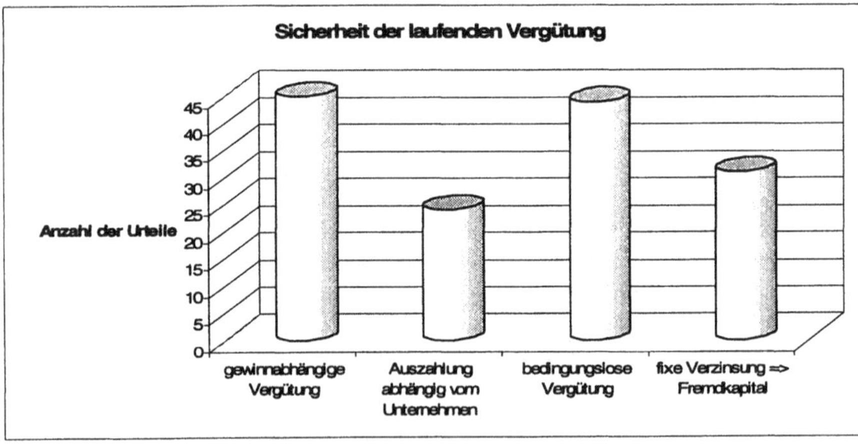

Abbildung 21: Sicherheit der laufenden Vergütung

Eine gewinnabhängige Vergütung wurde von den Gerichten als Indiz für Eigenkapital angesehen, während das Fehlen einer solchen Regelung für Fremdkapital sprach.

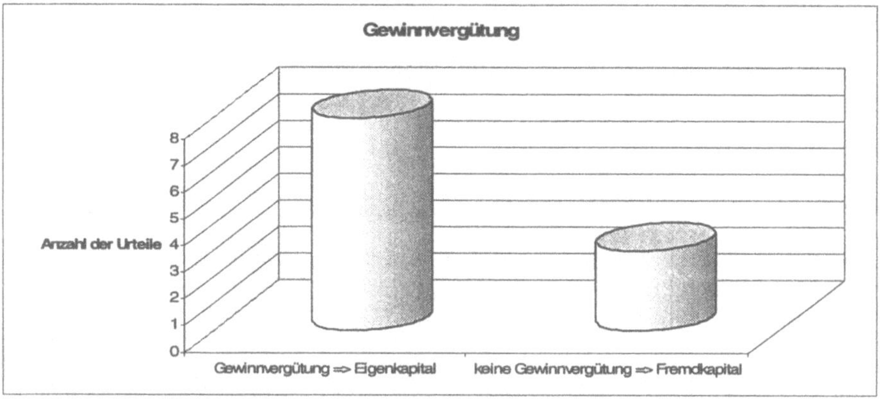

Abbildung 22: Vergütung abhängig vom Gewinn

Das Vorliegen von Stimmrechten deutete grundsätzlich auf Eigenkapital hin, jedoch war das Fehlen von Stimmrechten nicht automatisch ein Indiz für Fremdkapital, da Vorzugsaktien ebenfalls ohne Stimmrecht ausgestaltet sind und unstrittig Eigenkapital darstellen.

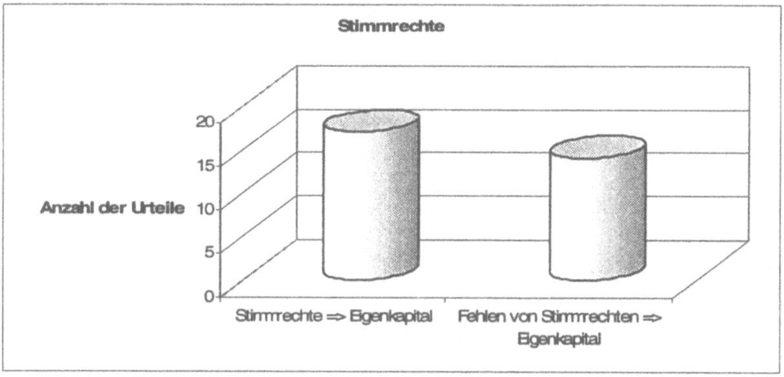

Abbildung 23: Stimmrechte

Prinzipiell konnte der Steuerpflichtige seine Position untermauern, wenn er nachweisen konnte, dass neben einer Steuervermeidung ein wirtschaftlicher Grund für die Gestaltung vorlag. Trotzdem urteilten die Gerichte anhand des vorliegenden wirtschaftlichen Gehalts und nicht anhand der Form. Die Gerichte berücksichtigten für ihre Analyse eine mögliche Unterkapitalisierung ebenso wie die Verhältnismäßigkeit der angeblichen Fremdfinanzierung.

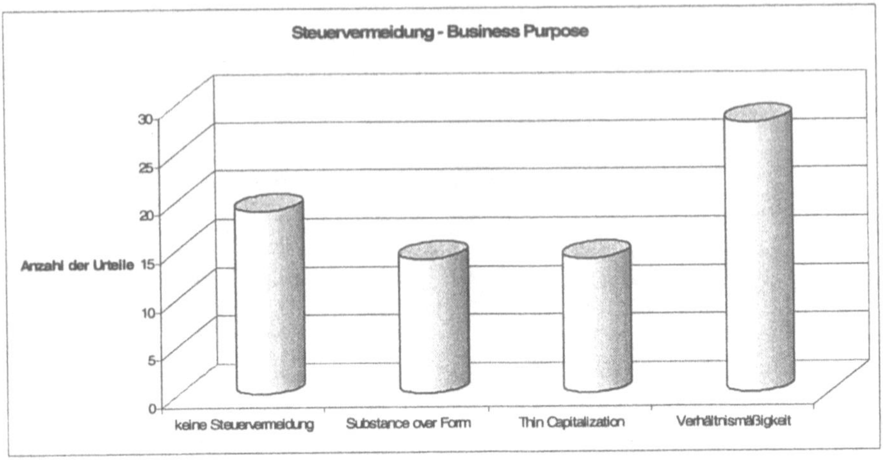

Abbildung 24: Steuervermeidung – Business Purpose

Eine Kapitalüberlassung von Aktionären wurde in manchen Gerichtsurteilen als Eigenkapital, in anderen als Fremdkapital angesehen.

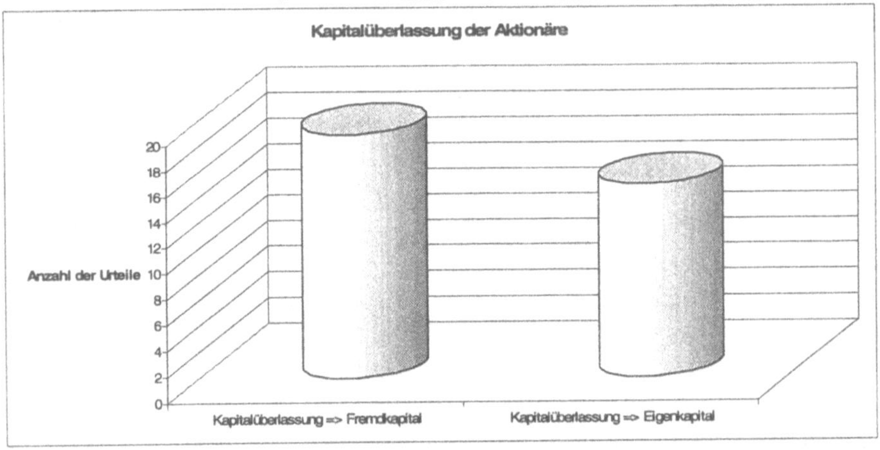

Abbildung 25: Kapitalüberlassung der Aktionäre

6. Beispiele für hybride Finanzierungsinstrumente

6.1. Einleitung

In diesem Kapitel werden Finanzierungsinstrumente vorgestellt, die dahingehend strukturiert wurden, um Qualifikationsunterschiede zwischen Rechtsordnungen zu verwerten. In den meisten Fällen hat der IRS seine Ansicht zu diesen Instrumenten veröffentlicht. Diese können nun gezielt herangezogen werden, um bestimmte Steuereffekte erwirken zu können. Gem Rev. Proc. 97-3[1096] verweigert der IRS allerdings für gewöhnlich die Ausgabe von *Advance Rulings* oder *Private Letter Rulings* in Bezug auf hybride Finanzierungsinstrumente, da dies meist eine Faktenfrage und keine Rechtsfrage darstelle.[1097]

Folgende Instrumente werden in diesem Kapitel im Detail besprochen:

Name des Instruments	**wesentliche Struktur**	**Vorteil**	**steuerliche Behandlung**
ACRN	Wandelschuldverschreibung mit gewinnabhängiger Vergütung, Zinsen werden an Dividendenzahlungen in periodischen Abständen angepasst	Zinsen abzugsfähig trotz Eigenkapitaleigenschaften	**Rev. Rul. 83-98:** Eigenkapital
Mandatorily Convertible Debt	nachrangige Fremdfinanzierungsinstrumente, verpflichtend in Aktien wandelbar	Zinsen abzugsfähig, für Banken Eigenkapital	**Rev. Rul. 85-119:** Fremdkapital
MIPS	Fremdkapital an LLC, Eigenkapital an Investoren, Stundungsrecht für Zinszahlungen	Steuer: Zinsen abzugsfähig, Dividenden nicht steuerpflichtig Rating Agencies und Aufsichtsbehörden: EK	**Notice 94-47:** Fremdkapital
Reverse MIPS	Eigenkapital an Partnership, Fremdkapital an Investoren	Steuer: Zinsen abzugsfähig, Dividenden nicht steuerpflichtig Rating Agencies und Aufsichtsbehörden: EK	**Notice 97-48:** Zinsen nicht abzugsfähig

1096 1997-1 IRB 85, 93.

1097 *Bittker, B.I./Eustice, J.S.* (2000): 4.02[6]; Rev. Proc. 97-3, 1997-1 IRB 85, 93, 4.02(1); *Bittker, B.I./Streng, W.P./Emory, M.* (1995): 4.1[7]; Rev. Proc. 99-3, 4.02(1), 1999-1 IRB 103, es müssen einzigartige und zwingende Gründe für die Herausgabe eines *Ruling* vorliegen: *"unique and compelling reasons must be demonstrated to justify a ruling or determination letter."*

ARPS	Preferred Stock, Dividende wird durch Dutch Auction angepasst	fremdkapitalähnlich, steuerlich jedoch Eigenkapital, Dividends Received Deduction	**Rev. Ru. 90-27:** Eigenkapital **Rev. Rul. 94-28:** Fremdkapital, wenn Recht auf Rückzahlung bei Insolvenz
DECS	nachrangiges Fremdkapital mit Wandlung in Eigenkapital, Gewinn bei Wandlung beschränkt, laufende Zinsen	Fremdkapital, Risiko des Wertverlusts beim Investor, Wertsteigerungsrecht beim Emittenten	**FSA 19994007:** Eigenkapital **FSA 200150012:** Eigenkapital
PHONES	nachrangiges Fremdkapital mit Rückzahlung in Eigenkapital, Gewinn bei Wandlung beschränkt, Zinszahlungen unter dem Marktwert	Abzugsfähigkeit der marktüblichen Rendite, Investoren keine Steuerpflicht aus Erträgen	**Prop. Reg. 263(g):** Zinsen müssen zum Buchwert der Aktien aktiviert werden
FILENE PRIDES	Investment Unit: Fremdkapital und Purchase Contract	Steuer: Zinsen abzugsfähig, Dividenden nicht steuerpflichtig Rating Agencies und Aufsichtsbehörden: EK	**Rev. Rul. 2003-97:** Fremdkapital
LYONS	Fremdkapital mit Option des Inhabers auf Eigenkapital, keine laufenden Zinsen	OID abzugsfähig, obwohl keine Zinszahlung, eigenkapitalähnlich	**Ltr. Rul. 9211047:** kein Zinsabzug
Conventional Convertible	Wandelschuldverschreibung	niedrigere Verzinsung Wertsteigerungsrecht Investor	**Fremdkapital** bis Wandlung
Contingent Convertible	Wandelschuldverschreibung, Zinsen sind bedingt	Zinsen abzugsfähig, eigenkapitalähnlich	**Rev. Rul. 2002-31:** CPDI

Abbildung 26: Übersicht hybride Finanzierungsinstrumente

6.2. ARCN

Nach der Veröffentlichung der sich mittlerweile nicht mehr in Kraft befindlichen *Regulations* zu Sec 385 IRC, jedoch noch vor deren Inkrafttreten, wurden von Investmentbankern ARCNs *(Adjustable Rate Convertible Notes)* gestaltet. ACRN sind Wandelschuldverschreibungen, bei denen der Zinssatz in periodischen Abständen an die Dividendenrendite des *Common Stock* angepasst wird. Die Wandlung erfolgt anschließend in *Common Stock.* Begrenzt wird die laufende Vergütung durch einen *Collar*, dh die Vergütung kann einen gewissen Höchstbetrag nicht überschreiten, andererseits jedoch ist eine Mindestvergütung vorgesehen. Gegenüber den übrigen Gläubigern besteht Nachrangigkeit. Der Ausgabepreis des ACRN orientiert sich am Börsenpreis der Aktie. Je nach Umtauschverhältnis wird der Börsenpreis mit entsprechender Stückzahl multipliziert. Bei Fälligkeit kann der Investor entweder vom Umtauschrecht Gebrauch machen oder jedoch die Rückzahlung seiner Anleihe verlangen. Der Rückzahlungsbetrag wird jedoch in der Regel unter dem Nennwert liegen. Der Investor kann bereits vor Fälligkeit von seinem Umtauschrecht Gebrauch machen oder die Rückzahlung der Anleihe verlangen. Die Vergütung des Finanzierungsinstruments erfolgt gewinnabhängig und orientiert sich üblicherweise an den Dividendenauszahlungen.[1098]

Nach den zu diesem Zeitpunkt bestehenden *Regulations* zu Sec 385 IRC wären ACRN zu 45% Eigen- und zu 55% Fremdkapital und daher in einer *All or Nothing Approach* als Fremdkapital zu qualifizieren.[1099]

Der IRS kam im Rev. Rul. 83–98[1100] jedoch zu dem Schluss, dass ACRNs Eigenkapital darstellen und dementsprechend die Vergütung nicht abzugsfähig ist. Die Vergütung ist gem Sec 301 IRC als Dividende zu behandeln und daher kann auch der Emittent eine *Dividend Received Deduction* geltend machen. Als Begründung führte der IRS an, dass die Wahrscheinlichkeit der Wandlung so hoch sei, und somit die Voraussetzung für Fremdkapital, nämlich die verpflichtende Rückzahlung eines bestimmten Betrags, nicht mehr erfüllt ist.[1101] Weiters

---

[1098] *Haun, J.* (1996): 208; *Robertson, P./Burckel, D.V.* (1988): 785; *Haun, J.* (1996): 207; ausführlich *Ballan, H.* (2002): 731ff.

[1099] Die Qualifikation von nicht im Verhältnis zum Eigenkapital stehenden hybriden Instrumenten wurde anhand des Anteils der Eigenkapitalcharakteristika, wie zB des Wandlungsrechts in Anteile und des Rechts auf *Contingent Payments* (ausgenommen *Call Premiums)*, beurteilt. Für die Bestimmung des Eigenkapitalanteils war kein Test vorgesehen, sondern es wurde entsprechend dem *Case Law* der jeweilige Sachverhalt *(Facts and Circumstances)* geprüft. War der *Fair Market Value* eines Instruments ohne Eigenkapitalcharakteristika geringer als 50 % des *Fair Market Value* inklusive Eigenkapitalcharakteristika, wurde das Instrument als Eigenkapital behandelt, andernfalls als Fremdkapital; *Emmerich, A.O.* (1985): 129; *Levin, J.S./Bowen, S.S.* (1981): 3; *Ballan, H.* (2002): 729f; *Robertson, P./Burckel, D.V.* (1988): 785; *Bittker, B.I./Lokken, L.* (1999): 91.10.3; Reg. 1.385-5(a)(2), aufgehoben durch TD 7920; *Freeman, L.S./Stevens, M.A./ Hollender, V.* (2002): 1285; *Madison, R.B.* (1986): 484; *Freeman, L.S./Lipton, R.M.* (1994): 955.

[1100] 1983-2 CB 40.

[1101] *Sheppard, L.A.* (1998a): 1000; *Emmerich, A.O.* (1985): 132; *Haun, J.* (1996): 208f; *Favelukes, K.S.* (2003): 23; *Madison, R.B.* (1986): 493; *Bittker, B.I./Streng, W.P./Emory, M.* (1995): 4.7[3]; *Sheppard, L.A.* (1996): 1437f; *Robertson, P./Burckel, D.V.* (1988):

ist der *Intent* der Vertragsparteien nicht die Schaffung von Fremdkapital gewesen, die Zinsen waren unangemessen niedrig[1102] und das ACRN war nachrangig ausgestaltet gewesen.[1103]

6.3. Mandatorily Convertible Debt

Revenue Ruling 85-119 ging auf die Frage ein, ob bestimmte Instrumente, die von einem US-Bankkonzern emittiert wurden, wirtschaftlich Fremdkapital darstellten.

Anfang der 80-er Jahre veröffentlichte der *Federal Reserve Board* neue Kapitalrichtlinien für Banken. Darin wurde geregelt, dass unter *Primary Capital* sowohl *Common Stock, Perpetual Preferred Stock* als auch ein bestimmter Betrag von verpflichtend wandelbarem Fremdkapital *(Mandatorily Convertible Debt)* anzusehen sei. Unter *Mandatorily Convertible Debt* wurde auch nachrangiges Fremdkapital, das in das Eigenkapital des Emittenten oder als Erlös aus dem Verkauf solcher Aktien rückzahlbar sei, verstanden.

Die *Investment Banker* der *Wall Street* reagierten sofort und veröffentlichten Instrumente, die sowohl Eigen- als auch Fremdkapitalkriterien aufwiesen.[1104] Die Instrumente wurden als nachrangige Fremdfinanzierungsinstrumente ausgestaltet und die Rückzahlung erfolgte in Form von Aktien oder durch das Bargeld aus dem Verkauf von solchen Aktien. Die Instrumente wurden öffentlich begeben, waren weit gestreut, wurden pari ausgegeben, waren frei transferierbar, hatten eine Laufzeit von 12 Jahren und beinhalteten keine Mitwirkungs- oder Stimmrechte. Die Zinszahlungen basierten auf der *Market Floating Interest Rate* und waren nicht vom Gewinn des Emittenten abhängig. Bei Fälligkeit war der Emittent verpflichtet, eigene Aktien oder Vorzugsaktien, die einen *Fair Market Value* entsprechend dem Nennbetrag hatten, zu emittieren, diese entsprechend der Optionsausübung des Inhabers an den Inhaber weiterzuleiten oder den Verkaufserlös dem Inhaber zu übermitteln. Der Investor hatte das Recht, die Zinszahlungen, nicht jedoch den Nennbetrag einzuklagen. Der *Debt-Equity Ratio* war innerhalb des für die Industrie angemessenen Rahmens.

786; Rev. Rul. 83-98, 1983-2 CB 40, 41: "*... do not in reality represent a promise to pay a sum certain*".

1102 Darüberhinaus wurden mehr als 65% des Betrags durch die Dividendenzahlungen getragen, *Robertson, P./Burckel, D.V.* (1988): 786.

1103 Aufgrund dieses *Rulings* zog der IRS die *Regulations* zu Sec 385 IRC zurück; *Knight, L.G./Knight, R.A./Robertson, G.* (1988): 46; *Freeman, L.S./Stevens, M.A./Hollender, V.* (2002): 1286; In der Tat wurde Sec 385 IRC in dem *Ruling* nicht erwähnt. Da diese Schlussfolgerung im Widerspruch zu den noch nicht veröffentlichten *Regulations* stand, wurden diese daraufhin zurückgezogen, *Ballan, H.* (2002): 731.

1104 *Ballan, H.* (2002): 735.

Der IRS entschied, dass das Instrument Fremdkapital darstellen, obwohl die Rückzahlungen in Aktien erfolgte und eine Nachrangigkeit zu den übrigen Gläubigern bestand.[1105] Dementsprechend konnte die Vergütung als Zinsen gem Sec 163 IRC beim Emittenten in Abzug gebracht werden, während der Investor den Betrag gem Sec 61 IRC zu versteuern hatte. Durch diese Gestaltung war es möglich, dass Fremdkapital für steuerliche Zwecke, jedoch Eigenkapital iSd *Federal Reserve Board* vorlag.[1106]

6.4. MIPS

MIPS (*Monthly Income Preferred Stock*) sind *Financial Products*, die erstmalig von Goldman Sachs kreiert worden sind.[1107] Sie sind entwickelt worden, um für Rechnungslegungszwecke bzw aufsichtsrechtliche Zwecke Eigenkapital, für steuerliche Zwecke jedoch Fremdkapital zu generieren.[1108] Durch eine LLC, die steuerrechtlich als Personengesellschaft, jedoch für Rechnungslegungszwecke als Körperschaft in den Konsolidierungskreis fällt, kann die Versteuerung der Erträge fremden Dritten übertragen werden.[1109]

Für gewöhnlich gründet eine Körperschaft eine LLC mit einer geringen Einlage. Für steuerliche Zwecke wird die LLC als *Partnership* behandelt, für gesellschaftsrechtliche Fragen jedoch als Kapitalgesellschaft. Die LLC gibt nach der Gründung MIPS aus, die von fremden Investoren erworben werden und eine fremdkapitalähnliche Vergütung vorsehen. Die dadurch akquirierten Mittel wer-

---

1105 *Knight, L.G./Knight, R.A./Robertson, G.* (1988): 48; *Surdell, S.M.* (1996): 1529; *Spector, P.* (1994): 10; *Conlon, S.D./Aquilino, V.M.* (1999): B2.04[3]; als Gründe für die Behandlung als Fremdkapital wurden die weite Streuung, die Unproportionalität zum Eigenkapital, der Name des Instruments, keine *Thin Capitalization* und keine Mitwirkungsrechte im Management angeführt, Rev. Rul. 85-119, 1983-2 CB 40; *Robertson, P./ Burckel, D.V.* (1988): 787; *Sheppard, L.A.* (1995): 418.

1106 *Ballan, H.* (2002): 736f; *Conlon, S.D./Aquilino, V.M.* (1999): B2.04[3]; ausgehend von diesem *Ruling* wurden mehrere Instrumente wie zB MIPS oder DECS gestaltet.

1107 *Keyes, K.M.* (1997): 2.03[5][c]; diese Art von Gestaltung wird von den Investment Banken unterschiedlich bezeichnet, so zB TOPRS (*Trust Originated Preferred Shares*), bei der ein Grantor Trust anstelle der LLC verwendet wird, oder QUPS (*Quaterly Income Preferred Securities*), oder TRUPS (*Trust Preferred Stock*), *Scholes, M.S./Wolfson, M.A./ Erickson, M./Maydew, E.L./Shevlin, T.* (2002): 302; ausführlich zu TRUPS siehe *Harvey, K.D./Collins, M.C./Wansley, J.W.* (2003): 235ff; *Gergen, M.P./Schmitz, P.* (1997): 133; in 2006 werden in den USA TRUPS in Wert von 35 Mio Dollar fällig, *Beales, R.* (2006): 26.

1108 *Favelukes, K.S.* (2003): 17; MIPS-Gestaltungen sind vor allem für Abgrenzungsunklarheiten zwischen US-GAAP und Rating Agenturen entwickelt, jedoch als steuerliche Transaktion von der *Financial Press* angekündigt worden. Dementsprechend hat das *Treasury Department* darauf reagiert, *Freeman, L.S./Stevens, M.A./Hollender, V.* (2002): 1291f; *Weinrib, B./Mann, J.* (1995): 54.

1109 Besonders Enron bediente sich der MIPS-Gestaltungen, *Favelukes, K.S.* (2003): 24.

den als Darlehen an die Muttergesellschaft weitergegeben.[1110] Das Darlehen hat idR eine Laufzeit von 30–50 Jahren und kann von der Muttergesellschaft verlängert werden, wenn bestimmte Bedingungen erfüllt werden. Dieses Darlehen ist idR mit einem Marktzinssatz und einer Nachrangigkeit ausgestattet. Die *Redemption* der MIPS deckt sich mit der Laufzeit des Darlehens zwischen LLC und Muttergesellschaft. Die Dividenden an die fremden Investoren werden aus den Zinszahlungen der Muttergesellschaft finanziert, wobei diese die Dividendenzahlungen garantiert. Die Muttergesellschaft kann darüber hinaus die Zinszahlungen für Zeiträume zwischen 18 Monaten und 5 Jahren aussetzen, allerdings müssen am Ende eines solchen Zeitraums die Zinsen kumuliert gezahlt werden. Kommt es zu solchen Zinsausfällen, kann die LLC auch keine Dividenden auf die MIPS ausschütten. Die Zinsaufwendungen der Muttergesellschaft sind jedoch auch dann zu berücksichtigen, wenn keine Auszahlung erfolgt. Dadurch ist eine regelmäßige Aufwandswirkung garantiert. Die LLC ist jedoch selbst bei nicht ausbezahlten Zinsen verpflichtet, Zinserträge zu berücksichtigen und da die LLC als *Partnership* ausgestaltet ist, werden die Zinserträge den Investoren zugerechnet, ohne dass diese eine Ausschüttung erhalten haben.[1111]

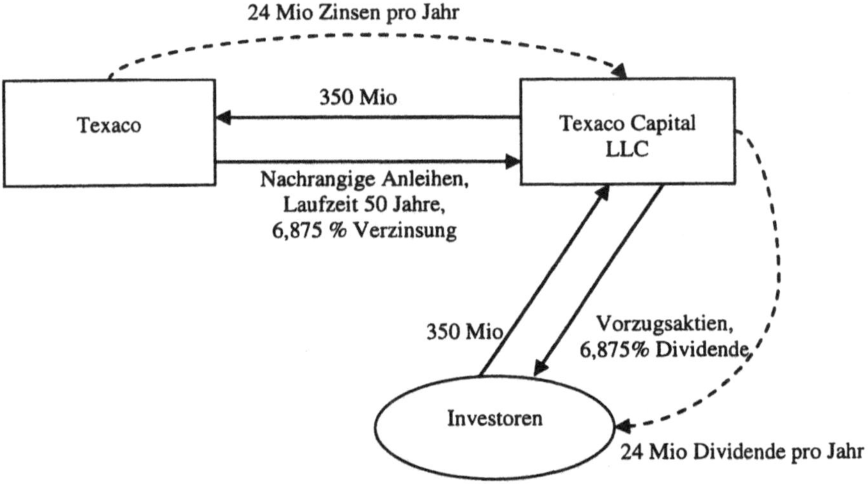

Abbildung 27: MIPS-Transaktion

[1110] *Conlon, S.D./Aquilino, V.M.* (1999): B2.04[3].

[1111] *Keyes, K.M.* (1997): 2.03[5][c][i]; *Conlon, S.D./Aquilino, V.M.* (1999): B2.04[3]; *Ballan, H.* (2002): 739ff; *Freeman, L.S./Stevens, M.A./Hollender, V.* (2002): 1292; *Favelukes, K.S.* (2003): 18f, wegen kapitalmarktrechtlicher Änderungen werden heute MIPS hauptsächlich über Trusts emittiert.

Durch die Konsolidierung gem den Vorschriften der Rechnungslegung sind die Transaktionen zwischen diesen beiden Gesellschaften unbeachtlich. Die Mittelaufnahme durch die fremden Investoren wird gem *Financial Reporting* Bestimmungen[1112] und auch von *Rating Agenturen* als Eigenkapital eingestuft.[1113] Rating Agenturen behandelt MIPS aufgrund ihrer Laufzeit, Nachrangigkeit und der Möglichkeit zur Stundung der Zinsen als Eigenkapital.[1114]

Die Strukturierung von MIPS beruhte auf Rev. Rul. 85-119[1115], das ein wandlungsfähiges Instrument als Fremdkapital einstufte. Durch die Veröffentlichung von Notice 94-47 beschränkte der IRS die Anwendung von Rev. Rul. 85-119 auf den konkreten Sachverhalt, jedoch wurde durch das Notice die Behandlung von MIPS nicht beeinflusst.[1116]

[1112] Die Verbindlichkeit wurde zu dem damaligen Zeitpunkt als *Minority Interest in Subsidiary* ausgewiesen, inzwischen erfolgt ein Ausweis in *Mezzanine Equity*, *Ballan, H.* (2002): 779 in FN 46; *Favelukes, K.S.* (2003): 20.

[1113] *Conlon, S.D./Aquilino, V.M.* (1999): B2.04[3]; *Scholes, M.S./Wolfson, M.A./Erickson, M./Maydew, E.L./Shevlin, T.* (2002): 303; *Freeman, L.S./Stevens, M.A./Hollender, V.* (2002): 1293.

[1114] *Favelukes, K.S.* (2003): 20, die Ansichten über die Auswirkungen von *Preferred Stock* auf die Kreditwürdigkeit ist jedoch zwischen *Standard & Poor's* und *Moody's* unterschiedlich.

[1115] Rev. Rul. 85-119, 1985-2 CB 60; siehe ausführlich VI.6.3.

[1116] Einzig die Laufzeit wurde entsprechend gekürzt, *Ballan, H.* (2002): 748; *Conlon, S.D./ Aquilino, V.M.* (1999): B2.04[3]; *Sheppard, L.A.* (1994): 1182ff.

Der Vorschlag zum Budget Bill 1996 der Clinton Administration hat Abzugsfähigkeit von Zinsen von „Super-Maturity" Debt – Fremdkapital bzw Fremdkapital mit Eigenkapitalcharakteristika mit einer Laufzeit von über 20 Jahren – verweigert, wenn das Instrument in der Bilanz nicht als Fremdkapital ausgewiesen wurde; er wurde jedoch nicht umgesetzt; *Freeman, L.S./Stevens, M.A./Hollender, V.* (2002): 1299.

Notice 94-47 unterbindet zwei weitere Arten von Transaktionen: Einerseits können Instrumente, die eine verpflichtende Rückzahlung in Form von Eigenkapital vorsehen und deren Konditionen so ausgestaltet sind, dass der Inhaber gezwungen ist, eine Rückzahlung in Eigenkapital vorzunehmen oder deren wirtschaftlicher Gehalt eine Rückzahlung in Eigenkapital vorsieht, als Eigenkapital angesehen werden; andererseits ist deklariert, dass Instrumente mit einer unangemessen langen Laufzeit als Eigenkapital behandelt werden. Der IRS warnt Steuerpflichtige, sich bzgl der Laufzeit auf das Urteil Monon RR v. Com., 55 TC 345 (1970), acq. 1973-2 CB 3, zu berufen, bei dem ein Instrument als Fremdkapital eingestuft wurde, obwohl eine Laufzeit von 50 Jahren vorlag. Selbst bei Instrumenten mit einer geringeren Laufzeit unterstützt *Monon Railroad* das Vorliegen von Fremdkapital nicht, wenn andere wesentliche Eigenkapitalkriterien vorliegen. Die Angemessenheit der Laufzeit ist gem Notice 94-74 nur einer von vielen Faktoren, die berücksichtigt werden müssen, *Keyes, K.M.* (1997): 2.03[5][c][ii]; *Ballan, H.* (2002): 746f; *Weinrib, B./Mann, J.* (1995): 53f; *Freeman, L.S./Stevens, M.A./Hollender, V.* (2002): 1294, vor dem *Notice* wurden von vielen renommierten Unternehmen In-

Durch die Veröffentlichung des TAM 199910046 wurde die steuerliche Behandlung von MIPS endgültig klargestellt. In diesem TAM beschreibt das *National Office* des IRS einige MIPS Transaktionen und kommt zu dem Schluss, dass die Darlehen der LLC für steuerliche Zwecke Fremdkapital darstellen und die Ausgabe der *Preferred Stock* einen wirtschaftlichen Gehalt aufwiesen. Dieses Ergebnis würde durch die Anwendung der Faktorenanalyse gem Notice 94-47 erreicht. Besonders der letzte Punkt der Analyse – die Behandlung für nichtsteuerliche Zwecke – führte zu einer kontroversen Diskussion. Obwohl gem der Rating Agenturen *Equity Capital* vorlag, wurden die Gestaltungen als Fremdkapital angesehen.[1117]

6.5. Reverse MIPS

Die Grundüberlegungen von MIPS waren der Ausgangspunkt für die Gestaltung von *Reverse MIPS*. Bei *Reverse MIPS* wird ein *Partnership* von der Muttergesellschaft gegründet, die jedoch nur *Limited Partner* ist. Das *Partnership* emittiert anschließend Anleihen an fremde Dritte und verwendet das Kapital, um *Preferred Stock* von der Muttergesellschaft zu erwerben. Die Muttergesellschaft schüttet Dividenden an das *Partnership* aus, das damit die Zinsen für die Anleihen begleichen kann. Die Dividende an das *Partnership* ist bei diesem aufgrund des Mitunternehmerschaftsprinzips steuerlich unbeachtlich, soweit sie der Muttergesellschaft zuzuordnen ist, da es de facto eine Ausschüttung an sich selbst darstellt. Die Zinsen sollten von der steuerlichen Bemessungsgrundlage abzugsfähig sein und können der Muttergesellschaft im Rahmen einer Verlustzuweisung zugerechnet werden. Für Rechnungslegungszwecke und aufsichtrechtliche Zwecke werden die *Reverse* MIPS als Eigenkapital angesehen.[1118]

---

strumente mit Laufzeiten von über 100 Jahren herausgegeben, *Connors, P.J./Woll, G.H.J.* (2002): 432 PLI/Tax 799f; *Conlon, S.D./Aquilino, V.M.* (1999): B2.04[3]; *Spector, P.* (1994): 11; *Favelukes, K.S.* (2003): 24, Investment Banken reagierten auf diese Regelung mit einer Verkürzung der Laufzeit auf 30 Jahre mit einer Option zur Verlängerung auf 50 Jahre. Rev. Rul. 85-119, 1985-2 C.B. 60; *Ballan, H.* (2002): 746; *Freeman, L.S./Stevens, M.A./Hollender, V.* (2002): 1294; *Hariton, D.P.* (1994): 509, dh der Emittent kann eine Wandlung für eine bestimmte Anzahl an Aktien durchsetzen.

1117 Im TAM 199910046 werden sowohl die Überlegungen der Rating Agenturen, als auch die Klassifizierung eines Instruments nach steuerlichen Gesichtspunkten gegenübergestellt, *Ballan, H.* (2002): 748ff; *Favelukes, K.S.* (2003a): 12ff, spricht sich für eine konforme Behandlung hybrider Finanzierungsinstrumente in den einzelnen Rechssystemen aus, während *Hariton, D.P.* (1994): 521, eine von anderen Rechtssystemen unabhängige Behandlung im Steuerrecht fordert; *Heath, M./Allen, D.* (2000): 10; *Sheppard, L.A.* (1999): 351; *Kleinbard, E.D.* (1998): 1365, befürwortet die steuerlichen Grundsätzen folgende Gestaltung.

1118 *Keyes, K.M.* (1997): 2.03[5][c][i]; *Conlon, S.D./Aquilino, V.M.* (1999): B2.04[3]; *Ballan, H.* (2002): 752ff; *Freeman, L.S./Stevens, M.A./Hollender, V.* (2002): 1296f.

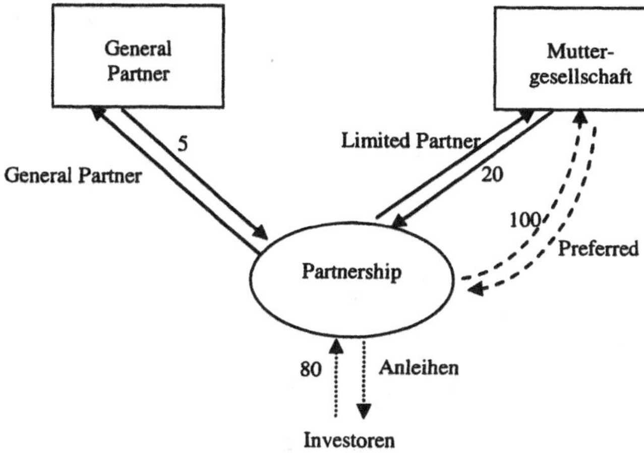

Abbildung 28: Reverse MIPS[1119]

Während Notice 97-47 die Strukturierung von MIPS grundsätzlich anerkennt, hat Notice 97-48 die Anwendung von *Reverse MIPS* stark eingeschränkt. Der IRS berücksichtigte das *Partnership* als eigenständige Gesellschaft für die Ausgabe der *Preferred Stock* nicht, sondern sah das *Partnership* nur als ein Finanzierungsarrangement zur Vereinfachung der Begebung von *Preferred Stock* an. Dementsprechend ist auch die Fremdfinanzierung steuerlich unbeachtlich. Selbst wenn der Muttergesellschaft die Ausgabe von Fremdkapital unterstellt werden könnte, wäre das Fremdkapital die einzige Besicherung, und somit wären die *Preferred Stock* und damit die Gläubigerrechte beschnitten. Im *Notice* führt der IRS weiters an, dass selbst wenn das *Partnership* anerkannt werden würde, und der Schuldner Dividenden an das *Partnership* ausschüttete, eine Abzugsfähigkeit von Zinsen generell verboten werden könnte, da diese mit nicht steuerpflichtigen Einkommen in Zusammenhang stünden.[1120]

6.6. ARPS

Unter *Adjustable Rate Preferred Stock* versteht man Vorzugsaktien, deren Dividendenrate in periodischen Intervallen angepasst wird. Die Anpassung kann

---

[1119] *Ballan, H.* (2002):753.

[1120] *Reid, J.* (1997): 1061; *Ballan, H.* (2002): 754; *Conlon, S.D./Aquilino, V.M.* (1999): B2.04[3]; *Surdell, S.M.* (1996):1530;

dabei von einem *Remarketing Agent*[1121], einer Angleichung an einen Index oder durch eine sog *Dutch Auction*[1122] erfolgen.[1123]

In einer *Dutch Auction* übermittelt ein interessierter Investor ein Kaufangebot. Ein bereits bestehender Inhaber kann entweder die Aktien unabhängig von der Vergütung halten, oder er kann wählen, die Aktien nur zu halten, wenn die Dividende einen gewissen Prozentsatz übersteigt. Liegt die Dividendenrate unter der vom Inhaber spezifizierten Rate, wird das Angebot des Inhabers als ein Verkaufsangebot bewertet. Darüber hinaus kann der Inhaber ein Verkaufsangebot unabhängig von der Dividendenrate tätigen. Der *Auction Agent* bearbeitet alle Angebote und ermittelt die geringste Dividendenrate, bei der alle Angebote erfüllt werden. Kann der *Auction Agent* nicht alle Angebote erfüllen, so wird die *Auction* als *Failed* eingestuft. In diesem Fall muss die höchste Dividendenrate, die zum Verkauf geboten wurde, als Strafe gezahlt werden.[1124]

Typischerweise sind ARPS als Finanzierungsinstrumente ohne Stimmrecht ausgestaltet.[1125] Der Vorteil von ARPS liegt in der Fremdkapitalähnlichkeit unter ständiger Anpassung an einen marktüblichen Zinssatz und der Möglichkeit, das Instrument pari zu verkaufen.[1126] Gleichzeitig können die Vorteile von Eigenkapital genutzt und eine DRD in Anspruch genommen werden.[1127]

Ein weiteres Recht der Inhaber von ARPS besteht darin, dass zum Zeitpunkt der Anpassung der Dividendenrate das Instrument zum Nennwert verkauft werden kann. Ein fixer Rückzahlungsbetrag kann jedoch nicht vorgesehen werden, da sonst keine Qualifikation als Eigenkapital möglich wäre. Dementsprechend können Investoren den Verkauf von ARPS durch einen *Remarketing Agent* oder durch eine *Dutch Auction* durchführen lassen.[1128]

In Rev. Rul. 90-27[1129] befasste sich der IRS mit der steuerlichen Behandlung von bestimmten *Preferred Stock*. Eine *Publicly Held Corporation* gab Aktien

---

1121 Ein *Remarketing Agent* setzt den Zinssatz für Instrumente aufgrund der Marktsituation zum Zeitpunkt der Neufestsetzung eines Zinssatzes und aufgrund der Bonität der Instrumente fest. Ein *Remarketing Agent* kann auch für den Verkauf von Instrumenten verantwortlich sein.

1122 *Freeman, L.S./Stevens, M.A./Hollender, V.* (2002): 1287f, diese Instrumente werden auch als *Dutch-Auction Rate Preferred Stock* (DARPS) bezeichnet.

1123 *Conlon, S.D./Aquilino, V.M.* (1999): B2.04[9].

1124 *Keyes, K.M.* (1997): 2.03[5][a]; *Bittker, B.I./Streng, W.P./Emory, M.* (1995): 4.9[7].

1125 *Haun, J.* (1996): 11

1126 *Keyes, K.M.* (1997): 2.03[5][a]; *Bittker, B.I./Streng, W.P./Emory, M.* (1995): 4.9[7]; *Haun, J.* (1996): 195.

1127 *Haun, J.* (1996): 215; *Conlon, S.D./Aquilino, V.M.* (1999): B2.04[9].

1128 *Bittker, B.I./Streng, W.P./Emory, M.* (1995): 4.9[7].

1129 Rev. Rul. 90-27, 1990-1 CB 50.

aus, die eine fixe *Liquidation Preference* und *Cumulative Dividends* vorsahen. Die Dividenden mussten jedoch vom *Board of Directors* aus den rechtlich zur Verfügung stehenden Mitteln deklariert werden, und die Inhaber hatten weder die Sicherheit der Auszahlung, noch eine juristische Möglichkeit, diese durchzusetzen. Obwohl der Emittent jederzeit das Recht hatte, die *Preferred Stock* pari unter Berücksichtigung der bisher angefallenen, aber nicht ausgezahlten Dividenden zurückzukaufen, konnten die Inhaber eine *Redemption* nicht durchsetzen und hatten nur eingeschränkte Stimmrechte. Jeder Inhaber verpflichtete sich, die Aktien ausschließlich durch eine *Dutch Auction* an einen autorisierten Broker zu verkaufen. Allerdings bestand keine Garantie, dass der Broker die Aktien verkaufen würde.[1130]

Der IRS kam im Rev. Rul. 90-27 zu der Auffassung, dass ARPS, die einer *Dutch Auction* unterliegen, als Eigenkapital einzustufen seien, für das zB die DRD gem Sec 243(a) IRC in Anspruch genommen werden könne, da der Inhaber keine Garantie für den Verkauf der Anteile hat.[1131] Der Emittent, der die Dividende nicht in Abzug bringen konnte, muss dies jedoch in seiner Kalkulation berücksichtigen. Üblicherweise wird die Ausgabe von ARPS dann vorteilhaft sein, wenn der Emittent keinen Bedarf an Aufwendungen hat, wie das zB in Verlustsituationen der Fall ist.[1132]

Im Rev. Rul. 94-28[1133] kam der IRS zu dem Schluss, dass ein Wertpapier, bei dem ein Recht auf Rückzahlung im Fall einer Insolvenz vorgesehen war, nicht als Eigenkapital dargestellt werden könne.[1134] Der IRS führte weitere Gründe für die Beurteilung an, wann ein ARPS als Eigenkapital zu qualifizieren sei. Der IRS glaubt, dass, obwohl der Inhaber die Risiken, die Eigenkapital zugrunde liegen, durch *Dutch Auction Preferred Stock* weitgehendst eliminiert, keine Garantie bestehe, dass er die Anteile tatsächlich verkaufen kann. In dem *Ruling* wurde festgestellt, dass die Risiken von ARPS denen von Vorzugsaktien weitgehendst entsprechen. Der Inhaber hat kein Recht auf Auszahlung eines bestimmten Betrags zu einem bestimmten Zeitpunkt, und das Instrument ist den anderen Gläubigerpapieren nachrangig gestellt. Darüber hinaus kann der Inhaber nicht auf eine *Redemption* bestehen, und hat kein vertraglich vereinbartes Recht,

---

1130 *Keyes, K.M.* (1997): 2.03[5][a].

1131 *Sheppard, L.A.* (1990 1376; *Bittker, B.I./Streng, W.P./Emory, M.* (1995): 4.9[7]; *Conlon, S.D./Aquilino, V.M.* (1999): B2.06[3]; *Freeman, L.S./Stevens, M.A./Hollender, V.* (2002): 1288, darüber hinaus wurde die Nachrangigkeit und das Recht des Emittenten zur *Redemption*, das der Investor nicht innehatte, angeführt.

1132 *Keyes, K.M.* (1997): 2.03[5][a]; *Conlon, S.D./Aquilino, V.M.* (1999): B2.04[9].

1133 Rev. Rul. 94-28, 1994-1 CB 86.

1134 *Bittker, B.I./Streng, W.P./Emory, M.* (1995): 4.9[7]; *Conlon, S.D./Aquilino, V.M.* (1999): B2.06[3].

einen bestimmten Betrag zu einem bestimmten Zeitpunkt in Tausch seiner Aktien zu bekommen. Dementsprechend kann auch eine DRD nicht verneint werden.[1135]

Ob ein ARPS als Eigenkapital einzustufen ist, wird von der konkreten Ausgestaltung abhängig sein.[1136] Die Tatsache, dass Gläubigerrechte vorliegen, damit die Investoren die niedrige Verzinsung akzeptieren und Rechte, die den schnellen Kauf und Verkauf von Instrumenten begünstigen, sprechen für das Vorliegen von Fremdkapital. Im Gegensatz zu Fremdkapital aber können die Inhaber der Instrumente die laufende Vergütung rechtlich nicht durchsetzen. Bleibt eine laufende Vergütung aus, werden die Investoren typischerweise mit vorrangigen Liquidationsrechten und vorrangigen Dividendenansprüchen sowie Stimmrechten ausgestattet. Diese Rechte, welche in manchen Fällen auch die Wahl des kontrollierenden Anteils des *Board of Directors* im Falle von Nichtzahlung der Dividenden vorsehen, machen das Instrument trotz niedriger Verzinsung attraktiv.

6.7. DECS

DECS[1137] *(Debt Exchangeable for Common Stock)* sind nachrangige Fremdfinanzierungsinstrumente, die laufende Zinszahlungen zu einem marktüblichen Zinssatz vorsehen und ähnlich einer Wandelanleihe nach Ablauf eines Zeitraums in Aktien eines nicht nahe stehenden Dritten[1138] umgewandelt werden bzw wo der Rückzahlungsbetrag anhand dieses Werts ermittelt wird. Die Anzahl der Aktien bei Fälligkeit wird anhand des Marktpreises der Aktien ermittelt. Ist der Marktwert der Aktien bei Fälligkeit geringer als der Marktwert zum Ausgabezeitpunkt, wird die Anzahl der Aktien anhand des Marktwerts zum Ausgabezeitpunkt berechnet. Wenn der Marktwert der Aktien bei Fälligkeit höher ist als zum Ausgabezeitpunkt, wird die Wertsteigerung der Aktien erst beim Überschreiten eines bestimmten Werts berücksichtigt.[1139] Durch die Anwendung eines *Conversion Cap* wird das wirtschaftliche Risiko des Wertverlusts der

---

1135 *Keyes, K.M.* (1997): 2.03[5][a];

1136 Im Rev. Rul. 83-98, 1983-2 CB 40 wurde ein *Adjustable Variable Interest Convertible Note* als Eigenkapital qualifiziert.

1137 DECS ist ein Servicemark von Salomon Smith Barney, Inc, die ersten DECS wurden 1993 von American Express emittiert, *Kleinbard, E.D./Nijenhuis, E.W.* (2002): 1104.

1138 Diese Anteile werden für gewöhnlich vom Emittenten gehalten. Würde die Wandlung in Anteile des Emittenten oder einer nahe stehenden Person erfolgen, wäre jedenfalls von Eigenkapital auszugehen, *Garlock, D.C.* (2002): 951.

1139 Oftmals ist nur eine prozentuelle Wertsteigerung möglich, wie zB im Fall American Express, wo der Investor bei Überschreiten einer bestimmten Grenze nur 81,9 % der Wertsteigerung erzielen konnte, *Kleinbard, E.D./Nijenhuis, E.W.* (2002): 1102.

Aktien auf den Käufer übergewälzt, während die Rechte der Wertsteigerung beim Emittenten verbleiben.[1140] Eine DECS-Transaktion kann mit einer Kombination von *Straight Debt* mit einem *Forward Contract* verglichen werden, bei dem der Inhaber des Fremdkapitals zustimmt, es für eine vereinbarte Anzahl von Aktien zu tauschen. Übersteigt der Wert der Aktien einen bestimmten Betrag, wird die Anzahl der Aktien reduziert.[1141]

Der Emittent kann bei DECS die Zinsen des Fremdkapitals steuerlich in Abzug bringen, reduziert gleichzeitig das Risiko in Bezug auf die Aktien und vermeidet durch den *Forward Contract* die Versteuerung des Veräußerungsgewinns, bis das Fremdkapital gewandelt wird.[1142] Die steuerliche Beurteilung der Investment Banker beruhte dabei auf Rev. Rul. 85-119, das ein wandlungsfähiges Instrument als Fremdkapital einstufte. Durch die Veröffentlichung von Notice 94-47 beschränkte der IRS die Anwendung von Rev. Rul. 85-119 auf den konkreten Sachverhalt.[1143]

Die Behandlung von DECS-ähnlichen Instrumenten ist nicht vollständig geklärt, da keine allgemein gültige Erklärung des IRS veröffentlicht wurde. Allerdings wird die Position des IRS in zahlreichen *Field Service Advices* klargestellt, die sich einer Fremdkapitalbehandlung entgegenstellen:

Im FSA 19994007[1144] emittierte der Steuerpflichtige ein Instrument, dass DECS bzw PHONES[1145] in der Weise sehr ähnlich war, als dass es die Entwicklung von Anteilen des Steuerpflichtigen an anderen Körperschaften widerspiegelte. Das Instrument berechtigte den Inhaber am Ende der Laufzeit, den Betrag entsprechend dem Wert der Aktien einzukassieren bzw müsste bei eventuell früherer *Redemption* der Emittent alle bis zur Fälligkeit offenen Zinsen zahlen. Der IRS befand das Instrument gem Notice 94-47 als Eigenkapital, vor allem deshalb, weil ein fixer Rückzahlungsbetrag fehlte.[1146]

1140 *Sheppard, L.A.* (2002): 1131.

1141 *Garlock, D.C.* (2002): 951; *Conlon, S.D./Aquilino, V.M.* (1999): B2.04[3].

1142 Oftmals wird das Risiko zusätzlich gesenkt, indem die Aktien, an denen der Wert des Rückzahlungsbetrags ermittelt wird, vom Emittenten gehalten werden, *Surdell, S.M.* (1996): 1527; *Conlon, S.D./Aquilino, V.M.* (1999): B2.04[3].

1143 *Conlon, S.D./Aquilino, V.M.* (1999): B2.04[3].

1144 15. Juni 1999.

1145 Ausführlich zu PHONES siehe Kapitel VI.6.8.

1146 *Conlon, S.D./Aquilino, V.M.* (1999): B2.04[3], Fußnote 48; *Garlock, D.C.* (2002): 952; *Kleinbard, E.D./Nijenhuis, E.W.* (2002): 1195; *Freeman, L.S./Stevens, M.A./Hollender, V.* (2002): 1422, es könne auch kein Tausch nach Sec 1001 IRC vorliegen, da diese Konstellation als *Straddle* angesehen wurde.

Im FSA 200150012 analysierte der IRS Instrumente, die anhand von DECS strukturiert worden sind. Folgende Bedingungen sah das Instrument vor: Der Emittent war zu quartalsmäßigen Zahlungen verpflichtet, die anhand des ursprünglichen Ausgabepreises berechnet wurden. Bei Fälligkeit waren die Instrumente in *Common Stock* an einer anderen Körperschaft, die vom Emittenten gehalten wurde, beteiligt. Die Instrumente wurden zu einem Preis herausgegeben, der dem damaligen Wert der Aktien entsprach. Die Anzahl der Aktien, die durch die Wandlung erhalten werden konnten, war vom Wert der Aktien abhängig:

1. Wenn der Wert der Aktien bei Fälligkeit gleich oder geringer als ihr ursprünglicher Wert ist, wird jedes Instrument für eine Aktie getauscht;
2. ist der Wert der Aktien bei Fälligkeit höher als der ursprüngliche Wert, aber geringer als eine bestimmte Obergrenze, dann wird das Instrument für einen Teil der Aktien zum *Fair Market Value* entsprechend dem ursprünglichen Wert gewandelt;
3. ist der Wert der Aktien bei Fälligkeit höher als der ursprüngliche Wert und auch höher als eine Obergrenze, werden die Instrumente für einen bestimmten Teil der Aktien getauscht.

Das Ergebnis war, dass die Inhaber der Instrumente eine Verzinsung über der Dividendenrate erhielten, jedoch dem vollen Verlustrisiko ausgesetzt waren, während eine Werterhöhung erst nach Überschreiten der Obergrenze wirksam wurde. Dem Emittenten stand es frei, Bargeld in Höhe des Marktwerts der Aktien oder die Aktien selbst auszuschütten. Das Instrument wurde in Form von Fremdkapital begeben und gab dem Inhaber das Recht, die Zahlung vom Emittenten rechtlich durchzusetzen. Das Instrument war unbesichert und nicht den anderen Verbindlichkeiten des Emittenten untergeordnet. Das Instrument unterlag keinem *Sinking Fund Redemption* vor Fälligkeit. Bei Nichterfüllung des Vertrags konnte ein bestimmter Prozentsatz der Inhaber eine sofortige Auszahlung verlangen. Das Instrument verlieh bis zur tatsächlichen Auszahlung der Aktien keine Rechte (zB Stimmrecht). Der Emittent vertrat die Ansicht, dass ein Instrument mit einem schriftlich vereinbarten Fremdkapital, das Zinszahlungen vorsah, vorlag, und es sich um einen *Purchase Contract* handelte, bei dem der Inhaber zustimmt, den Nennbetrag des Fremdkapitals für den Kauf der Aktien zur Fälligkeit zu verwenden. Dementsprechend kann das Instrument als *Investment Unit* in zwei Teile getrennt werden.

Der IRS sprach nicht direkt den *Bifurcation Approach* des Steuerpflichtigen an. Er verwendete die Faktorenanalyse gem Notice 97-47 und kam zu dem Schluss, dass das Instrument nicht Fremdkapital für steuerliche Zwecke sei, weil kein fixer Rückzahlungsbetrag festlag, sondern der Betrag bedingt war und vom Wert der Aktien zu dieser Zeit abhing. Bei einem völligen Wertverlust der Aktien könnte der Rückzahlungsbetrag zur Gänze entfallen. Der IRS befand, dass es sehr wahrscheinlich war, dass der Inhaber des Instruments sein ursprüngliches Investment nicht zurückbekommen könnte. Der IRS stellte fest, obwohl die CPDI Regulations gem Regs 1.1275-4 Fremdkapital auch dann annehmen, wenn einige bedingte Zahlungen vorgesehen sind, dass "*if the contingencies are such that it is entirely possible that the investor will never receive the return of his initial investment, it is difficult to conclude that the instruments include the promise to repay a principal amount, which is indicative of debt.*" Die Tatsache, dass das Instrument als Fremdkapital bezeichnet wurde, war jedoch nicht bindend für den IRS.

Nachdem der IRS festgestellt hatte, dass kein Fremdkapital vorlag, schlussfolgerte er, dass dementsprechend auch keine Zinsen vorliegen könnten.[1147]

6.8. PHONES

Die von Merrill Lynch & Co. strukturierten PHONES *(Participating Hybrid Option Note Exchangeable Securities)* sind DECS sehr ähnlich. Wie DECS sind PHONES nachrangige Fremdfinanzierungsinstrumente, die an Aktien von nicht nahe stehenden Körperschaften, die im Portfolio der emittierenden Gesellschaft gehalten werden, gekoppelt sind. PHONES sind langfristige[1148] Instrumente und versprechen dem Investor *Cash at Maturity* entsprechend dem Wert der Aktien und legen dem Investor hohe Gebühren im Falle einer frühzeitigen *Redemption* auf.[1149] Die Vergütung erfolgt idR vierteljährlich zu einem Zinssatz des Emittenten, der wesentlich unterhalb einer vergleichbaren Rendite liegt, inklusive der Dividendenzahlung des unabhängigen Dritten.[1150] Der Emittent kann dadurch den Differenzbetrag, der bei der Wandlung entsprechend abgegolten wird, über eine Laufzeit von 30 bis 60 Jahren geltend machen. Im Gegenzug dazu muss der Investor den Differenzbetrag versteuern.[1151]

Werden Dividenden aus den vom Emittenten gehaltenen Aktien ausgezahlt, kann der Emittent eine DRD in Anspruch nehmen und einen Abzug für die Zinsen, die von den Dividenden abhängig sind, geltend machen. Die Emittenten von

---

1147 *Freeman, L.S./Stevens, M.A./Hollender, V.* (2002): 1424.

1148 30 bzw 60 Jahre, *Garlock, D.C.* (2002): 958.

1149 *Sheppard, L.A.* (1999): 347.

1150 *Kleinbard, E.D./Nijenhuis, E.W.* (2002): 1189; *Freeman, L.S./Stevens, M.A./Hollender, V.* (2002): 1398.

1151 Die Frage, ob die Abzugsmöglichkeit der Zinsen durch eine Integration der gehaltenen Aktien mit dem Fremdfinanzierungsinstrument verhindert wird, muss verneint werden. Eine Integration kommt nur auf *Qualifying Debt Instrument* und *Financial Instruments* zur Anwendung. Gem Reg 1.1275-6(b)(3) sind Aktien keine *Financial Instruments* lt Reg 1.1275-6, *Garlock, D.C.* (2002): 958.

PHONES berufen sich bei der rechtlichen Behandlung auf die Regs 1.1275-4 bzgl CPDIs.[1152]

Obwohl PHONES Fremdkapital darstellen, da eine Verpflichtung zur Rückzahlung besteht und der Investor Gläubigerrechte innehat, ist prinzipiell Sec 263(g) IRC zu beachten, die *Proposed Regulations Straddles*[1153] regelt. Gem Sec 263(g) IRC müssen bei Vorliegen von *Straddles* die Zinsenabgrenzungen von PHONES und ähnlichen Instrumenten, die nach dem 17. Jänner 2001 emittiert wurden, zum Buchwert der Aktien des Emittenten von PHONES hinzugefügt werden.[1154] Durch die Erhöhung des Buchwerts wird eine Abzugsfähigkeit erst bei Verkauf der Aktien erzielt. Werden jedoch Dividenden ausgeschüttet, reduzieren diese den Buchwert.[1155] Durch diese Regelung wäre die Vorteilhaftigkeit von PHONES stark eingeschränkt.[1156]

6.9. FILENE PRIDES

Im Juli 2003 veröffentlichte der IRS Rev. Rul. 2003-97[1157], das die Abzugsfähigkeit von Zinsen auf Instrumente gewährte, die als Teil einer *Investment Unit*[1158] herausgegeben wurden, die auch einen *Forward Contract* für den Kauf von Aktien des Emittenten enthielt.[1159] Dieses *Ruling* zielt auf Finanzierungsinstrumente ab, die allgemein als FELINE PRIDES *(Flexible Equity-Linked Exchangeable Securities, Preferred Redeemable Increased Dividend Equity Securities* oder *Income Debt Exchangeable for Stock)* bekannt sind.[1160] FELINE

1152 *Sheppard, L.A.* (1999): 347f; *Conlon, S.D./Aquilino, V.M.* (1999): B2.04[3], Fußnote 44.1, zur selben Auffassung kommen *Kleinbard, E.D./Nijenhuis, E.W.* (2002): 1097.

1153 Ein *Straddle* sind sich ausgleichende Positionen, bei denen das Verlustrisiko des Steuerpflichtigen wesentlich reduziert wird, *Kleinbard, E.D./Nijenhuis, E.W.* (2002): 1209; insofern sind Straddles Hedges sehr ähnlich, jedoch ist die Abischerung der gegenläufigen Straddle-Positionen nicht notwendig, *Funk, T.E.* (1999): 489.

1154 *Sheppard, L.A.* (2002): 1131; *Freeman, L.S./Stevens, M.A./Hollender, V.* (2002): 1400; Prop. Reg. 1.263(g)-3(b) und (c).

1155 Ausgenommen ist hierfür jedoch der Teil, für den eine DRD in Anspruch genommen werden kann. Allerdings ist fraglich, ob Sec 246(c)(4)(A) und (B) IRC anwendbar sind, die eine DRD verneinen, *Kleinbard, E.D./Nijenhuis, E.W.* (2002): 1225 und 1231.

1156 Eine ausführliche Behandlung von *Phones* bieten *Kleinbard, E.D./Nijenhuis, E.W.* (2002): 185ff; *Garlock, D.C.* (2002): 959; in der Literatur ist jedoch die Anwendbarkeit von Sec 263(g) IRC auf PHONES nicht eindeutig, *Sheppard, L.A.* (1999): 350.

1157 2003-34 IRB 380.

1158 Aus mehreren Komponenten bestehendes Instrument.

1159 *Langbein, S.I.* (2001): 5.06[1][h].

1160 Ähnliche Instrumente sind ACES *(Automatically Convertible Enhanced Securities)* von Goldman Sachs, PEPS *(Premium Equity Participating Securities)* von Morgan Stanley Dean Witter, Inc. oder Upper DECS, *Conlon, S.D./Aquilino, V.M.* (1999): B2.05[1.1]; *Keyes, K.M.* (1997): 3.02[4][f].

PRIDES wurden erstmalig 1997 angeboten, kurz nachdem die *Clinton Administration* einige Vorschläge für die Besteuerung von Finanzierungsinstrumenten veröffentlichte, zusammen mit der Einführung von Sec 163(l) IRC.[1161]

FELINE PRIDES und ähnliche Produkte sind *Investment Units*, die sowohl ein Fremdfinanzierungsinstrument als auch einen *Forward Contract* für den Kauf von Aktien des Emittenten beinhalten. Die *Investment Unit* ist derart gestaltet, dass die Wahrscheinlichkeit groß ist, dass das Fremdkapital zum Erwerb der Aktien lt *Forward Contract* verwendet wird, dass der Kaufpreis der *Investment Unit* auf den *Forward Contract* umgelegt werden kann und daher von Aufsichtsbehörden bzw der Rechnungslegung als Eigenkapital qualifiziert wird. Für steuerliche Zwecke wird der gesamte Anschaffungsbetrag der *Investment Unit* auf das Fremdfinanzierungsinstrument umgelegt und die Vergütungen sind als Zinsen abzugsfähig.[1162]

Insofern dient bei einer solchen *Investment Unit* das Fremdfinanzierungsinstrument der steuerrechtlichen Klassifikation als Fremdkapital und damit der Abzugsfähigkeit von Zinsen, während der *Forward Contract* der Eigenkapitalklassifikation für Rechnungslegungszwecke dient.[1163] Es ist dabei wesentlich, dass die Fremdfinanzierung und der *Forward Contract* derart ausgestaltet sind, dass diese so weit wie möglich unabhängig voneinander sind, um eine steuerliche Qualifikation als Fremdkapital zu erreichen. So hat idR der Investor beim *Forward Contract* mögliche Wertverluste zu tragen, Wertseigerungen unterliegen jedoch oftmals einem *Floor* oder einer *Threshold*, damit ist die Wahrscheinlichkeit einer Gewinnerzielung beinahe unmöglich.[1164]

Der *Forward Contract* hat eine Laufzeit von drei Jahren und verpflichtet den Inhaber zum Kauf einer variablen Anzahl der Aktien des Emittenten. Die Anzahl der Aktien wird anhand ihres Marktpreises bei Fälligkeit ermittelt.[1165] Ist der Marktwert der Aktien bei Fälligkeit geringer als der Marktwert zum Ausgabezeitpunkt, wird die Anzahl der Aktien anhand des Marktwerts zum Ausgabezeitpunkt berechnet. Wenn der Marktwert der Aktien bei Fälligkeit 20% höher als zum Ausgabezeitpunkt ist, wird die Anzahl der Aktien von 120% des Rückzahlungsbetrags berechnet.

1161 *Keyes, K.M.* (1997): 3.02[4][f]; *Ballan, H.* (2002): 766f; *Freeman, L.S./Stevens, M.A./Hollender, V.* (2002): 1303.

1162 *Hardy, D.R.* (2004): 6; *Conlon, S.D./Aquilino, V.M.* (1999): B2.05[1.1][a]; *Ballan, H.* (2002): 769.

1163 *Conlon, S.D./Aquilino, V.M.* (1999): B2.05[1.1][a].

1164 *Garlock, D.C.* (2002): 955.

1165 *Sheppard, L.A.* (2001a): 598; *Ballan, H.* (2002): 767.

Beispiel:

Der Rückzahlungsbetrag beträgt 80, der Marktwert der Aktien zum Ausgabedatum 10. Folgende Berechnungen können nun angestellt werden:

Marktwert bei Rückzahlung	5	6	7	8	9	10	11	12	13	14	15
Anzahl der Aktien	8	8	8	8	8	8	7,27	6,67	6,67	6,67	6,67
Wert der Aktien	40	48	56	64	72	80	80	80	86,67	93,33	100

Der Wert der Aktien muss daher über 20% steigen, damit der Inhaber einen Gewinn erwirtschaften kann.[1166] Das Fremdfinanzierungsinstrument der *Investment Unit* hat eine Laufzeit von fünf Jahren und soll die Verpflichtung zur Zahlung des Kaufpreises gem dem *Forward Contract* besichern.

Der Inhaber hat das Recht, die Fremdfinanzierung von der *Investment Unit* zu trennen. Er kann die Fremdfinanzierung vor Fälligkeit durch eine *Zero-Coupon Treasury Security,* die nun zur Besicherung des *Forward Contract* dient, ersetzen und anschließend kann er die Fremdfinanzierung unter Beibehaltung der neuen *Investment Unit* veräußern oder vice versa. Die Laufzeit der *Zero-Coupon Treasury Security* endet kurz vor Fälligkeit des *Forward Contract,* und der Emittent kann damit die Verpflichtung des Inhabers zur Zahlung des Kaufpreises gem dem *Forward Contract* befriedigen.[1167]

Eine andere Möglichkeit für die Teilung der *Investment Unit* besteht in der Zahlung eines bestimmten Geldbetrags vor Fälligkeit für eine vorzeitige Ausübung des *Forward Contract,* bei dem der Inhaber eine bestimmte Anzahl von *Common Stock* des Emittenten erhält.[1168]

Die Zinsen der Fremdfinanzierung werden zu einem fixen Zinssatz gezahlt *(Initial Rate).* Die Fremdfinanzierungen müssen allerdings zu bestimmten Zeitpunkten vor Fälligkeit des *Forward Contract* remarketed werden. Für gewöhnlich werden bei einem erfolgreichen *Remarketing* die Finanzierungen an neue Investoren veräußert und die Zinsen werden anhand einer neuen Zinsrate *(Reset Rate)* berechnet, welche für die Restlaufzeit bestehen bleibt. Während des Remarketing versucht der *Remarketing Agent* die Finanzierungen mit einer *Reset Rate* zu *remarketen*, die einen Verkauf zu 100,5 Prozent des Werts von verfügbaren *Zero-Coupon Treasury Securities* erlaubt, die kurz vor dem *Settlement*

1166 *Langbein, S.I.* (2001): 5.06[1][h].

1167 *Ballan, H.* (2002): 768ff; *Keyes, K.M.* (1997): 3.02[4][f]; *Langbein, S.I.* (2001): 5.06[1][h].

1168 *Keyes, K.M.* (1997): 3.02[4][f]; *Langbein, S.I.* (2001): 5.06[1][h].

Date fällig werden und einen Betrag entsprechend der Summe der kumulierten *Stated Principal* der alten Finanzierung vorsehen. Schlägt dieser Versuch fehl, wird in einem vor Fälligkeit des *Forward Contract* stattfindenden zweiten *Remarketing* der Verkauf der Finanzierung entsprechend dem Nennbetrag angestrebt. Bei einem erfolgreichen *Remarketing* verwendet der Emittent das erhaltene Geld zur Befriedigung der Verpflichtung des Inhabers zur Erfüllung des *Forward Contract.*[1169]

Sind beide *Remarketings* fehlgeschlagen, hat der Inhaber am *Settlement Date* das Recht, die Finanzierung gegen Geld einzutauschen. In diesem Fall kann der Emittent vom Recht Gebrauch machen, den *Forward Contract* des Inhabers zu befriedigen. Allerdings ist es fast sicher, dass das *Remarketing* erfolgreich sein wird. Die Bedingungen des *Forward Contract* sehen vor, dass im Fall einer Insolvenz des Emittenten der *Forward Contract* beendigt ist und die damit zusammenhängende Finanzierung freigegeben wird. Zum Ausgabezeitpunkt nimmt der Emittent an, dass diese Bestimmung im Falle einer Insolvenz einklagbar ist und der Inhaber des *Investment Unit* als Gläubiger im Insolvenzverfahren behandelt wird.[1170]

1997 wurde Sec 163(l) IRC eingeführt und damit der Abzug von Zinsaufwendungen untersagt, wenn das Instrument in Eigenkapital des Emittenten oder einer nahe stehenden Person zahlbar ist. Diesbezüglich wurden lebhafte Diskussionen darüber geführt, ob Sec 163(l) IRC auch auf PRIDES anwendbar ist. Sec 163(l)(3)(A) IRC ist dann anwendbar, wenn ein wesentlicher Betrag der Tilgung oder der Zinsen in Eigenkapital des Emittenten oder einer nahe stehenden Person gezahlt oder umgewandelt wird, oder eine Option des Emittenten besteht, das Fremdkapital in Eigenkapital des Emittenten oder einer nahe stehenden Person zu zahlen oder umzuwandeln: *„a substantial amount of the principal or interest is required to be paid or converted, or at the option of the issuer or a related party is payable in, or convertible into, such equity"*. Gem Sec 163(l)(3) IRC werden die Tilgungen oder Zinsen eines Instruments als gezahlt, umgewandelt oder ermittelt angesehen, wenn eine Option des Investors oder einer nahe stehenden Person besteht und diese mit ziemlicher Sicherheit ausgeübt wird *"for purposes of this paragraph, principal or interest shall be treated as paid, converted, or determined if it may be required at the option of the holder or a related party and there is a substantial certainty the option will be exercised."*

[1169] Durch das *Remarketing* kurz vor Fälligkeit des *Forward Contract* wird der Wert der Fremdfinanzierung so verändert, dass er nur wenig über dem Nennbetrag liegt. Dadurch werden die Investoren angeregt – obwohl ihnen prinzipiell die Entscheidung frei steht – den *Forward Contract* auszuüben, *Garlock, D.C.* (2002): 956; *Keyes, K.M.* (1997): 3.02[4][f]; *Kleinbard, E.D./Nijenhuis, E.W.* (2002): 1127ff.

[1170] *Sheppard, L.A.* (2001a): 598; *Langbein, S.I.* (2001): 5.06[1][h]; *Keyes, K.M.* (1997): 3.02[4][f].

Vor Veröffentlichung des Rev. Rul 2003-97 war nicht eindeutig geklärt, ob *Investment Units* wie PRIDES von Sec 163(l) IRC erfasst werden.[1171]

Rev. Rul 2003-97 bezog sich in der Analyse auf Rev. Rul. 88-31[1172], das die Behandlung einer *Investment Unit* bestehend aus *Common Stock* und *Contingent Payment Right*, die beide an der Börse getrennt handelbar waren, erläutert. Der IRS führte die Urteile für das getrennte Handeln der Fälle *Chock Full O'Nuts v. United States*[1173] und *Hunt Foods & Industries Inc. v. Commissioner*[1174] an. Anschließend überprüfte der IRS, ob das Recht des Inhabers, die zwei Komponenten des *Investment Unit* zu trennen, durch einen wirtschaftlichen Zwang verhindert wird und zitierten *American Realty Trust v. United States*[1175] und *Roberts v. Commissioner*[1176], bei denen kein wirtschaftlicher Zwang der Teilung entgegenstand.[1177]

Im *Ruling* wird festgehalten, dass, wenn die Finanzierung unabhängig vom *Forward Contract* emittiert worden wäre, sie als Fremdkapital zu behandeln sein würde und die entsprechenden Zinsen gem Sec 163(a) IRC abzugsfähig wären, wenn nicht Sec 162(l) IRC zur Anwendung käme. Gem den Regulations 1.1001-3 IRC würde die Finanzierung durch das *Remarketing* als rückgezahlt und nach dem *Remarketing* als wieder aufgelebt behandelt.[1178] Allerdings stellte der IRS fest, dass, wenn die Finanzierung Teil einer *Investment Unit* sei, erst festgestellt werden müsse, ob in Summe der Rechte und Pflichten der Unit steuerlich eine Fremdfinanzierung und ein *Forward Contract* vorlägen.[1179]

In Rev. Rul. 2003-97 kommt eine dreistufige Analyse zur Bestimmung der Abzugsfähigkeit der Zinsen zur Anwendung:

1. Als erstes muss geklärt werden, ob die Fremdfinanzierung vom *Forward Contract* getrennt werden kann.
2. Sind die beiden Instrumente trennbar, muss festgestellt werden, ob die Fremdfinanzierung steuerlich als Fremdkapital zu behandeln ist.
3. Liegt Fremdkapital vor, muss ermittelt werden, ob Sec 163(l) IRC anwendbar ist.[1180]

1171 *Conlon, S.D./Aquilino, V.M.* (1999): B2.05[1.1][a]; *Langbein, S.I.* (2001): 5.06[1][h]; *Sheppard, L.A.* (2001a): 599,

1172 1988-1 CB 302.

1173 Chock Full O'Nuts v. US, 453 F2d 300 (2d Cir. 1971).

1174 Hunt Foods & Indus. Inc. v. Com., 57 TC 633 (1972).

1175 American Realty Trust v. US, 498 F2d 1199 (4th Cir. 1974).

1176 Roberts v. Com., 71 TC 311, 323 (1978).

1177 Conlon, S.D./Aquilino, V.M. (1999): B2.05[1.1][b]; *Ballan, H.* (2002): 770.

1178 *Langbein, S.I.* (2001): 5.06[1][h].

1179 *Keyes, K.M.* (1997): 3.02[4][f]; *Langbein, S.I.* (2001): 5.06[1][h].

1180 *Sheppard, L.A.* (2003a): 620f; *Keyes, K.M.* (1997): 3.02[4][f]; *Langbein, S.I.* (2001): 5.06[1][h].

Der IRS stellte zwei Faktoren fest, die für die Trennbarkeit der Instrumente sprechen. Die Instrumente sind dann trennbar, wenn die Finanzierung separat vom *Forward Contract* gehandelt werden kann und wenn in einer wirtschaftlichen Betrachtungsweise der Inhaber an einem getrennten Handeln gehindert wird. Der IRS kam zu dem Schluss, dass die Finanzierung vom *Forward Contract* getrennt gehandelt werden kann, da der Inhaber das uneingeschränkte Recht zur Trennung innehatte und wirtschaftlich nicht gezwungen war, die Instrumente ungetrennt zu belassen. Die Finanzierung konnte sowohl gewandelt werden, bzw der Inhaber konnte ein *Settlement in Cash* vornehmen und das Instrument veräußern, wenn ein erfolgreiches *Remarketing* stattgefunden hat. Da es zum Ausgabezeitpunkt sehr wahrscheinlich ist, dass das *Remarketing* erfolgreich sein wird, können die Auswirkungen eines *Failed Remarketing* nicht eine beherrschende Stellung einnehmen.[1181]

Nachdem festgestellt wurde, dass zwei Instrumente vorliegen, kam der IRS zur Ansicht, dass es sich um Fremdkapital handle, da die Laufzeit fünf Jahre betrug, regelmäßige Zinszahlungen vorgesehen waren und ein *Remarketing* spätestens drei Jahre nach dem Ausgabezeitpunkt stattfand. Das Bestehen von Gläubigerrechten im Falle einer Insolvenz wurde als wichtiger Fremdkapitalfaktor eingestuft.[1182]

Der IRS bestätigte, dass die Fremdfinanzierung als *„Paid In"* oder *„Converted Into"* des Eigenkapitals des Emittenten angesehen werden kann, weil, wenn alle *Remarketings* erfolglos sind und der Emittent verpflichtet ist, den Nennbetrag der Finanzierung gegen die Verpflichtung des Inhabers gem *Forward Contract* zu rechnen, der Inhaber wirtschaftlich betrachtet Eigenkapital des Emittenten als Gegenleistung seiner Fremdfinanzierung erhalten würde. Der IRS kam jedoch zu dem Schluss, dass aufgrund fehlender Beweise von *Bad Faith* in Bezug auf das *Remarketing* des Emittenten nicht angenommen werden kann, dass der Emittent eine Option innehat, die Fremdfinanzierung in Eigenkapital umzuwandeln. Folgende Gründe sprechen für diese Einstufung:

1. Der Emittent hat sich vertraglich verpflichtet, die Finanzierung einem *Remarketing* zu unterziehen, welche den Anforderungen und Einschränkungen des Securities Act 1933 unterliegt;
2. es ist sehr wahrscheinlich, dass das *Remarketing* erfolgreich sein wird und daher die Finanzierung bis zur Fälligkeit offen bleibt und nicht in Eigenkapital umgewandelt wird;

1181 *Keyes, K.M.* (1997): 3.02[4][f]; siehe jedoch *Langbein, S.I.* (2001): 5.06[1][h], der diese Auslegung kritisiert, da, obwohl zwar eine rechtliche Möglichkeit der Trennung und keine wirtschaftliche Verpflichtung bestand, das Instrument nicht zu trennen, diese vorzeitigen Ausstiegsszenarien wirtschaftlich keine Relevanz haben. Der Inhaber kauft das Instrument zum Ausgabezeitpunkt und erhält bei Fälligkeit Aktien.

1182 *Keyes, K.M.* (1997): 3.02[4][f].

3. der Zeitpunkt des *Remarketing* und die Fälligkeit führen dazu, dass die Fremdfinanzierung nach dem *Remarketing* so lange offen bleibt, dass sowohl absolut als auch relativ zur Laufzeit der Finanzierung wesentlich ist und
4. bei Fälligkeit der Emittent die Verpflichtung zur Rückzahlung der Fremdfinanzierung hat.[1183]

Der IRS kam im Rev. Rul. 2003-97 zu dem Schluss, dass die Zinsen des Fremdfinanzierungsinstruments einer *Investment Unit,* bestehend aus Fremdfinanzierungsinstrument und *Forward Contract,* abzugsfähig sind und nicht unter Sec 163(l) IRC fallen. Folgende Faktoren wurden bei dieser Schlussfolgerung berücksichtigt:

1. Der Inhaber hat das uneingeschränkte Recht, das Fremdfinanzierungsinstrument vom *Forward Contract* zu trennen und ist wirtschaftlich nicht gezwungen, beide Instrumente zu behalten.
2. Der *Forward Contract* sieht vor, dass der Vertrag bei Konkurs des Emittenten endet und dass die Fremdfinanzierung dem Inhaber freigegeben wird. Zum Ausgabezeitpunkt nimmt der Emittent basierend auf Gutachten vernünftigerweise an, dass diese Bestimmung im Fall eines Konkurses rechtlich durchsetzbar ist und der Inhaber des Fremdfinanzierungsinstruments in einem Konkursverfahrens als Gläubiger behandelt wird.
3. Der Zeitraum nach dem *Remarketing*, in dem das Instrument unbezahlt bleibt, ist wesentlich; es wird daher kein *Redemption* Recht des Emittenten angenommen.
4. Zum Ausgabezeitpunkt ist es sehr wahrscheinlich, dass das *Remarketing* erfolgreich sein wird, was nicht der Fall wäre, wenn das *Remarketing* gedeckelt *(capped)* sein würde.[1184]

Durch dieses *Ruling* folgte der IRS der Rechtsansicht der Entwickler von FILENE PRIDES und erlaubte die Abzugsfähigkeit des Fremdfinanzierungsinstruments.[1185]

Im Private Letter Ruling 200450016 kam der IRS zu dem Schluss, dass eine Körperschaft nicht einen Gewinn gem Sec 1032(a) IRC aufgrund des Erhalts

---

1183 *Keyes, K.M.* (1997): 3.02[4][f]; *Langbein, S.I.* (2001): 5.06[1][h].

1184 *Sheppard, L.A.* (2003a): 621; *Sheppard, L.A.* (2003b): 1493f; *Conlon, S.D./Aquilino, V.M.* (1999): B2.05[1.1][b]; *Keyes, K.M.* (1997): 3.02[4][f]; *Langbein, S.I.* (2001): 5.06[1][h]; *Garlock, D.C.* (2002): 956.

1185 Kritisch dazu *Weisbach*, der Sec 163(j) zur Anwendung bringen würde, zitiert in *Sheppard, L.A.* (2003): 953; *Hardy, D.R.* (2004): 7; *Conlon, S.D./Aquilino, V.M.* (1999): B2.05[1.1][b]; dieses Urteil wird heftigst kritisiert von *Sheppard, L.A.* (2003a): 619, die daran eine Kapitulation des IRS vor den Produkten der *Wall Street* sieht.

von Geld zur Aufhebung des *Forward Contract* für den Kauf der eigenen Anteile erzielte.[1186] In diesem *Ruling* wollte der Steuerpflichtige Eigenkapital und Geld für *Investment Units*, die von der Körperschaft begeben worden sind, tauschen. Die *Investment Units* bestanden aus einem *Forward Contract* für den Kauf einer variablen Anzahl von *Common Stock* und eine Fremdfinanzierung der Körperschaft, die zur Besicherung des *Forward Contract* diente. Die Körperschaft war verpflichtet, die Finanzierungsinstrumente zu *remarketen*, was der Verpflichtung des *Forward Contract* entsprach. Die Körperschaft jedoch kam zu dem Schluss, dass es vorteilhaft wäre, vor dem *Remarketing* die Finanzierung zurückzuzahlen und den *Forward Contract* zu annulieren. Zu diesem Zeitpunkt war der *Forward Contract* aus dem Blickwinkel der Inhaber der *Investment Unit* „out of the money". Im vorgeschlagenen Tausch würde die Körperschaft der *Forward Contract* zum Marktwert, der zu diesem Zeitpunkt geringer als der ursprüngliche Vertragspreis war, rückerstatten und die Fremdfinanzierung durch eine Kombination aus *Common Stock* und Geld in Höhe des AIP der Fremdfinanzierung zurückzahlen. Die Körperschaft schlug vor, einen Nettobetrag als Gegenleistung für die *Units* in Form von Aktien und Geld zu zahlen und hatte nicht vor, getrennte Zahlungen für die Rückzahlung der Fremdfinanzierung und der *Forward Contracts* vorzunehmen.[1187]

Die Körperschaft wollte folgende steuerliche Behandlung erreichen:

1. Gem Rev. Rul 2003-97 sind die *Investment Units* als Fremdkapital und der *Forward Contract* getrennt zu behandeln;
2. die Fremdfinanzierung wird in Höhe des AIP zum Zeitpunkt des Tausches zurückgezahlt;
3. der Überhang des Betrags zur Rückzahlung der Fremdfinanzierung über den angegebenen Nennbetrag stellt angefallenen OID dar;
4. der Wert der Aktien der Körperschaft ist seit der Ausgabe der *Units* gefallen und
5. die Körperschaft hat und wird die vertraglichen Anpassungszahlungen gem des *Forward Contract* als nicht abzugsfähig betrachten.

Der IRS stellte folgendes fest:

(1) die Körperschaft erhält vom Inhaber einen bestimmten Betrag in *Settlement* des *Forward Contract* und dieser Betrag wird als Gewinn aus Vermögensverkauf von Aktien gem Sec 1032(a) IRC nicht berücksichtigt;

(2) die Körperschaft zahlt jedem Inhaber den AIP in Form von Aktien und Geld;

[1186] *Jones, S.M./Rhoades-Catanach, S.C.* (2004): 62f.

[1187] *Keyes, K.M.* (1997): 3.02[4][f].

(3) kein Betrag aus dem Tausch ist abzugsfähig, außer bisher angefallener OID und

(4) das *Netting* der Zahlungen hat keinen Einfluss auf das *Ruling*.[1188]

6.10. LYONs

Typischerweise sind LYONs[1189] *(Liquid Yield Option Notes)* Fremdfinanzierungen, die keine Zinszahlungen vorsehen und daher mit einem großen *Discount* ausgegeben werden und für eine bestimmte Anzahl von Aktien des Emittenten bei Fälligkeit wandelbar sind.[1190] Die Option zur Wandlung hält für gewöhnlich der Inhaber des Instruments; allerdings kann ein LYON vom Emittenten nach einer bestimmten Laufzeit (zb zwei oder drei Jahre) zu seinem bisher angefallenen Wert gekündigt bzw vom Inhaber nach einer bestimmten Laufzeit (für gewöhnlich zu fixen Zeitpunkten und fixen Preisen) eingelöst werden. Wird die Option nicht ausgeübt, muss der Emittent das Instrument inklusive OID zurückzahlen. Allerdings werden keine Anpassung des Wandlungsverhältnisses und auch keine Ausgleichszahlung aufgrund des angefallenen OID vorgenommen.[1191]

Für gewöhnlich wird zum Ausgabepreis eines Fremdfinanzierungsinstruments der Betrag für eine Wandlungsoption hinzugezählt. Das ist selbst dann der Fall, wenn das Fremdfinanzierungsinstrument in Geld ausbezahlt wird, dessen Höhe dem Wert der Aktien entspricht.[1192] Dementsprechend kann OID nicht allein aufgrund einer Wandelbarkeit entstehen.[1193]

Steuerlich stellt sich vor allem die Frage, ob anteiliger OID auch dann abzugsfähig ist, wenn dieser zu einem späteren Zeitpunkt nicht in Geld, sondern Vermögen ausgezahlt wird.[1194] Die Abzugsfähigkeit der Zinsen wurde versagt, da

---

1188 *Keyes, K.M.* (1997): 3.02[4][f].

1189 Erstmalig von Merril Lynch strukturiert.

1190 A.E. Staley Manufacturing Co. emittierte 402,5 Millionen Dollar in Form von LYONs mit einer Laufzeit von 15 Jahren zu einem 75%igen *Discount*, *Freeman, L.S./Stevens, M.A./Hollender, V.* (2002): 1288f; *Gergen, M.P./Schmitz, P.* (1997): 127;

1191 *Keyes, K.M.* (1997): 4.02[3][a][ii]; *Bittker, B.I./Streng, W.P./Emory, M.* (1995): 4.7[3].

1192 Reg. 1.1273-20, Die Gerichte versagten idR eine Aufteilung des Ausgabepreises auf die Fremdfinanzierung und das Vermögensrecht der Wandelbarkeit; es könne nicht Eigen- und Fremdkapital gleichzeitig vorliegen.

1193 Vgl. Reg. 1.1272-1(e); *Keyes, K.M.* (1997): 4.02[3][a][i].

1194 Anders als bei sonstigen wandelbaren Instrumenten war hier nicht die Frage, ob OID aufgrund der Wandelbarkeit entstehen kann, da OID schon allein aufgrund des reduzierten Kaufpreises vorliegen musste. Die Frage beschäftigte sich mit der Abzugsfähigkeit des OID vor Fälligkeit, vor allem vor dem Hintergrund, dass bereits abgegrenzte Zinsaufwendungen auf konventionelle Wandelschuldverschreibungen versagt wurden. In diesen Fällen wurden keine Zinsen ausgezahlt, wenn die Wandlung vor Ende der Zinsperioder *All Events Test*[1195] nicht erfüllt werden konnte, weil die Wandelfähigkeit die Verpflichtung zur Zahlung der Zinsen aufheben würde. Da das Wandlungsverhältnis nicht durch den bisher angefallenen OID angepasst wird und der OID bei Wandlung nicht zu zahlen ist, wird daher eine Abzugsfähigkeit solange verneint werden, bis eine tatsächliche Zahlung des OID erfolgt oder die Wandlung verfällt. Insofern wurde ein *„Wait-and-See"*-Approach vorgeschlagen, der erst bei Fälligkeit ein Instrument als Eigen- oder Fremdkapital qualifiziert.[1196]

Viele Emittenten vertraten die Ansicht, dass die Abgrenzung zwischen Eigen- bzw Fremdkapital bei Ausgabe erfolgen muss und LYONs zu diesem Zeitpunkt mehr Fremdkapitaleigenschaften aufweisen würden und daher als Fremdkapital zu qualifizieren seien.[1197] Ein weiteres Argument bestand in der Auffassung, dass die OID unabhängig von der *Method of Accounting* anzuwenden sei. Dies wurde durch die Darlehensdokumente unterstützt, die eine Abgeltung des OID durch die Wandlung vorsahen.

1991 verneinte der IRS bei einer Prüfung den Abzug von OID bei *A.E. Staley Manufacturing Co.* auf LYONs. Die Angelegenheit wurde jedoch zum Vorteil des Steuerpflichtigen gelöst. Das *National Office* kam zu dem Schluss, dass angefallener OID eines LYONs *"based on the taxpayer's representations and the applicable law"* abzugsfähig ist.[1198]

Allerdings schlussfolgerte der URS im PLR 9211047, dass ein Instrument, das einem LYON sehr ähnlich war, Fremdkapital darstelle, da die Darlehensdokumente idR vorsahen, dass der bis dahin angefallene OID nicht durch die Wandlung wegfällt, sondern als in Aktien beglichen betrachtet wird. In Folge dieses *Ruling* wurden LYONs derart konstruiert, dass ein solcher Passus in die Dokumentation aufgenommen wird, um die Abzugsfähigkeit der Zinsen zu gewährleisten.[1199]

---

de ausgeübt wurde, Scott Paper Co. v. Com., 74 TC 137 (1980); Rev. Rul. 74-127, 1974-1 CB 47; *Keyes, K.M.* (1997): 4.02[3][a][ii].

1195 Der *All Events Test* wurde erstmalig vom *Supreme Court* in United States v. Anderson in 1926 entwickelt: US v. Anderson, 269 US 422, 440–41: Aufwendungen sind in jenem Jahr anzusetzen, in welchem alle Ereignisse eingetreten sind, welche die Zahlungsverpflichtung und die Höhe des Betrages fixieren; ausführlich *Eberhartinger, E./Wiedermann-Ondrej, N.* (2005): 288.

1196 Joint Committee on Taxation, Description of Revenue Provisions Contained in the President's Fiscal Year 1999 Budget Proposal, JCS-4-98, 24.2.1998; *Bittker, B.I./Streng, W.P./Emory, M.* (1995): 4.7[3].

1197 *Bittker, B.I./Streng, W.P./Emory, M.* (1995): 4.7[3].

1198 Priv. Ltr. Rul. 9211047; *Keyes, K.M.* (1997): 4.02[3][a][ii].

1199 *Keyes, K.M.* (1997): 4.02[3][a][ii]; *Bittker, B.I./Streng, W.P./Emory, M.* (1995): 4.7[3]; *Freeman, L.S./Stevens, M.A./Hollender, V.* (2002): 1289; *Sheppard, L.A.* (2001): 738,

6.11. Convertible Bonds

6.11.1. Conventional Convertible Bonds

Als *Conventional Convertible Bonds* werden Instrumente bezeichnet, die als klassisches Fremdkapital emittiert und mit einer Wandlungsfunktion ausgestattet sind. Eine Wandelschuldverschreibung ist in Eigenkapital des Emittenten, oder in seltenen Fällen in Eigenkapital einer dritten Person wandelbar.[1200] Der Preis für die Wandlung wird idR ein *Conversion Premium* beinhalten, sodass der Wandlungspreis zum Ausgabezeitpunkt höher als der Marktwert der Aktien ist. Damit ist es unvorteilhaft, eine Wandlung vor einer wesentlichen Wertsteigerung der Aktien durchzuführen. Darüber hinaus sehen viele Wandelschuldverschreibungen eine bedingte Wandlung vor, die nur dann durchgeführt werden kann, wenn der Marktwert der Aktien unmittelbar vor der Wandlung den Wandlungspreis um einen bestimmten Prozentsatz übersteigt.[1201]

Conventional Convertible Bonds werden als ein einheitliches Instrument angesehen, das bis zur Wandlung Fremdkapital darstellt. Nach der Wandlung liegt dementsprechend nur noch Eigenkapital vor.[1202]

Wird die Wandelschuldverschreibung zu einem *Premium* emittiert (wenn der Ausgabebetrag höher ist als der Rückzahlungsbetrag), kann der Inhaber das *Premium* über die Laufzeit der Schuldverschreibung gem Sec 171 IRC unter Berücksichtigung von Zinseszinsen abschreiben, während der Emittent das *Premium* als Einkommen über die Laufzeit berücksichtigen muss. Für die Berechnung des *Premium* ist der Betrag, der der Wandlungsfunktion zuzurechnen ist, vom Ausgabebetrag abzuziehen.[1203] Wird das Instrument unter dem Ausgabebetrag emittiert, muss der Inhaber gem Sec 1272 IRC OID über die Laufzeit des Instruments berücksichtigen, während der Emittent den Betrag gem Sec

---

heutzutage werden LYONs als *Contingent Convertible Bonds* ausgestaltet, um jedenfalls eine Fremdfinanzierung und eine Berücksichtung des OID zu erreichen.

1200 Im Gegensatz zu DECS ist der Inhaber auch am Wertgewinn beteiligt; in den USA sind vor allem *Convertible Debts*, *Exchangeable Debts* und *Bond Warrants* bekannt, *Haun, J.* (1996): 200.

1201 *Trier, D.L./ Farr, L.W.* (2002): 1026.

1202 *Haun, J.* (1996): 201; Sec 1276 IRC; *Bittker, B.I./Eustice, J.S.* (2000): 4.60[1]; Reg 1.1244(c)-1(b), Wandelschuldverschreibungen sind nicht *Common Stock*; *Bittker, B.I./Streng, W.P./Emory, M.* (1995): 4.7[3].

1203 Diese Bestimmung beruht auf einem Urteil des *Supreme Court* im Fall Comm. v. Korell, 339 US 619 (1950), der das *Premium* als abzugsfähig befand, worauf der IRS Sec 171 IRC einführte, *Heitner, K.H./Kushner, J.M.* (1992): 73; *Kleinbard, D.K./Nijenhuis, E.W./McRae, W.L.* (2002): 994; *Creamer, R.E./McMahon, E.S.* (2000): 10.03[1][a].

Die Berechnung erfolgt in einem ersten Schritt anhand der Rendite eines vergleichbaren Instruments ohne Wandlungsfunktion, *Haun, J.* (1996): 202.

163(e) IRC zu erfassen hat. Im Gegensatz zum *Premium* bleibt jedoch der Wert der Wandlungsfunktion ohne Ansatz.[1204]

Sec 249 IRC verneint die Abzugsfähigkeit für *Repurchase Premiums* auf eine Obligation, die in Eigenkapital des Emittenten wandelbar ist, in dem Ausmaß, in dem sie dem Wandlungsrecht zuzuschreiben ist. Der Investor wird im Fall eines *Repurchase Premium* einen *Capital Gain* iSd Sec 1271(a) IRC erzielen.[1205]

Der Umtausch ist ein sowohl für den Inhaber als auch den Emittenten ein nichtsteuerbarer Vorgang, auch wenn der Wert der Aktien den Ausgabebetrag der Instrumente übersteigt.[1206] Wird das Umtauschrecht vor Ablauf der Fremdfinanzierung ausgeübt, stellt dies ein nichtsteuerpflichtiges Ereignis für den Investor dar. Das ist selbst dann der Fall, wenn der Wert der erhaltenen Anteile unter oder über dem Buchwert der Fremdfinanzierung liegt. Der Buchwert des alten Instruments geht auf das neue Instrument über. Für die emittierende Gesellschaft kommen die Regelungen gem Sec 1032 IRC zur Anwendung, die die Beträge, die in Gegenleistung für die Aktien erhalten werden, steuerfrei stellen.[1207]

6.11.2. Contingent Convertible Bonds

Im Jahr 2001 wurde ein neuartiges Instrument von Merill Lynch & Co emittiert, das sich als *Contingent Convertible Debt* bezeichnet.[1208] Bei diesen Instrumenten handelt es sich um eine Fremdfinanzierung, die in Eigenkapital wandelbar ist und deren Zinsen bedingt sind. Für gewöhnlich werden die Zinszahlungen niedriger als bei herkömmlichen Fremdfinanzierungen sein, da der Investor auf einen Wertzuwachs durch die Wandlung hofft.[1209] Zwar wird die Wandelbarkeit gem Reg 1.275-4(a)(4) als *Contingency* definiert, jedoch liegt allein aufgrund der Wandlungsoption in Eigenkapital noch kein *Contingent Convertible Debt* vor.[1210]

1204 *Bittker, B.I./Eustice, J.S.* (2000): 4.60[2]; *Bittker, B.I./Streng, W.P./Emory, M.* (1995): 4.07[4]; kritisch zu dieser unterschiedlichen Behandlung des *Conversion Premiums Strnad, J.* (2003): 422ff; *Creamer, R.E./McMahon, E.S.* (2000): 10.03[1][b].

1205 *Heitner, K.H./Kushner, J.M.* (1992): 74.

1206 *Haun, J.* (1996): 202; *Creamer, R.E./McMahon, E.S.* (2000): 10.03[2][a] und 10.03[3], liegt der Marktpreis der Aktien unter dem Rückzahlungspreis der Fremdfinanzierung, muss der Emittent *Cancellation of Indebtedness Income* berücksichtigen.

1207 *Bittker, B.I./Streng, W.P./Emory, M.* (1995): 4.07[6][a] und [b].

1208 *Kleinbard, D.K./Nijenhuis, E.W./McRae, W.L.* (2002): 989.

1209 *Hardy, D.R.* (2004): 4.

1210 Der Grund liegt vor allem darin, dass man die traditionelle Besteuerung von *Convertible Bonds* nicht verändern wollte, *Kleinbard, D.K./Nijenhuis, E.W./McRae, W.L.* (2002): 996; *Trier, D.L./Farr, L.W.* (2002): 1035; *Lokken, L.* (1991): 496; *Trier, D.L./Farr, L.W.* (2002a): 105.

Im Mai 2002 veröffentlichte der IRS Rev. Rul. 2002-31[1211], indem der IRS für *Contingent Convertible Debt* die *Noncontingent Bond Method* gem den *Regulations* bzgl CPDI ermöglichte und damit den Fremdkapitalstatus anerkannte.[1212] Dabei wird die Ausgabe von Eigenkapital bei der Wandlung genauso wie jede andere *Contingent Payment* behandelt.[1213] Dementsprechend wird die Wandlung nicht wie bei *Conventional Convertible Bonds* als *Tax-Free Recapitalization* angesehen. Die vergleichbare Rendite wird anhand der Rendite eines *Non-Contingent, Nonconvertible Debt Instruments* ermittelt.[1214] Die Zahlung der Zinsen bzw die Abgrenzung von OID ab Ausgabe bis zur Wandlung des Instruments fällt nicht unter Sec 163(l) IRC.[1215]

Bzgl der Option des Inhabers zur Wandlung in Eigenkapital stellt sich gem Sec 163(l) IRC die Frage, ob dieser sie mit ziemlicher Sicherheit ausüben wird. Dies wird nicht der Fall sein, da die Ausgestaltung von *Contingent Interest Convertible Bonds* derart erfolgt, dass eine Wandlung sogar unwahrscheinlicher als bei *Conventional Convertible Bonds* ist. Im *Ruling* 2002-31 verneint der IRS die Anwendbarkeit von Sec 163(l) IRC und ermöglicht damit die Abzugsfähigkeit der Zinsen.[1216]

Sec 249 IRC, der das *Repurchase Premium* behandelt, ist gem Rev. Rul. 2002-31 jedoch anwendbar, um die Abzugsfähigkeit des den Buchwert übersteigenden Rückzahlungsbetrags bei Wandlung zu verneinen.[1217]

Gleichzeitig wurden im Rev. Rul. 2002-36[1218] allerdings Bedenken über die steuerlich unterschiedliche Behandlung von *Contingent Interest Convertible Bonds* und *Conventional Convertible Bonds* geäußert. Während gem den CPDI Vorschriften die Zinsen anhand des wirtschaftlichen Aufwands bemessen werden, wird bei *Conventional Convertible Bond*s das Wandlungsrecht für die Er-

---

1211 2002-22 IRB 1023.

1212 Bezüglich der Behandlung von CPDI nach der *Noncontingent Bond Method* siehe Kapitel IV.6.10; *Hardy, D.R.* (2004): 4.

1213 *Hariton, D.P.* (2002): 124; *Kleinbard, E.D./Nijenhuis, E.W./McRae, W.L.* (2002a): 1954.

1214 *Freeman, L.S./Stevens, M.A./Hollender, V.* (2002): 1402.

1215 *Sheppard, L.A.* (2003c): 36, der Investor muss den entsprechenden Betrag als Einkommen berücksichtigen, ohne auf eine Auszahlung vertrauen zu können; *Trier, D.L./Farr, L.W.* (2002): 1035f; *Kleinbard, D.K./Nijenhuis, E.W./McRae, W.L.* (2002): 990.

1216 *Kleinbard, D.K./Nijenhuis, E.W./McRae, W.L.* (2002): 1006.

1217 Ausführlich *Trier, D.L./Farr, L.W.* (2002): 1052ff; *Kleinbard, D.K./Nijenhuis, E.W./McRae, W.L.* (2002): 1007f, stellen jedoch die Anwendbarkeit von Sec 249 IRC in Frage, da die Regeln der CPDI eigenständige Vorschriften vorsehen, die anderen Gesetzen vorrangig sind. Darüber hinaus werden dadurch die wirtschaftlichen Kosten von Kapital nicht widergespiegelt.

1218 2002-22 IRB 1029.

mittlung der Rendite außer Acht gelassen. Demzufolge kann bei *Contingent Interest Convertible Bonds* vor der Wandlung ein höherer Aufwand geltend gemacht werden.[1219]

6.12. Zusammenfassung

Die Analyse der unterschiedlichen hybriden Finanzierungsinstrumente, die in den USA emittiert wurden, hat gezeigt, dass Qualifikationskonflikte vor allem zwischen Rechnungslegung, Ratings und Steuerrecht gesucht werden. Hybride Finanzierungsinstrumente, die sich gezielt Qualifikationskonflikte im internationalen Steuerrecht zu Nutze machen, werden weniger häufig emittiert. Die Ursache für diese Tendenz kann vielfältig sein. So ist in den USA aufgrund der Kapitalmarktorientierung auch bei mittelgroßen Betrieben eine höhere Eigenkapitalquote notwendig, um entsprechend Investoren anziehen zu können.

Ein weiterer Grund für die Gestaltungen vor allem im nationalen Bereich könnte die wesentlich höhere Besteuerung des Eigenkapitals im Vergleich zum Fremdkapital sein. Erhält eine Körperschaft eine Dividende, ist diese nur dann 100% steuerbefreit, wenn die Körperschaft zu einer *Affiliated Group* zu zählen ist. Eine natürliche Person musste bis 2004 Dividenden genauso wie Zinsen bei der Einkommensteuerermittlung ohne Anspruch auf Begünstigungen versteuern. Dementsprechend war eine Fremdfinanzierung aus steuerlichen Gründen jedenfalls einer Eigenfinanzierung vorzuziehen.

In den USA erfolgt die gesamte Steuerung der Wirtschaft über Aktienmarkt und Börse. Oberstes Ziel ist die Maximierung des *Shareholder Values*. Es ist daher vorteilhaft, wenn für Rechnungslegungszwecke Eigenkapital vorliegt und durch den niedrigeren Marktwert des Fremdkapitals der *Shareholder Value* erhöht werden kann. Eine wesentliche Rolle spielen hierbei die Rating-Agenturen, die die Attraktivität eines Unternehmens maßgeblich beeinflussen können.[1220]

[1219] Eine genaue Analyse bieten *Kleinbard, D.K./Nijenhuis, E.W./McRae, W.L.* (2002): 1010ff; *Hardy, D.R.* (2004): 4.

[1220] Durch die Änderung der Bewertungspolitik druch Moody's haben hybride Finanzierungsinstrumente zusätzlich an Attraktivität gewonnnen, *Beales, R.* (2006): 26.

VII. Grenzüberschreitende Gestaltungen mit hybriden Finanzierungsinstrumenten

1. Einleitung

Einer der vielen Vorteile von hybriden Finanzierungsinstrumenten ist eine mögliche Doppelnichtbesteuerung aufgrund von Qualifikationskonflikten im grenzüberschreitenden Bereich. Während in einem Land das Instrument als Fremdkapital angesehen wird und damit dort keiner Besteuerung unterliegt, wird im anderen Land das Instrument als Eigenkapital betrachtet und damit eine Doppelbesteuerung aufgrund eines Doppelbesteuerungsabkommens oder einer unilateralen Regelung vermieden bzw verringert. Für eine Doppelnichtbesteuerung ist es wesentlich, dass im Land der auszahlenden Gesellschaft das Instrument als Fremdkapital eingestuft wird, da anderenfalls aufgrund der Eigenkapitalqualifikation bereits im Ausland eine Einmalbesteuerung erfolgt.

Dieses Kapitel behandelt daher ausgewählte Bereiche des US-Steuerrechts, die bei einer grenzüberschreitenden Planung berücksichtigt werden müssen. Dabei wird auf Möglichkeiten und Restriktionen der Doppelnichtbesteuerung in grenzüberschreitenden Fällen eingegangen, wobei zwischen Outbound Strategien, die aus US-amerikanischer Perspektive eine steuerliche Qualifikation als Eigenkapital verlangen, und Inbound Strategien, bei denen in den USA eine steuerliche Qualifikation als Fremdkapital notwendig ist, unterschieden werden muss.

2. Gestaltungen mit Outbound-Transaktionen

Bei Outbound-Transaktionen ist für die Reduktion der Gesamtsteuerbelastung mit hybriden Finanzierungsinstrumenten notwendig, dass ein Instrument im Ausland als Fremdkapital und in den USA als Eigenkapital angesehen wird. Nur dann kommt es aufgrund der Abzugsfähigkeit der Zinsen im Ausland zu keiner ausländischen Steuerbelastung und im Inland wird aufgrund der Eigenkapitalqualifikation die fälschlich angenommene Doppelbesteuerung reduziert.

Dieses Kapitel widmet sich vor allem den *Indirect Foreign Tax Credit* und den Auswirkungen hybrider Finanzierungsinstrumente auf diese Berechnungsverfahren. Weiters wird auf mögliche Beschränkungen bzw Sondervorschriften eingegangen, die einer Doppelnichtbesteuerung entgegen stehen könnten.

2.1. Maximierung des Indirect Foreign Tax Credit

2.1.1. Einleitung

Die Vermeidung von Doppelbesteuerung wird im grenzüberschreitenden Bereich anhand von zwei unterschiedlichen Methoden vorgenommen. Sieht das

Land des Investors die Befreiungsmethode zur Vermeidung der Doppelbesteuerung vor, unterbleibt die Besteuerung der Dividende. Allerdings ist eine mögliche Quellensteuer im Ausland zu berücksichtigen. Da oftmals eine Quellensteuer auf Zinsen unterbleibt, ist idR eine Doppelnichtbesteuerung zu erwarten.

Sieht jedoch das Land des Investors die Anrechnungsmethode zur Vermeidung der Doppelbesteuerung vor, so wie das in den USA der Fall ist (siehe Kapitel V.4.1), wird der Sachverhalt komplexer. Bei der indirekten Anrechnungsmethode werden die Dividenden jedenfalls besteuert, es kann allerdings die ausländische Körperschaftsteuer, die diesem Teil der Ausschüttung zuzurechnen ist, auf die inländische Steuerlast angerechnet werden. Werden darüber hinaus Quellensteuern eingehoben, sind diese im Rahmen der *Foreign Tax Credit Limitation* ebenfalls von der US-Steuer abzuziehen.

Die Berechnung des *Indirect Foreign Tax Credit* erfolgt anhand folgender Formel:

$$\text{Indirect Credit} = \frac{\text{Dividends Received}}{\text{Accumulated Profits of the Foreign Corporations}} \times \text{Cumulative Foreign Income Taxes of the Foreign Corporation}$$

Die Berechnung des *Indirect Credit* erfolgt bereits aus dem Blickwinkel der US-Körperschaft, dementsprechend wird die hybride Finanzierung als Dividende gesehen. Die *Accumulated Profits* verstehen sich dabei als ein Gewinn nach Steuern, der durch die jährlichen Ausschüttungen oder Hinzurechnungen erhöht oder verringert wird. Sowohl die Dividende als auch die *Accumulated Profits* werden nach US-amerikansichen Prinzipien berechnet. Nur die kumulierten ausländischen Steuern werden für die Berechnung des *Indirect Credit* aus dem ausländischen Recht übernommen. Geht man davon aus, dass die Berechnung der Bemessungsgrundlage nach ausländischem bzw US-Recht nicht voneinander abweicht, kann der *Indirect Credit* bei einer typischen Eigenfinanzierung (*ic_ek*) folgendermaßen dargestellt werden:

$$ic\_ek := \frac{v\,(1 - s)\,B\,s}{B\,(1 - s)} \qquad (1)$$

$$ic\_ek := v\,s$$

B Bemessungsgrundlage
s ausländischer Steuersatz
v Vergütung der hybriden Finanzierung

Die Vergütung [*v*] wird bei einer Eigenfinanzierung bereits im Ausland versteuert [*v (1 – s)*] und entsprechend erfolgt die Ausschüttung der Vergütung nach Steuern. Diese Nettovergütung wird in Beziehung zum kumulierten Gewinn nach Steuern [*B (1 – s)*] gesetzt, um den prozentuellen Anteil der Ausschüttung am bisher erwirtschafteten Gewinn nach Steuern zu berechnen. Anschließend kann ermittelt werden, welches prozentuelle Ausmaß der Steuern [*B s*] auf die Ausschüttung entfällt und daher als *Credit* der inländischen Steuer angerechnet werden kann. Die so ermittelte Formel lässt sich kürzen, sodass der *Indirect Credit* im Falle einer typischen Eigenfinanzierung der Bruttovergütung, multipliziert mit der ausländischen Steuer, entspricht [*v s*]. Dies geht auch der Intention des *Indirect Credits* konform, der die ausländischen Steuern auf die inländische Steuerlast anrechnen möchte.

Für die Berechnung der zu zahlenden US-Steuer wird zuerst das Welteinkommen mit dem Körperschaftsteuersatz multipliziert. Zum Welteinkommen ist ebenfalls das ausländische Einkommen zu zählen. Damit die US-Besteuerung nicht von einem Nachsteuerbetrag erfolgt, ist der Ausschüttung die fiktive ausländische Steuer hinzuzurechnen. Dieses sogenannte *Gross-Up* entspricht dabei dem *Indirect Credit*. Bei einer isolierten Betrachtungsweise des ausländischen Einkommens kann die Höhe der US-Steuer folgendermaßen berechnet werden. Der US-Steuersatz wird dabei mit 35% angenommen:

$$us\_st\_ek := \left(v\,(1 - s) + \frac{v\,(1 - s)\,B\,s}{B\,(1 - s)} \right) 0.35 \qquad (2)$$

Von der so ermittelten US-Steuer auf das ausländische Einkommen kann der *Indirect Credit* angerechnet werden. Die zu zahlende US-Steuer wird folgendermaßen festgesetzt:

$$zu\_zahlende\_st\_ek := \left(v\,(1 - s) + \frac{v\,(1 - s)\,B\,s}{B\,(1 - s)} \right) 0.35 - \frac{v\,(1 - s)\,B\,s}{B\,(1 - s)} \qquad (3)$$

Allerdings muss beachtet werden, dass der *Indirect Credit* in der Höhe mit der fiktiven US-Besteuerung, die sich auf die ausländischen Einkünfte ergeben würde, gedeckelt ist. Ist der *Indirect Credit* höher als die US-Besteuerung, kann dieser vor- und rückgetragen werden; besteht eine konstante Einkommensstruktur, kommt es jedoch zu einem Anrechnungsüberhang und der *Indirect Credit* geht unverrechnet unter. Ein solcher Untergang eines *Indirect Credit* bedeutet de facto Doppelbesteuerung. Es ist also optimal, wenn der *Indirect Credit* der fiktiven US-Besteuerung entspricht. Liegt der *Indirect Credit* unter der US-Besteuerung, sollten die Variablen der Formel so verändert werden, dass der *Credit* steigt; liegt er über der US-Besteuerung, sollten die Faktoren so verändert werden, dass der *Credit* sinkt. Die optimale Gestaltung mit *Foreign Tax Credits* sollte zu einem Einkommen führen, das genau einer Anrechnung in Höhe von

35% entspricht. Die Beschränkung der Anrechnungsmöglichkeit *(Foreign Tax Credit Limitation)* wird folgendermaßen ermittelt:

$$\text{Foreign Tax Credit Limitation} = \frac{\text{Foreign Source Taxable Income}}{\text{Worldwide Taxable Income}} \text{ x } \text{US-Taxes on Worldwide Income before credits}$$

Im Falle einer Eigenfinanzierung [*anrech_ek*] besteht das *Foreign Source Taxable Income* aus der Nettodividende inklusive dem *Gross-Up*. Das Welteinkommen entspricht dem ausländischen Einkommen inklusive dem inländischen Einkommen. Die Steuer auf das Welteinkommen wird in der gegenständlichen Betrachtung mit 35%, dem Grenzsteuersatz der progressiven Köperschaftsteuer, angenommen. Diese Formel kann gekürzt werden, sodass der Anrechnungshöchstbetrag 35% der Vergütung vor Steuern entspricht.

$$anrech\_ek := \frac{\left(v\,(1-s) + \frac{v\,(1-s)\,B\,s}{B\,(1-s)} \right) \left(v\,(1-s) + \frac{v\,(1-s)\,B\,s}{B\,(1-s)} + US \right) 0.35}{v\,(1-s) + \frac{v\,(1-s)\,B\,s}{B\,(1-s)} + US} \tag{4}$$

$$anrech\_ek := 0.35\,v\,(1-s) + 0.35\,v\,s$$

Das bedeutet, dass die Anrechnung [*anrech_ek* = 0,35 *v*] der Vergütung multipliziert mit dem US-Steuersatz entspricht.

Die Gesamtsteuerbelastung [*st_ek*] einer typischen Eigenfinanzierung erfolgt durch die Multiplikation des ausländischen Einkommens, zu dem sowohl die Nettodividende als auch der *Gross-Up* zu zählen ist, mit dem US-amerikanischen Steuersatz, der mit 35% angenommen wird. Von diesem Betrag kann der *Indirect Credit* in Abzug gebracht werden. Unter der Prämisse, dass die Besteuerung im Ausland niedriger ist als die US-Besteuerung bzw dieser entspricht, sieht die Formel für die Gesamtsteuerbelastung einer typischen Eigenfinanzierung daher folgendermaßen aus:

$$st\_ek := \left(v\,(1-s) + \frac{v\,(1-s)\,B\,s}{B\,(1-s)} \right) 0.35 - \frac{v\,(1-s)\,B\,s}{B\,(1-s)} + v\,s \tag{5}$$

$$st\_ek := 0.35\,v\,(1-s) + 0.35\,v\,s$$

Durch das Kürzen der Formel (5) erhält man als Gesamtsteuerbelastung die Vergütung, multipliziert mit dem US-amerikanischen Steuersatz von 35%. Dies wird der Fall sein, wenn die der *Indirect Credit* niedriger als die *Foreign Tax Credit Limitation* ist. Übersteigt der *Indirect Credit* den Anrechnungshöchstbetrag, was vor allem dann der Fall sein wird, wenn die ausländische Steuer die

US-Steuer übersteigt, kann nur dieser von der US-Steuer in Abzug gebracht werden. Die Formel wird daher unter Berücksichtigung der *Foreign Tax Credit Limitation* gem Formel (4) folgendermaßen abgeändert:

$$st\_ek := \left(v\,(1 - s) + \frac{v\,(1 - s)\,B\,s}{B\,(1 - s)} \right) 0.35 - 0.35\,v + v\,s \tag{6}$$

$$st\_ek := v\,s$$

Die Gesamtsteuerbelastung im Falle einer Eigenfinanzierung beläuft sich lt Formel (6) auf den ausländischen Steuersatz, multipliziert mit der Vergütung des Eigenkapitals.

Die Optimierung des *Indirect Credit* kann anhand der Formel des *Indirect Credits* analysiert werden. Der *Credit* wird mathematisch dann erhöht, wenn entweder die ausländischen Steuern oder die Dividende steigen, bzw wenn die *Accumulated Profits* sinken.

2.1.2. Erhöhung der Dividendenausschüttung

Eine Möglichkeit zur Steigerung des *Indirect Foreign Tax Credit* besteht in Erhöhung der Dividendenausschüttung. Genau dieser Effekt wird durch hybride Finanzierungsinstrumente erreicht, die durch die Qualifikation im Ausland als Fremdkapital eine Dividendenausschüttung vor Steuer ermöglichen.

Die Vergütung der hybriden Finanzierung wird im Ausland nicht besteuert, insofern kommt es zu einer Auszahlung des Bruttobetrages. Das US-Steuerrecht qualifiziert diese Vergütung als Dividende und ermöglicht daher auch die Berechnung eines *Indirect Credit.* Allerdings muss beachtet werden, dass die *Accumulated Profits* [$B - B\,s$] nach US-amerikanischem Recht ermittelt werden und daher die Zinsen nicht abzugsfähig sind. Die Vergütung [v] erhöht daher in derselben Höhe die *Accumulated Profits* der ausländischen Gesellschaft. Eine Erhöhung bewirkt natürlich wieder eine Verringerung des möglichen *Credit.* Die Berechnung des *Indirect Credit* bei einer hybriden Finanzierung verändert sich gegenüber der typischen Eigenfinanzierung (7) folgendermaßen:

$$ic\_h := \frac{v\,B\,s}{B - B\,s + v} \tag{7}$$

Hat die ausländische Gesellschaft keine Gewinne thesauriert und damit auch *Accumulated Profits* von Null, wäre keine Steigerung des *Indirect Credit* möglich. Im Gegensatz zur typischen Eigenfinanzierung (1) wird die Vergütung [v] der hybriden Finanzierung nicht um die ausländische Steuer gekürzt, jedoch müssen die *Accumulated Profits* um die Vergütung erhöht werden, da diese nach US-amerikanischem Steuerrecht nicht abzugsfähig sind.

Beispiel:

In diesem Beispiel soll die Gesamtsteuerbelastung der einzelenen Finanzierungsvarianten untersucht werden. Ausgegangen wird von einem ausländischen Steuersatz von 25%, einer Kapitalüberlassung von 1.000 und einer Rendite von 10% vor Steuern. Der US-Steuersatz wird mit 35% angenommen:

		Eigen-kapitel	Fremd-kapital	Hybrides Instrument
Gewinn im Ausland		100	100	100
Zinsabzug		0	- 100	- 100
Körperschaftsteuer	25%	- 25	0	0
Gewinn nach Steuer		75	0	0
		Dividenden	Zinsen	Dividenden
US Einkommen		75	100	100
Dividend Gross-Up		25	0	0
steuerpflichtiges Einkommen		100	100	100
US-Steuer	35%	- 35	- 35	- 35
Ind. Foreign Tax Credit		25	0	0
zu zahlende US-Steuer		- 10	- 35	- 35
Gesamtsteuerbelastung		**35**	**35**	**35**

Bei einer Eigenfinanzierung wird die Rendite des Instruments aufgrund der fehlenden Abzugsfähigkeit bereits im Ausland der Körperschaftsteuer unterzogen. Zur Ausschüttung werden die darauf entfallenden fiktiven ausländischen Steuern *(Gross-Up)* hinzugerechnet und anschließend für die Ermittlung der US-Steuer berücksichtigt. Für Dividenden kann der *Indirect Credit* in Anspruch genommen werden, der die zu zahlende US-Steuer verringert. Die Gesamtsteuerbelastung entspricht – sofern die Besteuerung im Ausland niedriger als in den US ist – der US-Besteuerung. Im Falle der Fremdfinanzierung ist die Vergütung im Ausland abzugsfähig. In den USA werden die Zinsen zum Welteinkommen hinzugerechnet und der US-Besteuerung unterzogen. Da es sich jedoch nicht um Dividenden handelt, erfolgt kein *Gross-Up* und dementsprechend auch keine Anrechnung auf die US-Steuer. Die Gesamtsteuerbelastung entspricht der US-Besteuerung.

Bei einer hybriden Finanzierung ist es notwendig, dass eine Qualifikation als Fremdkapital im Land der ausschüttenden Körperschaft und eine Qualifkation als Eigenkapital im Land der empfangenden Körperschaft erfolgt, damit eine Verringerung der Gesamtsteuerbelastung erfolgen kann. Dementsprechend wird angenommen, dass die Vergütung als Zinsen im Ausland abzugsfähig ist und in den USA als Dividende qualifiziert wird. Der Begriff Dividende impliziert jedoch eine Nachsteuergröße, insofern ist diese um den *Gross-Up* zu erhöhen. Bei einer isolierten Betrachtungsweise kann dieser jedoch nicht erfolgen, da für die Vergütung keine ausländische Steuer angefallen ist. Die Dividende wird somit unverändert für die Berechnung der US-Steuer gelassen. Eine anschließende Anrechnung entfällt ebenfalls, da auch hier mangels einer ausländischen Steuer der *Indirect Credit* mit Null anzusetzen ist. Folglich beträgt auch im Fall der hybriden Finanzierung die Gesamtsteuerbelastung 35%, wobei die Steuer ausschließlich in den USA abzuführen ist. Aus diesem Beispiel wird ersichtlich, dass hybride Finanzierungsinstrumente in Ländern, die die indirekte Anrechnungsmethode zur Vermeidung oder Verringerung der Doppelbesteuerung vorsehen, für sich selbst genommen, keine Senkung der Gesamtsteuerbelastung erwirken. In diesem Zusammenhang stellt sich nun die Frage, ob durch eine hybride Finanzierung mit der US-amerikanischen Anrechnungsmethode eine Doppelnichtbesteuerung überhaupt möglich ist.

Beispiel:
In diesem Beispiel wird von denselben Prämissen wie im vorigen Beispiel ausgegangen, jedoch wird bei der Berechnung berücksichtigt, dass das ausländische Unternehmen zusätzlich zur hybriden Vergütung einen Gewinn vor Steuern von 1.000 erzielt:

		Eigen-kapitel	**Fremd-kapital**	**Hybrides Instrument**
Gewinn im Ausland		1.100	1.100	1.100
Zinsabzug		0	- 100	- 100
Körperschaftsteuer	25%	- 275	- 250	- 250
Gewinn nach Steuer		825	750	750
		Dividenden	Zinsen	Dividenden
US Einkommen		75	100	100,00
Dividend Gross-Up		25	0	29,41
steuerpflichtiges Einkommen		100	100	129,41
US-Steuer	35%	- 35	- 35	- 45,29
Ind. Foreign Tax Credit		25	0	29,41
zu zahlende US-Steuer		- 10	- 35	- 15,88
Gesamtsteuerbelastung		**35**	**35**	**15,88**

Die Ermittlung der Gesamtsteuerbelastung bei einer typischen Eigen- bzw typischen Fremdfinanzierung bleibt unverändert, allerdings kann bei der hybriden Finanzierung die Gesamtsteuerbelastung auf 15,88 reduziert werden. Bei genauerer Betrachtung zeigt sich, dass im Ausland aufgrund der Qualifikaion als Zinsen keine Besteuerung erfolgt. Dementsprechend erfolgt eine Auszahlung der ungekürzten Vergütung. Da in den USA diese Vergütung als Dividende beurteilt wird, wird systemkonform angenommen, dass es sich um einen Nettobetrag handelt. Dementsprechend sind die darauf entfallenden fiktiven ausländischen Steuern hinzuzuzählen, um eine US-Besteuerung von einer Bruttogröße vornehmen zu können. Die Berechnung des *Gross-Up* erfolgt entsprechend dem *Indirect Credit* anhand der oben genannten Formel. Die Dividende wird dabei in Verhältnis zu dem Gewinn nach Steuern *(Accumulated Profits)* gesetzt, wobei dieser nach US-amerikanischen Grundsätzen ermittelt werden muss und daher die Zinsvergütung nicht abzugsfähig ist. Der *Gross-Up* beläuft sich daher auf 29,41 (100/(1.100-250)*250) und wird zum ausländischen Einkommen hinzugezählt. Dieses Einkommen wird anschließend der US-Besteuerung unterworfen, auf die der *Indirect Credit* angerechnet werden kann. Geht man also von einer thesaurierenden Gesellschaft aus, stehen ausländische Steuern zur Verfügung, die bei einer Dividendenausschüttung geltend gemacht werden können.

Der Einsatz hybrider Finanzierungsinstrumente beeinflusst also das Berechnungsschema der Steuerbelastung auf mehreren Ebenen. So kommt es durch die Qualifikation als Dividende durch den *Gross-Up* zu einer Erhöhung des ausländischen Einkommens und damit zur Erhöhung der US-Steuerlast. Diese wird jedoch wieder durch den *Indirect Credit* verringert. Gesamtheitlich kommt es hier zu einer Senkung der Steuerbelastung, da max 35% des *Gross-Up* die US-Steuer erhöhen, während 100% des *Indirect Credit* angerechnet werden können. Ein weiterer Effekt entsteht durch die unterschiedliche Berechnung des steuerlichen Gewinns. Nach US-amerikanischen Prinzipien ist die Dividende im Ausland nicht abzugsfähig und kürzt daher nicht das zu versteuernde Einkommen. Die *Accumulated Profits* werden dementsprechend durch die Vergütung der hybriden Finanzierung erhöht und reduzieren die Höhe des *Indirect Credit.* Dieser nicht wünschenswerte Effekt kann dadurch minimiert werden, indem das ausländische Unternehmen Gewinne thesauriert.

Besonders interessant ist jedoch, wenn der US-Aktionär an der ausländischen Gesellschaft nicht zu 100% beteiligt ist. Durch die hybride Vergütung wird unterstellt, dass der Investor eine dem faktischen Beteiligungsausmaß nicht entsprechende höhere Dividende erhält. Die daraus resultierende Schlussfolgerung, dass dem auch eine entsprechende Beteiligung zugrunde liegen muss und deshalb ein höherer *Credit* gewährt wird, ist im Fall von hybriden Finanzierungsinstrumenten tatsächlich nicht richtig, wird aber steuerlich unterstellt. Das kann dazu führen, dass für Fragen der Vermeidung der Doppelbesteuerung in grenzüberschreitenden Sachverhalten eine fiktive Beteiligung von über 100% vorliegen kann.

Wie bereits erläutert, ist die Vorteilhaftigkeit von hybriden Finanzierungsinstrumenten von der Thesaurierung der ausländischen Körperschaft abhängig. Wird nun theoretisch angenommen, dass die ausländische Körperschaft maximal thesauriert [B = unendlich], kann der Grenznutzen der hybriden Finanzierung festgestellt werden:

$$\lim_{B \to \infty} \left(\frac{v\, B\, s}{B - B\, s + v} \right) = -\frac{v\, s}{-1 + s} \qquad (8)$$

Im Vergleich zu einer typischen Eigenfinanzierung, bei der der *Indirect Credit* im Verhältnis zur Vergütung constant bleibt [$v\ s$], kann der *Indirect Credit* bei der hybriden Finanzierung gesteigert werden. In einer grafischen Gegenüberstellung zeigt sich, dass der *Indirect Credit* bei unendlich hoher Bemessungsgrundlage (entspricht einer unendlich hohen Thesaurierung) vorteilhafter ist:

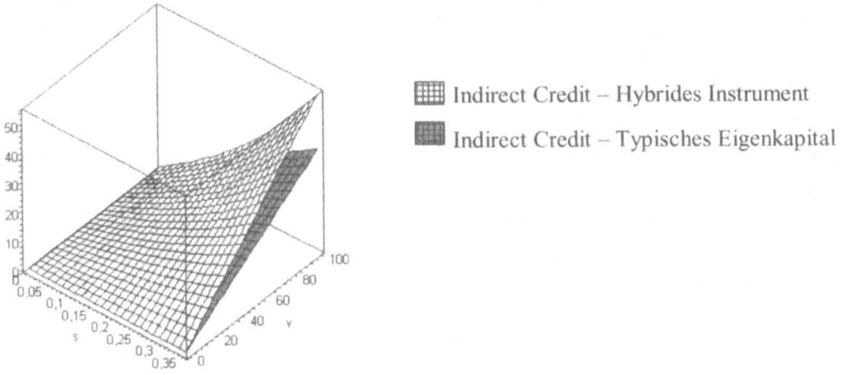

Abbildung 29: Vorteilhaftigkeit einer hybriden Finanzierung

Im Falle einer hybriden Finanzierung verändert sich auch die Berechnung der *Foreign Tax Credit Limitation* [*anrech_h*]. Das ausländische Einkommen entspricht hier der Vergütung der hybriden Finanzierung vor Steuern inklusive des *Gross-Up* entsprechend der Ermittlung des *Indirect Credits* (7). Durch Kürzen der Formel erhält man folgenden Wert:

$$anrech\_h := \frac{\left(v + \frac{v\,B\,s}{B - B\,s + v}\right)\left(v + \frac{v\,B\,s}{B - B\,s + v} + US\right) 0.35}{v + \frac{v\,B\,s}{B - B\,s + v} + US} \tag{9}$$

$$anrech\_h := 0.35\,v + \frac{0.35\,v\,B\,s}{B - B\,s + v}$$

Die Vorteilhaftigkeit des Anrechnungshöchstbetrags bei einer hybriden Finanzierung im Vergleich zu einer typischen Eigenfinanzierung [(9)-(4)] kann unter der Voraussetzung eines unendlich hohen *Accumulated Profis* folgendermaßen dargestellt werden:

$$\lim_{B \to \infty} \left(\frac{0.35\,v\,B\,s}{B - B\,s + v}\right) \rightarrow -\frac{0.35\,v\,s}{-1. + s} \tag{10}$$

Hybride Finanzierungsinstrumente führen dementsprechend nicht nur zu einer Steigerung des *Indirect Credit*, sondern auch zu einer Erhöhung des Anrechnungsbetrags. Betriebswirtschaftlich betrachtet ist es vorteilhaft, wenn der *Indirect Credit* der *Foreign Tax Credit Limitation* entspricht. Nur in diesem Fall kommt es weder zu einer US-Besteuerung des Differenzbetrags bei einem Überhang des Anrechnungsbetrags, noch zu einem nicht im Veranlagungsjahr ausgleichsfähigen Überhang des *Indirect Credit*, der nur vor- bzw nachgetragen werden kann:

$$diff\_ic\_h := \frac{\left(v + \frac{v\,B\,s}{B - B\,s + v}\right)\left(v + \frac{v\,B\,s}{B - B\,s + v} + US\right)0.35}{v + \frac{v\,B\,s}{B - B\,s + v} + US} - \frac{v\,B\,s}{B - B\,s + v} \tag{11}$$

$$diff\_ic\_h := 0.35\,v - \frac{0.65\,v\,B\,s}{B - B\,s + v}$$

Unter der Annahme, dass die *Accumulated Profit* unedlich groß sind, kann folgende Berechnung aufgestellt werden:

$$\lim_{B \to \infty}\left(0.35\,v - \frac{0.65\,v\,B\,s}{B - B\,s + v}\right) = \frac{0.05\,v\,(-7. + 20.\,s)}{-1. + s} \tag{12}$$

$$\{v = 0.,\, s = s\},\ \{s = 0.3500000000,\, v = v\} \tag{13}$$

Durch das Nullsetzen der oben genannten Gleichung wird ein optimaler Steuersatz von 35% ermittelt. Bei diesem Steuersatz kommt es weder zu einem Überhang des Anrechnungsbetrags, noch zu einem nicht anrechenbaren *Indirect Credit*. Das Ergebnis ist insofern interessant, als es mit der Berechnung des optimalen Steuersatzes bei einer typischen Eigenfinanzierung ident ist [$0{,}35v - vs = 0$, $s = 0{,}35$].

Bei einer hybriden Finanzierung berechnet sich die Gesamtsteuerbelastung [*st_h*] aus dem ausländischen Einkommen, das sich aus der Bruttovergütung inklusive *Gross-Up* zusammensetzt, multipliziert mit dem US-amerikanischen Steuersatz von 35%. Davon kann der *Indirect Credit* in Abzug gebracht werden, wenn dieser die *Foreign Tax Credit Limitation* nicht übersteigt:

$$st\_h := \left(v + \frac{v\,B\,s}{B - B\,s + v}\right)0.35 - \frac{v\,B\,s}{B - B\,s + v} \tag{14}$$

$$st\_h := 0.35\,v - \frac{0.65\,v\,B\,s}{B - B\,s + v}$$

Ist die *Foreign Tax Credit Limitation* kleiner als der *Indirect Credit* einer hybriden Finanzierung, was bei einem ausländischen Steuersatz von über 35% der Fall sein wird, errechnet sich unter Berücksichtigung der *Foreign Tax Credit Limitation* gem Formel (9) die Gesamtsteuerbelastung folgendermaßen:

$$st\_h := \left(v + \frac{v\,B\,s}{B - B\,s + v}\right)0.35 - \left(0.35\,v + \frac{0.35\,v\,B\,s}{B - B\,s + v}\right) \tag{15}$$

$$st\_h := 0.$$

Die Gesamtsteuerbelastung kann in diesem Fall auf Null herabgesenkt werden. Hybride Finanzierungsinstrumente können daher nur dann eine Doppelnichtbesteuerung erwirken, wenn der *Indirect Credit* der US-Besteuerung der ausländischen Einkünfte entspricht oder diese übersteigt.

Beispiel:

Die Analyse hybrider Finanzierungsinstrumente soll nun unter der Annahme vorgenommen werden, dass im Ausland ein Steuersatz von 25% besteht.

$$ic\_h\_25 := \left(\frac{v\,B\,s}{B - B\,s + v} \right) \Bigg|_{s = 0.25} \tag{16}$$

$$ic\_h\_25 := \frac{0.25\,v\,B}{0.75\,B + v}$$

Für die Ermittlung des Grenzvorteils werden *die Accumulated Profits* als unendlich angenommen:

$$\lim_{B \to \infty} \left(\frac{0.25\,v\,B}{0.75\,B + v} \right) = 0.3333333333\,v \tag{17}$$

Beträgt der ausländische Steuersatz 25% und erfolgt eine Thesaurierung im höchstmöglichen Ausmaß, kann der *Indirect Credit* bis 33,33% gesteigert werden. Im Vergleich zu einer typischen Eigenfinanzierung [vs = 0,25v] bedeutet dies eine Steigerung um 8,33%. Der *Indirect Credit* im Falle einer hybriden Finanzierung und im Falle einer typischen Eigenfinanzierung bei einem ausländischen Steuersatz von 25% kann folgendermaßen dargestellt werden:

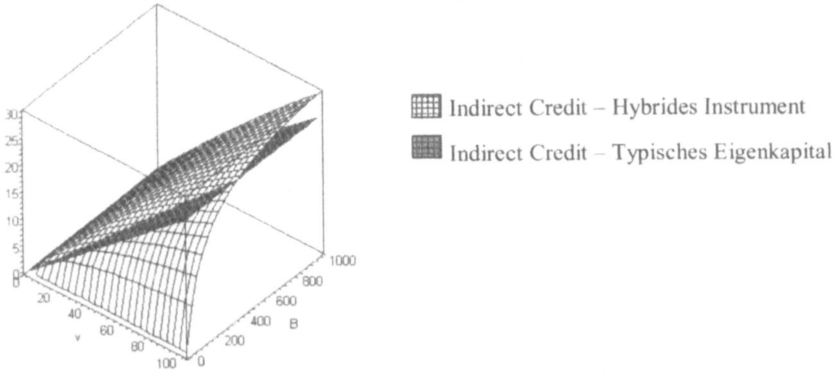

Abbildung 30: Indirect Credit – ausländischer Steuersatz von 25%

Die Darstellung zeigt, dass der *Indirect Credit* im Falle einer Eigenfinanzierung unabhängig von der Höhe der Vergütung bzw vom Ausmaß der Thesaurierung linear verläuft. Bei der hybriden Finanzierung ist jedoch die Höhe des *Indirect Credit* sowohl von den *Accumulated Profits* als auch von der Höhe der Vergütung abhängig. Dabei zeigt sich, dass hierbei das Verhältnis Vergütung/ *Accumulated Profits* ausschlaggebend ist. Je höher die *Accumulated Profits* im Vergleich zu der Vergütung, desto höher der *Indirect Credit*. Ist dieses Verhältnis unvorteilhaft, ist der *Indirect Credit* einer hybriden Finanzierung geringer als der *Indirect Credit* einer typischen Eigenfinanzierung.

Weiters muss in der Analyse auch auf den Anrechnungshöchstbetrag [*anrech_h_25*] eingegangen werden. Wird ein Steuersatz von 25% in die Formel (9) eingesetzt, kann folgendes Ergebnis erzielt werden:

$$anrech\_h\_25 := \left(0.35\,v + \frac{0.35\,v\,B\,s}{B - B\,s + v} \right) \Bigg|_{s\,=\,0.25} \qquad (18)$$

$$anrech\_h\_25 := 0.35\,v + \frac{0.0875\,v\,B}{0.75\,B + v}$$

Unter der Annahme, dass B unendlich groß ist, ergibt dies für einen ausländischen Steuersatz eine Steigerung der *Foreign Tax Credit Limitation* auf 46,66%.

$$\lim_{B \to \infty} \left(0.35\,v + \frac{0.35\,v\,B\,0.25}{B - B\,0.25 + v} \right) = 0.4666666667\,v \qquad (19)$$

Die *Foreign Tax Credit Limitation* einer hybriden Finanzierung kann im Vergleich zu einer typischen Eigenfinanzierung [0,35*v*] um 11,66% gesteigert werden: Bei einem grafischen Vergleich zwischen *Foreign Tax Credit Limitation* bei hybrider Finanzierung bzw typischer Eigenfinanzierung ist festzustellen, dass im Falle der typischen Eigenfinanzierung der Anrechnungsbetrag linear verläuft. Bei einer hybriden Finanzierung verläuft der Anrechnungshöchstbetrag ähnlich wie der *Indirect Credit* asymptotisch, wobei die Anrechnung jedenfalls der typischen Eigenfinanzierung entspricht.

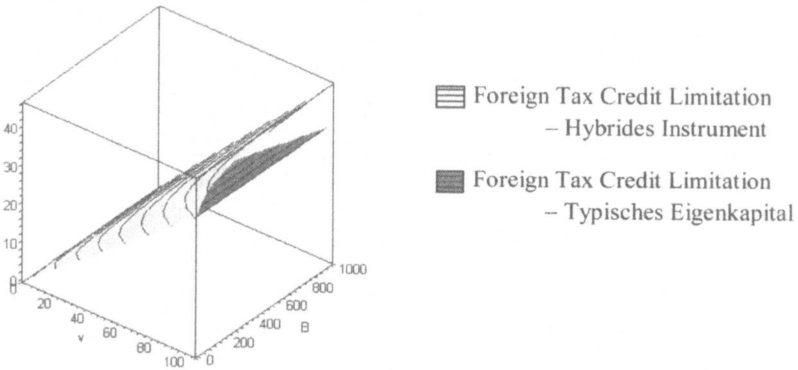

Abbildung 31: Foreign Tax Credit Limitation – ausländischer Steuersatz von 25%

Die grafische Gegenüberstellung des *Indirect Credit* bzw der *Foreign Tax Credit Limitation* zeigt, dass sowohl bei der hybriden Finanzierung als auch bei einer typischen Eigenfinanzierung der Anrechnungshöchstbetrag über dem *Indirect Credit* liegt. Der Verlauf des *Indirect Credit* und der *Foreign Tax Credit Limitation* ist annähernd parallel und bietet bei steigendem *Credit* auch die notwendigen Anrechnungsmöglichkeiten:

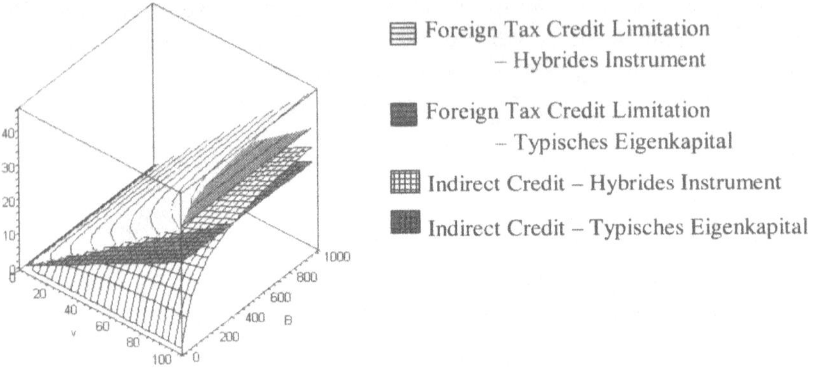

Abbildung 32: Indirect Credit und Foreign Tax Credit Limitation – ausländischer Steuersatz von 25%

Die Gesamtsteuerbelastung einer typischen Eigenfinanzierung beträgt bei einem ausländischen Steuersatz von 25%, unabhängig von der Höhe der Vergütung bzw des Ausmaßes der Thesaurierung der ausländischen Gesellschaft gem Formel (5), 35%. Bei einer hybriden Finanzierung kann die Gesamtsteuerbelastung bei einem ausländischen Steuersatz von 25% wie folgt dargestellt werden:

$$st\_h\_25 := \left(0.35\, v - \frac{0.65\, v\, B\, s}{B - B\, s + v} \right) \Bigg|_{s\, =\, 0.25} \tag{20}$$

$$st\_h\_25 := 0.35\, v - \frac{0.1625\, v\, B}{0.75\, B + v}$$

Die Gesamtsteuerbelastung kann im Grenzbereich auf 13,33% reduziert werden, wenn die ausländische Körperschaft Gewinne im maximalen Ausmaß thesauriert.

$$\lim_{B \to \infty} \left(0.35\, v - \frac{0.1625\, v\, B}{0.75\, B + v} \right) = 0.1333333333\, v \tag{21}$$

In dieser Grenzbetrachtung bedeutet damit eine hybride Finanzierung einen Steuervorteil gegenüber einer typischen Eigenfinanzierung von 21,66%.

Wie in der grafischen Gegenüberstellung ersichtlich, kann die Gesamtsteuerbelastung durch den Einsatz hybrider Finanzierungsinstrumente wesentlich reduziert werden, eine Doppelnichtbesteuerung ist jedoch nicht möglich. Auch hier ist die Vorteilhaftigkeit der hybriden Finanzierung abhängig von der Höhe der Ausschüttung und von der Höhe der thesaurierten Gewinne; allerdings ist der Einsatz von hybriden Finanzierungsinstrumenten aus steuerlichen Überlegungen jedenfalls vorzuziehen, da hier eine Besteuerung im Ausland unterbleibt.

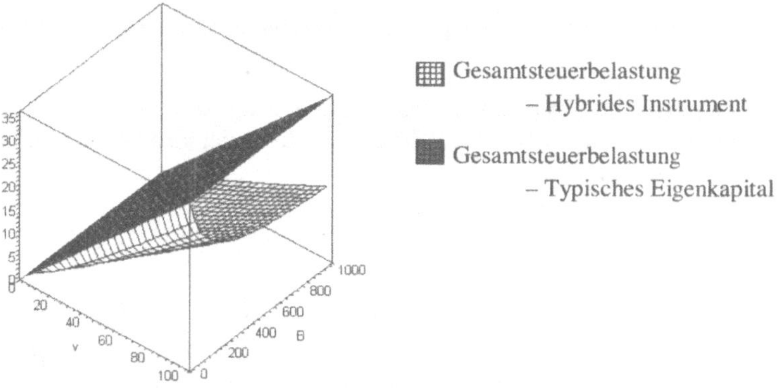

Abbildung 33: Gesamtsteuerbelastung – ausländischer Steuersatz von 25%

2.1.3. Erhöhung der ausländischen Steuer

Ausgehend von der Formel zur Berechnung des *Indirect Credit* besteht eine weitere Gestaltungsmöglichkeit in der Erhöhung der ausländischen Steuer. Dies ist natürlich nicht wünschenswert, da sonst die Gesamtsteuerbelastung steigen würde. Zu überlegen sind jedoch in diesem Zusammenhang Gestaltungen mit Hochsteuerländern, in denen bereits Aktivitäten durchgeführt werden, um eine Doppelnichtbesteuerung erzielen zu können. Die Gestaltung mit hybriden Finanzierungsinstrumenten wird umso steuergünstiger sein, je höher der effektive Steuersatz ist.

Beispiel:

Ausgehend von einem ausländischen Steuersatz von 40% kann der Indirect Credit folgendermaßen berechnet werden:

$$ic\_h\_40 := \left(\frac{v\,B\,s}{B - B\,s + v} \right) \Bigg|_{s = 0.40} \qquad (22)$$

$$ic\_h\_40 := \frac{0.40\, v\, B}{0.60\, B + v}$$

Im Falle einer hybriden Finanzierung mit einem ausländischen Steuersatz von 40% kann der *Indirect Credit* auf 66,66% erhöht werden.

$$\lim_{B \to \infty} \left(\frac{0.40\, v\, B}{0.60\, B + v} \right) = 0.6666666667\, v \tag{23}$$

Im Vergleich zu einer typischen Eigenfinanzierung [$vs = 0{,}40v$] bedeutet dies eine Steigerung um 26,66%:

Im Vergleich zu einer typischen Eigenfinanzierung kann festgestellt werden, dass bei einer hohen ausländischen Steuerbelastung der *Indirect Credit* wesentlich gesteigert werden kann.

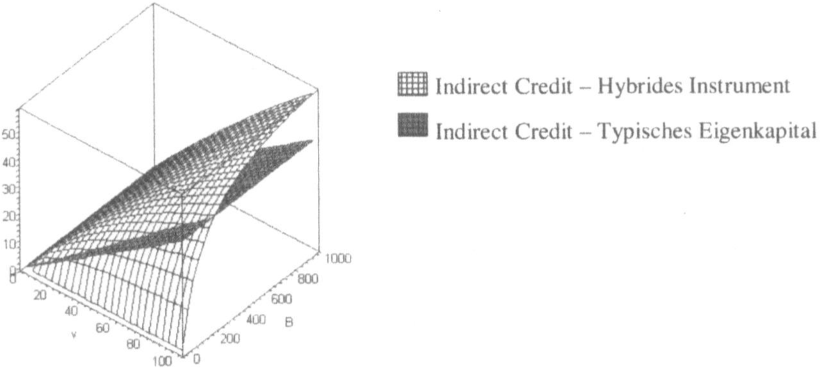

Abbildung 34: Indirect Credit – ausländischer Steuersatz von 40%

Weiters muss die *Foreign Tax Credit Limitation* betrachtet werden, um feststellen zu können, ob der *Indirect Credit* zur Gänze in Anspruch genommen werden kann, oder ob ein Teil davon vor- oder rückgetragen werden muss. Bei einem ausländischen Steuersatz von 40% kann die *Foreign Tax Credit Limitation* auf 58,88% gesteigert werden:

$$anrech\_h\_40 := \left(0.35\, v + \frac{0.35\, v\, B\, s}{B - B\, s + v} \right) \Bigg|_{s = 0.40} \tag{24}$$

$$anrech\_h\_40 := 0.35\, v + \frac{0.1400\, v\, B}{0.60\, B + v}$$

$$\lim_{B \to \infty} \left(0.35\, v + \frac{0.35\, v\, B\, 0.4}{B - B\, 0.4 + v} \right) = 0.5833333333\, v \qquad (25)$$

Im Vergleich zu einer Eigenfinanzierung [0,35v] bedeutet dies eine Steigerung um 23,33%.

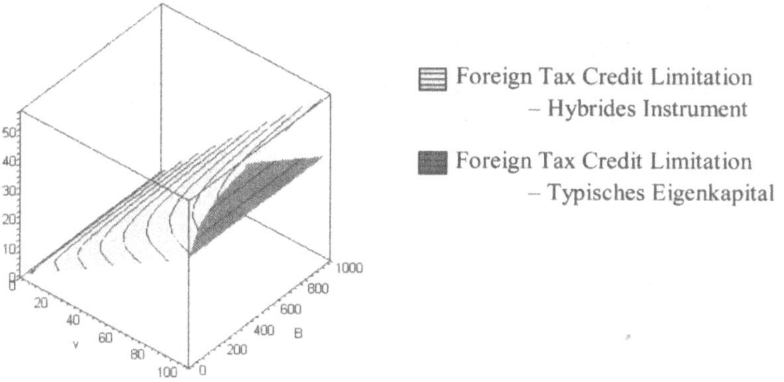

Abbildung 35: Foreign Tax Credit Limitation – ausländischer Steuersatz von 40%

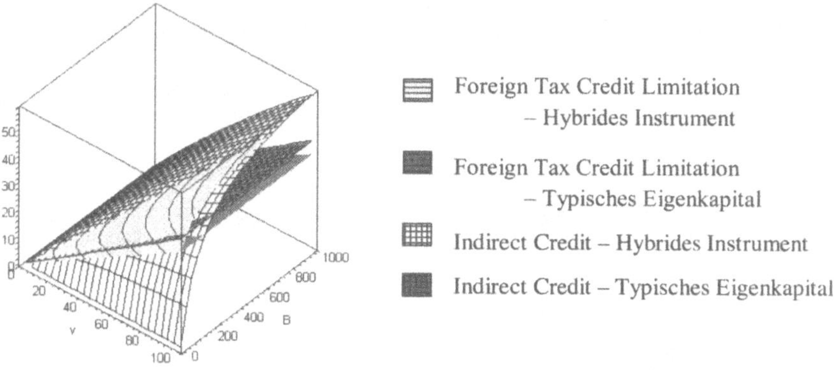

Abbildung 36: Indirect Credit and Foreign Tax Credit Limitation – ausländischer Steuersatz von 40%

Obwohl bei einer hybriden Finanzierung nicht nur der *Indirect Credit* sondern auch die *Foreign Tax Credit Limitation* gesteigert werden kann, ist ersichtlich, dass im Grenzbereich nicht mehr der gesamte *Indirect Credit* angerechnet werden kann. Während bei einer typischen Eigenfinanzierung der *Indirect Credit* zur *Foreign Tax Credit Limitation* parallel verläuft, ist dies bei hybriden Finanzierungsinstrumenten nicht der Fall; es kommt hier zu einer Überschneidung. Das bedeutet, dass wenn die ausländische Steuer die anteilige US-Steuerbelastung übersteigt, jedenfalls eine Berechnung notwendig ist, um den anrechenbaren Betrag ermitteln zu können. Im Grenzbereich ist, wie bereits in Formel (13) erläutert, eine vollständige Anrechnung nur bis zu einem ausländischen Steuersatz von 35% möglich. Der die *Foreign Tax Credit Limitation* übersteigende Betrag kann bei mangelnder Verrechnungsmöglichkeit nur im Rahmen eines Rück- oder Vortrags geltend gemacht werden, was jedoch bei einer konstanten Einkommenstruktur zum Verlust dieses *Credit* führen würde.

Die Gesamtsteuerbelastung bei einem ausländischen Steuersatz wird gem Formel (15) dann auf Null reduziert, wenn der *Indirect Credit* gleich hoch oder höher als die *Foreign Tax Credit Limitation* ist. Dies wird dann der Fall sein, wenn:

$$0.35\, v + \frac{0.35\, v\, B\, s}{B - B\, s + v} \leq \frac{v\, B\, s}{B - B\, s + v} \qquad (26)$$

Ist dies nicht der Fall, ergibt sich die Gesamtsteuerbelastung aus

$$st\_h\_40 := \left(0.35\, v - \frac{0.65\, v\, B\, s}{B - B\, s + v} \right) \Bigg|_{s = 0.40} \qquad (27)$$

$$st\_h\_40 := 0.35\, v - \frac{0.2600\, v\, B}{0.60\, B + v}$$

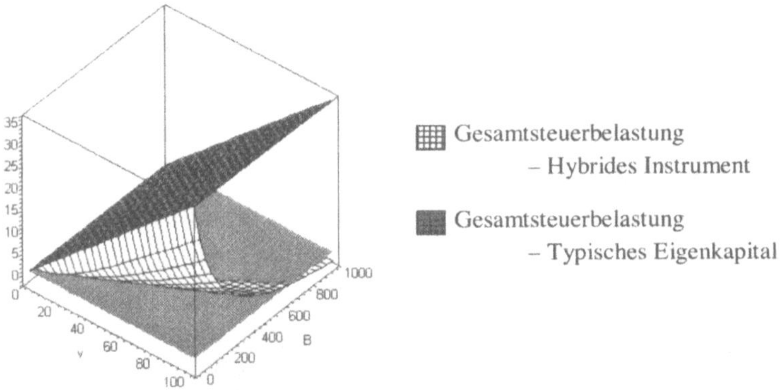

Abbildung 37: Gesamtsteuerbelastung – ausländischer Steuersatz von 40%

Aus dieser Grafik ist ersichtlich, dass erst im Grenzbereich eine Doppelnichtbesteuerung möglich ist. Thesauriert die ausländische Gesellschaft nicht entsprechend Gewinne, wird zwar die Gesamtsteuerbelastung gesenkt, aber nicht auf Null reduziert.

Hybride Finanzierungsinstrumente in Niedrigsteuerländern können zwar keine Doppelnichtbesteuerung erwirken, jedoch wird die Gesamtsteuerbelastung jedenfalls reduziert. Darüber hinaus kann bei rein operativ tätigen ausländischen Unternehmen eine Ausschüttung mit einem möglichen Überhang des *Credit* verrechnet werden.

Beispiel:

Zum Vergleich wird nun die Annahme getroffen, dass im Ausland ein Steuersatz von 10% besteht. Der Indirect Credit in diesem Fall kann daher auf 11.11% gesteigert werden.

$$ic\_h\_10 := \left(\frac{v\,B\,s}{B - B\,s + v} \right) \Bigg|_{s = 0.10} \tag{28}$$

$$ic\_h\_10 := \frac{0.10\,v\,B}{0.90\,B + v}$$

$$\lim_{B \to \infty} \left(\frac{0.10\,v\,B}{0.90\,B + v} \right) = 0.1111111111\,v \tag{29}$$

Im Vergleich zu einer typischen Eigenfinanzierung bedeutet dies lediglich eine Steigerung um 1,11% [$vs = 0{,}10v$].

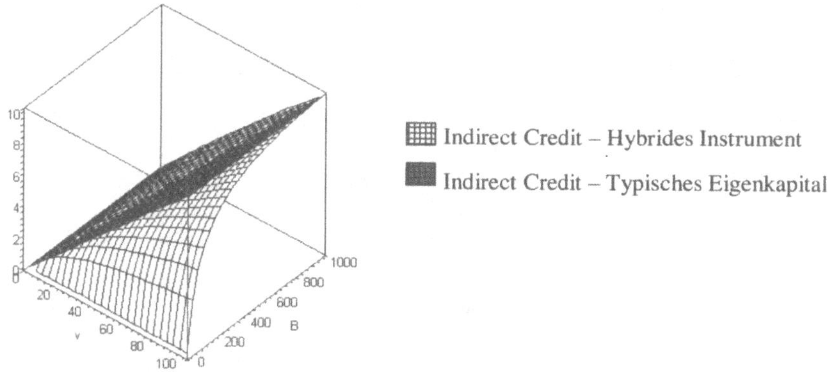

Abbildung 38: Indirect Credit – ausländischer Steuersatz von 10%

Aus Abbildung 38 wird ersichtlich, dass der *Indirect Credit* im Vergleich zu einer typischen Eigenfinanzierung nur geringfügig gesteigert werden kann.

Die *Foreign Tax Credit Limitation* kann bei einem niedrigen Steuersatz ebenfalls nur auf 38,88% gesteigert werden. Im Vergleich zu einer typischen Eigenfinanzierung [$0{,}35v$] bedeutet dies lediglich eine Steigerung um 3,88%:

$$anrech\_h\_10 := \left(0.35\, v + \frac{0.35\, v\, B\, s}{B - B\, s + v} \right) \Bigg|_{s = 0.10} \tag{30}$$

$$anrech\_h\_10 := 0.35\, v + \frac{0.0350\, v\, B}{0.90\, B + v}$$

$$\lim_{B \to \infty} \left(0.35\, v + \frac{0.35\, v\, B\, 0.1}{0.9\, B + v} \right) = 0.3888888889\, v \tag{31}$$

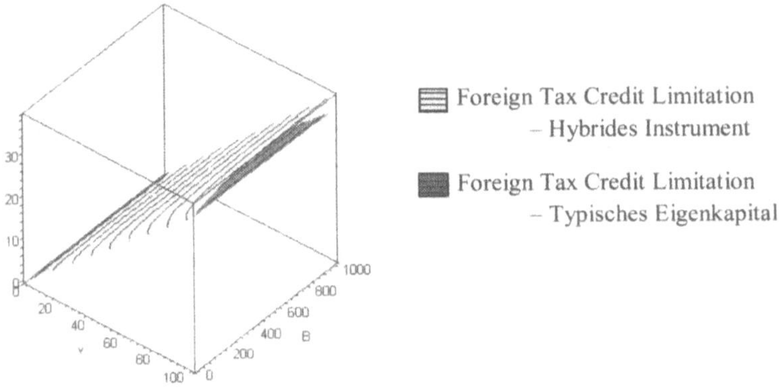

Abbildung 39: Foreign Tax Credit Limitation – ausländischer Steuersatz von 10%

Die Grafik zeigt, dass zwischen typischer Eigenfinanzierung und hybrider Finanzierung kaum ein Unterschied besteht.

Im Vergleich zwischen *Indirect Credit* und *Foreign Tax Credit Limitation* zeigt sich, dass sowohl bei der hybriden Finanzierung als auch bei der typischen Eigenfinanzierung der Anrechnungshöchstbetrag nicht ausgenützt wird. Solche Gestaltungen sind vor allem dann sinnvoll, wenn ein Überhang eines *Credit* aus einer Finanzierung eines anderen Landes besteht.

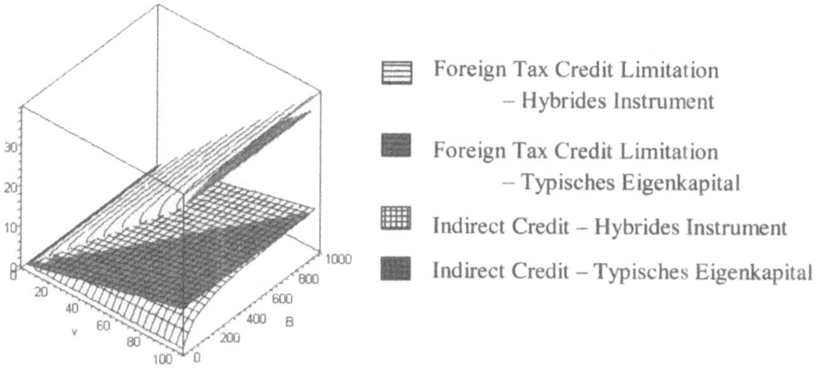

Abbildung 40: Indirect Credit und Foreign Tax Credit Limitation – ausländischer Steuersatz von 10%

In der Gegenüberstellung des *Indirect Credit* mit der *Foreign Tax Credit Limitation* wird deutlich, dass sowohl bei der hybriden Finanzierung als auch bei der Eigenfinanzierung ausreichend Möglichkeiten zum *Cross-Crediting* gegeben sind.

Die Gesamtsteuerbelastung kann für eine hybride Finanzierung mit einem ausländischen Steuersatz von 10% auf 27,77% gesenkt werden, was im Vergleich zu einer typischen Eigenfinanzierung [0,35*v*] eine Reduktion von 7,22% bedeutet:

$$st\_h\_10 := \left. \left(0.35\,v - \frac{0.65\,v\,B\,s}{B - B\,s + v} \right) \right|_{s = 0.10} \tag{32}$$

$$st\_h\_10 := 0.35\,v - \frac{0.0650\,v\,B}{0.90\,B + v}$$

$$\lim_{B \to \infty} \left(0.35\,v - \frac{0.065\,v\,B}{0.9\,B + v} \right) = 0.2777777778\,v \tag{33}$$

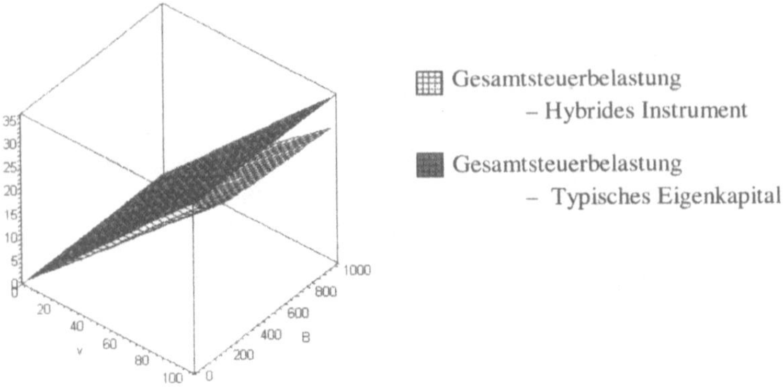

Abbildung 41: Gesamtsteuerbelastung – ausländischer Steuersatz von 10%

Wie aus Abbildung 41 ersichtlich, kann bei einem geringen ausländischen Steuersatz keine Doppelnichtbesteuerung erzielt werden.

Beispiel:[1221]

Die ausländische Körperschaft erzielt einen Gewinn von 100, der ausländische Steuersatz beträgt 30%. Die Muttergesellschaft im Inland ist zu 50% beteiligt. Der Körperschaftsteuersatz im Inland beträgt ebenfalls 30%. Die Tochtergesellschaft schüttet den Gewinn vollständig aus.

Berechnung des Indirect Foreign Credit:

$$\frac{35+10}{(100-100\times 0{,}3)+10}\times 100\times 0{,}3 = 16{,}875$$

Berechnung des Anrechnungshöchstbetrages:

$$\frac{35+10+16{,}875}{110}\times 110\times 0{,}3 = 18{,}5625$$

2.1.4. Reduzierung der Accumulative Profits

Eine weitere Möglichkeit zur Maximierung des *Indirect Credis* besteht in der Veränderung der *Accumulated Profits*. Dies ist vor allem darauf zurückzuführen, dass die *Accumulated Profits* nach US-amerikanischem Recht berechnet werden, die Steuer jedoch nach ausländischem Recht ermittelt wird. Damit bleibt die

---

[1221] Entsprechend *Treisch, C.* (2004): 377, jedoch mit unterschiedlichem Ergebnis. *Treisch* vertritt die Auffassung, dass im Lichte der Finanzierungsneutralität auf die Zinsen, die im Ausland den steuerlichen Gewinn mindern, auch keine Körperschaftsteuer angerechnet werden soll. Betriebswirtschaftlich betrachtet ist eine Anrechnung jedoch jedenfalls vorteilhaft.

anrechenbare Steuer unverändert, während die Ermittlung der *Accumulated Profits* in den USA vom ausländischen Recht abweichen kann. Damit wird sinkenden *Accumulated Profits* unterstellt, dass im Ausland ein höherer effektiver Steuersatz vorherrscht.

In Notice 98-5[1222] veröffentlichte der IRS, dass *Regulations* gegen missbräuchliche Gestaltungen zur Verwertung von *Foreign Tax Credits (Abusive Foreign Tax Credit Transaction)* herausgegeben werden, weil diese nicht mit der Steuerpolitik der USA im Bezug auf die Kapitalexportneutralität im Einklang stünden.[1223]

Gem Notice 98-5 war eine missbräuchliche Gestaltung zur Verwertung von *Foreign Tax Credits* eine Transaktion, bei der der zu erwartende wirtschaftliche Gewinn unwesentlich im Verhältnis zum erwartenden *Foreign Tax Credit* war. Insbesondere wurden grenzüberschreitende Gestaltungen angesprochen, die eine zweifache Inanspruchnahme von Steuervorteilen *(dublication of tax benefits)* ermöglichten. War eine solche Gestaltung missbräuchlich, so kann der *Foreign Tax Credit* nicht in Anspruch genommen werden.[1224]

Im Notice wurden einige Beispiele angeführt, wann eine missbräuchliche Gestaltung vorläge; darunter auch wie hybride Finanzierungsinstrumente dazu verwendet werden können, um den FTC zu erhöhen. Das Beispiel ist insofern interessant, als die Finanzierung nicht zwischen den USA und einem Drittland erfolgte, sondern zwischen zwei Drittländern stattfand.

Eine US-amerikanische Muttergesellschaft führt der ausländischen Tochtergesellschaft Eigenkapital in Höhe von 10 zu. Die Tochtergesellschaft erhält Kapital von 90 von einer der US-Mutter nicht nahe stehenden ausländischen Person. Die Kapitalüberlassung wird im Land B als Eigenkapital qualifiziert; eine Abzugsfähigkeit der Vergütung ist daher nicht möglich. Land B besteuert daher den gesamten Gewinn mit einem Steuersatz von 30%. Im Land C ist die Vergütung der Kapitalüberlassung, die als Eigenkapital betrachtet wird, steuerbefreit.

In den USA wird die Kapitalüberlassung zwischen Land B und Land C als Fremdkapital qualifiziert. Die Berechnung der *Accumulated Profits* erfolgt aufgrund US-amerikanischen Grundsätzen, dementsprechend werden die Zinsen bei der Berechnung des Gewinns nach Steuern berücksichtigt. Die ausländische Steuer bleibt jedoch unverändert in Höhe von 3 bestehen. Daraus ergibt sich,

---

1222 1998-1 CB 334.

1223 *Bittker, B.I./Eustice, J.S.* (2000): 15.21[1][d].

1224 Ausführlich *Dolan, D.K.* (2002): 931; *Kaywood, S./Rowe, K./Tanenbaum, E.* (2004): 20; *Lemein, G.D./McDonald, J.D.* (2004): 5.

dass die USA unterstellen, dass im Ausland auf einen Gewinn von 3,25 (0,25 plus die Steuer iHv 3) Steuern iHv 3 eingehoben werden.[1225]

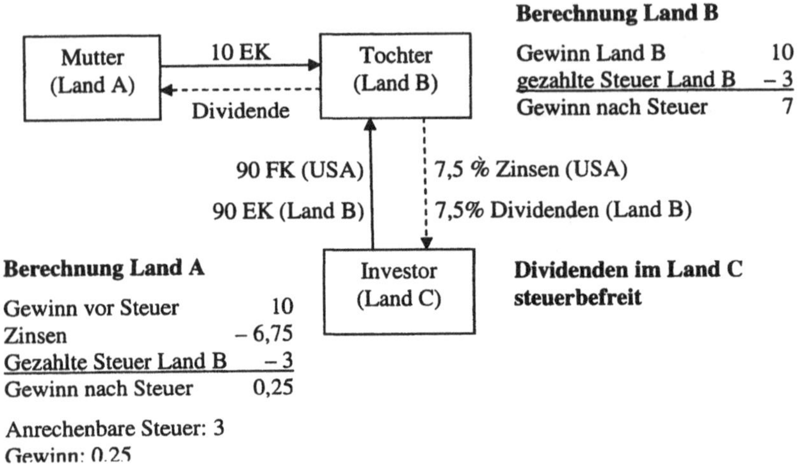

Abbildung 42: Abusive Foreign Tax Credit

Die USA nehmen weiters an, dass die Muttergesellschaft der einzige Gesellschafter der Tochter im Land B ist. Daraus ergibt sich, dass nach US-amerikanischen Grundsätzen eine Vollausschüttung die Höhe von 0,25 hätte, auf die ein *Credit* iHv 3 geltend gemacht werden kann. Bei einem Grenzsteuersatz von 35% in den USA würde die US-Steuerbelastung 1,1375 betragen; nach Inanspruchnahme des *Credit* wäre keine US-Steuer zu zahlen.

In dem oben angeführten Beispiel ergibt sich allerdings keine Doppelnichtbesteuerung. Der Gewinn wird ja, da er im Land der Tochter als Eigenkapital qualifiziert wird, bereits einmal besteuert. Es ergibt sich aber insofern eine Verringerung der Gesamtbesteuerung, als dass trotz niedrigerem Steuersatz im Ausland die Differenz zur US-Steuer nicht gezahlt werden muss. Hat die US-Muttergesellschaft weitere Beteiligungen über 10% im Ausland, kann der Überhang für ein *Cross-Crediting* in Anspruch genommen werden und reduziert ein wieteres Mal die Gesamtsteuerbelastung.

Da der IRS keine *Regulations* veröffentlichen konnte, wurden im Notice 2004-19 die Regelungen zum *Abusive Foreign Tax Credit* aufgehoben.[1226] Im Notice wird ausdrücklich darauf hingewiesen, dass Gestaltungen, die den im Notice 98-

[1225] Was einem Steuersatz von 92,31% entsprechen würde.

[1226] *Kaywood, S./Rowe, K./Tanenbaum, E.* (2004): 20.

5 angeführten Beispielen entsprechen bzw ähneln, nicht allein wegen der Auflistung als missbräuchlich eingestuft werden. Sehr wohl können jedoch andere Bestimmungen diesen Gestaltungen entgegenstehen.[1227]

2.1.5. Zwischenergebnis

Die Analyse der Anrechnungsmethode im Zusammenhang mit hybriden Finanzierungsinstrumenten hat gezeigt, dass eine eindeutige Aussage zur Vorteilhaftigkeit schwierig ist. Im Gegensatz zur Befreiungsmethode ist die Anrechnungsmethode an sich bereits komplexer, vor allem weil die Berechnung der Dividenden und *Accumulated Profits* nach US-amerikanischen Prinzipien erfolgen muss. Darüber hinaus ist über die Jahre der Entwicklung der *Accumulated Profits* und der ausländischen Steuern Buch zu führen. Weiters sind die Beschränkungen des Anrechnungshöchstbetrags und der *Basket* Regelungen zu beachten.

Die Analyse gewinnt mit hybriden Finanzierungsinstrumenten zusätzlich an Komplexität. Da die Berechnung der Dividende und der *Accumulated Profits* nach US-amerikanischem Recht erfolgt, unterscheidet sich der Gewinn nach ausländischem bzw US-amerikanischem Recht. Als *Indirect Credit* kann maximal die im Ausland gezahlte Steuer angerechnet werden. Kommt es daher in Verbindung mit hybriden Finanzierungsinstrumenten zu einer Vollausschüttung, kann für die hybride Vergütung kein *Credit* geltend gemacht werden. Wird hingegen thesauriert, unterstellt die Berechnung des *Indirect Credit*, dass ein Teil der Steuer auf die hybride Vergütung zugerechnet wird, die dann die US-Steuer kürzt. Die Vorteilhaftigkeit ist dabei abhängig von der Höhe der Vergütung, der thesaurierten Gewinne und dem ausländischen Steuersatz. Die Analyse hat gezeigt, dass hybride Finanzierungsinstrumente im Zusammenhang mit der indirekten Anrechnungsmethode die Gesamtsteuerbelastung jedenfalls reduzieren können, jedoch die Vorteilhaftigkeit wesentlich von der Höhe des ausländischen Steuersatzes abhängt. Eine Doppelnichtbesteuerung ist allerdings erst ab einem ausländischen Steuersatz von 35% möglich.

[1227] Besonderes Augenmerk wird dabei auf die *Substance over Form Doktrin*, die *Step Transaction Doktrin*, die Eigen- und Fremdkapitalabgrenzungen und Sec 269 IRC (Beschränkung der Beteiligung an Verlustgesellschaften) gelegt, *Kaywood, S./Rowe, K./Tanenbaum, E.* (2004): 21; *Libin, J.B.* (2004): 317; *Connors, P.J./Woll, G.H.J.* (2002): 432 PLI/Tax 815f; *Lemein, G.D./McDonald, J.D.* (2004): 8.

2.2. Umgehung der Sondervorschriften für Controlled Foreign Corporations

2.2.1. Vermeidung einer Controlled Foreign Corporation

Am einfachsten ist es natürlich, das Vorliegen der Voraussetzungen bzgl *Controlled Foreign Corporations* (siehe ausführlich Kapitel V.4.2) zu vermeiden. US-Aktionäre von CFCs werden auch dann der US-Besteuerung unterzogen, wenn die Körperschaft keine Ausschüttung an die Gesellschafter vornimmt.[1228] Die Thesaurierung ist jedoch für die Verringerung der Gesamtsteuerbelastung unbedingt notwendig, deshalb wäre es vorteilhaft, nicht als CFC vorzeitig besteuert zu werden.

Eine ausländische Körperschaft ist gem Sec 957(a) IRC dann eine CFC, wenn mehr als 50% der Stimmrechte oder des Kapitals von US-amerikanischen Aktionären direkt oder über ausländische Gesellschaften gehalten werden.[1229] Dementsprechend kann dieses Kriterium weder durch den Verkauf an eine inländische noch an eine ausländische Konzerngesellschaft verhindert werden. Allerdings sind Gestaltungen denkbar, die eine solche Zurechnung verhindern, wie es zB bei einer Mehrmuttergesellschaft, bei der sich die zweite Mutter im Ausland befindet, der Fall ist.

Ein US-Aktionär ist eine US-Person, die mehr als 10% der Stimmrechte einer ausländischen Körperschaft hält.[1230] Bezüglich der 10% Beteiligungsgrenze sind keine Umgehungsstrategien denkbar, da diese Grenze auch für die Inanspruchnahme der *Indirect Credit* notwendig ist.

2.2.2. Minimierung des Subpart F Einkommens

Eine wesentliche Voraussetzung für eine mögliche Doppelnichtbesteuerung von hybriden Finanzierungsinstrumenten im Outbound Fall ist die Thesaurierung. Liegt keine CFC vor, kann die Ausschüttungspolitik des ausländischen Unternehmens derart gestaltet werden, dass ausreichend ausländische Steuern und *Accumulated Profits* vorhanden sind, um die Gesamtbesteuerung entsprechend zu senken.

[1228] *Bittker, B.I./Lokken, L.* (2003): 65.1.4.

[1229] *Bittker, B.I./Lokken, L.* (1999): 69.1; *Jones, S.M.* (2001): 340f; *Jones, S.M./Rhoades-Catanach, S.C.* (2004): 301f.

[1230] Reg 1.951-1(g)(2), als Stimmrecht wird das Recht verstanden, eine Person zu wählen, zu ernennen oder zu ersetzen, die die Rechte eines Mitglieds des *Board of Directors* einer US-Körperschaft ausübt.

Im Falle einer CFC wird jedoch das Subpart F Einkommen vorzeitig besteuert.[1231] Zwar bedeutet dies noch keine vollständige vorzeitige Besteuerung des erzielten Gewinns, da nicht das gesamte Einkommen einer CFC als Subpart F Einkommen angesehen wird, trotzdem schränkt es den Handlungsspielraum von hybriden Finanzierungsinstrumenten ein.

Eine Möglichkeit, die Vorschriften zu Subpart F Einkommen zu umgehen, wären Gestaltungen mit Ländern, in denen das Subpart F-Einkommen einer effektiven Besteuerung von mehr als 90% der höchsten US-Körperschaftsteuer unterliegt, da diese gem Sec 954(b)(4) IRC vom Subpart F-Einkommen ausgenommen sind.[1232] Gerade bei hybriden Finanzierunginstrumenten sind Gestaltungen mit Hochsteuerländern interessant, da in diesem Fall auch Doppelnichtbesteuerungen möglich sind.

2.2.3. Verkauf von CFCs

Für die Minimierung der Gesamtsteuerbelastung durch hybride Finanzierungsinstrumente ist es notwendig, die Gewinne einer ausländischen Körperschaft zu thesaurieren, um den *Foreign Tax Credit* für die Vergütung des Instruments in Anspruch nehmen zu können. Diese Strategie ist vor allem interessant, wenn die Steuerbelastung inklusive einer Veräußerung am Ende der Laufzeit nicht zu einer im Vergleich zur traditionellen Finanzierung höheren Steuerbelastung führt.

Für gewöhnlich unterliegt ein Veräußerungsgewinn der begünstigen Besteuerung der *Capital Gains.* Durch die Anwendung von Sec 1248 IRC wird jedoch der Teil des Veräußerungserlöses als Dividende umqualifiziert, der den thesaurierten Gewinnen in den Jahren, in denen die Körperschaft eine CFC war, entspricht, wenn die ausländische Gesellschaft irgendwann in den letzten fünf Jahren die Voraussetzungen für eine CFC erfüllt hat.[1233] Durch diese Regelung wird sichergestellt, dass das anteilige Einkommen einer CFC entweder sofort als Subpart F Einkommen, oder bei Ausschüttung bzw bei Veräußerung als Dividende zu versteuern ist. Zwar können Körperschaften in dem Fall einen FTC in

---

1231 Siehe Kapitel V.4.2.3.

1232 Nach derzeitiger Rechtslage kommt die Befreiung auf Staaten zur Anwendung, die eine effektive Besteuerung von über 31,5% vorsehen.

1233 Dementsprechend ist Sec 1248 IRC auch dann anwendbar, wenn zum Zeitpunkt der Veräußerung die Voraussetzungen nicht mehr erfüllt sind, *Bittker, B.I./Eustice, J.S.* (2000): 15.63[1].

Anspruch nehmen,[1234] jedoch werden gerade die ausländischen Steuern durch die hybriden Instrumente bereits verrechnet sein.

Ausgehend von dieser Rechtslage stellt sich die Frage, ob damit einer hybriden Finanzierung letztendlich entgegengewirkt wird. Die Formel des *Indirect Credit* ergibt bei hybriden Finanzierungsinstrumenten folgendes Bild:

$$ic\_h := \frac{v\,B\,s}{B - B\,s + v}$$

Die Accumulated Profits können daher wie folgt dargestellt werden:

$$acc\_prof := B - B\,s + v \tag{34}$$

Bei genauerer Betrachtung der Formel ist festzustellen, dass die *Accumulated Profits* durch die hybride Vergütung keine Veränderung erfahren, da die Vergütung nach „Ausschüttung" vom Gewinn nach Steuern abgezogen wird.

$$acc\_prof\_aussch := B - B\,s + v - v \tag{35}$$

$$acc\_prof\_aussch := B - B\,s$$

Unterstellt man eine Vollausschüttung des Gewinns, die sowohl im Land des Emittenten als auch im Land des Investors als Dividende angesehen wird, kann die gesamte ausländische Steuer (*B s*), sofern sie geringer als die *Foreign Tax Credit Limitation* ist, als *Indirect Credit* angerechnet werden:

$$ic\_voll := \frac{(B - B\,s)\,B\,s}{B - B\,s} \tag{36}$$

$$ic\_voll := B\,s$$

Die Veräußerung einer CFC unterstellt eine solche Vollausschüttung. Allerdings kann nicht mehr die gesamte ausländische Steuer als *Credit* angerechnet werden, da sie ja durch die hybride Vergütung in den Jahren vor der fiktiven Vollausschüttung reduziert wurde. Dementsprechend kommt es bei CFCs im Zusammenhang mit hybriden Finanzierungsinstrumenten lediglich zu einem Zinseffekt. Der *Indirect Credit*, der durch die hybride Finanzierung bereits vorzeitig in Anspruch genommen werden kann, reduziert den *Indirect Credit* der Vollausschüttung zum Zeitpunkt der Veräußerung im Jahre *n*. Unter Berücksichtigung des Zeitwerts des Geldes wird die im Jahre *n* stattfindende Veräußerung mit *q* abgezinst. Der *Indirect Credit* einer CFC entspricht daher folgender Berechnung:

1234 *Bittker, B.I./Eustice, J.S.* (2000): 15.63[3]; *Scholes, M.S./Wolfson, M.A./Erickson, M./ Maydew, E.L./Shevlin, T.* (2002): 249; Reg 1.1248-1(d).

$$ic\_zins := \frac{v\,B\,s}{B - B\,s + v} + \left(B\,s - \frac{v\,B\,s}{B - B\,s + v} \right) q^{(-n)} \tag{37}$$

Wird die ausländische Körperschaft als CFC qualifiziert, kann die Vorteilhaftigkeit von hybriden Finanzierungsinstrumenten gegenüber einer typischen Eigenfinanzierung folgendermaßen dargestellt werden. Der *Indirect Credit* der hybriden Finanzierung wird dem *Indirect Credit* einer typischen Eigenfinanzierung gegenübergestellt, wobei in beiden Fällen die Gewinne im Ausland thesauriert werden und die CFC im Jahre *n* veräußert wird.

$$vorteil\_zins := \frac{v\,B\,s}{B - B\,s + v} + \left(B\,s - \frac{v\,B\,s}{B - B\,s + v} \right) q^{(-n)} - B\,s\,q^{(-n)} \tag{38}$$

$$vorteil\_zins := \frac{v\,B\,s}{B - B\,s + v} - \frac{v\,B\,s\,q^{(-n)}}{B - B\,s + v}$$

Folglich besteht die Vorteilhaftigkeit der hybriden Finanzierung gegenüber einer Eigenfinanzierung lediglich im Zinseffekt.

2.3. CFC-Netting Rules

Die CFC-Netting Rules sehen vor, dass Fremdkapitalzinsen der US-Muttergesellschaft der ausländischen CFC zugeordnet werden, wenn sowohl *Excess Related Group Indebtedness* (ERGI) als auch *Excess US Shareholder Indebtedness* (ESI) vorliegen.[1235] Im Prinzip entsprechen diese Berechnungen dem überhöhten Fremdkapitalzuwachs im Bezug zum Anlagevermögen.

[1235] ERGI entspricht der *Related Group Indebtedness* abzüglich der *Allowable Related Group Indebtedness*, während ESI *Unaffiliated Indebtedness* abzüglich *Allowable Unaffiliated Indebtedness* darstellt.

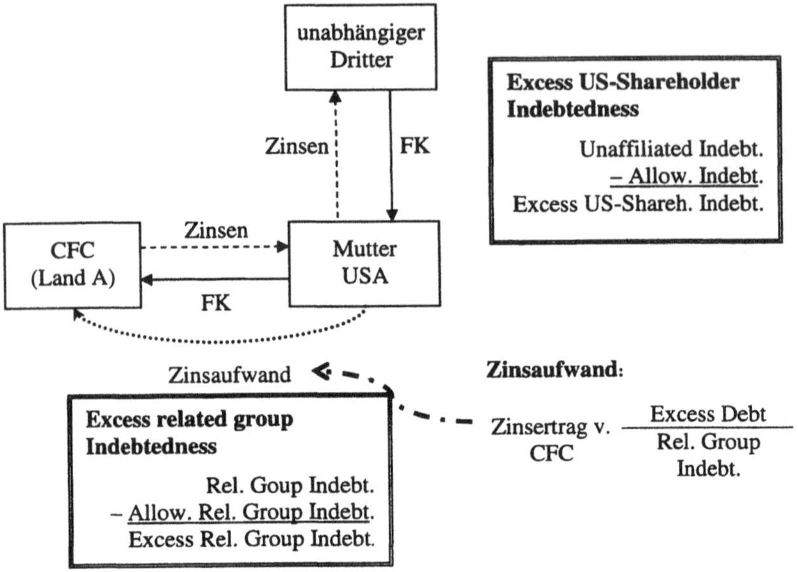

Abbildung 43: CFC-Netting Rules

Auf einen ersten Blick scheint diese Regelung für hybride Finanzierungsinstrumente nicht relevant, weil es sich bei diesem Sachverhalt um eine Fremdfinanzierung einer CFC handelt und im Outbound-Fall bei hybriden Finanzierungsinstrumenten eine Qualifikation als Dividende vorliegen muss. Allerdings sehen die *Regulations* in Reg. 1.861-10(e)(8)(vi) vor, dass Aktien an nahe stehende CFCs, deren Vergütungen im Ausland als Zinsen abzugsfähig sind, bei der Berechnung der *Related Group Indebtedness* berücksichtigt werden müssen. Das bedeutet, dass für die Berechnung der *CFC-Netting Rules* hybride Instrumente als Fremdkapital angesehen werden und durch diese zusätzliche Finanzierung damit auch eher *Excess Related Group Indebtedness* vorliegen kann. Die *Regulations* bestimmen jedoch weiters, dass die Vergütungen des hybriden Instruments nicht als Zinsen anzusehen sind. Daraus folgt, dass es, wenn neben der hybriden Finanzierung keine Fremdfinanzierung besteht, es auch nicht zu einer Umverteilung der Zinsen kommen kann.

Weiters können die *CFC-Netting Rules* vermieden werden, wenn kein *Excess US-Shareholder Indebtedness* vorliegt.

Die Regelungen bzgl der *CFC-Netting Rules* sind insofern interessant, als dass sie gemeinsam mit den Vorschriften bzgl hybrider Finanzierungsinstrumente bestätigen, dass eine asymmetrische Behandlung im grenzüberschreitenden Bereich nicht rechtswidrig sein muss.

2.4. Quellenregel

Sec 904(g) IRC verhindert, dass eine US-Körperschaft die steuerliche Bemessungsgrundlage durch zB Zinsaufwendungen reduzieren und für die anschließende Ausschüttung der ausländischen Körperschaft einen *Foreign Tax Credit* in Anspruch nehmen kann. Sec 904(g) IRC kommt auf Aktionäre oder Gläubiger zur Anwendung, die mehr als 50% der Stimmrechte oder des Kapitals einer ausländischen Körperschaft halten. Dementsprechend werden Dividenden im Jahr der Ausschüttung bzw der Subpart F Zurechnung als *US-Source* umqualifiziert, wenn die Ausschüttung von in den USA erwirtschafteten E&P stammt. Das hätte zur Folge, dass für die Dividende kein FTC in Anspruch genommen werden kann und es damit jedenfalls zu einer Einmalbesteuerung durch die USA kommt.[1236]

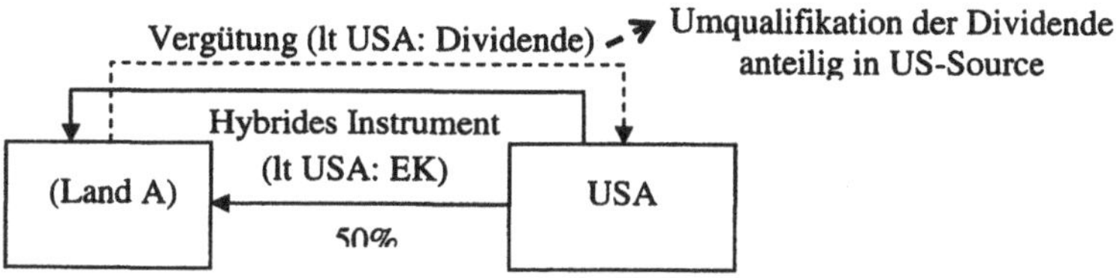

Abbildung 44: Quellenregel – Sec 904(g) IRC

Sind jedoch nur bis zu 10% der Dividende aus in den USA erzielten E&P, kommt Sec 904(g) IRC nicht zur Anwendung. Wird ein Einkommen auf ein anwendbares DBA als ausländisches Einkommen qualifiziert, hat der Steuerpflichtige das Wahlrecht, dieses als ausländisches Einkommen oder als gem Sec 904(g) IRC inländisches Einkommen zu behandeln.

2.5. Zusammenfassung

Anhand der oben dargestellten Überlegungen soll hier eine Gestaltung aufgezeigt werden, die in Verbindung mit Österreich zu einer Doppelnichtbesteuerung bzw zu einer Verringerung der Steuerbelastung führen kann.

Im Outbound-Fall ist es notwendig, dass die Finanzierung derart gestaltet ist, dass im Ausland eine Fremdfinanzierung angenommen wird und dementsprechend die darauf entfallenden Zinsen abzugsfähig sind, während in den USA die Finanzierung als Eigenkapital angesehen wird und ein *Foreign Tax Credit* in Anspruch genommen werden kann.

[1236] Vergleiche hierfür Kapitel V.4.1.4.2.

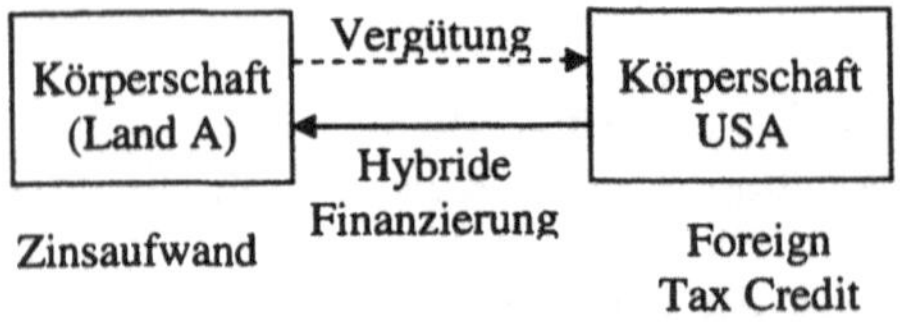

Abbildung 45: Zusammenfassung – Outbound

Damit eine derartige Strukur erreicht wird, ist es in einem ersten Schritt erforderlich, ein Instrument entsprechend zu strukturieren, das im Land des Emittenten, abweichend von der US-amerikanischen Regelung, als Fremdkapital qualifiziert ist. Wie bereits in Kapitel VI.4 dargelegt, besteht hinsichtlich der Kriterien für eine Qualifikation als Eigenkapital in den USA keine Rechtssicherheit. Darüberhinaus muss beachtet werden, dass für die Strukturierung hybrider Finanzierungsinstrumente aufgrund des komplexen Sachverhalts idR mit höheren Kosten gerechnet werden muss.[1237]

Erfahrungsgemäß wird das Instrument jedoch dann in den USA als Eigenkapital angesehen, wenn es nach folgenden Kriterien ausgestattet ist:

- Name des Instruments deutet auf Eigenkapital;
- nachrangiges Instrument;
- verhältnismäßige Verschuldung;
- fehlendes Rückzahlungsdatum;
- gewinnabhängige Vergütung;
- konsequente Behandlung als Eigenkapital vor den US-Behörden.

Durch die konsequente Behandlung als Eigenkapital unterstellt das Steuerrecht eine Beteiligung an der ausländischen Kapitalgesellschaft, für deren Ausschüttung ein *Indirect Credit* in Anspruch genommen werden kann. Durch diesen *Credit* soll die Doppelbesteuerung vermieden werden. Da jedoch im Ausland aufgrund der Abzugsfähigkeit der Zinsen keine Besteuerung erfolgt – dies jedoch aus US-amerikanischer Perspektive angenommen wird –, wird die andernfalls stattfindende Besteuerung auf US-Steuerniveau schrittweise abgesenkt. Dabei ist vor allem der ausländische Steuersatz von Bedeutung; eine Doppelnichtbesteuerung ist nur dann möglich, wenn der ausländische Steuersatz der US-Besteuerung entspricht.

[1237] *Beales, R.* (2006): 25

Bei der Konzernstruktur sollte die US-Körperschaft zwar zu mehr als 10% beteiligt sein, um einen *Indirect Credit* in Anspruch nehmen zu können, jedoch sollte es sich bei der ausländischen Gesellschaft nicht um eine CFC handeln, da sonst die Strategie der Thesaurierung durch die vorzeitige Besteuerung bzw durch die Ausschüttungsfiktion zum Zeitpunkt der Veräußerung zum Tragen kommt. Die fingierte Ausschüttung der bis dahin thesaurierten Gewinne würde zwar für einen *Indirect Credit* prinzipiell in Frage kommen, jedoch wären diese *Credits* zum Teil bereits für die hybride Vergütung in Anspruch genommen worden.

Eine besonders interessante Möglichkeit zur Generierung von *Credits* stellen Gestaltungen mit Drittländern dar, wobei die hybride Finanzierung hierfür nicht zwischen den USA und einer Tochtergesellschaft im Ausland erfolgt, sondern die hybride Finanzierung zwischen zwei ausländischen Gesellschaften stattfindet. Durch die Qualifikationsunterschiede zwischen den USA und dem Ausland unterstellen die USA eine Fremdfinanzierung, die nach US-amerikanischen Gesichtspunkten abzugsfähig ist und daher die *Accumulated Profits* reduziert. Nach Ansicht des ausländischen Steuerrechts liegt jedoch eine Eigenfinanzierung vor, deren Dividende nicht abzugsfähig ist und damit im Ausland besteuert wird. Aus US-Perspektive ergibt sich daraus ein unverhältnismäßig hoher, auf die US-Steuerlast anrechenbarer *Credit.*

Prinzipiell kann gesagt werden, dass Outbound-Gestaltungen mit hybriden Finanzierungsinstrumenten schwierig zu planen sind. Bereits bei der Strukturierung des hybriden Instruments ist Vorsicht geboten, dass aus US-amerikanischer Sicht tatsächlich Eigenkapital vorliegt. Selbst wenn Gerichtsentscheidungen oder Veröffentlichungen des IRS als Vorlage für ein Instrument herangezogen werden, besteht keine Rechtssicherheit, dass dieser konkrete Fall nicht doch abweichend behandelt werden könnte. Gelingt es, ein entsprechendes Instrument zu kreieren, sind die Vorschriften des Internationalen Steuerrechts zu beachten. Hierfür sind die Quellenregeln, die bei einer Qualifikation als inländisches Einkommen die Inanspruchnahme eines *Credit* verwehren, und die Beschränkungen und Bestimmungen des *Foreign Tax Credit* selbst zu beachten. Gelingt jedoch die Planung mit hybriden Instrumenten, ist jedenfalls mit einer Reduktion der Gesamtsteuerbelastung zu rechnen, die jedoch je nach Sachverhalt unterschiedlich hoch ausfallen kann.

3. Gestaltungen mit Inbound-Transaktionen

Bei Inbound Transaktionen wird für eine mögliche Doppelnichtbesteuerung in den USA eine Qualifikation als Fremdkapital angestrebt, während im Ausland Eigenkapital vorliegen muss. Dementsprechend sind die Vorschriften für Fremdkapital mit sämtlichen Vorschriften bzgl Stundung, Beschränkung und Verneinung des Zinsabzugs zu berücksichtigen. Besonders die Regelungen des

Transfer Pricing gem Sec 482 IRC bzw die Bestimmungen der *Below Market Loans* gem Sec 7872 IRC dürfen nicht außer Acht gelassen werden.

3.1. Vermeidung der Earnings Stripping Bestimmungen

Die *Earnings Stripping* Bestimmungen sehen vor, dass *Disqualified Interest*, die von einer inländischen Person an eine nicht steuerpflichtige Person – darunter fallen auch ausländische Personen – gezahlt werden, nicht abzugsfähig sind. Allerdings können diese Zinsen vorgetragen werden. Sec 163(j) IRC kommt dann zur Anwendung, wenn ein *Debt-Equity Ratio* von über 1,5 : 1 und *Excess Interest Expense* vorliegen.[1238]

Damit die Abzugsfähigkeit der Zinsen für eine steueroptimale hybride Finanzierung gewährt wird, muss darauf geachtet werden, dass die Voraussetzungen nicht erfüllt werden. Der *Safe Habour* des *Debt-Equity Ratio* von 1,5 : 1 ist zwar recht rigoros, er kann jedoch natürlich durch entsprechende Maßnahmen wie zB die Zufuhr von Eigenkapital bzw die Reduktion von Fremdkapital verändert werden. Allerdings muss beachtet werden, dass gem Sec 163(j)(2)(C) IRC die Buchwerte für die Ermittlung des Anlagevermögens herangezogen werden müssen.

Andererseits müssen *Excess Interest Expense* vorliegen, damit die Bestimmung greift. *Excess Interest Expense* liegen dann vor, wenn die Nettozinsen *(Net Interest Expense)* 50% des angepassten Einkommens *(Adjusted Taxable Income)* übersteigen.[1239]

Excess Interest Expense kann anhand folgender Formel ermittelt werden:

0 > (Zinsaufwendungen – Zinserträge) – 50% des Adjusted Taxable Income

Diese Formel bietet eine Vielzahl an Planungsmöglichkeiten. Das *Adjusted Taxable Income* kann durch zusätzliche Einkommensquellen gesteigert werden.[1240] Für die Berechnung der Zinsaufwendungen und Zinserträge werden die Zahlungen an nicht nahe stehende Dritte miteinbezogen. Insofern können durch einen günstigeren Zinssatz zB die Zinsaufwendungen gesenkt werden. Darüber hinaus darf nicht vergessen werden, dass die *Excess Interest Expense* nur gestundet werden. Ergibt sich in den Folgejahren eine andere Ertragslage, können die Zinsaufwendungen gegengerechnet werden, wobei jedoch ein Zinseffekt berücksichtigt werden muss.

Eine weitere Möglichkeit besteht in der Akquisition von inländischen Unternehmen, damit eine *Affiliated Group* vorliegt und demnach eine Betrachtung als

---

[1238] Ausführlich hierzu Kapitel V.5.4; *Levey M.M.* (1995): 6.02[2].

[1239] *Streng, W.P.* (2002): 799; *Levey M.M.* (1995): 6.02[3][e].

[1240] Ausführlich dazu *Umbrecht, R.L./Llewellyn, D.W.* (1994): 676.

einziger Steuerpflichtiger für Zwecke der Sec 163 IRC möglich ist.[1241] Durch die Zusammenrechnung ist es uU möglich, dass die Voraussetzungen gem Sec 163(j) IRC nicht mehr erfüllt sind.[1242]

3.2. Quellenregel

Im Inbound Fall sind vor allem die Quellenregeln zu berücksichtigen, die sowohl Einkünfte als auch Aufwendungen dem Inland bzw dem Ausland zuweisen. Insbesondere sind hier die Aufteilungsregeln zu Zinsaufwendungen interessant, da im Inbound Fall in den USA eine Qualifikation als Fremdkapital notwendig ist, um eine Doppelnichtbesteuerung erzielen zu können.

Eine wesentliche Regelung zur Bestimmung des ausländischen Einkommens besteht in den *Allocation Rules* für Aufwendungen. Hier ist vor allem die Aufteilung der Zinsen anhand des durchschnittlichen Anlagevermögens interessant. Die Zinsen, die dem Anlagevermögen, das ausländisches Einkommen generiert, zugerechnet werden können, reduzieren das ausländische Einkommen; Zinsen, die dem Anlagevermögen, das inländisches Einkommen generiert, zugeordnet werden können, reduzieren inländischen Einkommen. Die Beteiligung an einer ausländischen Körperschaft wird dabei dem Anlagevermögen, das ausländisches Einkommen generiert, zugerechnet.

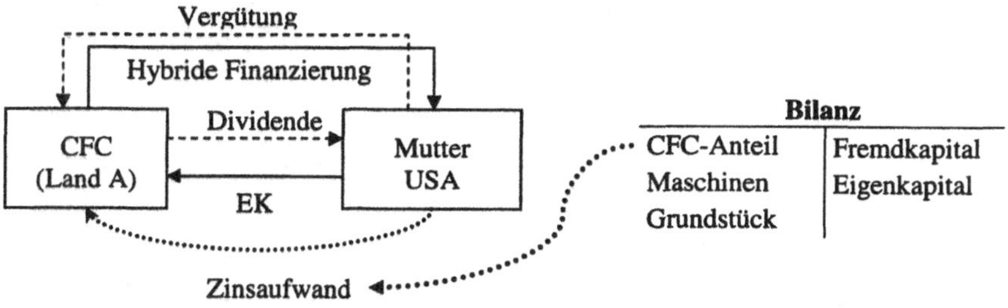

Abbildung 46: Interest Allocation

Das bedeutet, dass ein Darlehen, das von einer inländischen Körperschaft aufgenommen wird, in dem Ausmaß ausländische Aufwendungen verursachen kann, in dem es der Beteiligung zuzurechnen ist.[1243]

1241 Dabei ist es unbeachtlich, ob die *Affiliated Group* einen *Consolidated Return* abgibt, Prop. Reg. 1.163(j)-5(a).

1242 *Levey M.M.* (1995): 6.03[1].

1243 Bei der Berechnung der Beteiligung an der ausländischen Gesellschaft sind die Rücklagen zu berücksichtigen, *Wells, B./Wilezynski, M.* (2002): 32.

Wird nun zusätzlich zu der Beteiligung der US-Muttergesellschaft an der CFC ein hybrides Instrument von der US-Muttergesellschaft emittiert, sind die Zinsen aus dem hybriden Instrument nicht vollständig in den USA abzugsfähig, da ein entsprechender Anteil der CFC zugerechnet wird und als ausländische Aufwendung nicht die inländische Bemessungsgrundlage reduziert.

3.3. Vermeidung von Quellensteuern

Bei Inbound Transaktionen muss besonders darauf geachtet werden, dass Quellensteuern auf Zinszahlungen vermieden werden, da diese ja als Dividenden im Ausland befreit sein könnten und damit idR keine Anrechnung der Quellensteuer möglich ist.

Die Vermeidung bzw Verringerung von Quellensteuern ist entweder durch ein entsprechendes DBA möglich oder es kommt die *Portfolio Interest Exemption* zur Anwendung.

Zinsen aus *Portfolio Debt Investments* sind prinzipiell gem Sec 871(h) und 881(c) IRC von der 30%igen Abgeltungsteuer befreit.[1244] Allerdings gibt es von der Regelung des *Portfolio Interest Exemption* einige Ausnahmen. Zwei Ausnahmen betreffen das Gläubiger-Schuldner-Verhältnis. Hält ein ausländischer Gläubiger mehr als 10% der Stimmrechte einer US-Körperschaft, wird gem dieser Regelung die Behandlung als Portfolio verneint, und Zinszahlungen an eine CFC von einem nahe stehenden Dritten qualifizieren sich ebenfalls nicht als *Portfolio Interest*.

Weiters fallen bestimmte Zinsen nicht unter die *Exemption*, wenn sie *Contingent Payments* beinhalten. Damit wird sichergestellt, dass Dividenden nicht in Form von Zinsen steuerfrei ins Ausland transferiert werden können. Art 11 Abs 5 US-MA verneint ebenfalls die Befreiung von der Quellensteuer, wenn die Zinszahlungen in Bezug auf Gewinn bzw Umsatz ermittelt werden. Damit hat der US-Gesetzgeber hybriden Finanzierunginstrumenten im Inbound Fall großteils einen Riegel vorgeschoben. Jede gewinnabhängige Vergütung unterliegt jedenfalls in den USA der 30%igen Quellensteuer und wird somit bereits einmal versteuert. Eine Doppelnichtbesteuerung ist daher in Bezug auf Österreich bzw Deutschland nicht möglich, da für das Vorliegen von Substanzgenussrechte eine Beteiligung am Gewinn notwendig ist.

[1244] Ausführlich dazu siehe Kapitel V.5.3.2; unter Zinsen fällt auch der *Original Issue Discount*, *Bittker, B.I./Lokken, L.* (2003): 67.2.2, der Grund für die Befreiung liegt an der Öffnung des US-Markets für den Eurobond Market; *Bittker, B.I./Eustice, J.S.* (2000): 15.03[2]; *Connors, P.J.* (2002): 939f.

3.4. Zusammenfassung

Bei Gestaltungen im Inbound-Fall ist es prinzipiell notwendig, dass aus US-amerikanischer Sicht Fremdkapital vorliegt, bei dem die Zinsen abzugsfähig sind. Im Gegensatz dazu sollte das Instrument im Ausland als Eigenkapital qualifiziert werden, für das idealerweise eine Beteiligungsertragsbefreiung geltend gemacht werden kann. Ist im Ausland die Anrechnungsmethode zur Vermeidung oder Verringerung der Doppelbesteuerung vorgesehen, ist eine Doppelnichtbesteuerung nur unter bestimmten Voraussetzungen möglich:

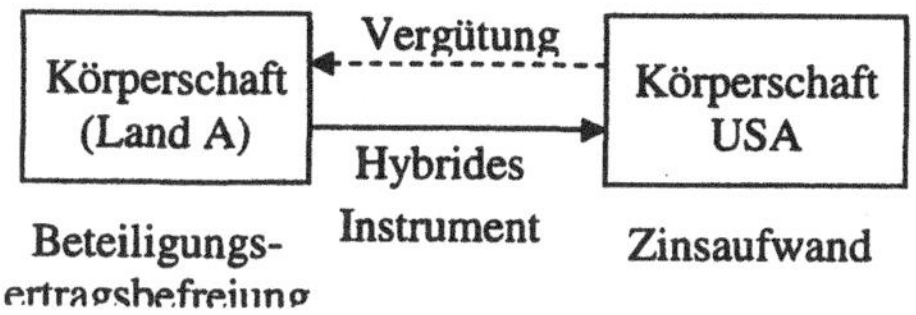

Abbildung 47: Zusammenfassung – Inbound

Für eine Qualifikation als Fremdkapital sollten folgende Kriterien berücksichtigt werden:

- Name des Instruments deutet auf Fremdkapital;
- keine Nachrangigkeit gegenüber den anderen Instrumenten;
- fixe Laufzeit;
- fristgerechte Zahlung der Vergütung;
- Vermeidung von Verhältnismäßigkeit;
- wirtschaftlichen Gehalt der Finanzierung neben Steuervermeidung angeben;
- ausführliche Dokumentation, die Fremdkapitalcharakter unterstützt;
- konsequente Behandlung als Fremdkapital vor den US-Behörden.

Wie auch im Inbound-Fall besteht bezüglich der Gestaltung von hybriden Finanzierungsinstrumenten keine Rechtssicherheit. Neben der schwierigen Strukturierung der Instrumente ist vor allem darauf Rücksicht zu nehmen, dass die Fremdkapitalzinsen tatsächlich abzugsfähig sind; die alleinige Qualifikation als Fremdkapital ist für eine Doppelnichtbesteuerung nicht ausreichend. Hierbei kann eine Vielzahl an Abzugsverboten schlagend werden, eine genaue Analyse des Sachverhalts ist hierfür notwendig. Insbesondere sind die *Earnings-Stripping* Regelungen zu beachten, die bei zu geringen positiven Einkommen einen Zinsabzug versagen.

Im Inbound-Fall sind ebenfalls die Quellenvorschriften zu beachten. Werden Zinsaufwendungen als ausländische Zinsaufwendungen umqualifiziert, wird damit automatisch die Abzugsfähigkeit im Inland verneint. Aus US-amerikanischer Sicht ist im Inbound-Fall eine Beteiligung an der ausländischen Körperschaft nicht notwendig, da die Fremdfinanzierung keine strukturelle Eingliederung verlangt. Dies sollte bei der Konzernstruktur auch berücksichtigt werden, da die Quellenregelungen speziell auf Finanzierungsaufwendungen in Verbindung mit CFC oder ausländischen Tochterkörperschaften abzielen.

Werden die Zinszahlungen als inländisch und abzugsfähig angesehen, stellt sich die Frage nach einer etwaigen Quellenbesteuerung. Wird Quellensteuer einbehalten, ist eine Doppelnichtbesteuerung nicht mehr möglich, da ja bereits Steuer abgeführt wurde. Im Allgemeinen unterliegen Zinsen dem Quellensteuerabzug; ist jedoch ein DBA anwendbar oder fallen die Zinsen unter die *Portfolio Interest Exemption*, wird von einer Quellenbesteuerung abgesehen und damit auch eine Doppelnichtbesteuerung möglich. In beiden Fällen sind jedoch gerade *Contingent Interest* von der Befreiung ausgenommen. Gestaltungen sind daher lediglich mit Ländern möglich, die ein Instrument auch dann als Eigenkapital qualifizieren, wenn dieses keine Beteiligung am Gewinn bzw anderen Erfolgsgrößen vorsieht. Das bedeutet, dass eine Doppelnichtbesteuerung mit Österreich bzw Deutschland nicht möglich wäre.

VIII. Alternativen zum traditionellen Besteuerungskonzept

Das System der unterschiedlichen Besteuerung von Eigen- und Fremdkapital hat seine Wurzeln im 19. Jahrhundert und kann den heutigen Anforderungen nicht mehr gerecht werden.[1245] Diese steuerrechtliche Unterscheidung zwischen Eigen- bzw Fremdkapitalgebe rn spiegelt bei weitem nicht den wirtschaftlichen Sachverhalt wider. Die traditionelle Faktorenanalyse für die Unterscheidung zwischen Eigen- und Fremdkapital ist sowohl für den Steuerpflichtigen, für Investment Banken als auch für die Finanzverwaltung enorm kostenaufwändig,[1246] komplex in der Anwendung, bietet keinerlei Rechtssicherheit und ermöglicht zudem Steuergestaltungen.[1247] Die daraus resultierende *All or Nothing Approach* führt in einer wirtschaftlichen Betrachtung zu höchst irreführenden Ergebnissen. Irritierend ist auch die unterschiedliche Berücksichtigung des Zeitaspekts. Während dieser bei Fremdkapital *(Time Value of Money)* sehr wohl berücksichtigt wird, ist das bei Eigenkapital nicht der Fall. Unbeachtet bleibt außerdem das Risiko eines noch nicht realisierten Gewinns. Darüber hinaus dürfen nicht nur Überlegungen zur Eigen- und Fremdfinanzierung berücksichtig werden, sondern auch Derivate.[1248]

Aufgrund dieser Kritikpunkte besteht in der Literatur bereits seit Jahrzehnten Diskussionen bzgl der steuerlichen Behandlung von Eigen- und Fremdkapital. Daraus sind mehrere Ansätze zur Lösung dieser Problematik entstanden. *Polito* schlägt diesbezüglich die Abgrenzung anhand der Höhe der Vergütung vor,[1249] während *Ceryak* die Unterscheidung zwischen Eigen- und Fremdkapital anhand des Risikos der Finanzierung vornimmt.[1250] Eine weitere Möglichkeit für die Behandlung von Finanzierungsprodukten besteht in der *Bifurcation*, die Instrumente in ihre Komponenten aufteilt, oder der *Integration*, die zwei Instrumente als ein einziges betrachtet In zahlreichen Publikationen wurde die *Bifurcation* vor allem in den 80iger und 90iger Jahren als bestmögliche Lösung zur wirtschaftlich richtigen Behandlung hybrider Instrumente genannt.[1251]

[1245] *Weisbach, D.A.* (1995): 491.

[1246] *Gergen, M.P./Schmitz, P.* (1997): 119, analysieren ausführlich die Kosten der Investment Banken für die steuerliche Qualifikation von Finanzierungsprodukten.

[1247] *Pratt, K.* (2000): 1055.

[1248] Bezüglich Derivaten fordert *Levy, D.F.* (1997): 471ff, eine radikale Änderung des geltenden Steuerrechts; *Pratt, K.* (2004): 234ff.

[1249] *Polito, A.P.* (1998): 795ff.

[1250] *Ceryak, D.V.* (1990): 273.

[1251] Siehe ausführlich Kapitel VI.4.4; *Weisbach, D.A.* (1995): 494ff, analysiert ausführlich sowohl die *Bifurcation* als auch die *Integration Method* und kommt zu dem Ergebnis,

In der Literatur wurde auch ausführlich die Sinnhaftigkeit der steuerlichen Unterscheidung zwischen Eigen- und Fremdkapital diskutiert. *Schlunk* kommt zu dem Ergebnis, dass Abgrenzungen *(Line-Drawing)* nicht zielführend sind und fordert daher eine umfassende Steuerreform, bei der Kapital einheitlich besteuert wird.[1252] Eine weitere Möglichkeit besteht in der vollständigen Abschaffung des traditionellen Einkommensteuersystems und die Einführung einer Konsumsteuer.[1253]

Für die einheitliche Besteuerung von Eigen- und Fremdkapital können zwei grundlegende Modelle unterschieden werden. Einerseits die Theorie der Integration[1254], bei der die Gesellschaft transparent behandelt wird und die Gewinne den Gesellschaftern zugerechnet werden, egal, ob eine Ausschüttung erfolgt.[1255] Der umgekehrte Denkansatz besteht in einer finanzierungsunabhängigen Besteuerung von Körperschaften mit einer Vollanrechnung der Körperschaftsteuer bei Ausschüttung an eine natürliche Person.[1256]

Ausgehend von diesen Überlegungen wurde bereits 1992 vom Treasury eine Überlegung zur Reformierung des Steuersystems vorgeschlagen, die unter dem Namen *Comprehensive Business Income Tax* (CBIT) veröffentlicht wurde. CBIT hätte alle Gesellschaften als eigenständige Steuersubjekte behandelt, alle Zinsaufwendungen versagt und die gesamte Besteuerung des *Time Value of Money* bei der Gesellschaft vorgesehen.[1257]

Eine Abwandlung dieses Modells bildet das BEIT (*Business Enterprise Income Tax,* enspricht einer Betriebsteuer) System, dessen wesentlichster Bestandteil das COCA *(Cost of Capital Allowance)* System ist. Das COCA-System spiegelt

---

dass *Bifurcation* theoretisch die optimale Lösung zur Behandlung von Finanzierungsprodukten sei, während Integration diesen Anforderungen nicht gerecht wird; weiterführend *Strnad, J.* (1995): 545; kritisch jedoch *Gergen, M.P.* (1995): 833, der die Schwierigkeiten ebenfalls in der Komplexität und Praktikabilität sieht.

1252 *Schlunk, H.J.* (2002): 859; kritisch zu den Ausführungen *Schlunks*: *Weisbach, D.A.* (2002a): 893ff, der die Abschaffung der Besteuerungsunterschiede ebenso fordert; aA *Emmerich, A.O.* (1985): 139, der eine einheitliche Besteuerung nur unter Abschaffung der Einkommensteuer für zulässig hält.

1253 *Witner, L./Simons, K.* (2005): 24f.

1254 Hier wird das Wort *Integration* nicht als die Behandlung zweier Instrumente als ein einziges verstanden.

1255 Dieses Modell entspricht dem Mitunternehmerschaftsprinzip; *Rizzi, R.A.* (2003): 30, Zinszahlungen entsprechend der Theorie der Integration, da sie auf Gesellschaftsebene abzugsfähig sind und beim Gesellschafter versteuert werden; *Taylor, W.B./Aidinoff, M.B.* (1989): 933ff, in diesem Artikel wird die *Integration*, in diesem Zusammenhang eine Fiktion, dass jede Gesellschaft transparent ist, behandelt.

1256 *Warren, A.C.* (1989): 720; *Graetz, M.J.* (1989): 721ff.

1257 *Alstott, A.L./Mackie, J.B.* (1992): 214ff; *Blumenberg, J.* (1997): 355f.

hierbei die jüngsten Überlegungen bzgl einer einheitlichen Eigen- und Fremdkapitalbesteuerung wider. Ein Vorteil ist vor allem, dass die Umsetzung nicht zu einer vollkommenen Abschaffung des Einkommensteuerrechts führen würde. Ein Befürworter dieses System ist *Kleinbard*, der in seinem Vortrag und seinem Artikel anlässlich der *Conference on Taxing Capital Income* das System näher beschreibt.[1258] Die interessanten Überlegungen zu einer einheitlichen steuerlichen Behandlung von Eigen- und Fremdkapital sollen hier näher ausgeführt werden:

Das BEIT System würde jede Gesellschaft (auch Personengesellschaften) besteuern, eine Konsolidierung für alle Gesellschaftsformen ermöglichen und sämtliche Umgründungen steuerpflichtig stellen. Das darin eingebettete COCA-System stellt eine hybride Besteuerung von Kapital dar, das auf Finanzierungsinstrumente zur Anwendung kommt. Die Besteuerung der Kapitalüberlassung erfolgt anhand der *Time Value of Money* beim Investor.

Der Emittent zieht jedes Jahr einen bestimmten Betrag für das in das Unternehmen investierte Kapital von der steuerlichen Bemessungsgrundlage ab. Die Höhe dieses Betrags wird anhand eines fixen Prozentsatzes[1259] ermittelt, der mit dem Kapital des Emittenten multipliziert wird.[1260] Darüber hinaus sind keine weiteren Aufwendungen möglich. Die COCA-Aufwendung erfolgt zusätzlich zu den sonstigen Abschreibungen.

Der Investor muss jedes Jahr einen gewissen Mindestbetrag besteuern. Dieser Mindestbetrag ist dabei der Buchwerts der Investition, multipliziert mit dem COCA-Faktor. Damit entspricht der Habenzins dem Sollzins. Durch die Berücksichtigung des Mindestbetrags wird der Buchwert der Investition entsprechend verändert. Darüber hinaus muss der Investor *Excess Distributions* berücksichtigen, die dann vorliegen, wenn das Instrument zu einem Gewinn verkauft wird oder eine Ausschüttung über dem Mindestbetrag liegt. Die *Excess Distribution* wird zu einem niedrigen Steuersatz versteuert. Verluste werden jedenfalls berücksichtigt, allerdings erfolgt die Behandlung anhand der bisherigen Besteuerung der Einkommen.

Das COCA-System soll durch die einheitliche Regelung bzgl Eigen- und Fremdkapital steuerlichen Gestaltungsüberlegungen bei der Finanzierung von Betrieben Einhalt gebieten. Das System unterscheidet zwischen gewöhnlichen Einkommen (Mindestbetrag) und außergewöhnlichen Einkommen (*Excess Distri-*

1258 *Kleinbard, E.D.* (2005): Draft of September 7, 2005; *Witner, L./Simons, K.* (2005): 27; eine weitere Befürworterin dieses Modells: *Pratt, K.* (2000): 1139ff.

1259 Der Prozentsatz entspricht einem einjährigen *Treasury Bond*.

1260 In der Praxis soll dieser Betrag durch die Multiplikation vom COCA-Faktor mit dem Anlagevermögen zu Buchwerten erreicht werden.

butions). Darüber hinaus berücksichtigt das System den Zeitaspekt und garantiert eine vollständige Verlustnutzung.

Die internationale Anwendung des BEIT Systems würde nach obengenannten Regeln erfolgen. Im Outbound Fall würde die Konsolidierung den Gewinn der ausländischen Gesellschaft vollständig berücksichtigen und es dürfte keine Zinsenallokation erfolgen.[1261] Im Rahmen der Konsolidierung erheben die USA die Residualsteuer auf ausländische Investitionen. Im Inbound Fall sollte eine regelmäßige Besteuerung des ausländischen Investors auf den *Time Value of Money* Aspekt der Investition erfolgen. Da dies schwierig zu bewerkstelligen ist, kann bei ausländischen Investoren auch eine Abwandlung dieses Systems erfolgen, die derart gestaltet ist, dass bei Ausschüttungen der entsprechende Teil einbehalten wird.

Folgendes Beispiel soll die Ausführungen veranschaulichen:

Ein Unternehmen hat folgende Bilanz:

Steuerbilanz 31.12.X_0

Kassa	100	Kurzfristige Verbindlichkeiten	100
Portfolio Investment	200	Langfristige Verbindlichkeiten	200
Maschinen	500	Contingent Payment Securities	200
Grundstücke	200	Vorzugsaktien	100
		Aktien	400
	1000		1000

Folgende Annahmen sind zu berücksichtigen:

- *COCA Rate: 5%*
- *Keine Ausschüttung des Portfolio Investment*
- *EBITDA: 130*
- *Ausschüttungen an Kapitalgebern : 46*
- *Abschreibungen der Maschinen: 50*

Anhand dieser Angaben soll nun der jährliche Aufwand für die Kapitalüberlassung ermittelt werden.

Das Portfolio Investment führt zu einem fiktiven Ertrag in Höhe von 10 (5% v. 200), allerdings kann auch ein Aufwand von 50 (5% v. 1000) geltend gemacht werden. Die Gewinnermittlung und der Cash Flow haben daher folgendes Aussehen:

[1261] Durch die Konsolidierung würden *Transfer Pricing* Gestaltungen aus US-amerikanischer Sicht zu keiner Umverteilung führen.

Gewinnermittlung		**Cash Flow**	
Einkommen		EGT	40
EBITDA	130	+ zahlungsunwirksame Aufwendungen	100
Fiktives Einkommen aus Portfolio Investment	10	– zahlungsunwirksame Erträge	–10
Gesamteinkommen	140	**Gewöhnlicher Cash-Flow**	**130**
Aufwendungen		Zahlungen von Ertragsteuern	–14
COCA-Aufwand	50	**Laufender Cash Flow**	**116**
Abschreibung	50	Auszahlungen aus der Bedienung des Eigenkapitals	–46
Gesamtaufwand	100	**Cash Flow aus Finanzierungstätigkeit**	**–46**
steuerpflichtiges Einkommen	40	Zahlungswirksame Veränderung des Finanzmittelbestandes	70
Steuer 35%	–14	Finanzmittelbestand am Beginn der Periode	100
		Finanzmittelbestand am Ende der Periode	**170**

Die Buchwertveränderung des Portfolio Investment durch den COCA-Ertrag und die Abschreibung auf die Maschinen führen zur folgenden Bilanz:

Steuerbilanz 1.1.X_1

Kassa	170	Kurzfristige Verbindlichkeiten	100
Portfolio Investment	210	Langfrisitige Verbindlichkeiten	200
Maschinen	450	Contingent Payment Securities	200
Grundstücke	200	Vorzugsaktien	100
		Aktien	430
	1030		1030

Der COCA-Aufwand erhöht sich aufgrund der höheren Buchwerte im Folgejahr auf 51,5 (5% v. 1030)

Ein weiteres Beispiel soll die Investorenseite dokumentieren:

Ein Investor kauft ein Instrument mit dem Anschaffungswert von 1.000. In den ersten drei Jahren erfolgt keine Auszahlung, jedoch muss der Investor einen Mindestbetrag von 158 versteuern. Der Buchwert erhöht sich daher auf 1.158. Am Ende des dritten Jahres erfolgt eine Auszahlung von 500. Von diesen 500 sind 158 eine steuerfreie Auszahlung, da die Besteuerung bereits in den Vorjahren erfolgt ist, 342 stellen eine Excess Distribution dar, die einer begünstigte Besteuerung unterliegt.

Der Investor hält das Instrument weitere zwei Jahre und muss einen Mindestbetrag von 103 berücksichtigen. Der Buchwert beträgt daher 1.103. Am Ende des zweiten Jahres beschließt der Investor das Instrument um a) 1.303, b) 1.000 bzw c) 403 zu verkaufen. Im Fall a) muss der Investor eine Excess Distribution iHv 200 versteuern, im Fall b) kann er einen Verlust von 103 berücksichtigen, der zum begünstigten Steuersatz abzugsfähig ist und im Fall c) einen Verlust von 700 zu normalem Steuersatz geltend machen.

Das Beispiel zeigt, dass das COCA System steueroptimierte Finanzierungen großteils beseitigen sollte, da die Besteuerungsgrundlage sowohl für den Investor als auch den Emittenten das zur Verfügung gestellte Kapital ist. Daraus ergibt sich, dass die Besteuerung nicht zu einer Verzerrung der Kapitalsstruktur führen sollte.

IX. Ergebnis

Zielsetzung dieser Arbeit war die Analyse hybrider Finanzierungsinstrumente im nationalen und internationalen Steuerrecht der USA. Für deren umfassende Behandlung wurde im ersten Abschnitt der Arbeit der Aufbau des US-Steuerrechts untersucht. Für den weiteren Verlauf der Arbeit war es dabei wichtig, auf die Rolle des *Treasury* bzw des IRS und der Gerichte einzugehen, um deren Einfluss auf Gestaltungen abschätzen zu können. Dabei wurde festgestellt, dass dem Treasury durch die Veröffentlichung von *Legislative Regulations*, denen Gesetzescharakter zuzusprechen ist, große Einflussmöglichkeiten für eine Verwaltungseinrichtung übertragen wurde. Wichtiger Bestandteil des ersten Abschnitts stellen dabei die Rechtsgrundsätze des Steuerrechts dar, denen in den USA große Bedeutung beizumessen ist. Selbst wenn eine Gestaltung den steuerrechtlichen Vorschriften entspricht, kann durch einen dieser Rechtsgrundsätze das gewünschte Ergebnis versagt bleiben. Es ist in diesem Zusammenhang auch wenig hilfreich, dass dem IRS in vielen Fällen das Recht zugesprochen wird, ein steuerrechtliches Ergebnis im Rahmen der an Willkür grenzenden Auslegung abändern zu können. Eine zusätzliche Schwierigkeit bringt das *Case Law* mit sich, weil das ausschlaggebende Moment der richterlichen Rechtsprechung derart in die Entscheidung eingebettet ist, dass bei einer ex post-Analyse eine Nachvollziehbarkeit kaum möglich ist

Als Ergebnis des zweiten Abschnittes, der die Grundzüge der Besteuerung in den USA behandelt, lässt sich folgendes festhalten: Die Besteuerung von Zinsen bzw Dividenden ist in erster Linie vom Anteilsinhaber abhängig. Sowohl für die Besteuerung von natürlichen Personen als auch Körperschaften kommt ein progressiver Tarif zur Anwendung und sowohl für natürliche Personen als auch für Körperschaften sind Begünstigungen vorgesehen, um eine wirtschaftliche Doppelbesteuerung zu vermeiden. Allerdings ist festzuhalten, dass die Gesamtsteuerbelastung bei Dividenden entschieden höher als jene von Zinsen ist. Aufgrund dieser fehlenden Steuerrechtsneutralität ist der Einsatz von Fremdkapital jedenfalls zu bevorzugen. Festgestellt wurde allerdings weiters, dass die steuerliche Behandlung vor allem von Fremdkapital in den USA recht unübersichtlich ist. Zahlreiche Bestimmungen beschränken, stunden bzw verneinen die Abzugsfähigkeit der Zinsaufwendungen, die aufgrund der unzähligen und uneinheitlichen Tatbestandsmerkmale schwer planerisch zu gestalten ist. Dieser Umstand wird verschärft, wenn mehrere Beschränkungen gleichzeitig zur Anwendung kommen. Diesbezüglich ist im Einzelfall zu überprüfen, ob mangels Abzugsfähigkeit eine Eigenfinanzierung nicht doch vorteilhafter wäre.

Im Rahmen des dritten Teils der Arbeit wurde das internationale Steuerrecht der USA im Zusammenhang mit hybriden Finanzierungsinstrumenten untersucht. Das Ergebnis dieser Analyse zeigt, dass durch die Sondervorschriften der Quellenregelungen der gewünschte Steuereffekt versagt werden kann. Die Berechnungsvorschriften der Anrechnungsmethode und deren Beschränkungen stehen einer Doppelnichtbesteuerung entgegen. Insbesondere in Fällen, in denen die ausländische Gesellschaft als *Controlled Foreign Corporation* qualifiziert wird, ist die Abzugsfähigkeit von Zinsen stark eingeschränkt. In diesem Zusammenhang scheint es evident zu sein, dass der IRS im Verhältnis zum nationalen Recht besonders rigoros gegen Fremdfinanzierungen ausländischer Tochtergesellschaften vorgeht. Durch die Verrechnungspreisbestimmung wird es dem IRS ermöglicht, Erträge bzw Aufwendungen zwischen Betrieben aufzuteilen, wenn es für eine sachgerechte Darstellung notwendig ist. Diese Generalbevollmächtigung des IRS führt im Ergebnis dazu, dass der IRS Gestaltungen zu Fall bringen kann, wenn diese nach Meinung des IRS einem „richtigen" Ergebnis entgegenstehen.

Der anschließende Teil der Arbeit beschäftigte sich mit der Frage der Abgrenzung hybrider Finanzierungsinstrumente. Das Ergebnis dieses Teils zeigt, dass die Frage der Abgrenzung aufgrund der fehlenden gesetzlichen Bestimmungen und der einzelfallbezogenen Gerichtsurteile schwierig zu beantworten ist. Vor allem bei Instrumenten, die sich für eine asymmetrische Behandlung an der Grenze zwischen Eigen- und Fremdkapital ansiedeln, ist eine eindeutige Abgrenzung aufgrund der zahlreichen Einflussfaktoren und Gewichtungsprobleme nicht möglich. Auffällig ist jedoch, dass sich gerade Gesellschafterfremdfinanzierungen einer genauen Prüfung durch den IRS bzw der Gerichte unterziehen müssen und besonders in diesen Fällen eine Umqualifikation wahrscheinlich ist.

Eine empirische Analyse der für Gerichte relevanten Kriterien zeigt, dass tendenziell Gerichte dazu neigen, gewinnabhängigen Vergütungen Eigenkapitalcharakter zuzusprechen und bei einem festgelegten Rückzahlungstermin Fremdkapital zu vermuten, jedoch hat sich kein einheitlicher Kriterienkatalog herauskristallisiert. Die Abgrenzung ist eine Faktenfrage, die in hohem Maße von der Absicht der Vertragsparteien abhängig ist. Insofern sind auch Fälle bekannt, bei denen Instrumente mit einem hohen Anteil an Eigenkapitalkriterien als Fremdkapital bzw vice versa umqualifiziert wurden. Eine eindeutige Aussage ist daher nicht möglich.

Die Analyse der in den USA emittierten hybriden Instrumente hat gezeigt, dass die komplex strukturierten Finanzierungsinstrumente der *Investment Banker* die Gestaltungen nicht nur an der Grenze zwischen Eigen- und Fremdkapital ansiedeln, sondern auch Eigenschaften von Derivaten in eine Struktur einbauen. Diese oft kaum zu trennenden Konstrukte erschweren eine wirtschaftliche Betrachtungsweise und damit eine mögliche Abgrenzung des Instruments. Weiters werden hybride Finanzierungsinstrumente vor allem aufgrund der differierenden Einstufung für Zwecke der Besteuerung, der Rechnungslegung und des Ratings und nicht vorrangig im grenzüberschreitenden Bereich emittiert. Das ist ua darauf zurückzuführen, dass durch hybride Finanzierungsstrategien der Shareholder Value gesteigert werden kann.

Der siebente Teil der Arbeit beschäftigt sich mit den Gestaltungsmöglichkeiten hybrider Finanzierungsinstrumente in grenzüberschreitenden Sachverhalten. Es wurde die Frage aufgeworfen, ob eine Doppelbesteuerung grundsätzlich möglich ist. Das Ergebnis hat gezeigt, dass dies bei Outbound Sachverhalten aufgrund der indirekten Anrechnungsmethode schwierig zu beantworten ist. Die Vorteilhaftigkeit ist vom Anteil der thesaurierten Gewinne, der Höhe der Ausschüttung und dem ausländischen Steuersatz abhängig. Grundsätzlich wird wohl nur dann eine Doppelnichtbesteuerung möglich sein, wenn das Steuerausmaß im Ausland entsprechend hoch ist. Allerdings wird die Gesamtsteuerbelastung bei Thesaurierung durch hybride Finanzierungsinstrumente jedenfalls verringert, da eine ausländische Besteuerung unterbleibt und für die hybride Vergütung ein entsprechender Credit gewährt wird. Wird die ausländische Tochtergesellschaft als CFC qualifiziert, kann durch hybride Finanzierungsinstrumente jedoch lediglich ein Zinseffekt erzielt werden, da bei einer Veräußerung die bis dahin thesaurierten Gewinne als Ausschüttung qualfiziert werden.

Bei Inbound Geschäftsfällen ist jedoch aufgrund der Quellenbesteuerung von *Contingent Payments* eine Doppelnichtbesteuerung nicht möglich, wenn im Ausland die Eigenkapitalqualifikation von einer Beteiligung am Gewinn abhängig ist. Insgesamt kann daher gesagt werden, dass Gestaltungen mit hybriden Finanzierungsinstrumenten in den USA nur in wenigen Fällen eine Doppelnichtbesteuerung erzielen können.

Ausgehend von dem bisherigen Ergebnis der Arbeit wird im achten Abschnitt die Sinnhaftigkeit einer steuerlichen Unterscheidung zwischen Eigen- und Fremdkapital in Frage gestellt. Ein interessanter Ansatz zur Steuerrechtsneutralität bietet dabei das COCA-System, das eine Abzugsfähigkeit einer fiktiven Eigen- bzw Fremdkapitalverzinsung vorsieht. Somit würden Gestaltungen von Finanzierungsinstrumenten nicht vordergründig wegen steuerlichen Interessen getätigt werden.

Die neueste Tendenz im US-Steuerrecht geht aufgrund der zahlreichen Bilanzskandale und der daraus resultierenden Vorschriften, wie zB Sarbanes-Oxley, weg von der aggressiven Minimierung der Konzernsteuerquote immer mehr in Richtung *Compliance*, das vor allem bei dem enormen Regelwerk des Steuerrechts schon allein eine Herausforderung darstellt.[1262] Neben den zahlreichen Bestimmungen in Bezug auf die Ermittlung des steuerpflichtigen Einkommens sind auch die umfangreichen Dokumentationspflichten wie zB die der *Tax*

[1262] Bzgl Sarbanes-Oxley und Steuerberatung siehe *Gould, F.J.* (2004): 25ff; bzgl der ethnischen Veranwortung siehe *Williams, B.J.* (2003): 81ff.

Shelters zu beachten. Demzufolge gelten die Anstrengungen der letzten Legislaturperiode der Vereinfachung der Steuergesetze, die teilweise radikale Ansätze wie zB die Abschaffung des Einkommensteuerrechts vorsehen. In Hinblick auf die aktuellen Ausgaben der Regierung ist jedoch nicht mit einer derart radikalen Änderung zu rechnen.

Ausgehend von diesem Sachverhalt ist Rechtssicherheit in Bezug auf hybride Finanzierungsinstrumente nicht gegeben; eine Gestaltung birgt dementsprechend immer ein gewisses Risiko.

Literaturverzeichnis

Monografien

Andersen, R.E./Blessing, P.H. (1999): Analysis of United States Income Tax Treaties, Boston 1999;

Andersen, R.E./Jacobs, D.J. (1997): Foreign Tax Credits, Boston 1997;

Avi-Yonah, R./Newman, D./Ring, D. (1999): Taxation of Financial Instruments, Deerfield 1999;

Bittker, B.I./Eustice, J.S. (2000): Federal Income Taxation of Corporations & Shareholders, 7th ed, New York 2000;

Bittker, B.I./Lokken, L. (1999): Federal Taxation of Income, Estates, and Gifts, 2nd/3rd ed, Boston 1999;

Bittker, B.I./Lokken, L. (2003): Fundamentals of international taxation: U.S. taxation of foreign income and foreign taxpayers, 2003/2004 ed, New York 2003;

Bittker, B.I./McMahon, M.J./Zelenak, L.A. (2002): Federal Income Taxation of Individuals, 3rd ed, New York 2002;

Bittker, B.I./Streng, W.P./Emory, M. (1995): Federal Income Taxation of Corporations & Shareholders: Forms, 4 th ed, Boston 1995;

Blumenberg, J. (1997): Die Besteuerung der Gesellschafter-Fremdfinanzierung, Baden-Baden 1997;

Carnevale, M.K./Harrington, D./Sutton, A.L. (2000): Federal Income Taxation of Passive Activities

Conlon, S.D./Aquilino, V.M. (1999): Principles of Financial Derivatives: U.S. and International Taxation, New York 1999;

Creamer, R.E./McMahon, E.S. (2000): Tax Planning for Transfers of Business Interests, 3rd ed, New York 2000;

Doernberg, R./l. (2001): International Taxation, 5th ed, St. Paul 2001;

Dolan, K.D./Jackman, P./Tretiak, P./Dabrowski, R. (1995): U.S. Taxation of International Mergers, Acquisitions and Joint Ventures;

Eberhartinger, E. (1995): Bilanzierung und Besteuerung von Genußrechten, stiller Gesellschaft und Gesellschafterdarlehen, Wien 1995;

Garlock, D.C. (1999): Federal income taxation of debt instruments, 3rd ed, Englewood Cliffs 1999;

Gertzman, S.F. (1993): Federal Tax Accounting, 2nd ed, Boston 1993;

Gustafson, C.H./Peroni, R.J./Pugh, R.C. (2001): Taxation of International Transactions, 2nd ed, St. Paul 2001;

Haun, J. (1996): Hybride Finanzierungsinstrumente im deutschen und US-amerikanischen Steuerrecht, Mannheim 1996;

Isenbergh, J. (2002): International Taxation: U.S. Taxation of Foreign Persons and Foreign Income, 3rd ed, New York, Aspen 2002;

Jacobs, O.H. (2002): Internationale Unternehmensbesteuerung, 5. Auflage, München 2002;

Jones, S.M. (2001): Principles of Taxation for Business and Investment Planning, 2001 ed, New York, 2001;

Jones, S.M./Rhoades-Catanach, S.C. (2004): Advanced Strategies in Taxation, 4th ed, New York 2004;

Keyes, K.M. (1997): Federal Taxation of Financial Instruments & Transactions, Boston 1997;

Kuntz, J.D./Peroni, R.J. (1991): U.S. International Taxation, Boston 1991;

Lang, M. (1991): Hybride Finanzierungen im Internationalen Steuerrecht, Wien 1991;

Langbein, S.I. (2000): The Bank Income Tax Return Manual, Boston 2000;

Langbein, S.I. (2001): Federal Income Taxation of Banks & Financial Institutions, 7nd ed, Boston 2001;

Levey, M.M. (1995): U.S. Taxation of Foreign-Controlled Businesses, Boston 1995;

Lowell, C.H./Tilton, G.M./Sheldrick, A.W./Donohue, M.J (1997): U.S. International Taxation: Agreements, Checklists & Commentary, Boston 1997;

McDaniel, P./Ault, H. (1998): Introduction to United States international taxation, 4th rev ed, Boston 1998;

McDaniel, P./Ault, H./McMahon, M./Simmons, D. (1998): Federal Income Taxation, 4th ed, New York 1998;

McDaniel, P./McMahon, M./Simmons, D. (1999): Federal Income Taxation of Business Organizations, 3rd ed, Westbury 1999;

Philipp, A./Loukota, H./Jirousek, H. (2005): Internationales Steuerrecht, Loseblatt, Stand 25. Lfg. 2005;

Raabe, W.A./Whittenburg, G.E./Sanders, D L./Bost, J.C. (2003): Federal Tax Research, 6th ed, Mason 2003;

Reusch, K.M. (2002): Das Bilanzsteuerrecht der Vereinigten Staaten von Amerika, Wiesbaden 2002;

Saltzman, M.I. (2004): IRS Practice and Procedure, New York 2004;

Scholes, M.S./Wolfson, M.A./Erickson, M./Maydew, E.L./Shevlin, T. (2002): Taxes and Business Strategy, 2nd ed, New Jersey 2002;

Thiele, C. (1997): Einführung in das US-amerikanische Steuerrecht, Wien 1997;

Tilton, G.M. (1996): U.S. International Tax Forms Manual: Compliance and Reporting, Boston 1996;

Beiträge in Zeitschriften, Festschriften und Sammelwerken

Adrion, H.L. (2003): Impact of Jobs and Growth Tax Relief Reconciliation Act of 2003 on U.S. and Canadian Investors, 32 Tax Management International Journal 419;

Alexander, R./Hanson, R.K./Smith, J.K. (2004): Tax Shelter Opinion Letters have come under Attack, 73 Practical Tax Strategies 268;

Alstott, A.L./Mackie, J.B. (1992): Approaches to Corporate Integration: The Treasury Department Report, 45 National Tax Journal 209;

American Bar Association Section of Taxation (1995): Report on proposed regulations regarding debt instruments with contingent payments, 49 The Tax Lawyer 195;

Andersen, R.E. (2002): The Direct and Indirect Foreign Tax Credit and the Foreign Tax Credit Limitation, in Tax Strategies for Corporate Acquisitions, Dispositions, Spin-Offs, Joint Ventures, Financings, Reorganizations, and Restructurings – 2002, 432 PLI/Tax 733;

Anonymous (2004): Tax Shelters get a lot of Attention from both the Service and the Courts, 101 Journal of Taxation 323;

Anonymous (2004a): New Regs On Allocation Of CFC Earnings Aim To Ensure More Consistent Results, 91 Standard Federal Tax Reports 6;

Anonymous (2004b): New Rules on the Tax Treatment of Stapled Foreign Corporations, 101 Journal of Taxation 202;

Ault, H.J. (1997): The Tax Treaty between Austria and the USA in the Light of Current US Treaty Policy, in Gassner/Lang/Lechner (Hrsg), Das neue Doppelbesteuerungsabkommen Österreich-USA, Wien 1997, 11;

Ballan, H. (2002): Debt and Equity: A Cautionary Tale, in Tax Strategies for Corporate Acquisitions, Dispositions, Spin-Offs, Joint Ventures, Financings, Reorganizations, and Restructurings – 2002, 432 PLI/Tax 719;

Battle, F.V. (1991): Bifurcation of Financial Instruments, 69 Taxes 821;

Beale, L./Miller, D.S./Wysocki, P. (2001): An Overview of the U.S. Federal Income Tax Treatment of Collateral Debt Obligation Transactions, 14 Journal of Taxation of Financial Instruments 27;

Beales, R. (2006): Banks hope to cash in on rush into hybrid securities, Financial Times (London Ed), 6. Februar 2006, 25;

Beales, R. (2006a): Hybrids "behave like debt", Financial Times (London Ed), 7. April 2006, 24;

Beales, R. (2006b): Regulators look at hybrid classification, Financial Times (London Ed), 19. April 2006, 26;

Beales, R. (2006c): Hybrid securities at centre of clash, Financial Times (London Ed), 20. April 2006, 26;

Beales, R. (2006d): Hybrids put under the microscope, Financial Times (London Ed), 25. April 2006, 43;

Beales, R. (2006e): Hybrids classified as common equity, Financial Times (London Ed), 18. Mai 2006, 25;

Beales, R. (2006f): Market gathers steam as new generation emerges, Analysis; Hybrid Securities, Financial Times (London Ed), 31. Mai 2006, 3;

Beales, R./Mitchel, L. (2006): Swiss Re's hybrid issue, Financial Times (London Ed), 5. Mai 2006, 41;

Beales, R./Simensen, I. (2006): Appeal of hybrid bonds has bankers chasing „holy grail", Financial Times (London Ed), 8. Februar 2006, 26;

Beeman, E.R. (2005): Keeping the Faith: The Permanent Campaign against Tax Shelters, 58 National Tax Journal 449;

Benson, D./Mundaca, M.F./Rollinson, M.A./O'Connor, P. (2004): Current Status of Legislation Relating to International Tax Rules, 33 Tax Management International Journal 597;

Benson, D./Mundaca, M.F./Rollinson, M.A./O'Connor, P. (2004a): Current Status of Legislation Relating to International Tax Rules, 33 Tax Management International Journal 673;

Berg, A.N. (1991): Corporate Debt Restructurings after the Revenue Reconciliation Act of 1990, Journal of Corporate Taxation 124;

Berman, D.M. (2002): Tax Treaties – Fundamentals, in Tax Strategies for Corporate Acquisitions, Dispositions, Spin-Offs, Joint Ventures, Financings, Reorganizations, and Restructurings – 2002, 432 PLI/Tax 603;

Berman, D.M./Strain, D.O. (2000): National Report USA, in IFA: Tax Treatment of hybrid financial instruments in cross-border transactions, Cahier de droit fiscal international Vol LXXXVa;

Bernstein, P. (2003): 25 Post-JGTRRA Tax Planning Strategies, 34 The Tax Adviser 728;

Bloom, G.D. (1998): Certain preferred stock gets the 'boot' – But does it fit?, 88 Journal of Taxation 69;

Bloom, G.D./Bush, J.N. (1981): Final Regulations under Section 385 Contain Complex Rules and Safe Harbors, 54 Journal of Taxation 271;

Bloom, G.D./Bush, J.N. (1981a): Pinpointing the Problem Areas That Still Exist Under the Final Section 385 Regulations, 54 Journal of Taxation 322;

Bloom, G.D./Bush, J.N. (1982): New Reproposed Regulations on Section 385: How They Compare to the Prior Final Regs., 56 Journal of Taxation 153;

Boidman, N./Gartner, G.J. (1998): A cross-border view, Laidlaw Transportation, Inc. and Subsidiaries v. Comr.: A Cautionary Tale, 27 Tax Management International Journal 466;

Borkowski, S.C. (2003): Global Trading of Financial Instruments and transfer pricing: A brief history and Exploratory Study, 29 The International Tax Journal 22;

Borkowski, S.C. (2003a): Transfer pricing documentation and penalties: How much is enough?, 29 The International Tax Journal 1;

Bowen, S.S. (1985): Structuring Leveraged Buyouts – Selected Tax Problems, Taxes 935;

Brinker, T.M./Shermann, W.R. (2004): Foreign individuals: US Taxation, 15 Journal of International Taxation 14;

Bruce, C.M./Serat, L./Hirsch, G.F./Lagonico, S. (2006): Vorsicht Steuerfalle! US-Gesetzesentwurf mit Relevanz für Amerikaner und Deutsche, IStR 2006, 131;

Burilovich, L./Snyir, A./McCombs, G.B. (2000): A checklist for protecting the owner's debt classification in small businesses, 44 The National Public Accountant 23;

Burnett, S./Smith D.P. (2003): Debtor or equity? The current status of section 385, 71 Practical Tax Strategies 77;

Buss, D./Hryck, D./Rothman, R. (2005): International Tax Strategies, 83 Taxes 13;

Butera, T.A. (1999): Laidlaw: The Debt v. Equity Issue Resurfaces, 16 Journal of Taxation of Investments 185;

Buzanich, H./Kofler, G. (2004): Grundlagen der beschränkten Steuerpflicht in den USA, SWI 2004, 257;

Canellos, P.C. (1985): New Financial Products, Taxes 970;

Carr, J.L./Moetell, M.C./Eggert, J.F. (2003): Earnings stripping provisions: A historical perspective and critique, 32 Tax Management International Journal 3;

Ceryak, D.V. (1990): Using Risk Analysis to Classify Junk Bonds as Equity for Federal Income Tax Purposes, 66 Indiana Law Journal 273;

Conlon, S.D./Connors P.J./Butch, M.S. (1991): Contingent Debt Instruments Are 'Divided and Conquered' Under the New OID Proposed Regs., 75 Journal of Taxation 46;

Conlon, S.D./Frost, S.G. (1990): High Yield Discount Obligation Rules Affect Wide Variety of Corporate Obligations, 72 Journal of Taxation 196;

Connors, P.J. (2002): Non-Resident Alien Withholding, in Tax Strategies for Corporate Acquisitions, Dispositions, Spin-Offs, Joint Ventures, Financings, Reorganizations, and Restructurings – 2002, 432 PLI/Tax 915;

Connors, P.J./Woll, G.H.J. (2002): Hybrid Instruments – Current Issues, in Tax Strategies for Corporate Acquisitions, Dispositions, Spin-Offs, Joint Ventures, Financings, Reorganizations, and Restructurings – 2002, 432 PLI/Tax 791;

Conway, J.D. (1991): The USX Tracking Stock "Spin-Off": A Case of Split Personality, 69 Taxes 383;

Cope, C.W. (1993): US Income Tax Treaties: Notes and Comments on Some Present and Future Policies, 71 Taxes 955;

Cornell, B./Forst, D./Hodges, C./Manigault, E./Kautter D. (2002): Parent-Sub Loan Transaction Recast as Part Equity, 96 Journal of Taxation 188;

Croker, J.E./Birnkrant, H.J. (1991): Earnings-Stripping Rules Are Even More Complex for Affiliated Corporations, 75 Journal of Taxation 327;

Croker, J.E./Birnkrant, H.J. (1994): Inclusion of Guaranteed Loans Further Complicates Earnings-Stripping Provisions, 80 Journal of Taxation 30;

Cummings, J.L. (2003): Planning With the New Rate and Corporate Changes Made by JGTRRA, 99 Journal of Taxation 8;

Daub, P.M. (1991): An Analysis of the Earnings Stripping Regulations, 20 Tax Management International Journal 379;

Dendorfer, W. (2001): Seminar D: Formen der bundesstaatlichen Besteuerung in den USA IStR 2001, 545;

Doering, J.A. (2005): Foreign Tax Credit Revisions Make US Businesses More Competitive, 83 Taxes 49;

Doernberg, R.L. (1993): The Enhancement of Earnings-Stripping Provisions, 7 Tax Notes International 985;

Doernberg, R.L. (1995): Overriding Tax Treaties: The US Perspective, 9 Emory International Law Review 71;

Dolan, D.K. (2002): Notice 98-5 Foreign Tax Credit Arbitrage, in Tax Strategies for Corporate Acquisitions, Dispositions, Spin-Offs, Joint Ventures, Financings, Reorganizations, and Restructurings – 2002, 432 PLI/Tax 921;

Eberhartinger, E. (2005): Besteuerung und steuerliche Gestaltung hybrider Finanzierungsinstrumente, in Bischof/Eberhartinger (Hrsg.), Hybride Finanzierungsinstrumente, 119;

Eberhartinger, E./Wiedermann-Ondrej, N. (2005): Steuerliche Gewinnermittlungsmethoden in den USA (Tax Accounting in the USA), SWI 2005, 283;

Eberhartinger, E./Wiedermann-Ondrej, N. (2005a): Die Beziehung zwischen externer Rechnungslegung und steuerlicher Gewinnermittlung in den USA, SWI 7/2005, 336;

Eicher, J.D./Hitt, L.N. (1994): Section 385: Debt by Any Other Name, 65 Tax Notes 1033;

Emmerich, A.O. (1985): Hybrid Instruments and the Debt-Equity Distinction in Corporate Taxation, 52 University of Chicago Law Review 118;

Engel, E./Erickson, M./Maydew, E. (1999): Debt-equity hybrid securities, 37 Journal of Accounting Research 249;

Eustice, J.S. (1970): Corporations and Corporate Investors, 25 Tax Law Review 509;

Eustice, J.S. (1996): 'Debt-Like' Equity and 'Equity-Like' Debt: Treasury's Anti-Hybrid Proposals, 71 Tax Notes 1657;

Favelukes, K.S. (2003): MIPS revisited: A Problem in Need of Solution – Part 1, 30 Corporate Taxation 17;

Favelukes, K.S. (2003a): MIPS revisited: A Problem in Need of Solution – Part 2, 31 Corporate Taxation, Jan/Feb 2004, 12;

Ferencz, G.E. (1993): Proposed Regulations Apply Section 163(j) to Consolidated Returns and Other Affiliated Groups, 20 Journal of Corporate Taxation 184;

Finkelstein, S.M./Hunter, S.L./Todd, J.K. (2002): Tracking Tracking Stock, in Tax Strategies for Corporate Acquisitions, Dispositions, Spin-Offs, Joint Ventures, Financings, Reorganizations, and Restructurings - 2002, 432 PLI/Tax 989;

Fleming, J.C./Peroni, R.J. (2004): Eviscerating the Foreign Tax Credit Limitations and Cutting the Repatriation Tax – What's ETI Repeal got to do with it?, 104 Tax Notes 1393.

Flick, H.F.W. (2002): Die (Ir)Relevanz des ausländischen Steuerrechts bei der Beurteilung eines Sachverhaltes im US-Steuerrecht (oder der Sack Reis im anderen Lande), IStR 2002, 235;

Forst, D.L./Hodges, C.E./Manigault, E.M./Kautter, D.J. et alii (2004): Subordinated Loan Agreements were treated as Equity, 101 Journal of Taxation 122;

Freeman, L.S./Lipton, R.M. (1994): Tax Consequences of Business and Investment-Driven Uses of Derivatives, 72 Taxes 947;

Freeman, L.S./Stevens, M.A./Hollender, V. (2002): Tax Consequences of Business and Investment-Driven Uses of Financial Products, in Tax Strategies for Corporate Acquisitions, Dispositions, Spin-Offs, Joint Ventures, Financings, Reorganizations, and Restructurings – 2002, 432 PLI/Tax 1267;

Frost, S.G./Conlon, S.D. (1990): Adjustable Rate Preferred Stock Still Provides Many Tax Benefits, 73 Journal of Taxation 244;

Fuller, J.P. (2004): US Tax Review, 36 Tax Notes International 333;

Funk, T.E. (1999): Synthetische Finanzinstrumente und deren Besteuerung in den USA, IStR 1999, 485;

Garlock, D.C. (2002): The Contingent Debt Regulations – Finally!, in Tax Strategies for Corporate Acquisitions, Dispositions, Spin-Offs, Joint Ventures, Financings, Reorganizations, and Restructurings – 2002, 432 PLI/Tax 907;

Gassner, W. (1997): Die Grenzen der Abkommensbegünstigung und die Ermessensentscheidung nach Art. 16 Abs. 2 DBA Österreich-USA, SWI 1997, 448;

Gattegno, J.S./Yesnowitz, J.C. (2005): Comparison of Critical Multistate and International Tax Topics, 34 Tax Management International Journal 20;

Gergen, M.P. (1995): Colloquium on Financial Instruments: Afterword: Apocalypse Not?, 50 Tax Law Review 833;

Gergen, M.P./Schmitz, P. (1997): The Influence of Tax Law on Securities Innovation in the United States: 1981–1997, 52 Tax Law Review 119;

Gershman, J.S. (1980): Debt-Equity Proposals Provide Guidance but Pose Problems for Small Corporations, 53 Journal of Taxation 194;

Gibson, M.A. (1987): The Intractable Debt-Equity Problem: A New Structure for Analyzing Shareholder Advances, 81 Northwestern University Law Review 452;

Goedde, H./Bauer, K.E./van Zante, N.R. (2003): New law offers tax savings for individuals and businesses, 71 Practical Tax Strategies 216;

Goldstein, S./Halpern, I./Kearney, T. (2005): 10/50 Look-Through Rules: Through the CFC Look-Through the CFC Look-Through Looking Glass, 34 Tax Management International Journal 83;

Goldstein, S./Pronley, T./Klein, C.D. (2003): "10/50 companies": Aggregate or entity?, 32 Tax Management International Journal 353;

Golland, F./Gehlhaar, L./Grossmann, K./Eickhoff-Klea, X./Jänisch, C. (2005): Im Blickpunkt: Mezzanine-Kapital, BB-Special 4/2005;

Golub, E.G./Henderson, J.L. (1989): Tax Advantages and Pitfalls Facing Highly Leveraged Corporations: A Delicate Balance, 67 Taxes 917;

Goodman, G.R. (1996): Teasing the Limits of Interest Stripping, 71 Tax Notes 677;

Gould, F.J. (2004): Enron and the Boundaries of Aggressive Tax Advice, 82 Taxes 25;

Graetz, M.J. (1989): The Tax Aspects of Leveraged Buyouts and Other Corporate Financial Restructuring Transactions, 42 Tax Notes 721;

Granwell, A.W./Suringa, D.J.J. (2003): IRS announces New Compliance Initiative for Foreign Taxpayers, 32 Tax Management International Journal 416;

Gravelle, J.G. (2005): The 2004 Corporate Tax Revisions as a Spaghetti Western: Good, Bad, and Ugly, 58 National Tax Journal 347;

Grotherr, S. (2005): Advanced Pricing Agreements – Verfahren zur Vermeidung von Verrechnungspreiskonflikten, BB 2005, 855;

Grotherr, S. (2005a): Überlegungen zur Ausgestaltung von speziellen Verfahrensregelungen für Advance Pricing Agreements, IStR 2005, 350;

Hannes, S. (2003): Achieving US Transfer Pricing Objectives without Creating a US Business for a foreign Person, 30 Tax Notes International 165;

Hardy, D.R. (2004): The Restructuring of a Troubled Multinational Company, 5 Corporate Business Taxation Monthly 1;

Hariton, D.P. (1994): Distinguishing Between Equity and Debt in the New Financial Environment, 49 Tax Law Review 499;

Hariton, D.P. (2002): Conventional and Contingent Convertibles: Double or Nothing, 96 Tax Notes 123;

Harvey, K.D./Collins, M.C./Wansley, J.W. (2003): The Impact of Trust-Preferred Issuance on Bank Default Risk and Cash Flow: Evidence from the Debt and Equity Securities Markets, 38 The Financial Review 235;

Heath, M./Allen, D. (2000): From MIPS, TOPrs and Notice 94-47 Forward: A Debt vs. Equity Compilation, 41 Tax Management Memorandum 7;

Heinrich, J. (2000): Internationale hybride Finanzierungen, IStR 2000, 274;

Heitner, K.H./Kushner, J.M. (1992): To Bifurcate or Not to Bifurcate: The Answer Seems Less Clear, 46 Tax Lawyer 43;

Helleloid, R.T./Weber, J.A./Cleveland, G.A. (2000): Capitalizing a Closely-held Corporation: Updating the Debt vs. Equity Issue, 27 Journal of Corporate Taxation 143;

Helminen, M. (2004): Classification of Cross-Border Payments on Hybrid Instruments, 58 Bulletin for International Fiscal Documentation 56;

Herrmann, G.A./Whyburn, K.G./Wolf, G.G. (1995): New OID Proposed Regulations Control Debt Instruments With Contigent Payments, 82 The Journal of Taxation 206;

Herzig, N. (2000): Thema I: Hybride Finanzinstrumente im nationalen und internationalen Steuerrecht, IStR 2000, 482;

Hirschfeld, M./Shapiro, D. (2005): The New Circular 230: The Treasury's Latest Attempt to Shut Down Tax Shelter Abuses, 21 Tax Management Real Estate Journal 253;

Housey, P.J. (1999): Prop. Regs. On 'Fast-Pay' Stock: How Far Will Service Go in Recharacterizing Transactions?, 90 Journal of Taxation 364;

Hovakimian, A./Opler, T./Titman, S. (2001): The debt-equity choice, 36 Journal of Financial and Quantitative Analysis 1;

Hughes, J. (2006): Washingotn Mutual in Dollars 2bn hybrid issuance, Financial Times (London Ed), 25. Februar 2006, 9;

Hundt, F. (2002): US-Steuerentlastungsgesetz 2001 und Steuergesetz vom 9.3.2002, IStR 2002, 830;

Infanti, A.C. (2003): Cross-Border Outsourcing: U.S. International Tax Pitfalls, Pratfalls and Opportunities, 81 Taxes 19;

Ivy, M./Willens, R. (1981): Final Sec. 385 Regs.: Debt vs. Equity, 51 The CPA Journal 16;

Jacob, F. (1994): Taxes are what we pay for a civilized society – Steuermoral und Steuerkultur vor dem Hintergrund des US-amerikanischen Steuersystems, IStR 1994, 366;

Jacob, F. (2000): Besteuerung hybrider Finanzierung in grenzüberschreitenden Situationen, , IWB, Fach 8, USA, Gruppe 2, 1521;

Jacobsen, H. (2005): Das System der US-amerikanischen Besteuerung von Veräußerungsgewinnen – Teil I, IStR 2005, 11;

Jacobsen, H. (2005a): Das System der US-amerikanischen Besteuerung von Veräußerungsgewinnen – Teil II, IStR 2005, 49;

Jakob, D. (1998): Das US-amerikanische Steuerreformgesetz („Taxpayer Relief Act") vom 5. August 1997 – ausgewählte Gesetzesänderungen, Auswirkungen auf internationale Transaktionen und den deutschen Steuerzahler, IStR 1998, 129;

Jewett, S. (1980): The Proposed Regulations under Sec. 385, 11 The Tax Adviser 324;

Jirousek, H. (1998): Das neue österreichisch-amerikanische Doppelbesteuerungsabkommen, ÖStZ 1998, 392;

Kadel, J. (2000): Eine Einführung in die US-amerikanische Steuerrechtsliteratur, IStR 2000, 583;

Kadel, J. (2001): Die Berücksichtigung von außerplanmäßigen Wertminderungen im US-amerikanischen Steuerrecht, IStR 2001, 451;

Kadel, J. (2001a): Einkommensermittlung und Rechnungslegungsmethoden im US-amerikansichen Steuerrecht, IStR 2001, 419;

Kanter, B.W./Banoff, S.I. (1986): Debentures Redeemable Upon Adverse Service Audit, 64 Journal of Taxation 382;

Kau, R.K.C. (1990): Carving Up Assets and Liabilities – Integration or Bifurcation of Financial Products, 68 Taxes 1003;

Kaywood, S./Rowe, K./Tanenbaum, E. (2004): International Taxation, 5 Corporate Business Taxation Monthly 20;

Kempf, A. (1997): Versteckte Vorschriften zur Vermeidung der Doppelbesteuerung im Verhältnis Deutschland – USA, IStR 1997, 545;

Kessler, R.A. (1986): The Corporate Debt Registration Requirements: Hidden Trap for Close Corporations, 64 Taxes 398;

Kippenberg, J. (2000): IFA-Kongress 2000 in München, IStR 2000, 738;

Klausman, D.L./Tann, J.S./Ashby, R.L./Fryt, M.D. et al (1997): Clinton Administration Budget Proposals, 49 Tax Executive 234;

Kleinbard, E.D. (1989): Beyond Good and Evil Debt (and Debt Hedges): A Cost of Capital Allowance System, 67 Taxes 943;

Kleinbard, E.D. (1998): Lee Sheppard's Misguided Attacks on MIPs, 79 Tax Notes 1365;

Kleinbard, E.D. (2005): Designing an Income Tax on Capital, Conference on Taxing Capital Income, Draft of September 7, 2005;

Kleinbard, E.D./Nijenhuis, E.W. (2002): Everything I know about New Financial Products I learned from DECS, in Tax Strategies for Corporate Acquisitions, Dispositions, Spin-Offs, Joint Ventures, Financings, Reorganizations, and Restructurings – 2002, 432 PLI/Tax 1097;

Kleinbard, E.D./Nijenhuis, E.W./McRae, W.L. (2002): Contingent Interest Convertible Bonds and The Economic Accrual Regime, in Tax Strategies for Corporate Acquisitions, Dispositions, Spin-Offs, Joint Ventures, Financings, Reorganizations, and Restructurings – 2002, 432 PLI/Tax 981;

Kleinbard, E.D./Nijenhuis, E.W./McRae, W.L. (2002a): Contingent Interest Convertible Bonds and the Economic Accrual Regime, 95 Tax Notes 1949;

Knight, L.G./Knight, R.A./Robertson, G. (1988): Tax Status Of Hybrid Securities, 58 The CPA Journal 44;

Kofler, G. (2005): Treaty Shopping, Quota Hopping und Open Skies: Die gemeinschaftsrechtlice Problematik von Limitation-on-Benefits-Klauseln in Doppelbesteuerungsabkommen mit den Vereinigten Staaten, in: Praxis des Internationalen Steuerrechts, FS Loukota, Wien 2005, 213;

Kotzen, W.L./Rieser, J.A./Bailey, D.B. (2005): "Tax Shelter" Disclosure And List Maintenance Rules, 19 The Practical Tax Lawyer 33;

Kreienbaum, M. (2005): Amerikaner verschäfen den Kampf gegen Corporate Tax Shelters, IstR 2005, 721;

Kroschel, J./Wellisch, D. (1998): Der Taxpayer Relief Act von 1997 – Die USA können sich Umverteilung wieder leisten, IStR 1998, 494;

Krumwiede, T./Witner, L. (2004): Tax Strategies for Qualified Dividends, 82 Taxes 51;

Krupsky, K.J./Day, J. (2003): Final regulations on reporting of corporate tax shelters: "Conditions of Confidentiality", 32 Tax Management International Journal 367;

Lady, T.C. (2004): Qualified Foreign Corporations: Taxing Foreign Corporation Dividends at Net Capital Gains Rates, 33 Tax Management International Journal 339;

Lang, M. (1997): Die Besonderheiten der Auslegung des DBA Österreich-USA, in Gassner/Lang/Lechner (Hrsg), Das neue Doppelbesteuerungsabkommen Österreich-USA, Wien 1997, 25;

Lau, P.C./Soltis, S. (2004): A Guide to Foreign Corporation E&P (Part I), 35 The Tax Adviser 290;

Lau, P.C./Soltis, S. (2004a): A Guide to Foreign Corporation E&P (Part II), 35 The Tax Adviser 371;

Lechner, E. (1996): Internationale Unternehmensfinanzierungen ausländischer Unternehmen durch inländische Investoren, SWI 1996, 204;

Lechner, E. (1997): Die Methoden zur Vermeidung der Doppelbesteuerung nach dem DBA Österreich-USA, in Gassner/Lang/Lechner (Hrsg), Das neue Doppelbesteuerungsabkommen Österreich-USA, Wien 1997, 255;

Lee, A.R. (2003): New dividend planning strategies for shareholders and corporations, 71 Practical Tax Strategies 204;

Leitner, A. (2004): Subpart F Prop. Regs. Target New Abuses Involving Structured Investments in CFCs, 101 Journal of Taxation 307;

Lemein, G.D./McDonald, J.D. (2001): Cross-border hybrid instruments, 79 Taxes 5;

Lemein, G.D./McDonald, J.D. (2004): Foreign Tax Credit Planning – IRS Withdraws Notice 98-5, 82 Taxes 5;

Levinsohn, A. (2005): Shuttering Tax Shelters, 87 Strategic Finance 57;

Levy, D.F. (1997): Towards Equal Tax Treatment of Economically Equivalent Financial Instruments: Proposals for Taxing Prepaid Forward Contracts, Equity Swaps, and Certain Contingent Debt Instruments, 3 Florida Tax Review 471;

Libin, J.B. (2003): New Dividend tax provision adds new complexity and new questions, 32 Tax Management International Journal 368;

Libin, J.B. (2004): Treasury Takes New Direction in Combating Foreign Tax Credit Abuses, 33 Tax Management International Journal 317;

Lipton, R.M. (2003): New Tax Shelter Disclosure and Listing Regulations Promise Headaches for Everyone, 98 Journal of Taxation 5;

Lokken, L. (1991): New Rules Bifurcating Contingent Debt – A Good Start, 51 Tax Notes 495;

Loukota, H. (1998): DBA-USA tritt 1998 in Kraft, SWI 1998, 76;

Madison, R.B. (1986): The Deductibility of Interest on Hybrid Securities, 39 Tax Lawyer 465;

Mason, D.J./Grudzinski, C.W./Choate, G.M. (1991): Restructuring Leveraged Buyouts, 17 Journal of Corporate Taxation 303;

McClintock, M./Royse, R. (1992): A Critical Look at the Earning Stripping Regulations, 18 The International Tax Journal 51;

McKay, K.E. (1990): Limitations on the Deductibility of Interest on High-Yielding OID and PIK Instruments, 7 Journal of Taxation of Investments 267;

Merkt, H. (1995): Abgrenzung von Eigen- und Fremdkapital im US-amerikanischen Gesellschafts- und Steuerrecht, IStR 1995, 92;

Miesel, V.H./Higinbotham, H.H./Yi, C.W. (2002): International transfer pricing: Practical solutions for intercompany pricing, 28 The International Tax Journal 1;

Miesel, V.H./Higinbotham, H.H./Yi, C.W. (2003): Global Trading of Financial Instruments and Transfer Pricing: A Brief Histroy and Exploratory Study, 29 The International Tax Journal 22;

Miller, D.S. (1999): Reconciling policies and practice in the taxation of financial instruments, 77 Taxes 236;

Miller, S.K. (1991): Special Nonvoting Preferred Rules for Affiliated Groups Offer Several Advantages, 74 Journal of Taxation 222;

Mirsky, B.M./Willens, R. (1982): The Debt/Equity Regulations: Round 3, 13 The Tax Adviser 196;

Müssener, I. (2000): USA, in Mennel, A./Förster, J., Steuern in Europa, Amerika und Asien, Loseblatt, Stand 59. Lfg. 2006;

Myers, S.C. (2001): Capital Structure, 15 Journal of Economic Perspectives 81;

Natusch, I. (1999): Empirische Analysen zur Beteiligungsfinanzierung mit „Tracking Stocks“ – Ein Überblick, IStR 1999, 122;

Naujok, J.-P. (2003): Die US-Richtlinie zu den Offenlegungs- und Aufzeichnungspflichten bei Corporate Tax-Shelter, IStR 2003, 860;

Nuernberger, E./Pelzer, D. (2003): Gesellschafterfremdfinanzierung einer US-Tochtergesellschaft, IWB, Fach 8, USA, Gruppe 2, 1245;

O'Connell, F.J. (2004): Earnings-Stripping Trap, 25 The Tax Adviser 545;

O'Donnell, T.A./Hirsberg, D. (2003): New US Tax Law Slashes Tax Rates on Dividends and Capital Gains – But Mainly Benefits US Citizens or Residents, 14 Journal of International Taxation 44;

Odenbach, M./Strunk, G. (1994): Der Einfluß bundesstaatlicher Steuergesetze auf ausländische Direktinvestitionen in den USA, IstR 1994, 49;

Ossi, G.J./Chung, K./Sidher, S.K. (2003): The search for consistency: A global approach to transfer pricing documentation, 32 Tax Management International Journal 283;

Paeslee, J.M./Nirenberg, D.Z. (2002): Selling and Carving up Interests in Debt Instruments Distinguishing Sales from Financings and Debt from Equity, in Tax Strategies for Corporate Acquisitions, Dispositions, Spin-Offs, Joint Ventures, Financings, Reorganizations, and Restructurings – 2002, 432 PLI/Tax 567;

Pannese, D.A./Iannone, P.N. (2004): Post-JGTRRA Dividend Planning, 35 The Tax Adviser 358;

Pelzer, D. (2003): US-Verrechnungspreise: Verschärfte Prüfung von internationalen Rechtsbeziehungen und Festsetzung von Geldbußen, IStR 2003, 825;

Pinkernell, R. (2001): Zuckerbrot und Peitsche: Änderung des US-Quellensteuerabzugs durch Einführung des Qualified Intermediary Agreement (QIA), IStR 2001, 242;

Plumb, W.T. (1971): The Federal Income Tax Significance of Corporate Debt: A Critical Analysis and a Proposal, 26 Tax Law Review 369;

Polito, A.P. (1998): Useful Fictions: Debt and Equity Classifications in Corporate Tax Law, 30 Arizona State Law Journal 761;

Pratt, K. (2000): The Debt-Equity Distinction in a Second-Best World, 53 Vanderbilt Law Review 1055;

Pratt, K. (2004): Corporate Cancellation of Indebtedness Income and the Debt-Equity Distinction, 24 Virginia Tax Review 187;

Quinn, T.S./White, K. (2003): The economic substance doctrine: A Double-edged sword, 81 Taxes 27;

Raby, B.J.W./ Raby, W.L. (2003): Debt vs. Equity: Not Merely a Matter of Ratios, 98 Tax Notes 1707;

Raineri W.T/Engle, H.S. (1996): Thin Capitalization Issues in the United States, 13 Tax Notes International 1615;

Raineri, W.T. (2002): Subpart F Anti-Deferral Rules, in Tax Strategies for Corporate Acquisitions, Dispositions, Spin-Offs, Joint Ventures, Financings, Reorganizations, and Restructurings – 2002, 432 PLI/Tax 407;

Reid, J. (1997): MIPS Besieged – Solution in Search of a Problem, 77 Tax Notes 1057;

Reinhold, R.L./Solomon, A.P. (2002): Issues and Strategies in Corporate Financing and Refinancing, in Tax Strategies for Corporate Acquisitions, Dispositions, Spin-Offs, Joint Ventures, Financings, Reorganizations, and Restructurings – 2002, 432 PLI/Tax 545;

Rettenbacher, G. (2000): US Tax Law – zwischen Genie und Wahnsinn, ecolex 2000, 1;

Ritzer-Angerer, P. (2005): Zur Abgrenzung von Ausschüttungen und Kapitalrückzahlungen – Besteuerung von Aktienrückkäufen in den USA und in Deutschland, IStR 2005, 318;

Rizzi, R.A. (1991): Debt and Taxes: Debt-Equity Characterization in the 1990s, 18 Journal of Corporate Taxation 268;

Rizzi, R.A. (2000): Tracking Stock as Synthetic Spin-Offs and Contingent Consideration, 27 Journal of Corporate Taxation 255;

Rizzi, R.A. (2003): Double Taxation and Taxing Dividends: Administration's Latest Reform Proposals, 30 Journal of Corporate Taxation 28;

Robe, M.A. (1999): Optimal vs. Traditional Securities under Moral Hazard, 34 Journal of Financial and Quantitative Analysis 161;

Robertson, P./Burckel, D.V. (1988): When Is Debt Synonymous With Equity? Recent Developments in the Classification of Hybrid Securities, 66 Taxes 784;

Robertson, P.J./Daughtrey, Z./Burckel, V. (1990): Debt or Equity? An Empirical Analysis of Tax Court Classification During the Period 1955–1987, 47 Tax Notes 707;

Roth, J./Bond, D. (1995): Planning around the CFC Netting Rule, 26 The Tax Adviser, 408;

Russell, R. (2004): For better or worse, Jobs Creation Act of '04 is here, 18 Accounting Today 10;

Santangelo, R.A. (1997): Towards Reshaping the Debt-Equity Distinction, 23 Journal of Corporate Taxation 312;

Schaefer, R.C. (2005): Reportable Transactions – What Tax Advisers Need to Know, 36 The Tax Adviser 563;

Schenk, D.H. (1995): Colloquium on Financial Instruments: Taxation of Equity Derivatives: A Partial Integration Proposal, 50 Tax Law Review 571;

Schlunk, H.J. (2002): Little Boxes: Can Optimal Commodity Tax Methodology save the Debt/Equity Distinction?, 80 Texas Law Review 859;

Schneidman, L./ Schaul-Yoder, R. (2002): Foreign Portfolio Investment in the United States, in Tax Strategies for Corporate Acquisitions, Dispositions, Spin-Offs, Joint Ventures, Financings, Reorganizations, and Restructurings – 2002, 432 PLI/Tax 883

Schnittker, H./Poe, P. (2001): Einkommen- und Erbschaftsteuerplanung bei Ansässigkeit in den USA, IWB, Fach 8, USA, Gruppe 2, 1115;

Schuch, J. (1997): Die „aktive gewerbliche Tätigkeit“ als Voraussetzung für die Abkommensvergünstigungen nach dem neuen DBA USA-Österreich, SWI 1997, 355;

Schuch, J. (1997a): Der „active trade or business test“ als Voraussetzung für die Abkommensberechtigung, in Gassner/Lang/Lechner (Hrsg), Das neue Doppelbesteuerungsabkommen Österreich-USA, Wien 1997, 47;

Schuch, J. (2004): Hybride Finanzierungen im Recht der Doppelbesteuerungsabkommen, in Bertl/Eberhartinger/Egger/Gassner/Kalss/Lang/Nowotny/Riegler/Schuch/Staringer (Hrsg), Eigenkapital, Wien 2004, 217;

Schuch, J./Toifl, G. (1997): Steuerliche Aspekte von Investitionen österreichischer Unternehmen in den USA, RWZ 1997, 137;

Schuch, J./Toifl, G. (1997a): Steuerliche Aspekte von Investitionen US-amerikanischer Unternehmen in Österreich, RWZ 1997, 171;

Schuch, J/Toifl, G. (1997b): Der „headquaters test“ als Voraussetzung für die Abkommensberechtigung, in Gassner/Lang/Lechner (Hrsg), Das neue Doppelbesteuerungsabkommen Österreich-USA, Wien 1997, 135;

Shaw, R.A. (2004): The Need for Guidance on the Portfolio Interest Exemption, 103 Tax Notes 701;

Sheffield, J.T./Welke, W.R. (1992): The Many Guises of Preferred Stock, 70 Taxes 793;

Sheppard, H.E. (2004): Reduced Tax Rates on Foreign Dividends under JGTRRA: Ambiguities & Opportunities, 15 Journal of International Taxation 14;

Sheppard, L.A. (1990): Dutch Auction Rate Preferred Is Equity, 46 Tax Notes 1376;

Sheppard, L.A. (1994): Debt/Equity Classification US Treasury Department Stands Up to Wall Street with Notices on Equity-Flavored Debt and Ruling on Intercorporate Dividends, 8 Tax Notes International 1182;

Sheppard, L.A. (1995): Treasury Speaks: It Ain't Debt, 69 Tax Notes 418;

Sheppard, L.A. (1996): Debt Versus Equity: A Package Deal, 71 Tax Notes 1435;

Sheppard, L.A. (1998): Service Attacks Enron MIPs, 79 Tax Notes 1089;

Sheppard, L.A. (1998a): Sand Castles of Debt Classification, 80 Tax Notes 997;

Sheppard, L.A. (1999): Rethinking DECS, and New Ways to Carve Out Debt, 83 Tax Notes 347;

Sheppard, L.A. (2001): Cutting Off Excess Interest Accrual on Contingent Convertible Debt, 93 Tax Notes 737;

Sheppard, L.A. (2001a): The Nine Lives of Equity-Linked Securities, 92 Tax Notes 597;

Sheppard, L.A. (2002): How Kinky? IRS Official Discusses DECS, 97 Tax Notes 1130;

Sheppard, L.A. (2003): The Second Life of Feline PRIDES, 99 Tax Notes 952;

Sheppard, L.A. (2003a): Wall Street Rules: Feline PRIDES get IRS Imprimatur, 100 Tax Notes 619;

Sheppard, L.A. (2003b): ABA Meeting Ponders Tax Shelters and Financial Transactions, 100 Tax Notes 1490;

Sheppard, L.A. (2003c): What No No's Teach About Convertibles, 25 Insurance Tax Review 35;

Sheppard, L.A. (2004): ABA Tax Section Meeting: IRS Official Warns About Cross-Border Hybrids, 34 Tax Notes International 692;

Small, D.G. (1995): Die US-Gewinnermittlung – eine bilanzsteuerrechtliche Übersicht (Teil I), IStR 1995, 156;

Small, D.G. (1995a): Die US-Gewinnermittlung – eine bilanzsteuerrechtliche Übersicht (Teil II), IStR 1995, 204;

Spector, P. (1994): IRS takes aim at hybrid securities, 5 International Tax Review 9;

Staringer, C. (1997): Veräußerungsgewinne aus Beteiligungen nach dem neuen DBA mit den USA, SWI 1997, 10;

Steuerle, G. (1989): Debt versus Equity, 44 Tax Notes 1165;

Stone, R.B. (1968): Debt-Equity Distinction in the Tax Treatment of the Corporation and Its Shareholders, 42 Tulane Law Review 251;

Strasen, P.A. (1987): The Taxation of Convertible and other Equity-Flavored Debt Instruments, 65 Taxes 937;

Streng, W.P. (2002): U.S. Income Taxation of Foreign Persons Engaged in U.S. Trade or Business, in Tax Strategies for Corporate Acquisitions, Dispositions, Spin-Offs, Joint Ventures, Financings, Reorganizations, and Restructurings – 2002, 432 PLI/Tax 244;

Strnad, J. (1995): Colloquium on Financial Instruments: Commentary: Taxing New Financial Products in a Second-Best World: Bifurcation and Integration, 50 Tax Law Review 545;

Strnad, J. (2003): Financial Instruments: Taxing Convertible Debt, 56 Southern Methodist University Law Review 399;

Surdell, S.M. (1996): Analyzing Equity-Linked Debt Instruments After Reform Proposals, 71 Tax Notes 1525;

Taylor, W.B. (1984): Debt/Equity and Other Tax Distinctions: How Far Can We Go?, 62 Taxes 848;

Taylor, W.B./Aidinoff, M.B. (1989): Approaches to Debt: Is Integration the Answer? 67 Taxes 931;

Thiele, C. (1997): Aufgabe der steuerlichen Ansässigkeit in den USA, SWI 1997, 353;

Thiele, C. (1999): Der Einfluß der US-Verfassung auf das US-amerikanische Steuerrecht, IStR 1999, 9;

Thoemmes, O./Stricof, R./Nakhai, K. (2004): Thin Capitalization Rules and Non-Discrimination Principles: An Analysis of Thin Capitalization Rules in Light of the Non-Discrimination Principle in the EC Treaty, Double Tax Treaties and Friendship Treaties, 32 Intertax 126;

Thomas, D.W./Sellers K.F. (1992): Dual Classification of Hybrid Securities for Tax Purposes, 6 Accounting Horizons 38;

Tillinghast, D.R. (2004): Burden of Proving That a Foreign Corporation Paying a Dividend Is a "Qualified Foreign Corporation", 33 Tax Management International Journal 318;

Tillinghast, D.R. (2004a): Computing Foreign Tax Credits for Taxes on Qualifying Foreign Dividends, 33 Tax Management International Journal 529;

Tobin, J.J. (2003): Are proposals to enhance the earnings stripping rules missing the (policy) point, 32 Tax Management International Journal 264;

Tobin, J.J. (2003a): Low-taxed repatriation under Thomas II – opportunities and problems, 32 Tax Management International Journal 613;

Toifl, G. (1998): Die Bedeutung der Saving Clause für die Anwendung des DBA Österreich-USA, SWI 1998, 77.

Tolin, J.J. (2003): Dividend Rate Reduction, 14 Journal of International Taxation 22;

Townsend, J.A. (2002): Tax Treaty Interpretation, in Tax Strategies for Corporate Acquisitions, Dispositions, Spin-Offs, Joint Ventures, Financings, Reorganizations, and Restructurings – 2002, 432 PLI/Tax 641;

Treisch, C. (2004): Europataugliche Ausgestaltung des körperschaftsteuerlichen Anrechnungsverfahrens, zfbf 2004, 365;

Trier, D.L./Farr, L.W. (2002): The Taxation of Contingent Convertibles after Revenue Ruling 2002-31, in Tax Strategies for Corporate Acquisitions, Dispositions, Spin-Offs, Joint Ventures, Financings, Reorganizations, and Restructurings – 2002, 432 PLI/Tax 1021;

Trier, D.L./Farr, L.W. (2002a): Rev. Rul 2002-31 and the Taxation of Contingent Convertibles, Part II, 96 Tax Notes 105;

Tumpel, M. (1997): Die passiven Einkünfte nach dem DBA Österreich-USA, in Gassner/Lang/Lechner (Hrsg), Das neue Doppelbesteuerungsabkommen Österreich-USA, Wien 1997, 233;

Umbrecht, R.L./Llewellyn, D.W. (1994): Planning Pitfalls and Opportunities for Foreign Owned Corporations Under the Earnings Stripping Rules, 47 Tax Lawyer 641;

Vari, F.J. (2004): CFC worthless stock deductions: practical issues, 15 Journal of International Taxation 28;

Wacker, R.F. (2004): US Taxation of International Dividends Under JGTRRA, 30 International Tax Journal 19;

Walter, D.H./Strasen, P.A. (1986): General Motors Class E and Class H Common Stock, 64 Taxes 365;

Walter, D.H./Strasen, P.A. (1986a): Innovative Transactions, 64 Taxes 234;

Walter, D.H./Strasen, P.A. (1987): Contingent and Adjustable Stock in a Public Context, 65 Taxes 439;

Walter, D.H./Strasen, P.A. (1987a): Texas Instruments Inc. Convertible Money Market Preferred Stock: Variations on the Special Purpose Subsidiary Theme, 65 Taxes 733;

Walter, D.H./Strasen, P.A. (1987b): The Americus Trust 'Prime' and 'Score' Units, 65 Taxes 222;

Warren, A.C. (1989): Recent Corporate Restructuring and the Corporate Tax System, 42 Tax Notes 715;

Webb, N.C. (2004): TM International Forum Discusses Interest Deductibility and Deficiency Procedure, 33 Tax Management International Journal 459;

Weinrib, B./Mann, J. (1995): United States, International Tax Review 53;

Weisbach, D.A. (1995): Colloquium on Financial Instruments: Tax Responses to Financial Contract Innovation, 50 Tax Law Review 491;

Weisbach, D.A. (1995a): Tax Responses to Financial Innovation, 50 Tax Law Review 491;

Weisbach, D.A. (2002): A Brief Primer on Debt Instruments with Contingent Payments, in Tax Strategies for Corporate Acquisitions, Dispositions, Spin-Offs, Joint Ventures, Financings, Reorganizations, and Restructurings – 2002, 432 PLI/Tax 879;

Weisbach, D.A. (2002a): Thinking Outside the Little Boxes: A Response to Professor Schlunk, 80 Texas Law Review. 893;

Wells, B./Wilezynski, M. (2002): Tax-effective methods to finance Latin American operations, 28 The International Tax Journal 21;

West, P.R. (1996): Foreign Law in US International Taxation: The Search for Standards, 3 Florida Tax Review 147;

Whittington, R./Whittenburg, G. (1980): Judicial Classification of Debt Versus Equity – An Empirical Study, 55 The Accounting Review 409;

Widhalm, C. (1997): Der „foreign ownership test" und der „base erosion test" als Voraussetzung für die Abkommensberechtigung, in Gassner/Lang/Lechner (Hrsg), Das neue Doppelbesteuerungsabkommen Österreich-USA, Wien 1997, 91;

Widmayer, G. (2001): Genussrechte als Instrument für grenzüberschreitende Finanzierungen, IStR 2001, 337;

Wiedermann-Ondrej, N. (2005): Neue Rechtslage in den USA – Beteiligungsertragsbefreiung für ausländische Dividenden, ÖStZ 2005, 149;

Wiedermann-Ondrej, N. (2005a): Voraussetzungen für die begünstigte Repatriierung ausländischer Gewinne in die USA; ÖStZ 2005, 174;

Wiesner, P.J./Smith, D.G. (1985): Equity Participation Loans: Uncertainty Increases Under the New OID Rules, 62 Journal of Taxation 330;

Willens, R. (1985): Debt or Equity? Recent Pronouncements Clarify Status of Convertible Debentures, 16 The Tax Adviser 704;

Willens, R. (1991): New Decision Expands Availability of Dividends Received, 74 Journal of Taxation 276;

Williams, B.J. (2003): Ethical Responsibilities to Ensure Compliance with Tax Laws and Fairness in Tax Administration, 81 Taxes 81;

Witner, L./Simons, K. (2005): Federal Tax Reform, 75 The CPA Journal 20;

Wollman, D.L. (2002): Who Should be Ringing Their Hands over Phones: Wall Street or Washington?, in Tax Strategies for Corporate Acquisitions, Dispositions, Spin-Offs, Joint Ventures, Financings, Reorganizations, and Restructurings – 2002, 432 PLI/Tax 1185;

Wood, R. (1999): The Taxation of Debt, Equity an Hybrid Arrangements, Canadian Tax Journal 1999, 51;

Yanowitz (1993): Section 163(j) and U.S. Subsidiaries With Foreign Guaranteed Debt, 61 Tax Notes 1099;

Yin, G.K. (1989): A Proposed Tax on Corporate Distributions, 67 Taxes 962;

Yoder, L.D. (2003): Subpart F repatriation: Distribution timing is everything, 32 Tax Management International Journal 427;

Yoder, L.D. (2004): Selling CFC Stock with a §338 Election: §1248 and Foreign Tax Credit Consequence, 33 Tax Management International Journal 375;

Yoder, L.D. (2004a): Selling CFC Stock: Subpart F, Distributions, and Calculating the §1248 Deemed Dividend, 22 Tax Management International Journal 256;

Yoder, L.D./Walker, G.R. (2004): Prop. Regs. §1.951-1(e): Pro Rata Share of Subpart F Amounts Taxable to U.S. Shareholders, 33 Tax Management International Journal 611;

Yoon, K.K./Beddingfield, A.S. (2002): Sourcing of Income, in Tax Strategies for Corporate Acquisitions, Dispositions, Spin-Offs, Joint Ventures, Financings, Reorganizations, and Restructurings, 432 PLI/Tax 551;

Zink, B. (2005): Interest Expense Allocation and Apportionment Options for FTC Calculations, 36 The Tax Adviser 76;

Zink, B. (2005a): FTC Baskets Reduced to Two, 36 The Tax Adviser 76.

Zschiegner, H. (2000): US-Einkommensbesteuerung von „nonresident aliens“, IWB, Fach 8, USA, Gruppe 2, 1071;

Zschiegner, H. (2000a): US-Verrechnungspreiszusagen in Vorhinein – IRS Jahresbericht 2000 –, IWB, Fach 8, USA, Gruppe 2, 1047;

Zschiegner, H. (2001): US-Quellensteuerabzugsverfahren bei Zahlungen über ausländische Finanzinstitute, IWB, Fach 8, USA, Gruppe 2, 1101;

Zschiegner, H. (2002): Das Einkommensteuerrecht der USA (I), IWB, Fach 8, USA, Gruppe 2, 1141;

Zschiegner, H. (2002a): Das Einkommensteuerrecht der USA (II), IWB, Fach 8, USA, Gruppe 2, 1171;

Zschiegner, H. (2002b): Das Einkommensteuerrecht der USA (III), IWB, Fach 8, USA, Gruppe 2, 1195;

Zschiegner, H. (2002c): Das Einkommensteuerrecht der USA (IV), IWB, Fach 8, USA, Gruppe 2, 1225;

Zschiegner, H. (2002d): Neue IRS-Vorschriften für DBA-Verständigungsverfahren, IWB, Fach 8, USA, Gruppe 2, 1191;

Zschiegner, H. (2003): US-Verrechnungspreizusagen in Vorhinein – IRS Jahresbericht 2002 – (I), IWB, Fach 8, USA, Gruppe 2, 1269;

Zschiegner, H. (2004): Inflationäre Anpassungen und neue Steuererleichterungen für 2003 und 2004 beim Einkommensteuerrecht der USA, IWB, Fach 8, USA, Gruppe 2, 1295;

Zschiegner, H. (2005): Das Einkommensteuerrecht der USA im Lichte des American Jobs Creation Act of 2004, IWB, Fach 8, USA, Gruppe 2, 1329;

Zschiegner, H. (2005a): Geänderte US-Wegzugsbesteuerung auswandernder Staatsbürger und langfristig Ansässiger, IWB, Fach 8, USA, Gruppe 2, 1353;

Zschiegner, H. (2005b): Inflationäre Anpassungen und andere Steuererleichterungen für 2005 beim Einkommensteuerrecht der USA, IWB, Fach 8, USA, Gruppe 2, 1345;

Gerichtsurteile

ACM Partnership v. Com., 157 F3d 231 (3rd Cir. 1998)

Adelson v. US, 737 F2d 1569 (Fed. Cir. 1984)

Ambassador Apts., Inc. v. Com., 406 F2d 288 (2nd Cir. 1969)

American Bantam Car Co. v. Com, 11 TC 397 (1948), aff'd, 177 F2d 513 (3rd Cir. 1949)

American Chicle Co. v. US, 316 US 450 (1942)

American Elec. Power v. US, 326 F3d 737 (6th Cir. 2003)

American Offshore, Inc. v. Com., 97 TC 579 (1991)

American Processing & Sales Co. v. US, 371 F2d 842 (Ct. Cl. 1967)

American Standard, Inc. v. US, 602 F2d 256 (Ct. Cl. 1979)

American Trans-Ocean Navigation Corp. v. Com., 229 F2d 97 (2nd Cir. 1956)
American-La France-Foamite Corp. v. Com., 284 F2d (2nd Cir. 1960)
AR Lantz Co. v. US, 424 F2d 1330 (9th Cir. 1970)
Astleford v. Com., TC Memo 1974-184 (1974)
Austin Village, Inc. v. US, 432 F2d 741 (6th Cir. 1970)
Autenreith v. Com., 115 F2d 856 (3rd Cir. 1940)
Bail Bonds von Marvin Nelson, Inc. v. Com., 820 F2d 1543 (9th Cir. 1987)
Baker Commodities v. Com., 48 TC 374 (1967), aff'd, 415 F2d 519 (9th Cir. 1969)
Bartels v. Birmingham, 332 US 126 (1947)
Bauer v. Com., 748 F2d 1365 (9th Cir. 1984)
Beck v. Com., 678 F2d 818 (9th Cir. 1982)
Bordo Prods. Co. v. US, 476 F2d 1312 (Ct. Cl. 1973)
Bowersock Mills & Power Co. v. Com., 172 F2d 904 (10th Cir. 1949)
Bradshaw v. US, 683 F2d 365 (Ct. Cl. 1982)
Brake & Elec. Sales Corp. v. US, 287 F2d 426 (1st Cir. 1961)
Burnet v. Commonwealth Improvement Co., 287 US 415 (1932)
Byerlite Corp. v. Williams, 286 F2d 285 (6th Cir. 1960)
C.M. Gooch Lumber Sales Co., 49 TC 649 (1968), 406 F2d 290 (6th Cir. 1969)
Carter Publications, Inc. v. Com., 28 BTA 160 (1933)
Casco Bank & Trust Co. v. US, 544 F2d 528 (1st Cir. 1976)
Cenex, Inc. v. US, 156 F3d 1377 (Fed. Cir. 1998)
Cerand & Co. v. Com., 254 F3d 258 (DC Cir. 2001)
Cerand & Co. v. Com., TC Memo 1998-423 (1998)
Cerand & Co. v. Com., TC Memo 2001-271 (2001)
Charles E. Curry, 43 TC 667 (1965)
Chock O'Nutzs Corp v. US, 453 F2d 300 (2nd Cir. 1971)
Choctaw, Inc. v. Com., PH TCM P 53397 (1953)
Christie v. Com., 410 F2d 759 (5th Cir. 1969)
Com. v. Danielson, 378 F2d 771 (3rd Cir. 1959)
Com. v. General Mach. Corp., 95 F2d 759 (6th Cir. 1938)
Com. v. Groetzinger, 480 U.S. 23 (1987)
Com. v. O.P.P. Holding, 76 F2d 12 (2nd Cir. 1935)
Compaq Computer Corp. v. Com., 277 F3d 778 (5th Cir. 2001)
Compaq v. Com., 113 TC 214 (1999)
Continental Trading, Inc. v. Com., 265 F2d 40 (9th Cir. 1959)
Cook v. Tait, 265 US 47 (1924)

Corner Broadway-Maiden Lane, Inc. v. Com., 76 F2d 106 (2nd Cir. 1935)
Covey Inv. Co. v. US, 377 F2d 403 (10th Cir. 1967)
CRC Corp. v. Com., 693 F2d 281 (3rd Cir. 1982)
Custom Chrome, Inc. v. Com., 217 F3d 1117 (9th Cir. 2000)
Cuyuna Realty Co. v. US, 382 F2d 298 (Ct. Cl. 1967)
Development Corp. of Am., P-H TC Memo. 88,127 (1988)
Dobkin v. Com., 15 TC 31, 33 (1950), aff'd, 192 F2d 392 (2nd Cir. 1951)
Douglas v. Com., 37 BTA 1122 (1938)
Durkin's Estate v. Com., 99 TC 561 (1992)
Falkoff v. Com., 604 F2d 1045 (7th Cir. 1979)
Farley Realty Corp. v. Com., 279 F2d 701 (2nd Cir. 1960)
Federal Express corp. v. US, 645 F. Supp. 1281 (WD Tenn. 1986)
Fin Hay Relaty Co. v. US, 398 F2d 694 (3rd Cir. 1968)
First Chicago NBD Corp. v. Com., 135 F3d 457 (7th Cir. 1998)
First M&F Corp. v. US, 767 F. Supp. 792 (ND Miss. 1991)
First Nat'l Co. v. Com., 289 F2d 861 (6th Cir. 1961)
Fitzgerald Motor Co. v. Com., 508 F2d 1096 (5th Cir. 1975)
Foresun, Inc. v. Com., 348 F2d 1006 (6th Cir. 1965)
Forman Co. v. Com., 453 F.2d 1144 (2nd Cir. 1972)
Framatome Connectors USA, Inc. v. Com., 118 TC 32 (2002)
G.M. Gooch Lumber Sales Co., 49 TC 649 (1968), 406 F2d 290 (6th Cir. 1969)
Garlock, Inc. v. Com., 58 TC 423 (1972), aff'd, 489 F2d 197 (2nd Cir. 1973)
Georgia-Pacific Corp. v. Com., 63 TC 790 (1975)
Gibson Prods. Co. v. US, 637 F2d 1041 (5th Cir. 1981)
Gilbert v. Com., 248 F2d 399 (2nd Cir. 1957)
Goldstein v. Com., 364 F2d 734 (2nd Cir. 1966)
Golson v. Com., 54 TC 742 (1970), aff'd, 445 F2d 985 (10th Cir. 1971)
Gooding Amusement Co. v. Com., 23 TC 408 (1954), aff'd, 236 F2d 159 (6th Cir. 1956)
Graf v. Com., 80 TC 944 (1983)
Green Bay Steel, Inc. v. Com., 53 TC 451 (1969)
Green Leaf Ventures, Inc., TC Memo 1995-155 (1995)
Gregory v. Com., 27 BTA 223, 225 (1932),
Hardman v. US, 827 F2d 1409 (9th Cir. 1987)
Helvering v. Gregory, 69 F2d 809 (2nd Cir. 1934), aff'd, Gregory v. Helvering, 293 US 465 (1935)
Helvering v. Richmond, F. & P.R.R. Co., 90 F2d 971 (4th Cir. 1937)

Henricksen v. Braicks, 137 F2d 632 (9th Cir. 1943)
Higgins v. Com., 312 U.S. 212 (1941):
Higgins v. Smith, 308 US 473 (1940)
Horn v. Com., 90 TC 908 (1988)
IES Indus. v. US, 253 F3d 350 (8th Cir. 2001),
In re CM Holdings, Inc., 254 BR 578 (D. Del. 2000) aff'd, 301 F3d 96 (3rd Cir. 2002)
In re Indian Lake Estates, Inc., 448 F2d 574 (5th Cir. 1971)
In re Lane, 742 F2d 1311 (11th Cir. 1984)
Insilco Corp. v. US, 53 F3d 95 (5th Cir. 1995)
Inter-City Television Film Co. v. Com., 43 TC 270 (1964)
Inverworld. Inc. v. Comr., T.C. Memo 1996-301
J.I. Morgan, Inc., 30 TC 881 (1958), rev'd, 272 F2d 936 (9th Cir. 1959)
Jack Daniel Distillery v. US, 379 F2d 569 (Ct. Cl. 1967)
Jacobson v. Com, 915 F2d 832 (2nd Cir. 1990)
Jaeger Auto Fin. Co. v. Nelson, 191 F. Supp. 693 (ED Wis. 1961)
Jewell Ridge Coal Corp. v. Com., 318 F2d 695 (4th Cir. 1963)
John Kelley Co. v. Com., 326 US 521 (1946)
Segel, 89 TC 816 (1987)
JS Biritz Constr. Co. v. Com., 387 F2d 451 (8th Cir. 1967)
Kahler Corp. v. Com., 486 F.2d 1 (8th Cir. 1973)
Kentucky River Coal Corp. v. Lucas, 51 F2d 586 (WD Ky. 1931), aff'd, 63 F2d 1007 (6th Cir. 1932)
King Enters., Inc. v. US, 418 F2d 511 (Ct. Cl. 1969)
Knetsch v. US, 364 US 361 (1960); Knetsch v. US, 348 F2d 932 (Ct. Cl. 1965)
Koehring Co. v. US, 583 F2d 313 (7th Cir. 1978)
Kraft Foods Co. v. Com., 232 F2d 118 (2nd Cir. 1956)
Kraus v. Com., 59 TC 681 (1973), aff'd, 490 F2d 898 (2nd Cir. 1974)
Laidlaw Transportation Inc., et al. v. Com., TC Memo 1998-232
Lane Bryant, Inc. v. US, 35 F3d 1570 (Fed. Cir. 1994)
Lee v. Com., TC Memo 1997-172 (1997), aff'd, 155 F3d 584 (2nd Cir. 1998).
Lemery v. Com., 52 TC 367 (1969)
Lewellyn v. Pittsburgh B. & L.E.R. Co., 222 F. 177, 185 (3rd Cir. 1915)
Liflans Corp. v. US, 390 F2d 965 (Ct. Cl. 1968);
Likins-Foster Honolulu Corp. v. Com., 840 F2d 642 (9th Cir. 1988)
Litton Bus. Sys., Inc. v. Com., 61 TC 367 (1973)
Lots, Inc., 49 TC 541 (1968)

Lukens v. CIR, 945 F2d 92 (5th Cir. 1991)
Malone & Hyde, Inc. v. Com., 49 TC 575 (1968)
Manhattan Bldg. Co. v. Com., 27 TC 1032 (1957)
Matheson v. US, 532 F.2d 809 (2nd Cir. 1976)
McDonald's Restaurants of Ill. v. Com., 688 F2d 520 (7th Cir. 1982)
McKinnon's Est. v. Com., 6 BTA 412 (1927)
Merlo Builders, Inc., TC Memo 1964-34 (1964)
Miller's Estate v. Com., 239 F2d 729 (9th Cir. 1956)
Mills v. Com., 840 F2d 229 (4th Cir. 1988)
Milwaukee & Suburban Transp. Corp. v. Com., 283 F2d 279 (7th Cir. 1960)
Mixon's Est. v. US, 464 F2d 394 (5th Cir. 1972)
Monon RR v. Com., 55 TC 345 (1970)
Motel Co. v. Com., 340 F2d 445 (2nd Cir. 1965)
Murphy Logging Co. v. US, 378 F2d 222 (9th Cir. 1967)
Murphy Planing Mill, Inc. v. Com., 16 TCM 151 (1957)
Muserlian v. Com., 932 F2d 109 (2nd Cir. 1991),
Nassau Lens, Inc. v. Com., 308 F2d 39 (2nd Cir. 1962)
National Carbide Corp. v. Com., 336 US 422 (1949)
Nestle Holdings Inc., TC Memo 1995-441 (1995), aff'd, 152 F3d 83 (2nd Cir. 1998)
Northeastern Consol. Co. v. US, 406 F2d 76 (7th Cir.)
Norwest Corp. v. CIR, 111 TC 105 (1998)
Nye v. Comm'r, 50 TC 203 (1968)
Old Dominion Plywood Corp., TC Memo 1966-135 (1966)
P.M. Fin. Corp. v. Com., 302 F2d 786 (3rd Cir. 1962)
Pacific Rock & Gravel Co. v. US, 297 F2d 122 (9th Cir. 1961)
Park v. Commissioner, 79 T.C. 252 (1982), aff'd, 755 F.2d 181 (D.C. Cir. 1985)
Paulsen v. CIR, 469 US 131 (1985)
Peterson Machine Tool, Inc. v. Com., 79 TC 71 (1982), aff'd, 54 AFTR2d 84-5407 (10th Cir. 1984)
Piedmont Corp. v. Com., 388 F2d 886 (4th Cir. 1968)
Pinchot v. Com., 113 F2d 718 (2nd Cir. 1940)
Plantation Patterns, Inc. v. Com., 462 F2d 712 (5th Cir. 1972)
Pleasant Summit Land Corp. v. Com., 863 F2d 263 (3rd Cir. 1988)
PM Fin. Corp. v. Com., 302 F2d 786 (3rd Cir. 1962)
Pollock vv. Farmers' Loan and Trust Company, 157 US 429 (1895)
Ragland Investment Co. v. Com., 52 TC 854 (1969), aff'd, 435 F2d 118 (6th Circ. 1970)

Redford v. Com., 28 TC 773 (1957)
Reef Corp. v. Com., TC Memo 1965-72 (1965), aff'd, 368 F2d 125 (5th Cir. 1966)
Regents Park Partners v. Com., TC Memo 1992-336 (1992)
Richmond, F. & P. RR v. Com., 528 F2d 917 (4th Cir. 1975)
Rose v. Com., 88 TC 386 (1987), aff'd, 868 F2d 851 (6th Cir. 1989)
Roth Steel Tube Co. v. Com., 800 F2d 625 (6th Cir. 1986)
Rowan Companies, Rowan Cos. v. US, 452 US 247 (1981)
Rowan v. US, 219 F2d 51 (5th Cir. 1955)
Santa Anita Consolidated., Inc., 50 TC 536 (1968)
Saviano v. Com., 80 TC 955 (1983)
Scotland Mills, Inc. v. Com., 24 TCM 265 (1965)
Security Fin. & Loan Co. v. Hoehler, 210 F. Supp. 603 (D. Haw. 1962)
Segel v. Com., 89 TC 816 (1987)
Seykota v. Com., TC Memo P 91.541 (1991)
Sheldon Tauber, 24 TC 179 (1955)
Sheldon v. Com., 94 TC 738 (1990)
Sherwood Memorial Gardens, Inc. v. Com, 350 F2d 225 (7th Cir. 1965)
Slappey Drive Indus. Park v. US, 561 F2d 572 (5th Cir. 1977)
Smyers v. Com., 57 TC 189 (1971)
Snow v. Comr., 416 U.S. 500 (1974)
South Georgia Railway, 107 F2d 3 (5th Cir. 1939)
Sun Properties v. US, 220 F2d 171 (5th Cir. 1955)
Sunburst Oil & Ref. Co. v. Com., 23 BTA 829 (1931)
Tampa & Gulf Coast R.R. Co. v. Com., 469 F2d 263 (5th Cir. 1972)
Taylor v. Standard Gas & Elec. Co., 306 US 307 (1939)
Texas Farm Bureau v. US, 725 F2d 307 (5th Cir. 1984)
Thomas v. Com., 67 Fed. Appx. 582 (11th Cir. 2003)
Tonopah & Tidewater RR v. Com., 39 BTA 1043 (1939), rev'd, 112 F2d 970 (9th Cir. 1940)
Towne Square, Inc., TC Memo 1983-10 (1983)
Truschel v. Com., 29 TC 433 (1957)
Tyler v. Tomlinson, 414 F2d 849 (5th Cir. 1969)
U.S. v. Balanovski, 236 F2d 298 (2nd Cir. 1956)
U.S. v. Davis, 397 U.S. 301 (1970)
Ullman v. Com., 264 F2d 305 (2nd Cir. 1959)
Uneco, Inc. v. US, 532 F2d 1204 (8th Cir. 1976)

Union Carbide Corp. v. US, 612 F2d 558 (Ct. Cl. 1979)
Unvert v. Com., 72 TC 807 (1979), aff'd, 656 F2d 483 (9th Cir. 1981)
US v. Goodyear Tire & Rubber Co., 493 US 132 (1989)
US v. Haskel Eng'r & Supply Co., 380 F2d 786 (9th Cir. 1967)
US v. Henderson, 375 F2d 36 (5th Cir. 1967)
US v. Phellis, 257 US 156 (1921)
US v. Snyder Bros. Co., 367 F2d 980 (5th Cir. 1966)
US v. South Georgia Ry. Co., 197 F2d 3 (5th Cir. 1939)
US v. Title Guarantee & Trust Co., 133 F2d 990 (6th Cir. 1943)
US v. Wexler, 31 F3d 117 (3rd Cir. 1994)
Vriniotis v. Com., 79 TC 298 (1982)
Wagner Elec. Co. v. US, 529 F2d 533 (Ct. Cl. 1976)
Warner Co. v. Com., 26 BTA 1225 (1932)
Weiskopf v. Com., 64 TC 78 (1975), aff'd, 538 F2d 317 (2nd Cir. 1976)
Whitney v. Roberts, 124 U.S. 190 (1888)
Wilbur Sec. Co. v. Com., 279 F2d 657 (9th Cir. 1960)
Winn-Dixie Stores, Inc. v. Com., 113 TC 254 (1999), aff'd, 254 F3d 1313 (11th Cir. 2001)
Zermeno v. Com., 91,550 P-H Memo. TC (1991)

Forschungsergebnisse der Wirtschaftsuniversität Wien

Herausgeber: Wirtschaftsuniversität Wien –
vertreten durch a.o. Univ. Prof. Dr. Barbara Sporn

Band 1 Stefan Felder: Frequenzallokation in der Telekommunikation. Ökonomische Analyse der Vergabe von Frequenzen unter besonderer Berücksichtigung der UMTS-Auktionen. 2004.

Band 2 Thomas Haller: Marketing im liberalisierten Strommarkt. Kommunikation und Produktplanung im Privatkundenmarkt. 2005.

Band 3 Alexander Stremitzer: Agency Theory: Methodology, Analysis. A Structured Approach to Writing Contracts. 2005.

Band 4 Günther Sedlacek: Analyse der Studiendauer und des Studienabbruch-Risikos. Unter Verwendung der statistischen Methoden der Ereignisanalyse. 2004.

Band 5 Monika Knassmüller: Unternehmensleitbilder im Vergleich. Sinn- und Bedeutungsrahmen deutschsprachiger Unternehmensleitbilder – Versuch einer empirischen (Re-)Konstruktion. 2005.

Band 6 Matthias Fink: Erfolgsfaktor Selbstverpflichtung bei vertrauensbasierten Kooperationen. Mit einem empirischen Befund. 2005.

Band 7 Michael Gerhard Kraft: Ökonomie zwischen Wissenschaft und Ethik. Eine dogmenhistorische Untersuchung von Léon M.E. Walras bis Milton Friedman. 2005.

Band 8 Ingrid Zechmeister: Mental Health Care Financing in the Process of Change. Challenges and Approaches for Austria. 2005.

Band 9 Sarah Meisenberger: Strukturierte Organisationen und Wissen. 2005.

Band 10 Anne-Katrin Neyer: Multinational teams in the European Commission and the European Parliament. 2005.

Band 11 Birgit Trukeschitz: Im Dienst Sozialer Dienste. Ökonomische Analyse der Beschäftigung in sozialen Dienstleistungseinrichtungen des Nonprofit Sektors. 2006

Band 12 Marcus Kölling: Interkulturelles Wissensmanagement. Deutschland Ost und West. 2006.

Band 13 Ulrich Berger: The Economics of Two-way Interconnection. 2006.

Band 14 Susanne Guth: Interoperability of DRM Systems. Exchanging and Processing XML-based Rights Expressions. 2006.

Band 15 Bernhard Klement: Ökonomische Kriterien und Anreizmechanismen für eine effiziente Förderung von industrieller Forschung und Innovation. Mit einer empirischen Quantifizierung der Hebeleffekte von F&E-Förderinstrumenten in Österreich. 2006.

Band 16 Markus Imgrund: Wege aus der Insolvenz. Eine Analyse der Fortführung und Sanierung insolventer Klein- und Mittelbetriebe unter besonderer Berücksichtigung des Konfigurationsansatzes. 2007.

Band 17 Nicolas Knotzer: Product Recommendations in E-Commerce Retailing Applications. 2007.

Band 18 Astrid Dickinger: Perceived Quality of Mobile Services. A Segment-Specific Analysis. 2007.

Band 19 Nadine Wiedermann-Ondrej: Hybride Finanzierungsinstrumente in der nationalen und internationalen Besteuerung der USA. 2008.

www.peterlang.de

Peter Lang · Internationaler Verlag der Wissenschaften

Udo Wartha

Die Reform des Finanzierungssystems der Europäischen Union: Eine eigene Steuer für die EU-Ebene?

Frankfurt am Main, Berlin, Bern, Bruxelles, New York, Oxford, Wien, 2007.
XXI, 228 S., 11 Abb.
Europäische Hochschulschriften: Reihe 5, Volks- und Betriebswirtschaft. Bd. 3267
ISBN 978-3-631-56406-6 · br. € 45.50*

Eine EU-Steuer wird in Politik und Wissenschaft intensiv diskutiert und auch die Europäische Kommission hat sich für deren Einführung ausgesprochen. Die zentralen Fragestellungen der Arbeit lauten daher: Rechtfertigen die Mängel des gegenwärtigen Eigenmittelsystems eine grundlegende Reform? Welche ökonomischen und politischen Kriterien eignen sich für die Beurteilung einer EU-Steuer? Wie ist die Einführung einer EU-Steuer auf Basis der entwickelten steuerartspezifischen und steuerartübergreifenden Beurteilungskriterien zu bewerten und welche politischen Handlungsempfehlungen lassen sich daraus ableiten? In zwei modelltheoretischen Ansätzen wird insbesondere die Problematik vertikaler fiskalischer Externalitäten im Zusammenhang mit der Einführung einer EU-Steuer herausgearbeitet.

Aus dem Inhalt: Neuordnung des EU-Finanzierungssystems · Allokation der Besteuerungshoheit in föderalen Systemen · Zuweisung einer Steuerhoheit an die EU-Ebene? · Steuerartspezifische und steuerartübergreifende Beurteilungskriterien zur Bewertung einer EU-Steuer · Theorie fiskalischer Externalitäten

FSC
www.fsc.org
MIX
Papier | Fördert gute Waldnutzung
FSC® C083411

Kolibri 360 GmbH
Ferdinand-Jühlke-Straße 7
99095 Erfurt, Deutschland
produktsicherheit@kolibri360.de

Druck:
CPI Druckdienstleistungen GmbH
im Auftrag der
Kolibri 360 GmbH
Ferdinand-Jühlke-Str. 7
99095 Erfurt